公司股权和控制权案例精解与实战指导

CASE AND PRACTICAL GUIDANCE OF
CCMPANY EQUITY AND
CONTROL RIGHTS

郑雪莲◎编著

新华出版社

图书在版编目（CIP）数据

公司股权和控制权案例精解与实战指导 / 郑雪莲编
著. —北京：新华出版社，2019.5

ISBN 978-7-5166-4601-4

Ⅰ. ①公… Ⅱ. ①郑… Ⅲ. ①公司－股权－研究②公
司－控制权－研究 Ⅳ. ①F276.6

中国版本图书馆CIP数据核字（2019）第085717号

公司股权和控制权案例精解与实战指导

编　　著：	郑雪莲		
责任编辑：蒋小云		封面设计：中尚图	
出版发行：新华出版社			
地　　址：北京石景山区京原路8号		邮编：100040	
网　　址：http://www.xinhuapub.com			
经　　销：新华书店			
购书热线：010-63077122		中国新闻书店购书热线：010-63072012	
照　　排：中尚图			
印　　刷：河北盛世彩捷印刷有限公司			
成品尺寸：240mm×170mm			
印　　张：35		字　　数：571千字	
版　　次：2019年6月第一版		印　　次：2019年6月第一次印刷	
书　　号：ISBN 978-7-5166-4601-4			
定　　价：98.00元			

序　言

如何才能牢牢掌握公司的控制权？

万科、格力和汽车之家等企业激烈的控制权之战，引起了创始股东对控制权的深度思考和高度警觉。特别是"宝万之争"后，阿里巴巴、京东、伊利等诸多企业的掌控者们纷纷未雨绸缪——修改章程，而章程修改的重点无一不是围绕公司控制权，旨在阻止"野蛮人"的入侵。在章程修改中，"控制权条款"和"反收购条款"则是重点中的重点，很多公司设置了表决权委托、投票权征集；新增了 AB 股的双层股权架构、有限合伙控股架构；并且对董事会层面进行了大刀阔斧的规则设计，例如完善《董事会投票细则》，对董事的任职条件做出限制，修改董事的任免规则、董事会一票否决权等。

而对于初创公司而言，如何在公司设立之初就做好控制权的架构设计，则是大部分初创股东最为关心的问题。所有创始人都清楚知道，伴随着多轮融资，创始人手里的股权将会被大幅稀释。一旦创始人持有的股份少于三分之一，则创始人很有可能会面临控制权旁落的风险。而最悲惨的莫过于，成为小股东的创始人，有一天可能会挥泪告别辛苦打拼的企业。这样的例子还少吗？一个典型的案例就是由于控制权的不当安排，乔布斯一度被迫离开自己亲手参与创办的苹果公司。由此带给创始人的思考是：如何在有效融资促进公司发展的前提下，依旧牢牢抓住公司控制权呢？

笔者在本书的写作中，立足于为股东解决"股权"和"控制权"纠纷提供思路，从公司股东之间的股权纠纷和控制权纠纷为出发点，以最高人民法院公司纠纷类案件的指导性案例、最高人民法院公报案例、各省市高院等具有代表性的案件为基础，内容从股东出资、隐名代持到股东资格的认定，从增资、股权转让到股权的回购，从公司的董事长任免等人事之争、公章之争到决战股东会董事会，从董事会一票否决权、创始股东特别否决权到小股东逆袭大股东，从表决权委托、不可撤销委托到 AB 双层股权架构的设计，从张兰输掉"俏江南"到对赌协议的风险防范，从案件要旨、股东纠纷焦点、法理探析、败诉分析、股东战术指导五个层面进行分析解读，把与控制权无关的案情省略不表，提示300多个股权和控制权常见纠纷的法律问题，为股东"控制权之战"提供实战指导。

鉴于司法案例的复杂性，以及个案的特殊性，本书所整理的案件要旨，以及案例解析等仅在于为类似案件提供参考思路，本书内容以学理研究为主，并非作为对具体案件的法律意见或建议。

在本书写作中，笔者参考和引用了法学界专家学者、法官的著述，并且引用了较多裁判者的判决书，在此一并表示感谢。由于水平有限，如有任何疏漏，还望读者批评、指正，发信至 15026757936@163.com，以便笔者再版时进行修订。

作者于上海白玉兰广场

2019.5

缩略语说明及对照表

全称	简称
《中华人民共和国公司法》	《公司法》
《中华人民共和国合同法》	《合同法》
《最高人民法院关于适用〈中华人民共和国公司法〉若干问题的规定（一）》	《公司法解释一》
《最高人民法院关于适用〈中华人民共和国公司法〉若干问题的规定（二）》	《公司法解释二》
《最高人民法院关于适用〈中华人民共和国公司法〉若干问题的规定（三）》	《公司法解释三》
《最高人民法院关于适用〈中华人民共和国公司法〉若干问题的规定（四）》	《公司法解释四》
《中华人民共和国中外合资经营企业法》	《中外合资经营企业法》
《中华人民共和国民法通则》	《民法通则》
《中华人民共和国劳动法》	《劳动法》
《中华人民共和国企业破产法》	《破产法》
《中华人民共和国物权法》	《物权法》
《中华人民共和国信托法》	《信托法》
《中华人民共和国公司登记管理条例》	《公司登记管理条例》
《保险公司股权管理办法》	《股权管理办法》
《中华人民共和国保险法》	《保险法》
《中华人民共和国立法法》	《立法法》
《中华人民共和国证券法》	《证券法》
《中华人民共和国劳动合同法》	《劳动合同法》
《中华人民共和国涉外民事关系法律适用法》	《涉外民事关系法律适用法》
《中华人民共和国担保法》	《担保法》
《最高人民法院关于适用〈中华人民共和国担保法〉若干问题的解释》	《担保法解释》
《公司登记管理条例》	《登记管理条例》
《中华人民共和国会计法》	《会计法》
《中华人民共和国民事诉讼法》	《民事诉讼法》

目　录

公司控制权之对赌生死之战

公司控制权之人事权争夺

公司控制权之股东会董事会

公司控制权之股东资格争夺战

公司控制权之股东出资

公司控制权之隐名出资风险

控制权利器之股东知情权

控制权三十六计之走为上策

控制权核心之增资之战

公司控制权之实战指导

公司控制权之大数据解读

公司控制权之对赌生死之战

第一章　对赌协议

对赌协议第一案警示：与公司对赌无效

🔨 案件要旨

投资方与目标公司之间的对赌条款如果可以使投资者获得固定利益，则会损害公司和债权人利益，故应认定无效。但投资方和目标公司股东之间的对赌条款，如果未违反法律法规的禁止性规定，是有效的。

🔨 案件来源

《最高人民法院公报案列》苏州海富公司与世恒有限公司、迪亚有限公司、陆某增资纠纷再审案，最高人民法院民事判决书（2012）民提字第11号。

🔨 股东纠纷焦点

本案纠纷焦点在于：增资协议中对于关于业绩对赌的对赌条款是否具有法律效力；目标公司股东是否应承担补偿责任？

🔨 法理探析

本案作为"对赌协议第一案"，前后历时四年，最终在2012年经最高人民法院一锤定音，并由此案确定了对赌协议的相关裁判规则，对于法律界和投资领域意义深远。

一、什么是对赌协议

对赌协议，相应的英文名称为 Valuation Adjustment Mechanism（VAM），严格译成中文，即"估值调整机制"或者"估值调整协议"。以最常见的业绩对赌为例，投资方在与融资方签订投资协议时，通过对企业未来某一个时间点的业绩目标进行设定，并以该特定时间点的业绩为基础对之前的企业估值进行调整，进而达到调整股权价值的目的。如果目标公司的价值被低估，则目标公司可以要求投资方追加投资或给予补偿，而如果公司价值被高估，则投资方有权启动融资方对投资方的补偿机制。

在本案中，投资方海富公司与融资方的对赌方式即属于业绩对赌，合同各方在《增资协议书》中对业绩目标进行约定"世恒公司 2008 年净利润低于3000 万元，海富公司有权要求世恒公司予以补偿，如果世恒公司未能履行补偿义务，海富公司有权要求迪亚公司履行补偿义务。补偿金额 =（1–2008 年实际净利润 /3000 万元）× 本次投资金额。"

二、对赌协议的法律性质

对于对赌协议的法律性质的认定，无论是学术界还是理论界均存有相当大的争议，主要有以下两种观点：

第一种观点认为对赌协议是射幸合同。在大部分对赌协议以业绩对赌、企业上市为对赌内容的情况下，业绩目标能否实现，企业能否顺利上市具有极大的不确定性，并非依靠企业一方的努力就一定能实现，特别是上市的过程中，往往还受到国家政策及上市监规的制约。而融资方一旦输掉对赌，则可能面临控制权旁落、承担巨大的补偿责任等对赌义务，这种不受主观控制的对赌结果导致的"权利义务严重不对等"，往往导致对赌失败的一方遭遇重大损失，正是"射幸性"合同的特征。

第二种观点认为对赌协议是附条件的合同，当约定的条件生效时，合同才生效。例如在业绩对赌的场合，当企业达到对赌协议约定的业绩目标时，对赌协议中"奖励"的对赌约定始生效，反之亦然。

笔者倾向于第一种观点，附生效条件的合同只有在所附条件成就时，合同才生效，而对赌协议在签订时就已经生效，只是双方因对赌导致的权利义务尚未确定，后续根据对赌的具体约定的完成情况，进而进一步确定双方的权利义务。而对赌协议中，不受主观控制的对赌结果导致的权利义务严重不对等，则正是"射幸合同"的性质。

三、对赌协议是否因涉及保底收益而无效

在"对赌协议第一案"经最高院判决之前，司法界和理论界对于对赌协议的效力亦存在很大争议。在本案中，二审法院持"对赌协议无效"的观点，二审认为海富公司与公司的对赌协议约定如果融资企业完不成业绩目标，则融资方需要按照约定价格回购投资方股权，这实际上市至少获得保底收益，从而认为对赌协议"名为投资实为借贷"，最终二审判决对赌协议无效。

而最高院在本案中的观点，实务界将之理解为：与公司对赌无效，与股东对赌有效。

值得注意的是，最高院仅仅是部分认可了对赌协议的有效性，但仅限于投资方与融资股东签订的对赌协议，而对于投资方与目标公司之间的对赌则认定为无效。后者之所以无效，是因为投资者海富公司与世恒公司的对赌约定中，如果公司实际利润低于3000万元，则海富公司有权从公司获得补偿，即投资者可基于投资协议获得固定收益，这一约定损害了公司利益和公司债权人利益，故归于无效。

由此可以得出，在"对赌第一案"中，最高院对于对赌协议效力的认定规则可理解为：如果对赌协议不存在违反《公司法》《合同法》等相关法律法规的情形，则具有相应的效力，反之则无效。

🧑‍⚖️ 败诉分析

本案中，最高院认为：海富公司作为企业法人，向世恒公司投资后与迪亚公司合资经营，故世恒公司为合资企业。世恒公司、海富公司、迪亚公司、陆某在《增资协议书》中约定，如果世恒公司实际净利润低于3000万元，则海富公司有权从世恒公司处获得补偿，并约定了计算公式。这一约定使得海富公司的投资可以取得相对固定的收益，该收益脱离了世恒公司的经营业绩，损害了公司利益和公司债权人利益，一审法院、二审法院根据《公司法》第二十条和《中外合资经营企业法》第八条的规定认定《增资协议书》中的这部分条款无效是正确的。

但是，在《增资协议书》中，迪亚公司对于海富公司的补偿承诺并不损害公司及公司债权人的利益，不违反法律法规的禁止性规定，是当事人的真实意

思表示，是有效的。在众星公司 2008 年的利润未达到约定目标的情况下，迪亚公司应当依约应海富公司的请求对其进行补偿。

股东战术指导

对赌协议到底是"天使"还是"魔鬼"，关键看对赌条款的设计和运用，如果融资公司未将对赌协议的风险进行充分识别，那很有可能就会因未发现"陷阱条款"而丧失公司控制权，甚至于不得不离开自己一手创立的企业。

那么，公司该如何防范对赌协议中的"陷阱条款"呢？

首先，需要明确对赌协议的类型。因为不同的对赌协议的类型将会导致不同的法律风险，无论是投资方还是融资方，在审查对赌协议时，首先需要明确对赌协议的类型，以针对性的控制风险。一般而言，常见的对赌协议主要有以下几个类型：

股权调整型对赌

这是最常见的对赌协议之一，通常在对赌协议中约定，当目标公司未能达到业绩目标时，目标公司控股股东或者实际控制人无偿或者低价将一部分股权转让给投资方。反之，则将由投资方将一部分股权转让给目标公司的控股股东或实际控制人。

现金补偿型对赌

该类型主要适用于业绩对赌中，通常约定当目标公司的业绩未能达到对赌条款的约定时，由融资方给予投资方一定的现金补偿，反之亦然。在"对赌协议第一案中"，即做了现金补偿的对赌条款安排。

股权回购型对赌

该类条款通常约定，当目标公司未能达到约定的业绩指标时，目标公司或股东将回购投资人所持有的公司股份，回购价格一般以原先的投资款加一定的固定收益，以此来保证投资人的投资款不受到损失。

股权稀释型对赌

该类对赌条款约定，当目标公司未能达到约定的业绩指标时，则投资方有权以极低的价格对目标公司进行增资，以达到稀释公司控股股东的股权比例，增加自身股权利益的目的。

其他对赌条款

除了上述常见的几种对赌类型外，还有例如：优先股条款、董事会席位、一票否决权、董事长撤换条款等特殊的对赌条款。

其次，须预防对赌中的"陷阱条款"。

审慎选择对赌融资

对赌协议一般很可能存在的巨大的风险。因此，公司在选择融资合作时，须认真分析企业的需求，而不要为了资金需求而盲目签订对赌条款，不到万不得已不选择对赌融资。

谨慎识别对赌中的"陷阱条款"

在业绩对赌中，对赌协议中的"陷阱条款"一般为：投资者会限定未来几年的业绩目标，当未达到业绩目标时，则会触发对赌条款的实施。但是其中隐含的"陷阱"为，目标公司必须100%完成业绩目标，如果目标公司仅仅完成了90%的业绩指标，也会触发对赌条款，从而造成目标公司巨大的损失，更有甚者不得不忍痛离开一手创办的公司。

审慎确定对赌中的业绩目标

事实上，很多企业家之所以对赌失败后被踢出局，往往是因为盲目追求融资额，以及错误得高估企业未来的业绩，以至于未能对对赌协议进行客观的风险评估，最终因为轻易地签订了对赌协议而导致惨败。因此，在对赌协议中，"高业绩目标"这一个对赌"陷阱条款"必须引起企业家的重视。

⚖ 典型案例

2009年12月30日，海富公司诉至兰州市中级人民法院，请求判令世恒公司、迪亚公司和陆某向其支付协议补偿款1998.2095万元并承担本案诉讼费及其他费用。

甘肃省兰州市中级人民法院一审查明：2007年11月1日前，众星公司、海富公司、迪亚公司、陆某共同签订一份《众星有限公司增资协议书》（以下简称《增资协议书》），约定：众星公司注册资本为384万美元，迪亚公司占投资的100%。各方同意海富公司以现金2000万元人民币对众星公司进行增资，占众星公司增资后注册资本的3.85%，迪亚公司占96.15%……海富公司在履行出资义务时，陆某承诺于 2007 年 12 月 31 日之前将牛岗铅锌矿过户至众星公司名下……第七条特别约定第一项：本协议签订后，众星公司应尽快成立"公司改制上市工作小组"，着手筹备安排公司改制上市的前期准备工作，工作小组成员由股东代表和主要经营管理人员组成。协议各方应在条件具备时将公司改组成规范的股份有限公司，并争取在境内证券交易所发行上市。第二项业绩目标约定：众星公司 2008 年净利润不低于 3000 万元人民币。如果众星公司 2008 年实际净利润完不成 3000 万元，海富公司有权要求众星公司予以补偿，如果众星公司未能履行补偿义务，海富公司有权要求迪亚公司履行补偿义务。补偿金额＝（1－2008 年实际净利润/3000 万元）× 本次投资金额。第四项股权回购约定：如果至 2010 年 10 月 20 日，由于众星公司的原因造成无法完成上市，则海富公司有权在任一时刻要求迪亚公司回购届时海富公司持有之众星公司的全部股权，迪亚公司应自收到海富公司书面通知之日起 180 日内按以下约定回购金额向海富公司一次性支付全部价款。若自 2008 年 1 月 1 日起，众星公司的净资产年化收益率超过 10%，则迪亚公司回购金额为海富公司所持众星公司股份对应的所有者权益账面价值；若自 2008 年 1 月 1 日起，众星公司的净资产年化收益率低于 10%，则迪亚公司回购金额为（海富公司的原始投资金额－补偿金额）×（10%×投资天数/360）。此外，还规定了信息披露约定、违约责任等，还约定该协议自各方授权代表签字并加盖了公章，与协议文首注明之签署日期生效。协议未作规定或约定不详之事宜，应参照经修改后的众星公司章程及股东间的投资合同（若有）办理。

2007 年 11 月 1 日，海富公司、迪亚公司签订《中外合资经营甘肃众星锌业有限公司合同》（以下简称《合资经营合同》），有关约定为：众星公司增资扩股将注册资本增加至 399.38 万美元，海富公司决定受让部分股权，将众星公司由外资企业变更为中外合资经营企业。在合资公司的设立部分约定，合资各方以其各自认缴的合资公司注册资本出资额或者提供的合资条件为限对合资公司承担责任。海富公司出资 15.38 万美元，占注册资本的 3.85%；迪亚公司出资 384 万美元，占注册资本的 96.15%。海富公司应于本合同生效后十日内一次性向合资公司缴付人民币 2000 万元，超过其认缴的合资公司注册资本的部分，计入合资公司资本公积金……还特别约定：合资公司完成变更后，应尽快成立"公司改制上市工作小组"，着手筹备安排公司改制上市的前期准备工作，工作小组成员由股东代表和主要经营管理人员组成。合资公司应在条件具备时改组成立为股份有限公司，并争取在境内证券交易所发行上市。如果至 2010 年 10 月 20 日，由于合资公司自身的原因造成无法完成上市，则海富公司有权在任一时刻要求迪亚公司回购届时海富公司持有的合资公司的全部股权。合同于审批机关批准之日起生效。《中外合资经营甘肃众星锌业有限公司章程》（以下简称《公司章程》）第六十二条、六十三条与《合资经营合同》第六十八条、六十九条内容相同。之后，海富公司依约于 2007 年 11 月 2 日缴存众星公司银行账户人民币 2000 万元，其中新增注册资本 114.7717 万元，资本公积金 1885.2283 万元。2008 年 2 月 29 日，甘肃省商务厅甘商外资字〔2008〕79 号文件《关于甘肃众星锌业有限公司增资及股权变更的批复》同意增资及股权变更，并批准"投资双方于 2007 年 11 月 1 日签订的增资协议、合资企业合营合同和章程从即日起生效"。随后，众星公司依据该批复办理了相应的工商变更登记。2009 年 6 月，众星公司依据该批复办理了相应的工商变更登记。2009 年 6 月，众星公司经甘肃省商务厅批准，到工商部门办理了名称及经营范围变更登记手续，名称变更为甘肃世恒有色资源再利用有限公司。另据工商年检报告登记记载，众星公司 2008 年度生产经营利润总额 26,858.13 元，净利润 26,858.13 元。

一审法院认为，根据双方的诉辩意见，案件的争议焦点为：一、《增资协议书》第七条第二项内容是否具有法律效力；二、如果有效，世恒公司、迪亚公司、陆波应否承担补偿责任。

经审查，《增资协议书》系双方真实意思表示，但第七条第二项内容即世恒公司 2008 年实际净利润完不成 3000 万元，海富公司有权要求世恒公司补偿的约定，不符合《中华人民共和国中外合资经营企业法》第八条关于企业利润根据合营各方注册资本的比例进行分配的规定，同时，该条规定与《公司章程》的有关条款不一致，也损害公司利益及公司债权人的利益，不符合《公司法》第二十条第一款的规定。因此，根据《中华人民共和国合同法》第五十二条五项的规定，该条由世恒公司对海富公司承担补偿责任的约定违反了法律、行政法规的强制性规定，该约定无效，故海富公司依据该条款要求世恒公司承担补偿责任的诉请，依法不能支持。由于海富公司要求世恒公司承担补偿责任的约定无效，因此，海富公司要求世恒公司承担补偿责任失去了前提依据。同时，《增资协议书》第七条第二项内容与《合资经营合同》中相关约定内容不一致，依据《中华人民共和国中外合资经营企业法实施条例》第十条第二款的规定，应以《合资经营合同》内容为准，故海富公司要求迪亚公司承担补偿责任的依据不足，依法不予支持。陆陆某虽是世恒公司的法定代表人，但其在世恒公司的行为代表的是公司行为利益，并且《增资协议书》第七条第二项内容中，并没有关于由陆陆某个人承担补偿义务的约定，故海富公司要求陆波个人承担补偿责任的诉请无合同及法律依据，依法应予驳回。至于陆陆某未按照承诺在2007年12月31日之前将四川省峨边县五渡牛岗铅锌矿过户至世恒公司名下，涉及对世恒公司及其股东的违约问题，不能成为本案陆波承担补偿责任的理由。

综上，一审法院认为海富公司的诉请依法不能支持，世恒公司、迪亚公司、陆陆某不承担补偿责任的抗辩理由成立。该院于2010年12月31日作出（2010）兰法民三初字第71号民事判决，驳回海富公司的全部诉讼请求。

海富公司不服一审判决，向甘肃省高级人民法院提起上诉。

二审查明的事实与一审一致。

二审法院认为：当事人争议的焦点为《增资协议书》第七条第二项是否具有法律效力。本案中，海富公司与世恒公司、迪亚公司、陆某四方签订的协议书虽名为《增资协议书》，但纵观该协议书全部内容，海富公司支付2000万元的目的并非仅享有世恒公司3.85%的股权（计15.38万美元，折合人民币114.771万元），期望世恒公司经股份制改造并成功上市后，获取增值的股权价值才是其缔结协议书并出资的核心目的。基于上述投资目的，海富公司等四方当事人在《增资协议书》第七条第二项就业绩目标进行了约定，即"世恒公司2008年净利润不低于3000万元，海富公司有权要求世恒公司予以补偿，如果世恒公司未能履行补偿义务，海富公司有权要求迪亚公司履行补偿义务。补偿金额＝（1-2008年实际净利润/3000万元）×本次投资金额"。四方当事人就世恒公司2008年净利润不低于3000万元人民币的约定，仅是对目标企业盈利能力提出要求，并未涉及具体分配事宜；且约定利润如实现，世恒公司及其股东均能依据《公司法》《合资经营合同》《公司章程》等相关规定获得各自相应的收益，也有助于债权人利益的实现，故并不违反法律规定。而四方当事人就世恒公司2008年实际净利润完不成3000万元，海富公司有权要求世恒公司及迪亚公司以一定方式予以补偿的约定，则违反了投资领域风险共担的原则，使得海富公司作为投资者不论世恒公司经营业绩如何，均能取得约定收益而不承担任何风险。参照最高人民法院《关于审理联营合同纠纷案件若干问题的解答》第四条第二项关于"企业法人、事业法人作为联营一方向联营体投资，但不参加共同经营，也不承担联营的风险责任，不论盈亏均按期收回本息，或者按期收取固定利润的，是明为联营，实为借贷，违反了有关金融法规，应当确认合同无效"之规定，《增资协议书》第七条第二项部分该约定内容，因违反《合同法》第五十二条第五项之规定应认定无效。海富公司除已计入世恒公司注册资本的114.771万元外，其余1885.2283万元资金性质应属名为投资，实为借贷。虽然世恒公司与迪亚公司的补偿承诺亦归于无效，但海富公司基于对其承诺的合理依赖而缔约，故世恒公司、迪亚公司对无效的法律后果应负主要过错责任。根据《合同法》第五十八条之规定，世恒公司与迪亚公司应共同返还海富公司1885.2283万元及占用期间的利息，因海富公司对于无效的法律后果亦有一定过错，如按同期银行贷款利率支付利息不能体现其应承担的过错责任，故世恒公司与迪亚公司应按同期银行定期存款利率计付利息。

因陆某个人并未就《增资协议书》第七条第二项所涉补偿问题向海富公司作出过承诺，且其是否于2007年12月31日之前将四川省峨边县五渡牛岗铅锌矿过户至世恒公司名下与本案不属同一法律关系，故海富公司要求陆某承担补偿责任的诉请无事实及法律依据，依法不予支持。

关于世恒公司、迪亚公司、陆某在答辩中称《增资协议书》已被之后由海富公司与迪亚公司签订的《合资经营合同》取代，《增资协议书》第七条第二项对各方已不具有法律约束力的主张。因《增资协议书》与《合资经营合同》缔约主体不同，各自约定的权利义务也不一致，且2008年2月29日，在甘肃省商务厅甘商外资字〔2008〕79号《关于甘肃众星锌业有限公司增资及股权变更的批复》中第二条中明确载明"投资双方2001年11月1日签订的增资协议、合资企业合营合同和章程从即日起生效"。故其抗辩主张不予支持。该院认为一审判决认定部分事实不清，导致部分适用法律不当，应予纠正。依照《民事诉讼法》第一百五十三条第二、三项，第一百五十八条之规定，该院判决：一、撤销兰州市中级人民法院（2010）兰法民三初字第71号民事判决；二、世恒公司、迪亚公司于判决生效后30日内共同返还海富公司1885.2283万元及利息（自2007年11月3日起至付清之日止按照中国人民银行同期银行定期存款利率计算）。

世恒公司、迪亚公司不服甘肃省高级人民法院（2011）甘民二终字第96号民事判决，向本院申请再审，请求裁定再审，撤销二审判决，维持一审判决……海富公司答辩称：一、《增资协议书》是四方当事人为达到上市目的而签订的融资及股份制改造一揽子协议书，不是《合资经营合同》所能容纳得了的。二、二审法院判令世恒公司和迪亚公司返还的是股本金之外的有特别用途的溢价款，不涉及抽逃出资问题。三、陆某在《增资协议书》中只代表其个人，是合同当事人的个人行为，因其违反《增资协议书》的约定应承担补偿责任。四、陆某的行为涉嫌刑事犯罪，其采取虚报注册资本的手段诱使海富公司误信其公司的经济实力，骗取海富公司资金。请求调取证据查证事实或将此案移交公安机关侦查。

本院审查查明的事实与一、二审查明的事实一致。

本院认为：2009年12月，海富公司向一审法院提起诉讼时的诉讼请求是请求判令世恒公司、迪亚公司、陆波向其支付协议补偿款19,982,095元并承担本案诉讼费用及其他费用，没有请求返还投资款。因此二审判决判令世恒公司、迪亚公司共同返还投资款及利息超出了海富公司的诉讼请求，是错误的。

海富公司作为企业法人，向世恒公司投资后与迪亚公司合资经营，故世恒公司为合资企业。世恒公司、海富公司、迪亚公司、陆某在《增资协议书》中约定，如果世恒公司实际净利润低于3000万元，则海富公司有权从世恒公司处获得补偿，并约定了计算公式。这一约定使得海富公司的投资可以取得相对固定的收益，该收益脱离了世恒公司的经营业绩，损害了公司利益和公司债权人利益，一审法院、二审法院根据《公司法》第二十条和《中外合资经营企业法》第八条的规定认定《增资协议书》中的这部分条款无效是正确的。但二审法院认定海富公司18,852,283元的投资名为联营实为借贷，并判决世恒公司和迪亚公司向海富公司返还该笔投资款，没有法律依据，本院予以纠正。

《增资协议书》中并无由陆某对海富公司进行补偿的约定，海富公司请求陆某进行补偿，没有合同依据。此外，海富公司称陆某涉嫌犯罪，没有证据证明，本院对该主张亦不予支持。

但是，在《增资协议书》中，迪亚公司对于海富公司的补偿承诺并不损害公司及公司债权人的利益，不违反法律法规的禁止性规定，是当事人的真实意思表示，是有效的。迪亚公司对海富公司承诺了众星公司2008年的净利润目标并约定了补偿金额的计算方法。在众星公司 2008 年的利润未达到约定目标的情况下，迪亚公司应当依约应海富公司的请求对其进行补偿。迪亚公司对海富公司请求的补偿金额及计算方法没有提出异议，本院予以确认。

根据海富公司的诉讼请求及本案《增资协议书》中部分条款无效的事实，本院依照《合同法》第六十条、《民事诉讼法》第一百五十三条第一款第二项、第一百八十六条的规定，判决如下：

一、撤销甘肃省高级人民法院（2011）甘民二终字第 96 号民事判决；

二、本判决生效后三十日内，迪亚公司向海富公司支付协议补偿款 19,982,095 元。如未按本判决指定的期间履行给付义务，则按《民事诉讼法》第二百二十九条的规定，加倍支付延迟履行期间的债务利息；

三、驳回海富公司的其他诉讼请求。

一审案件受理费 155,612.3 元、财产保全费 5000 元、法院邮寄费 700 元、二审案件受理费 155,612.3 元，合计 316,924.6 元，均由迪亚公司负担。

本判决为终审判决。①

如何识别上市对赌的三大风险

🔨 案件要旨

在融资中投资方和目标公司股东，基于上市对赌进行的股权回购约定，属于当事人对商业风险的安排，若不违反法律法规强制性规定的，原则上有效。当对赌协议约定的回购条款被触发时，投资方有权要求对方依约回购其股份。

🔨 案件来源

最高人民法院民事判决书　蓝某、宜都天峡、湖北天峡与九鼎投资其他合同纠纷二审民事判决书（2014）民二终字第 111 号（以下简称 111 号判决）

---

① 本部分来源于本案判决书主文，限于篇幅略做删减，读者可自行查阅判决书全文以全面了解案情。

📖 股东纠纷焦点

本案焦点主要有：在上市对赌中，双方约定的股权回购的对赌条款是否有效？作为融资方，该如何预防上市对赌带来的风险？

📖 法理探析

在继"对赌协议第一案"之后，本案中的上市对赌协议的效力再一次受到投资界和法律界的关注，本案之所以受到极大关注，原因在于："对赌协议第一案"中仅仅涉及业绩对赌现金补偿这一类型对赌协议的效力，而股权回购这一类型的上市对赌效力并未在"对赌协议第一案"中得到确认。本案最终经最高人民法院一锤定音，对于股权回购型的上市对赌案件具有重要的指导意义，相信投资人和融资企业从本案中亦得到很多启发和教训。

一、上市对赌的股权回购型对赌协议的常见框架

本案（111 号判决）与"对赌协议第一案"的最大的区别在于："对赌协议第一案"中为业绩对赌，采用现金补偿的对赌条款；而本案是为业绩对赌 + 上市对赌，在上市对赌中则主要采用股权回购的对赌条款。

在本案中，投资者九鼎公司与目标公司及股东约定：如果目标公司未能在2014 年 12 月 31 日前上市，则九鼎公司可随时要求目标公司及股东回购九鼎公司所持有的公司股份 . 即该对赌条款并未仅仅与目标公司一方对赌，其实际上采取了同时与目标公司 + 股东的双对赌框架。

由此引发的思考为：股权回购型对赌协议的效力如何判断？投资者与股东之间的上市对赌效力几何？对于有限责任公司而言，我国现行法律是否允许对赌失败后回购其自身股权？

二、投资方与被投资方股东之间关于公司股权回购的约定原则上有效

在"对赌协议第一案"中，最高院对于对赌协议的效力认定的一般原则为：如果对赌协议不存在违反《公司法》《合同法》等相关法律法规的情形，则具有相应的效力，反之则无效。因此，对于投资方与股东之间的股权收购的约定，

即在一定条件下（未能如期上市）由被投资方股东回购投资人股份的内容不违反国家法律、行政法规的禁止性规定，不存在《合同法》第五十二条所规定的有关合同无效的情形，且系双方自愿达成一致所形成的协议，是有效的。

三、投融资中，公司与投资方之间关于股权回购的对赌约定是否有效

在对赌安排中，需要注意的是，与股东和投资方约定股权回购对赌不同的是，在公司与投资方约定股权回购对赌的场合下，公司与股东之间是投资与被投资的关系，双方能否在对赌协议中就股权回购达成约定，须同时受到《合同法》《民法通则》《公司法》等相关法律的约束，因此，有必要进行进一步探讨。

1. 股权回购的基本概念

股权回购（share repurchase），又称股权的回赎（share redemption），是指公司依照法律规定从公司股东手中买回自己股权的行为。

2. 股权回购的立法模式

股份回购主要有三种不同的立法模式，一种是以美国为代表的"自由模式"，即公司任意回购自身股份；二是"原则许可，例外禁止"的模式；三是"原则禁止，例外许可"的模式，以大陆法系国家为主，如德国、法国、韩国以及我国的台湾地区等国家和地区。

3.《公司法》对于有限责任公司股权回购的相关规定

（1）第七十四条规定了异议股东股权回购请求权

对于有限公司的异议股东回购请求权，《公司法》第七十四条规定了股份回购的法定情形：一、公司连续五年不向股东分配利润，而公司该五年连续盈利，并且符合本法规定的分配利润条件的；二、公司合并、分立、转让主要财产的；三、公司章程规定的营业期限届满或者章程规定的其他解散事由出现，股东会会议通过决议修改章程使公司存续的。

显然，投融资过程中的股权回购型对赌，不属于"异议股东股权回购"的情形。

（2）在异议股东股权回购请求权之外，司法实践是否允许其他股权回购的情形

在司法实践当中，较为常见的是在员工持股的情形下，一般会约定当员工

离开公司时，持股员工所持有的公司股份由公司予以回购，即"人在股在，人走股留"。笔者通过对大量案例的整理发现，大部分法院支持该类股权回购。

在最高法发布的 2018 年第一批指导案例，其中第 96 号案例"宋某诉西安市大华餐饮有限公司股东资格确认纠纷"中，法院支持了章程中"人走股留"的股权回购规定，陕西省高级人民法院认为：在本案中，大华公司进行企业改制时，宋某之所以成为大华公司的股东，其原因在于宋某与大华公司具有劳动合同关系，如果宋某与大华公司没有建立劳动关系，宋某则没有成为大华公司股东的可能性。同理，大华公司章程将是否与公司具有劳动合同关系作为取得股东身份的依据继而作出"人走股留"的规定，符合有限责任公司封闭性和人合性的特点，亦系公司自治原则的体现，不违反公司法的禁止性规定。

再如，在（2015）民申字第 2819 号杨某、鸿源公司请求公司收购股份纠纷申诉、申请民事裁定中，最高人民法院认为：关于鸿源公司对再审申请人的股权进行回购是否合法的问题。申请人于 2004 年 1 月成为鸿源公司股东时签署了"公司改制征求意见书"，该"公司改制征求意见书"约定"入股职工因调离本公司，被辞退、除名、自由离职、退休、死亡或公司与其解除劳动关系的，其股份通过计算价格后由公司回购。"……故鸿源公司依据公司与申请人约定的"公司改制征求意见书"进行股份回购，并无不当。

鉴于上述最高院案例，在法律并未禁止有限责任公司与股东达成股权回购约定，最高院亦以指导案例支持对离职员工股权进行回购，那么，这是否意味着，在对赌协议中，公司与股东也可以就股权回购达成约定？

4. 上市对赌协议中，公司与投资方之间的股权回购约定是否有效

笔者认为，在公司投融资的上市对赌架构中，公司与投资方之间的股权回购约定是无效的。主要原因在于：如果赋予当事人自主创设股份回购条件，无异于造成变相偿还股东投资，违反了"资本不得抽回"的原则；更重要的是，如果允许公司和股东之间任意回购股份，投资方将投资风险转嫁给公司，并造成公司责任财产的不当减少，进而损害公司、其他股东以及债权人合法利益。

因此，需要注意的是，在上市对赌的场合，投资者与股东之间的股权回购约定在不违反法律法规强制性规定的情形下，原则上是有效的。但是，公司作为被投资主体，不应与投资方股东达成具有对赌性质的股权回购约定，公司与投资方之间的股权回购型对赌，因损害债权人利益及违背公司法的资本维持原则，可能面临无效的后果。

⚖ 股东战术指导

在上市对赌中，公司如何避免风险，获得对赌协议的双赢是对赌双方最关心的问题。笔者通过对大量"对赌案例"的研究，从中梳理出上市对赌协议中隐藏的三大风险，具体分析如下：

风险之一：证监会审核风险

证监会曾多次在保荐代表人的培训中说明，预上市企业不得有业绩对赌、上市对赌、股权对赌、董事会一票否决权安排以及企业清算有限受偿协议等五类对赌协议的存在，并要求保荐机构要督促发行人在过会前拆除对赌架构。

因此，拟上市企业如果存在对赌协议，一则须面临上市前拆除对赌架构的纠纷，二则即便侥幸上市，则有可能在上市之后由于对赌协议引发股权纠纷，从而影响上市企业的股权结构不稳定，而现金补偿型对赌更会导致现金流出现问题。

风险之二：上市对赌架构设计不合理

融资企业应避免签订"单向对赌"的对赌架构，而应采用"双向对赌"的对赌架构。在"对赌第一案"中，之所以法院认为所采用的对赌协议有"固定收益"的"保底"之嫌，原因之一在于该案采用了"单向对赌"的对赌架构设计，只有被融资企业未能业绩达标的"处罚"约定，却未约定业绩达标的"奖励"规则。而在最高院111号判决中，值得企业学习的一点是，该案采用了"双向对赌"的对赌架构，即规定了当企业未能达上市时企业须承担的股权回购义务，但是同时约定了企业成功上市后投资方对其采取的现金"奖励"方案，这样的设计架构更能充分调动企业的积极性，有利于双方达到双赢的局面。

风险之三：未能识别上市对赌协议中的隐藏陷阱

企业需要警惕的是，部分投资者打着投资的"幌子"，实则是以"恶意并购侵吞"企业为目的。因此，这类"魔鬼"投资者往往会在投资协议中设置"陷阱条款"，企业稍有不慎就会掉入陷阱，甚至于挥泪离开自己一手创办的企业。

在有名的昌盛集团和高盛集团的对赌案例中，昌盛集团最终对赌惨遭失败，创始人邹某昌作为进入广州地产界最早的大鳄，最后不仅上市未成功，还输掉了企业的前途，结局让人唏嘘不已。而置昌盛集团于死地的，恰恰就是那一纸"对赌协议"！

在高盛设置的对赌协议中，"陷阱"主要有两个：

第一个陷阱是高额的罚息，按照对赌协议的约定，如果昌盛集团不能按期上市，高盛旗下的创投基金可要求邹某昌按预定的价格购买其所持有全部可赎回可转换债券。另外，昌盛若未能在年期内偿还本金，该项可转债的利息按每年 28% 计算。这就意味着，一旦失败，28% 的高额罚息对任何一家公司几乎都足以致命.而投资人，在拿走 28% 的高罚息后却赚得盆满钵满。

第二个陷阱是罚息的起算时间节点，表面上看合同没问题，但实际上是一个"隐藏的陷阱"，因为投资协议上经常罗列各种计算公式，甚至很多是全英文的，非专业人士很容易疏忽此处的陷阱。而上市失败后，当高盛的财务总监拿着计算结果来找邹某昌要钱时，邹某昌方才发现，28% 的罚息是从到款的第一天开始计算的，而不是从上市失败的第一天开始计算。而此时，后悔莫及已然无用。

因此，面对部分"投资者"层出不穷的"对赌陷阱条款"，企业家须练就一双火眼金睛，以抵御"野蛮人"的"入侵"。

⚖ 典型案例

2008 年 12 月 1 日，湖北天峡在湖北省宜都市工商行政管理局登记注册，注册资本 200 万元，湖北天峡作为独资法人股东持有宜都天峡 100% 的股份。

2010 年 10 月 19 日，九鼎投资中心作为甲方、蓝某作为乙方、宜都天峡公司作为丙方、湖北天峡公司作为丁方，共同签署了《苏州周原九鼎投资中心（有限合伙）对宜都天峡之投资协议书》（以下简称《投资协议书》），协议明确各方合作宗旨与目的为：资源共享，优势互补，规范管理，加快发展，产品经营与资本经营相结合，做强做大丙方主营业务，提升综合竞争力，致力于实现丙方在中国境内资本市场公开发行并上市。协议约定：乙方和丁方承诺将对丙方进行增资，本次增资后丁方占丙方增资后股份总数的 51%；甲方向丙方投资7000万元取得丙方本次增资后股份总数34.3%的股份；第三方投资者向丙方投资3000万元取得丙方本次增资后股份总数14.7%的股份。在协议规定的前提条件全部满足后五个工作日内，甲方应以现金形式支付投资款7000万元至专用账户。丙方收到甲方投资款7000万元之日，为本次投资完成之日。投资完成后，甲方按照丙方章程的规定享有股东权利并承担股东义务。协议对投资完成后的其他事项作出了具体约定。其中第七条关于业绩承诺和股权奖励条款项下载明：乙方、丙方、丁方共同进行丙方的经营业绩承诺，保证丙方2010年度实现净利润不低于1500万元，2011年实现净利润不低于3000万元，2012年度实现净利润不低于5000万元。如丙方2010年、2011年与2012年实现的年度净利润均达到或超过本协议承诺的业绩指标，甲方和第三方投资者按照各自持有股权比例，将不少于三次增资后9%的丙方股权作为奖励赠予丁方，其中甲方奖励丁方本次增资后6.3%的丙方股权，第三方投资者奖励丁方本次增资后2.7%的丙方股权。如丙方公开发行股票申请在2013年12月31日之前通过中国证券监督管理委员会审核，则不论丙方是否实现了本协议了7.1条中所承诺之业绩，甲方和第三方投资者按照各自持有股权比例，将本次增资后9%的丙方股权作为奖励赠予丁方，其中甲方奖励丁方本次增资后6.3%的丙方股权，第三方投资者奖励丁方本次增资后2.7%的丙方股权。如果丙方2013年12月31日之前公开发行股票申请尚未通过中国证券监督管理委员会审核，若丙方2010年、2011年与2012年实现的年度净利润均达到或超过本协议承诺的业绩指标，2013年度丙方实现净利润达到1亿元，且丙方鱼子酱产品产生的净利润不超过4000万元，甲方和第三方投资者将按照各自持有的股权比例再奖励丁方本次增资后2%的丙方股权，其中甲方奖励丁方本次增资后1.4%的丙方股权，第三方投资者奖励丁方本次增资后0.6%的丙方股权。如果丙方公开发行股票申请在2013年12月31日前通过中国证券监督管理委员会审核，则上列未通过审核情形下奖励条款自动失效。如果丙方公开发行股票申请通过中国证券监督管理委员会审核，且甲方持有的丙方股份实现上市变现后，甲方与第三方投资者按股权比例共同奖励乙方现金500万元。上述股权奖励约定的第三方投资者给予丁方的奖励，由乙方、丙方、丁方与第三方投资者所协商、确定和督促收取，最终其是否及怎样协商、确定和收取与甲方无关。

甲方在该协议书中承诺并保证：按照协议要求按时完成投资入股的相应流

程，足额到位投资资金；采取具体行动积极协助丙方实现在国内 a 股市场公开上市；投资后通过董事会、股东会参与丙方管理；协助丙方拓展客户领域，选择投资项目，物色并购对象，推进丙方做大做强。积极协助丙方获取 1 亿元的贷款融资额度。《投资协议书》还约定：本协议中未尽事宜或出现与本协议相关的其他事宜时，由各方协商解决并另行签订补充协议，补充协议与本协议具有同等的法律效力。《投资协议书》还对其他相关事项进行了约定。

同日，《投资协议书》四方主体即甲方九鼎投资中心、乙方蓝某、丙方宜都天峡公司、丁方湖北天峡公司又共同签署一份《补充协议》，约定：除非甲方另以书面形式同意延长，如果丙方自本次投资完成之日起至 2014 年 12 月 31 日的期间内丙方未完成公开发行股票和上市，则甲方可于 2014 年 12 月 31 日后随时要求丙方、乙方及丁方受让甲方持有的全部或部分丙方股份，乙方和丁方承诺予以受让。乙方及丁方受让价款计算公式如下：受让价款 = 甲方总投资额 $\times$（1+8%）n - 甲方入股期间从丙方获得的业绩补偿 - 甲方届时因已转让部分丙方股份所取得的收入（含已分红的收入）。上述公式中，n 代表甲方持有股份的时间，时间从甲方投资款汇到丙方验资账户之日起开始计算，到甲方收到所有受让价款之日结束（n 精确到月，如两年三个月，则 n=2.25）；如果乙方、丁方对丙方发行上市申报不予以正常配合，或者丙方提交甲方的尽职调查材料以及本次投资后的材料中相关数据有重大虚假（差额 10% 以上），或者乙方实际控制的其他投资、经营任何与丙方主营业务相关的其他业务或企业且其资产规模超过丙方资产规模的 5%；则甲方有权选择在上述任何一种情况出现后一个月内要求乙方受让甲方持有的全部或部分丙方股份，乙方承诺予以受让，受让价格具体按照以下公式确定：受让价款 = 甲方总投资额 $\times$（1+8%）n - 甲方入股期间从丙方获得的业绩补偿 - 甲方届时因已转让部分丙方股份所取得的收入（含已分红的收入）。上述公式中，n 代表甲方持有股份的时间，时间从甲方投资款汇到丙方验资账户之日起开始计算，到甲方收到所有受让价款之日结束（n 精确到月，如两年三个月，则 n=2.25）。

2012 年 10 月 25 日，会计师事务所向宜都天峡公司出具的亚会审字（2012）148 号《宜都天峡审计报告》中所附企业利润表显示，宜都天峡公司 2012 年 1 月至 6 月营业总收入为 3233.683467 万元。2012 年 12 月 31 日宜都天峡公司编制的《利润表》显示本年度该公司营业总收入为 2332.313769 万元，《利润表（合并）》显示本年度该公司营业总收入为 2324.469105 万元。《利润表》记载本年度净利润为 −435.491382 万元，《利润表（合并）》记载本年度净利润为 −485.175892 万元。

因各方当事人投资合作不畅，2013 年 10 月 28 日，九鼎投资中心向湖北省高级人民法院提起本案诉讼，认为蓝某、宜都天峡公司、湖北天峡公司分别或共同违反了《投资协议书》和《补充协议》约定的义务，侵犯了九鼎投资中心的合法权益。请求法院判令：一、判令蓝某、湖北天峡公司向九鼎投资中心支付 9023 万元受让九鼎投资中心所持有的宜都天峡公司 49% 的股份；二、判令蓝某和湖北天峡公司连带承担违约责任，赔偿九鼎投资中心损失 4655 万元；三、判令蓝泽桥、宜都天峡公司、湖北天峡公司承担本案诉讼费用。

原审法院经审理认为，本案的争议焦点是：蓝某、湖北天峡公司是否应以《补充协议》约定价款受让九鼎投资中心所持有的宜都天峡公司 49% 的股份，以及蓝泽桥、湖北天峡公司在本案中应否赔偿因其违约造成九鼎投资中心的损失。

从本案诉讼的成因分析，其性质属于股权投资过程中投资方与融资方签订协议进行溢价增资，当投资方预期投资利益无法达到时，触发投资方行使退出权利条款所引发的案件。该类纠纷中，股权投资方与被投资方出于对未来不确定因素的考量，通常根据协议设定预期目的实现与否来约定由投资方或者融资方实现一定的权利或义务。所设条件的内容包括对所投资公司的财务绩效、利润实现和公司能否实现上市等方面。由于投资方最初以溢价方式对被投资方进行增资而成为新股东，则原股东在此种情况下首先将获得该溢价部分的相对股东权益。一旦企业运营的实际绩效达到预期，原股东还可能实现再次获利。故投资方为化解自身商业风险，通常会与原股东协商签订相应条款，约定在预期盈利目标无法实现时，重新确定双方的股权比例。该条款本身因商事交易的利益平衡而产生，以当事人意思自治为前提，具有其合理性。本案四方当事人签订的《补充协议》中所设定的投资方退出条款类型属于股权回购，即如果被投资公司发生预设情形时，投资方可要求原始股东及关联义务人按协议约定溢价回购投资者股份。

根据庭审查明的情况，蓝某、宜都天峡公司和湖北天峡公司对九鼎投资中心提交的证据真实性均无异议，涉案《投资协议书》及《补充协议》系各方当事人的真实意思表示，协议内容不违反法律、行政法规禁止性规定，应为合法有效。《补充协议》中约定的特定情形出现时九鼎投资中心有权要求蓝某、湖北天峡公司承担股份回购义务的条款以及蓝某、湖北天峡公司所作出的受让承诺，均属民事主体在缔约过程中应当充分认识的商业风险，与协议中的相关股权奖励条款相对应，未超过其合理预期，亦不违反法律法规的禁止性规定。故合同约定情形出现时，负有契约义务的当事人依法应当按约定履行自己的承诺。

蓝某、宜都天峡公司、湖北天峡公司提出的因九鼎投资中心违约行为导致其股权回购诉请不能成立的抗辩观点，均不能成立。至于蓝某、宜都天峡公司、湖北天峡公司主张九鼎投资中心未完成积极协助宜都天峡公司获取1亿元贷款融资额度承诺，继而增加公司财务成本造成损失亦属违约问题。因九鼎投资中心承诺的仅为协助义务，且该协助义务并无相应对宜都天峡公司贷款必须进行担保行为等的细化约定，故认定九鼎投资中心违反合同约定缺乏事实依据。

本案《补充协议》将触发回购条款的条件预设为两项……针对上述两种预设条件具体分析，《证券法》第十三条规定："公司公开发行新股，应当符合下列条件：一、具备健全且运行良好的组织机构；二、具有持续盈利能力，财务状况良好；三、最近三年财务会计文件无虚假记载，无其他重大违法行为；四、经国务院批准的国务院证券监督管理机构规定的其他条件。上市公司非公开发行新股，应当符合经国务院批准的国务院证券监督管理机构规定的条件，并报国务院证券监督管理机构核准"；中国证券监督管理委员会颁布的《首次公开发行股票并上市管理办法》第三十三条规定："发行人应当符合下列条件：一、最近3个会计年度净利润均为正数且累计超过人民币3000万元，净利润以扣除非经常性损益前后较低者为计算依据；二、最近3个会计年度经营活动产生的现金流量净额累计超过人民币5000万元；或者最近3个会计年度营业收入累计超过人民币3亿元；三、发行前股本总额不少于人民币3000万元；四、最近一期末无形资产（扣除土地使用权、水面养殖权和采矿权等后）占净资产的比例不高于20%；五、最近一期末不存在未弥补亏损。"依照上述规定，宜都天峡公司若期望在2014年12月31日前实现上市，需在2014年前向证券监督管理机构报送审批材料，最近三个会计年度的净利润必须为正数，且最近三年会计文件无虚假记载。按证券业常理分析，宜都天峡公司应以2010、2011、2012三个会计年度的会计文件呈报，但2012年12月31日宜都天峡公司编制的《利润表》记载本年度净利润为 -485.491382 万元，《利润表（合并）》记载本年度净利润为 -485.175892 万元，上述证据证明该年度宜都天峡公司净利润为负数，企业发生亏损。则宜都天峡公司已经无法满足 2014 年 12 月 31 日前公开发行股票并申请上市的先决条件。再者，宜都天峡公司委托作出的评估报告显示，企业 2012 年 1 月至 6 月营业总收入为 3233.683467 万元。但 2012 年 12 月 31 日宜都天峡公司编制的《利润表》显示本年度该公司营业总收入为 2332.313769 万元，《利润表（合并）》显示本年度该公司营业总收入为 2324.469105 万元。上述财务报表中全年营业总收入低于半年营业总收入的记载，明显与基本财务常理相悖，可认定存在虚假。且两数额之间相差数额巨大，已超过《补充协议》中约定的 10% 差额上限。故结合上述分析，《补充协议》中预设的两种退出情形均已产生，应认定九鼎投资中心诉请蓝某、湖北天峡公司回购其持有的宜都天峡公司股份符合合同约定。

关于蓝某、湖北天峡公司主张协议中所设定的回购时间尚未起始问题。虽然《补充协议》第一条约定如宜都天峡公司自投资完成之日起至 2014 年 12 月 31 日的期间内未完成公开发行股票和上市，则九鼎投资中心可于 2014 年 12 月 31 日后主张股份回购……且本案庭审中蓝某、湖北天峡公司也均已自认宜都天峡公司未达到《投资协议书》中相关业绩承诺，约定的公开发行并上市的目标无法完成。依据《合同法》第一百零八条关于当事人一方明确表示或者以自己的行为表明不履行合同义务的，对方可以在履行期限届满之前要求其承担违约责任的规定，九鼎投资中心可以依照合同约定要求蓝某、湖北天峡公司承担回购责任，并不受《补充协议》约定的权利起始日条件约束。

一审法院判决：一、蓝某、湖北天峡公司于该判决生效之日起十五日内向九鼎投资中心支付人民币 3989.2869 万元，用于受让九鼎投资中心持有的宜都天峡公司 49% 的股份；二、驳回九鼎投资中心的其他诉讼请求。本案案件受理费 70.855 万元，由九鼎投资中心负担 14.855 万元，蓝泽桥、湖北天峡公司共同负担 56 万元。

蓝泽桥与湖北天峡公司均不服原审法院上述民事判决，向最高人民法院提起上诉。

最高人民法院经审理认为，争议焦点为：一、案涉《投资协议书》和《补充协议》中回购股份条款的法律效力；二、蓝某与湖北天峡公司是否应当承担回购股份的民事责任。九鼎投资中心是否存在违约行为，是否影响本案民事责任的承担结果；三、九鼎投资中心主张权利的起始时间应如何认定；四、原审判决对九鼎投资中心持有的宜都天峡公司股份份额的认定是否正确；五、本案是否存在诉讼程序违法的问题。

关于案涉《投资协议书》和《补充协议》中回购条款的法律效力问题。首先，从诉争的两份协议书的内容看，立约各方为达到使宜都天峡公司增资、在中国境内资本市场公开发行股票并上市之目的，先签订了《投资协议书》，约定蓝泽桥、宜都天峡公司以资产及股权增资，九鼎投资中心则以资金注入方式对目标公司宜都天峡公司进行增资，协议包括业绩承诺与股权奖励等条款内容；同日，为保证投资方基本投资利益的实现，各方当事人又签订了《补充协议》，主要包括在一定条件下被投资方股东回购股份的承诺等内容。案涉两份协议系典型的商事合同，《补充协议》系对《投资协议书》的补充约定，二者系同一天达成，共同完整地构成了各方当事人的意思表示。《补充协议》中有关两种情形下被投资方股东应当回购股份的承诺清晰而明确，是当事人在《投资协议书》外特别设立的保护投资人利益的条款，属于缔约过程中当事人对投资合作商业风险的安排。该条款与《投资协议书》中的相关股权奖励条款相对应，系各方当事人的真实意思表示。其次，案涉协议关于在一定条件下被投资方股东回购股份的内容不违反国家法律、行政法规的禁止性规定，不存在《合同法》第五十二条所规定的有关合同无效的情形。诉争协议系各方当事人专为此次交易自愿达成的一致约定，并非单方预先拟定或者反复使用，不属于我国合同法所规定的格式合同或者格式条款，不存在显失公平的问题。蓝某、湖北天峡公司提出回购股份的条款属于格式条款、有违公平原则的上诉理由缺乏事实与法律依据，不能成立。因此，原审判决认定案涉《补充协议书》与《补充协议》，包括在一定条件下被投资方股东回购股份的承诺等内容合法有效正确，本院予以维持。

关于蓝某与湖北天峡公司是否应当承担回购股份的民事责任问题。本案中，宜都天峡公司委托作出的评估报告与该公司自己编制的财务报表显示，宜都天峡公司存在财务虚假，且虚假程度已超过《补充协议》中约定的10%差额上限；宜都天峡公司在2012年出现亏损，湖北天峡公司在《投资协议书》中的相关业绩承诺并未实现，根据《公司法》《证券法》等法律法规有关企业公开发行股票并上市的条件规定，宜都天峡公司在 2014 年 12 月 31 日前无法上市已呈事实状态，《补充协议》所约定的股份回购条件业已成就。蓝某与湖北天峡公司应当依约履行自己的合同义务，向九鼎投资中心承担回购股份的民事责任。一审判决认定蓝某与湖北天峡公司应当承担回购股份的民事责任，具有合同与法律依据。

关于九鼎投资中心主张权利的起始时间问题。由于本案原审原告九鼎投资中心起诉时宜都天峡公司存在财务虚假、案涉《投资协议书》中的相关业绩承诺亦未实现，宜都天峡公司在 2014 年 12 月 31 日前无法上市已呈事实状态，案涉《补充协议》所约定的股份回购条件业已成就，蓝某与湖北天峡公司的违约行为导致九鼎投资中心签订案涉协议的合同目的已无法实现，故九鼎投资中心提起诉讼具有合同与法律依据，原审判决的相关认定并无不妥，蓝某与湖北天峡公司有关九鼎投资中心起诉时间不符合合同约定的上诉理由不能成立，本院不予支持。

关于原审判决对九鼎投资中心所持有的宜都天峡公司股份份额的认定问题。案涉协议的实际履行情况、宜都天峡公司工商登记中的股权信息、宜都天峡公司登记备案的公司章程以及上诉人在原审中自认的事实共同表明，《投资协议书》所涉第三方投资曾已到位，其后退出，相关退出协议中明确了撤资责任在于蓝某与湖北天峡公司，与九鼎投资中心无关；宜都天峡公司工商变更登记由蓝某与湖北天峡公司主导完成。故原审判决确认九鼎投资中心持有宜都天峡公司 49% 的股份，具有事实和法律依据，本院予以维持……

综上所述，原审判决认定事实清楚，适用法律正确，审判程序合法，依法应予以维持。依照《民事诉讼法》第一百七十条第一款第一项之规定，最高人民法院判决如下：

驳回上诉，维持原判。①

---

① 蓝某、宜都天峡、湖北天峡与九鼎投资其他合同纠纷二审民事判决书，最高人民法院民事判决书（2014）民二终字第111号（以下简称111号判决），限于篇幅略做删减，读者可自行查阅判决书全文以全面了解案情。

·法条链接·

《中华人民共和国公司法》

第七十四条　有下列情形之一的，对股东会该项决议投反对票的股东可以请求公司按照合理的价格收购其股权：

一、公司连续五年不向股东分配利润，而公司该五年连续盈利，并且符合本法规定的分配利润条件的；

二、公司合并、分立、转让主要财产的；

三、公司章程规定的营业期限届满或者章程规定的其他解散事由出现，股东会会议通过决议修改章程使公司存续的。

自股东会会议决议通过之日起六十日内，股东与公司不能达成股权收购协议的，股东可以自股东会会议决议通过之日起九十日内向人民法院提起诉讼。

业绩对赌失败后，能否要求约定的补偿金调整

案件要旨

在投融资中，投资方和被融资股东之间的业绩补偿约定，不损害公司及其债权人的利益，不违反法律法规的禁止性规定的应为有效约定；业绩补偿条款非基于违约产生，其性质并非违约金，要求调整业绩补偿条款所涉金额缺乏依据，不予支持。

案件来源

最高人民法院民事裁定书　黎某与卓景公司及金茂公司增资纠纷案申请再审民事裁定书（2015）民申字第 2593 号

股东纠纷焦点

本案焦点在于：对赌失败后，谁来买单；赌输的一方可否可要求调整业绩补偿金的金额？

⚖ 法理探析

谁为"对赌失败"埋单？

蒙牛对赌摩根士丹利、雨润对赌高盛等成功案例的一战成名，吸引众多公司纷纷加入"对赌融资"的浪潮。然而，对赌究竟是天使还是魔鬼，只有在对赌失败的那一刻才会有痛彻心扉的体会。

本案是最高人民法院判决的又一起经典的对赌案件，对赌双方采用了"业绩对赌 +IPO 对赌"的模式，如果上市成功则是皆大欢喜双赢的局面，然而，可惜的是，不仅业绩没有达标，IPO 也最终失败。那么，对赌失败的苦果，该由谁来咽下？

一、对赌条款解析

本案中，双方签订的对赌协议为"业绩对赌 +IPO 对赌"。如果融资方公司不能达到约定的业绩目标（2012 年度净利润 8000 万，2013 年度净利润 1.5 亿元，2014 年度净利润 2 亿元），则由公司股东黎某给予投资方现金补偿，补偿金额计算公式为：（1− 实际完成净利润 / 承诺完成净利润）× 甲方实际投资总额。如果融资方公司不能按期上市，则投资方可要求黎某回购其股份。

而在对赌对象的选择上，投资方选择了公司的大股东黎某作为对赌对象，即当公司不能完成业绩目标或者不能上市时，须由股东黎某个人承担业绩补偿的责任。

因此，业绩对赌失败后，投资方立即起诉要求股东黎某以个人资产支付约 1.8 亿元的业绩补偿金。由此引起的思考为：高达 1.8 亿元的巨额补偿金，由股东黎某个人承担是否有失公平？股东黎某能否要求调低该补偿金的金额？解决上述问题之前，笔者将首先辨析合同违约金的适用范围，并在此基础上进一步探讨业绩补偿金的法律性质。

二、对赌业绩补偿金是否可以过高为由适当调低

对于"对赌协议"中业绩补偿的性质，实践中存在很多种观点，如"无偿捐赠说""保证合同说""合同违约金说""合同价款调整说"等等，本案中股东黎某即持"合同违约金说"，认为该业绩补偿金的性质应为违约金，约 1.8 亿

的违约金过高，故而要求法院予以调整。

1．违约金的概念

违约金是指不履行或者不完全履行合同义务的违约方按照合同约定，支付给非违约方一定数量的金钱。违约金责任是《合同法》确定的合同违约方应当承担违约责任的方式之一。

从违约金责任的构成要件而言，违约方承担违约金责任需要具备以下条件：合同当事人一方具有违反合同的行为，如果无违约行为，则违约金没有适用的余地；对违反合同的违约责任有约定，《合同法》确认的违约金责任为约定违约金责任，如果合同双方对于违约金并没有明确约定，则一般不能要求承担违约金责任（法定违约金责任除外）；当事人的违约行为没有免责事由。

2．违约金可以调整的法律依据

根据《合同法》第一百一十四条的规定，约定的违约金低于造成的损失的，当事人可以请求人民法院或者仲裁机构予以增加；约定的违约金过分高于造成的损失的，当事人可以请求人民法院或者仲裁机构予以适当减少。但是，违约金过高或者过低的调整要通过当事人自己请求，法院未经当事人请求不得依职权调整违约金的金额。

因此，假设本案中黎某主张"业绩补偿金系违约金"的理由成立，业绩补偿金约 1.8 亿如果被认定过高，则可以要求法院予以适当减少。但是，如果"业绩补偿金不是违约金"的话，则黎某不能主张减少，而只能以个人资产支付该约 1.8 亿的补偿金。

3．业绩补偿金性质为合同义务条款，并非违约金条款

笔者认为，本案中业绩补偿条款的性质，应是合同义务，而非承担违约责任。

在本案的对赌协议中，股东个人（黎某）与投资方（卓景公司）签订的业绩补偿条款，在不损害金茂公司及金茂公司债权人的利益，不违反法律法规的禁止性规定下，是有效的。

而对于业绩补偿条款的性质判断，笔者认为，违约责任承担的前提必须是未能履行合同义务故而需要承担违约责任，即基于违约行为方能产生违约金。而本案的业绩补偿条款约定的内容是：如果金茂公司未能业绩达标，黎某应支付卓景公司现金补偿。即本案中的业绩补偿条款是在出现某种约定的条件时应履行的合同给付义务，而非基于违约行为而产生的违约责任。

本案经绍兴市中级人民法院一审、浙江省高级人民法院二审及最高院再审后，最高人民法院认为："案涉业绩补偿条款非基于违约产生，其性质并非违约金，且黎某在一审期间也未主张调减，故黎某关于应调整业绩补偿条款所涉金额的理由缺乏依据。"最终最高院裁定驳回黎某的再审申请，黎某需按照对赌条款约定的计算方式向亘景公司支付业绩补偿金 17942.0365 万。

如此，本案对赌失败后的责任由黎某个人承担，补偿金近 1.8 亿！

⚖ 股东战术指导

业绩对赌作为最为常见的对赌方式之一，企业家在审核"业绩对赌条款"时需注意防范以下风险。

第一，股东个人承担巨额业绩补偿金的风险。在投融资中，对赌惨败后，对赌对象一般是公司的控股股东或者大股东，即一般对赌协议中约定由控股股东来支付业绩补偿金，如此一来，则意味着控股股东须以个人的资产为对赌失败买单。因此，实践中，不乏股东个人将自己名下别墅、股权、基金等资产变卖以填补"天价业绩补偿金"的"窟窿"。很多成功的企业家甚至于"一朝回到解放前"，让人不胜唏嘘。

因此，公司在签订对赌协议中，对于业绩对赌中的业绩补偿的"计算方式"需要格外小心，尽量做到将计算方式进行细化，并仔细衡量业绩补偿公式可能带来的风险，以免一不小心掉入"巨额业绩补偿金"的陷阱。

第二，公司控制权旁落的风险。在业绩对赌中，投资方除了约定在不能完成业绩目标时由股东个人支付业绩补偿金外，一般还会约定如果股东个人无法支付业绩补偿金的，则需将股东个人持有的公司股份以极低的价格转让给投资方，以弥补投资方的投资损失。由此会造成创始股东丧失控制权的风险，一旦创始人的控制权旁落，则意味着创始人将从此被踢出局。

⚖ 典型案例

2012 年 4 月 13 日，金茂公司召开临时股东会，审议同意接纳卓景公司为公司新股东、通过增资议案、同意修改公司章程、增选卓景公司法定代表人汪某为公司董事会成员等，并形成《决议》两份。2012 年 4 月 18 日，卓景公司、黎承健和金茂公司正式签订《金茂有限公司增资协议》（简称《增资协议》），约定：乙方（金茂公司）注册资本由 8700 万元增加至 11000 万元，增资部分由甲方（卓景公司）以现金方式认购，其他股东放弃优先认购权；甲方以溢价方式认购乙方本次增资，即甲方以 12880 万元认购乙方 2300 万元的新增出资。协议还对投资款支付方式、相关手续的办理、保证和承诺、违约责任、协议的变更和解除等内容作了约定。同日，卓景公司、黎承健和金茂公司又签订了《补充协议》，约定：乙方（金茂公司）与丙方（黎某）承诺，金茂钛业 2012 年、2013 年和 2014 年经具有证券业务资格会计师事务所审计的以扣除非经常性损益前后孰低为标准计算的净利润不低于：2012 年度 8000 万元，2013 年度 1.5 亿元，2014 年度 2 亿元；若金茂公司实际利润未达到上述指标，丙方则在当年经具有证券业务资格的会计师事务所出具正式审计报告后 30 日内给予甲方现金补偿，补偿金额计算公式如下：（1- 实际完成净利润／承诺完成净利润）×甲方实际投资总额；乙方与丙方同意并保证，以金茂公司为未来在国内 A 股市场的上市主体；若乙方未能在 2014 年 12 月 31 日前完成在国内上市或乙方明确放弃上市计划，则甲方有权要求丙方回购甲方持有的金茂公司股份等。黎某在该《补充协议》上签字，但未盖章。协议签订后，卓景公司于 2012 年 5 月 8 日通过中国建设银行向金茂公司转账支付了投资款 12,880 万元。2013 年 5 月 8 日和 2014 年 4 月 8 日，大信会计师事务所分别出具大信审字（2013）第 2-00788 号、（2014）第 2-00390 号《审计报告》两份，审计得出金茂公司 2012 年和 2013 年的综合收益总额分别为 3489.1787 万元和 2562.5609 万元。另查明，截至本案原审开庭之日，金茂公司未能在国内 A 股市场上市。

2014 年 7 月 17 日卓景公司起诉称，自增资后，公司经营三年下来，金茂公司盈利状况并未达到预期目标，据大信会计师事务所（2013）第 2-00788 号、（2014）第 2-00390 号《审计报告》显示，金茂公司 2012 年度净利润 3489.1787 万元、2013 年度净利润 2562.5609 万元，均未达到《补充协议》约定的承诺值，同时金茂公司的股份制改造及高新技术企业的申报工作也均未能在 2013 年 6 月份完成。鉴于金茂公司目前的经营状况，客观上已不可能在 2014 年 12 月 31 日前上市。卓景公司认为，卓景公司作为投资方，在认购增资前不参与企业的日常经营管理，客观上不可能及时、全面了解被投资企业金茂公司的真实资产和盈利状态及盈利能力，基于黎承健和金茂公司的关于业绩和上市的承诺，卓景公司才愿意承担巨大的商业风险同意融资方提出的 5.6 倍的溢价认购增资，现金茂公司无法达到承诺业绩，且不能按期上市，卓景公司不但预期投资目的不能实现，且为投资失败付出巨大代价。请求：黎承健向卓景公司支付业绩补偿款 17942.0365 万元，并支付按银行同期贷款利率自起诉之日起至判决履行之日止的利息。

原审法院审理认为，本案的争议焦点是：一、《补充协议》的性质及效力问题；二、黎某是否需要支付给卓景公司业绩补偿款以及具体的补偿款金额问题。

关于《补充协议》的性质及效力问题。黎某认为与公司增资有关的《增资协议》已经履行完毕，《补充协议》实为双方就联合经营金茂公司所作的约定，本案应定性为联营合同纠纷。该院认为，《补充协议》中明确约定该协议是为了进一步明确各方当事人在《金茂钛业有限公司增资协议》中的权利义务，当两者不一致时，以《补充协议》为准。且协议的具体内容是黎某作为卓景公司入股的目标公司即第三人金茂公司的股东，以个人名义对卓景公司作出的投资补偿承诺，该承诺虽与目标公司的经营业绩挂钩，但与双方如何联合经营目标公司无关，也不会损害公司利益和公司债权人利益，亦不违反法律法规的禁止性规定。结合本案卓景公司诉请判令黎某支付业绩补偿款的理由是金茂公司未能完成黎某在签订一系列有关增资方面协议时给卓景公司承诺的业绩的情节，将本案定性为公司增资纠纷并无不当。黎某又辩称该协议上没有加盖其私章，该协议依法未生效。该院认为，虽然该协议中载明了"本补充协议经各方代表签字且盖章后生效"的条款，但根据通常解释，签字且盖章一般是针对法人或其他组织而言，作为自然人的被告，既已在该协议上签字确认，就足以证明该协议是系真实意思表示，无须再加盖个人私章进行重复确认，且纵观本案其他证据，双方在签订其他协议时，黎某从未加盖过私章，故对黎某认为因其未加盖私章而致使《补充协议》未生效的抗辩理由，不予采信。黎某还辩称该协议是在卓景公司口头承诺在入股后再出借 2 亿多元现金给金茂公司作为流动资金使用的诱惑下所签，但未能提供证据证明，应当承担举证不能的责任。现各方对《补充协议》的真实性均无异议，结合以上所述，应当认为该协议已依法成立并生效。

关于黎某是否需要支付给卓景公司业绩补偿款以及具体的补偿款金额的问题。根据卓景公司提供的大信审字（2013）第 2-00788 号、（2014）第 2-00390 号《审计报告》记载，金茂公司 2012 年净利润为 3489.1787 万元，2013 年净利润为 2562.5609 万元，均未达到黎某在《补充协议》中作出的 2012 年净利润 8000 万元和 2013 年净利润 1.5 亿元的承诺。黎黎某辩称大信会计师事务所采用的审计方法错误，该审计方法适用于上市公司，不能客观反映出金茂公司的经营业绩。但根据《补充协议》第三条的有关内容，金茂公司净利润的计算是以具有证券业务资格的会计师事务所审计的以扣除非经常性损益前后孰低为标准，显然大信会计师事务所出具的上述审计报告并未违反合同约定，且黎承健也未向法院提出重新审计的申请，故大信会计师事务所出具的大信审字（2013）第 2-00788 号、（2014）第 2-00390 号《审计报告》可以作为考量金茂公司 2012 年和 2013 年净利润的依据。现金茂公司未完成黎某在《补充协议》中对卓景公司承诺的业绩，黎某应当根据该协议承诺向卓景公司承担支付业绩补偿款的责任。根据业绩补偿条款记载，黎某需向卓景公司支付的业绩补偿款计算如下：2012 年的业绩补偿款为 7262.4222 万元 [（1－3489.1787/8000）×12880]；2013 年的业绩补偿款为 10679.6143 万元 [（1－2562.5609/15000）×12880]，两者合计 17942.0365 万元。

综上，《补充协议》系各方当事人的真实意思表示，内容未违反法律法规的禁止性规定，应属有效。因金茂公司未能完成黎某在该协议中对卓景公司作出的业绩承诺，卓景公司要求黎某承担支付业绩补偿款的责任于法有据，予以支持。原审绍兴市中级人民法院于 2015 年 1 月 26 日作出（2014）浙绍商初字第 48 号民事判决：黎某于判决生效之日起十日内支付给卓景公司业绩补偿款 179,420,365 元，并支付该款自起诉之日起至判决确定的履行之日止按中国人民银行公布的同期同类贷款基准利率计算的利息。

宣判后，黎某不服原审法院上述民事判决，向浙江省高级人民法院提起上诉。

二审浙江省高级人民法院在审理中认为本案的争议焦点为：一、本案案由为公司增资纠纷还是联营合同纠纷；二、原审认定"同日，三方又签订了补充协议"是否正确；三、案涉补充协议是否合法有效；四、若案涉补充协议合法有效，黎承建是否需要承担业绩补偿责任，款项如何认定。就以上问题，分析如下：

关于争议焦点一，本案实质为增资过程中的原股东黎某与新股东卓景公司间就"对赌条款"所引发约纠纷。该"对赌条款"为黎黎某以个人名义对新股东即卓景公司作出的投资补偿承诺，属于增资过程中的一部分，从案涉《增资协议》与《补充协议》合同名称以及主要内容均反映两协议主要内容系约定金茂公司增资过程中各方权利义务关系，原审法院对案由定性正确。黎某上诉认为本案案由应确定为"联营合同纠纷"，而联营合同根据《民法通则》的规定，主体系法人或事业单位，本案并不存在卓景公司与金茂公司联营的情况，而是卓景公司增资金茂公司，因此黎某该主张无事实和法律依据。

关于争议焦点二，原审认定正确。关于争议焦点三，案涉《补充协议》是否合法有效？一、关于"签字且盖章后生效"的理解。签字且盖章的约定目的在于确认本协议为各方真实意思表示，在黎某已亲自签署协议，且对签名的真实性无异议的情况下，应认定《补充协议》系其真实意思表示，故协议已生效。二、现有证据不足以认定协议系基于卓景公司入股后将再出借两亿元资金基础上签署，难以认定黎某系受欺诈签订该合同。三、根据合同法第第五十六条第二款的规定，合同部分无效，不影响其他部分效力的，其他部分仍然有效。本案的诉讼请求为卓景公司要求黎某承担金茂公司利润未达标的业绩补偿金，该诉请主要依据《补充协议》第3.1条与3.2条。《补充协议》中其他有关金茂公司及其股东权利部分的条款，因与本案诉讼请求无关，本院对其效力不做评判。就讼争的条款内容，黎某与卓景公司均签字或盖章确认，且该约定属于黎某的个人责任，不影响金茂公司及其股东权利，与金茂公司及其股东无利害关联，故黎承健上诉中有关于《补充协议》中诸多条款侵害金茂公司及其股东利益，故合同整体无效的主张不能支持。

关于争议焦点四，黎某需要承担业绩补偿款的金额确定问题。一、业绩补偿条款的计算方式为（1－实际完成净利润÷承诺完成净利润）×卓景公司实际投资总额，可见该金额与金茂公司实际业绩挂钩，并不存在按期收取固定利润的情况，未违反国家相关金融规定。二、大信会计师事务所系受金茂公司委托进行审计，该所有无曾关卓景公司的集团公司服务不影响对其报告的采信。三、关于是否显失公平的问题。民法中的显失公平主要是由于民事主体基于信息不对称、地位不平等、意思表示受到限制等原因，导致法律行为的内容严重不对价，违反了权利义务相一致的原则。而本案中增资以及对赌关系中各方均非传统的自然人主体，在交易能力、信息获取能力等方面与普通民事主体不同，属于典型的商事行为，从上述计算方式中可知，补偿金额与企业估值、企业经营预期等相关，取决于当事人的风险预测和风险偏好，应属于意思自治和可自我控制的范围，且虽黎某不能直接从增资中获取利益，但其为金茂公司大股东，金茂公司获取大量增资与其有实际利益关联，综上，案涉"对赌条款"不能认定显示公平。四、业绩补偿金系黎某对于金茂公司业绩未达标情况下的给付义务，其内容并不等同于违约金。且即使该业绩补偿金为违约金，黎某亦未在一审阶段提出调整违约金的请求，如前所述，该业绩补偿金的计算结果系由商事主体基于自身风险预测和风险偏好决定，应遵从当事人的意思自治，故对该业绩补偿金不予调整。

二审判决如下：驳回上诉，维持原判。

二审宣判后，黎某向最高人民法院提起再审。最高院认为，本案再审审查主要涉及以下两个问题：

一、关于一、二审审理程序是否违法的问题。本案纠纷系黎承健、卓景公司基于《补充协议》中的业绩补偿条款而发生，与金茂股东潘浩波无直接利害关系，一、二审法院对潘浩波参与本案诉讼的申请不予准许，不违反法律规定。

二、关于案涉业绩补偿条款是否有效的问题。金茂公司增资事项及内容，经过了金茂公司股东会决议，《补充协议》中黎承健个人与卓景公司约定的业绩补偿条款，与金茂公司无法律关系，不以金茂公司股东会通过为生效的前提条件。同时，该约定也只涉及卓景公司与黎承健个人，并不损害金茂公司及其债权人的利益，不违反法律法规的禁止性规定，故一、二审法院按照该约定，判决黎某承担给付责任，有合同及法律依据。其次，大信会计师事务所具有相应资质，且其是受金茂公司的委托进行审计，故一、二审法院采信该报告并无不妥。另外，案涉业绩补偿条款非基于违约产生，其性质并非违约金，且黎某在一审期间也未主张调减，故黎某关于应调整业绩补偿条款所涉金额的理由缺乏依据。

最终，最高人民法院裁定如下：

驳回黎某的再审申请。①

---

① 本部分来源于本案判决书主文，限于篇幅略做删减，读者可自行查阅判决书全文以全面了解案情。

·法条链接·

《中华人民共和国合同法》

第一百一十四条　当事人可以约定一方违约时应当根据违约情况向对方支付一定数额的违约金，也可以约定因违约产生的损失赔偿额的计算方法。

约定的违约金低于造成的损失的，当事人可以请求人民法院或者仲裁机构予以增加；约定的违约金过分高于造成的损失的，当事人可以请求人民法院或者仲裁机构予以适当减少。

当事人就迟延履行约定违约金的，违约方支付违约金后，还应当履行债务

十大经典对赌案之太子奶 VS 摩根士丹利

从豪赌央视标王成功成为家喻户晓的品牌，到"对赌"三大投行被踢出局，不少业内人士评价，李途纯的"赌"性虽成就了太子奶，最后却也因"对赌失败"毁掉了太子奶。

一、太子奶背景介绍

1990 年，一个激情汹涌的"南下"年代。这一年，李途纯出差杭州时去了一次岳王庙，望着岳飞像，读着《满江红》中的"三十功名尘与土，八千里路云和月"，他对自己的人生道路产生了彻底的怀疑，"我跪倒在岳飞像前，痛哭流涕两个多小时。"李途纯觉得自己应该趁着大好年华追求更加丰盛的人生，就像当时闯深圳的淘金客。于是，他一回湖南便辞去公职，带着 300 元钱和一麻袋书，抱着"卖苦力、扫大街"的最坏打算，坐火车去深圳创造自己的"功名"。

李途纯的第一次豪赌，贷了 10 万巨款去卖挂历，结果赚了 20 倍，李途纯也一跃成为百万富翁。1996 年 9 月，李途纯在家乡成立株洲日出江南实业集团（后改名为湖南太子奶生物科技有限公司，简称"太子奶"），开始生产乳酸菌饮料，他给这种饮料取了一个非常大气的名字——"日出牌"太子奶。

李途纯的第二次豪赌，太子奶以 8888 万夺得中央电视台日用消费品的标

王。这一举动为太子奶带来销量的一路飙升，一瞬间太子奶成为家喻户晓的乳制品品牌，并迅速成为乳酸菌行业无可争辩的老大。[1]

二、笑里藏刀的对赌协议

2007 年初，太子奶高速扩张，李途纯为了实现"赴美上市""冲刺世界 500 强"，着手引入英联、摩根士丹利、高盛等机构投资 7300 万美元，同时由花旗银行领衔，联合荷兰银行等 6 家外资银行共同对太子奶提供了 5 亿元的授信。李途纯与三大投行签署了一份对赌协议。[2]

对赌协议约定：在英联、摩根士丹利、高盛投资完成的 3 年内，如果太子奶集团的业绩增长超过 50%，就能降低三大投行的股权，如完不成 30% 的业绩增长，太子奶集团董事长李途纯将失去控制权。

三、对赌失败、两败俱伤

梦想是美好的，然而现实却总是那么的残酷。为了能将太子奶的业绩保持增长 50%，李途纯使出了吃奶的力气，他继续多元化发展，且不断扩张生产基地，但是并没有换来太子奶的高利润。据相关新闻报道，截至 2008 年 7 月底，太子奶全国销售额只完成了当年计划 36 亿元的 26.75%。而 2008 年金融危机的爆发，三聚氰胺事件的发酵，太子奶陷入了前所未有的财务困境，从签订对赌仅仅一年的时间，太子奶就触发了对赌条款。

在对赌条款被触发之后，英联、摩根和高盛频频施压，最终，李途纯与三大投行最终达成了股权转让协议。英联仅以 4.5 亿元的"转让费"即获得了李途纯的全部股份。而令人扼腕的是，该笔转让款主要以"承债"的方式进行，李途纯个人仅仅拿到了 500 万元人民币。

自此，李途纯彻底退出太子奶集团。

而作为投资方的英联、摩根和高盛，也未能在这场对赌协议中获得利润，最终两败俱伤。

---

① 参见《原来太子奶是这么输给蒙牛伊利的！创始人锒铛入狱，多次上访未果，自爆惨到"像条狗"》，来源搜狐网，网址http://www.sohu.com/a/151171789_758154

② 同上。

律师点评

对赌协议到底是"天使"还是"魔鬼",关键看对赌条款的设计和运用,如果融资公司未将对赌协议的风险进行充分识别,那很有可能就会因未发现"陷阱条款"而丧失公司控制权,甚至于不得不离开自己一手创立的企业。不得不说,太子奶对赌之后两败俱伤的结局让人扼腕不已。

太子奶使用的对赌条款属于以业绩为条件的"股权调整型对赌",这是最常见的对赌协议之一,通常在对赌协议中约定,当目标公司未能完成业绩目标时,目标公司控股股东或者实际控制人无偿或者低价将一部分股权转让给投资方。反之,则将由投资方将一部分股权转让给目标公司的控股股东或实际控制人。

对赌条款中对太子奶的盈利能力提出了很高的要求,如果李途纯能够仔细审慎地分析太子奶的发展状况,谨慎确定对赌中的业绩目标,也不会如此轻率地与三大投行签下协议。事实上,很多企业家之所以对赌失败后被踢出局,往往是因为盲目追求融资额,以及错误得高估企业未来的业绩,以至于未能对对赌协议进行客观的风险评估,最终因为轻易地签订了对赌协议而导致惨败。因此,在对赌协议中,"高业绩目标"这一"陷阱条款"必须进行谨慎对待,以免因错误高估业绩,而导致最终被出局的境地。

十大经典对赌案之俏江南 VS 鼎辉

一、俏江南背景

1988 年,一如数年之后热播剧《北京人在纽约》中所描述的,出身于知识分子家庭的张兰,放弃了分配的"铁饭碗",成为潮涌般奔赴大洋彼岸洋插队者的一员,去了加拿大。在多伦多,张兰靠刷盘子、扛牛肉、打黑工,进行自己的原始积累。她的目标是攒够 2 万美元,然后回国投资做生意。终于,在 1991 年圣诞节前夕,张兰怀揣着打工挣来的 2 万美元和创业梦,乘上了回国的飞机。

此时,张兰与日后"92 派"(邓小平南方视察之后辞职下海的企业家)的代表性人物—诸如泰康人寿的陈东升、万通地产的冯仑、慧聪网的郭凡生—基本处于同一起跑线上。

1992 年初，北京东四大街一间 102 平方米的粮店，被张兰租下并改造成了"阿兰餐厅"。伴随南方而来的春风吹遍神州，阿兰餐厅的生意随之逐渐红火。之后，张兰又相继在广安门开了一家"阿兰烤鸭大酒店"，在亚运村开了一家"百鸟园花园鱼翅海鲜大酒楼"，生意蒸蒸日上。

2000 年 4 月，张兰毅然转让了所经营的三家大排档式酒楼，将创业近 10 年攒下的 6000 万元投资进军中高端餐饮业。在北京国贸的高档写字楼里，张兰的第一家以川剧变脸脸谱为 Logo 的"俏江南"餐厅应运而生。

2008 年下半年，在易凯资本王冉的撮合之下，张兰结识了鼎晖投资的合伙人王功权。俏江南张兰与鼎晖王功权，前者急需资金扩张，后者则是有意愿入股的金主，二者自然一拍即合。①

二、对赌条款的约定

2008 年 9 月 30 日，鼎晖创投以增资的方式入股俏江南，鼎晖创投增资金额约合 2 亿元人民币，在增资完成后鼎辉持有俏江南 10.526% 的股权。据此计算，俏江南的（投资后）估值约为 19 亿元。

而鼎辉为了保障自身投资的安全退出，在对俏江南进行投资时，进行了对赌安排："如果非鼎晖方面原因，造成俏江南无法在 2012 年底之前上市，鼎晖有权以回购方式退出俏江南。"

因此，按照对赌条款的约定，俏江南如果不能在约定的时间完成上市计划，则就会触对赌条款，因此，对赌条款如同一个沉重的枷锁，逼得张兰不得不加快上市的步伐。

三、张兰对赌鼎辉输掉俏江南

2011 年 3 月，俏江南向证监会发行部提交了上市申请。但是天有不测风云，当时证监会对于餐饮企业的 IPO 申请基本处于冻结的状态。在证监会披露 IPO 申请终止审查名单，俏江南赫然在列。至此，俏江南的 A 股上市之梦破灭。张

---

① 参见《俏江南张兰是如何签下对赌协议的》品途商业评论–SUFFIX于2016年1月14日发报表与搜狐。https://www.sohu.com/a/54465805_212861

兰不得不寻求赴港上市，而横在面前的 10 号文《关于外国投资者并购境内企业的规定》又是一道不小的槛。几经波折，最终，俏江南也未能成功在香港上市。

在面临上市失败后，与鼎辉的"对赌条款"被触发，按照对赌条款的约定须回购鼎辉在俏江南的股份，但是无力回购导致鼎晖启动"领售权条款"，俏江南的出售成为清算事件又触发了"清算优先权条款"，各个投资条款如多米诺排骨一样被恶性触发，张兰最终被迫几乎"净身出户"，离开了一手创办的"俏江南"，其结果令人不胜唏嘘。

👤 律师点评

股权回购型的上市对赌是对赌协议的常见框架。但是，对于接受融资的公司而言，"上市对赌"其实隐藏着极大的风险，证监会曾多次在保荐代表人的培训中说明，预二市企业不得有业绩对赌、上市对赌、股权对赌、董事会一票否决权安排以及企业清算有限受偿协议等五类对赌协议的存在，并要求保荐机构要督促发行人在过会前拆除对赌架构。[1]

因此，拟上市企业如具存在对赌协议，一则须面临上市前拆除对赌架构的纠纷，二则即便侥幸上市，则有可能在上市之后由于对赌协议应发股权纠纷，从而影响上市企业的股权结构不稳定，而现金补偿型对赌更会导致现金流出现问题。

当然，"上市对赌"最大的风险在于：如果企业不能成功上市，则需要承担巨额的回购责任。"俏江南"在上市计划夭折之后，首先是触发了股权回购条款。而在俏江南无力回购股权之后，又随即触发"领售权条款"。"领售权条款"意味着，如果鼎辉打算出手"俏江南"股份，则张兰必须无条件跟随。最终，欧洲私募股权基金 CVC 收购俏江南，张兰出局。

"俏江南"案例给予我们的警示在于：在对赌中，投资人除了设置了苛刻的对赌条款外，还会辅以"领售权条款"及"清算优先权条款"等"陷阱条款"。相比投资人在资本市场的丰富经验，企业家却往往对资本游戏不甚了解，任由投资人设立各种投资条款，拼尽全力最后却依然功亏一篑。[2]

---

[1] 仇晓光、田阳：["对赌办议"的法律风险防控研究：以对赌第一案为中心的观察，载《证券法律评论》，2014。

[2] 本文部分内容来源于网络，鉴于网络内容较难核实，读者可自行搜索以窥全貌。

第二章　公司人事权之战

公司控制战白热化之一：如何撤换公司总经理

🔨 案件要旨

依照《公司法》的规定，有限公司的董事会解聘总经理并不需要满足《劳动法》上解除员工劳动合同的条件，董事会只要程序合法，不说明理由即可解除其总经理职务，而解聘总经理的理由是否真实和充分，并不会影响董事会决议的效力。

🔨 案件来源

广州市中级人民法院　胡晓某、广州某工业设备有限公司劳动争议二审民事判决书　广州市天河区人民法院　广州某工业设备有限公司与胡晓华劳动争议一审民事判决书[①]

🔨 股东争议焦点

本案焦点主要在于：董事会以总经理"未能实现盈利目标"的理由解聘总经理，是否合法？如何判断解聘总经理的董事会决议是否有效？

🔨 法理探析

在公司控制权争夺中，必须牢牢控制公司总经理的人选！

---

① 广州市中级人民法院　胡晓某、广州某工业设备有限公司劳动争议二审民事判决书（2017）粤01民终13467号　广州市天河区人民法院　广州某工业设备有限公司与胡晓华劳动争议一审民事判决书（2017）粤0106民初1898号

按照《公司法》第四十九条的规定，公司总经理的主要职权有：一、主持公司的生产经营管理工作，组织实施董事会决议；二、组织实施公司年度经营计划和投资方案；三、拟订公司内部管理机构设置方案；四、拟订公司的基本管理制度；五、制定公司的具体规章；六、提请聘任或者解聘公司副经理、财务负责人；七、决定聘任或者解聘除应由董事会决定聘任或者解聘以外的负责管理人员；八、董事会授予的其他职权。

不可否认的是，在公司控制权中，总经理的职位是控制权核心的一环。如果在控制权战役中失去了总经理的职位，则意味着失去了对公司内部治理的权利。在司法实践中，因为总经理职位的争夺引发的诉讼大战可谓十分精彩，而在诉讼中，双方唇枪舌剑的焦点主要在于：解聘或撤换总经理的董事会决议是否无效？是否可撤销？是否不成立？

一、判断董事会决议是否有效的标准

判断解聘总经理的董事会决议是否有效，首先需要审查董事会决议是否有导致其无效、可撤销或者不成立的事由。如果系争的董事会决议存在无效事由，或者存在可撤销的原因以及不成立的事由，则董事会决议会因效力存在瑕疵而归于无效、可撤销或不成立。笔者通过检索裁判文书网上相关案例，发现被解聘的总经理在采用诉讼救济手段时，较常用的理由是要求确认解聘总经理的董事会决议"无效"或者"可撤销"，而极少采用董事会决议"不成立"的理由。接下来笔者对"解聘总经理的董事会决议无效、可撤销或不成立"的判断标准进行一个简要的分析。

1. 何种情况下解聘总经理的董事会决议会被认定无效

对于如何认定解聘总经理的董事会决议无效，我国《公司法》第二十二条第一款做了明确规定："公司股东会或者股东大会、董事会的决议内容违反法律、行政法规的无效。"即决议内容违法的董事会决议无效。此处需要注意的是"决议内容违反法律"是指决议内容违反法律的强制性规定。因此，如果公司就解聘总经理作出了一个董事会决议，而决议内容违反了法律、行政法规，则该解聘总经理的董事会决议无效。

2. 何种情况下董事会决议可以撤销

已经作出的董事会决议，非有法定事由并依法定程序不得撤销，根据我国

《公司法》第二十二条第二款的规定：股东会或者股东大会、董事会的会议召集程序、表决方式违反法律、行政法规或者公司章程，或者决议内容违反公司章程的，股东可以自决议作出之日起六十日内，请求人民法院撤销。即撤销董事会决议一般须符合这些前提：董事会会议的"召集程序"违反法律、行政法规或者公司章程；董事会会议的"表决方式"违反法律、行政法规或者公司章程；董事会会议的决议内容违反公司章程。

根据上述法条规定，撤销董事会决议，须满足召集程序、表决方式或者决议内容存在法定瑕疵的前提条件。此处需要与认定决议无效的规定相区别的是，董事会会议的决议内容在违反"法律、行政法规"的情况下无效，而可撤销的事由须董事会会议的决议内容违反"公司章程"。

3．何种情况下董事会决议被认定为不成立

《公司法解释四》在公司法规定的公司决议无效和可撤销之外，又增加了认定"公司决议不成立"的事由：即公司未召开会议的，但依据公司法第三十七条第二款或者公司章程规定可以不召开股东会或者股东大会而直接作出决定，并由全体股东在决定文件上签名、盖章的除外；会议未对决议事项进行表决的；出席会议的人数或者股东所持表决权不符合公司法或者公司章程规定的；会议的表决结果未达到公司法或者公司章程规定的通过比例的；导致决议不成立的其他情形。

因此，在司法层面，如何判断董事会决议的效力，司法主要审查的因素为：审查董事会的"决议内容"是否合法，是否合乎章程规定；审查董事会的"召集程序"和"表决方式"是否合法，是否合乎章程规定；审查是否存在未召开董事会会议、未进行表决等导致决议不成立的事由。

二、董事会能否以"未能实现盈利目标"为由解聘总经理

董事会解聘总经理是否需要理由，即总经理的解聘应该是"有理由"才能解除，还是可以"无理由"即可解聘？《公司法》经历了"有因"解除总经理到"无因"解除总经理的过程[1]，现行有效的《公司法》第四十六条规定的有限

---

① 参见上海市第二中级人民法院民四庭刘净法官撰写的对（2010）沪二中民四（商）终字第436号一案的评析

公司的董事会的职权之一为："决定聘任或者解聘公司经理及其报酬事项。"第四十九条第一款规定："有限责任公司可以设经理，由董事会决定聘任或者解聘。"由上述法条可知，公司法确立了董事会对公司经理的聘任和解聘权。但对于董事会解聘总经理是否需要"理由"或者"原因"，公司法并未进行明确规定。我们认为，既然公司法并未规定总经理的解聘需要特定理由，则应当认为董事会无须特定理由就可以在任期内解聘总经理。

但是，需要注意的是，如果公司章程规定了董事会解聘总经理的条件，则只有在满足了公司章程中解聘总经理的条件时，公司才能以董事会决议的形式解聘总经理。例如，如果公司章程规定了"总经理在任期未满前董事会不得无理由撤换，但在总经理连续三年未能实现盈利目标时可以撤换总经理"，那么，当总经理确实存在"连续三年未能实现盈利目标时"，董事会就可以解聘。如总经理不存在上述事实，董事会无理由解聘总经理或者解聘总经理的理由不符合章程规定，则该董事会决议因违反公司章程而可撤销。

因此，如果公司章程未对解聘总经理的条件进行规定，则董事会可以"无理由"解聘总经理，即无论董事会解聘总经理的理由是否真实存在，都不影响董事会决议的效力。

败诉分析

胡某作为公司总经理，在被董事会以未实现盈利为由解聘后，向法院提起诉讼，却惨遭败诉，原因在于本案中，董事会以胡某未能实现承诺的盈利目标，不能胜任总经理职务为由，召开董事会议免去了胡某的总经理职务，而胡某则认为免除其总经理职务的董事会决议无效。法院认为：上诉人作为股东兼总经理与被上诉人之间关于总经理职位解聘的劳动争议应首先适用《公司法》关于高级雇员的特别规定，原审法院对此适用法律正确，本院予以认可。公司董事会依照《公司法》第四十六条第九项和第四十九条的规定和公司章程的相关规定通过董事会决议的方式解聘胡某的总经理职务，属于有效的董事会决议。

笔者认为，在本案中，公司以董事会决议的形式免除胡某的总经理职务，其召集程序和决议内容等未违反法律规定和公司章程，而且公司章程对于总经理的撤换并没有规定限制条件，因此，本案没有导致董事会决议无效、可撤销的法定事由存在，应依法认定董事会决议有效。

❷ 股东战术指导

　　总经理的人选在公司控制权中属于及其重要的一个位置，关系到谁能掌控公司的日常治理，但是公司在"无理由""任性"撤换总经理时，需要注意以下几点。

　　第一，如果公司章程另有规定则"无理由"解聘总经理不能适用。在公司欲"任性"解聘总经理时，需要先行审核一下公司的章程，如果公司章程对于解聘总经理有规定了条件，例如章程规定了"总经理在任期未满前董事会不得无理由撤换，但在总经理连续三年未能实现盈利目标时可以撤换总经理"，则董事会不能任性的无理由解聘总经理，须存在公司章程规定的条件才能解聘总经理，如果公司董事会随意解聘总经理，则会因为违反公司章程而被撤销。

　　第二，公司在解聘总经理时，需要特别注意程序上的正当，如果解聘总经理的董事会决议召集程序、表决方式等具有瑕疵，则可能会导致董事会决议被认定无效、可撤销或不成立，最终可能会"竹篮打水一场空"。

　　第三，投资人或者实际控制人如果不希望自己委派的总经理被公司"无理由"解聘，而导致失去了公司一部分重要的控制权，则可在公司章程中设置保护性条款，规定总经理被解聘的条件，例如规定"总经理任期五年，在任期未满前董事会不得无理由撤换，除非经全体董事一致同意。"如此一来，投资人或者实际控制人则不会面临自己信任的人被"无理由"解聘的境地，从而牢牢掌控住了公司控制权。

⚖ 经典案例

　　原告起诉的事实和理由为：2015 年 8 月 4 日，原、被告双方签订了《劳动合同书》……签订劳动合同后，按照原告经营计划，原告预期盈利目标为 2015 年净利润达到 1200 万元、2006 年净利润达 1680 万元，被告在担任原告总经理职务期间，明确向原告保证实现上述营收目标，且被告于 2015 年 7 月 20 日与原告签订《协议书》确认盈利目标；但原告 2015 年度的业绩仅为 412,177.6 元，且被告于 2016 年 9 月 12 日第一届董事会第四次临时会议上提出原告将亏损 3,949,063.75 元的《预算修改议案》，即被告担任原告总经理职务期间非但没有达到其承诺盈利目标，且原告即将亏损 394.9063 万元，故被告明显不能胜任总经理职务。原告为扭亏为盈，经董事会决议，需要调整组织机构及经营策略，于 2016 年 9 月 25 日召开第一届董事会第五次临时会议；该董事会决议经出席董事会会议董事过半数通过以下事项：一、免去被告总经理职务，即日生效；二、聘任杨成某为原告总经理；之后原告对被告调任公司创始人及业务顾问，待遇不变，因此原告调岗具有合法性……被告身份既是股东，也是总经理，且股东及总经理职务身份竞合的只有被告一人，被告与原告在《协议书》所定的业绩标准，既对原告的股东身份具有法律效力，也对被告的总经理身份具有法律效力，被告与原告签订的《协议书》既有股东责任，也有作为总经理身份的职业经理人责任；被告在本案中身份虽然存在竞合问题，但在不同情况下，被告应承担不同的法律责任，第一种责任是股东责任：股东对于不能兑现经营业绩而应承担的对赌协议，承担相应的股东责任；第二种责任是职业经理人责任：被告作为原告总经理，必须肩负实现公司营业目标，被告作为原告总经理，应完成董事会确定的任务及指标，以体现其工作价值，在被告连续两年未能达到营业目标的情况下，其明显不具有胜任总经理职务的能力，被告在不能胜任工作岗位的情况下，应依法承担被调岗的法律责任。上述股东责任及职业经理人责任并不存在矛盾和冲突，两者属于不同的法律关系，被告于《协议书》所承担的股东责任并不排除被告作为总经理所承担岗位任职责任……

被告胡晓某辩称：不同意原告诉讼请求。被告认为免去自己总经理职位的董事会决议无效，应恢复其总经理职务。

经审理查明：原告于 2006 年 4 月 27 日登记成立，被告系原告的股东之一。2015 年 7 月 20 日，原、被告、景亿国际有限公司及原告的其他股东签订了《协议书》，其中内容包括"第 1 条利润保证：原股东分别并连带地向景亿承诺，目标公司（原告）在以下期限内（承诺期）的净利润水平至少达到以下标准（预测净利润）：一、2015 年净利润达到人民币 1200 万元，其中本次交易成交后，并入仁天科技报表的净利润不低于人民币 600 万元；二、2016 年净利润达到人民币 1680 万元；三、2017 净利润达到人民币 2350 元……2.2 在承诺期内任一会计度，如目标公司每年的实际净利润不足预测净利润时，原股东方按照持股比例各自承担补偿责任，扣减一定数量的增发仁天科技股票作为补偿"；2015 年 8 月 4 日，原、被告双方签订了期限为 2006 年 6 月 6 日起的劳动合同，约定被告的工作岗位为总经理，月工资为 20,000 元。2016 年 1 月 28 日，原告召开第一届董事会 2016 年第一次会议，任命被告为原告的总经理，任期为 2016 年 1 月 1 日至 2016 年 12 月 31 日。被告从 2016 年 1 月份起领取每月 13,000 元的工资。2016 年 9 月 27 日，原告向被告发出《调岗通知书》，载明"因公司生产经营管理的需要，当前经营情况发生变化需要调动您的工作岗位，经公司董事会通过并与您协商决定，现调您从公司总经理岗位往公司创始人及业务顾问岗位报到，调岗从 2016 年 9 月 27 日起开始执行。调岗后工资以及其他一切待遇不变"，被告当日在不同意调岗栏目中签收了该调岗通知，后被告未回原告处上班。

2016 年 10 月 26 日，被告向广州市天河区劳动人事争议仲裁委员会申请劳动仲裁，要求原告：一、继续履行劳动合同，被告继续担任总经理一职；二、支付 2016 年 10 月 1 日至 2016 年 10 月 26 日期间工资 20,000 元。2016 年 12 月 27 日，该委作出穗天劳人仲案〔2016〕3983 号仲裁裁决书裁决：一、原告继续履行与被告订立的劳动合同，被告继续担任总经理职位；二、原告向被告支付 2016 年 10 月 1 日至 2016 年 10 月 26 日期间工资 10,758.62 元。原告不服该裁决向本院提起诉讼。

原告为证明其主张，提供了如下证据：

证据 1、原告第一届董事会 2016 年第一次会议相关资料（2016 年 1 月 28 日）；证据 2、原告截至 2015 年 12 月 31 日的业绩审计报告；证据 3、原告第一届董事会第四次临时会议相关资料（2016 年 9 月 12 日）。

证据 1-3 拟证明被告在其与原告签订的协议书中第一条作出承诺，保证在 2015 年净利润达到 1200 万元、2016 年净利润达 1680 万元；原告亦于第一届董事会 2016 年第一次会议通过了被告提出的"原告 2016 年预算本年度溢利 1201.2133 万元"的协议；而实际上原告 2015 年的净利润仅为 41.2177 万元、且将于 2016 年度亏损 3,949,063 万元，足见被告完全无法达到其与原告之前书面约定的关于工作任务及绩效考核要求，不能胜任总经理一职；原告将其调离总经理岗位有明确合同及文件依据。

证据 4、公司章程（2015 年 7 月 20 日）；证据 5、原告第一届董事会第五次临时会议相关资料（2016 年 9 月 26 日）；证据 6、原告第一届董事会 2016 年第二次会议相关资料（2016 年 12 月 23 日）；证据 7、原告与杨某之间签订的劳动合同书。

证据 4-7 拟证明原告为实现扭亏为盈的经营管理需要，原告于 2016 年 9 月 26 日召开第一届董事会第五次临时会议，并作出免去被告总经理职务及聘任杨某为原告总经理的决议；2016 年 12 月 23 日原告召开第一届董事会 2016 年第二次会议，并作出聘任杨某为原告总经理，任期为 2017 年 1 月 1 日至 2017 年 12 月 31 日的决议。上述董事会决议符合原告公司章程，合法有效，且原告已与他人签订劳动合同约定由其担任原告总经理岗位，故被告要求继续担任原告总经理已无法律和事实依据。

证据 8、关于考勤管理事宜的电子邮件（2016 年 10 月 13 日）；证据 9、返岗通知书的电子邮件。

证据 8-9 拟证明被告于 2016 年 10 月 8 日起拒不提供劳动，原告先后于 2016 年 10 月 13 日通过电子邮件的方式敦促其返岗，但被告在收到该等电子邮件后拒不履行，已严重违反劳动合同的约定及劳动合同法等规定。原告依法无须支付被告旷工期间工资。

证据 10、关于调岗后未如期返岗以及未按公司规定归还公司财产事宜的律师函、EMS 单据及妥投证明（2016 年 10 月 28 日），拟证明 2016 年 10 月 28 日原告委托北京市盈科（广州）律师事务所向被告发出律师函并已送达给对方，明确要求其限期到原告处履职上班，但其在收到律师函后仍然不予理会，至今尚未返岗，并未完成劳动任务，严重违反劳动相关法律规定。由于被告自 2016 年 10 月 8 日起至今未能按照劳动合同书约定提供劳动，故原告依法无需向被告支付不到岗提供劳动期间的工资。

一审法院认为：享有劳动者身份的高管是介于雇主与雇员之间的特殊群体，其与公司的劳动关系具有与一般劳动者不同的特征。因此，公司高管与单位之间的劳动关系之法律适用，既应考虑适用《劳动合同法》，还要考虑适用《公司法》对高级雇员劳动关系的特别规定。依照《公司法》的规定，董事会解聘总经理并不需要满足《劳动法》上解除员工劳动合同的条件，董事会只要程序合法、不说明理由即可解除其总经理职务。本案中，被告为原告的股东，同时为原告的总经理，也签订了劳动合同，具备股东、高级管理人员及劳动者的多重身份，双方之间发生的争议即属于上述情形，因此在处理双方争议时应首先选择《公司法》的相应规定。根据本案的证据，被告对原告所提供的原告第一届董事会第五次临时会议相关资料不予确认，然该会议决议有其他董事签名确认，且出席人数也符合公司程章及法律的规定，故本院对该董事会决议真实性予以确认，原告也已聘用他人担任被告的职位，在此情形之下，双方签订的劳动合同已经无履行的可能，原告安排被告至公司创始人及业务顾问岗位，工资以及其他一切待遇不变，并无不妥。

关于工资的问题。被告收到原告调岗通知后便未回原告处上班，也无证据显示被告有为原告提供正常的劳动，故原告无需向被告支付工资。

综上所述，依照《公司法》第二十二条第一、二款，《民事诉讼法》第六十四条第一款之规定，判决如下：

一、原告广州大库公司无须根据与被告胡晓某签订的劳动合同恢复被告胡晓某的总经理岗位；二、原告广州大库公司无需向被告胡晓某支付2016年10月1日至2016年10月26日期间工资10,758.62元。

一审判决后，胡晓某不服，向广州市中级人民法院提起上诉称：一、原审判决混淆了股东与大库公司的身份地位，混淆了股东协议与企业经营目标，混淆了调岗与职务调整。二、原审判决适用法律错误。本案为劳动争议，应当首先适用《劳动合同法》而非《公司法》。大库公司董事会解聘总经理职务既要适用《公司法》关于解聘总经理的规定，同时也要符合《劳动法》关于调岗的规定。既然大库公司作为用人单位与胡晓华签订劳动合同，就应当遵守《劳动法》关于调岗的规定。大库公司董事会可以无因解聘总经理职务，但在劳动关系范畴则应当执行"有因调岗"。三、大库公司所持"已经聘任他人不能恢复胡晓华职位"的理由并不属于《劳动合同法》规定的由于客观情况发生变化无法继续履行的情形，恢复胡晓某总经理职务具有合法性与可行性。四、大库公司董事会免除胡晓某总经理职务实质上是大股东利用其优势地位，操纵董事会撤换总经理夺取公司经营管理权，通过控制公司的经营权转移利润，使公司不能完成预期盈利目标，最终侵吞原股东的全部股权和剩余公司并购款。五、第五次临时董事会会议纪要并无胡晓某本人签名确认，即使胡晓某拒绝签名，也应当在会议纪要上注明。因此，实际上大库公司并未举行第五次临时董事会会议，其解除胡晓某总经理职务的程序违反法律规定。六、胡晓某自2016年10月起未再到大库公司处上班，系因工作条件丧失，非无故不上班，属于被动缺勤，大库公司依法应当支付胡晓某该月工资，且一直支付至恢复胡晓某工作岗位之日。据此，胡晓某的上诉请求为：撤销原判，改判大库公司根据与胡晓某签订的劳动合同恢复胡晓某的总经理岗位；改判大库公司向胡晓某支付2016年10月至恢复胡晓某总经理岗位期间的全部工资。一、二审受理费由胡晓某承担。

大库公司答辩称：不同意胡晓某的上诉请求，原审判决查明事实清楚，适用法律正确，请求驳回胡晓某的上诉，维持原判。

本院经审理查明的事实与原审查明的事实一致。

本院认为，按照我国劳动法相关规定，公司高管属于劳动者群体，但又不同于普通劳动者，公司高管与单位之间的劳动关系既应考虑适用《劳动合同法》，还要考虑适用《公司法》对高级雇员劳动关系的特别规定。并且，本案中上诉人胡晓某不但是大库公司的总经理，而且是该司股东之一，其与公司之间所谓的劳动纠纷更多的是公司股东之间矛盾的体现。董事会是股东会的执行机构，贯彻股东会的意志。现被上诉人公司董事会依照《公司法》第四十六条第九项和第四十九条的规定和公司章程的相关规定通过董事会决议的方式解聘上诉人的总经理职务，属于公司内部管理范畴，体现出的法律关系特征为公司法性质，此为直接的、主要的法律属性，被牵连到的劳动关系，就本案案情来说，相比较而言是从属的。因此，上诉人作为股东兼总经理与被上诉人之间关于总经理职位解聘的劳动争议应首先适用《公司法》关于高级雇员的特别规定，原审法院对此适用法律正确，本院予以认可。现上诉人无据证实董事会行使职权违法，其主张董事会决议无效，要求按照《劳动合同法》有关规定处理本案纠纷，事实和法律依据不充分，本院不予采纳。关于上诉人上诉提及的其他问题，原审法院根据双方当事人的诉辩、提交的证据对本案事实进行了认定，并在此基础上依法作出原审判决，合法合理，且理由阐述充分，本院予以确认。本院审理期间，上诉人既未有新的事实与理由，也未提交新的证据予以佐证自己的主张，故本院认可原审法院对事实的分析认定，即对上诉人的上诉请求，不予支持。综上所述，原审认定事实清楚，判决并无不当，本院予以维持。依照《民事诉讼法》第一百七十条第一款第一项之规定，判决如下：

驳回上诉，维持原判。

本判决为终审判决。

·法条链接·

《中华人民共和国公司法》

第四十九条　有限责任公司可以设经理，由董事会决定聘任或者解聘。经理对董事会负责，行使下列职权：

一、主持公司的生产经营管理工作，组织实施董事会决议；

二、组织实施公司年度经营计划和投资方案；

三、拟订公司内部管理机构设置方案；

四、拟订公司的基本管理制度；

五、制定公司的具体规章；

六、提请聘任或者解聘公司副经理、财务负责人；

七、决定聘任或者解聘除应由董事会决定聘任或者解聘以外的负责管理人员；

八、董事会授予的其他职权。

公司章程对经理职权另有规定的，从其规定。

第五十条　股东人数较少或者规模较小的有限责任公司，可以设一名执行董事，不设董事会。执行董事可以兼任公司经理。执行董事的职权由公司章程规定。

公司控制战白热化之二：如何撤换法定代表人

案件要旨

公司法定代表人依照公司章程的规定，由董事长、执行董事或者经理担任，并依法登记。公司法定代表人变更，应当办理变更登记。但变更公司法定代表人系公司内部自治事项，在公司尚未通过相应程序确定新的法定代表人并修改公司章程的情况下，法院无法直接作出变更法定代表人身份并予以变更登记的判决。反之，如果公司以股东会决议的方式免去法定代表人并且确定了新的法定代表人，则对于要求依据股东会的决议变更公司法定代表人，办理公司变更登记的请求，应予支持。

案件来源

四川省广元市中级人民法院二审民事判决书 上诉人范国某、广元市某矿业有限公司与被上诉人王士某、宁成某、许鹏某、李国某、王元某、陈国某、冯启某、何仕某、梁于某、罗成某请求变更公司登记纠纷 [①]

股东纠纷焦点

本案焦点主要在于：公司如何才能撤换法定代表人？法院是否可以直接作出变更公司法定代表人的判决？

法理探析

在公司控制权之战中，必须牢牢把握住法定代表人的人选！

在法定代表人的争夺战中，从表面上看来只是一个人选的争夺，而实际上是公司控制权的争夺。谁能取得最终的胜利，谁就能在公司控制权的博弈中胜出。

一、撤换法定代表人是否需经股东会决议

公司法定代表人的任免主要有三个途径：股东会任免、董事会任免和公司章程规定的其他方式。按照《公司法》第十三条的规定："公司法定代表人依照公司章程的规定，由董事长、执行董事或者经理担任。"因此，股东、非股东担任法定代表人，必须先任命为公司董事长、执行董事、经理才能担任法定代表人。即由执行董事担任公司法定代表人；由董事长担任公司法定代表人；由经理担任公司法定代表人。

对于有限公司而言，对于撤换法定代表人是否必须召开股东会进行决议，抑或召开董事会决议，须根据具体情况进行考量。

1. 执行董事担任法定代表人的情况

如果法定代表人是由执行董事担任，根据《公司法》第三十七条的规定，股东会的职权之一是选举和更换董事，由于公司的执行董事系由股东会选举产

---

① 上诉人范国某、广元市某矿业有限公司与被上诉人王士某、宁成某、许鹏某、李国某、王元某、陈国某、冯启某、何仕某、梁开某、罗成某请求变更公司登记纠纷 四川省广元市中级人民法院二审民事判决书（2014）广民终字第485号

生，则在撤换法定代表人时，公司需以股东会决议的形式更换执行董事和法定代表人。

此处需要引起重视的是，股东会决议需要决议的事项除了免去原法定代表人，还需要确定新的法定代表人。如果在诉讼中仅仅提交了一份免去法定代表人的股东会决议，而没有确定新的法定代表人，则可能很难获得司法支持。

2. 董事长担任法定代表人的情况

《公司法》第四十四条第三款规定："董事会设董事长一人，可以设副董事长。董事长、副董事长的产生办法由公司章程规定。"即有限公司的董事长的任免法律赋予公司章程自行规定，因此，对于法定代表人的撤换应遵循公司章程的规定，可能由股东会撤换，也有可能由其他方式任免法定代表人。

3. 经理担任法定代表人的情况

此处须区分设董事会的有限公司和不设董事会的有限公司。

对于设董事会的有限公司，按照《公司法》第四十九条的规定，董事会的职权之一为"决定聘任或者解聘公司经理"，即设董事会的有限公司的经理由董事会聘任或者解聘，因此，公司法定代表人由公司董事会决议进行撤换。而对于不设董事会的有限公司，公司经理常常由执行董事兼任，此时，公司法定代表人一般由股东会撤换。

通过对大量因撤换法定代表人而引发诉讼的案件进行梳理后，笔者注意到相当一部分被撤换的法定代表人提起了诉讼，要求确定撤换法定代表人的股东会决议可撤销或者无效。因此，在法定代表人争夺战中，如何形成一份有效的股东会决议是重点中的重点，只有撤换法定代表人的股东会决议是一份有效决议，才能顺利在法定代表人的争夺战中赢得胜利。对于如何合法的召开股东会，可以参考本书中笔者撰写的"如何进行股东会议的通知，股东会召集通知中的三大要点"一文。

二、撤换法定代表人是否需修改章程

在撤换法定代表人时是否需要修改《公司章程》，取决于法定代表人的名字是否载明于公司章程中。如果法定代表人的名字没有写在公司章程，则在撤换法定代表人时无须修改章程。反之，如果公司章程载明"公司法定代表人由某某担任"，则须修改章程。

三、如果原法定代表人拒绝配合，公司可否诉请法院变更登记

在公司更换法定代表人的纠纷中，往往是因为原法定代表人不予配合进行工商变更，因而发生纠纷诉至法院。根据公司法的相关规定，法定代表人变更须依法登记，因此，新的法定代表人可以公司的名义，向法院提起诉讼要求变更登记，并要求原法定代表人协助配合进行变更。如果同时存在原法定代表人把控公章等证照拒不返还的情况，则可以提起诉讼要求返还公章等证照。

🔷 败诉分析

本案中，矿业公司召开股东会议变更公司的法定代表人，但是原法定代表人股东会决议无效为由拒不配合变更，法院认为：上诉人范某作为法定代表人的任职期满后，公司召开股东会议免去其法定代表人，确定了新的法定代表人，会议召集及表决程序符合公司章程的规定。同时，根据公司法"股东可以自决议做出之日起六十日内，请求人民法院撤销"的规定，上诉人范某未在股东会议决议作出后法定期限内行使撤销权，上诉人即应按照股东会的决议办理公司法定代表人的变更登记，并将公司印章及其财务资料移交给新任法定代表人。

最终，原法定代表人范某败诉！

🔷 股东战术指导

公司欲更换法定代表人时，原法定代表人却拒不配合进行变更，且拒绝返还公司公章，此时，公司变更法定代表人可参考以下步骤。

步骤一、召开股东会或者董事会

以执行董事担任法定代表人为例，由于公司的执行董事系由股东会选举产生，则在撤换法定代表人时，公司需以股东会决议的形式更换执行董事和法定代表人。此处需要引起重视的是，股东会决议需要决议的事项除了免去原法定代表人，还需要确定新的法定代表人。

步骤二、修改公司章程

如果公司章程中明确了法定代表人的名字，例公司章程载明："公司法定代表人由某某担任"，则更换法定代表人时须修改章程。

步骤三、向法院提起确认股东会决议有效之诉

如果股东之间对于撤换法定代表人的决议效力存有异议，则股东会决议的效力就成为诉争的对象，股东可提起确认股东会决议有效之诉，以确认股东会决议的效力。

步骤四、提起变更公司登记之诉

在原法定代表人拒绝配合进行工商变更登记的情况下，可根据有效的股东会决议，以原法定代表人为被告，要求其配合办理工商变更登记。

步骤五、申请法院强制执行

在步骤四中获得法院的生效判决后，如果原法定代表人依旧拒绝配合办理法定代表人变更的，则可以申请法院强制执行，如本案中，原告申请强制执行后，法院裁定："将矿业有限公司原法定代表人范某变更为李某。"原告即可持裁定书去工商部门办理法定代表人变更登记。

最后，当原法定代表人控制着公司公章等证照拒不返还时，可提起证照返还之诉，要求原法定代表人返还公司公章等证照。

⚖ 经典案例

原审法院经审理查明，被告矿业公司成立于 2009 年 11 月 25 日，注册资本伍拾万元人民币，实收资本伍拾万元人民币，公司法定代表人为范国某，经营范围为矿产品（国家限制品种和需要取得前置许可的项目除外）销售以及其他游览景区管理活动，该公司股东共 11 人，分别为范国某（出资比例为 6.7%）、王士某（出资比例为 23.4%）、宁成某（出资比例为 14.3%）、许鹏某（出资比例为 4.6%）、李国某（出资比例为 19.9%）、王元某（出资比例为 4.5%）、陈国某（出资比例为 7.3%）、冯启某（出资比例为 5%）、何仕某（出资比例为 10.3%）、梁开某（出资比例为 2%）、罗成某（出资比例为 2%）。2011 年 10 月 8 日，被告矿业公司全体股东召开股东会，选举范国某为执行董事，为公司的法定代表人。被告矿业公司章程第二十六条规定：执行董事为公司的法定代表人，对公司股东会负责，任期一年，由公司股东会全体表决权股东四分之三以上选举产生和更换，任期届满，可连选连任。股东会会议由股东按照出资比例行使表决权。2013 年 9 月 30 日，10 名原告代表矿业公司在剑阁县新县城万豪茶楼召开

了临时股东会议，除冯启某、李国某、范国某三名股东之外，其余股东均参加了股东会议并表决。其中马启某、李国某委托王士某行使表决权，被告范国某没有参会，亦没有表决。该股东会形成如下协议："一、选举李国某为执行董事，为公司法定代表人；二、本决议生效后由公司办理法定代表人相关变更事项；三、免去范国某执行董事（法定代表人）职务。"因召开股东会通知程序不合法，对原告所召开的临时股东会决议的效力未予确认。上述事实被生效的（2014）朝天民初字第99号民事判决书所证实。之后，10名原告又共同提议召开临时股东会议，并由原告的诉讼代表人王士某于2014年3月19日用短信通知了包括被告范国某在内的矿业公司的所有股东：矿业公司定于2014年4月5日在剑阁县下寺镇万豪荟楼召开临时股东会议。通知时并有录音、录像记载。原告于2014年4月5日召开临时股东会议并形成临时股东会决议，选举李国远为公司新任法定代表人兼执行董事，被告范国某没有参加此次股东会议。为此，原告再次向本院提出诉讼。矿业公司的印章等相关资料均在被告范国某处。

原审法院审理认为，由于被告范国某担任法定代表人已满1年，2014年4月5日，10名原告召开的股东会会议符合公司章程第二十六条的规定，除范国某没有表决外，其余股东都进行了表决，超过了全体股东的四分之三以上，所形成的股东会决议程序合法、真实、有效，符合公司法的相关规定。故原告要求依据股东会的决议变更矿业公司法定代表人，办理矿业公司变更登记的理由成立，应予支持。被告矿业公司辩解的原告于2014年4月5日形成的股东会决议无效，认为召集股东会的通知程序不合法，请求驳回原告的诉讼请求的理由与被告矿业公司的公司章程相关规定不符，与被告担任法定代表人已满1年以上的案件事实不符，被告矿业公司并未有相反证据推翻原告所提交的证据及对原告所提交的录音、录像是否真实提出鉴定申请，其理由不成立，不予采信。依照《公司法》第七条、第四十条、第四十二条、第四十三条，《民事诉讼法》第一百四十二条、第一百四十四条的规定，判决：限被告范国某在本判决生效之日起三十日内协助原告王士某、宁成某、许鹏某、李国某、王元某、陈国某、冯启某、何仕某、梁开某、罗成某对被告广元市广亚矿业有限公司办理变更登记并将被告广元市广亚矿业有限公司的印章及其财务资料移交给新任法定代表人李国某。

上诉人范国某、广亚公司的主要上诉理由：一、本案案由错误，法院超范围审理，程序违法，错误判决。作为上诉人广亚公司来讲，本身没有纠纷，更不存在变更公司登记纠纷，公司变更法人是公司管理与运营的自治范畴，是公司内部行为，如果股东会决议有效，公司应当到登记机关申请变更登记，法院只能根据当事人请求确认股东会决议效力，本案应为股东会决议效力确认纠纷。二、法院采信使用证据错误，错误认定，错误判决。对于被上诉人提供的短信、录音、录像都是被上诉人在庭审过程中拼凑形成的，其真实性、关联性、合法性均存在重大瑕疵，该证据真实性需专门机构鉴定认定，而法院凭什么认定有效？明显采信、使用证据错误。三、2014年4月5日临时股东会决议无效，法院以无效决议作出判决实属错误。2014年4月5日被上诉人召开的股东会决议违反法律强制性规定，被上诉人之间恶意串通，其会议召集程序、推举程序严重违法，人为剥夺上诉人范国某的权利，其股东会决议当然无效。法院以其无效决议认定未经公司申请变更、未经工商部门核准登记的决议实体内容，即干预了私权利，也干预了公权力，其判决是错误的。请求：撤销原判，依法驳回被上诉人的诉讼请求；一、二审诉讼费及其他一切费用由被上诉人承担。

被上诉人王士某、宁成某、许鹏某、李国某、王元某、陈国某、冯启某、何仕某、梁开某、罗成某答辩认为：一、广亚公司法定代表人范国某在任公司执行董事期间，不履行法定职责，且有滥用职权的行为，给公司造成极大消极影响，且公司章程规定，范国某任法定代表人任期已满，我等十名股东依照《公司法》规定，于2014年4月5日召开临时股东会，选举出新的执行董事李国远，任公司法定代表人，并免去范国某的执行董事。我等股东在召开临时股东会前，因范国某系纠纷对方，在通过电话通知时，采用录音、录像的方式对通知的情形进行证据保留，证明我们已按法律规定对范国某履行了充分的通知义务。公司其余股东悉数到会，并在形成的决议上签名。所以，临时股东会从召集、通知、决议，都是依法进行，无任何不合法的情形存在，由此形成的决议自然是合法有效的，应受法律保护。二、根据《公司法》的规定，公司改变法定代表人等，应当申请办理变更登记。本案中，临时股东会决议选举产生了新的法定代表人，应当在登记机关办理变更登记，但广亚公司及前任法定代表人范国某不按决议办理公司变更登记，使公司相关业务受阻，极大损害各股东利益，故提起本案诉讼。三、原审法院审判程序及认定事实正确，并未有上诉人所称超范围审理。在原审中，上诉人虽对录音录像证据提出质疑，但在法庭释明后，明确表示不对录音录像的真实性提出鉴定申请，法院采信该证据作为定案依据，并无不当。范国某2013年3月以公司名义向公司所在地朝天区工商局去函，要求登记机关除非在范国某本人到场的情况下，不得变更公司法定代表人。范国某企图通过上诉程序，故意拖延时间，阻止公司变更登记事项。请求二审法院驳回上诉，依运维持原判。

二审诉讼中，双方当事人均未向本院提交新证据。本院对原审判决查明的事实及证据予以确认。

本院认为，本案被上诉人召开股东会作出决议，决议内容涉及公司登记事项需变更，而因上诉人范巨辉不同意变更导致纠纷发生，根据被上诉人的诉请，原审法院以变更公司登记确定本案案由正确。上诉人范国某任职期满后，公司召开股东会议，会议召集及表决程序符合公司章程的规定。同时，根据《公司法》第二十二条第二款"股东会或者股东大会、董事会的会议召集程序、表决方式违反法律、行政法规或者公司章程，或者决议内容违反公司章程的，股东可以自决议作出之日起六十日内，请求人民法院撤销"的规定，上诉人范国某作为广元市广亚矿业有限公司的股东，亦未在股东会议决议作出后法定期限内行使撤销权，二上诉人即应按照股东会的决议办理公司法定代表人的变更登记，并将公司印章及其财务资料移交给新任法定代表人。二上诉人所提"2014年4月5日被上诉人召开的股东会决议违反会议召集程序、推举程序，其股东会决议当然无效"的上诉理由与审理查明的事实不符，其关于驳回被上诉人诉请的上诉请求不予支持。原判决认定事实清楚，适用法律正确，应予维持。依照《民事诉讼法》第一百七十条第一款一项之规定，判决如下：

驳回上诉，维持原判。

本判决为终审判决。

附：王仕某等人与广元市广亚矿业有限公司、范国某变更公司登记纠纷执行裁定书 广元市朝天区人民法院 执行裁定书

本院依据已经发生法律效力的广元市朝天区人民法院（2014）朝天民初字第295号民事判决书和广元市中级人民法院（2014）广民终字第485号民事判决书，于2014年9月16日向被执行人发出执行通知书，责令被执行人范国某、广亚公司协助申请执行人王士某、宁成某、许鹏某、李国某、王元某、陈国某、冯启某、何仕某、梁开某、罗成某对广亚公司办理变更登记并将印章及其财务资料移交给新任法定代表人李国某。但被执行人范国某、广元市广亚矿业

有限公司至今未履行生效法律文书确定的义务。据此，依照《民事诉讼法》第二百五十二条、《最高人民法院关于人民法院执行工作若干问题的规定（试行）》第六十条的规定，裁定如下：

将广元市广亚矿业有限公司原法定代表人范国某变更为李国某。

本裁定送达后即发生法律效力。①

·法条链条·

《中华人民共和国公司法》

第十三条　公司法定代表人依照公司章程的规定，由董事长、执行董事或者经理担任，并依法登记。公司法定代表人变更，应当办理变更登记。

第三十七条　股东会行使下列职权：

一、决定公司的经营方针和投资计划；

二、选举和更换非由职工代表担任的董事、监事，决定有关董事、监事的报酬事项；

三、审议批准董事会的报告；

四、审议批准监事会或者监事的报告；

五、审议批准公司的年度财务预算方案、决算方案；

六、审议批准公司的利润分配方案和弥补亏损方案；

七、对公司增加或者减少注册资本作出决议；

八、对发行公司债券作出决议；

九、对公司合并、分立、解散、清算或者变更公司形式作出决议；

十、修改公司章程；

十一、公司章程规定的其他职权。

对前款所列事项股东以书面形式一致表示同意的，可以不召开股东会会议，直接作出决定，并由全体股东在决定文件上签名、盖章。

第四十四条　有限责任公司设董事会，其成员为三人至十三人；但是，本法第五十条另有规定的除外。

---

① 本部分来源于本案判决书主文，限于篇幅略做删减，读者可自行查阅判决书全文以全面了解案情。

两个以上的国有企业或者两个以上的其他国有投资主体投资设立的有限责任公司，其董事会成员中应当有公司职工代表；其他有限责任公司董事会成员中可以有公司职工代表。董事会中的职工代表由公司职工通过职工代表大会、职工大会或者其他形式民主选举产生。

董事会设董事长一人，可以设副董事长。董事长、副董事长的产生办法由公司章程规定。

第四十六条　董事会对股东会负责，行使下列职权：

一、召集股东会会议，并向股东会报告工作；

二、执行股东会的决议；

三、决定公司的经营计划和投资方案；

四、制订公司的年度财务预算方案、决算方案；

五、制订公司的利润分配方案和弥补亏损方案；

六、制订公司增加或者减少注册资本以及发行公司债券的方案；

七、制订公司合并、分立、解散或者变更公司形式的方案；

八、决定公司内部管理机构的设置；

九、决定聘任或者解聘公司经理及其报酬事项，并根据经理的提名决定聘任或者解聘公司副经理、财务负责人及其报酬事项；

十、制定公司的基本管理制度；

十一、公司章程规定的其他职权。

第四十九条　有限责任公司可以设经理，由董事会决定聘任或者解聘。经理对董事会负责，行使下列职权：

一、主持公司的生产经营管理工作，组织实施董事会决议；

二、组织实施公司年度经营计划和投资方案；

三、拟订公司内部管理机构设置方案；

四、拟订公司的基本管理制度；

五、制定公司的具体规章；

六、提请聘任或者解聘公司副经理、财务负责人；

七、决定聘任或者解聘除应由董事会决定聘任或者解聘以外的负责管理人员；

八、董事会授予的其他职权。

公司章程对经理职权另有规定的，从其规定。

第五十条　股东人数较少或者规模较小的有限责任公司，可以设一名执行董事，不设董事会。执行董事可以兼任公司经理。

执行董事的职权由公司章程规定。

公司控制战白热化之三：如何撤换公司董事长

案件要旨

如果公司章程规定董事长由董事会选举产生，即使原董事长符合被罢免董事长的条件，公司亦应当按罢免董事长的程序召开董事会。董事会会议召集程序、表决方式违反法律、行政法规或者公司章程的，则变更董事长的董事会决议应依法被撤销。

案件来源

北京市第二中级人民法院民事判决书　孙爱某等与孙某公司决议纠纷二审民事判决书[①]

股东纠纷焦点

本案中，焦点主要在于：董事会决议是否可以罢免董事长？如果变更董事长的董事会决议被依法撤销，公司该如何救济？

法理探析

在公司控制权的争夺中，董事长的人选往往是重点中的重点，董事长作为公司日常治理的最高指挥官，在公司股权和控制权的争夺中起着决定性的作用。因此，在公司控制权的战役中，必须牢牢掌握董事长的人选。

但是，对于如何撤换董事长，在实践中，却并不容易做到。笔者通过梳理

---

① 北京市第二中级人民法院民事判决书　孙爱某等与孙某公司决议纠纷二审民事判决书（2015）二中民（商）终字第01090号

大量的案件，可以看到诸多罢免董事长的失败案例，而大部分的失败案例原因在于撤换董事长的董事会决议被撤销。鉴于实务中以董事会决议的形式撤换董事长而产生纠纷的数量较多，故本文着重对有限公司"罢免董事长的董事会决议被法院撤销"的原因进行分析。

一、董事会因未按照法律或者章程规定时限提前通知董事，导致决议被撤销

在笔者梳理大量撤换董事长失败的案例中，因"董事会未提前10日通知董事开会"而导致决议被撤销的案例数量居高不下。对于董事会开会应该提前多少时间通知董事，我国仅对股份公司的董事会的通知时限做了规定，而对于有限公司的董事会的通知时限并未明确规定，一般由章程自行规定。

对于股份公司，《公司法》第一百一十条规定："董事会每年度至少召开两次会议，每次会议应当于会议召开10日前通知全体董事和监事。"即股份公司的董事会常会的会议通知时限为10日，如果在撤换董事长的会议通知中，通知时限短于10日的，则会面临董事会会议被撤销的法律后果。

而对于有限公司董事会的通知时限，公司法并未作出明确规定，因此，判断其撤换董事长的董事会决议的通知程序是否有瑕疵，主要根据公司章程的规定。我们注意到，实务中，很多有限公司的公司章程中对于董事会通知时限的设置参照了股份公司的规定，同样规定了董事会常会的会议通知时限为10日。

另外，需要注意的是，无论股份公司还是有限公司，公司法对于临时董事会的通知时限并没有明确规定，而是交由公司自行规定。因此，如果公司章程对于临时董事会议的通知时限做了规定，则在罢免或撤换董事长的董事会议进行通知时，需遵循公司章程的通知时限。

二、未能证明所有董事已收到通知，导致决议被撤销

在董事会的通知程序中，除了需要按照法律规定和章程规定的时限进行通知外，还需要证明所有董事已经收到通知。如果董事否认收到董事会的通知，而又没有证据能证明董事已经收到会议通知，则会被认为没有履行完成通知义务，董事会会议的召集程序则因为存在瑕疵而得以被撤销。

需要注意的是，在公司会议的通知中，理论界对于会议通知应采到达主义

还是发信主义存在不同的意见。采到达主义者认为，会议通知应自通知到达相对人时方生效。而采发信主义者认为，会议通知只要已经发出，就应视为已经履行了通知义务，相对方是否收到在所不论。笔者通过梳理大量的案例发现，司法实践中目前主流观点认为股东会和董事会等会议通知应采到达主义，如果通知未有效送达，应认为未履行通知义务。

三、董事会议的召集人无召集权，导致决议被撤销

在公司控制权的争夺中，往往是基于双方对于控制权的争夺到达白热化的时候，就会以采取撤换董事长和法定代表人的方式发起控制权之战。这个时候往往需要争分夺秒，然而欲速则不达。如果存在召集人无召集权的情况，即使召开了董事会撤换了董事长，最终也会因召集程序存在瑕疵而导致董事会决议被撤销。

召集程序中的焦点在于：谁有权召集董事会？

对于董事会的召集权，《公司法》规定股份公司和有限公司的董事会会议均由董事长召集。当出现董事长不能履行职务或者不履行职务的，由副董事长召集和主持；副董事长不能履行职务或者不履行职务的，由半数以上董事共同推举一名董事召集和主持。

而对于董事会的自行召集程序，须注意区分"提议权"和"召集权"，公司法对股份公司董事会的临时召集程序做了规定，即代表十分之一以上表决权的股东、三分之一以上董事或者监事会，可以提议召开董事会临时会议。但是，需要注意的是，此处仅是"提议权"，而非有权召集董事会。临时董事会会议的召集权应由董事长召集和主持。

因公司法并未对有限公司的临时董事会作出明确规定，笔者认为，为了避免争议，公司应在章程中对于临时董事会的程序等作出规定。

四、导致董事会决议被撤销的其他理由

按照《公司法》第二十二条第二款的规定，董事会会议可被撤销的法定事由主要为：一、董事会的会议召集程序违反法律、行政法规或者公司章程；二、董事会的会议表决方式违反法律、行政法规或者公司章程；三、董事会的会议的决议内容违反公司章程。

实务中，较为常见的"董事会因未按照法律或者章程规定提前通知董事"

和"董事会议的召集人无召集权"属于"召集程序瑕疵"被撤销，仅仅是董事会决议可得撤销的原因之一。在撤换董事长的董事会决议程序中，如果违反了上述法条规定均会面临董事会决议被撤销的后果。一旦撤换董事长的决议被撤销，那么，撤换董事长的目的就很难达成。

五、有限公司和股份公司"董事会召集程序"之对比

在以董事会决议的方式撤换董事长情况下，为避免因为程序瑕疵导致决议被撤销，笔者整理了下述有限公司和股份公司的"董事会召集程序"对比表，企业家在公司控制权的争夺中，建议严格按照法律和章程的规定进行"撤换董事长"，以免"一招不慎，全盘皆输"。

表 1　有限公司和股份公司的"董事会召集程序"对比表

	有限责任公司	股份有限公司
董事长产生办法	董事长、副董事长的产生办法由公司章程规定。	董事长和副董事长由董事会以全体董事的过半数选举产生。
通知方式	公司法未规定，可由章程规定。	公司法未规定，可由章程规定。
董事会次数	公司法未规定，可由章程规定。	董事会每年度至少召开两次会议。
通知时限	公司法未规定，可由章程规定。	每次会议应当于会议召开十日前通知全体董事和监事。
召集人和主持人	董事会会议由董事长召集和主持；董事长不能履行职务或者不履行职务的，由副董事长召集和主持；副董事长不能履行职务或者不履行职务的，由半数以上董事共同推举一名董事召集和主持。	董事长召集和主持董事会会议，检查董事会决议的实施情况。副董事长协助董事长工作，董事长不能履行职务或者不履行职务的，由副董事长履行职务；副董事长不能履行职务或者不履行职务的，由半数以上董事共同推举一名董事履行职务。
临时董事会的提议权	公司法未规定，可由章程规定。	代表十分之一以上表决权的股东、三分之一以上董事或者监事会，可以提议召开董事会临时会议。董事长应当自接到提议后十日内，召集和主持董事会会议。
临时董事会的召集和主持	公司法未规定，可由章程规定。	董事长应当自接到提议后十日内，召集和主持董事会临时会议。
临时董事会的通知时限	公司法未规定，可由章程规定。	董事会召开临时会议，可以另定召集董事会的通知方式和通知时限。

败诉分析

本案是一起典型的董事长人选引发的控制权争夺战！

本案情节可谓让人大跌眼镜，董事长孙某授权副董事长孙爱某代为行使董事长职权，但是，孙爱某在代为行使董事长职权后，召集董事会会议，将董事长孙某罢免，选举自己作为新董事长。可惜，董事会决议最终被法院撤销，孙爱某"竹篮打水一场空"。

本案主要焦点为：一、撤换董事长的董事会的召集人是否有召集权？二、本案董事会是否履行了必要的通知程序？

笔者认为，因为孙某已经取消孙爱某的代行董事长权利，所以孙爱某无权召集董事会；而对于本案是否履行了必要的通知，我们注意到，虽然孙爱某与华瑞公司主张已履行相关手续通知孙某2013年9月29日召开董事会会议，但其所提交的挂号信查询单并不能充分证明孙爱某与华瑞公司履行相关会议通知程序，孙某亦否认自己收到相关会议通知。因此，本案董事会因为召集程序瑕疵而得以撤销。

股东战术指导

在撤换董事长的程序中，最大的风险无疑是董事会决议被撤销，为了企业在公司控制权的争夺中，能够顺利地进行董事长的任免，公司章程的完善是重点中的重点，笔者建议对公司的章程做出如下修订。

第一，董事长的任免办法。在因撤换董事长产生纠纷的大量的案例中，我们注意到，产生纠纷的很大一部分原因，是源于公司章程并没有对董事长的任免进行规定。对于股份公司，公司法规定了董事长的产生办法由全体董事过半数选举产生。而对于有限公司的董事长的产生办法，公司法并没有做出明确规定。我们建议在有限公司的章程中，规定董事长的任免办法，这样公司在撤换董事长时会有一个比较清晰的程序可参照，也避免了纠纷的爆发。

第二，董事会必须以书面通知。对于采用何种方式进行董事会议的通知，《公司法》并没有做出强制性规定，为了避免董事之间就通知方式发生纠纷和矛盾，笔者认为，可以在《公司章程》中对公司召开董事会的通知方式进行明确。鉴于电话通知很难达到有效通知的效果，建议采用"书面通知的方式"较为稳妥。

第三，公告送达的适用前提。在实践中，通知程序的一个极大的烦恼在于：经常会碰到无法通知到董事的情况，从而影响董事会的按期召开。此时，我们可以将公告送达作为一个救济方式来使用。但是，笔者建议，公告送达只有在书面通知无法送达的情况下才能适用。并且，对于公告送达，应事先规定指定的报纸或其他媒体，比如可以指定当地有影响力的某报纸或其他合适的媒体。

第四，规定董事会会议的通知时限。鉴于公司法仅对于股份公司的董事会会议通知时限做了提前 10 天通知的规定，对于有限公司则没有规定。我们建议有限公司的公司章程须规定董事会的通知时限，比如规定在董事会会议召开之前需提前 10 天通知董事，临时董事会则须提前 5 天通知董事。设定一个合理的通知时限可以让参加会议的董事有一个充足的准备时间，也有助于董事会会议的顺利召开。

另外，在撤换董事长的会议中，鉴于很多公司在实务中采用临时董事会的方式，而公司法对于有限公司的临时董事会的程序未做规定。因此，我们建议企业家有必要在设置章程时，完善临时董事会的提议权、召集和主持程序，以及临时董事会的通知时限等。

⚖ 经典案例

华瑞公司系 1993 年成立的公司，孙某、孙爱某和杜某均系华瑞公司股东，分别持有华瑞公司 35%、35%、30% 的股份。2013 年 7 月，孙爱某因公司经营问题与华瑞公司法定代表人孙某发生争执，孙爱某强行将公司公章、营业执照正本及副本、组织机构代码证正本及副本等文件夺走，经孙某多次催要，孙爱某拒不交出。华瑞公司于 2013 年 8 月 7 日在《北京晨报》刊登了华瑞公司作废公章、财务专用章的声明。2013 年 8 月 29 日，华瑞公司向北京市大兴区人民法院（以下称大兴法院）提起公司证照返还纠纷诉讼，要求孙爱某返还公章及营业执照等文件。2013 年 10 月 14 日，孙某获悉华瑞公司的法定代表人由孙某变更为孙爱军。由于华瑞公司已经登报作废了公章，华瑞公司申请法定代表人变更的文件上公章是非法的，该变更法定代表人的行为应当撤销。另外，孙爱某在董事长孙某、董事杜某均不在场的情况下，私自纠集其他董事，将法定代表人由孙某变更为孙爱某是非法行为，该变更程序违法，应当撤销。孙某诉至法院要求：一、判令撤销华瑞公司将法定代表人由孙某变更为孙爱某的决议文件（2013年9月29日作出的董事会决议）；二、诉讼费由孙爱某和华瑞公司承担。

通过审查双方当事人所提交的证据，结合当事人在本案审理过程中的陈述，一审法院对本案认定以下事实：

华瑞公司成立于1993年7月9日，原股东是孙中某和杜某，原法定代表人是孙中某，杜某任监事，孙中某持有华瑞公司70%股权，杜某持有华瑞公司30%股权。孙某和孙爱某系姐妹，是孙中某的女儿。2012年4月，孙中某去世，孙某和孙爱某各继承了孙中某在华瑞公司35%的股权。2012年7月，华瑞公司通过公司章程，华瑞公司在工商部门办理了变更登记，华瑞公司法定代表人由孙中某变更为孙某，职务为董事长，股东由孙中某和杜某变更为孙某（持股35%）、孙爱某（持股35%）和杜某（持股30%），董事会成员为孙某、孙爱某、杜某、雷炳某、贾万某，监事由杜某变更为冯桂某，杜某担任经理，孙爱某担任副董事长。

华瑞公司章程第十四条规定，公司设董事会，成员五人，由股东会选举产生，董事任期两年，任期届满，可连选连任。董事会设董事长、副董事长各一人，任期两年，由董事会选举产生。章程第十六条规定，董事会会议由董事长召集和主持，董事长不能履行职务或不履行职务的，由副董事长召集和主持；副董事长不能履行职务或不履行职务的，由半数以上董事共同推举一名董事召集和主持。章程第十七条规定，董事会决议的表决，实行一人一票。董事会每半年召开一次，由经理或三分之一董事提议召开特别会议。董事会对所议事项，必须经代表五分之三以上表决权董事通过，并作出会议记录，由参加会议的董事签字。章程第十九条规定，公司不设监事会，设监事一人，由董事会选举产生。章程第二十条规定，监事有权对董事、高级管理人员执行公司职务的行为进行监督，对违反法律、行政法规、公司章程或股东会决议的董事、高级管理人员提出罢免的建议。章程第二十二条规定，董事长为公司的法定代表人。

2012年12月7日，孙某向孙爱某出具委托书，授权副董事长孙爱某代为行使董事长在董事会的一切权力，委托有效期一年。

由于孙某和孙爱某之间存在矛盾，2013年7月24日，孙某和孙爱某在华瑞公司发生剧烈争吵。2013年8月17日，孙某以华瑞公司名义在《北京晨报》刊登公章、财务专用章作废声明。2013年8月29日，华瑞公司在大兴法院起诉孙爱某公司证照返还纠纷一案，孙某以华瑞公司法定代表人身份在起诉书上签名，该案起诉状称：2013年7月，孙某和孙爱某因公司经营问题发生争执，孙爱某强行将华瑞公司公章、合同章、发票专用章、法定代表人人名章、营业执照、组织机构代码证、税务登记证、财务票据、账册及其他文件夺走，华瑞公司多次催要，孙爱某拒不交出，导致华瑞公司无法正常经营，处于瘫痪状态，华瑞公司要求孙爱某返还上述公司证照等文件。孙某在该案中提交了一份录音证据笔录第一段载明："孙某于2012年12月7日曾将法定代表人、董事长的相关职责委托给孙爱某代行，后于2013年7月24日，孙某解除了该授权，孙爱某遂将华瑞公司的公章、合同章、发票专用章、法定代表人人名章、营业执照、组织机构代码证、税务登记证、财务票据、账册及其他文件非法占有，以下为孙某向原印章、证照等管理人索取前述物品时的录音。"大兴法院依法向孙爱某送达了该案的民事起诉状和录音证据笔录等证据，孙爱某已经收到该案起诉书及相关证据。

在华瑞公司起诉孙爱某公司证照返还之后，孙爱某召集并主持了2013年9月29日的董事会，参会董事为孙爱某、雷炳某、贾万某三人，冯桂某作为监事参加了董事会。孙爱某称华瑞公司于2013年9月25日发布了董事会会议通知函，通知函称，根据董事会安排，定于2013年9月29日上午9∶00召开公司董事会会议，会议地点为公司会议室，会议内容为：一、免去孙某董事长及法定代表人职务；二、选举新的董事长并确定法定代表人；三、解聘杜某总经理职务；四、聘任新的总经理。孙爱某和华瑞公司称已经向孙某和杜某邮寄了会议通知函，孙某和杜某明确否认收到过会议通知。孙爱某召集的此次董事会通过了董事会决议，内容为："2013年9月29日在北京市海淀区复兴路83号西三楼313室召开了北京华瑞密封技术有限责任公司第一届第二次董事会会议，会议应到5人，实到4人，参加会议的董事在召集和表决程序上符合《公司法》及公司章程的有关规定，会议形成决议如下：变更董事长，同意免去孙某董事长职务，选举孙爱某为新董事长。变更副董事长，同意免去孙爱某副董事长职务，选举雷炳某为新副董事长。变更经理，同意解聘杜某经理职务，聘用雷炳某为新经理。"董事会决议签字人为三人：孙爱某、雷炳某和贾万某。孙爱某在该董事会决议上重复签名，另一个"孙爱某"签名旁备注"代孙某签"。2013年10月，华瑞公司在工商部门办理法定代表人变更登记，华瑞公司领取了新的营业执照，华瑞公司新的营业执照上载明的法定代表人为孙爱某。

2013年10月28日，孙某起诉孙爱某和华瑞公司要求撤销2013年9月29日的董事会决议，即形成本案诉讼。2013年10月30日，孙某以华瑞公司名义向大兴法院申请撤回公司证照返还一案的起诉。2013年10月31日，大兴法院作出（2013）大民初字第10696号民事裁定书，裁定准许华瑞公司撤回起诉。

上述事实有工商档案、董事会决议、作废声明、（2013）大民初字第10696号案件民事起诉书、（2013）大民初字第10696号民事裁定书、授权书、华瑞公司章程、任职证明、（2013）大民初字第10696号卷宗材料、董事会会议纪要、证人杜某的证言及当事人陈述等证据在案佐证。

一审法院认为：华瑞公司股东孙某和孙爱某之间存在矛盾，孙岩和孙爱军在2013年7月24日发生剧烈争吵，孙某以华瑞公司名义在（2013）大民初字第10696号案件中起诉孙爱某要求公司证照返还，孙某在（2013）大民初字第10696号案件提交的证据中亦明确表明其解除对孙爱某代行董事长权利的委托，综合上述因素应当认定孙爱某在2013年9月29日无权以董事长的名义主持董事会，无权代表孙某在董事会上行使表决权，亦无权代替孙某在董事会决议上签字。根据华瑞公司章程规定，董事会由董事长召集和主持，董事长不能履行职务或不履行职务的，由副董事长召集和主持。根据孙某和孙爱某之间存在矛盾、孙某以华瑞公司名义起诉孙爱某要求证照返还一案的事实，不足以认定孙某不能履行职务或不履行职务。在孙某已经取消对孙爱某代行董事长权利后，孙爱某主持董事会并代替孙某在董事会上表决，违反了华瑞公司章程。根据《公司法》第二十二条规定，公司董事会的会议召集程序、表决方式违反法律、行政法规或者公司章程，或者决议内容违反公司章程的，股东可以自决议作出之日起六十日内，请求人民法院撤销。公司根据董事会决议已办理变更登记的，人民法院宣告该决议无效或者撤销该决议后，公司应当向公司登记机关申请撤销变更登记。孙某起诉华瑞公司和孙爱某的时间在董事会决议作出后六十日内，孙某有权要求撤销华瑞公司于2013年9月29日做出的董事会决议。

对于孙爱某和华瑞公司的抗辩理由，法院认定如下：一、关于原被告主体问题，孙爱某和华瑞公司认为原告和被告主体均不适格。法院认为，孙爱某和孙某均为华瑞公司股东，是本案诉争的董事会决议的直接利害关系方，董事会是公司机构，孙某作为原告，孙爱某和华瑞公司共同作为被告，符合公司法第二十二条之规定，法院认可孙某的原告主体资格和孙爱某、华瑞公司的被告主体资格；二、孙爱某和华瑞公司认为，华瑞公司已经办理了法定代表人变更手续，孙某应当以工商管理部门为被告。法院认为，孙某请求人民法院撤销华瑞公司于 2013 年 9 月 29 日作出的董事会决议，如人民法院宣告该董事会决议无效，华瑞公司应当向公司登记关机申请撤销变更法定代表人的登记，故孙爱某和华瑞公司要求孙某起诉工商管理部门的抗辩理由不成立；三、孙爱某和华瑞公司认为孙某担任法定代表人期间严重损害公司利益，故孙某符合被罢免董事长的条件。法院认为，公司法及华瑞公司章程对罢免董事长均有相关规定，即使孙某符合被罢免董事长的条件，华瑞公司亦应当按罢免董事长的程序召开董事会。综上，法院对孙爱某和华瑞公司的抗辩理由均不予采纳。对于孙某要求撤销华瑞公司将法定代表人由孙某变更为孙爱某的决议文件（2013 年 9 月 29 日作出的董事会决议）的诉讼请求，法院予以支持。

据此，一审法院依照《公司法》第二十二条之规定判决：撤销北京华瑞密封技术有限责任公司于二〇一三年九月二十九日作出的第一届第二次董事会决议。

孙爱某和华瑞公司均不服一审判决，提起上诉，请求撤销一审判决。

二审法院经审理查明的事实与一审法院查明的事实一致。

二审法院认为，《公司法》第二十二条第二款规定：股东会或者股东大会、董事会的会议召集程序、表决方式违反法律、行政法规或者公司章程，或者决议内容违反公司章程的，股东可以自决议作出之日起六十日内，请求人民法院撤销。华瑞公司章程虽未明确规定董事会会议召集通知具体程序，但董事会会议召集应履行必要通知程序以保障公司所有董事知情权。孙爱某与华瑞公司主张已履行相关手续通知孙某 2013 年 9 月 29 日召开董事会会议，但其所提交的挂号信查询单并不能充分证明孙爱某与华瑞公司履行相关会议通知程序，孙某亦否认自己收到相关会议通知。

孙爱某与华瑞公司主张孙某于 2012 年 12 月 7 日将其董事长的职权以书面形式委托给孙爱某，孙某元向孙爱某出具过解除该委托授权的书面文件，因此孙爱某于 2013 年 9 月 29 日董事会会议决议上代孙某签名应属有效。关于委托权问题，《合同法》第四百一十条规定委托人可以随时解除委托合同。对孙爱某与华瑞公司此主张，本院结合2013年7月24日孙某和孙爱某在华瑞公司发生剧烈争吵，2013年8月17日孙某以华瑞公司名义在《北京晨报》刊登作废声明，2013年8月29日华瑞公司起诉孙爱军等事实，认定孙某已于2013年9月之前解除对孙爱某之委托授权。

综上，孙爱某与华瑞公司于2013年9月29日所召开的董事会会议存在程序瑕疵。孙某于2013年10月28日起诉要求撤销华瑞公司2013年9月29日董事会会议决议，符合相关法律60日内起诉之规定。一审法院认定事实清楚，适用法律正确，处理结果并无不当，本院予以维持。依照《中华人民共和国民事诉讼法》第一百七十条第一款第一项之规定，判决如下：

驳回上诉，维持原判。[①]

· 法条来源 ·

《中华人民共和国公司法》

第四十四条　有限责任公司设董事会，其成员为三人至十三人；但是，本法第五十条另有规定的除外。

两个以上的国有企业或者两个以上的其他国有投资主体投资设立的有限责任公司，其董事会成员中应当有公司职工代表；其他有限责任公司董事会成员中可以有公司职工代表。董事会中的职工代表由公司职工通过职工代表大会、职工大会或者其他形式民主选举产生。

董事会设董事长一人，可以设副董事长。董事长、副董事长的产生办法由公司章程规定。

---

① 本部分来源于本案判决书主文，限于篇幅略做删减，读者可自行查阅判决书全文以全面了解案情。

"真功夫"启示录：如何设置董事长终身制

🔨 案件要旨

如果公司的章程规定了董事长由某一股东委任，董事空缺时，应由原任命一方填补。若撤换董事长的董事会召开前，公司并未作出任何通知或决定解除该股东的董事职务，公司亦未通知原任命董事的股东一方重新任命新的董事进行填补。在此情况下，公司认为无需向该股东送达会议通知，依据不足，该董事会决议应予撤销。

🔨 案件来源

广东省广州市中级人灵法院 真功夫餐饮管理有限公司、潘宇海与蔡达标、联动投资有限公司、润海有限公司公司决议撤销纠纷二审民事判决书 ①

🔨 股东纠纷焦点

双方的争议焦点主要在两方面：一是针对上述董事会的召开，"真功夫"公司是否依法依约通知了蔡达标？二是将董事长由蔡达标变更为潘宇海的董事会决议是否应该撤销？

🔨 法理探析

"真功夫董事长争夺案"精彩之处在于，即使在蔡达标被逮捕期间，潘宇海依然撼动不了蔡达标对董事长席位的掌控！

一、"真功夫"董事长争夺案的背景

蔡达标与蔡达标前妻的弟弟潘宇海，同为真功夫的创始人。自 2006 年 9 月，10 多年来因蔡达标和潘敏某因感情和家庭矛盾离婚而引发股东纠纷，"真

---

① 广东省广州市中级人民法院 真功夫餐饮管理有限公司、潘宇海与蔡达标、联动投资有限公司、润海有限公司公司决议撤销纠纷二审民事判决书（2017）粤01民终9139号

功夫"打了 30 多起官司。

2007 年，为了家族企业的上市计划，蔡达标联手今日资本进行的"去家族化"改革内部管理，触及了另一股东潘宇海的利益，双方矛盾日渐激化。2011 年，蔡达标因涉嫌挪用资金、职务侵占等被逮捕。2014 年，广州中院对蔡达标案作出终审判决，蔡达标获刑 14 年。

而由潘宇海发起的"真功夫董事长争夺案"，就发生在蔡达标身陷囹圄期间。2013 年 12 月，潘宇海主持召开董事会，正在服刑但当时仍为公司董事的蔡达标及另一名董事没有出席，潘宇海代他们在决议上签字，由此"全票"当选真功夫董事长，并顺利变更了工商登记资料。

得知这一重大变化后，蔡达标提起民事诉讼，要求法院确认撤销该董事会决议。该案于 2015 年 11 月开庭审理。[①] 广州市中级人民法院于 2018 年 6 月 29 日作出二审判决，支持了蔡达标要求撤销上述董事会决议的诉请。

故而，让人大跌眼镜的是，"真功夫董事长争夺案"最终蔡达标胜诉。也就是说，"真功夫"董事长的席位，依旧牢牢控制在蔡达标手里。那么，在蔡达标身陷囹圄期间，他胜诉的法宝是什么呢？接下来，笔者拟从有限公司"董事长任免"的角度进行分析。

二、董事长该由谁来任免

如何任免董事长，我国《公司法》对股份公司和有限公司做出了不同的规定。对于股份公司，公司法规定了董事长的产生办法由董事会以全体董事的过半数选举产生。而对于有限公司的董事长的产生办法，公司法并没有做出明确规定，仅规定了"董事会设董事长一人，可以设副董事长。董事长、副董事长的产生办法由公司章程规定"。即有限公司的董事长的任免法律赋予公司章程自行规定。公司章程可以规定董事长由股东会任免，也可以规定由董事会任免，亦可以参考"真功夫"的章程规定由股东任免。

"真功夫"的公司章程对于董事长的任免条款，赋予了蔡达标对于董事长席位的牢牢掌控权，可谓是控制权设计的经典条款！"真功夫"公司章程第 4.2 条规定，董事会由五名董事组成，五方股东各委派一名董事，除非各方另有书面协议，否

---

① 参见《真功夫内斗还没完 董事长任命被判无效》，腾讯网，2016 年 7 月 21 日。

则董事长由蔡达标任命，副董事长由潘宇海任命；第4.3条规定法定代表人由董事长担任；第4.6规定在章程修正事项上，董事会决议应有全体五名董事（本人或派代理人出席）在按规定程序召开的董事会会议上一致投赞成票方可通过。

按照"真功夫"的上述章程条款，"股东蔡达标可委派一名董事"且"董事长由蔡达标"任命，意味着无论蔡达标的股份是否少于潘宇海，甚至于即使蔡达标只占公司1%的股权，蔡达标依旧可以牢牢控制"真功夫"的董事长人选，蔡达标无可厚非可以成为"真功夫"永久的实际控制人。

那么，潘玉海能否通过修改公司章程来变更蔡达标的"董事长委任制"呢？答案是不能！为什么呢？"真功夫"的章程的高明之处在于：其提前采取了防御条款，即4.6条规定"章程的修订须经全体董事一致通过"。也就是说，只要蔡达标不同意修改公司章程，蔡达标就可以一直牢牢把控董事长的席位！

三、董事长委任制——公司控制权法宝

公司控制权的架构设计中，董事长的任免制度无疑是控制权设计的重中之重。谁控制了董事长席位，意味着谁就控制了公司的日常经营，谁就是公司的实际控制人！

对于创始人而言，目前有限公司采取的较多的是"董事长选举制"，最常见的条款设计为"董事长和副董事长由董事会以全体董事的过半数选举产生"。在董事长经选举产生的情况下，创始人往往将重点放在董事会的投票权安排上，即投融资谈判中，创始人一般要求其有权委派或者提名董事，以牢牢控制自身的董事席位。但是，在"董事长选举制"中，创始人仅能把控董事席位，却很难把控董事长的人选。特别当创始人的股权比例随着多次融资被稀释的情况下，创始人在董事会的投票权往往很快降至50%以下。由此出现的后果就是，一旦创始人在董事会的投票权不足以达到50%以上，则创始人随时面临被董事会免除董事长的尴尬境地。

阿里巴巴的合伙人制度，是由合伙人提名董事会的大多数董事人选，而非根据股份的多少分配董事席位。因此，"阿里合伙人"制度的优势在于保证创始人不会因为股权的过度稀释而失去董事席位，并通过控制大多数董事席位而间接控制董事会。而"真功夫"的"董事长委任制"则一步到位，无须董事会多数选举，无惧股权比例稀释，直接由股东蔡达标进行董事长的任免，蔡达标可以任命自己

为"真功夫"的董事长，也可以在自己深陷牢狱之时，任免自己的妹妹为公司董事长。而这，恰恰是蔡达标在和潘宇海"董事长争夺战"中最终获胜的法宝！

败诉分析

潘宇海发起的"真功夫董事长争夺案"，最终以潘宇海败诉告终！

广州市中级人民法院认为：根据《公司法》第一百四十七条第一款第五项、第三款的规定，个人所负数额较大的债务到期未清偿，不得担任公司的董事，董事在任职期间出现该条第一款所列情形的，公司应当解除其职务。同时，根据真功夫公司章程（2007 年制订）第 4.2 条的规定，董事空缺时，应由原任命一方填补。但是在涉案董事会召开前，真功夫公司并未作出任何通知或决定解除蔡达标的董事职务，真功夫公司亦未通知原任命蔡达标为董事的股东一方重新任命新的董事进行填补。在此情况下，真功夫公司认为无需向蔡达标送达会议通知，依据不足，本院不予采纳。

另，蔡春某曾提供三份由蔡达标于 2011 年 3 月 17 日出具的《委派书》，记载蔡达标委派蔡春某为真功夫公司的董事、董事长，但真功夫公司对于上述《委派书》的真实性均不予确认，亦不认可蔡春某的董事或董事长身份……但不管蔡春某是董事身份还是董事授权代表的身份，真功夫公司在召开涉案董事会会议时通知蔡春某，应属合理之范畴。

关于涉案董事会的召集程序是否仅为轻微瑕疵的问题。根据当时的真功夫公司章程（2007 年制订）第 4.6 条的规定，章程的修正应有全体五名董事（本人或派代理人出席）在按规定程序召开的董事会会议上一致投赞成票方可通过。由此可见，蔡达标未能得到合法的通知而未能出席涉案董事会会议行使表决权，必然对该决议的通过与否产生实质的影响。据此，真功夫公司认为即使涉案董事会会议召集程序存在瑕疵亦属轻微瑕疵，不应撤销涉案董事会决议的上诉理由，依据不足，本院不予采纳。

股东战术指导

笔者希望通过该案例提醒创始人：董事长任免条款直接决定了创始股东的命运，需谨慎制定！

在设置董事会的有限公司中，创始股东在公司成立之初往往能凭借持股优势牢牢控制董事长人选。很多创业公司中，创始股东一般同时兼任董事长和法定代表人，将控制权牢牢把握在自己手里。但是，随着公司多次融资对创始人股权的稀释，创始人往往逐渐失去了对公司的控股地位，很多创始人甚至于在 ABC 轮融资之后连股东会的一票否决权都已不复存在。那么，创始股东如何在股权被逐渐稀释后还能保持对公司董事会的控制权呢？"真功夫董事长争夺案"给了我们启示，真功夫的"董事长委任制"可以使创始人蔡达标将董事长人选牢牢控制在自己手里，因此"董事长委任制"甚至可以和"董事长终身制"相媲美。

但是，创始股东在设置"董事长委任制"的时候，需要特别注意的一点是，按照《公司法》第一百四十六条的规定，因公司法贪污、贿赂、侵占财产、挪用财产被判处刑罚，或者因犯罪被剥夺政治权利，执行期满未逾五年的，不得担任公司的董事、监事、高级管理人员。因此，创始股东如果出现了《公司法》第一百四十六条的情形，公司可以解除其董事和董事长职务。

⚖ 经典案例

蔡达某向一审法院提出诉讼请求：撤销《2013 年度真功夫餐饮管理有限公司第二次临时董事会会议决议》（内容为通过以下议案：一、就外方股东名称变更而修订章程相应条款的议案；二、就章程第 4.2 条进行修改的议案；三、就章程第 4.6 条进行修改的议案；四、就章程第 4.7 条进行修改的议案；五、就章程第 4.12 条进行修改的议案；六、选举潘宇某先生为公司董事长的议案），真功夫公司承担本案诉讼费用。事实与理由：蔡达某系真功夫公司股东，持有 41.738% 股权；蔡达某自 2007 年起担任真功夫公司董事、董事长和法定代表人；因涉嫌刑事案件，蔡达某根据真功夫公司《章程》规定，于 2011 年 3 月 17 日书面委派胞妹蔡春某接替蔡达某担任真功夫公司董事、董事长，但真功夫公司以种种理由拒绝办理工商变更备案登记，故蔡达某至今仍然系在公司登记机关备案登记的董事。经蔡达某合法委托，2011 年 3 月至 2013 年 12 月期间，蔡春某作为真功夫公司董事和蔡达某代理人，多次与真功夫公司及其实际控制人交涉公司相关事宜，接收真功夫公司发出的董事会会议通知及文件，提出董事会议案，签署董事会决议，并实际出席了 2013 年 1 月 5 日的董事会会议；参与了蔡达某和真功夫公司及其实际控制人之间的多个相关案件的诉讼。真功夫公司、各位董事及董秘、公司实际控制人潘宇某等，自 2011 年 4 月起就明知蔡达某被羁押在广州市第一看守所，案件由广州市公安局经济犯罪侦查支队负责侦查，其后也明知案件由天河区检察院负责起诉、天河区法院负责审理；2013 年 12 月，真功夫公司故意将真功夫公司 2013 年度《第二次临时董事会会议通知》及相关文件邮寄到明知蔡达某根本不可能收到的地址"××市××街××巷××号"。2013 年 12 月 9 日，在蔡达某方没有接到会议通知、没有出席的情况下，第三人潘宇某主持真功夫公司董事会，在广州市××区××路××广场×楼×号会议室召开了第二次临时董事会会议并做出决议，决议内容包括：就外方股东名称变更而修订章程相应条款内容；修改公司章程第 4.2 条、第 4.6 条、第 4.7 条、第 4.12 条；选举潘宇某为董事长（法定代表人）。五名董事仅潘宇某、潘××和方华三名董事出席，蔡达某及黄健某董事未出席。第三人潘宇某非法"代表"蔡达某对涉案董事会决议投赞成票并代蔡达某签名。会后，真功夫公司董事会始终没有按照公司《章程》规定，将董事会会议记录交予蔡达标。依据涉案董事会决议，真功夫公司于 2013 年 12 月 30 日向东莞市工商行政管理局申请变更董事长为潘宇某的备案登记，并于次日完成登记。蔡春某于 2014 年 1 月再次要求东莞市工商局办理董事、董事长变更备案登记时，才得知董事长已经非法变更为潘宇某，并得知真功夫公司非法召开涉案董事会会议以及作出了涉案决议。蔡达某于 2014 年 1 月 26 日向法院提出本案诉讼。蔡达某认为，涉案真功夫公司董事会的召集程序、表决方式以及董事会决议内容明显违反公司章程规定：

一、涉案董事会会议的召集程序和表决方式违反公司章程。现行有效的真功夫公司 2007 年《章程》第 4.10 条、第 4.12 条规定，董事长或副董事长在董事会会议召开前，应当向全体"董事""适当发出"书面会议通知；经过两次"适当通知"，相关董事仍没有依规定方式出席会议，才可以召开会议并做出决议。真功夫公司或涉案董事会主持人违反章程规定，对于涉案董事会会议，没有向蔡达某"适当发出"通知即召开了会议。证据1、真功夫公司《章程》没有规定董事的送达地址如何确定；章程首部列明的地址是"股东"地址而非"董事"联系地址；真功夫公司《合资经营合同》第二条虽然列明了各"股东"

的地址，其中蔡达某地址为"××市××街××巷××号"，但并未将其列为送达地址，而是在第26.4条专门规定了各股东的"通信地址"，其中股东蔡达某、潘宇某、双种子公司地址均为"广州市××区××路×号××大厦×楼真功夫公司"，且"收件人"均为"蔡达某"。2010年，真功夫公司在高盛大厦的总部已经整体搬迁到天河区粤海天河城大厦41层。证据2、真功夫公司和其实际控制人在向蔡达某（董事）"送达"涉案会议通知时，清楚知道蔡达某既不在《章程》和《合资经营合同》列明的"股东"地址，也不在《合资经营合同》列明的"股东"通信地址，而是被关押在广州市第一看守所。真功夫公司实际控制人、涉案董事会会议主持人潘宇某作为原告，于2012年8月在广州市中级人民法院起诉蔡达某的（2012）穗中法民二初字第63号一案，潘宇某在起诉状中列明蔡达某"住所地××市××街××巷××号，羁押地广州市第一看守所"，该案两审民事裁定书中也列明蔡达某"现羁押于广州市第一看守所"；真功夫公司于2013年7月在天河区法院起诉蔡达某（2013）穗天法民二初字第3060号一案，同样列明蔡达某"被羁押地广州市第一看守所"。蔡达某刑事案件于2012年8月提起公诉，真功夫公司作为"被害单位"获得了相关诉讼文件并参加了庭审，明知蔡达某被持续羁押在广州市第一看守所。证据3、真功夫公司和其实际控制人在向蔡达某"送达"涉案会议通知时，清楚知道蔡春某有权代表蔡达某出席董事会会议，也清楚知道蔡春某的通信地址和手机。2011年4月2日真功夫公司依据《章程》第4.14条，以书面同意文件代替董事会会议并作出《董事会书面决议》，该决议由"董事蔡春某""董事周×""董事潘宇某""董事潘××"和"董事徐×"分别签署，该决议形成后即由真功夫公司提供给银行，已经用于实际办理了相关还贷手续。2012年12月，真功夫公司董秘张×代表公司和公司实际控制人，将送达给"蔡达某董事"的《2012年度真功夫餐饮管理有限公司临时董事会会议通知》及相关提案邮寄给"蔡春某"，邮寄地址为"×市××路××花园×号"蔡春某个人住所地址，同时张××以手机短信直接通知"蔡春某"会议时间地点及邮寄文件信息；2013年2月5日蔡春某出席了该次董事会会议并签署决议（公司认定蔡春红的出席身份为"蔡达某董事授权代表"，但没有获得授权委托书；蔡春某坚持其为"董事"）。2013年5月和6月，董秘张××代表真功夫公司和公司实际控制人，将送达给"蔡达某先生"的《2013年度真功夫餐饮管理有限公司第一次临时董事会会议通知》及相关提案文件邮寄给"蔡春某",邮寄地址为"×市××路××花园×号"蔡春某个人住所地址,随即蔡春某以"董事"身份、蔡达某以股东身份共同向真功夫公司提交了《关于对拟召开的真功夫餐饮管理有限公司 2013 年度临时董事会召集程序及会议提案的意见》,真功夫公司遂书面通知"蔡达某先生":"现因蔡达某先生对本次会议发来了补充议案",会议延后至 6 月 24 日举行;但真功夫公司在通知的日期故意没有召开董事会,而是在 7 月 10 日在蔡达某方不知情的情况下开会并作出了损害蔡达某权益的决议。证据 4、真功夫公司和其实际控制人在向蔡达某"送达"涉案会议通知时,清楚知道蔡达某早已委托蔡春某代为处理蔡达某与真功夫公司、真功夫公司实际控制人等之间的一系列法律争议和权益争议,知道蔡春某的详细联系方式。上述证据清楚证明:真功夫公司和其实际控制人明知蔡达某没有也不可能居住在《章程》写明的股东身份证地址,明知蔡春某是蔡达某委派的董事或董事代理人有权出席董事会会议并签署决议,明知蔡达某关押处所和办案单位,明知蔡达某代理人蔡春某的联系方式,却恶意歪曲公司《章程》和《合资经营合同》的相关规定,将应当送达给蔡达某亲收或蔡春某代收的会议通知文件,送达至蔡达某根本不可能收到甚至根本不可能得到邮件信息的地址。《章程》规定的"适当发出"通知,首先应当是善意地、正常地发出,同时是发出方根据其已知信息,知道或应当知道所采用的发出方式和地址,是被通知的董事可以收到的方式和地址;真功夫公司没有正当合法的理由却违反其此前通知蔡春某的一贯做法,故意向明知蔡达某不可能收到的地址发送会议通知,显然不属于"适当发出",由此导致蔡达标方董事没有出席会议,故涉案董事会召集程序严重违反章程规定。在此基础上,潘宇某董事擅自、恶意代表"蔡达某董事"行使表决权,因没有获得蔡达某的合法授权,故涉案董事会的表决方式也严重违反《章程》规定。

二、涉案董事会决议内容严重违反公司章程的规定。《章程》第 4.2 条、第 4.3 条明确规定:"除非各方另有书面协议,否则董事长应由甲方(即蔡达某)任命""董事长是合营公司的法定代表人";第 4.6 条、第 13.2 条规定:修改章程的董事会决议"应有全体五名董事(本人或派代理人出席)在按规定程序召开的董事会会议上一致投赞成票方可通过""对本章程的任何修正都只能通过各方签署的书面协议的方式作出"。涉案决议违反上述规定:在蔡达某方董事没有合法参加会议、没有行使表决权、各方也没有另行签署书面协议的情况下，修改公司《章程》第4.2条、第4.6条、第4.7条、第4.12条和其他内容；将董事长（法定代表人）由特定股东方任命的委派制，改为董事会选举制。真功夫公司和其实际控制人在涉案董事会会议之后，又采用同样的"通知"手法，剥夺蔡达某方董事出席董事会会议的权利，非法召开了2013年7月10日、2014年5月20日两次董事会并由潘宇某"代表"蔡达某投赞成票，作出了严重损害蔡达某合法权益的决议。

潘宇某一审述称，首先我方同意真功夫公司的答辩意见。针对起诉状第3页的内容，我方确实了解到蔡达某被羁押在第一看守所，但具体羁押于看守所的哪个监仓我方无法得知，也无法与其联系。其次，蔡达某自涉嫌犯罪被依法逮捕后，依法已经不具有担任公司法定代表人以及董事长的权利，而根据企业法定代表人登记管理规定，重新选举法定代表人以及董事长既是真功夫公司董事会的权利，也是义务。因此，本次董事会决议的内容本身也是为了解决公司僵局，高度维护公司以及公司股东根本利益所作出的，其内容本身也具有正当性以及必要性。

一审法院经审理查明：真功夫公司于2007年7月19日依法登记成立，注册登记住所地为广东省东莞市松山湖科技产业园松湖科技园16栋2层，投资人（股东）包括蔡达某、潘宇某、双种子公司、润海公司[即更名前的今日资本投资一（香港）有限公司]和中山联动公司，成立时的法定代表人为蔡达某。

在真功夫公司已登记备案的章程（2007年11月20日制订）中，蔡达某的住所地载明为广东省××市××镇××街××巷××号。章程第4.2条规定，董事会由五名董事组成，除非各方另有书面协议，否则董事长由蔡达某任命，副董事长由潘宇某任命。第4.3条规定，董事长是合营公司的法人代表，当董事长不能履行其职责时，董事长应授权副董事长或另一位董事代表合营公司。第4.6条规定，有关下列事项的董事会决议应有全体五名董事（本人或派代理人出席）在按规定程序召开的董事会会议上一致投赞成票方可通过：一、章程的修正……第4.9条规定，如有三分之一以上的董事要求召开董事会临时会议，则在收到其提议后的三天之内，董事长或者（在董事长缺席或不能履行职责期间）副董事长应发出关于召开董事会临时会议的书面通知。第4.10条规定，董事长或者（在董事长缺席或不能履行职责期间）副董事长应在任何董事会会议召开之前，提前至少十四天发出书面通知，通知中应列明会议的具体日程、时间和地点……董事会会议应在通知发出之日后十四天至二十八天的时间内召开。第4.12条规定，三分之二董事（四名董事）通过本人出席、电话会议或委托代理人的方式出席会议即构成董事会会议的法定人数，但是，如果召开董事会会议的通知已经适当发出，而一方指定的董事未能通过本人出席、电话会议或委托代理人的方式出席董事会会议，使会议不能达到前句所述的法定人数，则该等董事会会议应被押后并于十五日之后在同一地点和时间重新召开。如果在重新召开的董事会上，上述董事仍未能通过本人出席、电话会议或指定代理人的方式出席会议，则重新召开的董事会会议主持人应被视为上述董事指定的代理人代其出席会议并就有关决议投票（上述决议的草案应已与董事会会议的通知一并发送给董事）。以上述方式通过的决议应具有完全的法律效力……

一审法院认为，《公司法》第二十二条第二款规定：股东会或者股东大会、董事会的会议召集程序、表决方式违反法律、行政法规或者公司章程，或者决议内容违反公司章程的，股东可以自决议作出之日起60日内，请求人民法院撤销。本案中，各方当事人争议的首要焦点即：真功夫公司董事会向蔡达某送达2013年第二次临时董事会会议通知及提案的行为是否符合公司章程的约定。

依据真功夫公司章程第4.12条约定：三分之二董事（四名董事）通过本人出席、电话会议或委托代理人的方式出席会议，即构成董事会会议的法定人数；但是，如果召开董事会会议的通知已经适当发出，而一方指定的董事未能通过本人出席、电话会议或委托代理人的方式出席董事会会议，使会议不能达到前句所述的法定人数，则该等董事会会议应被押后并于15日之后在同一地点和时间重新召开；如果在重新召开的董事会上，上述董事仍未能通过本人出席、电话会议或指定代理人的方式出席会议，则重新召开的董事会会议主持人应被视为上述董事指定的代理人代其出席会议并就有关决议投票（上述决议的草案应已与董事会会议的通知一并发送给董事）；以上述方式通过的决议应具有完全的法律效力。由此可知，真功夫公司在向各董事发出董事会会议通知及提案时应符合"适当发出"的要求。然而，对于"适当发出"的标准，章程中并未作出具体明确的约定，章程条款也未明确各董事的通知送达地址，仅在章程首部记载了各股东的住所地。故在章程无明确约定的情况下，对于"适当发出"的解释应按通常理解进行。真功夫公司虽然提出其公司各出资方曾在《合资经营合同》中对送达地址及地址变更后的通知义务作出约定，但因该合同并非本案审查决议能否被撤销的法定依据，故其合同约定将不作为本案审查的对象，对真功夫公司及第三人以《合资经营合同》为依据提出蔡达某未履行相关义务的辩解，该院均不予采纳。

依照通常的理解，所谓适当发出，即要求当事人从善意、中立的立场出发，根据已知的信息通过合理方式发出有关通知，以使通知内容尽可能被对方知晓。本案中，真功夫公司自认其仅向董事蔡达某登记于章程中的住所地（也即身份证住址）寄送2013年第二次临时董事会会议通知及提案，并称其无法直接与蔡达某联系，且无义务向蔡达某的其他地址送达。对此，该院认为，首先，在真功夫公司拟召集2013年第二次临时董事会会议期间，真功夫公司已知蔡达某因在真功夫公司任职期间涉嫌职务犯罪被羁押，真功夫公司作为所涉刑事案件的被害单位也实际参与了该刑事案件的审理，其作为与刑事案件密切相关的一方，完全能够通过合理途径获知蔡达某的联系方式（包括被羁押地点及委托辩护人等的情况）。且本案所涉的通知事项与刑事案件并无关联，现行法律法规也并未禁止刑事案件被害单位就此类事项与犯罪嫌疑人取得联系（包括通信方式）。真功夫公司亦无证据证明其已采取适当方式尝试与蔡达某本人联系，但确因客观原因未能成功。故真功夫公司以其不清楚蔡达某的羁押地点且双方联系存在法律障碍为由抗辩称其无法联系蔡达某本人并向其送达会议通知及提案，理由不成立，该院不予采纳。其次，由于蔡达某在2013年第二次临时董事会会议召集期间已处于被羁押的状态，而真功夫公司对此是明知的，故真功夫公司理应清楚蔡达某本人无法签收真功夫公司寄往其身份证住址的会议通知及提案。而该次临时董事会的提案内容中，有多项均与蔡达某本人的切身利益密切相关。在蔡达某人身自由受限的情况下，为保证各董事会成员均能正常地行使其各项权利，保障各股东的合法权益，真功夫公司理应负有更加审慎和积极的通知义务，但真功夫公司在明知蔡达某多种联系方式或渠道的情况下，仅向蔡达某的身份证住址寄送有关董事会会议通知及提案，且未提供证据证明该邮件已由蔡达某的同住成年家属签收，上述送达行为明显不符合"适当发出"中有关尽可能使通知内容到达被通知一方的本意。至于真功夫公司提出的有关因蔡达某构成犯罪，因而已不具备董事资格，真功夫公司因此没有义务再向蔡达某进行送达的问题。由于涉案董事会召开时（2013年12月9日）有关认定蔡达某构成犯罪的一审刑事判决书尚未依法作出，尚不能认定蔡达某已构成犯罪，真功夫公司以之后认定罪名成立的生效裁判文书来免除其此前有关通知送达义务的抗辩明显不成立，故该院对此也不予采纳。

基于上述分析，该院认为，真功夫公司董事会在向蔡达某送达2013年第二次临时董事会会议通知及提案的过程中，未能合理保障蔡达某就该次会议所享有的基本权利，该送达行为明显存在瑕疵，应认定与章程中有关"适当发出"的约定不符。故蔡达某以真功夫公司董事会召集程序违反公司章程为由要求撤销2013年第二次临时董事会会议决议合法有据，该院对此予以支持。中山联动公司、润海公司经该院合法传唤，逾期未到庭应诉，不影响本案的审理。综上所述，该院依照《民法通则》第四、五条，《合同法》第一百二十五条第一款，《公司法》第二十二条第二款，《民事诉讼法》第六十四条第一款，《最高人民法院关于适用〈中华人民共和国民事诉讼法〉的解释》第二百四十条的规定，判决如下：真功夫公司董事会于2013年12月9日作出的《2013年度真功夫餐饮管理有限公司第二次临时董事会会议决议》于本判决发生法律效力之日起撤销。案件受理费100元，公告费1000元，均由真功夫公司负担。

判后，上诉人真功夫公司、潘宇某、双种子公司均不服上述判决，分别向本院提起上诉。

针对真功夫公司、潘宇某、双种子公司的上诉，蔡达某答辩称：

一、一审判决未将《合资经营合同》作为判断涉案董事会决议是否应撤销的依据，符合公司法及真功夫公司章程的规定。退一步说，《合资经营合同》的内容也不涉及真功夫公司董事送达地址变更通知的问题，该合同的相关约定与本案无关。根据《公司法》第二十二条的规定，该法条并未将设立公司时股东签署的任何合同作为撤销决议的合法理由，蔡达某以涉案决议违反公司章程为唯一理由起诉，一审法院据此审理判决合法合理。三上诉人坚持应当以《合资经营合同》为依据审理本案的理由是认为该合同首部的股东地址就是真功夫公司董事的送达地址，依据该合同第26.4条的约定，如果蔡达某将送达地址变更为某看守所应当对公司履行告知义务。但是，其一，该合同中完全没有涉及真功夫公司各位董事的送达地址或董事的送达地址变更需要通知公司的内容，三上诉人提及的合同内容仅针对公司股东；其二，合同中股东的送达地址也非合同首部的地址，而是第26.4条约定的通信地址，其中蔡达某、潘宇某、双种子公司地址均为广州市××区××路×号××大厦×楼真功夫公司，且收件人均为蔡达某。真功夫公司早在2010年即搬离此地址，股东蔡达某、潘宇某、双种子公司均未就此通知真功夫公司自己的通信地址或收件人已经变更，董事蔡达某、潘宇某、潘××（双种子公司委派）也未通知公司送达地址和收件人变更；其三，公司章程第4.16条、第26.4条均非对真功夫公司向各位董事送达董事会会议通知的规定，而是在董事会会议结束之后，公司向各位股东送达董事会会议记录的地址。约定该条规定的目的是让股东事后了解公司重大决策的过程。

二、真功夫公司章程规定的适当发出并非无法判断或界定。一审判决关于真功夫公司未能适当发出董事会通知的事实认定有充分证据证明，且符合民事活动的基本原则。判断公司是否向特定董事适当发出了会议通知，应当按照以下事实顺序为依据：首先，应当按照章程对于送达的具体规定进行判断，涉案公司章程仅列明了各位股东地址，蔡达某、潘宇某、潘××、方敏、黄健某五位董事均无个人送达地址。其次，在章程没有明确规定的情况下，应当按照公司此前的处理作出判断。2013年4月2日蔡春某以董事身份签署董事会决议，是公司当面送达的；2013年1月5日董事会会议通知是真功夫公司邮寄到蔡春某家庭住址，并给蔡春某手机发短信补充通知；2013年5月6日真功夫公司将拟召开董事会会议的通知邮寄到蔡春某家庭地址。以上三次通知发出前蔡达某或其代表蔡春某从未以任何方式将董事送达地址以任何形式通知公司，因为公司明知蔡达某的联系方式无须另行通知，且蔡达某也认可该几次送达行为。在2010年真功夫公司营业地址搬离高盛大厦后，相关董事也未通知公司变更自己的送达地址，但此后到涉案决议发生时，对各位董事的送达并未失败，显然公司惯例是相关工作人员明知各位董事的实际送达地址，每次通知直接默契地按照惯例送达即可。在送达涉案董事会会议通知之前，真功夫公司从未向蔡达某的身份证住址发出过任何通知、文件。蔡达某在起诉状中依据充分证据已经明确证明在通知涉案董事会会议之前，真功夫公司、潘宇某明知蔡达某的羁押原因、羁押地点、办案单位以及家属联系方式，但其没有试图通过办案单位或看守所或家属向蔡达某进行送达。真功夫公司称一审法院主观臆断认定其无证据证明其已经采取适当的方式尝试与蔡达某本人联系，但确因客观原因未能成功，属于认定主要事实不清，但根据谁主张谁举证的民事诉讼基本原则，真功夫公司对该抗辩理由不举证，却指责法院没有主动调查核实，于法无据。章程规定的适当发出通知，首先应当是善意、正常地发出，同时是公司根据其已知信息，知道或应当知道所采用的发出方式和地址，是被通知的董事可以收到的方式和地址。《民法通则》第四条和合同法第六条均规定，民事活动中当事人行使权利履行义务应当遵循公平诚实信用原则。真功夫公司在本案的送达行为明显违反上述原则，损害蔡达某的合法权益。

三、真功夫公司没有向蔡达某适当发出涉案董事会会议通知，该行为瑕疵绝非显著轻微，该行为已经造成了严重破坏公司章程、损害蔡达某合法权益的后果。公司法从未有过三上诉人声称的所谓保护绝大多数股东利益而非少数股东利益的立法精神或表述。由于真功夫公司的不当送达行为，导致实际直接或间接持有真功夫公司50%股权的董事蔡达某被故意排除在涉案董事会会议之外，一审查明的事实，有相关的证据予以佐证，本院对一审查明的事实予以确认。

二审庭询过程中，真功夫公司向本院提交以下证据：一、《增资协议》；二、真功夫公司工商登记的《董事、监事、经理/联合管理委员会委员情况表》；三、真功夫公司的《法定代表人登记表》；四、真功夫公司工商登记的《公司董事、监事、经理情况表》，上述证据一至四显示根据《增资协议》第9.1条约定"本协议的任何一方在发送本协议项下或与本协议有关的通知时应采用书面的形式，以专人送达或挂号信件的方式寄送至本协议第一条所列各方的地址"……

本院经审理认为：本案系公司决议撤销纠纷，因润海公司是香港特别行政区设立登记的公司，故本案属于涉港公司纠纷，应参照涉外案件处理。涉案公司决议是真功夫公司董事会作出的，而真功夫公司是我国内地设立登记的企业，故依据《涉外民事关系法律适用法》第十四条第一款的规定"法人及其分支机构的民事权利能力、民事行为能力、组织机构、股东权利义务等事项，适用登记地法律"，本案应适用我国内地法作为解决本案纠纷的准据法。

关于一审程序是否违法的问题。一审被告真功夫公司的主要办事机构所在地在一审法院辖区内，且各方当事人对一审法院对本案行使管辖权均没有提出异议，故一审法院审理本案纠纷并无不当，至于本案具体由一审法院哪个庭室审理，属于法院的内部分工，并未违反法律的规定。其次，一审法院根据本案的审理情况及双方的诉辩意见，对案件的争议焦点、当事人的诉辩意见等进行审查、归纳总结进而作出认定，并未违反法律的规定。真功夫公司、潘宇海、双种子公司认为一审程序违法，依据不足，本院不予采纳。

关于《合资经营合同》是否应作为本案的审查依据的问题。根据《公司法》（2005 修订）第二十二条第二款的规定，董事会的会议召集程序、表决方式违反法律、行政法规或者公司章程，或者决议内容违反公司章程的，股东会可以自决议作出之日起六十日内，请求人民法院撤销。由此可见，审查涉案董事会决议是否应撤销的依据是该会议或决议内容是否违反法律、行政法规或者公司章程，而非其他合同依据。本案中，真功夫公司等人主张《合资经营合同》应作为本案审查依据之一，但该合同约定的是各出资方在合资经营公司期间的权利义务关系，与本案属于不同的法律关系。《合资经营合同》的当事人是各出资方，而非真功夫公司，该合同亦非真功夫公司章程的组成部分。据此，《合资经营合同》不属于本案的审查依据。同理，《增资协议》亦不属于本案的审查依据。真功夫公司等以上述合同为依据认为蔡达某未履行通信地址变更通知的义务、而应自行承担不能收到会议通知的不利后果的抗辩理由，依据不足，本院不予采纳。

关于蔡达某是否已丧失董事资格而真功夫公司无须通知其参加涉案董事会的问题。一、根据现有证据显示，涉案董事会会议的召开时间为 2013 年 12 月 9 日，而此时有关认定蔡达某构成犯罪的一审刑事判决书尚未做出，在该刑事判决书生效前尚不能认定蔡达标已经构成犯罪而当然丧失董事资格。二、真功夫公司等认为（2012）穗中法民二终字第 1773 号民事判决书（2012 年 8 月 17 日作出）认定蔡达某承担 3600 万元本金及利息的债务，故蔡达某负有巨额债务，根据公司法第一百四一六条的规定，蔡达某丧失董事资格。本院认为，首先，从真功夫公司此前召开董事会会议的通知情况来看，真功夫公司每次均有通知蔡达某，包括本次会议及之后的 2014 年第一次临时董事会会议，真功夫公司亦向蔡达某的户籍所在地发出通知，从该通知行为来看，真功夫公司自己亦认为蔡达某仍是其董事，其需要将拟召开的董事会相关事宜通知蔡达某。真功夫公司现在本案中主张其无须通知蔡达标，显然与其之前的通知行为不符。其次，根据《公司法》（2005 修订）第一百四十七条第一款第五项、第三款的规定，个人所负数额较大的债务到期未清偿，不得担任公司的董事，董事在任职期间出现该条第一款所列情形的，公司应当解除其职务。同时，根据真功夫公司章程（2007 年制订）第 4.2 条的规定，董事空缺时，应由原任命一方填补。但是在涉案董事会召开前，真功夫公司并未作出任何通知或决定解除蔡达某的董事职务，真功夫公司亦未通知原任命蔡达某为董事的股东一方重新任命新的董事进行填补。在此情况下，真功夫公司认为无需向蔡达某送达会议通知，依据不足，本院不予采纳。

关于涉案会议通知是否符合公司章程中关于"适当发出"的要求的问题。一、由于公司章程并未对"适当发出"的要求作出详细的约定，一审法院对其含义而作出的解释、说明，符合一个正常理性人的通常理解，合情合理，并未苛责任何一方，本院予以确认。二、本案中，在真功夫公司明知蔡达某因被羁押而不在户籍所在地居住的情况下，真功夫公司向蔡达某的户籍所在地邮寄会议通知，显然蔡达某本人不可能收到该通知。在真功夫公司知道蔡达某存在的其他多种联系方式（如联系刑事案件中蔡达某的代理人转交、其妹妹蔡春某转交、或通过被羁押的场所转交等）的情况下，真功夫公司仍然仅向蔡达某本人确定不在的户籍所在地地址邮寄，显然不符合"适当发出"的要求。三、真功夫公司等辩称虽然蔡达某被羁押，但其成年同住家属可以代为签收转告，但至今真功夫公司未能提供相关的证据证明其邮寄给蔡达某的邮件已由其同住成年家属签收。四、真功夫公司等辩称蔡春某并非蔡达某合法的代理人、同时蔡春某涉嫌存在泄密行为，故不应向蔡春某送达。根据现有证据及当事人陈述可以显示以下事实：在 2011 年真功夫公司董事会达成的书面决议中，蔡春某是作为董事在该书面决议中签名的；2012 年真功夫公司第二次临时董事会会议决议显示，前言部分记载蔡达某董事授权代表蔡春某出席会议，而蔡春某在该董事会决议上签名时又备注其为董事身份；在 2013 年真功夫公司第一次临时董事会会议召开时，真功夫公司同时向蔡达某的户籍所在地地址及蔡春某位于 ×× 市 ×× 镇 ×× 路 ×× 花园 × 号的地址寄送了该次会议通知及会议议案（其中寄给蔡春某的邮件详情单上写明"请收转蔡达某"）；另，蔡春某曾提供三份由蔡达某于 2011 年 3 月 17 日出具的《委派书》，记载蔡达某委派蔡春某为真功夫公司的董事、董事长，但真功夫公司对于上述《委派书》的真实性均不予确认，亦不认可蔡春某的董事或董事长身份。从上述事实可以看出，对于蔡春某究竟是董事身份还是董事授权代表的身份，真功夫公司在此前几次董事会议中的态度是不一致的，但不管蔡春某是董事身份还是董事授权代表的身份，真功夫公司在召开涉案董事会会议时通知蔡春某，应属合理之范畴。五、真功夫公司辩称在广州市天河区人民法院（2013）穗天法民二初字第 3060 号案件中，蔡达某曾在向法院提交的民事答辩状中陈述"答辩人一（指蔡达标）从未以任何书面形式文件指定答辩人二（指蔡春某）为其代理人出席被答辩人（指真功夫公司）的临时董事会，甚至被答辩人将会议通知邮寄给答辩人二，要求其转交答辩人一的行为都缺乏依据"，故蔡达某并未认可蔡春某有权接收会议通知，真功夫公司当然无需向蔡春某送达涉案会议通知。但是，蔡达某是在 2014 年 7 月 17 日向法院提交上述民事答辩状，而涉案董事会会议的召开时间为 2013 年 12 月 9 日，即在真功夫公司向蔡达某发出涉案董事会会议通知时，蔡达某还没有作出上述关于蔡春某无权接收、转交通知的陈述，而真功夫公司却以蔡达某当时还未作出的陈述为由认为其当时即不应通知蔡春某，显然不符合逻辑，也与真功夫公司此前几次会议的通知行为不符。综上，一审法院认定涉案董事会议的通知不符合"适当发出"的要求，合理有据，本院予以确认。

关于涉案董事会的召集程序是否仅为轻微瑕疵的问题。《公司法解释四》第四条规定："股东请求撤销股东会或者股东大会、董事会决议，符合公司法第二十二条第二款规定的，人民法院应当予以支持，但会议召集程序或者表决方式仅有轻微瑕疵，且对决议未产生实质影响的，人民法院不予支持。"首先，涉案董事会的提案内容中有多项与蔡达某本人的切身利益密切相关，故该董事会会议通知是否适当送达给蔡达某是保证其合法行使董事权利、保障其基本权利的重要程序。其次，涉案董事会提案的内容涉及多项公司章程修改的内容，根据当时的真功夫公司章程（2007 年制订）第 4.6 条的规定，章程的修正应有全体五名董事（本人或派代理人出席）在按规定程序召开的董事会会议上一致投赞成票方可通过。由此可见，蔡达某未能得到合法的通知而未能出席涉案董事会会议行使表决权，必然对该决议的通过与否产生实质的影响。据此，真功夫公司认为即使涉案董事会会议召集程序存在瑕疵亦属轻微瑕疵，不应撤销涉案董事会决议的上诉理由，依据不足，本院不予采纳。

综上所述，一审判决认定事实清楚，适用法律正确，本院予以维持。真功夫公司、潘宇某、双种子公司的上诉理由均不成立，本院依法予以驳回。依照《民事诉讼法》第一百七十条第一款第一项、第一百七十五条之规定，经本院审判委员会讨论决定，判决如下：

驳回上诉，维持原判。①

·法条链接·

《中华人民共和国公司法》

第四十四条　有限责任公司设董事会，其成员为三人至十三人；但是，本法第五十条另有规定的除外。

两个以上的国有企业或者两个以上的其他国有投资主体投资设立的有限责任公司，其董事会成员中应当有公司职工代表；其他有限责任公司董事会成员中可以有公司职工代表。董事会中的职工代表由公司职工通过职工代表大会、职工大会或者其他形式民主选举产生。

董事会设董事长一人，可以设副董事长。董事长、副董事长的产生办法由公司章程规定。

第一百零九条　董事会设董事长一人，可以设副董事长。董事长和副董事长由董事会以全体董事的过半数选举产生。

董事长召集和主持董事会会议，检查董事会决议的实施情况。副董事长协助董事长工作，董事长不能履行职务或者不履行职务的，由副董事长履行职务；副董事长不能履行职务或者不履行职务的，由半数以上董事共同推举一名董事履行职务。

第一百四十六条　有下列情形之一的，不得担任公司的董事、监事、高级管理人员：

一、无民事行为能力或者限制民事行为能力；

二、因贪污、贿赂、侵占财产、挪用财产或者破坏社会主义市场经济秩序，被判处刑罚，执行期满未逾五年，或者因犯罪被剥夺政治权利，执行期满未逾五年；

三、担任破产清算的公司、企业的董事或者厂长、经理，对该公司、企业的破产负有个人责任的，自该公司、企业破产清算完结之日起未逾三年；

---

① 本部分来源于本案判决书主文，限于篇幅略做删减，读者可自行查阅判决书全文以全面了解案情。

四、担任因违法被吊销营业执照、责令关闭的公司、企业的法定代表人，并负有个人责任的，自该公司、企业被吊销营业执照之日起未逾三年；

五、个人所负数额较大的债务到期未清偿。

公司违反前款规定选举、委派董事、监事或者聘任高级管理人员的，该选举、委派或者聘任无效。

董事、监事、高级管理人员在任职期间出现本条第一款所列情形的，公司应当解除其职务。

第三章　股东会和董事会

如何识别董事会召集通知中的陷阱

📖 案件要旨

股东会或者股东大会、董事会的会议召集程序、表决方式违反法律、行政法规或者公司章程，或者决议内容违反公司章程的，股东可以自决议作出之日起 60 日内，请求人民法院撤销。

📖 案件来源

上海市第二中级人民法院民事判决书　范某与上海某计算科技有限公司公司决议撤销纠纷二审民事判决书①

📖 股东纠纷焦点

本案焦点主要在于：兆民公司的董事会召集程序是否合法？本案是否符合董事会决议可撤销的条件？

📖 法理探析

在公司控制权的争夺中，董事会可谓是没有硝烟的战场，而董事会召集通知中更是埋藏着诸多的陷阱，稍有不慎就会"踩雷"，而今天解析的这则案例中，范某作为公司的法定代表人及总经理，因未能识别董事会召集通知中的陷阱，最终被董事会"免去法定代表人及总经理"，可谓为广大企业家提供了一

---

① 范某与上海某计算科技有限公司公司决议撤销纠纷二审民事判决书　上海市第二中级人民法院民事判决书（2013）沪二中民四（商）终字第1498号

则教科书级案例。

一、《公司法》对于董事会决议撤销事由的规定

已经做出的董事会决议，非有法定事由并依法定程序不得撤销，根据我国《公司法》第二十二条第二款的规定：股东会或者股东大会、董事会的会议召集程序、表决方式违反法律、行政法规或者公司章程，或者决议内容违反公司章程的，股东可以自决议作出之日起六十日内，请求人民法院撤销。即撤销董事会决议一般须符合三个前提：董事会会议的"召集程序"违反法律、行政法规或者公司章程；董事会会议的"表决方式"违反法律、行政法规或者公司章程；董事会会议的决议内容违反公司章程。

根据上述法条规定，撤销董事会决议，须满足召集程序、表决方式或者决议内容存在法定瑕疵的前提条件，接下来笔者结合相关法律规定就本案董事会决议是否符合撤销事由进行分析。

二、董事会的召集程序是否合法

如何判断有限公司董事会的召集程序是否合法？一般而言，召集程序主要包括召集人、通知时限、通知方式、通知事项等。《公司法》虽然对于有限公司的董事会会议的召集人以及常会的通知时限作出了规定，但是对于"通知方式"以及"通知事项"等并未作出明确规定。我们认为，对于董事会会议召集程序中的"通知方式"以及"通知事项"等可由公司以章程的形式进行规定。因此，要判断有限公司董事会的召集程序合法与否，主要在于是否符合法律法规以及公司章程对于召集程序的规定。

本案中，范某主张撤销董事会决议的理由之一是认为"董事会会议通知未明确议题"。根据兆民公司的《公司章程》对于召集程序的规定：董事会职权包括召集股东会、根据董事长的提名决定聘任或者解聘公司总经理和公司财务负责人、法律法规或公司章程规定及股东会授予的其他职权。董事会会议的召集应在会议举行 10 日前通知各董事，但遇到紧急情况时，可以随时召集；会议通知必须以书面形式进行，并载明召集事由、议题和开会时间、地点，通知必须送达全体董事。董事会召开临时董事会会议的通知时限为 3 日内……通过分析上述兆民公司的章程，可以看出，兆民公司的章程规定了董事会会议的通

知中须载明"召集事由"和"议题"等事项。因此，如果董事会会议的通知中没有载明"议题"事项，则该董事会决议会因"召集程序"违反公司章程而被撤销。

我们注意到：姚某发给范某的会议通知中明确载明了会议议题，包括："对董事会行使章程第十六条第九、十一项职权做出决议；制定公司印章、证照、银行印鉴管理基本制度；召集股东会临时会议事宜。"而兆民公司章程第十六条第九项规定董事会的职权包括召集股东会会议、决定公司法定代表人，第十一项规定董事会有权根据董事长的提名决定聘任或者解聘公司总经理和公司财务负责人，再结合2013年8月4日董事会决议的实际会议内容，可以得出本案董事会会议的召集者已经向范某通知了明确的议题。因此，我们认为，范某以"董事会会议通知未明确议题"为由要求撤销董事会决议的主张不能成立。

三、董事会决议内容若违反法律和违反公司章程竟和时，可否撤销

就董事会决议内容对董事会决议的效力而言，应区分"决议无效"和"决议可撤销"两种截然不同的法律后果。造成"决议无效"的法定事由为"董事会的决议内容违反法律、行政法规"，而造成"决议可撤销"的法定事由则为"董事会会议的决议内容违反公司章程"。我们认为，决议内容违反公司章程，应指董事会决议的内容并没有违反法律、行政法规的强制性规定，而仅仅是违反了公司章程的规定。如果决议内容"同时"违反了法律、行政法规和公司章程，股东应该提起确认决议"无效"之诉，而不能提起决议"可撤销"之诉。

本案中，范某以孔某本人因负有数额较大的债务且到期未清偿而依法不得担任公司董事的问题，依法应属于本案董事会决议内容有否违反我国法律、行政法规的审理事项，不符合《公司法》规定的董事会决议应撤销的条件，范某应提起确认决议"无效"之诉。

⚖ 股东战术指导

第一，学会识别董事会召集程序中的陷阱。

通过本案我们得到的启示主要有两点：第一，认识到如何正确通知董事会会议的重要性；第二，认识到股东如果没有读懂会议通知将可能造成严重后果。一般而言，有限公司的章程中规定董事会会议通知应该载明召集事由、通知时限、议题等事项的，如果在发出董事会会议通知中没有按照章程要求列明召集事由、通知时限、议题的，则可能会因为召集程序违反章程被要求撤销董事会决议。

而对于董事如何正确读懂董事会议通知，本案可谓是一个经典的案例，本案中虽然会议通知中载明了议题，但是召集人在会议通知中耍了一个很大的花招——"狸猫换太子"，将"决定公司法定代表人"和"决定聘任或者解聘公司总经理和公司财务负责人"的议题内容没有明确写在会议通知中，而是以"对董事会行使章程第十六条第九、第十一项职权作出决议"相替代，而原告范某没有仔细对照公司章程的规定，一时大意就掉进了对方设下的陷阱，造成最终决议"免去范某法定代表人及总经理的职务"的结果，由此范某失去了对公司的控制权，让人扼腕不已。

第二，学会正确发出董事会议通知。

董事会议通知程序正确与否直接影响董事会决议的效力，因此，要保障一个董事会决议有效首先需要注意会议的通知程序，我们建议：在公司章程中对于董事会会议的通知程序作出如下规定：

规定董事会会议的通知时限

鉴于公司法对于股份公司的董事会的通知时限做了"提前10天通知"的规定，而对于有限公司的董事会通知时限并未规定。我们建议有限公司的章程须规定董事会的通知时限，例如规定在董事会会议召开之前需提前10天通知董事，临时董事会则须提前5天通知董事。设定一个合理的通知时限可以让参加会议的董事有一个充足的准备时间，也有助于董事会会议的顺利召开。

通知须载明董事会会议的时间

通知中载明的时间须是确定的时间，比如2018年9月1日下午1点整。如果通知中仅仅写了某年某月某日上午，则很难让董事明白到底是上午8点还是10点。另外，如果通知中载明的时间是一个不合理的时间段，比如通知凌晨2点开董事会议，则可能会被认为该通知是不当通知。

通知须载明董事会会议的地点

公司住所地作为公司的营业地点经常作为董事会会议的地点。但是，有的召集人为了恶意阻止某些董事参加董事会，舍近求远，将会议地点定在一个董事很难到达的遥远之地，甚至明知有的董事具有严重恐高症，却将会议安排在一个摩天大楼的顶楼，构成了不正当的召集方法。

一般而言，大部分的公司规定会议通知方式须为书面通知，而非口头通知。如果董事会会议通知中没有写明会议的具体议题，则董事无从知晓董事会会议的商议事项，自然无法就董事会会议提前做相应的准备。因此，笔者建议，在公司章程中应规定董事会会议通知须载明具体议题。

股东在公司控制权的争夺中，切勿忽视董事会会议的通知程序的重要性，以免出现像本案中"大意失荆州"的惨痛教训。

⚖ 典型案例

2009 年 2 月 17 日，兆民公司经工商核准登记设立，公司注册资本为人民币 200 万元（以下所涉币种均为人民币）。2010 年 11 月，兆民公司注册资本增至 2,710 万元，股东变更登记为案外人兆瓦有限公司（以下简称"兆瓦公司"）、案外人闻某、案外人张某及范某、姚某和邵某。2011 年 2 月，兆民公司又吸收孙某为公司股东。同时，兆民公司的董事会由范某、姚某、闻某、张某、邵某、孔某、孙某等七人组成。2012 年 3 月 18 日，兆民公司通过公司章程修正案，修正的章程内容为：闻之航不再作为公司股东并退出公司董事会，兆民公司董事会由范某、姚某、张某、邵某、孔某、孙某等六人组成。目前，兆民公司经工商备案的董事会成员为上述范某、姚某、张某、邵某、孔某、孙某等六人。

2013 年 7 月 31 日，姚某受孔某委托向包括范某在内的兆民公司全体董事发送董事会会议通知，通知于 2013 年 8 月 4 日上午 10 时在本市宝山区呼玛路×××号×××楼召开董事会会议，会议议题包括：对董事会行使章程第十六条第九、第十一项职权作出决议；制定公司印章、证照、银行印鉴管理基本制度；召集股东会临时会议事宜。在姚某等原审第三人提交的会议通知中，有一份通知的左下方由范某签名并写明"收到"。2013 年 7 月 30 日，范某向兆民公司副总经理张某发送电子邮件，范某在该邮件中表示因临时有急事无法参加董事会会议，但提出关掉外地公司、裁员、卖掉本市奉贤土地以及暂时保管兆民公司公章等建议。

2013 年 8 月 4 日，兆民公司召开董事会会议并形成董事会决议一份，该决议记载的参会董事人员为：孔某、姚某、朱某（代邵某）、孙某，未到会董事为范某和张某。上述董事会决议包括以下主要内容：一、免去范某所担任的兆民公司总经理及法定代表人职务；二、聘任孔某担任兆民公司总经理及法定代表人；三、责成范某于 2013 年 8 月 9 日前向新任兆民公司总经理孔某移交兆民公司公章、银行印鉴章（财务章、法人章）、合同专用章、发票专用章、企业法人营业执照正本及副本原件、税务登记证正本及副本原件、公司组织机构代码证原件、银行开户许可证原件、贷款卡原件、IC 卡原件、机构信用代码证原件、公司的 IDC 许可证原件、公司已取得并获受理的所有的著作权、专利权证书原件、软件企业证书原件、软件产品证书原件、公司所有开户银行的网银密钥（包括制单密钥、审核密钥、查询密钥）、税控机专用卡（金税卡）、法人一证通、公司财务软件加密狗、系统盘、公司自成立以来所有的财务报表、账册、凭证、银行对账单原件、报税单原件、合同原件、保险箱的钥匙、银行预留印鉴卡等及其他与公司经营及财务有关的证件资料等；四、授权公司秘书或其委托的人员办理法定代表人变更登记手续；五、根据公司章程第十六条第十二项及第二十一条第四项的规定，批准新任总经理孔某拟定《印章、证照、银行印鉴管理基本制度》；六、根据公司章程第十条规定提出召开股东会临时会议，由董事会召集股东会临时会议。决议落款处由到会的孔某、姚某、孙某签署本人姓名并由朱华代邵某签署为"邵某（朱某代）"。

原审另查明：兆民公司 2010 年 11 月 18 日的章程制定有以下规定内容：公司注册资本 2,710 万元，股东为兆瓦公司、范某、姚某、闻某、张某、邵某；股东会会议作出修改公司章程等重大决议的须经代表全体股东三分之二以上表决权的股东通过，其他决议须经代表全体股东二分之一以上表决权的股东通过；公司设董事会，董事会由七人组成，董事任期三年；章程第十六条规定董事会的职权包括召集股东会会议、决定公司法定代表人（第九项）、根据董事长的提名决定聘任或者解聘公司总经理和公司财务负责人（第十一项）；董事会会议须由过半数董事出席方可举行；董事如不能出席董事会会议的，可以书面委托其他董事代为出席；董事会决议的表决，实行一人一票，董事会对所议事项作出的决定由全体董事人数二分之一以上的董事表决通过方为有效；公司设总经理一名，由董事长提名，董事会决定聘任或者解聘；公司的法定代表人由总经理担任。

原审再查明：2010年12月3日，兆民公司通过"董事会议事规则"，明确为了规范公司董事会的工作秩序和行为方式，保证公司董事依法行使权力，履行职责，承担义务，根据中华人民共和国《公司法》、兆民公司章程制定本规则。该议事规则包括以下内容：一、董事会职权包括召集股东会、根据董事长的提名决定聘任或者解聘公司总经理和公司财务负责人、法律法规或公司章程规定及股东会授予的其他职权；二、董事会会议的召集，应在董事会会议举行10日前通知各董事，但遇到紧急情况时，可以随时召集；会议通知必须以书面形式进行，并载明召集事由、议题和开会时间、地点，通知必须送达全体董事；董事会召开临时董事会会议的通知时限为3日内；三、董事会会议应当由二分之一以上的董事出席方可举行，每一董事享有一票表决权；四、董事会会议应由董事本人出席，董事因故不能出席董事会会议的，可以书面委托其他董事代为出席；董事未出席董事会会议，亦未委托代表出席的，视为放弃在该次会议上的投票权；五、法律专门列举规定的特别决议以外的普通决议要求出席会议的董事表决权超过全体董事人数的半数同意方为有效，特别决议必须由三分之二以上董事出席会议，出席会议的表决权超过全体董事人数的半数同意方为有效。

原审法院认为：董事会决议作为公司决议的一种，一经作出并付诸实施就会产生一系列的法律后果，非有法定事由并依法定程序不得撤销，否则不利于公司的稳定发展。我国《公司法》第二十二条第二款规定，董事会的会议召集程序、表决方式违反法律、行政法规或者公司章程，或者决议内容违反公司章程的，股东可以自决议作出之日起60日内，请求人民法院撤销。根据前述规定，董事会决议只有在召集程序、表决方式或决议内容存在法定的瑕疵才可以被撤销。本案范某提出2013年8月4日董事会决议应予撤销的理由包括董事会会议通知未明确议题及出席会议并行使表决权的董事人数违反董事会议事规则中关于董事会特别决议的出席人数及表决数的规定，对此，原审法院结合相关法律规定就范某提出的前述撤销事由是否成立进行认定如下：

对于范某主张的董事会会议通知未明确议题的撤销事由，原审法院认为：系争董事会会议为临时会议，姚某发给范某的会议通知中明确载明会议议题包括：对董事会行使章程第十六条第九、第十一项职权作出决议；制定公司印章、证照、银行印鉴管理基本制度；召集股东会临时会议事宜。兆民公司章程第十六条第九项规定董事会的职权包括召集股东会会议、决定公司法定代表人，第十一项规定董事会有权根据董事长的提名决定聘任或者解聘公司总经理和公司财务负责人，再结合2013年8月4日董事会决议的实际内容，可以得出2013年8月4日董事会会议的召集者已就会议议题向范某进行完整明确告知的结论，范某回复的电子邮件中提到的临时有急事参加不了会议以及公司公章暂由其保管的说法也能印证上述结论。

对于范某主张的出席会议及行使表决权的董事人数违反董事会会议事规则的撤销事由，原审法院认为：首先，董事会议事规则明确制定规则的目的为了规范公司董事会的工作秩序和行为方式，保证公司董事依法行使权力，履行职责，承担义务，制定的依据是我国《公司法》和兆民公司章程，所以董事会议事规则应属公司章程的一部分。其次，董事会议事规则规定法律专门列举规定的特别决议以外的普通决议要求出席会议的董事表决权超过全体董事人数的半数同意方为有效，特别决议必须由三分之二以上董事出席会议，而我国《公司法》未就董事会特别决议作出规定。即便如范某所言，该处特别决议类比适用我国《公司法》关于必须经代表三分之二以上表决权的股东通过的包括诸如修改公司章程的股东会决议事项，但兆民公司章程及董事会议事规则均明确任免法定代表人及总经理属董事会职权范围，而兆民公司章程并未载明法定代表人或总经理具体人选，只规定公司法定代表人由总经理担任，因此涉案董事会决议未涉及对兆民公司章程的变更，故2013年8月4日的兆民公司董事会决议内容并未超出我国《公司法》、兆民公司章程及董事会议事规则所规定的董事会职权范围，且不属于董事会议事规则规定的特别决议，由二分之一以上的董事出席并经全体董事人数的半数以上通过即为有效。再次，范某提交落款日期为2013年8月3日的邵某委托书明确载明受托人为朱某及董事孙某，范某所称该委托书为事后补充形成只是其合理怀疑，目前并无证据佐证，从邵某在本案审理中的表态来看，兆民公司2013年8月4日董事会决议的内容符合邵某本人的真实意思表示，故对邵某关于委托朱某及孙某二人参加会议并表决的说法予以采信。最后，范某目前并无确切证据证明姚某及孙某存在不适合出任公司董事的情形，而且即使姚某负债及孙某挪用公司资金情况属实，在未经过法定程序解除二人董事职务前，姚某与孙某仍系兆民公司董事，有权出席兆民公司2013

年 8 月 4 日的董事会会议，鉴于二人的表决权未受到任何限制，故依法有权行使各自的董事表决权。由此，兆民公司 2013 年 8 月 4 日的董事会会议应到董事人数为六人，实到四人，而到会的四人均对决议事项投了赞成票，故出席兆民公司 2013 年 8 月 4 日董事会会议及行使表决权的董事人数未违反兆民公司章程及董事会议事规则的规定。

综上所述，原审法院认为范某所主张的兆民公司 2013 年 8 月 4 日董事会决议的撤销事由均不成立，故对于范某要求撤销兆民公司 2013 年 8 月 4 日董事会决议的诉请难予支持。据此，审判决：对范某的诉讼请求不予支持。

原审判决后，范某不服，提起上诉。

二审法院认为：本案系范某针对兆民公司 2013 年 8 月 4 日董事会决议所提起的公司决议撤销纠纷案件。二审中，范某主张涉案董事会应予撤销的理由为：一、程序方面。涉案董事会会议召开时，兆民公司的六名董事会成员中有包括范某、张某、邵某在内的三名董事未实际出席，而从涉案董事会决议落款处的董事签名情况反映，邵青系委托朱某代表其本人参加了该次董事会会议并最终由朱某在所形成决议的落款处代为签署邵某的名字。按照兆民公司于 2010 年 12 月 3 日通过的"董事会议事规则"的规定，董事会会议应由董事本人出席，董事因故不能出席董事会会议的，可以书面委托其他董事代为出席；董事未出席董事会会议，亦未委托代表出席的，视为放弃在该次会议上的投票权。根据上述"董事会议事规则"的规定，邵某在其因故不能出席涉案董事会会议的情况下，依约可以书面委托其他董事代为出席，但问题是作为其委托人的朱某实际并不具有兆民公司董事的身份，故应视为邵某放弃了在该次董事会议上的投票权。由此，通过涉案董事会决议的董事表决权实际未超过全体董事人数的半数，其表决方式有违我国《公司法》和兆民公司章程的规定。至于原审中姚某等原审第三人就该节委托事实所提交的一份由邵青本人出具的授权委托书，范某可以合理怀疑系由邵某本人在事后所补充形成。二、决议内容方面。兆民公司 2013 年 8 月 4 日董事会决议的第二项决议内容为聘任孔某担任兆民公司总经理及法定代表人，但孔某本人目前因与其妻子姚某对外欠有巨额债务而涉及多起案件诉讼，且已有案件一审判决两人承担 500 万元的还款责任。因此，根据我国《公司法》第一百四十七条第一款第五项、第二款所作出的"个人所负数额较大的债务且到期未清偿的人员，不得担任公司的董事；公司违反前款规定选举、委派董事、监事或者聘任高级管理人员，该选举、委派或者聘任无效"等规定内容，该项决议内容依法应为无效。除外，孔某本人目前还在我国香港特别行政区的上市公司即波司登股份有限公司内担任执行董事及副总裁的高管职务，故对于其全面负责兆民公司的经营管理也会产生影响和障碍。

对此，本院的认定意见为：本案系公司决议撤销纠纷的案件，依照我国《公司法》第二十二条第二款的规定，股东会或者股东大会、董事会的会议召集程序、表决方式违反法律、行政法规或者公司章程，或者决议内容违反公司章程的，股东可以自决议作出之日起60日内，请求人民法院撤销。而从当事各方所陈述的诉辩意见表明，本案争议的主要问题在于：兆民公司2013年8月4日董事会决议通过的表决方式是否违反了我国《公司法》和兆民公司章程的规定；决议内容是否构成我国《公司法》规定的应予撤销的条件。

一、关于兆民公司2013年8月4日董事会决议通过的表决方式是否违反我国《公司法》和兆民公司章程规定的问题。我国《公司法》规定，董事会对股东会负责，行使包括决定聘任或者解聘公司经理及其报酬事项等职权；董事会的议事方式和表决程序，除我国《公司法》有规定的外，由公司章程规定；董事会决议的表决，实行一人一票。而对应的兆民公司章程以及该公司于2010年12月3日通过的"董事会议事规则"的规定内容为：董事会会议须由过半数董事出席方可举行；董事会决议的表决，实行一人一票，董事会对所议事项作出的决定由全体董事人数二分之一以上的董事表决通过方为有效；法律专门列举规定的特别决议以外的普通决议要求出席会议的董事表决权超过全体董事人数的半数同意方为有效 特别决议必须由三分之二以上董事出席会议，出席会议的表决权超过全体董事人数的半数同意方为有效；公司设总经理一名，由董事长提名，董事会决定聘任或者解聘；公司的法定代表人由总经理担任；董事会会议应由董事本人出席，董事因故不能出席董事会会议的，可以书面委托其他董事代为出席；董事未出席董事会会议，亦未委托代表出席的，视为放弃在该次会议上的投票权。目前相关各方争议的是，作为兆民公司董事之一的邵某在其因故不能出席涉案董事会会议的情况下，除了委托不具有兆民公司董事身份的朱某代表其与会外，是否还同时委托了兆民公司的董事孙某代表其与会。对此，姚某等原审第三人在原审中提交了由邵某在2013年8月3日出具的授权委托书，证明邵某当时共同委托了孙某和其丈夫朱某与会。虽然范某怀疑该委托书为事后形成，但其对此并无证据能加以佐证。因此，原审结合邵某本人在本案审理中的表态，对于邵某曾委托朱某及孙某二人代表其参加会议并表决的说法予以采信，依法并无不当，本院予以认同。由此，本院认定兆民公司2013年8月4日的董事会决议经由到会的四名董事悉数表决通过，故出席兆民公司2013年8月4日董事会会议及行使表决权的董事人数未违反我国《公司法》和兆民公司章程及董事会议事规则的规定。

二、关于兆民公司2013年8月4日董事会决议的内容是否构成我国《公司法》规定的应予撤销的条件。兆民公司章程中对于公司董事、高级管理人员能否在其他不涉及竞业禁止的公司、企业等单位担任高级管理人员并未作出规定，更未明文加以禁止。至于我国《公司法》对此是否作出有相应的禁止性规定，以及孔某本人是否因负有数额较大的债务且到期未清偿而依法不得担任公司董事的问题，依法应均属于上述董事会决议内容有否违反我国法律、行政法规的审理事项，且应由异议一方提起决议无效的诉讼。更何况，我国《公司法》对于公司董事、高级管理人员亦仅作出有竞业禁止的规定。故本案范某并无证据证明兆民公司2013年8月4日董事会决议的内容违反了公司章程，因而不符合我国《公司法》规定的应予撤销的条件。

综上，范某的上诉理由，依法不能成立。本案原审认定事实清楚，适用法律正确，应予维持。据此，依照《中华人民共和国民事诉讼法》第一百七十条第一款第一项之规定，判决如下：

驳回上诉，维持原判。[①]

·法条链接·

《中华人民共和国公司法》

第四十七条　董事会会议由董事长召集和主持；董事长不能履行职务或者不履行职务的，由副董事长召集和主持；副董事长不能履行职务或者不履行职务的，由半数以上董事共同推举一名董事召集和主持。

第四十八条　董事会的议事方式和表决程序，除本法有规定的外，由公司

[①]　本部分来源于本案判决书主文，限于篇幅略做删减，读者可自行查阅判决书全文以全面了解案情。

章程规定。董事会应当对所议事项的决定作成会议记录，出席会议的董事应当在会议记录上签名。董事会决议的表决，实行一人一票。

第一百零九条　董事会设董事长一人，可以设副董事长。董事长和副董事长由董事会以全体董事的过半数选举产生。

董事长召集和主持董事会会议，检查董事会决议的实施情况。副董事长协助董事长工作，董事长不能履行职务或者不履行职务的，由副董事长履行职务；副董事长不能履行职务或者不履行职务的，由半数以上董事共同推举一名董事履行职务。

第一百一十条　董事会每年度至少召开两次会议，每次会议应当于会议召开十日前通知全体董事和监事。代表十分之一以上表决权的股东、三分之一以上董事或者监事会，可以提议召开董事会临时会议。董事长应当自接到提议后十日内，召集和主持董事会会议。

董事会召开临时会议，可以另定召集董事会的通知方式和通知时限。

第一百一十一条　董事会会议应有过半数的董事出席方可举行。董事会作出决议，必须经全体董事的过半数通过。董事会决议的表决，实行一人一票。

第一百一十二条　董事会会议，应由董事本人出席；董事因故不能出席，可以书面委托其他董事代为出席，委托书中应载明授权范围。董事会应当对会议所议事项的决定作成会议记录，出席会议的董事应当在会议记录上签名。

董事应当对董事会的决议承担责任。董事会的决议违反法律、行政法规或者公司章程、股东大会决议，致使公司遭受严重损失的，参与决议的董事对公司负赔偿责任。但经证明在表决时曾表明异议并记载于会议记录的，该董事可以免除责任。

股东会决议被撤销的三大事由

📖 案件要旨

股东会或者股东大会、董事会的会议召集程序、表决方式违反法律、行政法规或者公司章程，或者决议内容违反公司章程的，股东可以自决议作出之日起六十日内，请求人民法院撤销。

案件来源

上海市闵行区人民法院民事判决书 张某等十人诉上海某房地产有限公司公司决议撤销纠纷一案民事判决书[①]

股东纠纷焦点

本案焦点在于：本案撤换法定代表人、董事长、总经理的股东会决议是否应予以撤销？

法理探析

股东会作为公司的权力机关，在公司治理中的重要性不容置疑。因此，在公司治理和公司控制权之战中，股东会无疑是公司控制权的主要战场之一。大股东即便控制了公司主要的股份比例，但是如果不重视股东会的程序，将会面临股东会决议被撤销的结果，由此可能会引发控制权旁落等严重后果。因此，如何避免股东会决议被撤销？以及如何召开一个有效的股东会？都是公司股东及实际控制人亟待解决的难题。

本案中，陈A某占股86.75%，原任公司的董事长及法定代表人，在陈某因贪污罪被逮捕后，公司的控制权大战由此拉开了帷幕。公司召开了4次股东会议，免去了陈A某的董事长和法定代表人职位，并任免了陈B某为新的董事长、总经理及法定代表人。然而，让人唏嘘不已的是，上述股东会大部分决议却最终被法院撤销，争夺控制权一方以惨败告终！

本案股东会决议被撤销的原因，笔者进行逐一剖析。

一、股东会决议被撤销的法定事由

股东会决议可得撤销的事由，规定于《公司法》第二十二条第二款中："股东会或者股东大会、董事会的会议召集程序、表决方式违反法律、行政法规或

---

① 上海市闵行区人民法院民事判决书 张某等十人诉上海某房地产有限公司公司决议撤销纠纷一案民事判决书（2011）闵民二（商）初字第1124号

者公司章程，或者决议内容违反公司章程的，股东可以自决议作出之日起六十日内，请求人民法院撤销。"即股东会决议可得撤销的三大法定事由主要为：召集程序瑕疵、表决程序瑕疵、决议内容违反公司章程。

而本案中，诉争股东会决议被撤销的主要原因在于召集程序瑕疵和决议内容违反章程规定。

决议被撤销原因之一：股东会召集人无召集权

在有限责任公司召集股东会的程序上，首先应区分提议权和召集权，有提议权的人员不一定有召集权。对于临时股东大会的提议权，按照《公司法》的规定，有限公司有权提议召开临时股东会的主体主要有三类：代表十分之一以上表决权的股东；三分之一以上的董事；监事会或者不设监事会的公司的监事。

而对于召集权，按照公司法的规定："有限责任公司设立董事会的，股东会会议由董事会召集，董事长主持。"即在设董事会的有限公司，股东会会议的召集是董事会的职权。

在自行召集程序上，《公司法》第四十条第三款对董事会不履行或无法履行股东会召集程序作出了明确的规定，必须由公司的监事会或不设监事会的公司监事召集和主持，监事会或者监事不召集和主持的，才能由代表十分之一以上表决权的股东自行召集和主持。因此，临时股东大会的召集权是董事会的职权，股东个人或者法定代表人个人均无权召集临时股东大会。

本案中，根据被告章程第九章第三条的规定，股东、董事、监事对召开临时股东会议在满足法定或约定条件的情形下是一种提议权，而并非召集权。临时股东会的召集需要通过董事会的决议才能进入召集程序。因此，陈某将临时股东会的召集权委托给非公司董事的律师违反了《公司法》和被告公司章程的规定。同时，根据《公司法》第四十八条的规定，结合被告公司章程的规定和实际情况，在陈某作为董事长不能履行职务的情况下，应该由其他董事会成员推举一名董事进行召集和主持。因此2011年5月18日的授权委托书中，陈某将临时股东会的召集权委托给律师的行为违反了《公司法》和被告公司章程的规定，是无效的民事行为。故律师在未经被告董事会决议的情形下，私自向股东发出的"召开临时股东会提议并通知"也是无效的召集行为，违反了公司法和章程的召集程序。

决议被撤销原因之二：股东会主持人无主持权

对于股东会会议谁有权主持的问题，《公司法》对此进行了规定，即设立董事会的有限责任公司，股东会会议由董事会召集，董事长主持。董事长不能履行职务或者不履行职务的，由副董事长主持，副董事长不能履行职务或者不履行职务的，由半数以上董事共同推举一名董事主持。

本案中，股东会会议的通知中明确指定了主持人为董事张某，但是临时更换成蔡某，蔡某作为一个非被告公司董事的局外人无权主持被告公司股东会会议，因此所作出的 2011 年 6 月 12 日的股东会决议也是违反了公司法和被告公司章程的规定的，应当被依法撤销。

决议被撤销原因之三：决议内容违反章程规定

对于法定代表人的选任，《公司法》第十三条的规定，公司法定代表人依照公司章程的规定，由董事长、执行董事或者经理担任，并依法登记。即法定代表人的人选按照公司章程规定主要选自董事长、执行董事或者经理。如果股东会会议未按照章程规定选择其他人员担任法定代表人，则会因为决议内容违反公司章程而被撤销。

在本案中，股东会决议"更换陈某为公司法定代表人"违法了公司章程的规定，根据被告公司章程关于法定代表人的规定，公司的法定代表人是公司董事长，而新选任的陈某既非董事长，又非经理，因此任命其为公司法定代表人违反公司章程，该决议内容也违反了公司章程的规定。

二、决议无效和决议可撤销出现竞和时如何适用

需要注意的是，在判断决议是否可被撤销之前，首先需要判断决议是违反了法律、行政法规还是违反了公司章程。如果决议内容仅仅违反公司章程，则属于可以撤销的范围。如果决议内容出现违反章程和违反法律、行政法规竞和的情况，则不能请求撤销决议，而只能请求确认决议无效。

本案中，决议内容"陈 B 某任公司总经理职务"同时违反了法律和公司章程的规定。根据《公司法》第四十九条的规定："有限责任公司可以设经理，由董事会决定聘任或者解聘。"根据被告公司章程第十二章第一条的规定，公司经理由董事会聘任或解聘，经理对董事会负责。而 2011 年 6 月 12 日的股东会决议的第二条却决议通过了"更换陈 B 某任公司总经理职务"，明显违反了

法律和章程的规定。《公司法》对于"经理由董事会聘任或者解聘"的规定应属于强制性规定，本案股东会越俎代庖，以股东会决议的方式撤换了总经理，应属于无效决议，而非可撤销。

三、撤销权的行使应在 60 日内行使

对于股东会决议提起的"决议撤销"之诉，按照《公司法》的规定，应在公司决议作出之日起 60 日内提起诉讼，逾期起诉的则不再享有撤销股东会决议的权利。在司法实践中，很多股东往往忽略了 60 天内起诉的时间期限，笔者通过梳理大量的股东会决议撤销的案件，发现因超过 60 天期限起诉而败诉的案件不在于少数，由此也给我们一个警醒：躺在权力上睡觉很危险！撤销权的行使必须及时行使方有效。

🧑‍⚖️ 股东战术指导

本案引起的教训不可谓不深刻，为避免发生类似的败诉，笔者提出如下建议，仅供参考：

第一，在召集股东会的程序中引入专业律师。此案例给众多的企业家一个警示：大股东和控股股东虽然具有公司股权的绝对控股优势，但并非在公司的治理上可以为所欲为，如果在召开股东会议的程序上不引起重视，则有可能"阴沟里翻船"。

在公司治理中，大股东或控股股东如果想牢牢把握住公司的控制权，则必须要重视股东会会议的召集程序和决议等事宜，为了避免因股东会召集程序的瑕疵或者决议内容违反章程而被撤销股东会决议，建议公司在召集股东会的程序中引入专业律师，由专业律师对股东会的召集、决策等提供全程的法律建议，确保举行一场即完美又合法的股东会会议。

第二，准确选择诉由——无效还是撤销。公司决议的无效和撤销，取决于决议内容是违反了法律、行政法规还是违反了公司章程。如果公司在诉讼中选择错误的诉由，则会产生不同的法律后果。例如将可撤销的案件诉请无效，则可能面临被法院驳回起诉的后果，最重要的是，错过了决议撤销须在 60 日内起诉的黄金期限，最终会因为错误得选择了无效之诉而丧失了可撤销的权利。

⚖️ 典型案例

原告张 a 等十人诉称，被告系 2001 年经政府批准由上海 B 发展有限公司和上海 C 房产有限公司两家企业合并改制后设立，由十名原告及陈 a、陈 b 等自然人股东持股，法定代表人为陈 a，注册资本为人民币（以下币种同）800 万元，公司类型为有限责任公司（国内合资）。公司经营期限为 1994 年 10 月 24 日至 2009 年 10 月 23 日。2001 年 1 月 16 日，原告等十四名股东签字通过了章程，规定了被告的公司名称、经营期限、注册资本金及董事会和董事长、股东会等公司内部组织架构和相应的议事规则，后在经营中未再修改公司章程。2007 年 12 月 20 日，被告大股东及法定代表人陈 a 因贪污罪被判处有期徒刑十五年、剥夺政治权利四年，并处没收其个人财产 50 万元。陈 a 现被关押于监狱服刑。2009 年 7 月 13 日，陈 a 委托律师与其他董事通过董事会决议，决定对被告、上海 B 物业管理有限公司、上海 C 物资公司三家公司进行资产清算、委托审计、资产评估等事宜。2009 年 7 月 16 日被告公司召开了董事会会议，由陈 a 委托律师及原告张 a、张 b 两名董事通过了董事会决议，决定对包括被告公司在内的三家公司进行清算，并启动了公司内部的清算程序进行了财务清算、资产评估审计、成立清算小组等等。2009 年 7 月 23 日被告形成股东会决议，决定对包括被告公司在内的三家公司进行清算，并选举了清算小组成员，依法对被告公司进行财务清算和资产评估。被告并于 2009 年 8 月 28 日召开了清算小组第一次工作会议，并通过了清算小组决议，选举张 b 为清算小组组长。被告正式进入公司清算阶段。2011 年 5 月 18 日在被告清算过程中，陈 a 另行单方委托律师提议召开临时股东会议，并在召集程序、表决方式违反法律、行政法规或者章程，决议内容违反被告公司章程的情形下，非法通过了 2011 年 6 月 12 日的股东会决议，损害了原告的合法权益，恳请法院依法撤销。具体理由如下：

一、2011 年 6 月 12 日的股东会决议召集程序违反法律、行政法规和章程的规定。

1. 2011 年 5 月 18 日陈 a 给律师的授权委托书中召集临时股东会的部分授权因违反公司法和被告公司章程的规定而无效。根据陈 a 授权委托的内容来看，包括了"代为提起召开股东会、临时股东会；代为发出股东会（或临时股东会）

书面通知或请求，代为指定股东会（或临时股东会）会议主持人或董事……"等权限，其中"代为发出股东会（或临时股东会）书面通知或请求，代为指定股东会（或临时股东会）会议主持人或董事"的内容，根据公司法和被告公司章程的规定属于召集权的范畴。但是根据公司法第四十条、第四十一条、第四十七条、第四十八条的相关规定，在有限责任公司召集股东会的程序上，公司法规定："代表十分之一以上表决权的股东，三分之一以上的董事"，只有提议召开临时股东会议的权利。根据被告章程第九章第三条的规定，股东、董事、监事对召开临时股东会议在满足法定或约定条件的情形下是一种提议权，而并非召集权。临时股东会的召集需要通过董事会的决议才能进入召集程序。而公司法第四十一条第一款、第四十七条第一款第一项明确规定了股东会会议的召集是董事会的职权；且公司法第四十一条第三款对董事会不履行或无法履行股东会召集程序作出了明确的规定，必须由公司的监事会或不设监事会的公司监事召集和主持，监事会或者监事不召集和主持的，才能由代表十分之一以上表决权的股东自行召集和主持。因此临时股东会召集权应该是公司的董事会，并非是大股东个人或法定代表人个人的权利，因此陈a将临时股东会的召集权委托给非公司董事的律师违反了公司法和被告公司章程的规定。同时根据公司法第四十八条的规定，结合被告公司章程的规定和实际情况，在陈a作为董事长不能履行职务的情况下，应该由其他董事会成员推举一名董事进行召集和主持。因此2011年5月18日的授权委托书中，陈a将临时股东会的召集权委托给律师的行为违反了公司法和被告公司章程的规定，是无效的民事行为。故律师在未经被告董事会决议的情形下，私自向股东发出的"召开临时股东会提议并通知"也是无效的召集行为，违反了公司法和章程的召集程序。

2. 其次，2011年6月12日的股东会主持与《召开临时股东会提议并通知》不符，其股东会的会议主持和程序违反法律、行政法规和章程的规定，该股东会决议应当被依法撤销。根据公司法第四十一条第一款规定，股东会会议由董事长主持，董事长不能履行职务或者不履行职务的，由副董事长主持，副董事长不能履行职务或者不履行职务的，由半数以上董事共同推举一名董事主持。结合被告公司章程第七条规定："股东会会议由董事会召集，董事长主持。董事长因特殊环境不能履行职务，由董事长指定的其他董事主持。"而2011年5月21日在律师发出《召开临时股东会提议并通知》中，第三条明确了指定会议主持人（或董事）为原告张 b，而事实上 2011 年 6 月 12 日召开股东会记录中会议主持人却变成了蔡 a。因此根据公司法及被告公司章程的规定，蔡 a 作为一个非被告公司董事的局外人无权主持被告公司股东会会议，因此所作出的 2011 年 6 月 12 日的股东会决议也是违反了公司法和被告公司章程的规定的，应当被依法撤销。

二、2011 年 6 月 12 日的股东会决议表决方式违反法律、行政法规和章程的规定。根据公司法第四十三条、第四十四条的规定，股东会会议由股东按照出资比例行使表决权，但公司章程另有规定的除外。股东会的议事方式和表决程序，除本法有规定的外，由公司章程规定。根据章程第四条规定，股东会按照出资比例行使表决权，普通决议需经二分之一以上表决权的股东通过。特别决议需经代表三分之二以上表决权的股东通过。而在 2011 年 6 月 12 日的股东会决议和股东会记录中，对于股东会决议的事项哪些属于普通决议，哪些属于特别决议没有明确的表决，也没有表明赞同的表决权有多少，放弃的表决权有多少，反对的表决权有多少，草率地作出股东会决议，明显违反了公司法、公司章程的规定，应当被依法撤销。

三、2011 年 6 月 12 日的股东会决议内容违反被告公司章程的规定：

1. "陈 b 任公司总经理职务"违反公司章程的规定。根据被告公司章程第十章第三条第 9 项的规定，聘任或者解聘公司经理应当是董事会行使的职权。且根据公司章程第十二章第一条的规定，公司经理由董事会聘任或解聘。经理对董事会负责。而 2011 年 6 月 12 日的股东会决议的第二条却决议通过了"更换陈 b 任公司总经理职务"，明显违反了被告公司章程的规定。

2. 决议中"更换陈 b 为公司法定代表人"违反公司法和公司章程的规定。根据被告公司章程第十三章第一条法定代表人的规定，公司的法定代表人陈 a 是公司董事长。而根据公司法第十三条的规定，公司法定代表人依照公司章程的规定，由董事长、执行董事或者经理担任，并依法登记。而陈 b 既非董事长，又非经理，因此任命其为公司法定代表人违反公司法的规定，同时被告公司章程第十章第一条第二款明确董事长是公司的法定代表人，而陈 b 并非被告公司的董事长，因此其无权担任被告公司的法定代表人，因此该决议内容也违反了公司章程的规定。

3. "决定延长本公司经营期限至 2020 年 6 月 17 日止"的决议内容违反了

公司章程的规定。首先，根据公司章程第十六章第一条的规定，公司营业期限届满前六个月作出决议，报原审批机关批准。而事实上 2011 年 6 月 12 日的决议已经超出了被告延长经营期限的决议最后期限，因此违反了公司章程的规定而应被撤销。其次，2009 年 7 月 16 日被告公司召开了董事会会议，2009 年 7 月 23 日的股东会决议，2009 年 8 月 28 日召开了清算小组第一次工作会议及清算小组决议均明确了被告已处于清算，公司的权利已交由清算小组来行使。根据公司法第一百八十五条及第一百八十七条第三款的规定，清算期间被告不得开展与清算无关的经营活动。因此 2011 年 6 月 12 日所作的股东会决议违反了清算阶段的规定，应当被依法撤销。综上所述，被告 2011 年 6 月 12 日的股东会决议内容从召集程序、表决方式均违反法律、行政法规或者章程，决议内容违反被告公司章程规定，应当被依法撤销，现诉至法院，要求判令撤销被告2011 年 6 月 12 日作出的股东会决议三项决议内容。

经对原告与被告提供的证据质证、认证并结合庭审陈述，本院确认如下事实：

被告为有限责任公司，现工商登记的法定代表人为陈a。

2001 年 1 月 16 日的被告公司章程第五章第一条记载了陈a持有被告86.75％的股权，张a持有被告 3.75％的股权，陈b持有被告 2.5％的股权，张b、舒a 各持有被告 1.25％的股权，顾a、张c、薛a、杨芳娣、叶a、赵镩各持有被告 0.625％的股权，陈a持有被告 0.375％的股权，李a持有被告 0.25％的股权，侯a持有被告 0.125％的股权。被告章程第九章第二条记载了股东会有选举和更换董事、决定有关董事的报酬事项，修改公司章程等职权；临时会议是根据公司需要在定期会议间隔中临时召开。代表四分之一以上表决权的股东，三分之一以上董事，或者监事，可以提议召开临时会议。被告章程第九章第七条记载了股东会会议由董事会召集，董事长主持。董事长因特殊原因不能履行职务，由董事长指定的其他董事主持。被告章程第十章第一条记载了董事会是由股东会选举的董事组成，共三名。董事会由董事长一人，作为董事会召集人。董事长由董事会以全体董事的过半数选举产生。董事长是公司的法定代表人；第三条记载了董事会有负责召集股东会的职权，聘任或者解聘公司经理等的职权；第四条记载了召开董事会会议，须经董事长或三分之一以上董事提议。董事长因特殊原因不能履行职务时，由董事长指定其他董事召集和主持。董事会会议应由二分之一以上的董事出席方可举行，董事会作出决议，须经全体董事过半数表决通过。被告章程第十二章第一条记载了公司经理由董事会聘任或解聘。

2001年4月27日，被告召开股东会形成决议：通过公司章程；选举陈a、张a、张b担任公司董事、顾a担任公司监事。次日的董事会决议记载了选举产生陈a担任董事长为公司法定代表人。

2006年2月21日，陈a因涉嫌犯贪污罪被刑事拘留，同年3月7日被逮捕。2007年12月20日，陈a犯贪污罪，被司法机关判处有期徒刑十五年，剥夺政治权利四年，并处没收个人财产五十万元；犯赌博罪，被司法机关判处有期徒刑一年，并处罚金五万元；决定执行有期徒刑十五年六个月，剥夺政治权利四年，并处没收个人财产五十万元，罚金五万元。

2009年7月23日，被告形成股东会决议，对被告进行清算，委托财务清算和评估审计，选举张华弟、张a、张b顾a、陈a为清算小组成员，公司聘请陈洁律师为公司法律顾问。同年8月28日清算小组作出决议，推选张b为清算小组组长。

2011年5月21日，陈a以提议人的名义发送"召开临时股东会提议并通知"，通知股东召开涉案临时股东会。

2011年6月12日，被告在上海A律师事务所会议室召开临时股东会，并形成决议：一、决定延长本公司经营期限到至2020年6月17日止；二、决定陈a不再任公司法定代表人，更换陈b为公司法定代表人，任公司总经理职务；三、就上述1-2项内容修改公司章程，作出公司章程修正案。在股东签字一栏，有蔡a、陈b、舒a的签名。当日，被告还作出章程修正案，该章程第二章第二条改为：公司经营期限自营业执照签发之日起至2020年6月17日止；章程第十三章第一条的法定代表人改为陈b。陈a于同年6月14日在决议以及章程修正案上签名。

上述股东会议记录载明：会议主持人为蔡a。会前主持人已经取得股东陈a特别授权委托代其主持会议（出示陈a两份书面委托书）。

原告除舒a外均未参加上述会议。

本院认为：股东会决议的程序瑕疵包括董事会召集决议瑕疵、股东会召集人无召集权、股东会通知瑕疵、目的外事项决议、表决权受限制股东的表决权行使、违反决议要件、股东会主持人无主持权等。

本案中，原告提起决议撤销之诉，是基于原告在本案中认为涉案的临时股东会议召集人无召集权、股东会主持人无主持权、决议方法存在瑕疵以及决议内容瑕疵。

关于涉案股东会议召集人无召集权问题，陈a原担任被告董事长，但现犯贪污罪正在服刑期间。根据公司法的规定，陈a已经不是被告的董事长和董事，故陈a的身份仅是被告的占10%以上股权的股东。其有权提议召开临时股东会议，但其自行召集和主持召开临时股东会议的前提是董事会不能履行或者不履行召集职责且监事亦不召集和主持。虽然被告抗辩董事会由于陈a缺失已经不能履行职责，但本院需要指出的是，被告董事会由三名成员组成，依据被告章程内容，被告董事会在一名董事缺失情形下，仍然可以作出决议、行使职权。若作为股东的陈a认为需保护自己的权益，可以股东会决议的形式补选一名董事或选举更换董事会新的董事。且临时股东会即使存在董事会不能履行或者不履行召集职责的情况，也必须由监事召集。本案中，被告提议同时径行通知召开临时股东会，未通过公司董事会召集。被告亦没有举证陈a在自行召集前有向监事要求履行召集职责的证据。因此，陈a可以作为"提议人"，但无权召集和主持临时股东会议。故涉案临时股东会议的召集人陈a是无召集权的。

关于涉案股东会主持人的主持权问题，实际主持人蔡a是受陈a委托，故该股东会的会议主持人视为陈a。前述已经简单阐述了陈a已经丧失董事长以及董事身份的理由，而主持仍与行使召集权同理。故涉案临时股东会陈a无主持权。

关于涉案会议决议方法瑕疵问题，原告认为要区分普通决议、特别决议以及赞同、放弃、反对的表决权。本院以为，决议内容是普通还是特别，取决于决议事项内容，该内容股东可以对照公司章程的规定予以区分。股东会议记录以及股东会决议的文件中没有注明具体赞同、放弃、反对的比例，而与会股东均在决议文件上签名视为与会股东一致同意决议内容。因此，依据赞成记载的股权比例，很容易获知相应比例。所以，原告相应观点不能成立。

关于涉案股东会决议内容瑕疵，被告章程以及公司法均规定了董事会有聘任和解聘经理的职权，故基于经营权与所有权分离原则，股东会不能越俎代庖行使董事会的职权。且被告章程规定了董事长是公司的法定代表人，陈b并非被告的董事，其担任法定代表人的决议内容违反了章程的规定，构成决议相应内容可以撤销的事由。还有，本院审查关于原告认为的涉案决议已经超过被告章程规定的延长经营期限的决议形成的最后期限，且违反了清算期间被告不得开展与清算无关的经营活动的规定，因而应被撤销的理由。本院以为，公司在司法清算期间，尚可以形成股东会决议使公司继续存续。由此，原告该项撤销理由不能成立。

另外，对于被告提出在会议表决上投赞成票的舒 a 不是适格原告，本院以为，决议一旦形成之后，上升为公司意志，是公司决议，并不是舒 a 个人意志的体现。法律、章程均未对行使撤销权的主体进行限制。因此，被告该项抗辩不能成立。

综上所述，涉案临时股东会决议的召集人无召集权、主持人无主持权，决议内容部分违反了章程的规定。原告的撤销请求权，有基础事实存在。据此，判决如下：

撤销被告上海 B 房地产有限公司于 2011 年 6 月 12 日作出的临时股东会决议。①

·法条链接·

《中华人民共和国公司法》

第二十二条　公司股东会或者股东大会、董事会的决议内容违反法律、行政法规的无效。

股东会或者股东大会、董事会的会议召集程序、表决方式违反法律、行政法规或者公司章程，或者决议内容违反公司章程的，股东可以自决议作出之日起六十日内，请求人民法院撤销。

股东依照前款规定提起诉讼的，人民法院可以应公司的请求，要求股东提供相应担保。

公司根据股东会或者股东大会、董事会决议已办理变更登记的，人民法院宣告该决议无效或者撤销该决议后，公司应当向公司登记机关申请撤销变更登记。

---

① 本部分来源于本案判决书主文，限于篇幅略做删减，读者可自行查阅判决书全文以全面了解案情。

如何进行股东会议通知及通知中的三大要点

🔖 案件要旨

在股东会议的通知方式上，如果以往的股东会通知没有以报纸公告形式发出的先例，公司章程亦未曾约定可以用报纸公告的形式来发出股东会通知，公司在可以用邮递等方式通知到股东的前提下，未使用适合方式通知原告，应认定争议之股东会决议在召集程序上存在瑕疵，应予以撤销。

以电话形式通知全体股东召开临时股东会，告知股东会召开的时间、地点和内容的，如果对其主张的上述事实未能提供相应证据，股东亦否认接到过电话通知，应认为争议之股东会在召集程序上存在瑕疵，应予以撤销。

🔖 案件来源

王××与B公司公司决议撤销纠纷一案一审民事判决书 上海市浦东新区人民法院民事判决书；A与B公司公司决议撤销纠纷一案一审民事判决书 上海市浦东新区人民法院民事判决书

🔖 股东争议焦点

案例中，股东之间的焦点主要在于：股东会通知中能否采用公告或者电话的通知？应采用何种方式进行股东会议的通知？

🔖 法理探析

一、《公司法》对于股东会议的通知方式未作出明确规定

在股东会议的通知程序上，《公司法》对于股东会议通知的时限分别对有限公司和股份公司做了不同的规定。有限公司规定在《公司法》第四十一条："召开股东会会议，应当于会议召开十五日前通知全体股东；但是，公司章程另有规定或者全体股东另有约定的除外。"股份公司规定在《公司法》第一百零二条："召开股东大会会议，应当将会议召开的时间、地点和审议的事项于

会议召开二十日前通知各股东；临时股东大会应当于会议召开十五日前通知各股东；发行无记名股票的，应当于会议召开三十日前公告会议召开的时间、地点和审议事项。"

但是，值得注意的是，对于股东会议的通知方式，即采用何种方式进行股东会议的通知，《公司法》并未进行明确的规定。

二、以报纸公告的形式发出股东会通知是否可行

在司法实践中，不乏有限公司采用"报纸公告"的形式来发出股东会通知。笔者以为，报纸公告的方式不容易被股东知晓，很难达到有效通知的结果。因此，有限公司采用公告方式的股东会通知是否被法律所认可，主要须考量以下三个因素：

第一，公司章程是否规定了可以用报纸公告的方式；

第二，如果章程并未规定报纸通知的方式，则需要考量是否在以往的股东会议通知中采用过报纸公告的方式，且报纸公告方式已经为所有股东所认可。

第三，如果公司章程规定了书面通知，但是又规定了出现无法送达的情况下可以采用报纸公告通知。则报纸公告方式仅且只能在书面通知无法送达的情况下才能适用。

三、以电话通知的形式发出股东会通知是否可行

在公司章程未规定股东会通知方式的情况下，是否可以用电话通知股东？笔者认为，在公司章程对股东会通知方式没有规定的情况下，可以采用电话通知的方式，但是必须注意到电话通知具有以下风险：

风险一：在股东会会议的议题较多，审议内容较多时，容易出现遗漏通知内容的情况，导致通知不能被有效送达。

风险二：事后无法证明曾通知的事实。在司法实践中，当公司主张电话通知股东会议时，被通知的股东往往否认收到电话通知。而公司通知股东时，并没有电话录音等证明，故而公司最终会因为无法证明通知已送达而败诉。

四、公司章程应对股东会议通知的方式进行规定

为了避免股东之间就通知方式发生纠纷和矛盾，笔者认为，可以在《公司

章程》中对有限公司召开股东会的通知事项进行明确。鉴于报纸公告和电话通知很难达到有效通知的效果，建议采用"书面通知的方式"较为稳妥。

☿ 败诉分析

对于第一个案例，即报纸公告形式进行股东会通知是否可撤销的问题，法院认为：本案的争议焦点在于被告是否履行了提前15天通知原告的义务，从原、被告双方之前的来往来看，被告均是通过邮递的形式通知原告相关事宜，被告以往的股东会通知亦没有以报纸公告形式发出的先例，被告的公司章程亦未曾约定可以用报纸公告的形式来发出股东会通知，故本院认为，被告在可以用邮递等方式通知到原告的前提下，未使用适合方式通知原告，本案争议之股东会决议在召集程序上存在瑕疵。鉴于系争股东会决议的召集程序存在违反公司法规定的情形，故对原告的要求撤销股东会决议的诉请应予以支持。

对于第二个案例，即股东会通知采用电话通知是否应予以撤销的问题，法院认为：被告的公司章程规定，召开股东会会议，应当于会议召开十五日前通知全体股东。本案中，被告虽辩称曾于2011年3月13日以电话形式通知全体股东召开临时股东会，告知股东会召开的时间、地点和内容，但被告对其主张的上述事实未能提供相应证据，原告亦否认接到过电话通知。因此，系争股东会在召集程序上存在瑕疵，导致原告未能参加该次会议，应予以撤销。

☿ 股东战术指导

在司法实践中，因为股东会议的通知方式引发的纠纷日益增多，鉴于公司法并未规定股东会议的通知方式，笔者建议公司在章程中做如下规定。

股东会议的通知必须采用书面通知的方式

有限公司的股东会分为常会和临时股东会议，在公司章程中，应明确无论是每年一次的常会还是临时股东会议，必须采用书面通知的方式进行股东会议的召集。

书面通知的种类

建议在公司章程中对于书面通知的种类进行事先规定。例如，可以规定书面通知的方式为快递、挂号信、传真方式、电子邮件、微信、手机短信。

通知不得采用电话等口头通知方式

鉴于采用电话等口头通知方式不利于后期的举证，如果被通知的股东否认收到电话通知，则股东会决议将会面临召集程序瑕疵被撤销的后果。因此，笔者不建议公司章程认可口头通知的方式。

公告送达的适用前提

在实践中，通知程序的一个极大的烦恼在于：在股东众多的公司，经常会碰到无法通知到股东的情况，从而影响股东会议的按期召开。此时，我们可以将公告送达作为一个救济方式来使用。但是，笔者建议，公告送达只有在书面通知无法送达的情况下才能适用。并且，对于公告送达，应事先规定指定的报纸或其他媒体，比如可以指定当地有影响力的某报纸或其他合适的媒体。

🏛 经典案例

王×× 与 B 公司公司决议撤销纠纷一案一审民事判决书

上海市浦东新区人民法院民事判决书

2003 年 12 月 3 日，C 公司与原告、案外人 D、E 共同设立被告，公司注册资本为人民币 300 万元。其中，C 公司出资 270 万元，占 90％股权，原告与案外人 D、E 各出资 10 万元，分别占 3.3334％股权。2011 年 3 月 29 日，被告召开临时股东会并作出股东会决议，对公司的执行董事、法定代表人、管理制度进行变更，并决定对公司红利进行分配。原告认为，被告召开股东会，未按《公司法》的规定通知原告，亦违反了公司章程的规定，损害了原告的合法利益。为此，原告请求法院判决：撤销被告 2011 年 3 月 29 日作出的股东会决议；本案诉讼费由被告承担。

被告B公司辩称：对原告所述的被告股东组成情况没有异议。被告曾于2011 年 3 月 13 日以电话形式通知了全体股东召开临时股东会，告知股东会召开的时间、地点和内容，已经履行了提前 15 天通知股东的义务，系争股东会决议合法有效。

经审理查明：被告系有限责任公司，注册资本为 300 万元，股东由 C 公司（出资 270 万元，持股比例为 90％）、原告（出资 10 万元，持股比例为

3.3334%）与案外人 D（出资 10 万元，持股比例为 3.3334%）、E（出资 10 万元，持股比例为 3.3334%）组成。

被告的公司章程规定，股东会会议每年召开一次，定于每年三月中旬召开，代表四分之一以上表决权的股东及执行董事或监事可以提议召开临时会议；召开股东会会议，应当于会议召开十五日前通知全体股东。

2011 年 3 月 29 日，被告的股东 C 公司、E 形成"B 公司 2011 年股东会决议"，内容涉及对公司的执行董事、法定代表人、管理制度进行变更，并决定对公司红利进行分配。

2011 年 4 月 26 日，C 公司、E 向未参加股东会的原告及 D 发出告知函，将股东会决议的结果及相关事宜予以告知。

被告称，曾于 2011 年 3 月 13 日以电话形式通知全体股东召开临时股东会，告知股东会召开的时间、地点和内容，对此事实，被告未能提供证据，原告亦不予认可。

认定以上事实的依据为：被告公司章程；告知函；双方当事人当庭陈述。以上书证，经当庭举证、质证，其真实性及证明力可予确认。

本院认为，《公司法》第二十二条规定，股东会或者股东大会、董事会的会议召集程序、表决方式违反法律、行政法规或者公司章程，或者决议内容违反公司章程的，股东可以自决议作出之日起六十日内，请求人民法院撤销。本案的争议焦点在于系争股东会决议是否应当予以撤销，对此，应审查系争股东会在会议召集程序和表决方式方面是否违反《公司法》及其他法律、行政法规，或者决议在内容或者程序上是否有违反公司章程的瑕疵。

被告的公司章程规定，召开股东会会议，应当于会议召开十五日前通知全体股东。本案中，被告虽称曾于 2011 年 3 月 13 日以电话形式通知全体股东召开临时股东会，告知股东会召开的时间、地点和内容，但被告对其主张的上述事实未能提供相应证据，原告亦否认接到过电话通知。因此，系争股东会在召集程序上存在瑕疵，导致原告未能参加该次会议。

综上，无证据表明被告已向全体股东发出召开股东会的通知，将会议的时间、地点和内容告知全体股东，因此，系争股东会的召集程序在通知方面存在瑕疵，本院对原告要求撤销系争股东会决议的诉讼请求予以支持。依照《公司法》第二十二条第二款的规定，判决如下：

撤销 2011 年 3 月 29 日的 "B 公司 2011 年股东会决议"。

A 与 B 公司公司决议撤销纠纷一案一审民事判决书
上海市浦东新区人民法院 民事判决书

原告系被告公司股东，但在原告未收到通知的情况下，被告的部分股东却于 2012 年 5 月 5 日作出了《B 公司 2012 年度第一次临时股东会决议》，被告的上述行为，明显属于股东会召集程序瑕疵。现请求法院判决：一、撤销 2012 年 5 月 5 日的《B 公司 2012 年度第一次临时股东会决议》；二、本案的诉讼费由被告承担。

被告 B 公司辩称：原告的股东资格存在问题，被告在股东会 15 日前通过公告形式通知了原告，股东会程序没有瑕疵，相关决议有效。

经审理查明，2003 年 2 月 20 日被告公司经工商部门注册成立。目前，被告公司在工商部门登记资料中显示的股东为 B 公司、王××、罗××。2010 年 1 月 9 日，被告公司形成股东会决议，通过了王×× 将其持有的 12% 公司股权转让给原告的议案。2010 年 1 月 26 日，原告与王×× 签订股份转让协议书，约定上述 12% 股权的转让价格为 0 元，协议签订后，被告公司在 30 日内向工商机关申请办理变更登记。2012 年 3 月 13 日，被告通过邮递形式向原告发出催告函，言明：王×× 的出资未实际到位，鉴于 2010 年 1 月 26 日王×× 将其持有的 12% 公司股权转让给原告，该股权虽未办理工商变更手续，但经股东会决议同意，双方也签订了股权转让协议，应认定原告为实际股东，故要求原告补足出资。2012 年 4 月 16 日，被告在《上海商报》刊登公告，内容为通知召开 2012 年度第一次临时股东会，会议内容包括审议解除原告股东资格的议案。2012 年 5 月 5 日，被告公司召开股东会，作出了《B 公司 2012 年度第一次临时股东会决议》，内容包括鉴于原告未在期限内补足出资、故解除原告股东资格。原告未参加该股东会。另查明，被告公司章程约定，股东会议分为定期会议和临时会议，并应于会议召开十五日前通知全体股东。

另查明，被告公司章程约定，股东会会议分为定期会议和临时会议，并应当于会议召开十五日前通知全体股东。

认定以上事实的依据为：被告工商机读材料及章程；《公司股份转让协议书》；2010 年 1 月 9 日的股东会决议；催告函；报纸复印件；《B 公司 2012 年

度第一次临时股东会决议》；原、被告当庭陈述。以上书证，经当庭举证、质证，其真实性及证明力可予确认。

本院认为，原告受让王××的股权虽未经工商变更登记，但被告公司已经以股东会决议的形式予以确认，而被告对于在2012年5月5日召开股东会时原告具有股东身份并无异议，故原告起诉要求撤销当日的股东会决议，在主体资格上并无问题。本案的争议焦点在于被告是否履行了提前15天通知原告的义务，从原、被告双方之前的来往来看，被告均是通过邮递的形式通知原告相关事宜，被告以往的股东会通知亦没有以报纸公告形式发出的先例，被告的公司章程亦未曾约定可以用报纸公告的形式来发出股东会通知，故本院认为，被告在可以用邮递等方式通知到原告的前提下，未使用适合方式通知原告，本案争议之股东会决议在召集程序上存在瑕疵。鉴于系争股东会决议的召集程序存在违反公司法规定的情形，故对原告的诉请应予以支持。至于被告所称的原告出资以及原告是否可被解除股东资格的问题，并不属于本案审理范围，双方可另行诉讼解决。据此，依照《公司法》第二十二条第二款的规定，判决如下：

撤销2012年5月5日的《B公司2012年度第一次临时股东会决议》。[①]

·法条链接·

《中华人民共和国公司法》

第四十一条　召开股东会会议，应当于会议召开十五日前通知全体股东；但是，公司章程另有规定或者全体股东另有约定的除外。

股东会应当对所议事项的决定作成会议记录，出席会议的股东应当在会议记录上签名。

第一百零二条　召开股东大会会议，应当将会议召开的时间、地点和审议的事项于会议召开二十日前通知各股东；临时股东大会应当于会议召开十五日前通知各股东；发行无记名股票的，应当于会议召开三十日前公告会议召开的时间、地点和审议事项。

单独或者合计持有公司百分之三以上股份的股东，可以在股东大会召开十

---

① 本部分来源于本案判决书主文，限于篇幅略做删减，读者可自行查阅判决书全文以全面了解案情。

日前提出临时提案并书面提交董事会；董事会应当在收到提案后二日内通知其他股东，并将该临时提案提交股东大会审议。临时提案的内容应当属于股东大会职权范围，并有明确议题和具体决议事项。

股东大会不得对前两款通知中未列明的事项作出决议。

无记名股票持有人出席股东大会会议的，应当于会议召开五日前至股东大会闭会时将股票交存于公司。

第四章　股东资格确认之战

股东资格的认定及判断标准

案件要旨

当事人主张股东资格和股东权利，必须满足两个要件，即实质要件和形式要件。实质要件是以出资为取得股东资格的必要条件，形式要件是对股东出资的记载和证明，是实质要件的外在表现。股权取得实质要件是向公司认购出资或者股份而取得股权，包括原始取得和继受取得。股权取得形式要件多见于股东完成出资后在公司章程上的记载、股东名册上的记载和工商机关的登记。

案件来源

最高人民法院民事裁定书　工贸有限公司、水电开发有限公司等与华龙有限公司股东资格确认纠纷申诉、申请民事裁定 [①]

股东纠纷焦点

本案的焦点在于：究竟以何种标准来判断股东资格？确认股东资格的因素有哪些？出资与否是否判断股东资格的唯一标准？

法理探析

股东资格确认是公司投资人取得和行使股东权利的基础和前提，是涉及股东"生"和"死"的根本问题，也是股东权益的关键所在。而实践中，有限公

[①] 工贸有限公司、水电开发有限公司等与华龙有限公司股东资格确认纠纷申诉、申请民事裁定（2016）最高法民申2613号　最高人民法院裁定书

司的股东资格认定是司法经常遇到的难题，也存在较大争议，主要焦点在于：确认股东资格，是否以实质要件的出资为标准？还是以形式要件，即公司章程、股东名册、工商登记为标准？

一、股东资格的确认应区分"对外"和"对内"两种情况

根据江苏省高级人民法院《关于审理适用公司法案件若干问题的意见（试行）》第二十六、二十七、二十八条的规定，区分了对外和对内不同情况下的不同的裁判思路：

1. 对外：即公司或股东与第三人的纠纷

当公司或者股东（包括挂名股东、隐名股东和实际股东）与公司以外的第三人就股东资格发生争议的，一般应根据工商登记文件的记载确定有关当事人的股东资格，但被冒名登记的除外。即在公司或股东与第三人发生争议时，应主要审查工商登记。第三人是基于工商登记的信赖而作出法律行为的，第三人的信赖利益收到法律的保护。

2. 对内：股东和股东之间、股东和公司之间的争议

股东之间的纠纷一般多在名义股东和隐名股东之间发生。股东间就股东资格发生争议时，除存在以下两种情形外，应根据工商登记文件的记载，确定有关当事人的股东资格：当事人对股东资格有明确约定，且其他股东对隐名者的股东资格予以认可的；根据公司章程的签署、实际出资、出资证明书的持有以及股东权利的实际行使等事实可以作出相反认定的。

公司与股东之间发生争议，应根据公司章程、股东名册的记载作出认定，章程、名册未记载但已依约定实际出资并实际以股东身份行使股东权利的，应认定为其具有股东资格，并责令当事人依法办理有关登记手续。

二、确认股东资格应当综合考虑的因素

1. 确认股东资格的实质要件

根据《公司法解释三》第二十二条规定："当事人之间对股权归属发生争议，一方请求人民法院确认其享有股权的，应当证明以下事实之一：其一，已经依法向公司出资或者认缴出资，且不违反法律法规强制性规定；其二，已经受让或者以其他形式继受公司股权，且不违反法律法规强制性规定。"

根据上述法条可知，最高院在《公司法解释三》中提出了股权确认的认定标准的实质要件是有证据证明股东已经依法向公司出资或者认缴出资，或者受让或以其他方式继受股权，且不违反法律强制性规范。

2．确认股东资格的形式要件

需要注意的是，形式要件和实质要件并非相互独立的因素，形式要件是实质要件的外在表现形式。实质要件是以出资为取得股东资格的必要条件，形式要件是对股东出资的记载和证明，形式要件多见于股东完成出资后在公司章程上的记载、股东名册上的记载、工商机关的登记。

三、确认股东资格应结合实质要件和形式要件，并综合考虑各种因素

笔者认为，在实践中，因股东名册、工商登记、出资证明书、公司章程可能存在冲突、不一定与事实相符，而这，也正是诸多股东资格确认纠纷产生的原因。故在不涉及第三人的情况下，判断谁是真股东，谁是假股东，形式要件并非判断的绝对根据，而应该综合分析以下六项要件：股东是否已签署公司章程；是否实际出资、认缴出资或者受让、继受股权；是否工商登记；是否具有出资证明书；股东名册是否记载；是否实际享有股东权利，并根据当事人具体实施民事行为的真实意思表示来综合认定。

⚖ 败诉分析

最高人民法院认为：关于江东公司是否具有华龙公司股东资格以及持有华龙公司18%的股权问题。本院认为，根据《公司法解释三》第二十二条规定："当事人之间对股权归属发生争议，一方请求人民法院确认其享有股权的，应当证明以下事实之一：一、已经依法向公司出资或者认缴出资，且不违反法律法规强制性规定；二、已经受让或者以其他形式继受公司股权，且不违反法律法规强制性规定"。当事人主张股东资格和股东权利，必须满足两个要件，即实质要件和形式要件。实质要件是以出资为取得股东资格的必要条件，形式要件是对股东出资的记载和证明，是实质要件的外在表现。股权取得实质要件是向公司认购出资或者股份而取得股权，包括原始取得和继受取得。股权取得形式要件多见于股东完成出资后在公司章程上的记载、股东名册上的记载和工商

机关的登记。

本案中，根据华龙公司第一届三次股东会决议、同日变更的公司章程，以及 2004 年 4 月 9 日华龙公司出具给江东公司的《一期资本金到位凭单》《收据》，证明华强公司、兴源公司、秦云公司均认可江东公司系华龙公司股东，取得华龙公司 18% 的股权，并收到江东公司支付的 18% 股权的对价，第一届三次股东会决议得到了实际履行。而且江东公司根据第一届三次股东会决议持有华龙公司 18% 的股权、是华龙公司的股东，业经最高人民法院（2009）民二终字第 88 号民事判决书、2010 年 9 月 16 日昆明市中级人民法院（2010）昆民五终字第 43 号民事判决和云南省高级人民法院 2012 年 11 月 6 日作出的（2012）云高民二终字第 192 号民事判决确认。故一、二审判决确认江东公司系华龙公司股东，取得公司 18% 的股权并无不当。

股东战术指导

鉴于股东资格纠纷确认的多发性，以及实践中在股东资格确认中的裁判思路不一致的情况，对于股东资格的取得，笔者提出以下意见，仅供参考：

第一，大部分股东资格确认的案件中，焦点往往在于是否出资？即股东必须要证明自己已经出资、认缴出资，或者受让继受股权的事实，故股东必须保存好自己已经出资的相关证据，特别在原始出资中，对于以汇款方式出资的股东，须注明资金用途系出资款，如果未注明资金用途的，则在庭审中往往会产生该款项是否为借款的争议。

第二，在隐名持股的纠纷中，因为实际出资人的资金往往是先汇给挂名股东，再由挂名股东汇给公司，需要特别注意的两点是，一是隐名股东将出资款汇给挂名股东时，需要注明资金用途，并得到挂名股东对于该笔款项用途的确认；二是挂名股东将该笔出资款汇入公司时，亦需要注明资金用途。

第三，无论股东是以原始出资方式还是受让继受的方式取得股东资格，须及时要求公司提供相关证明股东资格的形式要件，例如，及时签署公司章程，获取出资证明书，要求股东名册记载，当然更重要的，是及时进行工商登记。

⚖ 典型案例

本案系最高人民法院再审案件。

华强公司、兴源公司申请再审称：

一、一审二审判决引用了最高人民法院民事判决中关于江东公司持有华龙公司18%股权的认定，作为本案江东公司持有华龙公司18%股权的依据错误。最高人民法院民事判决关于江东公司持有华龙公司18%股权取得的认定是能够推翻的。1.江东公司不是华龙公司的股东，没有资格参加华龙公司股东会，更没有权利在股东会决议上签字，华龙公司第一届三次股东会决议是不成立的，并且其他的股东对该决议也不认可。综上，江东公司取得华龙公司18%的股权根本就无从谈起，没有认定的基础。2.华龙公司第一届三次股东会决议处分了作为股东之一的兴源公司6%的股份，而兴源公司并不同意华龙公司第一届三次股东会决议的内容，没有在该决议上盖章，所以该决议无效。3.虽然决议上有兴源公司法定代表人李某的签字，但是该签字是伪造的，二审判决认为"龙华公司、华强公司、兴源公司在其他案件中并未提出要求对兴源公司法定代表人李某的签字进行鉴定，且该人现已身故，缺乏鉴定基础"，即二审判决在没有查明李某签字是否伪造的情况下，径行作出认定，也不能作为第一届三次股东会决议有效的依据。4.华龙公司第一届三次股东会决议也没有实际履行，江东公司没有实际出资，没有与华龙公司的股东签订股权转让协议，没有进行股权变更的工商登记，第一届三次股东会决议就此搁浅，被之后的第一届四次股东会决议所覆盖，所以，不能依据第一届三次股东会决议确认江东公司获得华龙公司18%的股权。

二、一审二审判决关于江东公司持有华龙公司65%股权的认定错误。华龙公司第一届四次股东会决议第一条内容是关于收购怒江州小水电站电源资产事宜的约定，第二条内容是关于迪麻洛河电站筹资事宜的约定，关于出资股本金的约定在第三条中，并且第三条载明：依照上述第一条怒江州小水电站电源资产收购和第二条迪麻洛河电站筹资事宜的约定，在华龙公司申请银行贷款未能落实的情况下，除资本金，剩余部分由江东公司负责垫资……如果垫资未能实现，则第一条、第二条的约定不能成立。由以上决议内容可见，江东公司必须全部实现怒江州小水电站电源资产收购和迪麻洛河电站筹资两个项目的垫资之后，才可以拥有华龙公司65%的股权，而非仅完成对第一个项目的垫资，就能取得 65% 的股权。并且 65% 股权的取得仅与两个项目的垫资有关系，而与出资资本金没有关系……同时，该认定也不符合基本的常理：迪麻洛河虽为在建项目，建成后市值超过 7 亿元，华龙公司的总资产超过 10 亿元，怎么可能仅仅用 2.0683 亿元的借款，就获得华龙公司 65% 的股权？

三、一审二审判决关于江东公司持有华龙公司 77% 股权的认定错误。如前面所述，江东公司持有华龙公司 18% 的股权、持有华龙公司 65% 的股权均认定错误，江东公司不是华龙公司的股东，其收购联重公司持有的华龙公司 12% 的股份这一行为，是在没有通知其他股东的情况下进行的，违反了《公司法》第七十二条关于股东优先购买权的规定，侵犯了其他两股东即华强公司和兴源公司的优先购买权，不能获得联重公司 12% 的股权。

四、人合性是有限责任公司的本质属性，江东公司的行为破坏了人合性，已经不能成为华龙公司的股东……江东公司的种种行为极大地破坏了有限公司的人合性。有限责任公司具有资合的性质没错，但是更加重要的是人合性，人合性是有限责任公司的本质属性。所以，江东公司不能仅仅因为出资就能获得股东资格，其一系列破坏人合性的行为就使得江东公司根本不具备成为华龙公司股东的资格。华强公司、兴源公司依据《中华人民共和国民事诉讼法》第二百条第二项、第六项的规定申请再审。

江东公司提交意见称：一、2004 年 4 月 8 日，江东公司依据华龙公司第一届三次股东会决议、公司章程取得华龙公司 18% 的股权，成为华龙公司股东，业经法院生效判决所确认。二、江东公司依据华龙公司第一届四次股东会决议（含附表华龙公司各股东股权及资本金调整情况表）实缴出资，成为持有华龙公司 65% 股权的股东。三、华龙公司原股东联重公司将其持有华龙公司 12% 的股权及其投入的 1495 万元资本金，整体转让给江东公司，江东公司成为持有华龙公司 77% 股权的股东。该项事实已经被昆明市中级人民法院、昆明市五华区人民法院的生效民事判决确认。四、华龙公司各股东应投入华龙公司的资本金合计 12459 万元，其中江东公司已实际投入 9594 万元，占 77% 的比例。综上，请求最高人民法院依法驳回华强公司、兴源公司的再审申请。

华龙公司提交的意见与华强公司、兴源公司的申请再审理由相同。

本院另查明：2004 年 4 月 8 日华龙公司第一届三次股东会在昆明华龙公司会议室召开。参加会议的股东代表有华强公司董事长陈某、云南秦云工贸有限公司（以下简称"秦云公司"，后更名为"陕西联重工贸有限公司"，以下简称"联重公司"）董事长李某、兴源公司董事长李某、云南龙泉房地产开发经营有限公司（系江东公司前身，以下简称"龙泉公司"）董事长刘某。会议由华龙公司董事长、总经理陈某同志主持。决议内容：此前各方股东代表参加了华龙公司第一届二次、三次董事会，审议并通过了各次董事会决议。各股东方代表认真讨论和分析了华龙公司第一届三次董事会决议。一致同意三次董事会决议。并授权华龙公司董事长、总经理陈某同志按照公司董事会决议精神组织实施……

最高院认为，本案再审审查的重点是：一、二审判决确认江东公司持有华龙公司77%的股权是否有事实根据和法律依据。

经查，本案中，江东公司主张持有华龙公司77%的股权是由三个阶段构成，即2004年4月8日华龙公司第一届三次股东会决议同意江东公司取得华龙公司18%的股权，2004年5月23日华龙公司第一届四次股东会决议同意江东公司取得华龙公司65%的股权，2007年6月26日江东公司受让联重公司所持有华龙公司12%股权。

一、关于江东公司是否具有华龙公司股东资格以及持有华龙公司18%的股权问题。江东公司认为是华强公司、兴源公司、秦云公司各自转让6%的股权得到，并支付了华龙公司493万元。其中包括了转让的股权款和追加的投入款。华龙公司、华强公司、兴源公司认为，兴源公司没有盖章，其法定代表人的李某的签字不能确认其真实性，要求鉴定。并且当时华龙公司的公章被江东公司盗窃，所以不能认定江东公司持有了18%的股权。本院认为，根据《最高人民法院关于适用〈中华人民共和国公司法〉若干问题的规定（三）》第二十二条规定："当事人之间对股权归属发生争议，一方请求人民法院确认其享有股权的，应当证明以下事实之一：1.已经依法向公司出资或者认缴出资，且不违反法律法规强制性规定；2.已经受让或者以其他形式继受公司股权，且不违反法律法规强制性规定。"当事人主张股东资格和股东权利，必须满足两个要件，即实质要件和形式要件。实质要件是以出资为取得股东资格的必要条件，形式要件是对股东出资的记载和证明，是实质要件的外在表现。股权取得实质要件是向公司认购出资或者股份而取得股权，包括原始取得和继受取得。股权取得形式要件多见于股东完成出资后在公司章程上的记载、股东名册上的记载和工商机关的登记。本案中，根据华龙公司第一届三次股东会决议、同日变更的公司章程，以及 2004 年 4 月 9 日华龙公司出具给江东公司的《一期资本金到位凭单》《收据》，证明华强公司、兴源公司、秦云公司均认可江东公司系华龙公司股东，取得华龙公司 18% 的股权，并收到江东公司支付的 18% 股权的对价，第一届三次股东会决议得到了实际履行。而且江东公司根据第一届三次股东会决议持有华龙公司 18% 的股权、是华龙公司的股东，业经最高人民法院（2009）民二终字第 88 号民事判决书、2010 年 9 月 16 日昆明市中级人民法院（2010）昆民五终字第 43 号民事判决和云南省高级人民法院 2012 年 11 月 6 日作出的（2012）云高民二终字第 192 号民事判决确认。故一、二审判决确认江东公司系华龙公司股东，取得公司 18% 的股权并无不当。华强公司、兴源公司在二审时虽然主张华龙公司第一届三次股东会决议上兴源公司法定代表人李某的签字是伪造的，但没有提供相应证据予以证明，二审判决基于李某已经身故，不具备鉴定条件，未支持其主张并无不当。

二、关于江东公司持有华龙公司股权是否从 18% 增长到 65% 的问题。江东公司认为根据第一届四次股东会议决议，江东公司完成了垫资义务，因此按照决议约定获得了 65 的股权，并且按照决议缴纳了 6917 万元资本金，完成了出资义务。华龙公司、华强公司、兴源公司认为，按照决议要求江东公司应该在收购怒江水电站和迪麻洛河水电站两个项目上同时垫资，才能获得华龙公司 65% 的股权，否则该约定无效。而江东公司只垫资收购了怒江水电站项目，但也没有按照决议要求垫资一年，而是只用三个月。对迪麻洛河水电站就没有按约垫资，所以决议中给其 65% 的股权的约定无效。本院认为，从 2004 年 5 月 23 日华龙公司第一届四次股东会决议的内容看，股东会决议既约定华龙公司对外收购怒江小水电站电源资产、迪麻洛河水电站两个项目由江东公司垫资事项，又约定华龙公司各股东的股权及项目资本金按比例调整江东公司 65%、华强公司 12%、秦云公司 12%、兴源公司 11% 的事项。根据一、二审查明的事实，江东公司完成了怒江水电站项目垫资借款 20683 万元的义务，且至今款项还未收回，故华强公司、兴源公司认为其未完全履行怒江水电站项目垫资借款的义务的主张不能成立。由于在迪麻洛河水电站垫资时，双方因怒江州项目垫资及股权比例发生纠纷，垫资问题处于争议状态，且华龙公司也未举证证明曾向江东公司要求履行迪麻洛河水电站垫资的义务。故江东公司未向迪麻洛河水电站垫资不是江东公司的责任。虽然在第三条约定了"如果垫资未能实现，则

第一条、第二条的约定不能成立"，但该条同时还约定"各股东应按照附表《华龙公司各股东资本金调整情况表》所列投资股份执行，即在本决议（意见稿）签章完毕后一个月内将附表所列'尚需到位的出资股本金'注入公司资本金账户或转入工商行政部门指定的给资账户。迟延交付的应按每日 0.05% 向已足额交付的股东承担滞纳金，逾期 30 天仍未交付或交付不足时，未交付部分即视为放弃股份比例。公司股份按各股东股本金实际到账额重新确定股份比例。"按照《华龙公司各股东资本金情况调整表》，江东公司应承担资本金 7410 万元，已经到位资本金 493 万元，尚需到位资本金 6719 万元。2004 年 5 月 28 日华龙公司出具给江东公司的资本金到位凭单，载明收到第二期资本金 6917 万元。江东公司已经按照决议缴纳了 6917 万元增资股本资本金，完成了其应承担的 65% 股份应交纳的数额，一、二审判决按照公平对等及第一届四次股东会议决议的约定，确认江东公司获得了华龙公司 65% 的股权，并无不当。

三、关于江东公司受让联重公司持有华龙公司 12% 股份的问题。2007 年 6 月 26 日，江东公司与联重公司签订了股权转让协议，联重公司将所持有的华龙公司 12% 股权转让给江东公司，该事实业经昆明市中级人民法院（2010）昆民五终字第 43 号民事判决确认。本院认为，本案中，江东公司与联重公司均为华龙公司的股东，江东公司受让联重公司持有的华龙公司 12% 股权系股东内部收购行为，不违反《公司法》（2005 年修订）第七十二条的规定，一、二审判决予以确认并无不当。华强公司、兴源公司主张江东公司不是公司股东，华强公司、兴源公司应该享有优先购买权的理由依法不能成立，本院不予支持。

最高院裁定如下：

驳回华强工贸有限公司、怒江兴源公司的再审申请。[①]

参考案例一

案　　例：嘉峪关市 JH 劳动就业服务有限责任公司与王某竹民事纠纷

审理法院：甘肃省高级人民法院

案　　号：（2012）甘民二终字第 135 号民事判决书

甘肃省高级人民法院在二审中认为：依据公司理论，对于股东资格的认定

---

① 本部分来源于本案判决书主文，限于篇幅略做删减，读者可自行查阅判决书全文以全面了解案情。

一般应当具备两方面要件，一是形式要件，即股东姓名或者名称是否被记载于股东名册，在公司没有股东名册或者股东名册未被记载于股东名册时，则要结合公司章程、出资协议、股东会决议以及工商登记等来认定。二是实质要件，即股东是否向公司出资或者认购或者继受股份……至于是否参加公司实际管理并非成为公司股东的法定要件，故JH公司的该上诉理由不能成立。因本案属于股东与公司和其他股东之间就股东资格确认产生的纠纷，按照公司纠纷内外有别的特点，对公司内部争议应主要审查股东是否实际出资……王某竹已经履行了股东的法定出资义务，具备成为JH公司股东的实质要件……王某竹具备成为公司股东的形式要件和实质要件。

参考案例二

案　　例：朱绍义、嘉荫县红峰水利水电开发有限责任公司股东资格确认纠纷再审审查与审判监督一案

审理法院：最高人民法院

案　　号：（2017）最高法民申909号

最高人民法院在审理中认为：本院经审查认为，本案申请再审审查的主要问题为，二审法院认定朱某不具有红峰公司股东资格是否正确。

一、出资问题。依据《公司法解释三》第二十二条"当事人之间对股权归属发生争议，一方请求人民法院确认其享有股权的，应当证明以下事实之一：已经依法向公司出资或者认缴出资，且不违反法律法规强制性规定"的规定，朱某请求确认股东资格，应证明其已经依法向红峰公司出资或者认缴出资，且不存在违反法律法规强制性规定的情形……该20万元均不能认定为公司注册资本。故二审法院关于朱绍义出资20万元的主张及理由不能成立的认定，并无不当。

二、股东身份记载问题。根据上述规定，出资证明书具有要式性，案涉《股份证明书》不符合股东出资证明书的要式性要求。此外，朱某亦未提供其在红峰公司股东名册上记载的相关证据。

三、股东身份确认和退股问题。有限责任公司具有人合性特征，股东之间的相互信任和信赖是公司成立与发展的基础。朱某、赵某、李某签署《股份证明书》后，公司股东数次变更，最终确定为王某、赵某各持股50%，朱某也未提供证据证明在提起本案诉讼之前其针对股权变动提出异议或者要求新变更的股东承认其身份。

· 法条链接 ·

《中华人民共和国公司法》

第三十一条 有限责任公司成立后，应当向股东签发出资证明书。出资证明书应当载明下列事项：

一、公司名称；

二、公司成立日期；

三、公司注册资本；

四、股东的姓名或者名称、缴纳的出资额和出资日期；

五、出资证明书的编号和核发日期。出资证明书由公司盖章。

第三十二条 有限责任公司应当置备股东名册，记载下列事项：

一、股东的姓名或者名称及住所；

二、股东的出资额；

三、出资证明书编号。记载于股东名册的股东，可以依股东名册主张行使股东权利。公司应当将股东的姓名或者名称及其出资额向公司登记机关登记；登记事项发生变更的，应当办理变更登记。未经登记或者变更登记的，不得对抗第三人。

第七十三条 依照本法第七十一条、第七十二条转让股权后，公司应当注销原股东的出资证明书，向新股东签发出资证明书，并相应修改公司章程和股东名册中有关股东及其出资额的记载。对公司章程的该项修改不需再由股东会表决。

《最高人民法院关于适用〈中华人民共和国公司法〉若干问题的规定（三）》

第二十一条 当事人向人民法院起诉请求确认其股东资格的，应当以公司为被告，与案件争议股权有利害关系的人作为第三人参加诉讼。

第二十二条 当事人之间对股权归属发生争议，一方请求人民法院确认其享有股权的，应当证明以下事实之一：一、已经依法向公司出资或者认缴出资，且不违反法律法规强制性规定；二、已经受让或者以其他形式继受公司股权，且不违反法律法规强制性规定。

成为股东意思是判断股东资格的重要标准

案件要旨

公司设立时，当事人受他人委托向公司支付出资款，没有证据表明当事人有出资并成为股东的意思表示，故不能认定其具有股东资格。

案件来源

最高人民法院民事判决书　世行办与农化中心、农业开发经济技术协作公司公司股权纠纷一案民事判决书 [①]

股东纠纷焦点

本案的焦点在于：出资 = 股权？该如何判断东方农化东方农化向钾肥公司出资形成的股权及相应收益是否应属世行办所有？

法理探析

作为股东，最头疼的莫过于：钱投出去了，股东却不是自己！在实践中，我们经常看到当事人之间为谁是股东挣得头破血流，笔者接下来以最高人民法院的一则案例来分析股东出资中的教训和注意事项。

一、确认股东资格的实质要件

根据《公司法解释三》第二十二条规定："当事人之间对股权归属发生争议，一方请求人民法院确认其享有股权的，应当证明以下事实之一：一、已经依法向公司出资或者认缴出资，且不违反法律法规强制性规定；二、已经受让或者以其他形式继受公司股权，且不违反法律法规强制性规定。"

根据上述法条可知，最高院在《公司法解释三》中提出了股权确认的实质

---

① 世行办与农化中心、农业开发经济技术协作公司公司股权纠纷一案（2010）民二终字第113号　最高人民法院民事判决书

要件是指有证据证明股东已经依法向公司出资或者认缴出资，或者受让或以其他方式继受股权，且不违反法律强制性规范。

二、应以实质要件为优先要件审查股东资格

在股东资格的确认纠纷中，当争议是发生在内部，即发生在股东和股东之间，股东和公司之间的时候，实质条件的证明力更强于形式要件。我们认为，在处理公司内部关系引发的纠纷时，在遵循实质要件和形式要件相结合的基础上，首先应以实质要件为优先要件审查股东资格，并遵循意思自治、契约自由的民法原则。

三、股东意思表示在认定股东资格中的意义

股东资格在法律关系中属于身份关系，作为身份关系在法律上的确认与否，当事人的意思表示和互相之间的合意是首先需要考虑的因素。

1. 公司设立期间的股东意思表示

在公司设立期间，股东的意思表示对公司的设立起着至关重要的作用，主要表现在两个方面：一是股东在设立公司时要有设立公司成为公司股东的意思表示，并且该意思表示是真实的，不存在意思表示瑕疵等情形。二是股东之间对于设立公司的意思表示须一致，即股东具有与其他人一起设立公司的共同意思表示。故股东在设立公司时常见的表现形式为签署《合伙协议》《发起人协议》，以及《公司章程》等文件。

2. 公司经营期间新股东的意思表示

必须注意的是，此处需要讨论的一个问题是，"公司经营期间，取得股东资格的合意是投资人之间的合意还是投资人与公司之间的合意？"

有学者认为："这一合意指的是投资人与公司之间的合意。"笔者认为，投资人需要具有向公司出资并成为股东的真实意思表示，而公司对股东的该意思表示予以认可，双方之间就股东入股的意思表示达成了一致。按照公司法的规定，公司须将新股东记载于股东名册作为公司对股东资格的内部认可。

⚖ 败诉原因

毋庸置疑，在公司股东资格的确认中，如果股东没有证据证明自己有出资

入股的意思表示，则很难获得法律上的支持。而本案中，原告世经办虽然支付了出资款却败诉了，而原告败诉的原因恰恰是由于没有充分证据证明自己有成为公司股东的意思表示。原告仅仅有向公司支付出资款的行为，而无成为公司股东的意思，所以无法被认定为股东。

⚖ 股东战术指导

在本案中，原告最终败诉的结果不得不引起股东们的警示，在出资入股的过程中，笔者提出以下建议，仅供参考：

第一，如果股东在向公司出资时的款项系委托他人支付或者向他人借款，则需要签订《委托付款协议》或者《借款协议》等，以明确款项的用途，避免第三人后期以自己系实际出资人为由主张股权。

第二，在股东资格纠纷中，非常重要的一点是，如果股东虽然向公司支付了款项，但是因为款项的用途有多种，有可能是借款、赠予、货款等其他法律关系，股东必须注明该资金为"公司出资款"，并必须有充分的证明证明自己有成为股东的意思表示，并且基于该意思表示支付款项。

第三，如何证明自己有成为公司股东的意思表示呢？在股东出资前后，应及时签订《投资协议》《公司章程》等用于证明自己出资入股的意向，并要求公司出具出资证明书并记载于股东名册。

⚖ 典型案例

1997年，盐湖集团联合东方农化等七家公司为发起人，以募集方式设立钾肥公司。东方农化应投入注册资金274万元，所占股份200万股，占总股份比例1%。东方农化因流动资金不足，请黄某介绍他人联合投资。1997年4月8日，东方农化向黄某出具授权委托书，委托黄某代表东方农化参加钾肥公司发起人会议，授权期限从委托书签署之日至发起人会议完毕之日止。经黄某介绍，1997年4月10日，襄阳县农发法定代表人余某与东方农化法定代表人徐某在武汉协商联合投资，并制作了《联合投资协议》一式二份。《联合投资协议》约定，双方联合投资入股钾肥公司200万股，襄阳县农发以东方农化名义入股，各自拥有100万股，每股发行价1.37元，共计投入资本金274元，襄阳县农发替东方农化向盐湖集团垫付70万元欠款，东方农化在协议生效之日起一年内以资金或货款抵资方式（出厂价）归还襄阳县农发的垫资款。二份《联合投资协议》均加盖东方农化公章并由徐能海签字，但襄阳县农发未在协议上签字盖章，而是由余杰将二份协议带回湖北省襄樊市，东方农化一直不持有协议原件。

1997年4月11日，东方农化向盐湖集团汇款37万元作为股权出资款。其余股权出资款237元及欠盐湖集团的货款70万元则委托黄某向湖北省机械设备进出口公司（以下简称机设公司）借款。同年4月13日，东方农化向机设公司出具委托书，载明已向钾肥公司投入37万元，尚欠资金237万元，委托机设公司将款汇往盐湖集团。同年4月14日，机设公司以"湖北省农业厅农业项目办"和东方农化为对象出具一份委托书，载明"受贵单位委托，我公司同意将23,700,000元"汇往盐湖集团。上述二份委托书亦由东方农化交钾肥公司留存。同日，农业项目办与机设公司签订《借款合同书》，约定农业项目办向机设公司借款350万元，借款用途是"青钾进货"，借款期间一个月，机设公司应收占用费费率18%，占用费额6.3万元。黄某在合同书上加盖农业项目办公章并签名。同年4月15日，机设公司以二张汇票向盐湖集团汇款237万元及70万元，共计307万元，票汇委托书载明汇款用途为"货款"，机设公司另向盐湖集团开出43万元票汇委托书，但未使用，作为还款处理。二张汇票由黄某和东方农化员工李某带往盐湖集团办理交付出资款和清偿东方农化欠货款的手续。同年4月16日，钾肥公司筹委会向东方农化出具手写收据，载明收到东方农化银行汇票二张，金额分别为37万元和237万元，合计金额274万元，为投资股本（200万股），并注明财务处正规收据后补，收据加盖钾肥公司筹委会公章。收据由黄某带回，后交给襄阳县农发。同年5月2日，东方农化向盐湖集团出具《关于对"银行汇票"之"备注栏"中填写错误的说明》，说明37万元和237万元银行汇票备注栏错写为"货款"，该274万元为投入钾肥公司的股本金。同年8月15日，盐湖集团向东方农化出具正式收据二份，金额分别为37万元和237万元。同年10月20日，东方农化向机设公司出具二份收款收据，金额分别为137万元和70万元，137万元收据载明系付"代垫青钾缴股款"，70万元收据载明系"垫付青钾欠款（此款直接由机设汇往青钾厂）"，137万元收据右下角由他人以铅笔注明"注：襄阳农发青钾投资款"，但铅笔注明字样并未复写在东方农化的收据记账联，属开具收据后由他人添加。二份收据金额共计 207 万元，与东方农化从机设公司取得的 307 万元尚相差 100 万元，因 1997 年 3 月 28 日，东方农化与农业项目办签订 160 万元借款合同时，农业项目办以黄某为收款人的二张共计 100 万元汇票没有使用，后被黄某解付至襄阳县农发 40 万元，黄某个人账户 60 万元，故此 100 万元东方农化未向机设公司出具收据。二份收款收据东方农化交付黄某，后黄某交给农发公司。

在机设公司、农业项目办与东方农化三方各自的账目处理上，机设公司的账页及凭证反映，1997 年 4 月 15 日，湖北省农业厅借款 350 万元，同年 5 月 9 日收到湖北省农业厅还款 43 万元（为机设公司开出的 43 万元未使用汇票），5 月 20 日收到还款 40 万元和 80 万元共计 120 万元（80 万元为农业项目办转东方农化还款，40 万元为东方农化直接还款），6 月 9 日还款 1510542.49 元（为机设公司将应付东方农化的招标代理款抵作还款），6 月 12 日还款 31 万元（为农业项目办转东方农化还款），挂应收款 49457.51 元。农业项目办 1997 年 5 月 30 日账页及凭证反映，东方农化串户还款 40 万元，转付机设公司 31 万元，付海达船舶公司占用费 6 万元，农业项目办收取占用费 3 万元，另一笔东方农化串户还款 80 万元，转付机设公司 80 万元。农业项目办的凭证中附有黄某作为经办人向农业项目办财务室出具的二份报告：1997 年 5 月 13 日黄某出具的手写报告称东方农化借机设公司 237 万元，东方农化将其中 80 万元付至世行办账上，请从世行办付给机设公司，胡有纯在报告上签名并注明"情况属实，请转机设公司"；1997 年 5 月 29 日黄某出具的手写报告称东方农化借机设公司 237 万元，东方农化已将此款还清，并将最后 40 万元还至世行办账上，其中本金 31 万元，利息 6 万元，另外 3 万元为付给世行办占用费，杨某在报告上签名并注明"同意连本到息付 370,000 元"。东方农化的 1997 年 7 月 18 日和 10 月 21 日账页及凭证反映，对钾肥公司的长期投资 274 万元，贷方金额由三项组成，自有资金 37 万元，应付机设公司账款 137 万元，应收黄某 100 万元，对钾肥公司 70 万元欠货款由机设公司垫付，应付机设公司 70 万元。

钾肥公司 1997 年度对东方农化税后分红款为 39.6 万元，因东方农化欠钾肥公司货款，双方相互出具收款收据冲抵了经营欠款，未实际收付。1998 年 8 月 1 日，东方农化向武汉东泰公司汇款 15.84 万元，在送票回执的背面，由他人注明"省东方农化（省土肥站）壹拾伍万捌仟肆百圆整投资收益"。武汉东泰公司向东方农化出具收款收据，在系付一栏注明"投资收益"。东方农化所持有的钾肥公司 200 万股份，经历年扩股及股权分置改革后，至今应为 4960879 股流通法人股，2007 年 10 月 17 日，东方农化出售 1960879 股，现持有 300 万股。

2007 年 5 月 17 日，黄某向世行办、湖北省财政厅、湖北省农业厅提交《关于逐步解决湖北东泰肥料公司和湖北金河集团历史遗留问题的报告》，其中要求分割金河集团与东方农化对钾肥公司的股权投资和收益。同年 6 月 30 日，黄某向世行办、湖北省财政厅、湖北省农业厅提交《联合投资的经过》，其中陈述襄阳县农发变更为金河集团，要求将襄阳县农发对钾肥公司的股权分割给金河集团。金河集团的工商登记资料显示，金河集团由金河柳制品总公司改制而来，金河集团于 2000 年 6 月 5 日成立，股东为湖北东泰公司、襄阳县农发、原野公司、襄阳县程河镇政府，法定代表人黄某。

2007 年 9 月 3 日，湖北忠三律师事务所向东方农化发函称，接受襄阳县农发的委托，要求东方农化协助襄阳县农发办理股权分割手续，并根据《联合投资协议》支付 1997 年以后红利的 50% 计 5399508 元。同年 9 月 24 日，农发公司以东方农化为被告向湖北省武汉市中级人民法院提起诉讼，要求分割股权及支付红利。2007 年 12 月 14 日湖北省武汉市中级人民法院（以下简称武汉中院）作出（2007）武民商初字第 198 号民事裁定书，准许农发公司撤回起诉。

另查明：黄涛涉嫌贪污罪、国有事业单位工作人员滥用职权罪、挪用公款罪，武汉中院于 2004 年 5 月 19 日作出（2004）武刑初字第 13 号刑事判决，以黄涛犯挪用公款罪判处其有期徒刑五年，判决后黄涛上诉，湖北省武汉市人民检察院亦提出抗诉，湖北省高级人民法院于 2005 年 4 月 24 日作出（2004）鄂刑二终字第 144 号刑事裁定书，驳回上诉和抗诉，维持原判。该刑事裁定书查明：原野公司为黄某私营企业。原野公司与东方农化、深圳泰东盛实业有限公司于 1998 年 5 月成立武汉东泰公司，但均未实际出资，法定代表人为时任土肥站副站长和东方农化负责人的徐某，黄某担任总经理。1999 年 3 月 8 日，东方农化与荆门市土壤肥料站等 6 单位注册成立湖北东泰公司，法定代表人黄某。1999 年 5 月，武汉东泰公司申请注销，2000 年 5 月 26 日在武汉市工商行政管理局办理注销手续，其债权债务均由湖北东泰公司承接。在上述期间，黄某利用职务上的便利，挪用公款进行个人营利活动。1996 年初，黄某将世行贷款化肥变卖款 900 万元存入农业银行襄樊市分行金穗卡办事处，以所获利息弥补费用缺口……

农发公司于 2009 年 10 月 12 日向原审法院提起诉讼，请求判令东方农化持有的钾肥公司股份中的 2480439 股为农发公司所有，并分割给农发公司

在原审审理过程中，世行办向原审法院申请作为有独立请求权第三人参加诉讼，原审法院于 2009 年 12 月 2 日通知其作为第三人参加诉讼。世行办在原审中请求：1. 将东方农化持有的钾肥公司股份中的 400 万股的股权及收益判为世行办所有。2. 案件诉讼费用由败诉方承担。

原审法院审理认为该案的焦点问题是：一、农发公司与襄阳县农发是否是同一民事主体，农发公司是否是该案适格原告。二、《联合投资协议》是否成立并实际履行，东方农化是否应按《联合投资协议》将其作为发起人认购的钾肥公司的 200 万股股份及其收益的 50% 分割给农发公司。三、农发公司起诉是否已超过诉讼时效期间。四、世行办是否是东方农化持有钾肥公司股份的实际出资人，其提出因其为实际出资人而应为股份的所有人和受益人的主张是否有法律依据。五、世行办的请求是否已超过诉讼时效期间。

一、关于农发公司与襄阳县农发是否是同一主体，农发公司是否是该案适格原告的问题。该院认为，襄阳县农发与农发公司为同一民事主体，其法人资格一直存续，从未消灭，能够独立承担民事责任，故农发公司有权就襄阳县农发的民事行为向法院提起诉讼主张权利，农发公司为该案的适格原告。

二、关于《联合投资协议》是否成立并实际履行，东方农化是否应按《联合投资协议》将其作为发起人认购的钾肥公司的 200 万股股份及其收益的 50% 分割给农发公司的问题。该院认为，农发公司据以证明与东方农化形成联合投资关系的书面合同为《联合投资协议》，该协议形式上已经由东方农化当时的法定代表人徐某签字并盖章，农发公司将其作为证据提交时也已加盖公章，当时的襄阳县农发的法定代表人余某并未在协议上签字或盖章，而是将二份协议带回襄樊，余某未在《联合投资协议》上签字盖章，应视为襄阳县农发未对双方协商拟定的合同作出承诺，而东方农化已向襄阳县农发发出要约，《联合投资协议》尚未成立。农发公司无证据证明其承诺通知已在合理期限内到达东方农化，余某当庭陈述称在 1997 年 4 月 10 日后一周左右将其盖章的《联合投资协议》原件交东方农化，一是无证据证实；二是在时间上 1997 年 4 月 13 日东方农化已委托机设公司向盐湖集团汇款，至 4 月 15 日机设公司已开出汇票，东方农化已经筹集到认购钾肥公司股份的全部资金，即使余某的陈述属实，也

已经超过了合理的承诺期限，根据《中华人民共和国合同法》第二十五条关于"承诺生效时合同成立"的规定，农发公司无证据证明其已作出有效承诺，故《联合投资协议》未成立。另外，农发公司为其所主张的已依合同履行出资义务的事实，所提交的证据是：《借款合同书》、东方农化收款收据二份、钾肥公司筹委会手写收据、天能公司向原野公司汇款150万元的送票回执、黄某证言。该院认为《借款合同书》是黄某以农业项目办的名义与机设公司签订，农发公司不是合同签约方，农发公司亦无证据证明其与农业项目办或黄某签订过借款合同或出具过收款收据，不能证明农发公司向农业项目办借款作为股权投资款的事实；东方农化的二份收款收据所出具的对象是机设公司，只能证明东方农化收到机设公司的款项，如果东方农化收到襄阳县农发的投资款，应向襄阳县农发出具收据，而不是向机设公司出具。仅凭持有收据并不能证明农发公司已出资的事实主张。综合以上考量，对黄某证言的真实性，除东方农化认可的部分之外，该院均不予采信。故农发公司提交的证据不能证明其已依据《联合投资协议》实际出资。

农发公司提交1998年8月1日建设银行送票回执和收款收据，送票回执背面由他人注明"省东方农化（省土肥站）壹拾伍万捌仟肆百圆整投资收益"，收款收据则在系付一栏注明"投资收益"，送票回执背面的注明由何人添加无法查实，收款收据系武汉东泰公司出具，虽注明"投资收益"，但未注明是什么事项的投资收益，且二分证据的收款人均未指向襄阳县农发，故二份证据只能证明东方农化向武汉东泰公司支付款项，武汉东泰公司收款后开具了财务收据。而东方农化提交的反驳证据显示1997年度东方农化对钾肥公司股份的税后分红为39.6万元，东方农化与钾肥公司相互出具收款收据冲抵了经营欠款，未实际收付，且该分红的50%为1,980,000元，故农发公司主张东方农化支付武汉东泰公司的15.84万元为东方农化依据《联合投资协议》向襄阳县农发支付的1997年度对钾肥公司股份分红一半的事实证据不足，该院不予支持。

襄阳县农发法定代表人余某拿走只有东方农化签字盖章的二份《联合投资协议》原件后未在合理期限内作出承诺，未将襄阳县农发签字盖章的《联合投资协议》送达东方农化，《联合投资协议》未成立，同时农发公司提交的证据均不能证明襄阳县农发已依协议向东方农化实际履行了支付投资款的义务，东方农化也未向襄阳县农发支付股权投资收益，双方均未实际履行《联合投资协议》。而且从常理判断，如农发公司认为其已按《联合投资协议》履行了出资义务，即应将此重大投资事项在公司相关财务报表中予以记载并及时向东方农化主张权利，但农发公司的工商登记资料中始终不存在对钾肥公司投资的内容，并且钾肥公司于1997年上市后农发公司直到2007年才向东方农化主张权利，在近10年期间农发公司从未主张权利，不符合常理。

三、关于农发公司的诉讼请求是否已超过诉讼时效期间的问题。该院认为：在9年多的期间内农发公司无证据证实其向东方农化主张过权利，诉讼时效未发生过中断，故农发公司的诉讼请求已经超过了二年的诉讼时效期间，对其诉讼请求亦应予以驳回。

四、关于世行办是否是东方农化持有钾肥公司股份的实际出资人，其提出的因其为实际出资人而应为股份的所有人和受益人的主张是否具有法律依据的问题。该院认为：世行办认为机设公司与农业项目办签订了350万元借款合同，进而认为东方农化认购钾肥公司股份的资金来源于世行办，但仅凭借款合同不能达到其证明目的的。故以农业项目办名义签订的借款合同应视为黄某的个人行为，而非职务行为，且未实际履行。原审法院认为，东方农化以自有资金和从机设公司取得的借款认购钾肥公司股份，并被登记为钾肥公司的股东，世行办对东方农化持有的钾肥公司股份主张权利，但双方之间没有任何共同投资的协议约定，世行办认为东方农化认购钾肥公司股份的资金全部来自世行办，即为实际出资人的理由不能成立。首先，东方农化认购股份的部分资金源于向机设公司的借款，而不是向农业项目办借款；其次，世行办的理由混淆了资金来源渠道与实际出资人的区别，实际出资人是学理上公司隐名出资法律关系中隐名股东的范畴，东方农化投资股权的资金是否来源于世行办均不能在双方之间形成隐名投资关系，不影响东方农化独立享有股东权利。世行办所提交的法律依据是《中华人民共和国物权法》第六十七条，该法条是对企业出资人权利的规定，世行办提交的证据尚不能证明其为钾肥公司的出资人，不适用该法条，故世行办的诉讼请求无事实与法律依据，该院依法予以驳回。

五、关于世行办的起诉是否已超过诉讼时效的问题。该院认为，从1997年东方农化作为钾肥公司发起人之一取得相应股份至2009年世行办作为有独立请求权第三人参加诉讼对东方农化提出诉讼请求，世行办无证据证实其在此期间向东方农化主张过权利，世行办的诉讼请求已经超过了二年的诉讼时效期间，对其诉讼请求该院不予支持。

综上，原审法院判决：一、驳回农发公司的诉讼请求；二、驳回世行办的诉讼请求。

农发公司不服原审判决，提交上诉，但农发公司未在规定期间内向本院足额预交案件受理费，本院按自动撤回上诉处理。

世行办不服原审判决，向本院上诉称：原审判决认定事实、适用法律均存在错误。请求撤销原审判决第二项，判令东方农化现持有的 300 万股钾肥公司股份及相应的股权收益为世行办所有；诉讼费用由东方农化承担。

最高人民法院认为：本案二审的焦点问题是东方农化向钾肥公司出资形成的股权及相应收益是否应属世行办所有。

1997 年，东方农化与盐湖集团等七家公司约定设立钾肥公司，同年 4 月 11 日东方农化以汇票形式向盐湖集团汇款 37 万元，同年 4 月 15 日机设公司以汇票形式向盐湖集团汇款 237 万元，该两份汇票上备注栏虽载明"货款"，但同年 5 月 2 日东方农化向盐湖集团出具的《关于对"银行汇票"之"备注栏"中填写错误的说明》表明上述两份汇票备注栏错写为"货款"，该合计金额 274 万元为投入钾肥公司的股本金。钾肥公司筹委会于 1997 年 4 月 16 日向东方农化出具的手写收据也载明收到东方农化银行汇票二张，金额分别为 37 万元和 237 万元，合计金额 274 万元，为投资股本（200 万股），且没有证据证明机设公司对前述 237 万元汇款属东方农化向钾肥公司的出资有异议，这表明东方农化在钾肥公司设立过程中以上述两张汇票向钾肥公司实际出资 274 万元。世行办主张东方农化给盐湖集团的前述 37 万元汇款不是东方农化出资款而是东方农化归还钾肥公司的货款，因东方农化在 1997 年向盐湖集团出具的《关于对"银行汇票"之"备注栏"中填写错误的说明》中已明确该款项为投入钾肥公司的股本金，钾肥公司也未对该款项性质属于出资款提出异议，且钾肥公司认可东方农化为其发起人股东，故世行办的主张与该款项的实际用途不符，对其主张本院不予采信。对东方农化以前述两份汇票向钾肥公司出资 274 万元的事实，本院予以确认。

世行办主张东方农化向钾肥公司出资的款项来源于农业项目办，东方农化系挪用公款（即世行贷款）购买股份，故应认定世行办出资购买了 200 万股钾肥公司股份，该股份及形成的收益应归世行办所有。对此，因东方农化向钾肥公司出资的 274 万元中的 37 万元系东方农化自己以汇票形式缴付，世行办未提供证据证明该 37 万元出资款系来源于农业项目办或挪用公款（即世行贷款），故世行办就该 37 万元提出的前述主张，缺乏事实依据。该 37 万元属东方农化向钾肥公司的出资款，本院予以认定。东方农化向钾肥公司出资款中的另外 237 万元，由机设公司以汇票形式缴付。世行办申请对 1997 年 4 月 13 日东方农化向机设公司出具的委托书、1997 年 4 月 14 日机设公司向东方农化出具的委托书的印章作真伪鉴定，对东方农化提交的机设公司 2007 年 11 月 9 日出具的《说明》作真伪鉴定，对东方农化提交的编号为 0051155、0051153 两份收据进行真实性调查，因上述文件是否系伪造，均不能影响关于机设公司以汇票形式缴付出资款的事实认定，且黄某以农业项目办名义与机设公司订立的《借款合同书》虽约定农业项目办向机设公司借款 350 万元，但因没有证据表明该合同成立时农业项目办具有向钾肥公司出资并成为股东的意思，所以无论机设公司以汇票形式缴付的 237 万元出资款是否来源于农业项目办或者由农业项目办向机设公司偿还，农业项目办均不能就该 237 万元出资款形成的股份主张权利，所以鉴定结论不会影响本案的处理，故本院对世行办的鉴定申请不予准许。世行办主张该出资款因来源于农业项目办故形成的相应股份及收益应归世行办所有，缺乏事实及法律依据，本院不予支持。此外，世行办未提供证据证明机设公司以汇票形式缴付的 237 万元出资款属于东方农化挪用公款（即世行贷款），湖北省高级人民法院对黄某作出的生效刑事裁判中也没有认定机设公司的缴款行为属于东方农化与黄某共同挪用公款，故世行办主张东方农化系挪用公款（即世行贷款）向钾肥公司出资，亦难以成立，对其主张不应支持。东方农化主张其向钾肥公司出资 274 万元故应享有 200 万股股权及历年收益，具有事实及法律依据，应予支持。

因世行办主张对东方农化持有的钾肥公司股份享有权利缺乏法律依据，故东方农化持有钾肥公司股份并获取红利并不构成对世行办权利的侵害。世行办要求享有东方农化持有的钾肥公司股份及其收益与诉讼时效无关，原审判决认定世行办的请求超过诉讼时效期间是否妥当，本院不予审查。

综上，世行办请求将东方农化现持有的钾肥公司股份中的 300 万股及相应收益判归世行办，缺乏事实及法律依据。最高人民法院判决如下：

驳回上诉，维持原判。

本判决为终审判决。[①]

· 法条链接 ·

《最高人民法院关于适用〈中华人民共和国公司法〉若干问题的规定（三）》

第二十二条　当事人之间对股权归属发生争议，一方请求人民法院确认其享有股权的，应当证明以下事实之一：一、已经依法向公司出资或者认缴出资，且不违反法律法规强制性规定；二、已经受让或者以其他形式继受公司股权，且不违反法律法规强制性规定。

未足额出资的公司股东是否具有股东资格

案件要旨

在公司股东未足额缴纳出资的情况下，根据公司法的规定，其应该承担的是补足出资的责任和向其他足额出资的股东承担违约责任，并非直接否定其股东资格，二者属不同的法律关系。

案件来源

最高人民法院民事裁定书　余汉某、余某、兰州义乌公司与厉某股东资格确认纠纷申请再审民事裁定书（2014）民申字第597号[②]

---

① 本部分来源于本案判决书主文，限于篇幅略做删减，读者可自行查阅判决书全文以全面了解案情。

② 余汉某、余某、兰州义乌公司与厉某股东资格确认纠纷申请再审民事裁定书　最高人民法院民事裁定书（2014）民申字第597号，再审申请人余汉谋、余某、兰州义乌有限公司与被申请人厉某及二审上诉人马某、浙江首义公司等股东资格确认、侵权纠纷一案民事判决书　甘肃省高级人民法院民事判决书（2016）甘民再2号

股东纠纷焦点

本案的焦点问题在于：作为未足额出资的股东，厉某是否具有股东资格？

法理探析

一、未完全履行出资义务的股东是否享有股权在实践中颇有争议

第一种观点认为：未完全履行出资义务的股东，虽然具有出资瑕疵，但是其股东资格依旧享有，即出资瑕疵不影响股东资格；

第二种观点认为：根据权利义务一致原则，股东未完全履行出资义务，不应当享有相应的股东权利。[①]

笔者倾向于第二种观点。

公司设立之后，股东的出资作为公司运行最主要的资产和条件，如果有部分股东未完全履行出资义务，但是因为公司经营之后所取得的利润收益和股东的出资息息相关，如果允许未出资或者未完全出资的股东可以享受和足额出资股东同等的分红比例，则对其他股东而言极不公平，亦不符合法的公平正义原则。我国《公司法》规定了除全体股东另有约定外，公司按照股东实缴的出资分取红利。即按照股东实际出资的情况对其财产方面的权益做出了限制。

二、未完全出资的股东资格并非受到完全的限制

未完全出资的股东的权利虽然应当受到一定的限制，但是并非完全限制该股东的股东权利的行使。对于股东权利中的程序性的权利，比如出席股东大会的权利、股东派生诉讼权、宣告公司决议无效或撤销公司决议诉讼权等程序性的权利，不应该由于股东瑕疵出资而进行限制。

对此，《公司法解释三》第十六条关于"股东未履行或者未全面履行出资义务或者抽逃出资，公司根据公司章程或者股东会决议对其利润分配请求权、新股优先认购权、剩余财产分配请求权等股东权利作出相应的合理限制，该股

[①] 王林清著：《公司纠纷裁判思路与规范释解》，法律出版社，2017年版，第379页。

东请求认定该限制无效的，人民法院不予支持"的规定精神，公司可以根据股东未履行或未全面履行出资的实际情况对其财产方面的权益作出相应限制，而非直接对其股东资格予以否认。

三、未足额出资的股东应承担补足出资的责任，而非否定其股东资格

根据《公司法》有关投东缴纳出资的相关规定，股东应当足额缴纳公司章程中规定的各自所认缴的出资额，股东不按照规定缴纳所认缴的出资，应当补足出资，向已足额缴纳出资的股东承担违约责任。据此，股东的出资义务与股东资格不属于同一法律事实，股东是否享有股权的前提是其取得相应的股东资格，如果按照股东资格认定的标准已经确认股东具有股东资格，则不应因股东的未完全出资行为而否定其股东资格。

⊘ 败诉分析

本案中余某等原告以万某未出资为由，认为厉某不具有股东资格，诉至法庭却以败诉而终。

兰州市中级人民法院一审认为，余某、马某、兰州义乌公司、青海南洋公司、浙江首义公司和余某存在共同损害股东权益的事实，对厉某造成的经济损失，应当承担连带赔偿责任……根据《公司法》的相关规定，股东应当足额缴纳公司章程中规定的各自所认缴的出资额，股东未按规定缴纳所认缴的出资，应当向已足额缴纳出资的股东承担违约责任。本案中，厉某未足额认缴其出资额，应当向其他股东承担违约责任。据此，厉某应当对其损失承担相应的民事责任。

甘肃省高级人民法院认为："关于余某、兰州义乌公司等称厉某没有对西宁义乌公司实际出资，不应享有股东资格的上诉理由，股东未足额缴纳出资，其应承担的是补足出资的责任和向其他足额出资股东承担违约责任，并非直接否定其股东资格，二者属不同的法律关系，故余某、兰州义乌公司等的该上诉理由于法无据，本院不予采信。"

⚖ 股东战术指导

　　股东的出资是公司正常运营经营的最重要的物质基石，也是股东享有其股东资格的基础，但是在实践中，由于股东资格不到位或者虚假出资等引起的股东纠纷居高不下，对于出资不到位的股东，其他股东是否就无计可施了呢？笔者提出以下建议，仅供参考：

　　第一，在公司设立阶段，股东之间应就设立事项及出资问题（未履行出资、抽逃出资、迟延出资、虚假出资、瑕疵出资）在《出资协议》中进行约定。

　　第二，在公司成立之后，公司应该在公司章程或者股东会决议对出资不到位的股东的利润分配请求权、新股优先认购权、剩余财产分配请求权等股东权利作出相应的合理限制。

　　第三，需要注意的是，对于未足额出资的股东，公司没有权利将其股东资格直接否定。本案中，股东余某、马某在厉军不知情的情况下，以厉军放弃西宁公司的股权为由，将股东厉某变更为兰州某公司，对于这种侵害股东权利的行为，侵权股东需要承担法律上的侵权赔偿责任。

⚖ 典型案例

　　最高院再审裁定指令甘肃省高级人民法院再审本案[①]：

　　余汉某、余某、兰州义乌公司申请再审称：

　　一、厉某未对西宁义乌公司出资，不应享有该公司股权。余汉某、马某将西宁义乌公司厉军名下的股权变更为兰州义乌公司是依据出资情况对工商登记进行更正恢复，不存在对厉某的侵权。西宁义乌公司注册资本1080万元，兰州义乌公司出资980万元，此证据在一、二审中已出示，但原审法院未审查确认实际出资情况，仅依据工商登记的形式要件，认定46.3%股权为厉某所有，属于认定事实不清，适用法律错误。工商登记的公示效力主要是针对第三人，

---

① 余汉某、余某、兰州义乌公司与厉某股东资格确认纠纷申请再审民事裁定书 最高人民法院民事裁定书（2014）民申字第597号

在股东之间股权的归属应当以实际出资为准。所谓有证据证明厉某出资的300万元实际上是兰州义乌公司对西宁义乌公司的出资。退一步讲，即使把武威义乌商贸有限责任公司打给西宁义乌公司的300万元认定为是厉军出资，厉军实际出资只有300万元，也不能说明厉军拥有46.3%的股权。

二、厉军未参与公司经营，其不是西宁义乌公司真正的股东。厉某住在外地，在近长达两年的时间为不仅将人名章留在西宁义乌公司，公司开会厉某也从未出席过，厉某从未对于其人名章的使用提出过任何异议。厉某在西宁义乌公司的具体经营中既不出资也不管理，是因为其不是真正的股东。

三、西宁义乌公司对兰州义乌公司负有35,623,177.06元的债务，理应从股权转让款中扣除。一、二审法院认定西宁义乌公司股权转让价值为9980万元，但自西宁义乌公司设立，兰州义乌公司不仅承担980万元注册资本的出资，而且还承担了西宁义乌公司成立之后实际经营过程中的所有投资及债务。截至2012年8月，兰州义乌公司为西宁义乌公司垫付工程款、偿付银行贷款、代为偿付租金等合计35,623,177.06元，此为西宁义乌公司对兰州义乌公司所负的债务。2009年10月21日，兰州义乌公司和余某作为股权转让方与安德利公司和祁某作为股权受让方签订了《股权转让协议书》。该协议书第四条对债权债务的承担进行了约定："股权转让前：西宁义乌公司的债权转让给转让方兰州义乌公司享有，西宁义乌公司的债务由转让方兰州义乌公司全部承担。"据此，兰州义乌公司和余某持有的西宁义乌公司的股权转让时的实际价值应为西宁义乌公司全部股权转让对价9980万元减去西宁义乌公司对兰州义乌公司的负债35,623,177.06元。

四、原审判决遗漏诉讼请求。一、二审故意拆分案件，厉某的诉讼请求是确认股权和侵权之诉，原审只审查侵权，对确认股权之诉未予审理。原审认为"股东是否足额缴纳了出资并不影响其股东资格，故对于厉军是否向西宁义乌公司缴纳了全部出资的问题，不属于本案审查的范围"是对二审上诉请求的遗漏，违反了民事诉讼法的全面审查原则。

最高院认为，虽然西宁义乌公司的工商登记档案和公司章程记载厉某出资500万元，但从厉某提供的证据看，其实际出资只有300万元。根据《公司法》第三十四条以及《最高人民法院关于适用〈中华人民共和国公司法〉若干问题的规定（三）》第十六条关于"股东未履行或者未全面履行出资义务或者抽逃出资，公司根据公司章程或者股东会决议对其利润分配请求权、新股优先认购权、剩余财产分配请求权等股东权利作出相应的合理限制，该股东请求认定该限制无效的，人民法院不予支持"的规定精神，公司可以根据股东未履行或未全面履行出资的实际情况对其财产方面的权益作出相应限制。法院应参照此两条规定精神，对于侵权赔偿的审理，以实际出资确定赔偿比例。按1998年工商登记的46.3%计算赔偿数额，不符合权利义务相一致的原则。因此，如查明的事实表明厉某实际出资300万元，对其侵权的赔偿，宜以其实际出资份额为计算依据。原审按照工商登记的46.3%为计算依据，属于适用法律不当。

兰州义乌公司和余某与安德利公司和祁某签订的《股权转让协议书》约定："股权转让前：西宁义乌公司的债权转让给转让方兰州义乌公司享有，西宁义乌公司的债务由转让方兰州义乌公司全部承担。"根据此协议，兰州义乌公司和余某获得股权转让款9980万元的条件是其概括受让了西宁义乌公司的全部债权和债务。原审未对此事实进行审查，直接以9980万元乘以46.3%作为对厉某的赔偿数额，缺乏事实依据。

综上，原审判决认定事实不清，适用法律不当。裁定如下：一、指令甘肃省高级人民法院再审本案；二、再审期间，中止原判决的执行。

甘肃省高级人民法院再审情况[①]：本院认为，经审查，根据上诉人厉某的诉请，其主张余汉某、马某、余某、兰州义乌公司、首义公司及南洋公司侵害了其股权，是以侵权为由提起的诉讼，故首先应当查明：一、余汉某和马某将厉某名下占西宁义乌公司46.30%的股权变更至兰州义乌公司是否符合法律规定；二、厉某和兰州义乌公司谁是占西宁义乌公司46.30%股权的实际出资人和原始股东。虽然余汉某和马某据以变更股权的《关于放弃本人在西宁义乌公司及白天鹅房地产开发有限公司所有股权的声明》上加盖了厉某的印章，但上诉人余汉某、马某等在二审庭审中均承认该印章并非由厉某本人加盖，系由马某加盖，其未能提供证据证明马某加盖厉某印章代理其放弃股权的行为得到厉某本人的授权，故余某和马某将厉某名下股权变更至兰州义乌公司名下无事实和法律依

146

据，其行为无效。《最高人民法院关于适用〈中华人民共和国公司法〉若干问题的规定（一）》第一条规定："公司法实施后，人民法院尚未审结的和新受理的民事案件，其民事行为或事件发生在公司法实施以前的，适用当时的法律法规和司法解释。"第二条规定："因公司法实施前有关民事行为或者事件发生纠纷起诉到人民法院的，如当时的法律法规和司法解释没有明确规定时，可参照适用公司法的有关规定。"西宁义乌公司的设立行为发生于1998年5月20日，按照1993年颁布的《公司法》第二十五条的规定："股东应当足额缴纳公司章程中规定的各自所认缴的出资额。股东以货币出资的，应当将货币出资足额存入准备设立的有限责任公司在银行开设的临时账户；以实物、工业产权、非专利技术或者土地使用权出资的，应当依法办理其财产权的转移手续。股东不按照前款规定缴纳所认缴的出资，应当向已足额缴纳出资的股东承担违约责任。"第二十六条规定："股东全部缴纳出资后，必须经法定的验资机构验资并出具证明。"故依照当时的公司法的规定，有限责任公司的股东在公司成立时即应全额缴纳其认缴的出资额，因此西宁义乌公司在设立行为完成时，即截至1998年5月20日公司成立之时 其股东即应当完成出资行为，完全履行出资义务，将各自认缴的出资足额缴纳至西宁义乌公司设立的账户。最高人民法院《最高人民法院关于适用〈中华人民共和国公司法〉若干问题的规定（三）》第一条规定："为设立公司而签署公司章程、向公司认购出资或者股份并履行公司设立职责的人，应当认定为公司的发起人，包括有限责任公司设立时的股东。"第二十三条规定："当事人之间对股权归属发生争议，一方请求人民法院确认其享有股权的，应当证明以下事实之一：已经依法向公司出资或者认缴出资，且不违反法律法规强制性规定。"因工商登记具有对外公示及证权作用，一般情况下公司在工商行政管理机关登记的股东即应享有股东权利。西宁义乌公司在设立时的工商登记及章程中均记载厉某为股东，上诉人余汉某、兰州义乌公司未能提供证据证明在设立西宁义乌公司时，登记在厉某名下的该46.30%的西宁义乌公司股权系由其缴纳了出资款，故从工商登记及设立出资方面进行审查，兰州义乌公司在西宁义乌公司设立时，对登记在厉某名下的46.30%股权既无认缴出资的意思表示，亦无实际缴纳出资的行为，故可以认定厉某为享有46.30%的西宁义乌公司股权的原始股东。如兰州义乌公司等认为登记在厉某名下的46.30%的西宁义乌公司股权系其实际出资，应当作为原告提起确认股东权的诉讼，而无权通过伪造厉某放弃财产的声明来剥夺和侵占其股权。鉴于余汉某、兰州义乌公司不能提供证据证明其通过合法程序将厉某名下的46.30%股权变更至兰州义乌公司名下，厉某以余汉某、兰州义乌公司等侵害其股权为由，将其作为被告提起诉讼主体并无不当。

关于余汉某、兰州义乌公司等称厉某没有对西宁义乌公司实际出资，不应享有股东资格的上诉理由，股东未足额缴纳出资，其应承担的是补足出资的责任和向其他足额出资股东承担违约责任，并非直接否定其股东资格，二者属不同的法律关系，故余汉某、兰州义乌公司等的该上诉理由于法无据，不予采信。

关于赔偿金额的问题，上诉人厉某认缴的出资为500万元，占西宁义乌公司46.30%的股权，鉴于该股权已经由善意第三人取得，已无法返还，该部分股权对应占全部股权转让款9980万元的46.30%，即4620.74万元。至于本案涉及的300万元是否应当认定为厉军缴纳的出资款的问题，鉴于本案审理的是厉军名下的46.30%股权是否被余汉某、兰州义乌公司等侵占的问题，且股东是否足额缴纳了出资并不影响其股东资格，故对于厉某是否向西宁义乌公司缴纳了全部出资的问题，不属于本案审查的范围。如西宁义乌公司的其他股东认为厉某名下的46.30%股权的出资款系由其垫付，或者要求追究厉某出资不实的责任，可另行主张。厉某的股权被侵占后，其补缴出资已无可能，即使未足额出资，责任亦不能完全归咎于厉某，且享有股东资格与承担未足额出资的责任属不同的法律关系，原审法院按照认定的厉某实缴出资的比例判令余汉某等赔偿损失于法无据，应予纠正。上诉人厉某的该部分上诉理由成立，予以支持，但对于厉某应分配利润的主张，其未能提供证据证明西宁义乌公司曾经向股东分配过利润，或西宁义乌公司股东会形成过分配利润的决议，故对于该上诉请求本院不予支持。

关于余某、马某等六上诉人是否均构成侵权以及是否应当承担连带责任的问题，余某和马某在厉某不知情以及未得到厉某授权的情况下，作出《关于放弃本人在西宁义乌公司及白天鹅房地产开发有限公司所有股权的声明》，并据此将厉某名下股权变更至兰州义乌公司，其行为共同侵害了厉军的股权。2006年8月28日，兰州义乌公司又将530万元股权转让给首义公司，鉴于首义公司的法定代表人与兰州义乌公司当时的法定代表人同为余汉某，其对于兰州义乌公司侵占厉某的股权应当知晓，余某作为兰州义乌公司之后的法定代表人将侵占的厉某的股权擅自转让给他人，且股权转让款由余某和首义公司收取，故应当共同承担赔偿责任。兰州义乌公司、首义公司均非善意取得厉某的股权，青海南洋公司协助将厉某的股权变更至兰川义乌公司名下，均应当承担连带赔偿责任，原审法院对此认定正确，但认定股权属于物权的一种亦不符合物权法的规定，予以纠正。

综上，一审认定基本事实清楚，程序合法，但对责任分配失当，且无法律依据。上诉人厉某的部分上诉理由成立，上诉人余某、马某、余某、兰州义乌公司、青海南洋公司、首义公司的上诉理由均不能成立。依照《民事诉讼法》第一百七十条第一款二项、最高人民法院《最高人民法院关于适用〈中华人民共和国公司法〉若干问题的规定（三）》第一条、第二十三条第一项之规定，判决：一、撤销兰州市中级人民法院（2012）兰法民二初字第00032号民事判决；二、余汉某、马某赔偿厉军股权损失4,620.74万元；三、兰州义乌公司、余某、首义公司、青海南兰公司对上述应付款项承担连带清偿责任；四、驳回厉某对安德利集团有限公司、祁某的诉讼请求；五、驳回厉某的其他诉讼请求。

余汉平、余滢、兰州义乌公司申请再审称：一、厉军未对西宁义乌公司出资，不应享有该公司股权。余汉平、马海运将西宁义乌公司厉军名下的股权变更为兰州义乌公司是依据出资情况对工商登记进行更正恢复，不存在对厉军的侵权，原审依据工商登记的形式要件，认定46.30%的股权为厉军所有，属于认定事实不清，适用法律错误。二、厉军在西宁义乌公司的具体经营中既不出资也不管理，其不是西宁义乌公司真正的股东。三、截至2012年8月，兰州义乌公司为西宁义乌公司垫付工程款、偿付银行贷款、代为偿付租金等合计35,623,177.06元，此为西宁义乌公司对兰州义乌公司所负的债务，理应从股权转让款中扣除。四、原审判决遗漏诉讼请求，厉军的诉讼请求是确认股权和侵权之诉，原审只审查侵权，对确认股权之诉未予审理，违反了民事诉讼法的全面审查原则。请求对本案依法进行再审，并驳回厉军的诉讼请求。

围绕各方诉辩意见，本案争议焦点为：一、厉军的股东资格问题；二、侵权赔偿数额问题；三、西宁义乌公司的债务扣除问题。

公司章程是公司设立的必要条件，由全体股东共同制定，并记载有关公司的主要事项，包括公司名称和住所、公司的注册资本、股东的出资方式、出资额等，对股权的确认具有重要意义。公司登记机关一般将章程的审查作为登记公司的重要前提，在公司设立时，公司将章程提交公司登记机关核准，转让股权时要变更公司章程并到公司登记机关申请变更登记。据此，公司章程不仅表明了出资者向公司出资，有作为公司股东的真实意思表示，而且也在一定程度上起到了公示的作用。所以，公司章程对于股东资格的确认具有决定性的意义，其所记载的有关股东身份的内容应当作为确定股东资格的依据。

1998年5月设立西宁义乌公司时，厉某、余汉某、马某作为发起人，共同向西宁市工商局申请设立西宁义乌公司，股东（发起人）为厉某、余汉某、马某，公司注册资本1080万元，其中厉某出资500万元，股权比例为46.30%；余汉平某出资480万元，股权比例为44.44%；马某出资100万元，股权比例为9.26%；公司法定代表人为厉某，经营范围为商贸、宾馆和房地产开发．以上事实足以认定厉某作为西宁义乌公司的发起人之一，其在《公司设立登记申请书》《公司章程》中均已被明确记载为公司股东，股权比例为46.30%，并且在工商行政管理机关登记的企业注册登记及股东名册中也明确记载股权比例为46.30%，其股东资格也已经得到法定登记机关的确认。因此，从西宁义乌公司设立之时，厉某已为公司章程和股东名册记载的西宁义乌公司的股东，其股东资格依法应予确认，原审对此认定及处理正确。

在西宁义乌公司设立并开展经营长达近两年后，余汉某、马某在厉某不知情的情况下，以并非厉某真实意思表示的声明等一系列文件，将股东厉军变更为兰州义乌公司，客观上剥夺并侵害了厉某的股东权益，由此给其造成的损失依法应当予以赔偿。从原一、二审及再审查明的事实看，西宁义乌公司实际是先注册登记公司，后才有各股东陆续出资，在案的相关证据证明自1998年5月20日西宁义乌公司注册登记之日起至2000年3月26日余汉某、马某侵害厉某股东权益之日止，三个自然人股东（发起人）实际到位出资共计880万元，其中厉某出资300万元、余汉某出资480万元、马某出资100万元。按照公司章程及工商登记情况看，厉某的出资是没有达到500万元，但在其股东权益受到余汉某、马某侵害时，其在2000年3月26日之后补足出资客观上已无条件、机会及可能，该责任不应归咎于厉军一方。因此，根据《公司法》第三十四条的规定，参照《公司法解释三》第十六条的精神，对于厉某的股权损失及余某、马某侵权损害赔偿数额，应以本案侵权损害事实发生之时三个自然人股东的实际出资总额进行计算更为公平合理，也更符合权利义务相一致的原则，即按照厉某300万元实际出资占三个自然人股东880万元实际出资总额的34.09%，以9980万元股权转让价款确定股权损失为34,022,727元。原审按1998年工商登记的 46.30% 计算赔偿数额，不符合权利义务相一致的原则，应予纠正。

鉴于西宁义乌公司被余汉某、马某在关联公司及特定关系人之间多次变更转让后，已经由第三人安德利公司、祁某通过股权转让的方式善意受让取得，厉某在西宁义乌公司的股东资格恢复确实已无可能，而且也不现实，但对其实际出资份额所占股权转让价款的部分 34,022,727 元应予返还，并以此作为对厉某股权损失的赔偿。由于余汉某、马某多次转让变更西宁义乌公司股东，其中受让方兰州义乌公司、青海南洋公司、首义公司、余某均具有关联关系，其行为共同损害了厉某的股东权益，应当对由此造成的损失承担连带清偿责任。

综上，原审判决认定的基本事实清楚，证据确实充分，对厉某的股东资格认定及处理正确，但唯对其侵权赔偿数额确认及处理不当，判决如下：

一、撤销本院（2013）甘民二终字第 152 号民事判决及兰州市中级人民法院（2012）兰法民二初字第 32 号民事判决；

二、余汉某、马某赔偿厉军股权损失 34,022,727 元，余某、兰州义乌公司、首义公司、青海南洋公司承担连带清偿责任。上述款项，限于本判决生效后三十日内履行完毕；

三、驳回厉某的其他诉讼请求。

本判决为终审判决。①

·法条链接·

《中华人民共和国公司法》

第二十八条　股东应当按期足额缴纳公司章程中规定的各自所认缴的出资额。股东以货币出资的，应当将货币出资足额存入有限责任公司在银行开设的账户；以非货币财产出资的，应当依法办理其财产权的转移手续。

股东不按照前款规定缴纳出资的，除应当向公司足额缴纳外，还应当向已按期足额缴纳出资的股东承担违约责任。

《最高人民法院关于适用〈中华人民共和国公司法〉若干问题的规定（三）》

第十六条　股东未履行或者未全面履行出资义务或者抽逃出资，公司根据

---

① 本部分来源于本案判决书主文。限于篇幅略做删减，读者可自行查阅判决书全文以全面了解案情。

公司章程或者股东会决议对其利润分配请求权、新股优先认购权、剩余财产分配请求权等股东权利作出相应的合理限制，该股东请求认定该限制无效的，人民法院不予支持。

疑惑！股权激励中的持股会员工因何不是股东

案件要旨

在股权激励中，职工持股会与职工之间是代持股的法律关系，职工是实际出资人，持股会是名义上的股东。如果持股会的员工个人要求确认其为公司的股东，基于有限公司人和性的要求，员工须取得公司其他股东过半数同意，否则其要求确认股东资格的诉请不予支持。

案件来源

北京市第二中级人民法院民事判决书 叶某与通成达水务建设有限公司股东资格确认纠纷一案民事判决书[①]

股东纠纷焦点

本案案情比较简单，主要焦点在于：职工持股会的职工是否可以被直接确认为具有公司股东资格？

法理探析

一、"职工持股"引发诸多法律困惑

困惑一：职工持股会与公司员工，究竟谁才是公司的股东？很多地方性政府的文件和司法实践大多认为取得社团法人资格的职工持股会是公司的股东，

---

① 叶某与通成达水务建设有限公司股东资格确认纠纷一案 北京市第二中级人民法院民事判决书（2011）二中民终字第19721号

而持股会的员工即持股职工却无法被认定为具有股东资格。

困惑二：职工持股会是否合法？为何有的职工持股会被司法认定为具有法人资格，而有的职工持股会却认为无法人资格。

困惑三：职工持股会和持股股东是什么关系？为委托关系？抑或信托关系？

二、水务公司持股会作为一个职工持股会，是否可以代表职工主张股东权利？

根据北京市高级人民法院《关于审理公司纠纷案件若干问题的指导意见（试行）》第二条："凡经过核准登记，取得社团法人资格的职工持股会即具有诉讼主体资格；未经登记而以职工持股会名义进行集资入股活动的，以负责组织、发起人为诉讼主体。"而依据山东省高级人民法院《关于审理公司纠纷若干问题的意见（试行）》第三十七条规定"职工持股会已经办理社团法人登记的，可以代表职工作为投资主体行使股东权利"，可知，具有社团法人资格的职工持股会可享受股东资格，以其出资额为限对公司承担股东责任。

三、水务公司持股会的职工是否有权直接请求确认其股东资格

在本案中，水务公司的持股会是公司的股东之一，而叶某是水务公司持股会的成员，叶某以其出资额为限对持股会承担责任，而持股会的资金则通过其工会投资于水务公司，持股会以其出资额为限对水务公司承担责任。

而基于持股会与职工之间是股权代持的关系，基于有限公司人和性的要求，员工须取得公司其他股东过半数同意才能被确认股东资格，否则其要求确认为公司股东资格的诉请不予支持。

本案中，叶某虽诉请法院要求确认其具有公司的股东资格，但是水务公司和水务公司唯一的其他股东亦不同意叶某的主张，因此，叶某最终败诉。

四、持股会的职工能否要求公司直接分配红利

股东分红权，即股东的股利分配请求权，是指股东基于其公司股东的资格和地位所享有的请求公司向自己分红的权利。股东分红权作为公司股东的权利，须由具有公司股东资格的股东享有，而职工持股会的职工在不具有股东资格的前提下，无权要求公司对其直接分红。

🖋 败诉原因

对于叶某要求确认为公司股东的上诉请求，法院最终不予支持。

叶某败诉的原因主要有两个：首先不能证明系叶某直接向通成达公司出资。根据已生效判决及其他现有证据，能够认定叶某系向通成达持股会出资，故叶某是通成达持股会的会员，其与通成达持股会之间的权利义务应依照通成达持股会章程确定。现叶某要求确认其具有通成达公司股东资格，但某未能举证证明其与通成达公司具有直接出资关系；其次，公司其他股东不同意叶某成为公司股东。通成达公司在工商行政管理机关登记的股东为北京市第二水利工程处和通成达工会，叶某未被记载于通成达公司章程中，通成达公司和通成达公司唯一的其他股东北京市第二水利工程处亦不同意叶某的主张。因此，叶某的上诉理由缺乏依据，不能成立。

🖋 股东战术指导

在本案中，原告最终败诉的结果不得不引起持股员工的警示，在股权激励的过程中，笔者提出以下建议，仅供参考：

首先，对于目前常见的"员工持股会"模式的股权激励，被激励员工首先需要清楚的是，持股员工并非法律意义上的公司股东，"员工持股会"的"工会"才是公司的股东。

其次，鉴于持股员工实际上是"员工持股会"的会员，持股员工一般与"员工持股会"之间是股权代持或者股权信托的关系，因此按照公司法的相关规定，代持股东（即持股员工）想要从"幕后"走到"台前"，需要经得公司其他股东过半数同意，否则持股员工无法成为公司股东。

⚖ 典型案例[①]

叶某系通成达公司职工，2009年12月31日，通成达公司单方终止了与叶某的劳动合同，叶志远向劳动仲裁机构申请仲裁。在仲裁过程中，通成达公司

---

① 本部分来源于本案判决书主文，限于篇幅略做删减，读者可自行查阅判决书全文以全面了解案情。

出示了《通成达水务建设有限公司 2003 年分红明细表》，注明叶某持有通成达公司股本额为 57,510 元的股份，并应取得红利 1380 元。叶某认为，既然叶某持有通成达公司股本额为 57,510 元的股份，分红明细表上又有叶某的红利，通成达公司就应该为叶某确认股东身份、给叶某出具股本额为 57,510 元的持股证明。故叶某起诉要求通成达公司确认叶某股东身份，给叶某出具股本额为 57,510 元的持股证明。

通成达公司在一审中答辩称：叶某多次起诉通成达公司，叶某曾陈述其对北京通成达水务建设有限公司职工持股会（以下简称"通成达持股会"）出资 57,510 元，法院也认可叶某作为通成达持股会会员的资格。叶某的诉讼请求没有法律根据和事实根据。通成达公司不同意叶某的诉讼请求。

一审法院审理查明：通成达公司成立于 2002 年 5 月 22 日，公司类型为有限责任公司，注册资本 60,308,700 元，其中北京市第二水利工程处出资 18,100,600 元，通成达水务建设有限公司工会（以下简称通成达工会）出资 42,208,100 元。

2000 年 6 月 19 日，北京市总工会向北京市第二水利工程处工会核发工会法人资格证书，2002 年 7 月 23 日，北京市第二水利工程处工会更名为通成达工会。

2002 年 5 月 22 日，通成达持股会给叶某出具通成达持股会出资证明，证明叶某初始出资额 57,510 元。

2002 年 11 月 12 日，通成达持股会代表大会通过通成达持股会章程，规定本职工持股会是由通成达公司经民主协商自愿组成，由于通成达工会是通成达公司的股东之一，通成达持股会所筹集的资金要通过通成达工会投资于通成达公司，通成达持股会会员以其出资额为限对通成达持股会承担责任，通成达持股会以其投入公司的出资额为限对公司承担责任；通成达持股会会员由以下人员自愿组成：设立通成达持股会或通成达持股会增资时，在公司和分公司工作的并与公司建立劳动关系的职工；公司派往子公司、联营企业工作，劳动关系仍在本公司的职工；公司的董事、监事；通成达持股会会员有以下权利：出席或委托代理人出席会员代表大会并行使表决权；依照章程规定转让出资；查询通成达持股会章程、会员代表大会会议纪要、会议记录和通成达持股会的开支账目，监督通成达持股会的管理，提出建议或质询；按其出资额取得股利；通成达持股会终止后按出资比例取得剩余财产；通成达持股会会员有以下义务：遵守通成达持股会章程，以及通成达持股会制定的其他规章制度；在职工持股后，不得抽回出资；通成达持股会会员代表大会规定的其他义务；通成达持股会出资额为 42,217,200 元。

叶某曾向该院起诉通成达工会，要求查阅 2002 年 5 月 22 日至 2010 年 4 月 26 日通成达持股会的会议纪要、会议记录、开支账目，并提出其他诉讼请求。2010 年 6 月 8 日，该院判令通成达工会提供通成达持股会 2002 年 5 月 22 日至 2010 年 4 月 26 日的会议纪要、会议记录、开支账目供叶某查阅。

通成达公司在其与叶某的劳动争议仲裁中，提交一份《通成达水务建设有限公司 2003 年分红明细表》，其中记载叶某股本额合计 57,510 元、红利金额 1725 元、扣所得税 345 元、实发金额 1380 元。

一审诉讼过程中，北京市第二水利工程处出具声明，表示通成达公司的股东为北京市第二水利工程处和通成达工会，叶某是通成达持股会会员，不是通成达公司股东，并不同意叶某要求确认其为通成达公司股东的要求。

一审法院判决认定：通成达公司登记的股东为北京市第二水利工程处和通成达工会。叶某持有的通成达持股会出资证明表明叶志远系通成达持股会会员，叶某与通成达持股会之间系代持股的关系，叶某是实际出资人，通成达工会是名义股东，现叶某要求确认其为通成达公司股东，并要求通成达公司出具持股证明，但通成达公司唯一的其他股东北京市第二水利工程处对此并不同意，故叶某的诉讼请求，该院不予支持。综上，依照《最高人民法院关于适用〈中华人民共和国公司法〉若干问题的规定（三）》第二十五条第三款的规定，判决：驳回叶某的诉讼请求。

叶某不服一审法院上述民事判决，向本院提起上诉。其主要上诉理由是：一审法院判决认定事实不清，没能维护叶某的合法权益。故叶某上诉请求：一、撤销一审法院判决，依法改判为通成达公司确认叶志远的股东身份，给叶志远出具股本金额为 57,510 元的持股证明；二、本案一、二审诉讼费用由通成达公司负担。

通成达公司服从一审法院判决。其针对叶某的上诉理由答辩称：叶某多次起诉通成达公司，在其他诉讼中曾陈述其对通成达持股会出资 57,510 元，已有生效判决认可。叶某作为通成达持股会会员，通成达持股会已向叶某出具了出资证明，通成达公司的股东仅为北京市第二水利工程处和通成达工会。故通成达公司不同意叶某的上诉意见，请求驳回叶某的上诉，维持原判。

本院经审理查明的事实与一审法院查明的事实一致。

上述事实，有北京市朝阳区人民法院（2010）朝民初字第17653号民事判决书、《通成达水务建设有限公司2003年分红明细表》及双方当事人当庭陈述等在案佐证。

本院认为：当事人对自己提出的诉讼请求所依据的事实或者反驳对方诉讼请求所依据的事实有责任提供证据加以证明。没有证据或者证据不足以证明当事人的事实主张的，由负有举证责任的当事人承担不利后果。根据已生效判决及其他现有证据，能够认定叶某系向通成达持股会出资，故叶某是通成达持股会的会员，其与通成达持股会之间的权利义务应依照通成达持股会章程确定。现叶某要求确认其具有通成达公司股东资格，但叶某未能举证证明其与通成达公司具有直接出资关系；且通成达公司在工商行政管理机关登记的股东为北京市第二水利工程处和通成达工会，叶某未被记载于通成达公司章程中，通成达公司和通成达公司唯一的其他股东北京市第二水利工程处亦不同意叶某的主张。因此，叶某的上诉理由缺乏依据，不能成立。对叶某的上诉请求，本院不予支持。

综上，一审法院判决认定事实清楚，适用法律正确，处理并无不当，本院应予维持。依照《民事诉讼法》第一百五十三条第一款第一项之规定，判决如下：

驳回上诉，维持原判。

本判决为终审判决。

· 法条链接 ·

《最高人民法院关于适用〈中华人民共和国公司法〉若干问题的规定（三）》

第二十四条　有限责任公司的实际出资人与名义出资人订立合同，约定由实际出资人出资并享有投资权益，以名义出资人为名义股东，实际出资人与名义股东对该合同效力发生争议的，如无合同法第五十二条规定的情形，人民法院应当认定该合同有效。

前款规定的实际出资人与名义股东因投资权益的归属发生争议，实际出资人以其实际履行了出资义务为由向名义股东主张权利的，人民法院应予支持。名义股东以公司股东名册记载、公司登记机关登记为由否认实际出资人权利的，人民法院不予支持。

实际出资人未经公司其他股东半数以上同意，请求公司变更股东、签发出资证明书、记载于股东名册、记载于公司章程并办理公司登记机关登记的，人民法院不予支持。

第五章　股东出资

"一方出资源、一方出资金"的出资方式是否有效

🔖 案件要旨

对于股东的出资，股东用以出资的非货币财产必须符合两个条件：一是可以用货币估价，二是可以依法转让，同时还应履行评估作价程序。在注册资本符合法定要求的情况下，有限公司股东约定持股比例与出资比例不一致的约定有效但是只有公司全体股东同意才可以这样约定。

🔖 案件来源

最高人民法院民事判决书　启迪技术有限公司与国华投资有限公司、开封市企业管理咨询有限公司、珠海某教育投资有限公司股权确认纠纷案

🔖 股东纠纷焦点

本案焦点主要在于：刘某一方以"教育资本"（包括教育资源、教育团队、教育理念等）出资，占公司70%股东的出资方式是否有效？公司股东的持股比例和出资比例是否可以不一致？

🔖 法理探析

实践中，经常可见的一种情形是：合作的一方"我有资源，但缺乏资金"，而另一方恰恰是"我有资金，但缺乏资源"，双方一拍即合，快速开展共赢合作。但是，需要注意的是，该种合作方式却极易引发矛盾，须谨慎设计股权架构和控制权。我们以本案为例进行探讨：

图 1　股东出资图示

一、"一方出资源、一方出资金"的出资方式是否有效

本案是典型的"你出资源、我出钱"的合作模式，此种模式在实践中相当普遍，比较常见的有：

合作办学：投资者出全部资金，而资源方以拥有师资力量、学校品牌效应、先进的教育理念等教育资源作为出资，是教育资源和资本的结合。在这类资本的教育资源整合的模式下，全部资金虽然由投资者出资，但是投资者往往只占一部分股份，而资源方虽然未投入资金，很多时候却可以占很大一部分股份。本案中，刘某用教育资本投资，不出一分钱，却持有公司 70% 的股份，成为公司的控股股东，而股东张某投入资金 700 万却仅持股 30%。

合作设立新公司：一方有技术或资源，另一方出资金。或者还有一类常见的是，一方看中另一方的品牌效应，一方以品牌知名度入股，另一方则以资金入股。因为实践中以此类方式出资的较多，无法一一列举。需要探讨的是，在此种方式中，"不出钱成为公司股东"的出资方式是否有效呢？

要判断"一方出资源、一方出资金"的出资方式是否有效这一问题，首先需要注意的是《公司法》第二十七条对于出资的规定，即股东用以出资的非货币财产必须符合两个条件：一是可以用货币估价，二是可以依法转让，同时还应履行评估作价程序。

二、股东用"资源"或"技术"类出资，合同是否无效

当公司设立时，股东用"资源"或"技术"类出资时，需要对该类型的出资进行估价，才能符合出资条件，未进行评估作价的非货币出资，不符合出资条件，该出资条件的约定对当事人不具有法律约束力。在本案中，刘某一方欲以"教育资本"即教育理念、教育资源整合、教育团队等出资，然而刘某一

方的"教育资本"因为既无法评估作价，且不能依法转让，不符合非货币出资的法律规定，故开封中院和河南高院均认定其9月18日签订的合作协议是无效的。

三、"资源+资金"组合出资中，约定注册资金全部由资金方承担是否有效

司法实践中，有资金的一方看中对方的资源、人脉、背景，而有资源的一方缺乏资金，双方优势互补，成为"你有资源、我有钱"方式的合作。但是，需要注意的是，如前所述，该类合作方式面临的问题是，如果这些所谓资源类的特殊形式的出资方式不被法律所认可，那么，如何在公司的股权设计和控制权设计中保障资源一方利益呢？回归到本案中，双方在10月26日签订的协议可以为我们提供一种参考路径：首先，在股权架构和股权比例的设计上，双方的股权比例30:70不变，资源一方因持股70%则享有足够的控制权；其次，将"教育资本"出资更改为"以货币出资"，如此一来，则双方对出资方式的约定形式上基本没有瑕疵。最后，约定由资金方代替"资源一方"出资，即注册资金全部由资金方承担。

四、出资双方可约定持股比例和出资比例是否可以不一致

在本案中，对于公司法实践具有极大指导意义的是，最高人民法院在审理中明确"有限公司股东约定持股比例与出资比例不一致的约定有效"的裁判要旨。最高院在审理中认为：在注册资本符合法定要求的情况下，我国法律并未禁止股东内部对各自的实际出资数额和占有股权比例做出约定，这样的约定并不影响公司资本对公司债权担保等对外基本功能实现，并非规避法律的行为，应属于公司股东意思自治的范畴。故本案中，协议双方对于持股比例的约定虽与出资比例不一致，但属于未违反法律规定，是有效约定。

📖 股东战术指导

在本案中，国华公司最终败诉的结果不得不引起股东们的警示，在出资入股的过程中，笔者提出以下建议，仅供参考：

第一，在出资协议中，应注意到以教育资源或者以市场资源等出资的，因无法以货币估价，也无法依法发转让，依法是不能作为出资的，以此为基础签订的《出资协议》有效力瑕疵。另外，在以非知识产权的技术出资时，也需要注意出资是否面临无效的问题。

第二，因为法律不允许以无法评估的特殊的非货币资源出资，实践中常见以教育资源、客户资源、市场资源、非知识产权的技术等出资，所以当出资者以此类资源出资的，需要对交易架构、股权架构及章程设计慎之又慎，以免出现《投资协议》或者《出资协议》无效的法律后果。

第三，当实际上以市场资源或者教育资源出资时，但合同又以货币出资的情况下，可与合作各方约定分红比例不按照实际出资比例行使，给自己的权益再加上一个保护罩。

⚖ 典型案例

2007 年 7 月 18 日，国华公司向河南省开封市中级人民法院提起诉讼称，2006 年 10 月 26 日，国华公司与启迪公司、豫信公司签订了《关于组建珠海科美教育投资有限公司投资协议》（以下简称《10·26 协议》），约定三方组建科美投资公司，并约定了三方的出资额、股份比例等事项。《10·26 协议》签订后，国华公司履行了出资义务，启迪公司与豫信公司未出资却滥用股东权利，损害了国华公司的权益。故请求判令：一、科美投资公司的全部股权归国华公司所有。二、如果国华公司的第一项请求不能得到支持，请依法判决解散科美投资公司，并进行清算。豫信公司提出管辖异议，经审理，一审法院驳回了豫信公司的异议申请，豫信公司上诉后，二审法院维持一审的驳回裁定。启迪公司答辩称：国华公司经过充分考察决定与启迪公司进行合作，三方约定启迪公司和豫信公司的出资均由国华公司支付的意思表示是真实的，符合公司法的规定，启迪公司所享有科美投资公司 55% 的股权是合法的。国华公司请求解散公司也缺乏事实和法律依据。应驳回国华公司的诉讼请求。豫信公司答辩意见与启迪公司相同。

开封市中级人民法院一审查明，2006 年 9 月 18 日，刘某为甲方，张某为乙方签订《合作建设北京师范大学珠海分校工程技术学院协议书》（以下简称

《9·18 协议》)，约定：双方合作成立珠海市科美教育咨询有限公司（以下简称科美咨询公司），并以公司名义与某师范大学珠海分校（以下简称"珠海分校"）签署合作协议，合作建设和运作珠海分校工程技术学院（以下简称"珠海分校工程学院"）。甲方以教育资本（包括教育理论与理念，教育资源整合与引入、教育经营与管理团队、教育项目的策划与实施）占科美咨询公司70%的股份，乙方以7000万元的资金投入珠海分校工程学院的建设和运作，占科美咨询公司30%的股份，本协议签署后10日内乙方将500万元保证金打入科美咨询公司账户，本协议生效。科美咨询公司与珠海分校协议签署协议之前，该保证金不能使用。科美咨询公司与珠海分校协议签署之后的15日内，乙方将1500万元打入科美咨询公司与珠海分校合作的共管账户，同时乙方将已经打入科美咨询公司的500万元保证金打入珠海分校作为履约保证金。科美咨询公司与珠海分校签署协议后9日内，乙方将1000万打入共管账户，余款4000万随工程进度及时打入共管账户。在乙方投入的7000万回收完毕之前，双方在科美咨询公司的分配比例按照20%对80%。7000万元回收完毕之后按股份比例分配。2006年9月30日，国华公司将500万元保证金打入科美咨询公司账户（开户行：中国农业银行金鼎支行，账号44353401040003686）。2006年10月24日，500万保证金被从科美咨询公司账户上打入启迪公司账户。2006年10月26日，国华公司与启迪公司、豫信公司签订《10·26协议》约定：一、国华公司以现金出资人民币300万元，占公司注册资本30%；豫信公司以现金出资人民币150万元，占公司注册资本15%；启迪公司以现金出资人民币550万元，占公司注册资本55%。并约定三方应及时将缴纳的出资打入新设立公司筹委会账户。二、对拟与珠海分校的办学合作项目的运作及利润的分配等事项作出了约定。三、约定了科美投资公司的工商登记手续由启迪公司负责办理。四、国华公司方张某出任科美投资公司董事长、法定代表人。五、公司注册资金1000万元和投资6000万元全部由国华公司负责筹集投入。同日，通过了《珠海科美教育投资有限公司章程》约定：公司注册资本1000万元人民币。启迪公司认缴出资额550万元、比例55%，国华公司认缴出资额300万元、比例30%，豫信公司认缴出资额150万元、比例15%。各股东应当于公司注册登记前足额缴纳各自所认缴的出资额。董事长由国华公司一方担任，副董事长由启迪公司一方担任。章程与《10·26协议》冲突的，均以《10·26协议》为准。2006年10月25日，应豫信公司和启迪公司要求，国华公司汇入豫信公司150万元，汇入启迪公司50万元。豫信公司将上述150万元汇入科美咨询公司账户（该账户同时为科美投资公司筹委会账户）作为其认缴出资。启迪公司将国华公司转来的50万元和10月24日从科美咨询公司账户转入的500万元保证金汇入科美咨询公司账户作为其认缴出资。国华公司将300万元汇入科美咨询公司账户作为其认缴出资。2006年10月31日，经珠海市工商局核准，科美咨询公司变更为科美投资公司。注册资金由50万元变更为1000万元，股东由娄某、刘某、赵某变更为国华公司、启迪公司和豫信公司。同日，科美投资公司与珠海分校签订了《合作兴办某师范大学珠海分校工程技术学院协议书》，约定了合作办学项目的具体事项。2006年11月28日刘某与张某签订《合作备忘》约定：一、双方同意将科美咨询公司更名为科美投资公司；二、公司股东由法人组成，启迪公司和豫信公司代表甲方，国华公司代表乙方，注册资金全部由乙方支付。其后，国华公司陆续投入1750万元，连同1000万元出资共计投入2750万元。启迪公司认可2006年11月2日以后国华公司才接管科美投资公司账户。在科美投资公司与珠海分校合作办学的过程中，双方产生矛盾，在是否与珠海分校继续合作上也发生争议，国华公司遂提起诉讼。

开封市中级人民法院一审认为，公司法第二十七条规定：股东可以用货币出资，也可以用实物、知识产权、土地使用权等可以用货币估价并可以依法转让的非货币财产作价出资。对作为出资的非货币财产应当评估作价。根据该条规定，非货币财产作为出资须具备两个条件，一是可以用货币估价，一是可以依法转让，同时还应履行评估作价程序。刘某为甲方，张某为乙方的《9·18协议》关于甲方以教育资本出资，占科美咨询公司70%股份的约定显然不符合该条规定的非货币出资的条件，也没有进行评估作价。该约定对当事人不具有法律约束力。国华公司与启迪公司、豫信公司签订的《10·26协议》与《9·18协议》相比较，发生了以下变化：一是当事人以启迪公司和豫信公司替代了刘某，国华公司替代了张某。但实际上前后两份协议的当事人身份具有高度关联性，并无质的改变，对此，各方当事人亦不持异议，二是刘某70%的股份变更为启迪公司和豫信公司合计占70%的股份，刘某以教育资本形式出资变为国华公司代替启迪公司和豫信公司筹集出资资金。依此约定，启迪公司和豫信公司仍无须履行出资义务，与以教育资本出资的约定并无质的区别，但规避了相关法律法规。国华公司代替启迪公司和豫信公司筹集出资资金的结果是作为真实投资者的国华公司仅占公司 30% 的股份，而未出资的启迪公司和豫信公司却占了公司 70% 的股份，国华公司作为真实投资者，要求确认与其出资相应的股份于法有据，于情相合。科美投资公司所有股东签署的《公司章程》系公司全体股东的真实意思表示，且无法律禁止性内容，对公司及所有股东具有法律约束力，所有股东应缴纳其认缴的出资额，即国华公司出资 300 万元，豫信公司出资 150 万元，启迪公司出资 550 万元。豫信公司已将 150 万元汇入了科美投资公司（筹委会）账户，应视为已足额履行了出资义务，至于该 150 万元系国华公司汇给豫信公司属于另一个法律关系，本案不予审理。国华公司也已将 300 万元汇入科美投资公司账户，足额履行了出资义务，从《9·18 协议》作出的关于协议签署后 10 日内张某应将 500 万元保证金打入科美咨询公司账户的约定看，刘某控制着科美咨询公司账户，而张某任董事长的国华公司直到 2006 年 11 月 2 日以后，才接管变更后的科美投资公司账户。据此，足以认定将 500 万元保证金从科美咨询公司账户打入启迪公司账户系启迪公司所为，然后启迪公司又将该 500 万元打入科美投资公司账户作为验资资金，这种资金倒流再流回的做法有悖诚信，该 500 万元依法不应作为启迪公司的出资，由于该 500 万元系国华公司的投资款，国华公司又主张应认定为其出资，依法应将该 500 万元认定为国华公司的出资。据此，国华公司实际出资 800 万元，占科美投资公司 80% 的股份，豫信公司出资 150 万元，占科美投资公司 15% 的股份，启迪公司出资 50 万元，占科美投资公司 5% 的股份。国华公司要求变更股权的诉讼请求成立，该院予以支持。国华公司第二项诉讼请求，即关于依法判决解散科美投资公司并进行清算的诉讼请求系选择性请求。由于其第一项诉讼请求已获支持，对于第二项请求已无审理必要，该院不予审理。该院依照《公司法》第二十七条、第二十八条之规定，作出（2007）汴民初字第 69 号民事判决：一、确认国华公司出资 800 万元，占科美投资公司 80% 的股份；豫信公司出资 150 万元，占科美投资公司 15% 的股份；启迪公司出资 50 万元，占科美投资公司 5% 的股份。二、驳回国华公司其他诉讼请求。案件受理费 188,190 元，由启迪公司承担。

启迪公司不服一审判决，向河南省高级人民法院提起上诉称：一、根据科美投资公司章程约定，启迪公司、豫信公司、国华公司分别出资 550 万元、150

万元、300万元，分别占科美投资公司股份的55%、15%、30%，出资方式为货币出资，2006年10月25日，三公司分别将出资汇入科美投资公司账户，并经会计师事务所出具了验资报告，2006年10月31日，珠海市工商行政管理局核准并进行了工商变更登记，启迪公司获得了合法有效的股东身份。以上程序完全符合公司法的规定，启迪公司的股东身份和依法持有的股权真实、合法，应当得到保护。二、启迪公司经过多年辛苦运作，促使成立了珠海分校工程学院，启迪公司并获得了与珠海分校合作办学的权利，国华公司是多年从事教育投资的专业机构，深知该项目的价值所在。经双方多次协商，达成了《9·18协议》及《10·26协议》，约定由国华公司出资1000万元改组科美咨询公司，其中启迪公司所占的55%股份、豫信公司所占15%股份应缴出资共700万元均由国华公司投入。这种约定是各方真实意思的表示，是一种合法的商业交易行为，不违反法律法规禁止性规定，应认定合法有效。各方当事人履行了约定，完成了出资。由于验资机构要求出资必须从股东账户汇入科美投资公司账户，而国华公司没有严格按照验资机构的要求进行汇款操作，故2006年10月26日启迪公司将国华公司汇入科美投资公司账户的300万元又返还国华公司，再由国华公司以出资款名义汇入科美投资公司账户，同样启迪公司不得不将500万元从科美投资公司账户转至启迪公司账户，又在次日从启迪公司账户转回科美投资公司账户，这种方式并非一审法院所认为的有悖诚信，也没有侵犯任何一方的权利和利益。国华公司接管科美投资公司账户后，也从未对此提出任何异议。2006年11月28日，刘某与张某签订的《合作备忘》再次对由国华公司支付全部注册资金以及各股东所占股份比例进行了确认。三、一审判决既然认定豫信公司出资150万元和启迪公司出资中的50万元是履行了出资义务，等于是认定了当事人关于由国华公司替启迪公司和豫信公司出资的约定是合法有效的约定，却对启迪公司出资中的500万元不予认定，存在明显的矛盾和逻辑错误。四、启迪公司完全履行了股东的义务。在一审中，启迪公司向法庭提交了大量的证据，证明在科美投资公司与珠海分校的合作中，启迪公司积极履行自己的股东义务和合同义务。

综上，一审判决认定事实和适用法律存在明显的矛盾和错误，请求二审法院查明事实后依法改判。国华公司辩称：一、一审判决认定事实清楚、适用法律正确。启迪公司并没有按约定及公司章程以货币认缴变更注册资本550万元。

只向科美投资公司验资账户打入 50 万元，另外 500 万元是利用其控制科美咨询公司账户的便利，擅自将国华公司打入科美咨询公司账户的 500 万元保证金转入自己的账户，又在次日转入科美投资公司的验资账户作为对科美投资公司的出资。启迪公司的行为明显违背了诚信原则和公司资本真实性原则，一审判决认定 500 万元不能作为启迪公司出资事实清楚、适用法律正确。二、2006 年的《9·18 协议》及《10·26 协议》约定科美咨询公司变更登记的注册资金 1000 万元由国华公司负责筹集，规避公司法律法规有关出资方式的强制性规定，是无效的，启迪公司依此无效约定要求不出资而享有科美投资公司股权的理由不能成立，请求维持原判。豫信公司辩称：对于一审对于豫信公司的认定没有意见，国华公司代为出资是自愿的，出资方式是货币出资，请求依法认定启迪公司的权利。

河南省高级人民法院对一审查明的事实予以确认。

河南省高级人民法院二审认为：启迪公司与国华公司之间争议的焦点问题是双方签订的《9·18 协议》及《10·26 协议》中科美咨询公司变更登记的注册资金 1000 万元等由国华公司负责筹集的约定是否有效，启迪公司依此约定没有实际出资是否享有科美投资公司的股权。上述协议的效力决定了各方享有的股权是否合法。《9·18 协议》是刘继军代表珠海分校工程学院项目策划和运营方与张某签订的，刘某用以出资的是教育资源，实际出资的是张某。在签订《9·18 协议》后，刘某等通过股权转让的方式将科美咨询公司的股东由刘某等三位个人变更为启迪公司、国华公司及豫信公司。同日，启迪公司与国华公司及豫信公司达成《10·26 协议》，并且签署了科美投资公司的公司章程，对各方出资及所占股权比例进行了约定，在《10·26 协议》中，由《9·18 协议》中约定的教育资源出资转换为现金。上述协议的签订过程实质上是刘某将其掌握的教育资源转换为启迪公司的资源作为出资，国华公司负责实质上的现金出资。按照教育部的相关规定，普通高等学校主要利用学校名称、知识产权、管理资源、教育教学等参与办学。社会组织或者个人主要利用资金、实物、土地使用权等参与办学。本案中刘某等名义上是以现金出资，实质上是以教育资源作为出资。双方实际上是通过签订协议的方式规避了我国相关法律的禁止性规定，《9·18 协议》应属无效协议。在此协议的基础上，启迪公司与国华公司及豫信公司达成《10·26 协议》也违反了法律的规定，国华公司代启迪公司出资的行为因违反法律规定而无效。原审判决确认的启迪公司占科美投资公司5%股份、豫信公司占科美投资公司15%股份该院予以确认。启迪公司上诉称按照公司法的规定完成出资，《9.18协议》及《10·26协议》是合法的商业交易行为等理由，缺乏证据予以证明，该院不予支持。该院经审判委员会讨论，按照《民事诉讼法》第一百五十三条第一款第一项之规定，于2010年3月24日作出（2009）豫法民二终字第20号民事判决：驳回上诉，维持原判，二审案件受理费46,800元，由启迪公司负担。

启迪公司不服上述民事判决，向本院申请再审称：

一、原审法院对本案的基本法律事实的认定和判决自相矛盾，错误严重。本案的主要焦点就是启迪公司500万元出资是否有效，50%的股权是否有效。原审法院按照《独立学院设置与管理办法》（中华人民共和国教育部令第26号令）的相关规定认定《9·18协议》属无效协议是错误的。《9·18协议》是设立科美咨询公司的协议，并非合作办学协议，不能适用教育部的相关规定，而且，《9·18协议》签订于2006年，而教育部第26号令自2008年4月1日起施行，原审法院违反了法不溯及既往的原则。原审法院认定《9·18协议》无效，《10·26协议》违反法律规定，并进而认定国华公司代启迪公司出资的行为无效，国华公司代启迪公司出资的500万元对应的50%股份属国华公司所行，却又认定了同样是国华公司代出资的50万元和150万元对应的5%和15%的股份属启迪公司和豫信公司所有，前后矛盾。启迪公司注册资金的来源并不能构成判定其注册资金到位与否的根据。启迪公司已提供银行进账单和会计师事务所的验资报告及工商局依法核准的注册资金登记证明，证明了启迪公司的注册资金已完全合法到位并已经法定程序确认。500万元保证金无论启迪公司该不该动用，法院都不应作为判定50%股份归谁所有的依据。按照《10·26协议》约定，公司注册资金1000万元全部由国华公司负责投入。国华公司向豫信公司足额汇款150万元，但仅向启迪公司汇款50万元，表明国华公司对于启迪公司将国华公司此前汇入科美咨询公司账户上的500万元转入启迪公司账户上，并准备用于变更后的科美投资公司注册资金的验资的事实，不仅是知道的，也是完全同意的，与三方签订的投资协议约定的内容也完全一致，不存在违反国华公司真实意思的问题，也不存在一审法院认定的"这种资金倒流再流回的做法有悖减信"的问题。

二、公司股东的出资状况与公司章程约定的所占股权比例不存在任何关系。股权比例经公司章程确定后不能擅自改变。公司章程确定和工商部门确认的股权比例，对各位股东均具有约束力，具有法定性。原审法院漠视当事人真实意思表示及合同约定，错误地根据资金来源修改了公司章程明确约定的股东出资和股权比例。《9·18协议》与《10·26协议》是各方当事人真实意思表示，并不违反任何国家法律规定、国华公司支付给启迪公司和豫信公司用于利、美咨询公司的增资注册的资金亦不违反任何现有公司法律规定。更何况本案中科美投资公司的注册资金1000万元全都是货币资金，并不存在以非货币出资的问题。也没有任何法律规定注册资金的来源必须是股东本人的自有资金。

三、原审法院地域管辖错误。公司股东之间因出资、权益分配等问题出现纠纷，均是由公司住所地人民法院受理。本案公司注册地、合同签订地、合同履行地均在珠海市，原审法院对本案没有管辖权。本案应提审或指定管辖再审。

综上，请求：一、撤销河南省高级人民法院（2009）豫法民二终字第20号民事判决和河南省开封市中级人民法院（2007）汴民初字第69号民事判决；二、由最高人民法院提审或者将该案移送到珠海市中级人民法院进行再审；三、驳回被申请人原一审全部诉讼请求；四、本案一审、二审、申请再审诉讼费用由被申请人承担。

被申请人国华公司答辩称：

一、在设立科美投资公司过程中，启迪公司规避法律，依法不具有科美投资公司股东法定资格。2006年10月31日，科美投资公司成立，该公司章程第七条规定的启迪公司、豫信公司、国华公司"货币出资之规定"条款是用合法形式掩盖非法目的，规避了法律，应该认定无效，启迪公司依法不具有科美投资公司股东法定资格。1.科美投资公司成立意向表明其有规避动机。刘某代表某师范大学珠海分校工程技术学院项目策划和运营方（甲方与乙方张军等签订的《9·18协议》第1.3款述明：甲方以教育资本，包括教育理论与理念、教育资源整合与引入、教育经营与管理团队、教育项目的策划与实施……）占科美70%的股份，乙方以7000万人民币的资金投入学院的建设和运作，占科美30%的股份。上述协议表明：刘某的本意是以其教育资本出资占科美投资公司70%之股份，且其没有以人民币或其他法定的非货币财产出资科美投资公司的意思表示。2.启迪公司在科美投资公司成立过程中规避法律。① 2006年10

月26日，三方签订的投资协议第十二条"经营与投资"条款述明：公司变更登记注册资金1000万元和投资缺口6000万元全部由乙方负责筹集投入。该投资协议第十七条述明：公司章程与本协议有冲突的，以本协议为准。上述资料表明：启迪公司、豫信公司所占科美投资公司70%之股份事实上仍是教育资本出资。只是形式上国华公司代替了张某，启迪公司、豫信公司代替了刘某。②科美投资公司章程第九条述明：股东可以以非货币出资，但必须按照法律法规的规定办理有关手续。该章程第五十二条述明：本章程与股东三方《10·26协议》的约定内容冲突的，均以股东三方《10·26协议》为准。既然启迪公司明知可以用非货币出资，但该章程中第七条却以"货币出资之形式"掩盖了"教育资本出资"之实质，显然启迪公司是在规避法律，以合法形式掩盖非法目的。公司章程对股东具有最高效力，但该章程与《10·26协议》均约定《10·26协议》效力高于章程。很显然，启迪公司在科美投资公司成立过程中规避法律。③《合作备忘》印证了启迪公司在科美投资公司成立过程中规避法律。2006年11月28日，刘某与张某签订《合作备忘》，其第一条述明：为了满足法律上的需要，双方同意将"科美教育咨询公司"更名为"科美教育投资公司"，注册资金定为1000万元。第二条述明：科美投资公司的股东由法人组成，其中启迪公司（占科美投资公司55%股份）和豫信公司（占科美投资公司15%股份）代表甲方，国华公司（占科美投资公司30%股份）代表乙方。注册资金全部由乙方支付，并包括在双方约定的总投资当中。上述材料表明：启迪公司没有以人民币或其他法定的非货币财产进行出资，也没有以人民币或其他法定的非货币财产进行出资的本意。科美投资公司章程第七条关于"股东货币出资"的约定，其实质就是以合法形式掩盖非法目的，规避法律。

二、教育资本出资违反法律、行政法规的强制性规定。根据《公司法》第二十七条第一款的规定，法律、行政法规规定不得作为出资的财产不得作为出资。《中华人民共和国公司登记管理条例》第十四条第二款之规定：股东不得以劳务、信用、自然人姓名、商誉、特许经营权或者设定担保的财产等作价出资。启迪公司的教育资本出资本质是劳务出资，其显然违反了行政法规的禁止性规定。如果将教育资本归入人力资本的范畴，同样不符合法定出资形式。科美投资公司注册资金1000万元全部由国华公司出资，故科美投资公司全部股权应由国华公司所有。

综上，启迪公司的再审申请理由不能成立，请求驳回启迪公司的再审申请，维持原判决。

原审被告豫信公司陈述称，国华公司是科美投资公司的实际出资人，豫信公司和启迪公司未向科美投资公司实际出资，豫信公司不愿享有科美投资公司的股权，也不愿为科美投资公司的任何债务承担责任。

原审第三人科美投资公司陈述称，科美投资公司实质为一人公司，股东为国华公司。启迪公司挪压的500万元资金的所有权归国华公司，故启迪公司注资到科美投资公司500万元的行为无效。应维持原判。

再审中，各方当事人均未提交新证据。

本院再审查明：一、《10.26协议》第十四条约定："利润分配：1. 在上述乙方（即国华公司）7000万元资金没有收回完毕之前，公司交纳所得税并依法提取公积金、公益金后的利润，三方股东按照约定分配，即甲方（即启迪公司）享有分配公司利润的16%，乙方享有80%，丙方（即豫信公司）享有4%。2. 在上述乙方7000万元资金收回完毕后，公司交纳所得税并依法提取公积金、公益金后的利润，三方股东按照三方出资比例予以分配，即甲方享有分配公司利润的55%，乙方享有30%，丙方享有15%。"二、《9·18协议》列明：协议的甲方为珠海分校工程学院项目策划和运营方，乙方为张某等。本院对原审查明的其他事实予以确认。

再审中，国华公司明确表示，放弃原审第二项即解散并清算科美投资公司的诉讼请求。

本院认为，本案当事人争议的焦点是，以启迪公司名义对科美投资公司500万元出资形成的股权亘属于国华公司还是启迪公司。

根据再审查明的事实，《9·18协议》是珠海分校工程学院项目策划和运营方为甲方，张某等人为乙方，刘某、张某分别代表甲乙方签订的双方成立科美咨询公司以合作建设珠海分校工程学院的协议书，而《10·26协议》是启迪公司、国华公司、豫信公司三方以各自名义签订的关于组建科美投资公司的协议书，两个协议在签订动机上确有一定的联系，但是，两个协议的签订主体和合作内容完全不同。两个协议彼此独立，其间并不存在从属关系，即使《9·18协议》无效，也不影响《10·26协议》的效力，原审以《9·18协议》的效力否定《10·26协议》的效力系适用法律错误。本案是启迪公司、国华公司、豫信公司因履行《10·26协议》组建科美投资公司发生的纠纷。科美投资公司系由科美咨询公司变更而来：公司名称变更，股东由娄某、刘某、赵某变更为国华公司、启迪公司和豫信公司，公司注册资金由50万元变更为1000万元。《10·26协议》约定该1000万元以货币出资，是各方当事人真实意思的表示，符合《公司法》第二十七条关于股东可以用货币出资的规定，故该约定有效。

股东认缴的注册资本是构成公司资本的基础，但公司的有效经营有时还需要其他条件或资源，因此，在注册资本符合法定要求的情况下，我国法律并未禁止股东内部对各自的实际出资数额和占有股权比例做出约定，这样的约定并不影响公司资本对公司债权担保等对外基本功能实现，并非规避法律的行为，应属于公司股东意思自治的范畴。《10·26协议》约定科美投资公司1000万元的注册资本全部由国华公司负责投入，而该协议和科美投资公司的章程均约定股权按照启迪公司55%、国华公司35%、豫信公司15%的比例持有。《10·26协议》第十四条约定，国华公司7000万元资金收回完毕之前，公司利润按照启迪公司16%，国华公司80%，豫信公司4%分配，国华公司7000万元资金收回完毕之后，公司利润按照启迪公司55%，国华公司30%，豫信公司15%分配。根据上述内容，启迪公司、国华公司、豫信公司约定对科美投资公司的全部注册资本由国华公司投入，而各股东分别占有科美投资公司约定份额的股权，对公司盈利分配也做出特别约定。这是各方对各自掌握的经营资源、投入成本及预期收入进行综合判断的结果，是各方当事人的真实意思表示，并未损害他人的利益，不违反法律和行政法规的规定，属有效约定，当事人应按照约定履行。该1000万元已经根据《10·26协议》约定足额出资，依法进行了验资，且与其他变更事项一并经工商行政机关核准登记，故该1000万元系有效出资。以启迪公司名义对科美投资公司的500万元出资最初是作为保证金打入科美咨询公司账户，并非注册资金，后转入启迪公司账户，又作为投资进入科美投资公司账户完成增资，当时各股东均未提出任何异议，该500万元作为1000万元有效出资的组成部分，也属有效出资。按照《10·26协议》的约定，该500万元出资形成的股权应属于启迪公司。启迪公司作为科美投资公司的股东按照《10·26协议》和科美投资公司章程的约定持有的科美投资公司55%股权应当受到法律的保护。

启迪公司认为公司股东之间因出资、权益分配等问题出现纠纷均应由公司住所地人民法院受理。但启迪公司在原审中并未提出管辖异议。启迪公司也未申请对二审法院关于管辖的裁定进行再审，故本院对启迪公司认为原审地域管辖错误的理由不再审查。

股权确认之诉与公司解散、清算之诉是相互独立的诉讼，不具有诉讼关联性，不应合并审理，且国华公司在再审中明确表示放弃解散并清算科美投资公司的诉讼请求，故本院对该诉讼请求不予审理。

综上，原审判决认定以启迪公司名义对科美投资公司的 500 万元出资违反法律禁止性规定缺乏法律依据，启迪公司申请再审的主要理由成立，本院予以支持。本院依照《民事诉讼法》第一百八十六条、第一百五十三条第一款第三项之规定，判决如下：

一、撤销河南省高级人民法院（2009）豫法民二终字第 20 号民事判决，撤销河南省开封市中级人民法院（2007）汴民初字第 69 号民事判决；

二、驳回郑州国华投资有限公司的诉讼请求。

一审案件受理费 188,190 元、二审案件受理费 46,800 元，均由郑州国华投资有限公司负担。

本判决为终审判决。○

· 法条链接 ·

《中华人民共和国公司法》

第二十七条　股东可以用货币出资，也可以用实物、知识产权、土地使用权等可以用货币估价并可以依法转让的非货币财产作价出资；但是，法律、行政法规规定不得作为出资的财产除外。

对作为出资的非货币财产应当评估作价，核实财产，不得高估或者低估作价。法律、行政法规对评估作价有规定的，从其规定。

第二十八条　股东应当按期足额缴纳公司章程中规定的各自所认缴的出资额。股东以货币出资的，应当将货币出资足额存入有限责任公司在银行开设的账户；以非货币财产出资的，应当依法办理其财产权的转移手续。

---

① 本部分来源于本案判决书正文，限于篇幅略做删减，读者可自行查阅判决书全文以全面了解案情。

股东不按照前款规定缴纳出资的，除应当向公司足额缴纳外，还应当向已按期足额缴纳出资的股东承担违约责任

第三十四条　股东按照实缴的出资比例分取红利；公司新增资本时，股东有权优先按照实缴的出资比例认缴出资。但是，全体股东约定不按照出资比例分取红利或者不按照出资比例优先认缴出资的除外。

第四十二条　股东会会议由股东按照出资比例行使表决权；但是，公司章程另有规定的除外。

若百年后出资，公司债权人可否要求股东提前履行出资义务

案件要旨

股东对公司的出资义务源于股东间出资协议或章程约定，并通过在工商行政管理部门备案登记向社会公示，已向包括债权人在内的不特定第三人宣告了出资期限。债权人仅以自己对公司债权尚未获得清偿为由，要求股东提前履行出资义务，并不具备相应正当性和合理性，缺乏法律依据，法院不予支持。

案件来源

济南市中级人民法院二审民事判决书　文某与邦容经贸有限公司等买卖合同纠纷二审民事判决书[①]

股东纠纷焦点

本案焦点在于，如果章程约定的出资期限未到期，公司债权人可否要求股东提前履行出资义务用于偿还公司债务？

---

① 济南市中级人民法院　文某与邦容经贸有限公司等买卖合同纠纷二审民事判决书（2016）鲁01民终5731号

🔨 法理探析

一、2013 年《公司法》修订后确立注册资本认缴制

《公司法》在公司资本制度方面经历了三个阶段：1993 年的《公司法》采取严格的法定制度，且为一次性全额实缴；2005 年修订后的《公司法》降低了注册资本的最低限额，且注册资本为分期缴纳；2013 年《公司法》修订后，确立了注册资本认缴制，即股东对于注册资本采取认缴的方式，而注册资本的缴纳期限须在章程中予以规定。

二、注册资本可否"只认不缴"

一些投资者认为，出资不再成为对股东的约束，注册资本可以"只认不缴"，公司可以一直作为"0 元公司"经营下去。显然，这是投资者认识上的一个误解。当公司资本被注册，股东认缴后，出资即从约定义务转为法定义务，股东就要依法承担出资责任，无论是"先缴后登"的实缴登记制还是"先登后缴"的认缴登记制，都没有改变股东出资的法定义务，更不会因为实行了认缴登记制而自然免除。

三、认缴资本百年后出资，债权人可否请求股东提前履行出资义务

依据《破产法》第三十五条的规定："人民法院受理破产申请后，债务人的出资人尚未完全履行出资义务的，破产清算的管理人应当要求该出资人缴纳所认缴的出资，而不受出资期限的限制。"而根据《公司法解释二》第二十二条第一款：公司解散时，股东尚未缴纳的出资均应作为清算财产。股东尚未缴纳的出资，包括到期应缴未缴的出资，以及依照公司法第二十六条和第八十条的规定分期缴纳尚未届满缴纳期限的出资。

即认缴制下，如果公司进入破产或者解散程序，股东在认缴范围内对公司债务承担的补充责任，不再受出资期限的限制。也就是说，破产或解散时，当公司财产不足以清偿债务时，股东需要补足认缴的出资，对公司债务承担补充清偿责任。

反之，如果公司尚未进入破产或者解散程序，债权人仅以自己对公司债权尚未获得清偿为由，要求股东提前履行出资义务，并不具备相应正当性和合理

性，缺乏法律依据，无法获得支持。

四、如何理解《公司法解释三》中的股东补充赔偿责任

实践中，债权人起诉要求股东提前履行出资义务的时候，往往会援引《公司法解释三》第十三条第二款的规定："公司债权人请求未履行或者未全面履行出资义务的股东在未出资本息范围内对公司债务不能清偿的部分承担补充赔偿责任的，人民法院应予支持。"需要注意的是，本条适用的前提是：股东未履行出资义务或者未全面履行出资义务。而在认缴制下，股东认缴的资金如果并未到期，其出资义务尚在履行期内，则不能认定股东未履行或未完全履行出资义务，债权人自然不能要求股东对公司债务承担责任。

⚖ 败诉原因

本案债权人起诉要求股东文某提前出资，却最终败诉！

本案中，文某的认缴期限是到 2065 年 9 月，在其认缴期限尚未到期，且已实际履行了部分出资义务，文某不存在未完全履行出资义务的过错。债权人要求股东提前履行其出资义务，应具备相应法定条件，现永力公司未进入破产或解散程序，亦未资不抵债，因此邦容公司要求永力公司股东文某提前履行其出资义务尚未具备相应条件。所以本案中，文某无须承担提前履行出资义务的责任，亦无需对公司债务承担补充责任。

⚖ 股东战术指导

在本案中，原告最终败诉的结果不得不引起警示，针对认缴制下应注意的法律问题，笔者提出以下建议，仅供参考：

第一，作为公司股东，股东认缴资本应量力而行，狮子大开口认缴几十亿，约定几十年甚至更长时间出资，其实隐藏着极大的风险。

风险一：按照《破产法》的规定，当公司破产时，当公司财产不足以清偿债务时，股东需要补足认缴的出资，即股东需要提前出资。

风险二：在公司面临经营困难或经营期限到期后解散时，股东须提前出资，股东未缴纳的认缴资本作为清算财产。

风险三：在公司未处于破产或解散时，但是公司资不抵债时，债权人是否可以股东提前履行出资义务，对此司法实践中裁判意见不一，股东须对此引起注意。

风险四：权利和义务往往是对等的，股东认缴的资本越高，股东承担的责任越大，股东面临的风险亦越高。

第二，作为公司的投资人，在对公司进行投资时，须重点对于公司的资本部分进行详尽的法律尽职调查，特别对于认缴时间特别长已经超过合理期限的，以及对于公司认缴资金几十亿但是实际缴纳又少得可怜的公司，须特别防范"空壳公司"风险。

⚖ 典型案例

上诉人文某因与被上诉人邦容经贸有限公司（以下简称邦容公司）、原审被告永力重工有限公司（以下简称永力重工公司）、永力钢构公司（以下简称永力钢构公司）、文某功、文某军、文某成买卖合同纠纷一案，不服济南市历下区人民法院（2016）鲁 0102 民初 2572 号民事判决，向本院提起上诉。本院于 2016 年 10 月 27 日立案后，依法组成合议庭审理了本案，现已审理终结。

文某上诉请求：一、撤销济南市历下区人民法院（2016）鲁 0102 民初 2572 号民事判决，改判文某不承担责任；二、改判邦容公司给永力钢构公司和永力重工公司开具 2,699,412.47 元增值税发票；三、诉讼费用由邦容公司承担。

事实与理由：一、文某认缴增资的实缴期限未到。永力重工公司的工商登记和 2015 年 9 月 24 日增资章程修正案均明确文某认缴增资时间是 2065 年 9 月 20 日前。实缴出资的 3000 万元是在 2015 年 9 月 24 日增资之前，文某已按照要求缴足。2015 年 9 月 24 日章程修正案：认缴增资 4000 万元，在 2065 年 9 月 20 日前缴足。文某认缴出资是 2065 年 9 月 20 日，并非 2065 年 6 月 20 日。一审法院认定事实错误。认缴增资是根据 2014 年 3 月 1 日实施的新公司登记管理办法进行，明确 2065 年 9 月 20 日前缴足。同时公司股东会决议明确，自决议之日始，每满五年一次性缴纳 700 万元，直至缴足。二、本案买卖合同的主体是股份有限公司，并非一人有限公司，一审判决适用《中华人民共和国合同法》第六十三条，显然不当。三、文某不存在未履行或者未全面履行出资义务的问题。《最高人民法院关于适用〈中华人民共和国公司法〉若干问题的规定（三）》第十三条第二款："公司债权人请求未履行或者未全面履行出资义务的股东在未出资本息范围内对公司债务不能清偿的部分承担补充赔偿责任的，人民法院应予支持。"本条适用的前提是：股东未履行出资义务或者未全面履行出资义务。文某已经实缴2850万元，增资认缴的4000万元，自决议之日始（增资是自2015年9月25日始至2065年9月），每满五年一次性缴纳700万元，直至缴足。增资部分未到实缴期限，文某不存在未履行或者未全面履行出资义务的问题。根据山东省高级人民法院《关于审理公司纠纷案件若干问题的意见（试行）》第二十条："公司章程规定股东分期缴纳出资的，出资期限届满前，公司或者公司债权人向该股东主张权利的，人民法院不予支持。"四、现公司正常存续经营中，不存在公司债务不能清偿的情形。根据山东省高级人民法院《关于审理公司纠纷案件若干问题的意见（试行）》第十五条："股东瑕疵出资的，公司不能清偿债务时，公司债权人有权要求该股东在瑕疵出资范围内对公司债务承担补充赔偿责任。"前款所称"不能清偿"是指对公司的存款、现金、有价证券、成品、半成品、原材料、交通工具、房屋、土地使用权等可以方便执行的财产执行完毕后，债务仍未得到清偿的状态。现在永力重工公司正常存续经营，一审判决适用法律错误。五、邦容公司至今未履行开具发票义务。永力钢构公司、永力重工公司根据双方买卖合同共计从邦容公司处购进钢材3,802,528.49元，尚有2,699,412.47元增值税发票未给永力钢构公司、永力重工公司开具。开具发票是邦容公司的先合同义务，在未履行的情况下，邦容公司无权要求付款。

邦容公司辩称，上诉请求一：首先，公司存续经营不能证明公司具偿债能力。根据永力重工公司实际未能偿还本案所涉货款、其于2016年7月11日因财产不足以清偿债务被广饶县人民法院列为失信被执行人以及2016年7月以来已被潍坊市多家法院裁定保全金额达3000多万元的债务来看，其已不具备偿债能力。其次，《公司法》第三条规定"公司以其全部财产对公司的债务承担责任"，此处所指全部财产显然包括公司注册资本；而《公司法》第二十六条规定"有限责任公司的注册资本为在公司登记机关登记的全体股东认缴的出资额"，因此股东认缴的出资是公司对外承担债务的重要财产组成。至于股东认缴出资的时间与方式，是公司内部约定，对公司外部债务不具有对抗性。因此，一审法院判令文某对永力重工公司债务承担补充赔偿责任正确。上诉请求二：该上诉请求属于反诉请求，超出一审审理范围。基于永力重工公司与邦容公司在"对账函"及"还款计划"中所确定的欠款数额，以及合同第十二条约定"全部货款结清后15日开具增值税发票"的事实，文某该反诉请求无任何事实依据。邦容公司对文某的该项反诉请求，不同意调解也不同意在此一并审理。上诉请求三：文斌的该项请求无任何事实及法律依据。

综上，鉴于永力重工公司财产不足以清偿债务，原审法院基于司法实践，从有利于保护当事人合法权益及节约诉讼资源、提高诉讼效率的角度依法做出上述判决并无不当，请求二审法院依法裁定驳回上诉。

永力重工公司述称，认可文某的上诉请求与理由。

文某功述称，认可文某的上诉请求与理由。永力重工公司经营正常，总投资为2亿元，贷款为5000多万，有足够的偿还能力。公司诉讼现在正在协调。

永力钢构公司、文某成、文某军未陈述意见。

邦容公司向一审法院提出诉讼请求：一、被告永力钢构公司、被告永力重工公司共同支付合同欠款717,292.26元，及以205吨为基数，按日2.5元/吨，自2015年5月8日起计算至法院判决确定的还款之日止的滞纳金；二、被告文某军、文某功、文某、文某成在未出资本息范围内对上述债务承担补充赔偿责任；三、本案诉讼费、保全费由被告承担。

一审法院认定事实：原告邦容公司与被告永力钢构公司、被告永力重工公司签订多份合同。截至2016年2月29日，被告永力钢构公司欠款3,862.96元，被告永力重工公司欠款713,429.3元，被告永力钢构公司、被告永力重工公司承诺上述款项于2016年6月底付清。另查明，被告文某军、被告文某功系被告永力钢构公司的股东。被告文某军认缴出资额为4,440万元，认缴出资时间为2039年6月20日，实缴出资额1,480万元，实缴出资时间为2010年8月13日。被告文某功认缴出资额为1,560万元，认缴出资时间为2039年6月20日，实缴出资额520万元，实缴出资时间为2010年8月13日。被告文某、被告文某成系被告永力重工公司的股东。被告文某认缴出资额为6,850万元，认缴出资时间为2065年6月20日，实缴出资额6,850万元，实缴出资时间为2012年6月13日。被告文某成认缴出资额为150万元，认缴出资时间为2065年6月20日，实缴出资额150万元，实缴出资时间为2012年6月13日。

一审法院认为，合同的当事人应当按照合同的约定，全部履行自己的义务，原被告经对账确认具体欠款数额，被告永力钢构公司、被告永力重工公司应履行支付货款义务，原告邦容公司要求被告永力钢构公司、永力重工公司支付合同欠款717,292.26元，一审法院予以支持。根据相关法律规定，当事人可以约定一方违约时应当根据违约情况向对方支付一定数额的违约金，也可以约定因违约产生的损失赔偿额的计算方法。本案中原告邦容公司与被告永力钢构公司、被告永力重工公司签订的部分供货合同约定，乙方如延期付款，须每天向甲方支付2.5元每吨的金额作为滞纳金，一审法院认为原告邦容公司未能证实永力重工公司与永力钢构公司所欠款依据的具体合同，亦无法证实双方对违约金的约定，其要求按每天每吨2.5元计算滞纳金无事实依据，一审法院予以调整。原告邦容公司主张被告文某军、被告文某功、被告文某在未出资本息范围内对公司债务不能清偿部分承担补充赔偿责任，放弃要求被告文某成承担该补充责任，并提交工商登记材料予以佐证，一审法院认为原告邦容公司的主张符合相关法律规定，一审法院予以支持。

综上，根据《合同法》第九十三条、第九十七条、第一百一十四条、第一百一十六条、《公司法》第六十三条、《民事诉讼法》第一百四十四条之规定，参照《公司法解释三》第十三条第二款、第二十条之规定判决：一、被告山东永力钢构股份有限公司于判决生效之日起10日内向原告济南邦容经贸有限公司支付欠款3,862.96元；二、被告山东永力钢构股份有限公司于判决生效之日起10日内向原告济南邦容经贸有限公司支付滞纳金（自2015年5月9日起至判决生效之日止以3,862.96元为基数按中国人民银行同期贷款利率计算）；三、被告山东永力重工科技发展有限公司于判决生效之日起10日内向原告济南邦容经贸有限公司支付欠款713,429.3元；四、被告山东永力重工科技发展有限公司于判决生效之日起10日内向原告济南邦容经贸有限公司支付滞纳金（自2015年5月9日起至判决生效之日止以713,429.3元为基数按中国人民银行同期贷款利率计算）；五、被告文某军、被告文某功在各自未认缴出资本息范围内对上述第一至第二项判决承担补充赔偿责任；六、被告文某在未认缴出资本息范围内对上述第三至第四项判决承担补充赔偿责任；七、驳回原告邦容经贸有限公司的其他诉讼请求。如果未按判决所指定的期限履行给付金钱义务，应当依照《民事诉讼法》第二百五十三条之规定，加倍支付迟延履行期间的债务利息。

案件受理费 10,960 元,减半收取 5,480 元,保全费 5,000 元,由被告永力钢构股份有限公司、被告永力重工科技发展有限公司负担。

二审期间,文某提交永力重工公司股东会决议一份,拟证明 2015 年 9 月 24 日增资 4000 万元,该增资尚未到缴纳期限;邦容公司发表质证意见称不能确定证据的真实性,且该股东会决议未进行工商备案,故不具有对外效力。永力重工公司与文继功认可证据的真实性及证明目的,认为股东会决议不需工商备案,也有效力。

邦容公司提交全国法院失信被执行人名单查询记录一份及民事裁定打印件一宗,拟证明永力重工公司因无财产可供执行,于 2016 年 7 月 11 日被广饶县人民法院列为失信被执行人,且其当前被法院查封保全财产达 3000 多万元,实际已不具备清偿债务的能力。文斌对证据真实性无异议,但认为未被执行的民事判决书中数额仅为 34,540 元,永力重工公司未履行判决系对判决结果有异议,而非公司缺乏清偿能力。其他民事裁定书仅表明存在永力重工公司财产被查封,案件尚未审结,不能证明永力重工公司没有清偿能力。永力重工公司与文继功认可文斌的质证意见。

永力钢构公司、文某成、文某军对文某与邦容公司提交的证据均未发表意见。

一审判决认定的事实除文某的实缴出资时间有误外,其他事实属实,本院予以确认。另查明:一、一审过程中,邦容公司提交了全国企业信用信息公示系统中永力重工公司 2014、2015 年年度报告,其中 2014 年年度报告显示其股东文某 2012 年 6 月 13 日认缴出资额 2850 万元,2012 年 6 月 13 日实缴出资 2850 万元;2015 年年度报告文某认缴出资额为 6850 万元,认缴出资时间为 2065 年 9 月 20 日,实缴出资额为 6850 万元,实缴出资时间为 2065 年 9 月 20 日;二、二审过程中,文某提交的 2015 年 9 月 24 日永力重工公司的股东会决议载明,永力重工公司增加注册资本 4000 万元,股东文某认缴 4000 万元,自决议日开始,每满五年一次性交足 700 万元,直至缴清。三、永力重工公司于 2016 年 7 月 11 日因未履行生效判决被列入全国法院失信被执行人名单,失信被执行人具体情形为:其他有履行能力而拒不履行生效法律文书确定义务。

本院认为,《公司法解释三》第十三条第二款规定,公司债权人请求未履行或者未全面履行出资义务的股东在未出资本息范围内对公司债务不能清偿的部分承担补充赔偿责任的，人民法院应予支持。依照上述规定，未完全履行出资义务的股东应对公司债务承担补充清偿责任，但根据永力重工公司在工商登记系统公示的年度报告，文某作为永力重工公司的股东，认缴出资额为6,850万元，实缴出资时间为2065年9月20日，现该期限尚未到期，故文某的出资义务尚在履行期内，其亦已实际履行了部分出资义务，故不能认定文某存在未完全履行出资义务的过错。邦容公司要求文某对永力重工公司债务承担补充赔偿责任，实际系要求文某作为公司股东提前履行其未到期出资义务。对此本院认为，《公司法》第三条固然规定公司以其全部财产对公司债务承担责任，股东以其认缴出资为限对公司承担责任，但该法第二十八条亦规定了股东应按期缴纳其出资。同时，《破产法》第三十五条对出资人认缴出资加速到期的规定，系以法院受理破产申请为前提的；《公司法解释二》第二十二条明确规定股东未缴出资作为清算财产的条件是公司进入解散阶段。依照上述法律规定，本院认为，债权人要求股东提前履行其出资义务，应具备相应法定条件，现永力重工公司未进入破产或解散程序，亦未资不抵债，故邦容公司现要求永力重工公司股东文某提前履行其出资义务尚未具备相应条件。

此外，公司经设立取得法律上的主体资格后，作为法人的公司其对外行为、债权债务、法律上的权利义务承担均以自己名义进行，并单独对外承担责任，公司的社团行为与股东的个人行为彼此完全独立。也就是说，通常情况下公司股东并不对公司的行为和债务承担个人责任。且股东对公司的出资义务源于股东间出资协议或章程约定，并通过在工商行政管理部门备案登记向社会公示，已向包括债权人在内的不特定第三人宣告了出资期限，债权人也是在此预期下与公司进行交易，债权人仅以自己对公司债权尚未获得清偿为由，要求股东提前履行出资义务，并不具备相应正当性和合理性。故邦容公司要求股东文某在未出资范围内对永力重工公司的债务承担补充清偿责任的诉讼请求，缺乏法律依据，本院不予支持。

关于文某要求改判邦容公司给永力钢构公司和永力重工公司开具2,699,412.47元增值税发票的上诉请求，本院认为该上诉请求系独立的诉讼请求，上诉人文某也并非要求邦容公司开具增值税专用发票的权利主体，永力钢构公司和永力重工公司在一审过程中未就此提出反诉，故该项上诉请求超出了本案的审理范围，本院不予审理。

综上所述，上诉人文某的上诉请求部分成立，一审判决适用法律部分错误，判决结果部分不当，本院予以纠正。依照《民事诉讼法》第一百七十条第一款第二项之规定，判决如下：

一、维持济南市历下区人民法院（2016）鲁 0102 民初 2572 号民事判决第一项、第二项、第三项、第四项、第五项及案件受理费承担部分，即"被告永力钢构股份有限公司于判决生效之日起 10 日内向原告邦容经贸有限公司支付欠款 3,862.96 元""被告永力钢构股份有限公司于判决生效之日起 10 日内向原告邦容经贸有限公司支付滞纳金（自 2015 年 5 月 9 日起至判决生效之日止以 3,862.96 元为基数按中国人民银行同期贷款利率计算）""被告永力重工科技发展有限公司于判决生效之日起 10 日内向原告邦容经贸有限公司支付欠款 713,429.3 元""被告永力重工科技发展有限公司于判决生效之日起 10 日内向原告邦容经贸有限公司支付带纳金（自 2015 年 5 月 9 日起至判决生效之日止以 713,429.3 元为基数按中国人民银行同期贷款利率计算）""被告文某军、被告文某功在各自未认缴出资本息范围内对上述第一至第二项判决承担补充赔偿责任""案件受理费 10,960 元，减半收取 5,480 元，保全费 5,000 元，由被告永力钢构股份有限公司、永力重工科技发展有限公司负担"。

二、撤销济南市历下区人民法院（2016）鲁 0102 民初 2572 号民事判决第六项、第七项，即"被告文某在未认缴出资本息范围内对上述第三至第四项判决承担补充赔偿责任""驳回原告邦容经贸有限公司的其他诉讼请求"。

三、驳回被上诉人济南邦容经贸有限公司的其他诉讼请求。

二审案件受理费 10,960 元，由被上诉人邦容经贸有限公司负担。

本判决为终审判决。①

· 法条链接 ·

《中华人民共和国公司法》

第三条　公司是企业法人，有独立的法人财产，享有法人财产权。公司以其全部财产对公司的债务承担责任。

---

① 本部分来源于本案判决书主文，限于篇幅略做删减，读者可自行查阅判决书全文以全面了解案情。

有限责任公司的股东以其认缴的出资额为限对公司承担责任；股份有限公司的股东以其认购的股份为限对公司承担责任。

《最高人民法院关于适用〈中华人民共和国公司法〉若干问题的规定（二）》

第二十二条　公司解散时，股东尚未缴纳的出资均应作为清算财产。股东尚未缴纳的出资，包括到期应缴未缴的出资，以及依照公司法第二十六条和第八十条的规定分期缴纳尚未届满缴纳期限的出资。

公司财产不足以清偿债务时，债权人主张未缴出资股东，以及公司设立时的其他股东或者发起人在未缴出资范围内对公司债务承担连带清偿责任的，人民法院应依法予以支持。

《最高人民法院关于适用〈中华人民共和国公司法〉若干问题的规定（三）》

第十三条第二款　公司债权人请求未履行或者未全面履行出资义务的股东在未出资本息范围内对公司债务不能清偿的部分承担补充赔偿责任的，人民法院应予支持；未履行或者未全面履行出资义务的股东已经承担上述责任，其他债权人提出相同请求的，人民法院不予支持。

《中华人民共和国企业破产法》

第三十五条　人民法院受理破产申请后，债务人的出资人尚未完全履行出资义务的，管理人应当要求该出资人缴纳所认缴的出资，而不受出资期限的限制。

已设立抵押的财产可否作为出资

案件要旨

在股东向公司出资的过程中，股东如果将已经办理了抵押登记的财产向公司出资，即使股东向公司交付了该财产，一旦债权人主张优先受偿，法院仍可对该财产强制执行，公司提出的执行异议之诉不会得到支持。

案件来源

河南省高级人民法院民事判决书　临猗湖滨有限公司因与被上诉人中国工

商银行股份有限公司三门峡湖滨支行案外人执行异议纠纷一案

📖 股东纠纷焦点

本案焦点在于：已设立抵押的财产是否可以作为出资，以及债权人是否可以主张优先受偿权？

📖 法理探析

实践中，对于股东是否可以以设立抵押的财产出资，主要有以下两种观点：

第一种观点认为：已经设定抵押的财产不能作为出资。主要理由在于：如果允许股东以设定抵押的财产出资，公司将处于资本不稳定的状态，特别当抵押权人要求对抵押物行使优先受偿权的时候，就会从实际上造成公司的资本减少，不符合公司法的资本确定原则。禁止以设立抵押的财产出资，其目的在于保护公司的财产的稳定性，而国务院制定的《公司登记管理条例》第十四条亦规定："股东的出资方式应当符合《公司法》第二十七条的规定，但是，股东不得以劳务、信用、自然人姓名、商誉、特许经营权或者设定担保的财产等作价出资。"即不允许以设定担保的财产作价出资。

第二种观点认为：已经设定抵押的财产可以出资。主要理由在于：根据《担保法》第四十九条的规定："抵押期间，抵押人转让已办理登记的抵押物的，应当通知抵押权人并告知受让人转让物已经抵押的情况；抵押人未通知抵押权人或者未告知受让人的，转让行为无效。转让抵押物的价款明显低于其价值的，抵押权人可以要求抵押人提供相应的担保；抵押人不提供的，不得转让抵押物。抵押人转让抵押物所得的价款，应当向抵押权人提前清偿所担保的债权或者向与抵押权人约定的第三人提存。超过债权数额的部分，归抵押人所有，不足部分由债务人清偿。"依据该条规定，对于转让已办理登记的抵押物，抵押人如果通知了抵押权人且告知受让人已抵押的事实，就可以转让已办理登记的抵押物。

根据最高人民法院《最高人民法院关于适用〈中华人民共和国担保法〉若干问题的解释》第六十七条规定："抵押权存续期间，抵押人转让抵押物未通知抵押权人或者未告知受让人的，如果抵押物已经登记的，抵押权人仍可以行使抵押权；取得抵押物所有权的受让人，可以代替债务人清偿其全部债务，使抵押权消灭。受让人清偿债务后可以向抵押人追偿。如果抵押物未经登记的，抵押权不得对抗受让人，因此给抵押权人造成损失的，由抵押人承担赔偿责任。"依据上述法律规定，故可以认定抵押物既然可以依法转让，则用抵押物出资亦可。

笔者倾向于认同第二种观点。股东用已经设定抵押的财产出资时，如果出资股东已经通知了抵押权人并且告知拟设立公司该出资财产已经设定抵押的，股东的出资应认定是合法的。

而对于已经办理抵押登记的出资财产，因为该出资财产的所有权之上已设有负担，如果债权人对该出资财产主张优先受偿权的，即便出资时股东已经将出资财产交付至公司，法院仍可对该财产强制执行，公司提出的执行异议之诉不会得到支持。

因此，在股东向公司出资的过程中，股东如果将已经办理了抵押登记的财产向公司出资，一旦债权人主张优先受偿，法院仍可对该财产强制执行。

🔊 败诉原因

河南省高级人民法案认为：关于抵押权是否成立的问题。该抵押财产在三门峡市工商行政管理局办理抵押登记后，应由该局将抵押登记情况抄送至抵押人登记注册机关和其他抵押物所在地的登记机关。该局未按照规定程序履行抄送手续，不影响抵押的效力。因此，该抵押程序合法，抵押登记有效，其效力及于三门峡湖滨公司与新湖滨公司存放于山西省临猗县的财产。

关于原审法院通知临猗湖滨公司移交的财产是否归该公司所有的问题。法院认为，财产抵押合法有效登记后，原审法院依据生效的相关法律文书及按照法定程序对三门峡湖滨公司、新湖滨公司抵押登记的财产依法进行执行，并无不妥。临猗湖滨公司要求确认位于山西省临猗县的财产所设定的抵押不生效，请求停止对上述财产执行的依据不足。

🔊 股东战术指导

在本案中，公司最终败诉的结果不得不引起股东们的警示，对于股东以设立抵押的财产进行出资的，公司须注意以下几点风险防范。

第一，为避免以抵押财产出资带来的资本减损的风险，公司应及时核实出资资产是否设立抵押。特别是对于以不动产出资的情况，公司和其他股东可以去相关部门查旬其是否有抵押。并要求股东向公司出具出资财产未设定抵押的保证。

第二，对于以抵押的财产出资的股东，要求股东承担资本补足责任。在抵押权人主张债权要求行使优先受偿权时，股东的出资财产即公司的资产将面临缩水。为避免出资人届时无力补足出资，在股东用抵押财产出资时，可同时要求股东另行提供担保或者增加保证人。

第三，无论股东用二出资的财产是否设立抵押，对于以不动产出资的，应及时将所有权变更登记至公司名下，而动产则应及时交付给公司。

⚖ 典型案例

上诉人临猗湖滨公司因与被上诉人中国工商银行股份有限公司三门峡湖滨支行（以下简称工行湖滨支行）案外人执行异议纠纷一案，临猗湖滨公司于2010年6月17日向河南省三门峡市中级人民法院（以下称原审法院）提起诉讼，请求判令：一、确认该院通知临猗湖滨公司移交的财产系临猗湖滨公司所有（抵押登记以前存放在临猗湖滨公司处的财产，价值约25万元）；二、确认工行湖滨支行对上述财产设定的抵押不生效；三、停止对上述财产的执行。原审法院于2011年5月11日作出（2010）三民初字第37号民事判决书。临猗湖滨公司不服该判决，于2021年6月28日上诉至本院。本院依法组成合议庭于2011年7月27日进行公开开庭审理了本案。上诉人临猗湖滨公司的委托代理人李某、被上诉人工行湖滨支行的委托代理人柴某到庭参加了诉讼。本案现已审理终结。

原审法院经审理查明：

一、三门峡湖滨果汁有限公司（以下简称"三门峡湖滨公司"）的财产抵押登记情况：2005年9月19日，三门峡湖滨公司与工行湖滨支行签订了编号为2005年湖滨[抵]字第0004号《最高额抵押合同》，三门峡湖滨公司提供的《抵押物清单》显示：三门峡湖滨公司是以其所有的319台机器设备作为其与工行湖滨支行最高贷款令额为2670万元的所有借款的抵押担保，双方并于

2005 年 9 月 21 日申请在三门峡市工商行政管理局办理该 319 台机器设备作为抵押物的抵押登记，三门峡市工商行政管理局经审查，于同日为其办理、颁发了三工商〔2005〕抵字第 17 号抵押物登记证，该证载明：抵押人为三门峡湖滨公司，抵押权人为工商湖滨支行，抵押合同为 2005 年湖滨［抵］字第 0004 号，抵押担保范围为主债权、利息、违约金等，被担保的主债权为 2670 万元，债务人履行债务的期限为止 2006 年 9 月 18 日，抵押物的名称、数量、价值为分离机、电控箱、生产线安装设备、锅炉设备、制冷设备等总价值 5627.77 万元，三门峡湖滨公司就上述所抵押的财产于 2005 年 12 月 13 日在中国平安财产保险股份有限公司办理了财产保险。此前的 2005 年 9 月 2 日，三门峡康华会计师事务所出具了三门峡湖滨公司委托对其用于抵押的财产的价值进行评估的康华会评报（2005）第 033 号评估报告，结论为：上述抵押财产评估价值为 5627.77 万元。抵押人三门峡湖滨公司提供的《抵押物清单》显示：用于抵押的上述机器设备所在地为借款人即三门峡湖滨公司所在地三门峡市，但经查三门峡市工商行政管理局的抵押档案，有 57 张抵押的机器设备的照片，照片上盖有三门峡湖滨公司的公章，注明有机器设备的名称和存放地点，其中有 7 张照片显示的机器设备注明的存放地点为三门峡湖滨公司临猗分公司，该分公司位于山西省运城市临猗县闫家庄，47 张照片显示的机器设备注明的存放地点为三门峡湖滨公司，3 张照片显示的机器设备注明的存放地点为三门峡天元铝业公司。

二、新湖滨（三门峡）发展有限责任公司（以下简称"新湖滨公司"）的财产抵押登记情况：2005 年 11 月 18 日，新湖滨公司与工行湖滨支行签订了编号为 2005 年湖滨［抵］字 0008 号《最高额抵押合同》，新湖滨公司提供的《抵押物清单》，显示：新湖滨公司是以其所有的 306 台机器设备作为借款人三门峡湖滨公司与工行湖滨支行最高贷款余额为 1553 万元的所有借款的抵押担保，双方并于 2005 年 11 月 22 日申请在三门峡市工商行政管理局办理该 306 台机器设备作为抵押物的抵押登记，三门峡市工商行政管理局经审查，于同日为其办理、颁发了三工商〔2005〕抵字第 26 号抵押物登记证，该证载明：抵押人为新湖滨公司，抵押权人为中国工商银行三门峡分行湖滨支行，抵押合同为 2005 年湖滨［抵］字 0008 号，抵押担保范围为主债权、利息、违约金等，被担保的主债权为 1553 万元，债务人履行债务的期限为止 2006 年 11 月 17 日，抵押物的名称、数量、价值为折射仪、纯水器、叉车、全自动软水器、低压配电柜、制冷设备、高压开关柜等总价值 3304.966378 万元，新湖滨公司就上述所抵押的财产于 2005 年 12 月 9 日在中国平安财产保险股份有限公司办理了财产保险。此前的 2005 年 11 月 17 日，三门峡康华会计师事务所出具了新湖滨公司委托对其用于抵押的财产的价值进行评估的康华会评报（2005）第 045 号评估报告，结论为：上述抵押财产评估价值为 3304.96 万元。抵押人新湖滨公司提供的《抵押物清单》显示：用于抵押的上述机器设备所在地为抵押人即新湖滨公司所在地三门峡市。

三、三门峡湖滨公司于 2005 年 9 月至 2006 年 3 月分别向工行湖滨支行借款 750 万元、900 万元、840 万元、780 万元、390 万元，共计 3660 万元。借款到期后，均没有偿还，工行湖滨支行依据三门峡市湖滨区公证处的三份《执行证书》、郑州市仲裁委员会的裁决书申请原审法院执行。该院对三门峡湖滨公司、新湖滨公司为本案借款抵押登记的财产依法进行了查封、评估、拍卖，分别被三门峡百佳工贸有限公司和魏力军竞拍买受。2009 年 6 月 3 日，该院通知临猗湖滨公司，要求其将抵押物评估清单 319 项中显示存放在临猗湖滨公司处的、三门峡湖滨公司抵押的财产锅炉及辅机等共计 72 项机器设备交付给三门峡百佳工贸有限公司，同时要求其将抵押物评估清单 306 项中显示存放在临猗湖滨公司处的、新湖滨公司抵押的折射仪等共计 30 项机器设备交付给魏力军。此后，临猗湖滨公司向该院提出异议，认为：抵押物评估清单 319 项中显示存放在临猗湖滨公司处的、三门峡湖滨公司抵押的财产锅炉及辅机等共计 72 项机器设备和抵押物评估清单 306 项中显示存放在临猗湖滨公司处的、新湖滨公司抵押的折射仪等共计 30 项机器设备系异议人所有，该院将该财产拍卖并通知临猗湖滨公司将该部分财产交付给三门峡百佳工贸有限公司和魏力军是错误的，因为，三门峡湖滨公司和新湖滨公司分别同工行湖滨支行对该设备办理抵押手续时，该部分机器设备的所在地为山西省临猗县，根据《中华人民共和国担保法》第四十一条规定，对该部分财产设立抵押，应在山西省临猗县工商局登记，而三门峡湖滨公司和新湖滨公司却在三门峡市工商局登记，该登记不符合法律规定。因此，对该部分财产的抵押登记不生效，不能对抗第三人。原审法院对临猗湖滨公司的异议进行了审查，于 2010 年 3 月 10 日作出了（2008）三行执字第 5-5 号裁定，驳回了临猗湖滨公司提出的该异议。临猗湖滨公司遂依据《民事诉讼法》第二百零四条的规定，在法定期间内向该院提起了确认之诉。

四、2005 年 9 月 29 日，国投中鲁果汁股份有限公司与三门峡湖滨公司、新湖滨公司三方在北京共同签订《关于设立临猗湖滨公司》的合同约定：三方共同出资在山西省临猗县设立临猗湖滨公司，该公司注册资本 5000 万元，三门峡湖滨公司认缴注册资本 2000 万元，以其所拥有的临猗分公司的全部生产设备、厂房及在建工程出资；各方同意对该资产进行评估，总价值为 4267.46 万元，其中 2000 万元作为出资，剩余部分 2267.46 万元作为合资公司对于三门峡湖滨公司的债务，由合资公司分期偿还给三门峡湖滨公司。还约定：新湖滨公司认缴注册资本 500 万元，以其所拥有的临猗分公司的全部生产设备、厂房及在建工程出资；各方同意对该资产进行评估，总价值为 668.75 万元，其中 500 万元作为出资，剩余部分 168.75 万元作为合资公司对于新湖滨公司的债务，由合资公司分期偿还给新湖滨公司。2006 年 1 月 14 日，三门峡湖滨公司和新湖滨公司分别与临猗湖滨公司就两公司分别在临猗分公司拥有的全部生产设备、厂房及在建工程（出资部分和转让部分）盘点交付给临猗湖滨公司。2006 年 4 月 19 日，临猗湖滨公司分别与三门峡湖滨公司、新湖滨公司就出资外固定资产达成转让协议，将出资外的固定资产转让给临猗湖滨公司。2005 年和 2006 年，临猗湖滨公司分数次向三门峡湖滨果汁公司、新湖滨公司付清全部转让款。据查：三门峡湖滨公司、新湖滨公司在办理财产转让、交付手续时，既未将转让财产已抵押的事实告知临猗湖滨公司，也未将财产转让的事实通知工行湖滨支行。

五、三门峡湖滨公司和新湖滨公司分别用于登记抵押的财产，抵押登记时全部属于该两公司所有，大部分存放于两个公司住所地三门峡市，少部分存放于该二公司的临猗分公司所在地山西省临猗县闫家庄。

原审法院认为：依照《中华人民共和国民法通则》第七十二条之规定，动产从交付时起开始转移，临猗湖滨公司与三门峡湖滨公司和新湖滨公司办理财产交付手续的时间是在 2006 年 1 月 14 日，而三门峡湖滨公司和新湖滨公司分别用其拥有所有权的生产设备为三门峡湖滨公司在工行湖滨支行处的最高额借款提供抵押担保的时间分别是在 2005 年的 9 月 19 日和 2005 年的 11 月 18 日，此时用于抵押的财产所有权仍属于二抵押人。经审查，用于抵押的大部分财产在三门峡。三门峡湖滨公司和新湖滨公司将其抵押的财产在向临猗湖滨公司交付之前的 2005 年 9 月和 11 月，均分别已向三门峡市工商行政管理局申请，办理了抵押登记，该抵押已发生法律效力。依照《中华人民共和国担保法》第四十九条的规定，抵押期间，抵押人转让已办理抵押登记的抵押物的，应当通知抵押权人并告知受让人转让物已抵押的情况；抵押人未通知抵押权人或者未告知受让人的，转让行为无效。经查，抵押人转让抵押物时未按上述规定通知抵押权人即工行湖滨支行和受让人即临猗湖滨公司，故该转让行为无效，不产生抵押财产所有权转移的效力。该院依据生效的相关法律文书及法定程序对三门峡湖滨公司、新湖滨公司抵押登记的财产依法进行执行，并无不当之处。临猗湖滨公司要求确认该院通知临猗湖滨公司移交的财产系临猗湖滨公司所有及要求确认上述财产设定的抵押不生效、请求停止对上述财产的执行的依据不足，该院依法不予支持。依照《中华人民共和国担保法》第四十一条、第四十二条第五项、第四十九条、《最高人民法院关于适用〈中华人民共和国担保法〉若干问题的解释》第六十七条第一款的规定，判决：驳回临猗湖滨公司的诉讼请求。案件受理费 5,050 元，由临猗湖滨公司承担。

临猗湖滨公司不服原审判决，向本院上诉称：原审适用法律错误。首先，三门峡湖滨公司和新湖滨公司向工行湖滨支行办理抵押手续时，该财产的所在地为山西省临猗县。根据《中华人民共和国担保法》第四十一条规定，当事人以本法第四十二条规定的财产抵押的，应当办理抵押物登记，抵押合同自登记之日起生效。该法第四十二条第一款第五项规定，以企业的设备和其他动产抵押的，办理抵押物登记的部门为财产所在地的工商行政管理部门。三门峡湖滨公司和新湖滨公司却在三门峡市工商行政管理局登记不符合法律规定，该财产抵押不生效。其次，根据《最高人民法院关于适用〈中华人民共和国担保法〉若干问题的解释》第六十七条第二款之规定，如果抵押物未经登记的，抵押权不得对抗受让人，因此给抵押人造成损失的，由抵押人承担赔偿责任。因该抵押未经有效登记，不得对抗临猗湖滨公司。故原审认定三门峡湖滨公司和新湖滨公司将抵押的财产在向临猗湖滨公司交付之前，均已向三门峡市工商行政管理局办理了抵押登记且已发生法律效力错误。二、原审认定事实错误。2005 年9 月 15 日，国投中鲁果汁股份有限公司与三门峡湖滨公司和新湖滨公司共同签订了一份《关于设立山西临猗湖滨发展有限公司的合同》，约定三方共同出资成立临猗湖滨公司。约定合同签订后，三门峡湖滨公司和新湖滨公司即履行出资义务，临猗湖滨公司于 2005 年 9 月 29 日成立。根据《中华人民共和国合同法》第一百四十条之规定，标的物在订立合同之前已为买受人占有的，合同生效的时间为交付时间。在《关于设立山西临猗湖滨发展有限公司的合同》签订之前，上述生产设备已经存在于山西临猗闫家庄，临猗湖滨公司是依据上述生产设备而设立的，应当认定上述设备的交付时间 2005 年 9 月 29 日为临猗湖滨公司成立之日。原审错误的认定了投资和转让设备交付给临猗湖滨公司的时间为 2006 年 1 月 14 日，进而错误认定了三门峡湖滨公司和新湖滨公司将抵押的财产在向临猗湖滨公司交付之前均已向三门峡市工商行政管理局办理了抵押登记。综上，原审要求临猗湖滨公司交付上述财产，是错误的。请求，撤销原判，支持其一审诉讼请求。

工行湖滨支行辩称：三门峡湖滨公司和新湖滨公司自愿为其在工行湖滨支行的借款提供抵押物作为担保，与二公司分别签订书面的《抵押合同》并在三门峡市工商行政管理局办理了抵押登记手续，工行湖滨支行与二公司之间的抵押关系已经成立。工行湖滨支行在三门峡湖滨公司未按期偿还贷款的情况下，申请原审法院通过评估拍卖的方式处置抵押物符合《中华人民共和国担保法》第五十三条的规定，工行湖滨支行实现其债权的方式合法有效，应当受到法律保护。临猗湖滨公司如果认为工行湖滨支行的抵押登记不符合法律规定，应先向三门峡市工商行政管理局申请行政复议或提起行政诉讼。临猗湖滨公司在接受工行湖滨支行的抵押物时，未充分调查所接受的财产是否清晰，由此产生的不利后果的风险应由临猗湖滨公司承担或者由临猗湖滨公司向三门峡湖滨公司和新湖滨公司追索。请求，驳回上诉，维持原判。

本院查明事实除与原审法院查明事实一致外，另查明：本案一审程序中，山西临猗公司向法庭提交一份由运城市元兴资产评估有限公司于 2005 年 12 月 5 日出具的资产评估报告书摘要 [运元兴评报字（2005）第 221 号（复印件）] 显示：一、委托方及资产占有方：三门峡湖滨公司、新湖滨公司；二、评估目的：通过评估确定委估资产的现时公允价值，为委托方拟投资成立山西临猗公司（筹）提供价值参考依据；三、评估范围与对象：本次资产评估范围与对象为三门峡湖滨公司拟投资的部分机器设备，新湖滨公司拟投资的部分房屋建筑物及机器设备；四、评估基准日：2005 年 11 月 30 日。

根据双方当事人上诉、答辩情况，并征询当事人意见，本院归纳本案争议焦点为，抵押权是否成立，原审法院通知临猗湖滨公司移交的财产是否归该公司所有。

本院认为：关于抵押权是否成立的问题。三门峡湖滨公司为了其在工行湖滨支行的最高额 2670 万元贷款，向该行提交了经评估价值为 5627.77 万元的 319 台设备做抵押，并于 2005 年 9 月 21 日在三门峡市工商行政管理局办理了抵押物登记。新湖滨公司以评估价值为 3304.96 万元的 306 台设备为三门峡湖滨公司在工行湖滨支行的最高额 1553 万元借款提供了抵押担保，并于 2005 年 11 月 22 日在三门峡市工商行政管理局办理了抵押登记。经查，以上抵押物在向三门峡市工商行政管理局办理登记时，大部分财产存放于三门峡市，少部分存放于山西省临猗县吕家庄。临猗湖滨公司在本案提出异议的价值 25 万元设备，仅占以上 8932.73 万元（评估价值）抵押财产中的较小比例。依据中华人民共和国国家工商行政管理局《企业动产抵押物登记管理办法》（2000 年修订）第二条第二款 "企业动产抵押物登记，由抵押物所在地的工商行政管理局办理。企业动产抵押物分别存放于两个以上不同登记机关辖区时，由主要抵押物所在地的市、县工商行政管理局登记，并将登记情况抄送抵押人登记注册机关和其他抵押物所在地的登记机关" 之规定，以上财产应向主要抵押物所在地，即三门峡市工商行政管理局申请办理。该财产在三门峡市工商行政管理局办理抵押登记后，应由该局将抵押登记情况抄送至抵押人登记注册机关和其他抵押物所在地的登记机关。该局未按照规定程序履行抄送手续，不影响抵押的效力。因此，该抵押程序合法，抵押登记有效，其效力及于三门峡湖滨公司与新湖滨公司存放于山西省临猗县的财产。

关于原审法院通知临猗湖滨公司移交的财产是否归该公司所有的问题。《公司法》（1999 年修订）第二十四条第一款、二十五条第一款、二十七条第一款之规定：股东以实物出资的，必须进行评估作价，核实财产，不得高估或低价作价，依法办理其财产权的转移手续。股东的全部出资经法定的验资机构验资后，由全体股东指定的代表或者共同委托的代理人向公司登记机关申请设立登记。本案一审程序中山西临猗公司提交的《资产评估报告书摘要》证明，三门峡湖滨公司和新湖滨公司于 2005 年 12 月 5 日才经评估公司作出拟出资资产的评估报告，该报告形成于 2005 年 9 月 19 日、2005 年 11 月 18 日两次抵押登记之后。并且，没有足够证据证明三门峡湖滨公司和新湖滨公司在出资资产评估之前，特别是两次抵押登记之前已经完成了出资财产的所有权转移。另外，三门峡湖滨公司和新湖滨公司也是在出资财产评估之后，于 2006 年 1 月 14 日对其在临猗分公司的资产盘点并交付给山西临猗公司。因此，临猗湖滨公司提出的抵押效力不溯及上述财产，以及该财产已于 2005 年 9 月 29 日向山西临猗公司交付的上诉理由均不成立，本院不予支持。<u>财产抵押合法有效登记后，原审法院依据生效的相关法律文书及按照法定程序对三门峡湖滨公司、新湖滨公司抵押登记的财产依法进行执行，并无不妥。</u>临猗湖滨公司要求确认位于山西省临猗县的财产所设定的抵押不生效，请求停止对上述财产执行的依据不足，本院予以驳回。

综上，原审认定事实清楚，适用法律正确，应予维持。临猗湖滨公司的上诉理由不能成立，本院予以驳回。依据《民事诉讼法》第一百五十三条第一项之规定，判决如下：

驳回山西临猗湖滨果汁有限公司的上诉请求，维持原判。

二审案件受理费 5050 元，由山西临猗湖滨果汁有限公司负担。

本判决为终审判决。①

·法条链接·

《中华人民共和国公司法》

第二十七条　股东可以用货币出资，也可以用实物、知识产权、土地使用权等可以用货币估价并可以依法转让的非货币财产作价出资；但是，法律、行政法规规定不得作为出资的财产除外。

对作为出资的非货币财产应当评估作价，核实财产，不得高估或者低估作价。法律、行政法规对评估作价有规定的，从其规定。

《最高人民法院关于适用〈中华人民共和国公司法〉若干问题的规定（三）》

第九条　出资人以非货币财产出资，未依法评估作价，公司、其他股东或者公司债权人请求认定出资人未履行出资义务的，人民法院应当委托具有合法资格的评估机构对该财产评估作价。评估确定的价额显著低于公司章程所定价额的，人民法院应当认定出资人未依法全面履行出资义务。

---

① 本部分来源于本案判决书主文，限于篇幅略做删减，读者可自行查阅判决书全文以全面了解案情。

《中华人民共和国担保法》

第四十九条　抵押期间，抵押人转让已办理登记的抵押物的，应当通知抵押权人并告知受让人转让物已经抵押的情况；抵押人未通知抵押权人或者未告知受让人的，转让行为无效。

转让抵押物的价款明显低于其价值的，抵押权人可以要求抵押人提供相应的担保；抵押人不提供的，不得转让抵押物。

抵押人转让抵押物所得的价款，应当向抵押权人提前清偿所担保的债权或者向与抵押权人约定的第三人提存。超过债权数额的部分，归抵押人所有，不足部分由债务人清偿。

第六章　瑕疵出资

如何判断股东是否具有抽逃出资行为

案件要旨

　　根据《公司法解释三》第十二条具体规定的抽逃出资的构成要件有两个，一个是形式要件，具体表现为该条罗列的"将出资款转入公司账户验资后又转出""通过虚构债权债务关系将其出资转出"等各种具体情形。另一个是实质要件，即"损害公司权益"。如果仅符合了该法条规定的形式要件，但"损害公司权益"的实质要件难以认定的话，不构成抽逃注册资金。

案件来源

　　最高人民法院民事裁定书　北京昌鑫投资有限公司（原北京昌鑫经营有限公司、北京昌鑫投资经营公司）等与北京某汽车空调散热器有限公司买卖合同纠纷执行裁定书[①]

股东纠纷焦点

　　本案主要焦点在于：昌鑫公司作为增资股东将增资款汇入弘大公司账户，在验资后又将该笔资金转出，用于偿还在先债务的行为是否构成抽逃出资？

法理探析

　　本案中，三源公司作为弘大公司的债权人，认为弘大公司的股东昌鑫公司

---

① 　昌鑫建设投资有限公司（原昌鑫国有资产投资经营有限公司、昌鑫国有资产投资经营公司）等与弘大汽车空调散热器有限公司买卖合同纠纷执行裁定书　最高人民法院（2014）执申字第9号

有抽逃出资行为，在对弘大公司的执行过程中，要求追加昌鑫公司为被执行人，潍坊市中级人民法院裁定准予追加。昌鑫公司不服，向山东高级人民法院提起上诉，几经波折，最后以最高人民法院的一纸裁定书定纷止争，由此给企业家上了生动的一课——如何判断抽逃出资？

一、"将出资款项转入公司账户验资后又转出"即为股东抽逃出资吗

对于股东抽逃出资的行为，主要见于《公司法解释三》第十二条的规定，符合以下四种情形之一且损害公司权益的，认定为抽逃出资：制作虚假财务会计报表虚增利润进行分配；通过虚构债权债务关系将其出资转出；利用关联交易将出资转出；其他未经法定程序将出资抽回的行为。

从形式上看，"将出资款转入公司账户验资后又转出"的行为与《公司法解释三》第十二条的第二项"通过虚构的债权债务关系将其出资转出"较为符合。但是，此处需要注意的是，昌鑫公司在增资前和宏大公司存在合法的债务，即昌鑫公司是用该笔资金偿还在先的合法债务，而非"虚构债权债务将出资转出"。

因此，如果有合法债务在先，偿还债务在后，不构成"抽逃出资"。

二、认定抽逃出资的构成要件有两个：形式要件和实质要件

法律之所以禁止抽逃出资行为，是因为该行为非法减少了公司的责任财产，降低了公司的偿债能力，不仅损害了公司与其他股东的权益，更损害了公司债权人等相关权利人的权益。依据公司法的规定，认定抽逃出资的形式要件主要是指上述四种情形，但是并非只要符合这四种情形就构成了抽逃出资。抽逃出资的认定除了须符合形式要件，还需同时具备实质要件即"损害债权人利益"这一要件。

而本案中，双方的债权债务关系真实存在，昌鑫公司对弘大公司增资扩股后，昌鑫公司的增资扩股和合法受偿债权行为既没有损害弘大公司的利益，也没有损害弘大公司的股东、债权人及第三人利益。弘大公司偿还债务的行为并不"损害公司债权人利益"，不构成抽逃出资的行为。

三、在执行程序中，是否可以追加抽逃资金的股东作为被执行人

本案中，三源公司作为弘大公司的债权人，请求追加弘大公司股东昌鑫公司为被执行人，要求其在对弘大公司抽逃出资的范围内承担责任，潍坊市中级人民法院裁定准予追加。那么，需要思考的是，抽逃出资的股东能否在执行程序中直接被追加为被执行人，承担还款责任呢？

根据《最高人民法院关于民事执行中变更、追加当事人若干问题的规定》第十八条规定："作为被执行人的企业法人，财产不足以清偿生效法律文书确定的债务，申请执行人申请变更、追加抽逃出资的股东、出资人为被执行人，在抽逃出资的范围内承担责任的，人民法院应予支持。"另根据《最高人民法院关于人民法院执行工作若干问题的规定（试行）》第八十条规定："被执行人无财产清偿债务，如果其开办单位对其开办时投入的注册资金不实或抽逃注册资金，可以裁定变更或追加其开办单位为被执行人，在注册资金不实或抽逃注册资金的范围内，对申请执行人承担责任。"

根据上述规定，在执行程序中，如果被执行人无财产清偿债务，债权人可以追加抽逃注册资金的股东作为被执行人。但是，追加为被执行人首要的一个前提条件是股东必须有抽逃出资的行为，而本案中，最高院最终认定昌鑫公司不具有抽逃出资行为，因此，三源公司最终败诉。

⚖ 败诉原因

最高人民法院认为：昌鑫公司不构成抽逃出资。

第一，昌鑫公司对弘大公司存在合法的在先债权。抽逃出资一般是指不存在合法真实的债权债务关系，而将出资转出的行为。而本案中，对于昌鑫公司在2004年即通过债权受让的方式取得对于弘大公司债权的事实，山东两级法院与各方当事人并无分歧。

第二，未损害弘大公司及相关权利人的合法权益。法律之所以禁止抽逃出资行为，是因为该行为非法减少了公司的责任财产，降低了公司的偿债能力，不仅损害了公司与其他股东的权益，更损害了公司债权人等相关权利人的权益。而本案并不存在这种情况，昌鑫公司对于弘大公司享有债权在先，投入注册资金在后。

第三，不违反相关司法解释的规定。《公司法解释三》第十二条具体规定了抽逃出资的构成要件，一个是形式要件，具体表现为该条罗列的"将出资款转入公司账户验资后又转出""通过虚构债权债务关系将其出资转出"等各种具体情形。另一个是实质要件，即"损害公司权益"。本案虽然符合了该法条规定的形式要件，但是如上所述，实质要件难以认定。所以无法按照上述两个条文的规定认定昌鑫公司构成抽逃注册资金。①

股东战术指导

本案中，公司最终败诉的结果不得不引起股东们的警示，在出资入股的过程中，笔者提出以下建议，仅供参考：

第一，股东在出资以及增资中，如果以虚构债务的方式将注册资金在验资后又立即转出，此种行为因为损害了公司债权人的利益，属于抽逃出资行为。

第二，股东如果与公司有合法的在先债权债务，在用公司资金偿还股东债务的时候，必须保留相关的证据，用于证明和公司的债务是合法而非虚构，避免因交易外观与抽逃出资的外在形式类似，而被错误认定股东抽逃出资。

第三，在司法实践中，很多公司以股东借款的名义将出资资金转出，但在诉讼过程中，如果股东借款的真实性缺乏证据的话，很有可能会被认为"以虚构债权债务的方式"抽逃出资，从而承担相应的法律责任。

经典案例

潍坊市中级人民法院在执行三源公司与北京弘大有限公司（以下简称弘大公司）买卖合同纠纷一案中，认为弘大公司的股东昌鑫公司有抽逃出资行为，裁定追加昌鑫公司为被执行人。昌鑫公司不服，向潍坊市中级人民法院提出异议，主张不应被追加为被执行人。理由如下：本案的事实是弘大公司偿还昌鑫公司欠款，而非昌鑫公司抽逃注册资金。在成为弘大公司的股东之前，昌鑫公

① 本部分来源于本案判决书主文，限于篇幅略做删减，读者可自行查阅判决书全文以全面了解案情。

司与弘大公司之间已存在 2545 万元债权债务关系。弘大公司全体股东与昌鑫公司签订的《增资扩股补充协议书》中明确约定弘大公司向昌鑫公司定向增发股本 2545 万元，在增资扩股的同时，偿付昌鑫公司债务 2545 万元。2006 年 6 月 12 日弘大公司转给昌鑫公司的款项是该公司按照协议约定和董事会决议偿还债务的行为。此外，抽逃注册资金是严重的违法犯罪行为，昌鑫公司及相关人员从未因此受到过任何行政与刑事处罚。

潍坊市中级人民法院认为：2006 年 6 月 9 日昌鑫公司向弘大公司注入资金 2545 万元（折合 316.7393 万美元），在正式验资报告尚未出具且工商登记变更之前，上述款项又于 2006 年 6 月 12 日转入昌鑫公司账户，上述抽回出资行为造成昌鑫公司对弘大公司的增资并未实际到位。申请执行人请求追加昌鑫公司为本案被执行人，要求其在对弘大公司抽逃出资的范围内承担责任，符合法律规定，应予支持。根据中国人民银行《人民币银行结算账户管理办法》第三十七条和《人民币银行结算账户管理办法实施细则》第十一条、第十九条的规定，注册验资的临时存款账户在验资期间只收不付；单位存款人因增资验资需要开立银行结算账户的，应持其基本存款账户开户许可证、股东会或董事会决议等证明文件，在银行开立一个临时存款账户，该账户的使用和撤销比照因注册验资开立的临时存款账户管理；需要在临时存款账户有效期届满前退还资金的，应出具工商行政管理部门的证明；无法出具证明的，应于账户有效期届满后办理销户退款手续。依照法律规定，上述验资账户中的 2545 万元资金，在验资期间是不能对外支付的，只有在公司完成变更登记，由验资账户转入基本存款账户后，方可办理公司结算业务。

按照上述法律规定，即使昌鑫公司与弘大公司之间存在债权债务关系，在弘大公司完成注册资本变更登记之前，上述增资款亦不能作为弘大公司的财产偿还昌鑫公司债务。因此，昌鑫公司是否与弘大公司之间存在 2545 万元债权债务关系，并不影响其因抽回出资而造成增资不实的事实。至于昌鑫公司是否因抽逃注册资本受到刑事处罚或行政处罚，不影响其在民事执行过程中向申请执行人承担责任。综上，昌鑫公司的异议理由不能成立。潍坊市中级人民法院遂作出（2012）潍执异字第 27 号执行裁定（以下简称"27 号异议裁定"），驳回了昌鑫公司的异议。

昌鑫公司不服潍坊市中级人民法院 27 号异议裁定，向山东省高级人民法院提出复议申请，认为该裁定认定事实与适用法律都存在错误，昌鑫公司已对弘大公司合法出资，弘大公司偿还债务的行为不构成抽逃出资，请求撤销该裁定。具体理由如下：

一、工商部门登记的验资报告，签字、盖章日期均为 2006 年 6 月 12 日，并非潍坊市中级人民法院认定的 2006 年 6 月 13 日。二、昌鑫公司系受让中国工商银行北京昌平支行（以下简称"工行昌平支行"）对弘大公司的债权，成为弘大公司合法的债权人，27 号异议裁定未予认定。三、昌鑫公司对弘大公司的增资扩股经过了行政审批，经过了合法验资报告的确认，昌鑫公司已完成出资行为。四、根据《最高人民法院关于适用〈中华人民共和国公司法〉若干问题的规定（三）》第十二条，认定抽逃出资必须具备"损害公司债权人利益"的要件，本案债权债务关系真实存在，昌鑫公司对弘大公司增资扩股后，弘大公司偿还债务的行为并不"损害公司债权人利益"，不构成抽逃出资。五、27号异议裁定依据部门规章，即中国人民银行《人民币银行结算账户管理办法》及《人民币银行结算账户管理办法实施细则》认定昌鑫公司抽逃出资，属于适用法律错误。

山东省高级人民法院在确认潍坊市中级人民法院查明事实的基础上，另查明：工行昌平支行、中关村兴业（北京）高科技孵化器股份有限公司、北京保温瓶工业公司、北京市昌平商业大厦、北京兴昌高科技发展总公司、北京市平板玻璃工业公司、北京昌鑫国有资产投资经营有限公司分别于 2004 年 3 月 30 日签订《抵债协议书》，于 2004 年 6 月 23 日签订《抵债资产处置协议书》，约定由昌鑫公司购买工行昌平支行对 43 家企业的债权，其中包括工行昌平支行对弘大公司的债权。弘大公司出具《债权转让确认函》，确认其欠工行昌平支行贷款本金 2545 万元，并同意工行昌平支行将上述债权转让给昌鑫公司。

山东省高级人民法院认为：根据《最高人民法院关于适用〈中华人民共和国公司法〉若干问题的规定（三）》第十二条第一项的规定，"将出资款项转入公司账户验资后又转出"即为股东抽逃出资的情形。本案中，昌鑫公司于 2006 年 6 月 9 日向弘大公司注入资金 2545 万元（折合 316.7393 万美元），在北京嘉信达盛会计师事务所有限公司进行审验后，工商登记变更之前，上述款项又于 2006 年 6 月 12 日转入昌鑫公司账户，应认定其为抽逃出资的行为，昌鑫公司的复议理由不成立，山东省高级人民法院不予支持。经山东省高级人民法院审判委员会研究，依照《民事诉讼法》第二百二十五条、《最高人民法院关于适用〈中华人民共和国民事诉讼法〉执行程序若干问题的解释》第九条之规定，作出（2013）鲁执复议字第59号执行裁定（以下简称"59号复议裁定"），驳回了昌鑫公司的复议申请。

昌鑫公司不服山东省高级人民法院59号复议裁定，向最高人民法院申诉，请求撤销山东省高级人民法院59号复议裁定、潍坊市中级人民法院15号追加裁定及27号异议裁定；并要求将已经执行的财产予以执行回转。

山东省高级人民法院对于本案的事实认定清楚，最高院予以确认。另查明以下事实：一、山东省高级人民法院书面报告：1.在复议案件审查期间，没有收到弘大公司申请破产的任何证据。2.潍坊市中级人民法院在59号复议裁定作出后的执行程序中，收到了由昌鑫公司代理律师邮寄的北京法院受理弘大公司破产的裁定。但是潍坊市中级人民法院认为，不是昌鑫公司申请破产而继续执行。3.潍坊市中级人民法院已将执行款项支付给申请执行人三源公司。二、在本院指定期间内，昌鑫公司提交了北京市第一中级人民法院受理弘大公司破产申请的裁定、三源公司申报债权的材料，认为破产管理人在接受三源公司债权申报后，向潍坊市中级人民法院核实了该笔债权的真实性（相关记录留存在破产管理人处）。主张潍坊市中级人民法院与三源公司在扣划款项前对弘大公司破产情况完全知情。昌鑫公司没有提交其在本案复议期间向山东省高级人民法院提交弘大公司进入破产程序相关材料的证据。

本院认为，本案争议焦点是：第一，昌鑫公司作为增资扩股的股东（增资扩股后占股权69%），在将注册资本汇入弘大公司账户并通过会计师事务所验资后、工商变更登记完成前，又作为债权人，接受弘大公司以该注册资金偿还在先债务的行为是否构成抽逃出资，执行程序中应否追加其为被执行人。第二，在法院受理弘大公司破产申请后，山东省高级人民法院的复议审查是否应予中止。第三，山东省高级人民法院复议裁定作出后，潍坊市中级人民法院得知法院受理了弘大公司破产申请的情况下，对于昌鑫公司的执行程序是否应予以中止。

一、关于昌鑫公司是否构成抽逃出资。

本院认为，昌鑫公司不构成抽逃出资。主要理由如下：第一，昌鑫公司对弘大公司存在合法的在先债权。抽逃出资一般是指不存在合法真实的债权债务关系，而将出资转出的行为。而本案中，对于昌鑫公司在2004年即通过债权受让的方式取得对于弘大公司债权的事实，山东两级法院与各方当事人并无分歧。第二，未损害弘大公司及相关权利人的合法权益。法律之所以禁止抽逃出资行为，是因为该行为非法减少了公司的责任财产，降低了公司的偿债能力，不仅损害了公司与其他股东的权益，更损害了公司债权人等相关权利人的权益。而本案并不存在这种情况，昌鑫公司对于弘大公司享有债权在先，投入注册资金在后。在整个增资扩股并偿还债务过程中，昌鑫公司除了把自己的债权变成了投资权益之外，没有从弘大公司拿走任何财产，也未变更弘大公司的责任财产与偿债能力。第三，不违反相关司法解释的规定。本案中，山东两级法院认定昌鑫公司构成抽逃出资适用的司法解释有两个，一是《执行规定》第八十条，二是《最高人民法院关于适用〈中华人民共和国公司法〉若干问题的规定（三）》第十二条。《执行规定》第八十条只是规定在执行程序中可以追加抽逃注册资金的股东为被执行人，但是并未规定构成抽逃注册资金的构成要件。《最高人民法院关于适用〈中华人民共和国公司法〉若干问题的规定（三）》第十二条具体规定了抽逃出资的构成要件，可以作为执行程序中认定是否构成抽逃注册资金的参照。该条文规定的要件有两个，一个是形式要件，具体表现为该条罗列的"将出资款转入公司账户验资后又转出""通过虚构债权债务关系将其出资转出"等各种具体情形。另一个是实质要件，即"损害公司权益"。本案虽然符合了该法条规定的形式要件，但是如上所述，实质要件难以认定。所以无法按照上述两个条文的规定认定昌鑫公司构成抽逃注册资金，在执行程序中追加昌鑫公司为被执行人证据不足。

二、在法院受理弘大公司破产申请后，山东省高级人民法院的复议审查是否应予中止。

我国《中华人民共和国企业破产法》第十九条规定："人民法院受理破产申请后，有关债务人财产的保全措施应当解除，执行程序应当中止。"该规定主要适用于执行实施行为，并不必然涵盖执行复议程序。因为在复议程序中，存在生效的异议裁定。如果中止了复议程序，破产程序中难以处理异议裁定的效力，也无法实现当事人对于异议裁定的救济。何况，本案中昌鑫公司未向本院提交关于山东省高级人民法院在复议期间知晓弘大公司已进入破产程序的证据，故其关于复议程序违法的主张不能成立。

三、山东省高级人民法院复议裁定作出后，潍坊市中级人民法院在得知法院已受理弘大公司破产申请的情况下，对于昌鑫公司的执行程序是否应予以中止。

如上所述，昌鑫公司不构成抽逃出资，因此不能追加其为被执行人，所以对其执行是错误的。即使昌鑫公司构成了抽逃出资应予以追加，在弘大公司进入破产程序的情况下，执行法院对于昌鑫公司的执行程序也应予以中止，交由破产法院统一处理。因为股东抽逃出资的行为减少了整个公司的责任财产与偿债能力，损害的是全体债权人的利益。在破产程序中，股东的出资被追回后，应列入破产财产以平等实现全体债权。针对特定股东继续执行以实现个别债权，不符合破产程序中平等保护债权的原则。总之，潍坊市中级人民法院在得知法院受理弘大公司破产申请的情况下，继续执行昌鑫公司的财产是错误的。

综上，昌鑫公司主张其不构成抽逃出资的理由成立，山东省高级人民法院和潍坊市中级人民法院在执行程序中认定昌鑫公司构成抽逃出资并追加其为被执行人证据不足，应予纠正。潍坊市中级人民法院在北京市第一中级人民法院已经受理弘大公司破产案件后，仍继续执行属程序错误，也应予以纠正。依照《民事诉讼法》第二百三十三条、《中华人民共和国企业破产法》第十九条，《最高人民法院关于人民法院执行工作若干问题的规定（试行）》第八十条、第一百二十九条，《最高人民法院关于适用〈中华人民共和国公司法〉若干问题的规定（三）》第十二条之规定，裁定如下：一、撤销山东省高级人民法院（2013）鲁执复议字第59号执行裁定；二、撤销潍坊市中级人民法院（2012）潍执变字第15号执行裁定和（2012）潍执异字第27号执行裁定；三、将潍坊市中级人民法院在本案中执行昌鑫建设投资有限公司的款项执行回转。[①]

· 法条链接 ·

《最高人民法院关于适用〈中华人民共和国公司法〉若干问题的规定（三）》

第十二条　公司成立后，公司、股东或者公司债权人以相关股东的行为符合下列情形之一且损害公司权益为由，请求认定该股东抽逃出资的，人民法院应予支持：一、制作虚假财务会计报表虚增利润进行分配；二、通过虚构债权

---

① 本部分来源于本案判决书主文，限于篇幅略做删减，读者可自行查阅判决书全文以全面了解案情。

债务关系将其出资转出；三、利用关联交易将出资转出；四、其他未经法定程序将出资抽回的行为。

《最高人民法院关于人民法院执行工作若干问题的规定（试行）》

第八十条　被执行人无财产清偿债务，如果其开办单位对其开办时投入的注册资金不实或抽逃注册资金，可以裁定变更或追加其开办单位为被执行人，在注册资金不实或抽逃注册资金的范围内，对申请执行人承担责任。

《最高人民法院关于民事执行中变更、追加当事人若干问题的规定》

法释〔2016〕21号

第十八条　作为被执行人的企业法人，财产不足以清偿生效法律文书确定的债务，申请执行人申请变更、追加抽逃出资的股东、出资人为被执行人，在抽逃出资的范围内承担责任的，人民法院应予支持。

大股东虚构债务抽逃出资，小股东该如何应对

案件要旨

公司设立后，在非正常业务往来的情况下，将公司的出资资本通过虚构债务、间接转款的方式转移的，应认定为抽逃出资行为，而公司的其他股东、董事、高管人员等实施协助股东抽逃出资行为的，应承担连带责任。

案件来源

最高人民法院民事判决书　光彩宝龙有限公司、宝纳有限公司等与袁玉某、龙湾港集团有限公司一般股东权纠纷二审 [1]

股东纠纷焦点

本案焦点主要在于：当大股东利用控股优势，将注册资金通过虚构债务的

---

[1] 光彩宝龙有限公司、宝纳有限公司等与袁玉某、龙湾港集团有限公司一般股东权纠纷二审最高人民法院民事判决书（2014）民二终字第00092号

方式进行抽逃，作为小股东该采取哪种正确的方式？公司其他股东、董事是否需要承担连带责任？

⚖ 法理探析

在公司控制权的博弈中，大股东相比小股东，在股权控制上具有压倒性的优势，因此，大股东往往无视小股东的利益，将公司当成自己一个人的公司。在笔者经办过的案件中，大股东侵犯小股东利益的案例比比皆是，而本案，就是一则较为常见的大股东抽逃出资的经典案例。

那么，当小股东遭遇大股东抽逃出资掏空公司，是否就束手无策了呢？答案当然是否定的！

一、认缴资本制度下，股东抽逃出资的行为是否不被追究法律责任

认缴制后，存在这样的一个理解误区，由于不再要求验资，股东一元钱就可以注册公司，因此国内公司的股东就可以像某些国家（如美国和香港），不再受抽逃出资的困扰，股东的抽逃出资不再成立，股东不会因为抽逃出资而承担民事责任、行政责任，事实真的如此美好吗？

2013 年《公司法》修正后，出资制度改为认缴制，取消了最低注册资本限制，此种情形下，对于抽逃出资和虚假出资行为是否还要承担责任的问题存在争议：

第一种观点认为：2013 年《公司法》修订后，对公司设立门槛大幅度降低，诸多之前的限制已经取消，实践中追究抽逃出资和虚假出资行为已无实际意义。

第二种观点认为：在认缴制下依然存在抽逃出资和虚假出资的行为，该种行为的危害性较大，不能对此置之不理。

笔者倾向于第二种观点。无论出资制度为何，都不应动摇公司法上的股东有限责任制度，股东的出资义务是始终存在的，而实缴资本也依然具有重要的法律意义。股东的出资责任不因认缴制而消失，其抽逃出资和虚假出资的出资行为应承担相应的责任。

二、《公司法》对于抽逃出资的四种行为的界定

对于何种行为应界定为股东抽逃出资行为，《公司法解释三》第十二条对此作出了明确规定，符合以下四种情形之一且损害公司权益的，认定为抽逃出

资：制作虚假财务会计报表虚增利润进行分配；通过虚构债权债务关系将其出资转出；利用关联交易将出资转出；其他未经法定程序将出资抽回的行为。

三、抽逃出资的举证责任由谁承担

根据谁主张谁举证的原则，如果公司的债权人诉请追究股东抽逃出资的责任，则债权人须承担相应的举证责任。当然，如果是公司主张股东抽逃出资的责任，亦须举证证明。我们注意到，在实践中，当债权人主张股东的抽逃出资责任的时候，往往因为信息的不对称，以及公司股东内部联手抵制债权人的情况时有发生，导致债权人的举证责任异常艰巨。所以债权人在举证过程中应注意及时搜集股东抽逃出资的证据。

四、抽逃出资的法律责任的种类

股东抽逃出资的法律责任，主要有三种民事责任，分别是对公司其他股东的责任、对公司的责任、对债权人的责任。

对公司其他股东的民事责任

如果股东抽逃出资，将会损害其他股东及公司的利益。在此情况下，可以参照《公司法》第二十八条第二款规定，已经足额缴纳出资的股东或者发起人可以根据公司章程之规定，要求抽逃出资的股东或者发起人承担违约责任；也可以根据《公司法解释三》第十四条第一款的规定，公司或者其他股东有权要求抽逃出资的股东返还出资。在诉讼主体资格上，依据《公司法解释三》第十二条及第十四条的规定，股东可以直接提起抽逃出资之诉，而无须先行提起股东代表之诉。

对公司的民事责任

根据《公司法》第三十五条和九十一条之规定，公司成立后，股东、发起人、认股人不得抽逃出资，即不得抽回股本。股东在出资后又抽逃出资的，构成对公司法人独立财产权的一种侵权行为，抽逃出资的股东应当对公司承担侵权责任。因此，公司可以起诉抽逃出资的股东，要求其归还所抽逃的出资及赔偿由此给公司所造成的损失。

对债权人的责任

根据《公司法解释三》第十四条第二款的规定："公司债权人请求抽逃出

资的股东在抽逃出资本息范围内对公司债务不能清偿的部分承担补充赔偿责任、协助抽逃出资的其他股东、董事、高级管理人员或者实际控制人对此承担连带责任的，人民法院应予支持；抽逃出资的股东已经承担上述责任，其他债权人提出相同请求的，人民法院不予支持。"

因此，公司债权人可请求抽逃出资的股东在抽逃出资本息范围内对公司债务不能清偿的部分承担补充赔偿责任，并可要求协助抽逃出资的其他股东、董事、高级管理人员或者实际控制人对此承担连带责任。

五、如何认定协助抽逃出资的董事的责任

抽逃出资的股东其行为实质上是一种对公司财产权的侵权行为，而董事如果协助股东抽逃出资则亦是对公司的侵权行为，须具备侵权行为、侵权后果、因果关系、过错四个要件。如果不具备这四个要件，则很难认定董事的责任。

🔨 败诉分析

最高人民法院认为：被告袁某将龙湾港公司投到光彩宝龙公司1439万元的注册资金，以虚构的工程款名义转到了关联公司疏浚公司，再由疏浚公司支付给瑞福星公司，最终偿还了龙湾港公司向瑞福星公司的1439万元借款。由此可见，该行为已构成抽逃出资。从主观上看，龙湾港公司、光彩宝龙公司、疏浚公司之间通过虚构债务、间接转款用以抽逃出资、偿还债务的行为，显然系精心设计、相互配合、故意而为之，采用间接转款的隐蔽方式是为了规避公司法关于禁止股东抽逃出资的规定。袁某对通过其担任法定代表人的三个关联公司之间故意虚构债务以抽逃出资的行为主观上存在过错，客观上也实施了协帮的行为，应当承担连带返还责任。

🔨 股东战术指导

鉴于大股东在公司的优势地位，在实践中，大股东抽逃出资的行为较为普遍。大股东往往利用自己对公司的控制权，操控董事会和管理层，通过虚构债务、不公平分配利润、恶意的关联交易等行为，实施抽逃出资的行为，变相的违反公司法的出资义务，规避自己的投资风险。

对小股东而言，当发现大股东或者其他股东隐蔽的进行抽逃出资行为的，可以直接提起诉讼，要求抽逃出资的股东或者发起人向公司返还出资本息，并要求其承担违约责任。如果公司董事有协助抽逃出资行为的，可要求董事承担连带责任。

当然，鉴于抽逃出资之诉举证困难的问题，建议小股东可以事先做好相应的预防措施，比如小股东可积极进入或者安排信任的人进入公司董事层、销售部门、财务部门及其他管理层，一旦其他股东有抽逃出资的行为发生，就可以较为容易的发现并组织相应的证据。

⚖ 经典案例

2007 年 9 月 20 日，龙湾港公司和宝纳资源公司的前身中宝纳资源控股有限公司签订了《光彩宝龙兰州新区建设有限公司章程》，其中第七条约定：龙湾港公司以货币出资 2719.2 万元，占注册资本的 51.5%；宝纳资源公司以货币出资 2560.8 万元，占注册资本的 48.5%。同日，光彩宝龙公司董事会选举袁某为该公司董事长兼总经理。同年 9 月 28 日，宝纳资源公司对光彩宝龙公司的 2560.8 万元出资到位。翌日，由宝纳资源公司作为协调人并担保，龙湾港公司向瑞福星公司借款 1439 万元，专用于龙湾港公司作为股东的光彩宝龙公司所需注册资金。同日，龙湾港公司向光彩宝龙公司交纳 1439 万元和 1280.2 万元两笔出资，其出资亦全部到位。袁某既是光彩宝龙公司的法定代表人，也是光彩宝龙公司股东龙湾港公司的法定代表人，同时还是龙湾港公司下属子公司疏浚公司（以下简称"疏浚公司"）的法定代表人。2007 年 12 月 4 日，光彩宝龙公司以支付工程款名义向疏浚公司汇款 1439 万元。第二日，疏浚公司将该笔款又以工程款名义转付给瑞福星公司。同年 12 月 7 日，袁某在光彩宝龙公司该笔用途为工程款的资金使用申请单上签字。另案由最高人民法院做出的（2012）民一终字第 52 号民事判决认定疏浚公司与光彩宝龙公司没有事实上的工程合同关系或委托关系：光彩宝龙公司支付给疏浚公司的 1439 万元未用于工程建设，而是由疏浚公司支付给瑞福星公司偿付了借款。海南省高级人民法院（2012）琼民一终字第 42 号民事判决书认定，龙湾港公司持有疏浚公司 80% 的股份，是疏浚公司的控股股东，疏浚公司的法定代表人是袁某，而袁某是龙湾港公司持有 50% 股份的股东，该两公司具有关联性；光彩宝龙公司注册成立后，其法定代表人系袁玉岷，光彩宝龙公司与龙湾港公司及疏浚公司是关联公司；龙湾港公司向疏浚公司支付的 1439 万元款项未用于工程施工建设，而是由疏浚公司支付给瑞福星公司偿付了借款。

另查明，兰州市七里河区人民法院于 2008 年 6 月 13 日作出（2008）七法民督字第 3002 号支付令，第 3003 号支付令、第 3004 号支付令，该支付令均已执行完毕，合计执行光彩宝龙公司款项 6,159,424.23 元。

光彩宝龙公司、宝纳资源公司认为龙湾港公司的行为严重损害了其合法权益，遂依法提起诉讼，请求：一、确认龙湾港公司抽逃了对光彩宝龙公司的出资 20,549,424.23 元；二、判令龙湾港公司向光彩宝龙公司返还抽逃的出资 20,549,424.23 元，并支付同期银行贷款利息；三、判令袁某对龙湾港公司抽逃注册资金的行为承担连带责任；四、判令若龙湾港公司未在合理期限返还 20,549,424.23 元出资，光彩宝龙公司应及时办理减少龙湾港公司 20,549,424.23 元出资的法定手续；五、判令被告承担与本案有关的全部诉讼费用。

原审法院认为，双方争议的焦点问题是：一、本案的案由性质；二、龙湾港公司是否存在抽逃出资的行为，抽逃出资应当承担何种法律责任；三、袁玉岷是否应对龙湾港公司抽逃出资的行为承担连带责任；四、光彩宝龙公司关于若龙湾港公司存在抽逃出资行为且在合理期限未返还所抽逃出资，办理减资手续的诉讼请求能否成立？

原审法院认为，根据《最高人民法院关于印发修改后的〈民事案件案由规定〉的通知》（法〔2011〕42 号）第三部分第五条规定："当事人起诉的法律关系与实际诉争的法律关系不一致的，人民法院结案时应当根据法庭查明的当事人之间实际存在的法律关系的性质，相应变更案件的案由。"鉴于本案主要争议是股东是否构成抽逃出资，以及构成抽逃出资如何承担责任的问题，其性质仍然属于股东出资纠纷。《最高人民法院关于印发修改后的〈民事案件案由规定〉的通知》（法〔2011〕42 号）第 245 条明确规定了"股东出资纠纷"的案由，故本案案由应确定为"股东出资纠纷"。被告袁某认为本案是违约和侵权纠纷，不应合并审理的理由不能成立。

龙湾港公司的行为是否构成抽逃出资，以及构成抽逃出资应当承担何种法律责任？原审法院认为：被告袁某利用关联公司的便利，从光彩宝龙公司以支付工程款名义向疏浚公司汇款 1439 万元，第二天又从疏浚公司将该笔款再次以工程款名义转付给瑞福星公司，最高人民法院（2012）民一终字第 52 号民事判决及海南省高级人民法院（2012）琼民一终字第 42 号民事判决均认定，疏浚公司与光彩宝龙公司没有事实上的工程合同关系或委托关系；龙湾港公司持有疏浚公司 80% 的股份，是疏浚公司的控股股东，光彩宝龙公司以工程款名义向疏浚公司支付的 1439 万元款项未用于工程施工建设，而是由疏浚公司支付给瑞福星公司偿付了龙湾港公司的借款。故被告袁某将龙湾港公司投到光彩宝龙公司 1439 万元的注册资金，以虚构的工程款名义转到了关联公司疏浚公司，再由疏浚公司支付给瑞福星公司，最终偿还了龙湾港公司向瑞福星公司的 1439 万元借款。由此可见，该行为已构成抽逃出资。

关于兰州市七里河区人民法院（2008）七法民督字第 3002 号支付令，第 3003 号支付令、第 3004 号支付令，以及相关执行裁定所涉及的 6,159,424.23 元，是否属龙湾港公司抽逃出资的问题。兰州市七里河区法院的三份支付令以及相关执行的 6,159,424.23 元，涉及人民法院已生效的法律文书及执行行为，民事普通程序无法解决和认定这三份已生效的法律文书涉及的资金是否属抽逃出资，故原审法院对原告的该项请求不予审理，原告应通过法律规定的其他途径解决。

关于被告龙湾港公司抽逃出资应当承担的法律责任问题。原审法院认为，根据《最高人民法院关于适用〈中华人民共和国公司法〉若干问题的规定（三）》第十二条第二项、第十四条第一款规定，龙湾港公司应当承担返还抽逃出资并赔偿利息损失的法律责任。

袁某是否应当承担连带责任的问题。原审法院认为，被告龙湾港公司虚构债权债务关系抽逃 1439 万元出资偿还其借款时，袁某既是龙湾港公司的法定代表人，也是光彩宝龙公司的法定代表人。没有袁某的协助，龙湾港公司是不可能实现抽逃其出资的。根据《最高人民法院关于适用〈中华人民共和国公司法〉若干问题的规定（三）》第十四条第一款规定，袁某应当对龙湾港公司返还抽逃出资的本息承担连带责任。

关于原告主张的"如果龙湾港公司在合理期限未返还所抽逃出资，原告公司将办理减资手续"之请求能否成立的问题。原审法院认为，原告在主张由被告龙湾港公司返还抽逃出资 20,549,424.23 元的同时，又主张"若不返还……将请求判令原告公司办理减少被告龙湾港公司 20,549,424.23 元出资的法定手续"，该项假设性、选择性诉求，显然不能成立，故不予支持。

对于被告袁某答辩提出的二原告主体资格不适格、原告公司未经法定代表人委托或者股东会决议无权直接提起诉讼、原告起诉法律关系混乱不应合并审理的问题，以及本案原告已向公安机关报案，应先刑后民，中止本案审理等问题。原审法院认为，《最高人民法院关于适用〈中华人民共和国公司法〉若干问题的规定（三）》第十二条、第十四条明确规定：公司或者股东可以请求抽逃出资股东向公司返还出资本息，协助抽逃出资的其他股东、董事、高级管理人员承担连带责任。这两条规定均允许"公司、股东""公司或者其他股东"作为原告起诉。同时，本条司法解释规定股东出资后又抽逃出资的，公司和其他股东有权请求其返还出资本息。这里"其他股东"享有的诉权是直接诉权，原告股东没有资格上的限制，提起诉讼也无须前置程序。因此，被告答辩提出本案原告提起诉讼应按照《公司法》第一百五十二条规定需经前置程序的理由不能成立。关于袁某答辩认为原告公司未经法定代表人委托或者股东会决议直接提起诉讼的问题。该院认为，作为拟制法人，一般情况下，公司的法定代表人有权对外代表公司处理事务，法定代表人的行为后果由公司承受。但是，担任法定代表人的股东或董事，与公司发生纠纷引发诉讼时，股东、董事的个人利益与公司利益发生冲突。为确保案件审理的正常进行，依法维护公司的合法权益，法院可指定与担任法定代表人的股东、董事提起的诉讼没有明显利害关系的其他股东作为公司诉讼代表人。本案中，袁某虽是光彩宝龙公司的法定代表人，但袁某与光彩宝龙公司之间存在利益冲突，故袁某不应再担任光彩宝龙公司的诉讼代表人。关于袁某答辩提出本案原告已向公安机关报案、应先刑后民、中止本案审理的问题。原审法院认为，鉴于抽逃出资民事责任与刑事责任的认定标准不同，本案二原告所诉股东抽逃出资纠纷属于人民法院民事受案的范围，即使公安机关立案侦查其涉嫌抽逃出资的犯罪，不影响原告诉请追究抽逃出资的股东承担民事责任案件的审理。故本案不应中止审理。

综上，原审法院做出（2012）甘民二初字第 3 号民事判决，判定：一、确认龙湾港公司抽逃了对光彩宝龙公司的出资 1439 万元；二、龙湾港公司向光彩宝龙公司返还抽逃的出资 1439 万元，并按中国人民银行同期贷款利率支付从抽逃之日（2007 年 12 月 4 日）至实际返还之日的利息；三、袁某对龙湾港公司返还抽逃出资 1439 万元及利息承担连带责任；四、驳回光彩宝龙公司、宝纳公司的其他诉讼请求。案件受理费 144548 元，由被告龙湾港公司、袁某负担。

袁某不服原审判决，上诉请求依法撤销原审判决第三项，改判其不承担龙湾港公司返还抽逃出资 1439 万元及利息的连带责任；本案一、二审诉讼费用均由被上诉人承担。其上诉的理由如下：

一、一审法院未能依法准确全面地查明 1439 万元款项被转出的背景、真实原因及资金流向，从而错误认定了事实，并造成判决结果显失公平。首先，涉案的 1439 万元，系被上诉人宝纳公司法定代表人贾某利用关联关系，将其实际控制的国有公司资金借贷给龙湾港公司。贾某同时作为瑞福星公司的负责人，为避免债权不能实现导致国有资产流失的严重后果，又一手导演了之后的抽逃出资行为。一审法院对于《借款协议》形成的背景以及宝纳公司和瑞福星公司的关联关系未予以查明，割裂了 1439 万元款项被转出这一事实与贾文成利用关联公司协调借款行为之间的必然联系，从而做出了错误的判决。其次，关于 1439 万元从光彩宝龙公司转入瑞福星公司这一行为的责任问题，一审法院应当严格依照转款完成和上诉人签字的时间界限，依法全面客观予以查明认定，而不能主观臆断。上诉人在一审阶段提交的相关证据足以证实，整个转款行为是由光彩宝龙公司的财务经理刘某负责实施的，而刘某不但是宝纳公司委派到光彩宝龙公司的财务负责人，而且还在上诉人已签字的资金使用申请单上擅自加注了"实际为还借款"的字样，上诉人在该项转款行为实施的过程中对此并不知情。上诉人虽然受股东龙湾港公司的委派，担任光彩宝龙公司名义上的法定代表人，但公司的日常工作均由宝纳公司委派的工作人员负责，宝纳公司委派的相关财务人员在被上诉人的授意下实施了"先斩后奏"的转款行为，目的是为了将 1439 万元尽快转至瑞福星公司，从而避免自身依据《借款协议》承担担保责任，以及瑞福星公司的国有资金不能及时收回产生的不利后果。因此，涉案的 1439 万元被转至瑞福星公司这一事实与宝纳公司法定代表人实际控制的瑞福星公司之前的借款行为以及其委派的工作人员违反财务制度办理转款手续等行为是紧密结合的，在这一过程中，上诉人在转款完成后按照内部财务管理制度方才补签字的行为，仅是为完善转款手续而履行法定代表人职责的职务行为，其主观上系被蒙蔽，客观上亦未实施"协助"或"利用关联公司便利"等行为，依法不应承担任何法律责任。退一步讲，即便1439万元款项被转出被认定为抽逃出资，也是在宝纳公司的授意和指导下，通过龙湾港公司的共同配合而完成，与上诉人无关。

二、一审法院无视举证责任分担规则，在被上诉人未能完成举证责任，证据不足的前提下即认定上诉人实施了协助行为，于法无据。上诉人是否应当承担连带责任，核心应当是是否有证据证明上诉人实施了公司法所规定的"协助抽逃出资"的行为。然而，就1439万元被转出一事，上诉人除在转款完毕后在资金使用申请单上补签之外，并无其他任何证据证实上诉人对此事知情或参与，抑或起到了所谓"协助"作用。一审法院的判决是主观臆断的产物。在作为本案证据的其他已生效判决书中，均已证实1439万元系由光彩宝龙公司财务经理刘某、董事梁某、疏浚公司财务人员王某等人先后共同办理转款手续完成，而上诉人作为自然人，并非龙湾港公司和光彩宝龙公司的控股股东或实际控制人，在转款结束后方知情并按照光彩宝龙公司财务制度完善审批手续的行为依法不能认定为"协助抽逃"的行为。此外，由于转款手续系刘某办理，以"工程款"名义转款也并非是出于上诉人的指使或授意，而是贾某为了避免债务风险和法律风险，指派财务人员违反光彩宝龙公司财务审批制度，办理了相应的汇款手续，转款名义并非上诉人"虚构"。从本案的1439万元实际流转的过程中，也不能反映出上诉人的参与是转款完成的必要条件。该笔款项从2007年12月4日从光彩宝龙公司转出，到12月5日被转入瑞福星公司，上诉人均不知情，也就是说，在没有证据证明上诉人实施了"协助"行为的情况下，龙湾港公司同样完成了"抽逃出资"。一审法院的认定是建立在被上诉人应当举证证明上诉人实施了"协助"行为的基础上，而不能由上诉人举证证明自己未实施"协助"行为。一审法院在被上诉人均未能提供证据证实上诉人存在"协助"行为的前提下，滥用自由裁量权，擅自认定"没有袁某的协助，龙湾港公司是不可能实现抽逃出资的"，这一主观性推论是基于对上诉人的地位和作用的错误认识基础上所作，是对公司行为和上诉人职务行为的混淆，据此判令上诉人"对龙湾港公司返还抽逃出资1439万元及利息承担连带责任"，上诉人无法信服。

三、一审判决对于本案案件受理费的决定部分违反相应法律规定，应予纠正。本案一审阶段，光彩宝龙公司和宝纳公司的诉讼请求并未得到全部支持，其中被依法驳回的诉讼标的部分所产生的案件受理费，应由其自行负担，然而一审法院未对案件受理费故出合理分担，有悖公平原则。

本院二审除对原审法院查明的事实予以确认外，另查明：一、2007年9月29日，龙湾港公司、瑞福星公司、宝纳资源公司签订《借款协议》，约定：经宝纳资源公司协调，瑞福星公司同意借款1439万元给龙湾港公司，专用于光彩宝龙公司所需的注册资金。公司盖章并经法定代表人或其委托人签字协议生效。在该协议的借款人栏目中盖有龙湾港公司的印章，并有梁某的签字。二、已经生效的海南省高级人民法院（2012）琼民一终字第42号民事判决认定：疏浚公司的出纳王某是根据梁某的要求，将光彩宝龙公司转给疏浚公司的1439万元款项以工程款名义转付给瑞福星公司。梁某当时任疏浚公司人事部总经理、龙湾港公司人事部经理及光彩宝龙公司董事。三、袁某在一审诉讼中提交证人李某的证言称：光彩宝龙公司的印鉴由李某保管，财务专用章由刘某保管，对外付款必须二者共同配合才能完成。光彩宝龙公司的财务制度规定，公司支出超过一万元的款项必须报袁某书面批准同意。刘某找李某支付案涉1439万元款项时，刘某称袁某已经同意，并让先付款，然后再补签字。四、二审庭审质证中，袁某一方称，通过疏浚公司转款可以避免抽逃出资的法律关系。

本院认为，本案二审争议的焦点问题是袁某是否协助龙湾港公司抽逃了出资，应否承担连带返还责任。

原审判决认定龙湾港公司抽逃了对光彩宝龙公司的1439万元出资，龙湾港公司和袁某对此均未提出上诉，故本院予以确认。龙湾港公司抽逃出资的方式，是通过虚构光彩宝龙公司与疏浚公司之间的工程款债务，将款项从光彩宝龙公司转入疏浚公司，再从疏浚公司转入瑞福星公司，用以偿还了龙湾港公司欠瑞福星公司的借款。在光彩宝龙公司为龙湾港公司抽逃出资而出具的《资金使用申请单》上，袁某签字同意。虽然该行为发生在款项已经转出之后，但仍代表袁某对龙湾港公司抽逃出资行为的认可。根据《中华人民共和国最高人民法院关于适用〈中华人民共和国公司法〉若干问题的规定（三）》第十四条第一款规定，公司的其他股东、董事、高管人员等，只要实施了协助股东抽逃出资的行为，即应承担连带责任，而与协助行为对抽逃出资所起作用的大小、是否为抽逃出资的必要条件等无关。故原审法院认定袁某实施了协助抽逃出资的行为，应当承担连带责任并无不妥。

从主观上看，龙湾港公司、光彩宝龙公司、疏浚公司之间通过虚构债务、间接转款用以抽逃出资、偿还债务的行为，显然系精心设计、相互配合、故意而为之，采用间接转款的隐蔽方式是为了规避公司法关于禁止股东抽逃出资的规定，袁某一方在庭审中对此也是认可的。龙湾港公司、光彩宝龙公司、疏浚公司的时任法定代表人均为袁某，从常理上判断，袁某对其控制的三个关联公司之间故意实施的抽逃出资行为应是明知或应知的，袁某在虚构工程款以抽逃出资的资金使用申请单上签字同意亦可证明此点。袁某主张抽逃出资行为系宝纳公司的法定代表人贾某授意其委派到光彩宝龙公司担任财务经理的刘某所实施，目的是为了将1439万元尽快转至瑞福星公司，而其本人对此主观上并不知情，客观上也未实施协助行为，本院认为不足采信。首先，刘某虽然是宝纳公司委派的人员，但光彩宝龙公司的另一财务人员李某却不是，根据光彩宝龙公司的财务制度，一万元以上的对外付款必须经袁某批准，且由刘某和李某分别签章才能完成。故没有光彩宝龙公司人员的配合，即便贾某授意刘某帮助龙湾港公司抽逃出资，刘某也无法完成。在刘某明知付款行为无法掩饰，而擅自付款又将承担巨大法律责任的情况下，其未经袁某的同意而擅自对外付款，也与常理不符。其次，如果系贾某授意刘某不经袁某的同意而擅自转款，以便尽快偿还龙湾港公司欠瑞福星公司的借款，那么刘某为何会舍近求远，避简就繁，不将款项直接转入贾某控制的瑞福星公司，而是先转入刘某和贾某均不掌控、但却是袁某担任法定代表人的疏浚公司？再次，从疏浚公司向外转款的过程看，款项是由时任龙湾港公司人事部经理、疏浚公司人事部总经理的梁某指示疏浚公司出纳王某，于1439万元到账后的第二天即转出支付给了瑞福星公司。而梁宁镯恰是当初龙湾港公司向瑞福星公司借款时，受袁某委托，在借款协议上签字的经办人员。梁某是疏浚公司的人事部总经理，财务事宜并不在其工作职责范围之内，如果不是法定代表人袁某的授权指使，其何以能够得知1439万元款项到账的事实，又何来权力指令财务人员将款项转给瑞福星公司？

综上，本院认为，从本案的一系列事实分析判断，有充足的理由使人相信，袁某对通过其担任法定代表人的三个关联公司之间故意虚构债务以抽逃出资的行为主观上存在过错，客观上也实施了协帮的行为，应当承担连带返还责任。

另外，原审原告一审中提出了确认龙湾港公司抽逃出资20,549,424.23元等诉讼请求，而原审判决仅确认龙湾港公司抽逃出资1439万元，对原告诉请的若龙湾港公司未在合理期限返还 20,549,424.23 元出资，光彩宝龙公司应及时办理减资手续的诉讼请求则予以驳回，即原审法院对原审原告的诉讼请求并未全部支持，在此情形下，原审法院判令一审案件受理费 144548 元全部由原审被告龙湾港公司、袁某承担，有失妥当，本院予以适当调整。

综上，本院认为，原审判决认定事实清楚，适用法律正确，上诉人关于其不应承担连带责任的上诉请求不予支持。本院根据《中华人民共和国民事诉讼法》第一百七十条第一款第一项的规定，判决如下：

驳回上诉，维持原判。

本判决为终审判决。①

· 法条链接 ·

《最高人民法院关于适用〈中华人民共和国公司法〉若干问题的规定（三）》

第 12 条　公司成立后，公司、股东或者公司债权人以相关股东的行为符合下列情形之一且损害公司权益为由，请求认定该股东抽逃出资的，人民法院应予支持：

一、制作虚假财务会计报表虚增利润进行分配；

二、通过虚构债权债务关系将其出资转出；

三、利用关联交易将出资转出；

四、其他未经法定程序将出资抽回的行为。

第十四条　股东抽逃出资，公司或者其他股东请求其向公司返还出资本息、协助抽逃出资的其他股东、董事、高级管理人员或者实际控制人对此承担连带责任的，人民法院应予支持。

公司债权人请求抽逃出资的股东在抽逃出资本息范围内对公司债务不能清偿的部分承担补充赔偿责任、协助抽逃出资的其他股东、董事、高级管理人员或者实际控制人对此承担连带责任的，人民法院应予支持；抽逃出资的股东已经承担上述责任，其他债权人提出相同请求的，人民法院不予支持。

---

① 本部分来源于本案判决书主文，限于篇幅略做删减，读者可自行查阅判决书全文以全面了解案情。

股东抽逃出资后将公司注销是否无须承担公司债务

⚖ 案件要旨

公司成立后，股东抽逃出资的行为，损害了公司的偿债能力，即损害了公司债权人的利益；即便公司注销，抽逃出资的股东应在应缴注册资本金本息范围内对公司不能清偿之债向公司债权人承担补充赔偿责任，各发起人股东之间互负连带责任。

⚖ 案件来源

上海市第二中级人民法院　上海强民服务有限公司、徐某等与上海某广告有限公司股东损害公司债权人利益责任纠纷二审民事判决书①

⚖ 股东纠纷焦点

本案纠纷焦点主要在于：在公司注销后，徐某、徐依某、应某作为盈多公司发起人股东是否应在抽逃出资本息范围内，对公司债务未清偿部分连带承担补充赔偿责任？

⚖ 法理探析

一、抽逃出资后将公司注销，股东是否可以逃之夭夭

实践中，经常看到这样一个现象，有些股东为了逃债，在公司负债而又无法偿还的时候，就偷偷将公司掏空，然后把"被掏空的公司"的股权转让出去，或者用空壳公司进行担保借款等行为，更有甚者，直接将公司注销逃之夭夭了。那么，随之面临的问题是：抽逃出资后，将公司注销，或者将公司股权转让，股东是否无须承担公司债务呢？他们真的可以逃之夭夭吗？

---

① 上海强民服务有限公司、徐某等与上海某广告有限公司股东损害公司债权人利益责任纠纷二审民事判决书　上海市第二中级人民法院（2017）沪02民终3764号

二、抽逃出资的股东对债权人应承担补充赔偿责任

股东抽逃出资的法律责任，主要有三种民事责任，分别是对公司其他股东的责任、对公司的责任、对债权人的责任，具体分析请见本书"大股东虚构债务抽逃出资，小股东该如何应对"一节。

而抽逃出资股东对于公司债权人应承担的责任，主要规定在《公司法解释三》第十四条第二款："公司债权人请求抽逃出资的股东在抽逃出资本息范围内对公司债务不能清偿的部分承担补充赔偿责任、协助抽逃出资的其他股东、董事、高级管理人员或者实际控制人对此承担连带责任的，人民法院应予支持；抽逃出资的股东已经承担上述责任，其他债权人提出相同请求的，人民法院不予支持。"

因此，股东抽逃出资后将公司注销，对公司债权人而言，即便公司注销，抽逃出资的股东应在应缴注册资本金本息范围内对公司不能清偿之债向公司债权人承担补充赔偿责任，协助抽逃出资的股东之间互负连带责任，让你逃无可逃！

三、未经清算就注销，导致无法清算的，股东对公司债务承担无限连带责任

实践中，抽逃出资的股东为了逃避债务而注销公司时，往往未经清算即办理注销登记，严重损害了公司债权人的利益，那么，债权人是否无计可施了呢？答案当然是否定的！

根据《公司法解释二》第二十条的规定："公司解散应当在依法清算完毕后，申请办理注销登记。公司未经清算即办理注销登记，导致公司无法进行清算，债权人主张有限责任公司的股东、股份有限公司的董事和控股股东，以及公司的实际控制人对公司债务承担清偿责任的，人民法院应依法予以支持。"

而在执行程序中是否可以追加股东连带责任，则规定在《最高人民法院关于民事执行中变更、追加当事人若干问题的规定》第二十一条："作为被执行人的公司，未经清算即办理注销登记，导致公司无法进行清算，申请执行人申请变更、追加有限责任公司的股东、股份有限公司的董事和控股股东为被执行人，对公司债务承担连带清偿责任的，人民法院应予支持。"

依据上述规定追究股东无限连带责任的，其前提条件有两个：一个是公司未经清算即办理注销登记；另一个是须导致公司无法清算的后果。且两个前提条件缺一不可。而依据上述规定对公司债务承担连带清偿的主体主要有三类：有限责任公司的股东、股份有限公司的董事和控股股东、公司的实际控制人。

因此，如果公司未经清算注销，导致公司无法进行清算的，债权人有权要求股东对公司债务承担无限连带清偿责任。

败诉分析

在本案中，盈多公司之所以败诉，原因在于：

一、本案中，盈多公司在验资后就将验资账户中的资金向强民公司支付，因符合抽逃出资的要件而被法院认定为抽逃出资行为。

二、即便盈多公司已于2015年3月10日注销，但徐某、徐依某、应某作为盈多公司的发起人股东，其抽逃资金的行为因损害了公司债权人的利益，应在应缴注册资本金本息范围内对公司不能清偿之债向公司债权人承担补充赔偿责任，并且各发起人股东之间互负连带责任。

三、虽然邹某是在事后受让徐依某、应某持有的盈多公司股权，但其作为盈多公司的实际控制人，且自始经营盈多公司，对股东抽逃注册资本金的情形知晓，因此，即使公司已经注销，其应对徐某等股东的责任承担连带责任。

股东战术指导

第一，在注销程序中，公司应严格按照规定进行公司清算。如果未经清算即办理注销登记，导致公司的清算无法进行，损害了公司债权人利益的，公司股东则需要对公司债务承担无限连带责任。

第二，股东如果采取如本案中验资后就将资金转出的行为，如果在没有合法债务的情况下就将验资资金转出，则很容易会被认定为抽逃出资的行为，股东则需要承担民事赔偿责任等，得不偿失。

典型案例

上诉人徐某、邹某因与被上诉人上海盛通公司及原审被告徐依某、应某、上海强民公司股东损害公司债权人利益责任纠纷一案，不服上海市黄浦区人民法院（2016）沪 0101 民初 6375 号民事判决，向本院提起上诉。本院于 2017 年 4 月 11 日受理后，依法组成合议庭审理了本案。本案现已审理终结。

徐某、邹某上诉请求：撤销原判，驳回盛通公司的一审诉讼请求。事实与理由：一、一审法院未就上海盈多公司股东是否存在抽逃出资或是否补足注册资本金的相关事项向公司实际控制人邹某进行核实。徐某已代公司还款人民币 845，944.29 元（以下币种均为人民币），超过其应缴注册资本金，不应再承担股东责任。二、一审法院对于徐某、邹某提供的证据是否采信未做认定。三、《最高人民法院关于适用〈中华人民共和国公司法〉若干问题的规定（一）》有关可参照适用公司法的规定，仅指《公司法》的规定，而不应包括后续的司法解释，故一审法院在本案中适用《最高人民法院关于适用〈中华人民共和国公司法〉若干问题的规定（三）》的条款属于适用法律不当。

一审被告盛通公司辩称，不同意徐某、邹某的上诉请求：一、邹某是盈多公司实际控制人，对于公司财务应十分清楚，其应在一审中对相关事实作出陈述；徐某本人虽然未在一审中出庭，但其有诉讼代理人参加诉讼，不影响其行使诉讼权利。二、徐某划入公司的款项远少于其取走的款项，即便加上其代公司还款的金额，仍未能弥补从公司取走的款项，故不能免除其股东责任。据此请求二审驳回上诉，维持一审判决。

徐依某、应某、强民公司未发表陈述意见。

盛通公司向一审法院起诉请求：一、判令徐某、徐依某、应某在抽逃出资本息范围内（本金 50 万元，利息以 50 万元为基数、自 2007 年 7 月 29 日起至 2016 年 8 月 15 日止、按中国人民银行同期贷款利率计算）对盈多公司对盛通公司债务不能清偿部分（包括债务本金 9720 元、违约金 9720 元，案件受理费 143 元，以 6570 元为基数、自 2014 年 3 月 1 日起至 2016 年 8 月 15 日止、按日 5‰的两倍计算的迟延履行期间债务利息）连带承担补充赔偿责任；二、判令邹某对徐某、徐依某、应某的上述责任承担连带责任；三、判令强民公司对徐某、徐依某、应某的上述责任承担连带责任。

一审法院认定事实如下：

一、盛通公司提供的（2013）浦民二（商）初字第 2626 号民事判决书、法律文书生效证明、（2014）浦执字第 7845 号执行裁定书、徐筠在（2014）浦执字第 7845 号案件中的谈话笔录及其出具的情况说明、盛通公司网上电子回单与原件一致，一审法院对其真实性予以认定。

根据该组证据，一审法院对盛通公司所述其与盈多公司加工合同纠纷诉讼、执行情况予以确认。

二、盛通公司提供的盈多公司银行对账单，经一审法院核实，系浦东法院在（2014）浦执字第 7845 号案件执行阶段根据当事人申请至银行调取，一审法院对其真实性均予以认定。盛通公司提供的《股权转让协议》以及徐某提供的盈多公司验资报告、资产负债表与原件一致，一审法院对其真实性亦予以认定。

根据该组证据，一审法院查明如下事实：

2005 年，徐某、徐依某、应某签署公司章程，约定设立盈多公司，注册资本 50 万元，其中徐某出资 20 万元、徐依某出资 15 万元、应某出资 15 万元。2005 年 7 月 7 日，上海安信会计师事务所有限公司出具验资报告，载明：经审验，截至 2005 年 7 月 6 日止，盈多公司（筹）已收到全体股东缴纳的注册资本合计 50 万元，各股东以货币出资。2005 年 7 月 15 日盈多公司经工商行政管理部门核准成立，注册资本、股东及股权份额与公司章程一致。

2005 年 7 月 29 日，盈多公司将验资账户中的 500,230 元款项解入其在上海市农村信用社设立的尾号为 4797 的账户。同日，盈多公司以本票的形式向强民公司支付 50 万元。

2008 年 12 月 29 日，邹某分别与徐依某、应某签订《股权转让协议》，邹某受让徐依某、应某所持有的盈多公司全部股权。

除上述设立于上海市农村信用社的账户，盈多公司先后在工商银行、建设银行设立尾号为 1831 及 0028 的账户。2009 年 11 月 9 日至 2014 年 8 月 19 日期间，盈多公司账户与徐某、邹某账户有多笔资金往来，其中，盈多公司账户共向徐某账户转账 2,567,636 元、向邹某账户转账 509,000 元，徐某账户共向盈多公司账户转账 1,378,245 元。

2015 年 3 月 10 日，盈多公司注销。

三、盛通公司提供的盈多公司清算报告等证据，与盈多公司股东出资无关，与本案不具关联性，一审法院在本案中不予审查、认定。

一审法院认为：盛通公司系以盈多公司发起人股东——徐某、徐依某、应某抽逃出资、强民公司协助其抽逃出资、邹某明知被告徐某、徐依某、应某抽逃出资仍受让股权，且上述行为致使盈多公司不能清偿其债务为由，提起本案诉讼。根据公司法的相关规定，公司成立后，股东不得抽逃出资。盛通公司所称徐某、徐依某、应某抽逃出资的行为发生于2005年7月29日，但当时的公司法对于股东抽逃出资的认定及责任的承担无明确规定。《最高人民法院关于适用〈中华人民共和国公司法〉若干问题的规定（一）》第二条规定，因公司法实施前有关民事行为或者事件发生纠纷起诉到人民法院的，如当时的法律法规和司法解释没有明确规定时，可参照适用公司法的有关规定。故一审法院参照适用《最高人民法院关于适用〈中华人民共和国公司法〉若干问题的规定（三）》的相关规定对本案进行审理。

本院认为，本案争议焦点集中于：一、徐某、徐依某、应某作为盈多公司发起人股东是否存在抽逃出资以及互相协助抽逃出资的情形，是否应在抽逃出资本息范围内对盈多公司对盛通公司债务未清偿部分连带承担补充赔偿责任；二、如果徐某、徐依某、应某抽逃出资，强民公司是否应对徐某、徐依某、应某的责任承担连带责任；三、邹某是否应对徐某、徐依某、应某的责任承担连带责任；四、盈多公司对盛通公司未清偿债务的金额以及徐某、徐依某、应某抽逃出资的本息范围。

关于争议焦点一，一审法院认为，盈多公司注册资本为50万元，在完成验资且公司设立当月，盈多公司即向强民公司支付50万元。在盈多公司尚欠盛通公司债务未清偿的情况下，盛通公司提供的50万元款项自盈多公司账户转出的证据，足以对徐某、徐依某、应某作为盈多公司发起人股东存在未经法定程序将出资抽回的行为产生合理怀疑。

徐某称其仅系盈多公司名义股东，不参与公司经营，对盈多公司情况不清楚。邹某对徐某的陈述予以确认，并称徐依某、应某亦系名义股东，邹某系实际投资人。一审法院认为，无论股东是否代他人持有股权、是否参与公司经营，对于公司外部的债权人而言，股东均应依法履行出资义务。徐某、徐依某、应某系盈多公司发起人股东，有能力提供相应证据，但均未提供证据反驳盛通公司的主张，亦未对盈多公司于2005年7月29日向强民公司支付50万元的原因作出解释，应当承担举证不能的责任。邹欣虽称其实际经营盈多公司，亦未对上述款项的支付原因作出说明。此外，一审法院还注意到，自盈多公司设立至今，盈多公司账户多次向徐某、邹某账户转款，虽然徐某账户亦向盈多公司账户转款，但盈多公司账户转入徐某账户的款项金额高于徐某账户转入盈多公司账户的款项金额。综上，对盛通公司主张的徐某、徐依某、应某于2005年7月29日抽逃全部出资的观点，一审法院可予采信。

徐某、徐依某、应某所抽逃的出资系以50万元本票形式一次性向强民公司支付，据此可认定，三股东对彼此抽逃出资均应知晓且认可，故三股东系互相协助共同抽逃50万元出资。

因此，在盈多公司注销前，徐某、徐依某、应某应在抽逃50万元出资本息范围内对盈多公司对盛通公司债务不能清偿部分连带承担补充赔偿责任。鉴于徐某、徐依某、应某、邹某均未举证证明徐某、徐依某、应某已经补足其抽逃的出资，且徐某、徐依某、应某抽逃出资的行为与盛通公司的损失存在因果关系，在盈多公司注销后，徐某、徐依某、应某应在抽逃出资本息范围内对盈多公司对盛通公司的未清偿债务连带承担赔偿责任。

关于争议焦点二，一审法院认为，虽然徐某、徐依某、应某系通过向强民公司支付50万元的形式抽逃出资，但依据该事实不足以推断强民公司具有协助三股东抽逃出资的主观意愿。因此，对盛通公司要求强民公司对三股东的上述责任承担连带责任的诉请，一审法院难以支持。

关于争议焦点三，一审法院认为，邹欣系于2008年12月29日受让徐依某、应某持有的盈多公司全部股权。通常情况下，股权受让人应当了解且有条件了解标的公司的基本情况，包括出让人的出资情况。而且，本案审理中，邹某自认系盈多公司实际投资人，且自始经营盈多公司。因此，一审法院认定，邹某作为股权受让人，知晓徐依某、应某抽逃出资的情况，应对其因抽逃出资而承担的责任承担连带责任。同时，根据邹某的自认，其实际经营盈多公司，据此可认定，邹某协助徐某、徐依某、应某抽逃出资。邹某协助抽逃出资的行为亦构成对盛通公司权利的侵害，鉴于此，除了应对徐依某、应某的责任承担连带责任，其亦应对徐某因抽逃出资而承担的责任承担连带责任。

关于争议焦点四，一审法院认为，盈多公司已于2015年3月10日注销，扣除浦东法院扣划的3,150元，其未依生效民事判决向盛通公司支付的加工费6570元（9,720元−3,150元）、违约金9,720元、案件受理费143元以及因未履行上述义务应支付的迟延履行期间债务利息，均为盈多公司未清偿的债务。

对于迟延履行期间债务利息，盛通公司对已扣划部分款项3150元不再计算迟延履行期间债务利息，系其对自身权利的处分，与法无悖，但盛通公司主张的迟延履行期间债务利息计算方式不当，一审法院认定盈多公司应支付的迟延履行期间债务利息包括：1. 以 16,290 元（9,720 元 +9,720 元 −3,150 元）为基数、自 2014 年 3 月 1 日起至 2014 年 7 月 31 日止（153 天）、按照中国人民银行同期贷款利率 5.6% 的两倍计算的利息 764.78 元；2. 以 16,290 元为基数、自 2014 年 8 月 1 日起至盈多公司注销之日，即 2015 年 3 月 10 日止（222 天）、按照日 1.75‰ 计算的利息 632.87 元，共计 1,397.65 元。

对徐某、徐依某、应某所抽逃 50 万元出资的利息，盛通公司主张按中国人民银行同期贷款利率计算与法无悖，但其主张的利息计算截止日期 2016 年 8 月 15 日于法无据，一审法院认定，上述利息应自 2014 年 7 月 29 日起计算至盈多公司注销之日，即 2015 年 3 月 10 日止。根据上述利息的计算方式，徐某、徐依某、应某抽逃出资的本息远高于盈多公司对盛通公司债务未清偿部分。

综上，徐某、徐依某、应某应对盈多公司对盛通公司债务未清偿部分连带承担赔偿责任，邹欣应对徐某、徐依某、应某的上述责任承担连带责任。

一审法院据此依照《中华人民共和国侵权责任法》第八条、《最高人民法院关于适用〈中华人民共和国公司法〉若干问题的规定（三）》第十二条第四项、第十四条第二款、第十八条第一款、第二十条、《民事诉讼法》第一百四十四条、《最高人民法院关于执行程序中计算迟延履行期间的债务利息适用法律若干问题的解释》第一条、第七条之规定，判决如下：一、徐某、徐依某、应某应于判决生效之日起三日内对盈多公司对盛通公司未清偿债务 17,830.65 元（包括加工费 5,570 元、违约金 9,720 元、案件受理费 143 元、迟延履行期间债务利息 1,397.65 元）连带承担赔偿责任；二、邹某应对徐某、徐依某、应某依上述第一项应承担的责任承担连带责任；三、驳回盛通公司的其他诉请。如果未按判决指定的期间履行给付金钱义务，应当依照《民事诉讼法》第二百五十三条之规定，加倍支付迟延履行期间的债务利息。案件受理费 2,156 元，由盛通公司负担 1,910 元，徐筠、徐依春、应泓、邹欣共同负担 246 元。

二审裁判结果。

本院经审理查明，一审查明事实属实，本院予以确认。

二审审理期间，徐某向法庭提交了中国建设银行贷款转存凭证、中国建设银行股份有限公司上海普陀支行向上海市住房置业担保有限公司出具的《履行保证责任通知书》及贷款结清证明、银行对账单、划款凭证，旨在证明其于2013年至2016年期间代盈多公司向上海市住房置业担保有限公司归还银行贷款代偿款845,944.29元，无须再承担股东责任。盛通公司认为，徐某提供的以上证据已经超过举证期限，对其中加盖公章的部分材料的真实性予以确认，但即便徐某代公司偿付欠款，仍不足以弥补其从盈多公司取走的款项，且此前所查询到的仅是通过划账形式被徐某取走的款项，其他通过取现方式提取的并未计入，故徐某仍应承担股东责任。

本院认为，徐某、徐依某、应某作为盈多公司的发起人股东，应对公司负有资本充实和维持义务，其抽逃出资，损害了公司的偿债能力，即损害了公司债权人的利益，故徐某、徐依某、应某应在应缴注册资本金本息范围内对公司不能清偿之债向公司债权人承担补充赔偿责任，各发起人股东之间互负连带责任。邹某是在事后受让徐依某、应某持有的盈多公司股权，但其在一审中自认其系盈多公司的实际投资人及实际控制人，且自始经营盈多公司，故其对盈多公司的账目及股东抽逃注册资本金的情形应当知晓，因此，其应对徐依某、应某、徐某的股东责任承担连带责任。

对于徐某在二审中提出的其已经代盈多公司偿还对外债务845,944.29元已超过其应缴注册资本金故而主张其不应承担本案责任的问题，一则，其提供的证据中只有部分能够认定是付款给盈多公司债权人；二则，即便存在其为公司代偿债务的情形，但根据已经查明的事实，徐某从盈多公司账户取出的钱款金额仍大于其打入盈多公司的款项加上代偿金额的总和，仍不足以证明其弥补了所抽逃的注册资本金。故本院对徐筠的该项主张不予采纳。

关于法律适用问题：一、资本是公司维持经营抵御风险的基本条件，在债权人与目标公司进行交易时，多以公司资本作为评价对方经营实力的标准，因此，虽然公司资本不一定能完全真实地反映一个公司的实际经济实力，却使一个债权人对市场形势进行判断以及发生意外时能否得到救济的保证。股东抽逃出资侵害了公司的财产权，损害了债权人的债权。因此，从侵权责任角度，亦可以判令由抽逃出资的股东承担相应赔偿责任。一审法院在本案中适用《中华人民共和国侵权责任法》并无不当。二、《最高人民法院关于适用〈中华人民共和国公司法〉若干问题的规定（一）》第二条规定，因公司法实施前有关民事行为或者事件发生纠纷起诉到人民法院的，如当时的法律法规和司法解释没有明确规定时，可参照适用公司法的有关规定。现行公司法禁止股东滥用公司法人独立地位和股东有限责任损害公司债权人的利益，如因此而严重损害公司债权人利益的，应当对公司债务承担连带责任，而《最高人民法院关于适用〈中华人民共和国公司法〉若干问题的规定（三）》是对公司法的理解适用，并未超越公司法的规定，一审法院参照适用该司法解释的相关规定并无不当。

综上所述，一审认定事实清楚，判决并无不当。上诉人徐某、邹某的上诉理由不能成立，本院不予支持。据此，依照《公司法》第二十条第一、三款，第三十五条，《最高人民法院关于适用〈中华人民共和国公司法〉若干问题的规定（一）》第二条，《民事诉讼法》第一百七十条第一款第一项规定，判决如下：

驳回上诉，维持原判。

本判决为终审判决。①

·法条链接·

《最高人民法院关于民事执行中变更、追加当事人若干问题的规定》

法释〔2016〕21号

第十八条 作为被执行人的企业法人，财产不足以清偿生效法律文书确定的债务，申请执行人申请变更、追加抽逃出资的股东、出资人为被执行人，在抽逃出资的范围内承担责任的，人民法院应予支持。

第二十一条 作为被执行人的公司，未经清算即办理注销登记，导致公司无法进行清算，申请执行人申请变更、追加有限责任公司的股东、股份有限公司的董事和控股股东为被执行人，对公司债务承担连带清偿责任的，人民法院应予支持。

《最高人民法院关于适用〈中华人民共和国公司法〉若干问题的规定（三）》

第十三条 股东未履行或者未全面履行出资义务，公司或者其他股东请求其向公司依法全面履行出资义务的，人民法院应予支持。

公司债权人请求未履行或者未全面履行出资义务的股东在未出资本息范围

---

① 本部分来源于本案判决书主文，限于篇幅略做删减，读者可自行查阅判决书全文以全面了解案情。

内对公司债务不能清偿的部分承担补充赔偿责任的，人民法院应予支持；未履行或者未全面履行出资义务的股东已经承担上述责任，其他债权人提出相同请求的，人民法院不予支持。

股东在公司设立时未履行或者未全面履行出资义务，依照本条第一款或者第二款提起诉讼的原告，请求公司的发起人与被告股东承担连带责任的，人民法院应予支持；公司的发起人承担责任后，可以向被告股东追偿。

股东在公司增资时未履行或者未全面履行出资义务，依照本条第一款或者第二款提起诉讼的原告，请求未尽公司法第一百四十七条第一款规定的义务而使出资未缴足的董事、高级管理人员承担相应责任的，人民法院应予支持；董事、高级管理人员承担责任后，可以向被告股东追偿。

第十四条　股东抽逃出资，公司或者其他股东请求其向公司返还出资本息、协助抽逃出资的其他股东、董事、高级管理人员或者实际控制人对此承担连带责任的，人民法院应予支持。

公司债权人请求抽逃出资的股东在抽逃出资本息范围内对公司债务不能清偿的部分承担补充赔偿责任、协助抽逃出资的其他股东、董事、高级管理人员或者实际控制人对此承担连带责任的，人民法院应予支持；抽逃出资的股东已经承担上述责任，其他债权人提出相同请求的，人民法院不予支持。

《中华人民共和国破产法》

第三十五条　人民法院受理破产申请后，债务人的出资人尚未完全履行出资义务的，破产清算的管理人应当要求该出资人缴纳所认缴的出资，而不受出资期限的限制。

《最高人民法院关于适用〈中华人民共和国公司法〉若干问题的规定（二）》

第二十条　公司解散应当在依法清算完毕后，申请办理注销登记。公司未经清算即办理注销登记，导致公司无法进行清算，债权人主张有限责任公司的股东、股份有限公司的董事和控股股东，以及公司的实际控制人对公司债务承担清偿责任的，人民法院应依法予以支持。

公司未经依法清算即办理注销登记，股东或者第三人在公司登记机关办理注销登记时承诺对公司债务承担责任，债权人主张其对公司债务承担相应民事责任的，人民法院应依法予以支持。

第二十二条第一款　公司解散时，股东尚未缴纳的出资均应作为清算财产。

股东尚未缴纳的出资，包括到期应缴未缴的出资，以及依照公司法第二十六条和第八十条的规定分期缴纳尚未届满缴纳期限的出资。

股东从公司借款是否构成抽逃出资

⚖ 裁判要旨

公司借款给股东，是公司依法享有其财产所有权的体现，公司与股东之间属于借贷关系，合法的借贷关系受法律保护，公司对合法借出的资金依法享有相应的债权，借款的股东依法承担相应的债务。但是如果股东未能提供借款合同、借据等证据该笔划款为借款性质的，如符合抽逃出资要件的应认定为抽逃出资行为。

⚖ 案件来源

无锡市中级人民法院　无锡某宝资产管理咨询服务有限公司诉江阴某泰皮革制品有限公司等借款合同纠纷案二审民事判决书[①]

⚖ 股东纠纷焦点

本案焦点主要在于：股东工具厂向宏泰公司借款 2,077,500 元的行为是否属于抽逃注册资金的行为？如何判断抽逃出资和股东借款？

⚖ 法理探析

一、股东向公司借款的行为是否属于抽逃出资

股东抽逃出资常见伎俩有两种：一种是明目张胆的抽逃出资，比如公司成立的时候，将注册资金汇入公司账户待验资后即刻转出，实践中不乏验资当日

[①]　无锡某宝资产管理咨询服务有限公司诉江阴某泰皮革制品有限公司等借款合同纠纷案　无锡市中级人民法院（2006）锡民三初字第094号

就将出资款转出的例子。第二种是悄悄的进行抽逃出资，其中最常见的莫过于以股东借款的形式抽逃出资，即在公司成立之后，公司以支付借款的形式向股东返还出资款。

实践中，因为以股东借款的名义行抽逃出资行为的案件较多，如何切实有效的对股东借款和抽逃出资进行区别已经成为一个迫切的法律问题。对于该问题的探索，可以参见原国家工商行政管理总局在 2002 年 7 月 25 日《关于股东借款是否属于抽逃出资行为问题的答复》（工商企字〔2002〕第 180 号）规定：依照《公司法》的有关规定，公司享有由投资形成的全部法人财产。股东以出资方式将有关财产投入公司后，该财产的所有权发生转移，成为公司的财产，公司依法对其财产享有占有、使用、收益和处分的权利。公司借款给股东，是公司依法享有其财产所有权的体现，股东与公司之间的这种关系属于借贷关系，合法的借贷关系受法律保护，公司对合法借出的资金依法享有相应的债权，借款的股东依法承担相应的债务。即股东与公司之间的合法借贷关系收到法律的保护，不能仅仅因为股东向公司借款，股东有归还公司借款的行为就认定为抽逃出资。

二、抽逃出资与股东借款的区别何在

对于如何判断抽逃出资行为，2014 年的《公司法解释三》第十二条以列举加兜底的方式对于抽逃出资的主要形式进行了规定，但是较为遗憾的是，对于实务中争议纠纷多发的股东借款的界定问题，并没有进行囊括。笔者查阅了诸多学者的著作，及相关的司法判例，注意到刘俊海教授在其著作《现代公司法》一书中，对于如何甄别股东借款和抽逃出资的问题提出了较为全面的观点。判断股东借款和抽逃出资的区别，主要综合考虑以下十个要素：

1. 借款的金额。如果公司支付给股东的借款，占股东出资额的大部分甚至等于出资金额，则有必要怀疑股东是否抽逃出资。

2. 借款是否有利息。按照一般的商事习惯以及资金占用的成本，一方向另一方借款时，常常需要支付利息作为占用资金的成本。但是，如果股东向公司借款没有支付利息的约定，对于此类不支付对价的股东借款需要考虑是否抽逃出资。当然，实践中，也不排除股东名义上与公司约定了利息，但实际上股东并没有支付利息的本意。

3. 是否约定借款归还的期限。在常见的借贷关系中，往往会对还本付息的期限进行约定。而在抽逃出资中，虽然表面上为借款关系，但是股东并没有归还借款的想法，故股东往往并未和公司约定还款期限，这显然不符合常理。

4. 股东是否提供担保。在借贷关系中，出借人为保证借款的及时返还往往要求借款人提供担保（物保、人保等），特别对于大金额的借贷，借款人还需提供多种担保方式。而在股东抽逃出资中，因为股东并没有完璧归赵的想法，故其一般很少会对借款提供担保。当然，亦不排除股东为掩人耳目而提供形式上的担保。

5. 是否履行内部程序。如果股东从公司借款取得资金时，并未经过股东会议或者董事会议的决策，而是直接进行财务操作，则需要注意是否为抽逃出资。因为在公司治理中，往往因为公司大股东利用自己的控制地位，越过股东会和董事会，实施抽逃出资行为。

6. 借款主体。结合很多司法案例可以看出，控股股东即大股东抽逃出资的概率高于小股东。因为小股东在公司缺少话语权，故小股东较难在大股东的耳目下实施抽逃出资行为。当然，亦不排除小股东为了不法利益协助大股东抽逃出资。

7. 会计处理的不同方式。在公司股东向公司借款时，如果双方的借贷关系真实，财务会计处理时一般会作为"应收账款"记账，以确认公司对股东享有的债权。而在很多股东采用虚假的借贷关系抽逃出资的时候，往往会计处理时不做"应收账款"记录。但是，需要注意的是，实践中股东不乏股东将虚假的借款长期做"应收账款"处理。

8. 透明度。即可以从股东向公司借款是悄悄的暗箱操作，还是积极主动的告知其他股东来判断股东抽逃出资的概率。

9. 行为发生期限。从股东取得公司借款和投入注册资本的时间差来判断抽逃出资的概率。若股东在将注册资金汇入公司验资账户的当日就将出资款取回的，需要注意股东是否在抽逃注册资金。

10. 对公司偿债能力与可持续经营的影响。如果股东向公司借款后，公司的偿债能力与经营能力丝毫不受影响，则股东抽逃出资的概率可能并不高。反之，如果股东借款后公司资不抵债或者经营发生困难，则需要考虑是否股东蓄意抽逃出资。

败诉分析

本案中，工具厂虽然主张其与宏泰公司是借贷关系，但是工具厂并没有提交《借款合同》《借据》等证据证明款项系借款性质，即工具厂没有充足的证据证明双方之间是合法的借贷关系。

无锡市中级人民法院认为："被告工具厂认为根据《关于股东借款是否属于抽逃出资行为问题的答复》的精神，公司借款给股东，是公司依法享有其财产所有权的体现，股东与公司之间的这种关系属于借贷关系，合法的借贷关系受法律保护，公司对合法借出的资金依法享有相应的债权，借款的股东依法承担相应的债务。宏泰公司向工具厂划款的行为应视为工具厂向宏泰公司借款人民币 2,077,500 元，双方属正常的债权债务关系。本院认为，工具厂并未向本院提供借款合同、借据等证据证明该笔划款为借款性质，故该理由不予支持。"因此，对于工具厂向公司的借款行为，二审法院最终认定为符合抽逃出资的要件，工具厂须为自己的抽逃出资行为承担法律责任。

股东战术指导

本案中，工具厂最终败诉的结果不得不引起股东们的警示，在股东出资的过程中，笔者提出以下建议，仅供参考：

第一，股东向公司借款须签订《借款合同》。对于大股东而言，因为其在公司的绝对控股地位，往往股东会、董事会亦由大股东操控，财务部门一般亦由大股东安排人员，即便在存在真实的借款关系的情况下，大股东往往也未和公司签订《借款合同》等协议，而仅仅凭财务记账的"应收账款"记录亦无法证实款项的性质，故在此类情况下，大股东的借款行为会因为缺乏充足证据而有可能被认定为抽逃出资。

第二，对于小股东而言，因为小股东在公司的非控制地位，当大股东抽逃出资的时候，小股东往往被隐瞒其中。但是小股东并非无计可施，实际上，小股东在知晓大股东违反程序借款时，可要求大股东提供借款合同、还款计划等，还可以要求大股东为借款提供担保。如果确定大股东抽逃出资的，小股东可依据《公司法解释三》第十四条第一款的规定向法院起诉要求抽逃出资股东向公司返还出资本息。

⚖ 典型案例

原告海宝公司诉称：1995 年 11 月 9 日，被告宏泰公司与中国农业银行江阴市支行国际业务部（以下简称江阴农行）订立保证担保借款合同一份。同日，宏泰公司向江阴农行出具外汇贷款借款凭证，宏泰公司借得贷款 25 万美元，还款期限至 1996 年 10 月 30 日。借期届满后，宏泰公司未偿还借款本息。2000 年 3 月，江阴农行将其对宏泰公司的债权转移给中国长城资产管理公司南京办事处（以下简称长城公司），宏泰公司对债权转移予以确认，但未能按约偿还借款本息，长城公司在《新华日报》《江苏法制报》予以催收债权。2005 年 11 月 24 日，长城公司将其对宏泰公司的借款债权转让给原告，并于 2006 年 3 月 17 日在《江苏法制报》予以公告通知，但宏泰公司仍未向原告还款。

宏泰公司系中外合资经营企业，1991 年 9 月被告工具厂作为中方股东，与鞋业公司合资成立宏泰公司，1999 年 8 月宏泰公司被吊销营业执照，至今未清理债权债务。

宏泰公司注册资本关 94.5 万美元，其中被告工具厂出资 51.975 万美元，占注册资本的 55%，以现汇 28.3 万美元和人民币折 23.675 万美元投入。被告工具厂认缴注册资本中的 28.3 万美元系向江阴农行贷款出资。被告工具厂在未偿还投资设立宏泰公司股本金外汇贷款的情况下，于 1995 年 11 月 27 日，由宏泰公司向江阴农行借款 25 万美元，工具厂为该笔贷款提供保证担保，宏泰公司借得 25 万美元，划转给工具厂，用于偿还工具厂对宏泰公司的股本贷款。被告工具厂对宏泰公司认缴出资的注册资金贷款 25 万美元，应由被告工具厂以自有财产归还，在其不予归还的情况下，将该贷款转归被投资企业宏泰公司承担，显属抽逃其对宏泰公司已投入的注册资金。请求法院判令：一、被告宏泰公司偿还原告借款本金 25 万美元；二、被告工具厂、鞋业公司对宏泰公司的财产予以清理，并以清理所得偿还原告借款本金 25 万美元；三、被告工具厂在抽逃宏泰公司注册资金 25 万美元范围内，对原告的借款承担连带赔偿责任；四、三被告承担本案诉讼费用。

被告工具厂辩称，在工具厂与宏泰公司的往来中，其对宏泰公司享有债权，不存在抽逃注册资本的行为，同时认为即便本案中 1995 年 11 月宏泰公司划转 2,077,500 元人民币至工具厂的行为构成抽逃注册资金的行为，也已经超过 2 年诉讼时效。请求法院驳回原告海宝公司对被告工具厂的诉讼请求。

为证明其主张，原告海宝公司就涉及本案事实提交如下证据：证据1、保证担保借款合同及外汇贷款借款凭证，证明被告宏泰公司向江阴农行借得外汇贷款本金25万美元，被告工具厂对此贷款提供不可撤销连带责任担保；证据2、逾期贷款催收通知书，证明被告宏泰公司未依照借款合同归还25万美元贷款，江阴农行于1998年4月10日进行了催收，被告宏泰公司于1998年4月20日予以确认；证据3、债权转移确认通知书及回执，证明2000年3月23日江阴农行将该笔债权转移给长城公司并通知了债务人被告宏泰公司，宏泰公司于2000年3月29日对债权转移予以确认；证据4、《新华日报》《江苏法制报》债务催收公告三份，证明因被告宏泰公司未还款，长城公司分别于2002年1月26、2003年11月19日、2005年11月17日刊登催收公告进行催收；证据5、债权转移通知书、《江苏法制报》债权转让及催收公告，证明2005年12月30日，长城公司将涉案债权转让于原告海宝公司并在2006年3月17日《江苏法制报》以刊登债权转让及催收公告的形式通知了债务人被告宏泰公司；证据6、外汇调剂中心成交单、支取凭条，证明1995年11月27日被告宏泰公司在从江阴农行贷得25万美元后通过江阴市外汇调剂中心调剂成2077500元人民币；证据7、农行转账支票两张，证明1995年11月30日被告宏泰公司将调剂所得的2,077,500元人民币通过划款方式转移至江阴工具厂账户，1995年12月5日被告工具厂将2,082,425元人民币划款至江阴农行用于还贷；证据8、中国农业银行买入外汇申请书、中国农业银行江苏省分行借方传票，证明1995年12月5日被告工具厂将划至江阴农行的2082425元人民币兑换成25万美元，用途为还贷；证据9、被告宏泰公司工商资料，证明被告工具厂为债务人宏泰公司的中方股东，注册资金中的26万美现汇为工具厂向江阴农行申请股本贷款所得；证据10、被告宏泰公司、工具厂工商资料表，证明宏泰公司已于1999年8月30日被江苏省无锡工商行政管理局吊销营业执照。

为证明其主张，被告工具厂就涉及本案事实提供如下证据：证据1、宏泰公司工商档案，用于证明经营状况和注册资金情况，以此证明工具厂未抽逃注册资金；证据2、宏泰公司现状照片11张，用于证明宏泰公司目前资产情况；证据3、（2006）澄民一初字3261号民事判决书，用于证明宏泰公司1995年划给工具厂的2,077,500元是用于抵扣厂房租金，至今宏泰公司还结欠工具厂厂房租金 871,963.99 元未支付 以证明被告工具厂不存在抽逃注册资金的行为。

综合本案现有证据及当事人的质证意见，本院确认事实如下：

1995 年 11 月 9 日，被告宏泰公司、工具厂与江阴农行订立保证担保借款合同一份，约定由宏泰公司向江阴农行借款 25 万美元，用于流动资金，分 1996 年 5 月 30 日、1996 年 10 月 30 日两期归还，由工具厂提供不可撤销连带责任担保。同日，宏泰公司向江阴农行出具外汇贷款借款凭证，宏泰公司借得贷款 25 万美元，还款期限至 1996 年 10 月 30 日。借期届满后，宏泰公司未偿还借款本息。2000 年 3 月江阴农行将其对宏泰公司的债权转移给长城公司，宏泰公司对债权转移予以确认，但未能按约偿还借款本息，长城公司在《新华日报》《江苏法制》报予以催收债权。2005 年 11 月 24 日，长城公司将其对宏泰公司的借款债权转让给原告海宝公司，并于 2006 年 3 月 17 日在《江苏法制报》予以公告通知，但宏泰公司仍未向原告还款。

另查明，宏泰公司系中外合资经营企业，1991 年 9 月被告工具厂作为中方股东，与鞋业公司合资成立宏泰公司。宏泰公司注册资本为 94.5 万美元，其中被告工具厂认缴注册资本中的 28.3 万美元系向江阴农行贷款出资。1999 年 8 月宏泰公司被吊销营业执照，至今未清理债权债务。1995 年宏泰公司、工具厂法定代表人都为徐建惠。

再查明，1991 年 8 月 14 日，工具厂与宏泰公司签订厂房租用协议 1 份，协议约定宏泰公司租用工具厂建筑面积 2500 平方米的厂房，每年厂房租费为 310,330 元，由宏泰公司每年向工具厂结算。（2006）澄民一初字 3261 号民事判决书确认以下事实：1991 年 8 月 14 日，工具厂与宏泰公司签订厂房租用协议 1 份，协议约定宏泰公司租用工具厂建筑面积 2500 平方米的厂房，每年厂房租费为 310,330 元，由宏泰公司每年向工具厂结算。1998 年 1 月 20 日宏泰公司发给工具厂函 1 份，提出其公司经营状况不佳，对厂房租金要求优惠考虑，按每年人民币 30 万计算。2005 年 8 月 21 日宏泰公司向工具厂出具确认书，内容如下：我公司应付贵厂房租金共计 2,724,463.99 元（至 2005 年年底）。在江阴法院审理中双方确认至 2006 年 9 月宏泰公司共结欠工具厂租金 2,949,463.99 元。1995 年 11 月 30 日，宏泰公司曾通过转账支票汇给工具厂 2,077,500 元，上述相抵宏泰公司尚结欠工具厂租金 871,963.99 元。江阴法院一审判决宏泰公司结欠工具厂租金 871,963.99 元，该判决书现已生效。

1995 年 11 月 30 日，宏泰公司通过转账支票汇给工具厂人民币 2,077,500 元。1995 年 12 月 5 日被告工具厂将 2,082,425 元人民币划款至江阴农行用于还贷。同日被告工具厂将划至江阴农行的 2,082,425 元人民币兑换成 25 万美元，用途为还贷。

又查明，原告海宝公司于 2006 年 7 月 11 日以借款合同纠纷为由起诉被告工具厂、宏泰公司至本院，案号为（2006）锡民二初字第 178 号，后原告于 2006 年 10 月 16 日申请撤诉，本院于 2006 年 10 月 23 日裁定准许。

本院认为：本案所涉借款合同法律关系，系发生在国内当事人之间，应当适用我国法律的相关规定。鞋业公司系在香港注册，其作为宏泰公司股东，对宏泰公司债权债务的清理责任根据《中华人民共和国合同法》第一百二十六条规定，也应当适用我国内地的法律规定。

本案的主要争议焦点为：一、原告主张的涉案债权是否超过诉讼时效；二、工具厂是否存在抽逃宏泰公司注册资金的行为。

关于第一个争议焦点，本院认为本案诉争债权并未超过诉讼时效。《中华人民共和国民法通则》第一百四十条规定："诉讼时效因提起诉讼、当事人一方提出要求或者同意履行义务而中断。从中断时起，诉讼时效期间重新计算。"本案应从原债务履行期限即 1996 年 10 月 30 日届满后计算二年。江阴农行于 1998 年 4 月 10 日通过《逾期贷款催收通知书》进行催收、被告宏泰公司及其法定代表人徐建忠于 1998 年 4 月 20 日予以盖章确认的行为形成诉讼时效第一次中断，需从 1998 年 4 月 21 日起重新计算。

《中华人民共和国合同法》第八十条规定："债权人转让权利的，应当通知债务人。"最高人民法院《关于审理涉及金融资产管理公司收购、管理、处置国有银行不良贷款形成的资产的案件适用法律若干问题的规定》第十条规定："债务人在债权转让协议，债权转让通知上签章或者签收债务催收通知的，诉讼时效中断。"2000 年 3 月 23 日江阴农行、长城公司通过（宁）中长资债字（2000）第 CC143 号《债权转移确认通知书》告知宏泰公司、工具厂涉案债权转移事实属于江阴农行、长城公司履行通知义务的行为，涉案债权的转移行为发生法律效力，长城公司成为涉案债权人。同时，长城公司通过《债权转移确认通知书》进行了第二次催收。宏泰公司及其法定代表人徐建忠于 2000 年 3 月 29 日盖章确认的行为导致诉讼时效的第二次中断，诉讼时效从 2000 年 3 月

30 日起重新计算。此后，长城公司通过 2002 年 1 月 26 日《新华日报》、2003 年 11 月 19 日及 2005 年 11 月 17 日《江苏法制报》刊登债务催收公告的形式对涉案债权进行的催收同样导致诉讼时效的中断，诉讼时效从 2005 年 11 月 18 日开始计算。

在 2005 年 12 月 24 日长城公司将涉案债权转让给原告海宝公司之后，长城公司、海宝公司在邮寄通知债务人宏泰公司未果的情况下，于 2006 年 3 月 17 日在《江苏法制报》刊登《债权转让及催收公告》，依法履行了通知义务，海宝公司自 2006 年 3 月 18 日起可以依照法律向债务人宏泰公司行使债权人的权利。

2006 年 7 月 11 日海三公司以工具厂、宏泰公司为被告提起的借款合同纠纷诉讼同样引起诉讼时效的中断。

综上，至 2006 年 10 月 23 日本院受理本案时止，涉案债权并未超过诉讼时效，债权人海宝公司可以向债务人宏泰公司主张涉案债权。

对于第二个争议焦点，本院认为被告工具厂存在抽逃宏泰公司注册资金的行为。

一、被告工具厂认为虽然 1995 年 11 月 30 日宏泰公司通过转账支票汇给工具厂 2,077,500 元是事实，但是根据工商企字（2002）第 180 号《关于股东借款是否属于抽逃出资行为问题的答复》的精神，"公司借款给股东，是公司依法享有其财产所有权的体现，股东与公司之间的这种关系属于借贷关系，合法的借贷关系受法律保护，公司对合法借出的资金依法享有相应的债权，借款的股东依法承担相应的债务。"宏泰公司向工具厂划款的行为应视为工具厂向宏泰公司借款人民币 2,077,500 元，双方属正常的债权债务关系。本院认为，工具厂并未向本院提供借款合同、借据等证据证明该笔划款为借款性质，故该理由不予支持。

二、被告工具厂认为由于截至 2006 年 9 月宏泰公司已结欠工具厂厂房租金 2,949,463.99 元，在与 1995 年 11 月 30 日宏泰公司转账给工具厂的 2,077,500 元相抵之后，宏泰公司还结欠工具厂租金 871,963.99 元。综合上述情况以及江阴法院生效判决确认的事实，应当认定工具厂并未抽逃宏泰公司注册资金，相反工具厂也为宏泰公司债权人。本院认为：依据宏泰公司、工具厂于 1991 年 8 月 14 日签订的厂房租用协议约定"每年厂房租费计人民币 310,330 元"计算，从 1991 年 8 月 14 日至 1995 年 11 月 30 日，宏泰公司仅结欠工具厂租金人民币 1,241,320 元。但是宏泰公司在 1995 年亏损额达到 2,633,559.93 元的情况依旧向工具厂交纳 2,077,500 元房租，该交纳数额超过应交租金 836,180 元。虽然被告工具厂在庭审中认为超过部分为宏泰公司交纳水电费等费用，但是却未提供任何依据，而且数额明显超出合理范围，所以本院认为宏泰公司向工具厂划款人民币 2,077,500 元是交纳厂房租金及水电费的观点明显不合情理及商业惯例。另外，根据被告工具厂陈述以及法庭调查，被告宏泰公司在其 1998 年停产、1999 年被吊销营业执照之后依然按照协议租赁工具厂厂房的行为也明显不符合常理。鉴于 1995 年宏泰公司、工具厂法定代表人都为徐建忠，本院有理由相信，1995 年 11 月 30 日宏泰公司向工具厂划款 2,077,500 元人民币并非用于交纳厂房租金，其性质应为抽逃注册资金。

三、被告工具厂认为即便 1995 年工具厂存在抽逃宏泰公司注册资金的行为，而宏泰公司至 2006 年 9 月已结欠工具厂房租金人民币 2,949,463.99 元，依照《中华人民共和国合同法》第九十条的规定"当事人互负到期债务，该债务的标的物种类、品质相同的，任何一方可以将自己的债务与对方的债务抵销"，工具厂通过抵销租金的行为补足了其抽逃的注册资金。本院认为，《中华人民共和国公司法》第三十六条规定："公司成立后，股东不得抽逃出资。"工具厂既未提供证据证明其已履行合法的补资手续，也未提供证据证明工具厂曾代替宏泰公司在抽逃资金的范围内曾对外偿还债务，被告提供的江阴法院判决书等证据也不能否认 2077500 元人民币为工具厂抽逃注册资金的性质，也不影响因此产生的责任承担。所以，工具厂关于债务抵销的观点不能成立。

四、被告工具厂认为 1995 年宏泰公司贷款 25 万美元以及宏泰公司将人民币 2,077,500 元划至工具厂账户都是通过江阴农行进行操作，如果该行为定性为抽逃出资，江阴农行在当时就应当知晓并应在 2 年内采取诉讼等其他行动追究工具厂责任，但是江阴农行、长城公司却未采取任何行动，所以即便海宝公司要追究工具厂抽逃出资的责任也已经超过的诉讼时效。本院认为，依据《中华人民共和国民法通则》第一百三十七条的规定"诉讼时效期间从知道或者应当知道权利被侵害时起计算"，本案宏泰公司划转人民币 2,077,500 元至工具厂账户的行为虽然发生在 1995 年，但是工具厂并未提供确实充分的证据证明江阴农行在 1995 年 11 月 30 日起就"知道或者应当知道"工具厂存在抽逃注册资金的行为，所以其观点本院不予采信。

综上，工具厂存在抽逃宏泰公司注册资金的行为，在宏泰公司不能清偿债务时，公司债权人海宝公司有权诉请其在所抽逃出资的范围内就公司债务承担清偿责任。

结合以上观点，本院认为江阴农行与宏泰公司签订的借款合同系双方当事人的真实意思表示，且不违反法律禁止性规定，应为合法有效。江阴农行依约履行了发放贷款的义务，宏泰公司未按约还款，属违约，应承担返还借款本金，支付利息及罚息的法律责任。根据《中华人民共和国合同法》第八十条第一款的规定：债权人转让权利的，应当通知债务人。未经通知，该转让对债务人不发生效力。本案中的涉案债权由江阴农行转移至长城公司，以及由长城公司转移至海宝公司的两次债权转移行为完成后，债权人都分别通过了债权转移确认通知书形式和债权转让公告形式通知了被告宏泰公司，符合法律规定，债权转让行为应属有效。同时，债权人长城公司、原告海宝公司分别2002年1月26日《新华日报》、2003年11月19日及2005年11月17日《江苏法制报》进行了债务催收公告，该债权三张行为产生诉讼时效中断的法律效力，海宝公司的起诉没有超过法定诉讼时效期间。海宝公司要求宏泰公司偿还借款本金的要求本院予以支持。

同时，鉴于宏泰公司已于1999年8月被吊销营业执照，依照《中华人民共和国公司法》第一百八十四条、一百八十七条的规定，宏泰公司股东工具厂、鞋业公司应当成立清算组对宏泰公司资产进行清理并以清理所得偿还宏泰公司债务。

股东抽逃出资的，公司不能清偿债务时，公司债权人有权诉请其在所抽逃出资的范围内就公司债务承担清偿责任。鉴于工具厂在1995年11月30日抽逃宏泰公司注册资金人民币2,077,500元，其应当在抽逃出资的范围内对宏泰公司债务承担清偿责任。

据此，判决如下：

一、工具厂、鞋业公司应于本判决生效后三十日内对宏泰公司进行清理，以清理的资产给付海宝公司借款本金25万美元；

二、工具厂就上述第一项还款义务在人民币2,077,500元范围内对海宝公司承担连带清偿责任；

如果未按本判决指定的期间履行给付金钱义务，应当依照《中华人民共和国民事诉讼法》第二百三十二条之规定，加倍支付迟延履行期间的债务利息。[①]

·法条链接·

《最高人民法院关于适用〈中华人民共和国公司法〉若干问题的规定（三）》

第十三条　股东未履行或者未全面履行出资义务，公司或者其他股东请求其向公司依法全面履行出资义务的，人民法院应予支持。

公司债权人请求未履行或者未全面履行出资义务的股东在未出资本息范围内对公司债务不能清偿的部分承担补充赔偿责任的，人民法院应予支持；未履行或者未全面履行出资义务的股东已经承担上述责任，其他债权人提出相同请求的，人民法院不予支持。

股东在公司设立时未履行或者未全面履行出资义务，依照本条第一款或者第二款提起诉讼的原告，请求公司的发起人与被告股东承担连带责任的，人民法院应予支持；公司的发起人承担责任后，可以向被告股东追偿。

股东在公司增资时未履行或者未全面履行出资义务，依照本条第一款或者第二款提起诉讼的原告，请求未尽公司法第一百四十七条第一款规定的义务而使出资未缴足的董事、高级管理人员承担相应责任的，人民法院应予支持；董事、高级管理人员承担责任后，可以向被告股东追偿。

---

① 本部分来源于本案判决书主文，限于篇幅略做删减，读者可自行查阅判决书全文以全面了解案情。

第七章 隐名持股风险几何

隐名持股风险之一：
隐名股东如何才能成为工商登记的股东

案件要旨

隐名股东主张显名并要求办理股东工商登记的，应当经过公司其他股东过半数的同意。在隐名股东无法提供公司其他过半数股东同意的相关证据下，即使该隐名股东是涉案股权的实际出资人，对于其要求公司办理股东工商变更登记的诉讼请求，法院不予支持。

案例来源

上海市高级人民法院 上海市第一中级人民法院民事判决书 百勤公司诉吴某股东资格确认纠纷一案[①]

股东纠纷焦点

本案焦点在于：吴某作为公司的隐名股东，且对公司具有实际出资的行为，但吴某要求成为工商登记股东的诉请，为何未得到法院认可？吴某败诉的原因何在？如何避免代持风险？

法理探析

在股权代持实务中，隐名股东有一个常见的认识误区是："我是出资人，我就是公司的股东，我随时可以进行工商登记成为公司股东！"

---

① 百勤公司诉吴某股东资格确认纠纷一案 上海市第一中级人民法院（2016）沪01民终1358号 上海市高级人民法院（2016）沪民申1955号

而实际上，隐名出资≠公司股东！

隐名股东必须首先认识到的一个风险是：隐名股东并不当然可以成为公司股东！那么，隐名出资人如何才能识别风险？隐名出资人如何才能成为工商登记的股东？笔者拟从以下几个方面进行探讨：

一、隐名股东和名义股东的概念

隐名股东，又称为匿名股东，是指实际出资人或者认购股份的人以他人名义履行出资义务或者认购股份。[①]与隐名股东相对应的则是名义股东，也称挂名股东，即代实际出资人成为工商登记上的股东，并根据双方约定履行代持协议下权利义务。一般而言，出现股权代持的原因主要有以下几类：第一类是因为公司法、证券法和其他法律规定不能成为股东，比如最常见的莫过于公务员幕后持股。因为此类主体无法光明正大地站在幕前，故而采用股权代持的方法。第二类是对于持股比例、审批程序的相关限制而无法成为股东，此类主体往往为了规避相关的法律限制，而采取隐名持股的方式成为幕后的投资者。第三类是出于个人原因的考虑，比如因为有债务缠身担心股权被执行，或者有意隐瞒自己的资产状况，而采取股权由他人代持的方式。第四类是在公司的股权和控制权设计中，大股东为了实现对公司的绝对控制权，与其他股东约定代为持有股份，从而将表决权等相关股东权利集中在大股东手中行使。

二、实际出资并非认定隐名股东具备股东资格的唯一要件

从《公司法》的司法实践来看，判断隐名股东是否享有股东资格，隐名股东是否实际出资或者认缴出资是必要条件，但是并非认定是否具备股东资格的唯一要件。在确认股东资格时，应当结合实质要件和形式要件，综合考虑下列各种因素。

1. 确认股东资格的实质要件

根据《公司法解释三》第二十二条规定："当事人之间对股权归属发生争议，一方请求人民法院确认其享有股权的，应当证明以下事实之一：其一，已经依法向公司出资或者认缴出资，且不违反法律法规强制性规定；其二，已经

---

① 施天涛：《公司法论》（第二版），法律出版社2007年版，第230页。

受让或者以其他形式继受公司股权，且不违反法律法规强制性规定。"

根据上述法条可知，最高院在《公司法解释三》中提出了股权确认的认定标准的实质要件是有证据证明股东已经依法向公司出资或者认缴出资，或者受让或以其他方式继受股权，且不违反法律强制性规范。

2. 股东资格确认中的形式要件

需要注意的是，形式要件和实质要件并非相互独立的因素，形式要件是实质要件的外在表现形式。实质要件是以出资为取得股东资格的必要条件，形式要件是对股东出资的记载和证明，形式要件多见于股东完成出资后在公司章程上的记载、股东名册上的记载、工商机关的登记。

3. 确认股东资格应当结合实质要件和形式要件，综合考虑各种因素

在实践中，因股东名册、工商登记、出资证明书、公司章程可能存在冲突、不一定与事实相符，而这，也正是诸多股东资格确认纠纷产生的原因。故在不涉及第三人的情况下，判断谁是真股东，谁是假股东，形式要件并非判断的绝对根据，而应该综合分析以下六项要件：股东是否已签署公司章程；是否实际出资、认缴出资或者受让、继受股权；是否工商登记；是否具有出资证明书；股东名册是否记载；是否实际享有股东权利，并根据当事人具体实施民事行为的真实意思表示来综合认定。

在隐名股东确认股东资格的案件中，确认股东资格的归属依然需要符合《公司法》对于股东资格的认定要件。但是，隐名股东最大的问题在于：出资的虽则是隐名股东，但名义股东却被工商登记为股东，即隐名股东通常仅仅具备实质要件而没有形式要件，如何确定隐名股东的股东资格就成为司法实践中的疑难问题。

三、隐名股东要求成为显明股东需要符合的条件

对于隐名股东的资格确认问题，应当区别内部关系和外部关系，分别对待。当纠纷涉及股东间关系的时候，应尽可能尊重股东的真实意思表示。[①] 根据公司法相关规定及司法解释和相关案例裁判要旨，隐名股东要求成为显明股东，变更工商登记，需要具备以下条件：

---

① 最高人民法院民事审判第二庭编，杜万华主编：《公司案件审判指导》，法律出版社2018年版，第291页。

1．隐名股东应系公司的实际出资人

在判断隐名股东是否具备显明条件时，首先需要确定的是，隐名股东是否是公司的实际出资人，即是否具备成为股东的实质要件；按照《公司法解释三》的相关规定，当股东对于公司的股权归属发生争议时，应当证明的是，股东已经依法向公司出资或者已经认缴出资，或者已继受股权。如果隐名股东不能证明自己是公司的实际出资人，则其要求显明的主张很难获得法院支持。

2．隐名股东和名义股东之间的股权代持协议系合法有效

《公司法解释三》第二十五条第一款规定：有限责任公司的实际出资人与名义出资人订立合同，约定由实际出资人出资并享有投资权益，以名义出资人为名义股东，实际出资人与名义股东对该合同效力发生争议的，如无合同法第五十二条规定的情形，人民法院应当认定该合同有效。解析上述法条可知，对于隐名股东和显明股东之间股权代持关系的合法性，《公司法解释三》予以了确定，若没有《合同法》第五十二条无效的情形存在，则实际出资人与显明股东协商一致签订的股权代持协议原则上是有效的。

3．隐名股东主张股东身份（显名）须经半数以上其他股东的同意

基于有限责任公司人和性的特点，实际出资人并不能因为其出资行为当然的获得股东资格，在隐名股东要求法院判决进行工商登记变更，由隐名股东变为显明股东时，按照《公司法解释三》第二十四条第三款规定，隐名股东主张变更股东、要求公司签发出资证明书、记载于股东名册、记载于公司章程及要求办理工商登记的，应当经过公司其他股东过半数的同意。在隐名股东无法提供公司其他过半数股东同意的相关证据下，其显明的主张很难获得法院支持。当然，根据《公司法》七十一条的规定，首先必须隐名股东和名义股东之间须具有股权转让的合意，公司其他股东过半数同意隐名股东从幕后走到台前"显名"，如此隐名股东的股东资格才能得到确认。

四、我国实务界对于隐名股东资格确认的相关规定

江苏省高级人民法院《关于审理适用公司法案件若干问题的意见（试行）》中的规定对于股东资格的认定区分了内外有别的原则："股东（包括挂名股东、隐名股东和实际股东）之间就股东资格发生争议时，除存在以下两种情形外，应根据工商登记文件的记载确定有关当事人的股东资格：当事人对股东资格有

明确约定，且其他股东对隐名者的股东资格予以认可的；根据公司章程的签署、实际出资。出资证明书的持有以及股东权利的实际行使等事实可以作出相反认定的。股东（包括挂名股东、隐名股东和实际股东）与公司之间就股东资格发生争议，应根据公司章程、股东名册的记载作出认定，章程、名册未记载但已依约定实际出资并实际以股东身份行使股东权利的，应认定其具有股东资格，并责令当事人依法办理有关登记手续。"

上海市高级人民法院《关于审理涉及公司诉讼案件若干问题的处理意见（二）》沪高法〔2003〕2.6号中规定：有限责任公司半数以上其他股东明知实际出资人出资，并且公司一直认可其以实际股东的身份行使权利的，如无其他违背法律法规规定的情形，人民法院可以确认实际出资人对公司享有股权。

因此，作为隐名出资人，其最大的风险在于"钱出了"，但是"股东却不是我"。当有朝一日条件成熟，隐名股东要求成为工商登记的"显名股东"时，却发现，因为《代持协议》的不规范，依照代持约定自己难以成为公司名正言顺的"股东"，最终落得"竹篮打水一场空"的后果。

🔖 败诉分析

吴某作为隐名股东，起诉要求变更工商登记为实名股东，然最终败诉！其败诉原因在于：

本案中，虽然百勤公司和其他股东对于吴某向公司直接实际出资的事实并无异议，同时也认可吴某的隐名股东身份，但实际上认可的是吴某的出资人身份，而出资人身份并不等同于股东身份；吴某作为隐名股东，诉请法院要求显名成为公司工商登记股东，从实质上打破了百勤公司治理结构的稳定性与人合性，百勤公司的其他投资人均一致反对该诉求。基于此，吴某虽然作为公司的实际出资人，但是因为尚未经公司其他股东（投资人）半数以上同意，故对于吴某要求显明变更登记的诉请，最终未获得法院支持。

🔖 股东战术指导

本案中，隐名股东吴某要求成为工商登记的股东，却最终败诉，其后果不得不引起股东们的警示。在隐名入股的过程中，笔者提出以下建议，仅供参考：

第一，隐名股东应重视《股权代持协议》的起草。在司法实践中，大部分的纠纷可以通过事先在协议中约定来避免或减少损失。因而，为了保证隐名股东的投资利益和对公司的控制权，隐名股东和名义股东之间应该有一个全面、有效的《股权代持协议》。如果出于"人情""面子"而忽视了隐名股东利益的保护和风险的防范，则将"得不偿失"。具体而言，一份《股权代持协议》中必备的条款如下：

1. 须明确双方之间的法律关系为股权代持关系，并明确约定股权代持的股权比例、出资额的多少、代持期限、出资款的收付账号、出资款的付款方式等。

2. 明确约定名义股东在公司治理中的权限，明确授权的范围、授权的方式、违反授权权限的补救措施等。

3. 明确隐名股东与挂名股东的权限划分，包括股东代表诉权、表决权、分配红利的权利、知情权等权利归属与行权方式等。

4. 因能否显名成为工商登记的股东关系到隐名股东的核心利益，故双方应约定隐名股东主张成为显名股东的条件，当隐名股东要求显名时，挂名股东需要无条件配合，及如果不配合时的违约责任。

5. 为防止名义股东怠于履行代持义务，双方须明确名义股东违约责任的条款，主要有在公司治理中，名义股东怠于参与公司治理的违约责任；在涉及公司股东会决议的表决时，名义股东不按照授权擅自行使表决权的违约责任；擅自将股份转让、质押等时的违约责任；因名义股东承担个人债务时导致股权被司法拍卖、强制执行的违约责任或侵权责任。

6. 另外，在股权代持中很容易被忽视的一个风险是，当名义股东意外死亡时，股权可能会被其法定继承人继承的风险，故须明确一方死亡时，或者离婚时的股权归属条款。

7. 须事先约定合同无效之后的利益归属。在股权代持的纠纷中，往往会因为有些股权代持协议因为违反国家强制性法律规定而归于无效，如果双方对于合同无效之后的责任承担和公司利益分配未做事先约定的话，则不利于保护隐名股东的权益。故对于合同无效后的公司利益的归属须在合同中明确约定。

第二，约定高额违约责任。设立代持股时，双方签订明确的股权代持协议，在协议中明确约定双方的权利义务，如被代持股权及其投资权益的归属、对名义股东的补偿、违约责任等。

第三，进行公证。虽然无论是否公证，合法的代持协议的效力本身是受法律保护的。《股权代持协议》亦不会因为没有公正而无效。但是，从诉讼中举证责任的角度来说，公证之后的协议更加具有可信度，更容易被司法所确认其有效性和合法性。

第四，提前签署《股权转让协议》等，随时准备变身股东身份。为保证后期隐名股东能顺利地从幕后走到台前，双方可以先行签订一份《股权转让协议》，以防止名义股东拒绝股权转让。这样，隐名股东可以随时依据股权转让协议要求将被代持股权转让到自身或指定的其他人名下。

第五，代持人将代持股权质押给出资人。为防止名义股东恶意将代持的股份擅自进行转让、质押、分割等处分，隐名股东可以要求名义股东办理股权质押担保。因为在代持股份被质押给隐名股东之后，名义股东无法擅自将股权向第三方提供担保或者出卖转让。即使由于法院执行或者拍卖变卖股权，隐名股东基于质押权人的身份，可以获得优先权。

第六，实际出资人要增强证据意识，注意保存搜集代持股的证据。根据"谁主张、谁举证"的证据规则，在股权代持中，当隐名股东主张股权归属自身时，需要举证证明双方股权代持关系，故隐名股东要注意搜集保存好证明代持股关系的证据，比如《股权代持协议》、出资的转账记录、出资证明书、股东会决议、公司登记资料等。

典型案例

原审法院查明　百勤公司成立于2000年3月29日，成立时登记注册资本500万元（人民币，下同），登记股东为庄某与案外人范某某，各享有60%和40%股权。2007年7月，百勤公司作出股东会决议，修改公司章程，增加注册资本到800万元，庄某与范某某按各自股权比例增资。2014年，范某某将登记的40%股权分别转让给庄某、张某，现百勤公司登记股东为庄淑英享有91.5%股权，张某享有8.5%股权。2000年12月开始，吴某陆续向百勤公司缴纳出资或以享有的分红转出资，至 2013 年 2 月已累计出资 172,040 元。2000 年 12 月，百勤公司签发股权证给吴某，以记载吴某入股时间、金额及股金总额及此后各年度变化情况……审理中，百勤公司及庄某、张某确认百勤公司现有股东即庄某、张某与吴某，无其他方。吴某原审请求判令：一、确认吴某是百勤公司股东，持有百勤公司 3.75% 股权（即庄某所持百勤公司 91.5% 股权中的 3.75% 为吴某所有）；二、百勤公司及庄某、张某办理上述股权的工商变更登记。

原审法院认为，股东资格是股东行使股东权利、承担义务的基础。股东资格通过依法向设立或增资中的公司出资或认缴出资的方式原始取得；也可通过受让或继承等方式取得继受取得。本案中，原审法院裁断如下：吴某享有百勤公司 3.75% 的股权，百勤公司应向公司登记机关登记吴某的股东信息，庄某、张某应予配合。理由如下：一、百勤公司确认吴某对其已出资 17.204 万元。该出资为吴某逐步投入或已分红转为出资……二、关于百勤公司是否应为吴某办理登记，即吴某是否可显名的问题。原审法院认为，有限责任公司具有人合与资合双重性质，于资合方面，吴某已履行实际出资义务；于人合方面，实际投资人要求记载于股东名册或记载于公司登记机关，即显名化可能破坏公司的人合性，有损公司的内部治理关系，故应慎重。为此，在《最高人民法院关于适用〈中华人民共和国公司法〉若干问题的规定（三）》第二十四条也规定："实际出资人未经公司其他股东半数以上同意，请求公司变更股东、签发出资证明书、记载于股东名册、记载于公司章程并办理公司登记机关登记的，人民法院不予支持。"但本案情况与该规定适用前提并不一致，吴某显名化要求并不对百勤公司人合性产生影响……最后，吴某的股东身份也得到百勤公司及百勤公司其他股东长期且持续的确认，吴某分别于 2005 年、2010 年、2012 年参加百勤公司的投资者、股东或董事会，并在相关会议记录、决议上签字。相关会议记录、决议上也有百勤公司的盖章确认或庄某、张某签字确认。即庄某、张某至少于 2010 年、2012 年中对吴某的股东身份作出过认可，结合百勤公司与庄某、张某的确认，百勤公司已无其他第四方股东，故吴某股东身份已取得百勤公司其他股东全部同意。而涉诉时，庄某、张某又称不同意为吴某办理股东登记，有悖诚信，故对百勤公司及庄某、张某辩称意见不予支持。据此原审法院判决确认吴震祥系百勤公司的股东，享有百勤公司 3.75% 股权；百勤公司于本判决生效之日起十日内向公司登记机关办理股东变更登记，将登记为庄某享有的 91.5% 股权中的 3.75% 股权变更登记为吴某享有，庄某、张某予以配合等。

百勤公司、庄某、张某均不服原审判决，共同提出上诉。

上海市第一中级人民法院认为，本案系股东资格确认以及据此请求公司变更登记的合并之诉。经审查，吴某对百勤公司的出资事实成立，对此百勤公司、庄某、张某亦无异议，本院予以确认。关于出资的金额，由吴某数年的累计出资行为、股权证、百勤公司与庄某签发的《证书》等为据，据此本院认定吴某的出资为人民币 30 万元，相应持有百勤公司 3.75% 的股份。上诉人百勤公司、庄某、张某关于此节的上诉请求，本院不予采信。关于吴某原审另一请求变更登记之诉求，结合百勤公司组织架构的历史形成，可以确定百勤公司始终存在显名与隐名股东混合并存、共同治理公司的这样一种长期稳定的态势，对此所有投资人包括显名与隐名的股东均有约定和遵循。原审判决认定百勤公司除本案当事人之外，已无第四方股东，显然存在一定的偏差。同时，依据《证书》及其他证据，可以确定吴某作为投资人之一，亦认可其所持股份属于隐名股并由庄某代持，该情形已长期存在，并未影响吴某与百勤公司内部的决策和分红。现吴某独自诉求显名，从实质上打破了百勤公司治理结构的稳定性与人合性，对此百勤公司的其他投资人均一致反对该诉求。基于此，吴某作为实际出资人，因尚未经公司其他股东（投资人）半数以上同意，故其变更登记之诉求依法不能成立，应予驳回。鉴于百勤公司、庄某、张某二审提交的新证据，导致案件事实认定有所变化，故相应的判决结果应予撤销。依照《中华人民共和国民事诉讼法》第一百七十条第一款第（二）项、第一百七十五条及第一百一十八条之规定，判决如下：一、撤销上海市松江区人民法院（2015）松民二（商）初字第 2801 号民事判决第二项，维持第一项；二、驳回被上诉人吴震祥原审其余诉讼请求。二审案件受理费为人民币 5,800 元，由吴某负担 100 元，上海百勤机械有限公司、庄某、张某负担 5,700 元。本判决为终审判决。

二审判决后，吴某因不服上海市第一中级人民法院民事判决，向上海市高级人民法院申请再审。

上海市高级人民法院认为：百勤公司、庄某、张某称其对吴某向百勤公司实际出资的事实并无异议，同时也认可吴某的隐名股东身份，实际上认可的是吴某的出资人身份，而出资人身份并不等同于股东身份。从庄某出具、百勤公司见证的《证书》可以看出庄某与吴某之间达成了隐名的合意，《证书》明确记载吴某"出资30万元整（隐名股）"，且明确了吴某的权利义务为"享有出资额的权利和义务"，该权利义务仅与隐名股相对应，并非公司法上的股东权利义务。本院另外注意到，2010年6月，吴某从百勤公司离职后入职百勤公司的子公司（以下简称鑫百勤公司），2013年1月入职（以下简称锦农公司），2013年6月至今，就职于大（以下简称大创公司）。2015年7月，百勤公司及鑫百勤公司向上海知识产权法院对胡某、锦农公司、大创公司等主体提起了侵犯商业秘密损害赔偿诉讼，并以吴某等人系百勤公司员工，将利用工作之便获取的百勤公司和鑫百勤公司的图纸等技术秘密进行披露并许可他人使用为由，申请追加吴某等人为共同被告，该案目前正在审理中。从上述事实可见吴某与百勤公司及其他股东（投资人）之间存在利益冲突，公司内部人合性受到严重影响。百勤公司2016年1月10日的投资人会议纪要，重申了百勤公司治理结构的由来、政策背景以及全体投资人均予以遵守的承诺，除吴某以外，包含显名股东在内的全体投资人一致反对吴某的显名要求。在此情形下，吴某仍以其股东身份以往为其他股东（投资人）认可等理由主张变更登记的请求，不应予以支持，原审法院的处理并无不当。综上，吴某的再审申请不符合《中华人民共和国民事诉讼法》第二百条第二项、第六项之规定。依照《中华人民共和国民事诉讼法》第二百零四条第一款，《最高人民法院关于适用的解释》第三百九十五条第二款之规定，裁定如下：

驳回吴某的再审申请。

·法条链接·

《中华人民共和国公司法》

第三十二条　公司应当将股东的姓名或者名称向公司登记机关登记；登记事项发生变更的，应当办理变更登记。未经登记或者变更登记的，不得对抗第三人。

《最高人民法院关于适用〈中华人民共和国公司法〉若干问题的规定（三）》

第二十四条　有限责任公司的实际出资人与名义出资人订立合同，约定由实际出资人出资并享有投资权益，以名义出资人为名义股东，实际出资人与名义股东对该合同效力发生争议的，如无合同法第五十二条规定的情形，人民法院应当认定该合同有效。

前款规定的实际出资人与名义股东因投资权益的归属发生争议，实际出资人以其实际履行了出资义务为由向名义股东主张权利的，人民法院应予支持。名义股东以公司股东名册记载、公司登记机关登记为由否认实际出资人权利的，人民法院不予支持。

实际出资人未经公司其他股东半数以上同意，请求公司变更股东、签发出资证明书、记载于股东名册、记载于公司章程并办理公司登记机关登记的，人民法院不予支持。

隐名持股风险之二：
挂名股东擅自转让代持股权，隐名股东如何救济

案件要旨

名义股东将登记于其名下的股权转让、质押或者以其他方式处分，实际出资人以其对于股权享有实际权利为由，请求认定处分股权行为无效的，人民法院可以参照物权法第一百零六条的善意取得制度的规定处理。

案件来源

吉林市中级人民法院民事判决书 上诉人贾文某因与被上诉人张德某、谢某确认合同无效纠纷一案二审民事判决书 [①]

股东纠纷焦点

在股权代持中，挂名股东谢某擅自将代持股份进行转让，受让方张某能否善意取得该股份？

法理探析

股权代持中，最大的风险之一是挂名股东擅自转让股权的风险。隐名股东

---

① 上诉人贾文某因与被上诉人张德某、谢某确认合同无效纠纷一案二审民事判决书 吉林市中级人民法院民事判决书（2013）吉中民三终字第158号

在选择股权代持的代持人时，首先需要认识到这一巨大的风险，其次才能设置合理的《股权代持》条款以防范该风险。

一、股权代持中的内外法律关系区分

在股权代持中，存在三方法律关系：一是实际出资人（也称"隐名股东"）与名义股东（也称"挂名股东"）之间的法律关系。二是隐名股东、名义股东与公司之间的法律关系。三是隐名股东、名义股东与公司外部第三人之间的法律关系。

而在这三类关系中，按照内外有别的原则，又可以将股权代持中的法律关系分为内部法律关系和外部法律关系。内部法律关系指股东之间的关系和股东与公司之间的关系。而外部法律关系主要是指隐名股东、挂名股东和公司之外的第三人之间的关系。

当挂名股东将所代持的股份擅自转让给公司之外的第三人时，需要着重衡量的是外部法律关系，即必须秉承"商事外观主义"判断挂名股东擅自转让股权的合法性。

二、挂名股东擅自转让股权，第三人可否善意取得股权

在隐名持股的法律关系中，隐名股东虽然作为实际出资人，但是公司的工商登记和股东名册等形式要件上并不体现隐名股东的名字，而是记载了挂名股东的名字。当挂名股东未经隐名股东同意即擅自转让股权时，基于保护第三人信赖利益的考量，受让人是否可以取得股权需要遵循商事外观主义的原则。基于此，我国《公司法解释三》第二十五条第一款规定："名义股东将登记于其名下的股权转让、质押或者以其他方式处分，实际出资人以其对于股权享有实际权利为由，请求认定处分股权行为无效的，人民法院可以参照物权法第一百零六条的规定处理。"

即当挂名股东将代持股权转让给第三人时，如果善意第三人是基于对于公示信息的信赖而受让了该代持股权，则在符合善意取得制度的前提下，应认定第三人可善意取得股权。而判断第三人能否善意取得的要件可以参见《物权法》第一百零六条的规定，即须符合这三个要件：

1. 受让人受让该股权时是善意的

如果第三人在受让代持股份时，明知该股份是属于股权代持的，则第三人

的股权受让行为因为不具有善意而不被法律所保护。

2．以合理的价格转让

即受让人须以合理的价格受让股权，如果挂名股东将股权无偿赠予给受让人，或者受让人以不合理的价格受让股权，则不能适用善意取得制度取得股权。而在价格是否合理的认定上，应以评估的资产作为判断价格合理的依据还是以溢价倍数作为判断依据，往往双方各执一词，互不退让。笔者赞同本案法院的观点，即公司资产是影响股权价值的因素，但不是唯一因素，公司股权价值还受公司的经营状况、获利能力、发展前景、品牌效应、市场环境等诸多因素的影响，对于合理价格应综合各种因素进行个案考量。

3．股权已经转移给受让方

在挂名股东将股权转让给第三人时，如果双方仅仅就《股权转让协议》进行了签署，其他股东亦未行使优先购买权，且未将股权转移给受让方，则受让人不能基于善意取得制度取得股权。

三、挂名股东擅自转让股权的，隐名股东可要求挂名股东赔偿损失

基于隐名股东和挂名股东合同关系的存在，如果挂名股东未经隐名股东同意擅自转让股权，给隐名股东造成损失的，隐名股东可以要求挂名股东对损失进行赔偿。《公司法解释三》第二十五条第二款对此做了规定："名义股东处分股权造成实际出资人损失，实际出资人请求名义股东承担赔偿责任的，人民法院应予支持。"

败诉分析

本案是一则典型的挂名股东侵犯隐名股东权益的案例，可惜的是，隐名股东最终败诉，只能眼睁睁看着自己的股权被挂名股东转让。

本案中，隐名股东贾某与挂名股东谢某之间系股权代持的关系，谢某未经贾某同意擅自将代持股权转让给张某。本案焦点在于张某可否善意取得股权。在庭审中，贾某未能举证证明张某受让股权时非善意，且未能举证证明张某系以不合理的价格受让股权，张某受让股权后已经进行了工商变更登记，符合善意取得的要件，故法院认定张某可基于善意取得制度取得股权。

⚖ 股东战术指导

股权代持中，隐名股东往往因为没有选择正确的代持人，而承受极大的道德风险，在司法实践中，挂名股东擅自将股权转让、抵押等行为更是屡见不鲜，为防范代持风险笔者提出以下建议供参考。

第一，股权代持中最大的风险之一是挂名股东擅自转让股权的风险，故在股权代持的，如何预防挂名股东私自转让股权成为隐名股东的心头之患，双方在《股权代持协议》的约定，需要对于挂名股东擅自转让股权进行条款设计。鉴于《股权代持协议》的具体条款如何设计，笔者已经在"隐名持股风险之一：隐名股东如何才能成为工商登记的股东"一文中详细解读，此处不再赘述。

第二，建议代持人将代持股权质押给隐名股东。为防止名义股东恶意将代持的股份擅自进行转让、质押、分割等处分，隐名股东可以要求名义股东办理股权质押。因为在代持股份被质押给隐名股东之后，名义股东很难擅自将股权向第三方提供担保或者出卖转让。即使由于法院执行或者拍卖变卖股权，隐名股东基于质押权人的身份，可以获得优先权。

⚖ 典型案例

原审法院审理查明：1999年10月，吉林市电子产品大楼改制成立光大公司，以改制中划归企业的公企房产中营业楼的一、二层（面积1534平方米）和该楼的土地使用权（面积904.35平方米）作为该企业职工安置费，以零价方式出让给该企业全体职工，并以此资产将该企业改组为由全体职工持股的有限责任公司。光大公司2000年10月26日公司章程显示，光大公司注册资本为563.71万元，含本案谢某在内的股东人数为49人，谢某出资额为5万元。

2000年11月9日，贾某（甲方）与谢某（乙方）协商，乙方单位改制光大电子有限公司，入股5万元，甲方投入5万元，买断完毕后，乙方归还甲方1万元整，甲乙双方按股金比例分红，按股金比例承担风险，股权证由甲方保管，甲乙双方股金比例为4：1，甲方4万元，乙方1万元。并说明：一、甲乙双方均为成年人，合同签字，即产生法律效力；二、股权证只作为分红依据，不得出借、抵押、转让，如任何乙方撕毁合同，后果自负。2002年2月7日，谢某（甲方）与贾某（乙方）签订协议书，约定：乙方出3万元整入甲方单位股份，以甲方名义（注：外人无权入股），甲方出2万元整，甲乙双方共享利益、共担风险，立字为据，以前所有字据均作废。甲方：谢某。乙方：贾某。并注：头次分红 3/5 × 8,000.00 = 4,800.00 元。贾某，2002 年 2 月 7 日。

光大公司 2011 年 8 月 25 日公司章程显示，光大公司注册资本 603.71 万元，含张某、谢某在内的股东人数为 5 人。

2011 年 10 月 28 日，谢某（出让方）与张某（受让方）签订转让公司注册资本金协议书，约定：一、出让方自愿将其所持有的光大电器有限责任公司股权，即谢某将其持有的 5 万元股权，占注册资本的 0.83% 有偿转让给受让方张某。二、出让方保证：出让的股权真实、有效，出让方享有完全的所有权，本次转让属于有权转让，未侵害任何第三方的权益。包括但不限于优先购买权等；出让的股权未设定抵担等任何形式的他项权利，没有被采取查封等任何强制措施，也不存在来自任何第三方的权利主张。三、谢某股权转让前公司发生的债权、债务由出让方及其他股东享有和承担，该股权转让后本公司所发生的债权、债务由受让方及其他股东享有和承担，在本协议生效后均与出让方无关。四、本协议签字生效后，任何一方不得擅自更改或解除。本协议一式五份，双方各执一份，工商备案一份，股权托管中心一份，企业留存一份。当日，张某向谢某交付股权转让款 37 万元，谢某为张某出具收据，载明：人民币 37 万元，上款系股金款（壹股），单位领导人意见：张某。

本案谢某主张其与张某股权交易价格为 7 万元，并提供 2011 年 10 月 28 日股权转让协议书，该协议书内容为：经股东大会表决同意，甲（谢某）、乙（张某）双方就光大电器有限责任公司股权转让事宜经协商达成如下协议：一、甲方自愿将其持有的吉林市光大电器有限责任公司的股权壹股，以每股柒万元的价格有偿转让给乙方；二、乙方已于 2011 年 10 月 26 日全额将股金支付给甲方；三、因股权转让产生的费用由甲方自行承担，乙方不负责任何费用；四、本协议签字后生效，任何一方不得擅自更改或解除。本协议一式三份，双方各执一份，企业留存一份。对此协议，贾某提出异议，认为股权转让价格为不合理价格；张某主张股权交易价格非 7 万元，真实价格为 37 万元。贾某于 2012 年 7 月 30 日告诉来院，要求确认谢某与张某于 2011 年 10 月 28 日签订的《转让公司注册资本金协议书》中关于贾某出资的 3 万元部分无效。

原审法院经审理认为：2000 年 11 月 9 日、2002 年 2 月 7 日谢某与贾某签订的协议书系双方真实意思表示，内容不违反国家法律、法规的强制性规定，合法有效，对双方均具有约束力。根据 2002 年 2 月 7 日协议，谢某在光大公司工商登记载明其所享有的 5 万元股权中，其中 3 万元贾某为实际出资人，谢某为名义出资人。谢某主张其出资的 5 万元系其向贾某借款未提供证据加以证明，本院不予采纳。关于本案谢某与张某签订《转让公司注册资本金协议书》效力问题。根据《最高人民法院关于适用〈中华人民共和国公司法〉若干问题的规定（三）》第二十六条第一款规定："名义股东将登记于其名下的股权转让、质押或者以其他方式处分，实际出资人以其对于股权享有实际权利为由，请求认定处分股权行为无效的，人民法院可以参照物权法第一百零六条的规定处理。"《中华人民共和国物权法》第一百零六条规定："无处分权人将不动产或者动产转让给受让人的，所有权人有权追回；除法律另有规定外，符合下列情形的，受让人取得该不动产或者动产的所有权：（一）受让人受让该不动产或者动产时是善意的；（二）以合理价格转让；（三）转让的不动产或者动产依照法律规定应当登记的已经登记，不需要登记的已经交付给受让人。受让人依照前款规定取得不动产或者动产的所有权的，原所有权人有权向无处分权人请求赔偿损失。当事人善意取得其他物权的，参照前两款规定。"根据上述法律规定，张某受让谢某转让的股权行为是否构成善意取得为确认本案合同效力的焦点问题。对此，本院认为，第一，贾某提供的证据不能证明张某受让谢某股权行为非善意；第二，谢某陈述交易价格为 7 万元，等于入股时原价，明显不合理，应由张某举证证明其系以合理价格受让股权，现张某提举了谢某收取股金款 37 万元的收据，证明双方的交易真实价格为 37 万元，此价格与入股时原价溢价比为 500%，张某已尽举证责任。现贾某仍认为价格不合理，按谁主张谁举证的原则，应由贾某举证证明，贾某提请对光大公司资产进行评估，以此确认股权的实际价值，本院认为，公司资产是影响股权价值的因素，但不是唯一因素，公司股权价值还受公司的经营状况、获利能力、发展前景、品牌效应、市场环境等诸多因素的影响，贾某的要求没有事实和法律依据，应认定张某系以合理价格受让股权。第三，张某受让股权后，依照法律规定，办理了工商登记手续。综上，依照《中华人民共和国物权法》第一百零六条规定，张某受让谢某股权行为属于法律上的善意取得。另，因贾某未提供有效证据证明本案张某与谢某股权交易行为存在《中华人民共和国合同法》第五十二条规定的无效情形。基于上述理由，贾某要求确认谢某与张某签订的《转让公司注册资本金协议书》无效的诉讼请求不能支持。依照《中华人民共和国合同法》第五十二条、《中华人民共和国物权法》第一百零六条、《最高人民法院关于适用〈中华人民共和国公司法〉若干问题的规定（三）》第二十六条第一款、《最高人民法院关于民事诉讼证据的若干规定》第二条第二款之规定，判决如下：驳回原告贾某的诉讼请求。案件受理费 100.00 元由原告贾某负担（已交纳）。

上诉人贾某不服吉林市船营区人民法院上述判决，向本院提起上诉称：撤销原审民事判决，依法进行评估并作出公正判决，由被上诉人承担全部诉讼费用。其主要理由为：一、原审判决认定主要事实，1999 年 10 月，吉林市电子产品大楼改制成立光大公司，以改制中划归企业的公企房产中营业楼的一、二层（面积 1534 平方米）和该楼的土地使用权（面积 904.35 平方米）作为该企业职工安置费，没有证据证明；二、原审判决认定张某以合理价格受让股权，证据不足；三、原审程序违法。原审法院在第一次开庭后，依职权调取张某在第二次开庭出示的收据（证据 3），又让张某举证的行为，有明显的倾向性，程序违法；四、上诉人原审要求对光大公司资产进行评估，确认股权的合理市场价格，原审以没有事实和法律依据不予批准，损害了上诉人的合法权益。

被上诉人谢某辩称：原审法院认定事实不清，本案关键不是我方与张某的交易问题，主要是上诉人提供的证据一、二的确认，原审法院并没有确认贾某和谢某的合同效力问题，我方当时已经提出证据一没有签名，而证据二是复印件的问题。我方已经将钱款及利息都还清了，上诉人也承认我们还了借款。上诉人没有证据证明其是光大的股东，就没有权利起诉我们之间的交易问题。

被上诉人张某既未出庭，也未提交书面意见。

二审中各方当事人均未提交新证据。本院审理查明案件事实与原审相同。

吉林市中级人民法院认为：

一、关于贾某主张原审判决认定的主要事实，1999 年 10 月，吉林市电子产品大楼改制成立光大公司，以改制中划归企业的公企房产中营业楼的一、二层（面积 1534 平方米）和该楼的土地使用权（面积 904.35 平方米）作为该企业职工安置费，没有证据证明的问题，经查阅原审卷宗有吉林市企业改革领导小组办公室文件吉市企改组办函（2000）58 号《关于组建吉林市光大电器有限责任公司的请示》的批复，该批复证明原审认定的该节案件事实。

二、关于贾某主张原审判决认定张某以合理价格受让股权，证据不足的问题。原审中股权的受让人张某已经举证证明其以合理价格受让股权，谢某收取股金款37万元的收据，此价格与入股时原价溢价比为500%。贾某主张该价格不合理，但贾某并没有举出该价格不合理的证据，按谁主张谁举证的原则，贾某理应承担对该主张不利的后果。

三、关于贾某主张原审程序违法的问题。民事案件诉讼过程中，人民法院有权依职权查明案件事实，故原审法院在第一次开庭后，准许张某举证证明股权交易的真实价格，该程序不违反法律规定。

四、关于贾某要求对光大公司资产进行评估的问题，原审已经就该主张论述得非常清楚，本院不再赘述。

综上所述，原判决认定事实清楚，适用法律正确，程序合法。上诉人贾某的上诉请求，缺乏事实及法律依据。依照《中华人民共和国民事诉讼法》第一百四十四条、第一百七十条第一款第（一）项之规定，判决如下：驳回上诉，维持原判。

·法条链接·

《最高人民法院关于适用〈中华人民共和国公司法〉若干问题的规定（三）》

第二十五条　名义股东将登记于其名下的股权转让、质押或者以其他方式处分，实际出资人以其对于股权享有实际权利为由，请求认定处分股权行为无效的，人民法院可以参照物权法第一百零六条的规定处理。

名义股东处分股权造成实际出资人损失，实际出资人请求名义股东承担赔偿责任的，人民法院应予支持。

隐名代持风险之三：
口头代持的约定难以得到法院认可

案件要旨

对于股东要求确认的股权系他人代为持有的股权，首先需审查股东之间的股权代持关系是否成立。如果股东主张其具有口头的股权代持协议，但并无相应的证据证实的，则无法认定其为股权代持关系。

⚖ 案件来源

上海市第一中级人民法院民事判决书　戴某诉凡思实业有限公司、许某股东资格确认纠纷一案二审民事判决书①

⚖ 股东纠纷焦点

本案主要焦点在于：由于戴某要求确认的股权系许某名下持有的股权，因此，首先需审查戴某与许某之间的股权代持关系是否成立？及戴国某称其与许某存在口头的股权代持协议是否有效？

⚖ 法理探析

在股权代持的法律关系判断中，"口头股权代持"的约定有效吗？股权代持是否一定要采用书面的《股权代持协议》呢？在实践中，隐名出资关系的建立形式多种多样，实际出资人与名义股东之间，有的签有书面合同，有的仅是口头约定；一旦发生纠纷，首先要解决的是有无隐名出资关系。那么，股东在考虑股权代持的时候，首先要面临的问题是：可以采取口头约定的方式进行股权代持吗？

一、股权代持的口头约定是否有效

根据《公司法解释三》第二十五条第一款的规定："有限责任公司的实际出资人与名义出资人订立合同，约定由实际出资人出资并享有投资权益，以名义出资人为名义股东，实际出资人与名义股东对该合同效力发生争议的，如无合同法第五十二条规定的情形，人民法院应当认定该合同有效。"

从前述法条可得出，《公司法解释三》对于股权代持的合法性予以了确定，确认股权代持效力的原则为：实际出资人与显明股东协商一致签订的股权代持

---

① 戴某诉凡思实业有限公司、许某股东资格确认纠纷一案二审民事判决书　上海市第一中级人民法院（2015）沪一中民四（商）终字第1396号

协议原则上是有效的，但若出现合同法第五十二条规定情形则为无效合同：

1. 一方以欺诈、胁迫的手段订立合同，损害国家利益；

2. 恶意串通，损害国家、集体或者第三人利益；

3. 以合法形式掩盖非法目的；

4. 损害社会公共利益；

5. 违反法律、行政法规的强制性规定。

需要明确的是，前述法条中"有限责任公司的实际出资人与名义出资人订立合同"中的"合同"，按照《合同法》第十条的规定"当事人订立合同，有书面形式、口头形式和其他形式"，则不仅包含"书面合同"，亦包含"口头合同"。

我们认为，鉴于法律并未规定成立股权代持关系必须签订书面合同，则可以理解为：有限责任公司的实际出资人和名义出资人订立口头合同的，如无合同无效的情形，则应当认定该合同有效。

二、如何证明口头代持的约定

在司法实践中，如果主张隐名出资的股东不能证明有口头代持的约定，则法院无法对其股权代持的事实进行认可。现实生活中，口头代持股份一般存在于朋友之间、父子之间、兄弟之间居多，而因为此类关系的特殊性，一般很少签订正式的《股权代持协议》，从而为后期的代持纠纷埋下了伏笔！

通过对一些法院案例的梳理，笔者发现，大多数原告会提交以下证据以证明代持关系的存在：一、双方对于代持关系的录音录像；二、要求挂名股东缴纳出资的转账记录；三、年终分红后，挂名股东就该分红款转账给隐名股东的事实；四、公司就股权代持关系认可的股东会会议记录；五、双方因为股权代持纠纷后期签订的《补充协议》等。

三、如何分配隐名出资的证明责任，以及应由谁承担举证责任

根据谁主张、谁举证的责任，在股权代持纠纷中，当隐名出资人主张存在股权代持事实时，应由主张隐名出资的当事人承担举证责任。因此，在口头代持中，如果隐名出资人未能就双方存在代持约定进行证明，应承担举证不能的败诉责任。

🔖 败诉分析

本案戴某以与许某存在口头代持约定为由，要求确认股东资格，最后却败诉，原因在于戴某要求确认的股权系许某名下持有的股权，因此，双方之间是否存在股权代持关系是本案需要重点审查的事实。虽然戴某称其与许某存在口头的股权代持协议，但并无相应的证据。凡思公司两名原股东的证词与其签署的股权转让协议相左，从证据可采信的角度，其口头证词不足以推翻书面的股权转让协议。最终，法院确认戴某不具有股东资格，戴某败诉。

🔖 股东战术指导

在本案中，原告最终败诉的结果不得不引起股东们的警示，在股权代持的过程中，笔者提出以下建议，仅供参考：

第一，股东在委托他人进行股权代持时，尽量避免"口头代持"的方式。当隐名股东打算从幕后走到台前时，如果要向公司要求确认自己才是公司的股东，则首先需要向法院证明的是双方之间具有合法的股权代持关系，而如果挂名股东对代持关系否认的话，隐名股东如果不能证明"口头代持"的存在，则很难胜诉。

第二，隐名股东须和挂名股东之间签订书面的《股权代持协议》。双方应对股权代持的权利和义务进行详细的约定，对于《股权代持协议》应重点约定哪些内容，笔者已经在"隐名持股风险之一：隐名股东如何才能成为工商登记的股东"一文中详细解读，此处不再赘述。

第三，隐名股东须注意保留和整理证明代持的证据。需要提醒的是，当股东采用"口头代持"约定的方式时，须注意保留相关的证据，如果股东起诉时无法提供证据证明，则可能面临举证不能的败诉悲剧！故隐名股东须注意保留这些证据：双方对于代持关系的录音、录像、微信记录；缴纳出资的转账记录；享受公司分红的记录；公司就股权代持关系认可的股东会会议记录；相关《补充协议》等。

⚖️ 经典案例

原审法院审理查明，凡思公司成立于 1996 年，2004 年 9 月时注册资金为人民币 100 万元（以下币种同），股东为姜某（占 80% 股权）和王某（占 20% 股权）。根据 2010 年 3 月 15 日凡思公司的股东会决议和股权转让协议（均向工商机关备案），姜某将持有的 80% 的股权中的 50% 股权转让给戴某。姜某将 30% 的股权、王某将 20% 的股权转让给许某。同日，戴某和许某签署了凡思公司的新章程。章程载明，股东戴某出资 50 万元，出资比例 50%，股东许某出资 50 万元，出资比例 50%。2010 年 4 月 13 日，凡思公司进行了公司股东、出资情况、法定代表人、主要成员和章程的变更登记。凡思公司的股东为戴某、许某，各出资 50 万元，法定代表人为执行董事，许某为公司监事。戴某、许某均未向原股东姜某、王某支付股权转让款。

2011 年 5 月、2012 年 1 月，戴某与交通银行分别签订最高额保证合同，为凡思公司的融资业务提供担保。

根据 2011 年 9 月 19 日凡思公司的股东会决议（向工商机关备案），两股东戴某和许某各增资 200 万元，注册资金变更为 500 万元，并修改凡思公司章程（向工商机关备案），戴某、许某各认缴 250 万元，占 50% 股权。华实会计师事务所 2011 年 9 月 14 日的验资报告显示，戴某、许某均以现金方式缴纳了增资款 200 万元。原审庭审中，三方均称，增资款是由凡思公司垫付。

2012 年 2 月至 10 月，根据许某的电子邮件显示，戴某与其协商凡思公司的业务和人事问题。

2012 年 11 月 7 日，戴某向许某发出一份律师函。内容为："您与戴某先生均系凡思公司的股东并各自持有 50% 的公司股权，凡思公司一直由您的表弟 ××× 先生实际控制并由其担任凡思公司的法定代表人、执行董事和经理职务至今。2012 年 10 月 22 日上午，戴某先生发现凡思公司的各种印章和财务账册等资料已经全部被人转移，而 ××× 也没有来公司上班，直至下午，××× 才来电解释他是按照您的指示将公司的印章和财务资料拿走并另行保管。此后，××× 至今没有来公司上班……"

2012 年 11 月 8 日，凡思公司向全体员工发出一份《关于凡思公司经营管理陷入僵局的公告》。内容为："本公司因股东双方长期以来无法就经营管理进行统一决策，导致公司治理陷入僵局，公司经营发生严重困难，目前股东双方僵持的局面有进一步恶化的趋势、因此公司已经无法正常发放工资，为了各位员工的切身利益，请各位看到本公告后尽快向公司提出辞职以另谋高就，关于辞职事宜的办理请找公司执行董事×××先生。"

2013 年 8 月，戴某向上海市浦东新区劳动人事争议仲裁委员会提出劳动仲裁，要求凡思公司为其补缴 2013 年 1 月至 2013 年的 8 月期间的社会保险和退工手续。

2014 年 1 月 6 日，×××向上海市公安局长宁分局报警称，戴某利用职务之便未经公司其他股东许可于 2011 年 5 月至 2012 年将公司 700 万余元打入其私人账户或公司其他人账户、涉嫌职务侵占。上海市公安局长宁分局委托上海司法会计中心对戴某、许某与凡思公司资金往来情况进行司法会计鉴定，对凡思公司黄金交易的情况进行司法鉴定。后者出具了两份司法会计鉴定意见。之后，戴某提起本案诉讼要求确认其为凡思公司唯一股东。

原审法院审理认为，由于戴某要求确认的股权系许某持有的股权，因此，首先需审查戴某与许某之间的股权代持关系是否成立。戴某称其与许某存在口头的股权代持协议，但并无相应的证据。凡思公司两名原股东的证词与其签署的股权转让协议相左，从证据可采信的角度，其口头证词不足以推翻书面的股权转让协议。原凡思公司员工的证词和戴某为凡思公司向银行融资提供担保，仅证明戴某经营凡思公司，并不能证明股权代持关系。2012 年 11 月戴某给许某的律师函，载明戴某和许某各占 50% 的股权。这份证据比戴某所称的口头代持协议更有证明力。同时，由许某的表弟担任凡思公司的法定代表人和许某的电子邮件显示戴某与其协商凡思公司的业务和人事问题，亦反驳了凡思公司仅由戴某一人经营的说法。故不能确认戴某与许某存在股权代持关系。戴某和许某均为继受取得公司股权，不存在实际出资人和名义股东的问题。至于是否支付股权转让款并不是公司确认股东资格需要关注的问题。凡思公司变更登记股东的行为，意味着对戴某和许某股东资格的确认。据此认定戴某的诉讼请求缺乏事实和法律依据，遂判决驳回戴某的诉讼请求。一审案件受理费 26,800 元，减半收取计 13,400 元，由戴某负担。

判决后，上诉人戴某不服，向本院提起上诉称：第一，原审查明事实错误。原审认定"庭审中，三方均称，增资款是由凡思公司垫付"错误，增资款用的是凡思公司的利润，而且该增资款用于折抵凡思公司对戴某负有的借款债务。原审查明的 2012 年 2 月至 10 月的邮件，是发生在戴某与许某产生争议之后，并未就公司业务进行沟通，而且邮件显示许某是客户身份。原审遗漏查明如下事实：凡思公司的两名原股东姜××和王×不认识许某；凡思公司在2010年股权转让前是有财产的，不是零资产或负资产转让；凡思公司2006年起就一直由戴某一人承包经营；股权转让后，许某没有从事经营活动。第二，原审法院采信工商登记资料而否定戴某提供的证人证言是错误的。工商登记资料只是一种形式，不能反映客观事实。凡思公司员工陈述戴某一人负责经营以及戴某为凡思公司的融资提供担保。姜某、王某与许某不认识，也没有收取许某的股权转让款，该两人关于股权转让给戴某一人的意思表示更可信。证人已经出庭作证，凡思公司和许某也未提供足够证据否认证言的可信性，故证人证言应予采纳。综上，请求撤销原判，发回重审或改判支持戴某的原审全部诉请。

被上诉人凡思公司辩称：原审认定事实和证据清楚、正确，请求维持原判。

被上诉人许某辩称：戴某因涉嫌侵占凡思公司财产正在被公安机关调查，所以才提起本案诉讼，目的是将凡思公司认定为一人公司，从而逃避法律制裁。许某通过股权转让协议受让股权，在成为股东后，也参与了股东会会议并作出人事任免、公司重大事项等方面的决议，并参与公司经营。不存在戴某所称的代持股权协议。戴某提供的证人均与戴某有利害关系，证言不可信。请求维持原判。

二审中，上诉人戴某向本院提交如下证据：一、交通银行企业网上银行电子回执，证明戴某投资款200万元来源于凡思公司的还款；二、交通银行上海市分行记账回执，证明戴某履行了对凡思公司出资200万元的义务。

被上诉人凡思公司对上述证据质证认为：对该两份证据的真实性均无异议。但是该两份证据所涉的200万元，是为了在形式上完成增资过程，因此由凡思公司汇给戴某，再由戴某汇给凡思公司，该节事实已经在司法审计报告中得以确认。不存在戴某所称凡思公司欠戴某借款的情节。

被上诉人许某对上述证据质证认为：对该两份证据的真实性均无异议，但关联性均不予认可。

两名被上诉人均未向本院提交新的证据。

本院对戴某提交的证据认证如下：对该两份证据的真实性予以确认。但是该两份证据的内容仅能反映2011年9月14日凡思公司汇给戴某200万元，同日，戴某也汇给凡思公司200万元。至于该两笔款项往来的真实目的，究竟是戴某所称的凡思公司归还欠款，戴某再用于出资，还是凡思公司所称的纯为完成形式上的增资过程，仅依该两份证据尚无法判断。而且，戴某提交该两份证据，系为证明其自己出资义务的履行情况，而本案纠纷的核心是许某是否具备真实股东身份，因此，即使戴某对该两份证据的解释属实，也不能用以否定许某的股东身份。综上，本院认定该两份证据与本案不具有关联性，故均不予采纳。

本院经审理查明，原审判决第11页第2行记载"2011年9月14日"有误，应为"2011年9月15日"。原审认定的其余事实清楚，证据充分，本院予以确认。本院另查明：一、关于戴某上诉称原审认定"庭审中，三方均称，增资款是由凡思公司垫付"错误一节，在原审庭审中的具体问答过程中，原审法庭问"增资的400万元是戴某和许某同步增资的"，戴某答"是的"；原审法庭问"400万元来自公司的利润款"，戴某答"是的"。二、戴某在原审中提供的证人姜某，在原审庭审中陈述其和戴某是很好的朋友，但是和许某不认识。证人王某在原审庭审中陈述其和姜某是夫妻关系，和许某不认识，戴某是姜某的朋友。三、戴某在二审庭审中确认，其在原审中提供的高某、孙某、王某、查某四名证人，原系凡思公司员工，现均为由戴某担任股东和总经理的另一家公司的员工。原审庭审中，高某、孙某、查某均称从戴某处听说许某是挂名股东，王某称见许某来过凡思公司，但不清楚许某是不是股东。

本院认为：第一，关于戴某上诉称增资款是凡思公司用利润折抵其对戴某的欠款一节，在本判决的人证部分已经叙明。首先，戴某提供的证据不足以证明其所称的上述情况，其次即使戴某所称其自身所负200万元出资义务已经履行的情节属实，也与许某是否具有股东资格无关，故相关上诉理由不能成立。关于2012年2月至10月的邮件往来，经本院审查，并不存在戴某所称标明许某为客户身份的内容，相反，该等邮件中多次出现关于公司业务沟通的内容，故戴某的相关上诉理由与事实不符，本院不予采信。关于戴某所称原审遗漏查明的事实，本院认为：首先，凡思公司两名原股东与戴某、许某签订的书面股权转让协议可以证明股权转让的事实，至于原股东是否认识许某，并无法律法规规定合同必须在互相认识的人之间签订，因此原股东与许某是否认识并不影响对本案法律关系的判断；其次，凡思公司股权转让前是否有财产，与本案股权确认无关；再次，持有股权和参与公司经营是不同的概念，即使许某没有参与公司经营，也不能因此即否定其股东资格，况且如前所述，相关邮件内容显示许某参与了公司各种事务的处理决定。综上，戴某上诉所称原审遗漏查明的事实，均不影响对本案法律关系的判断，原审判决对该等事实不予记载，并无不当。

第二，工商部门登记资料所反映的公司各项情况，除非有充分证据加以推翻，否则均为可以采纳的事实。戴某称工商登记资料只是形式，不能反映客观事实的上诉理由，缺乏法律依据，不能成立。关于证人证言，本院认为，姜某自陈其与戴某为"很好的朋友"，但是和许某不认识，王某系姜某之妻，与许某亦不认识，故该两人所作有利于戴某而不利于许某的证言，与该两人签署的书面股权转让协议产生矛盾时，原审采纳书面协议而不采纳相关证人证言，对证据取舍正确，本院予以肯定。另四名证人目前均在由戴某担任股东和总经理的公司工作，与戴某存在明显的利害关系，故其证言证明力较低，而且该四名证人的证言中也只陈述从戴某处听说挂名股东的情况，或者陈述不知道许某的身份，该等证言显然不足以证明许某为挂名股东。因此，相关上诉理由本院亦均不予采信。现戴某并未提供足以否定许某股东身份的其他证据材料，故原审法院驳回其相关诉请并无不当。

综上，戴某的各项上诉理由均不能成立。原审认定事实清楚，适用法律正确，判决结果应予维持。据此依照《民事诉讼法》第一百七十条第一款第（一）项之规定，判决如下：

驳回上诉，维持原判。[①]

·法条链接·

《最高人民法院关于适用〈中华人民共和国公司法〉若干问题的规定（三）》

第二十五条　名义股东将登记于其名下的股权转让、质押或者以其他方式处分，实际出资人以其对于股权享有实际权利为由，请求认定处分股权行为无效的，人民法院可以参照物权法第一百零六条的规定处理。

名义股东处分股权造成实际出资人损失，实际出资人请求名义股东承担赔偿责任的，人民法院应予支持。

[①]　本部分来源于本案判决书主文，限于篇幅略做删减，读者可自行查阅判决书全文以全面了解案情。

隐名持股风险之四：如何甄别冒名登记与股权代持

🔖 案件要旨

　　股东姓名登记系公司登记机关做出的具体行政行为，未经法定程序撤销，即具有确定的法律效力，仅凭工商登记中的签名非本人所签不能否定其股东资格；明知他人用自己身份证作为公司的股东进行登记，成立股权代持关系的，对其要求否认其股东资格的，不予支持。

🔖 案件来源

　　上海市高级人民法院民事判决书　吴某与燊德有限公司、付某等股东资格确认纠纷审判监督一案判决书①

🔖 股东纠纷焦点

　　本案焦点在于：吴某起诉要求否认其股东资格，理由是自己系被女儿卞某冒名登记为公司股东，而公司认为吴某和卞某系股权代持关系。如何判断"冒名股东"和"股权代持"的区别？

🔖 法理探析

一、冒名股东和隐名股东如何区别

　　"冒名股东"是指被他人以自己名义，对公司出资并注册登记，使得在不知情的情况下，成为公司股东的行为。"冒名"股东与隐名股东（实际出资人）相比，主要区别在于"冒名股东"对于自己客观上已经成为"股东"的情况根本不知情。但冒名股东与隐名股东又很多相似之处，容易和隐名股东相混淆。实践中，可以从以下几点判断：

---

① 吴某与燊德有限公司、付某等股东资格确认纠纷审判监督一案　上海市高级人民法院民事判决书（2017）沪民申1421号案件

1. 从外观上看，"冒名股东"既不履行出资义务，也不参与公司的实际经营，但是工商登记却将其登记为公司股东；

2. 从主观上分析，"冒名股东"并没有成为公司股东、设立公司、协助参与管理的意思，其对于成为公司股东毫不知情。这是被冒名股东与隐名股东的主要区别。

二、冒名股东是否需要承担公司债务

对于被冒名者，最悲惨的莫过于有一天莫名其妙成为一家公司的股东，而公司经营不善，债权人追着他要求偿还债权。

其实"冒名股东"不用担心，依据《公司法解释三》第二十八条的规定："冒用他人名义出资并将该他人作为股东在公司登记机关登记的，冒名登记行为人应当承担相应责任；公司、其他股东或者公司债权人以未履行出资义务为由，请求被冒名登记为股东的承担补足出资责任或者对公司债务不能清偿部分的赔偿责任的，人民法院不予支持。"即冒名股东不能认定为公司股东。

而根据江苏省高级人民法院《关于审理适用公司法案件若干问题的意见（试行）》第二十七条规定："股东（包括挂名股东、隐名股东和实际股东）之间就股东资格发生争议时，除存在以下两种情形外，应根据工商登记文件的记载确定有关当事人的股东资格：当事人对股东资格有明确约定，且其他股东对隐名者的股东资格予以认可的；根据公司章程的签署、实际出资、出资证明书的持有以及股东权利的实际行使等事实可以作出相反认定的。"即"冒名股东"不是公司法意义上的股东，无须补足出资或者清偿债务，而由冒名登记行为人承担相应责任。

三、要证明是否"被冒名"登记，举证责任应如何分配

在司法实践中，"被冒名"者往往通过向法院起诉要求确认其不具有股东资格，而主张"被冒名"者须提供证据证明自己被冒名登记的事实，如果"被冒名"者没有充分的证据能证明被冒名的事实，则需要承担"举证不能"的败诉责任。

⚖ 败诉分析

在本案中，吴某败诉的原因在于：吴某起诉要求否认其股东资格，理由是

自己系被女儿卞某冒名登记为公司股东。而燊德公司则辩称吴某和卞某系股权代持关系，卞某为隐名股东。上海市高级人民法院和一中院均认为，主张"被冒名"者即吴某须提供证据证明自己系被冒名登记的事实。而本案中，吴某主张卞某"偷拿"其身份证的依据不足，最终上海市高级人民法院未支持吴某的诉请，吴某最终败诉。

⚖ 股东战术指导

对于"冒名股东"的风险，为避免出现重复的败诉，吸取败诉的经验，笔者提出以下建议，仅供参考：

第一，妥善保管自己的身份证。当在一些场合使用身份证时，必须在复印件上注明使用的用途，比如写明"仅用于工行某支行贷款，他用无效"等备注。防止自己的身份证被别有意图者盗用。

第二，切勿轻易将身份证出借他人。笔者在工作中经常看到很多人因为随意出借自己的身份证，而莫名其妙成了好几个公司的股东，甚至"被成为"法定代表人。

第三，一旦成为被"冒名"的股东，需要立即拿起法律武器。当然，要确认自己不是公司股东，最有效的办法就是诉讼。而当被冒名者提起诉讼，要求否认股东资格时，需要提供证据证明自己系"被冒名"，所以，需要保留好相关的证据，避免因证据不足而败诉。

⚖ 经典案例

燊德公司系有限责任公司，成立于2014年6月25日，现工商登记股东为付有某、吴某及吴华某。燊德公司设立过程中，吴华某在工商登记资料上的签字并非其本人所签。卞某系吴华某的女儿，吴华某的身份证系由卞某交付给案外人黄某，并明确系用于工商备案。黄某系燊德公司的实际控制人。2015年3月25日至2015年3月30日，卞某向黄某支付160,000元款项，并明确该笔款项已用于燊德公司的经营。吴华某向原审法院提出诉讼请求，请求法院判令：确认吴华某不是燊德公司的股东。

原审法院认为：本案争议焦点是：吴华某是否享有燊德公司的股东资格？

对此，该院认为吴华某享有燊德公司的股东资格。理由如下：

第一，吴华某认为燊德公司工商内档资料上的签字均非其本人所签，故吴华某不享有燊德公司的股东资格。对此，该院认为吴华某的上述观点不能成立。理由：其一，股东姓名登记系公司登记机关做出的具体行政行为，未经法定程序撤销，即具有确定的法律效力，即使吴华某并未真实出资抑或并未亲自签名，亦不能否定其股东身份；其二，燊德公司成立时，设立公司并不要求投资人必须到场，代办公司设立登记的情况比较普遍，工商登记材料中投资人的签字由他人代签的情况亦不在少数，因此，吴华某欲凭工商登记资料中签字并非其本人所签从而否定其股东资格，显然依据不足。

第二，原审法院注意到燊德公司工商内档资料中有吴华某的身份信息，而吴华某对此的解释是其身份证存放在家中的固定位置，其女儿卞某将身份证拿走使用，但并未告知其具体用途。对此，该院认为吴华某的上述解释不能成立。理由：其一，根据卞某在（2016）沪0120民初1784号案件中的陈述，卞某最初并不同意投资设立燊德公司，在黄某告知卞某将其母亲吴华某登记为名义股东，不须其母亲出钱时，卞某才同意将其母亲登记为燊德公司的股东，由此可见，卞某对投资设立被告燊德公司一事具有较高的警惕性。在此情况下，卞某私自将吴华某身份证交付给黄某设立公司的可能性很小，而且投资设立燊德公司并非小事，根据常理，卞某理应将借用身份证设立公司的情况与其母亲进行沟通后才会向黄某交付身份证。因此，该院有充分理由认定吴华娟明知卞某借其名义设立燊德公司的事实。其二，卞某系燊德公司的高级管理人员，担任执行总裁一职，并向燊德公司实际进行了投资，但因卞某银行职员的身份，其不宜成为燊德公司的显名股东，在此情况下，卞某将其母亲吴华娟作为显名股东，而其自己作为隐名股东，并不违背交易常理。综上，吴华某明知其女儿卞某将其作为被告燊德公司的股东进行登记，现因各方产生纠纷，吴华娟即要求否认其股东资格，显然缺乏正当理由。

第三，公司的工商登记信息，对外具有公示效力，对债权人而言，公司登记机关登记的内容系其要求股东承担责任的重要依据，从此角度而言，吴华某股东资格的确认与否关系到债权人的利益实现与否。因此，在吴华娟未能提供充分证据否定其股东资格的情况下，从维护工商登记的公示效力及债权人利益的角度考量，该院对吴华某要求否认其股东资格的诉讼请求难以支持。

综上分析，原审法院认定吴华某享有燊德公司的股东资格，故该院对吴华某的诉讼请求不予支持。原审法院判决驳回吴华某的诉讼请求。

上海市第一中级人民法院认为：基于吴华某的上诉主张，本案的争议焦点在于吴华某是否为燊德公司股东。

对此，本院认为：一、根据吴华某女儿卞某在原审法院另案中的陈述，系争16万元系其向燊德公司的投资款，且原审法院亦确认该部分款项性质并非不当得利，该判决业已生效。本院据此可以认定吴华娟女儿卞某事实上存在向燊德公司予以投资的行为，卞某系燊德公司的实际投资人。二、虽然在案事实表明，吴华某并未办理相关股权工商变更登记事宜的委托手续，但其女儿卞某明确陈述吴华某的身份证是由卞某交由案外人黄某办理工商备案，虽然吴华某否认其将身份证交予卞某，但基于吴华某与卞某系母女关系，以及前述卞某的投资行为，本院有理由相信吴华某对其女儿用其身份证办理股东的工商登记事宜是知晓的。三、公司股东的合法身份应依法以经法定程序为准，现吴华某作为经工商行政部门依法登记为系争公司的股东，而吴华某否认其为系争股东亦未提供充分证据予以佐证，故其应对其主张承担举证不能的后果。原审判决亦对吴华某是否为燊德公司股东予以了详尽阐述，原审判决所作认定于法无悖，且合乎情理，本院在此不再赘述。

综上所述，上诉人吴华某的上诉理由不能成立，原审判决并无不当，本院予以维持。

上海市高级人民法院认为：本院经审查认为，本案争议焦点在于吴某是被冒名登记为燊德公司股东，还是基于与卞某的代持关系被登记为显名股东？原审中，燊德公司及该公司股东付某、吴某主张吴某与卞某系隐名代持关系。卞某在（2016）沪0120民初字1784号案件中陈述，在黄金告知卞某将其母亲吴某登记为名义股东，不须其母亲出钱时，卞某才同意将其母亲登记为燊德公司的股东。结合卞某系燊德公司执行总裁的身份，以及吴某与卞某的母女关系，本院对原审认定两者间系股权代持关系予以认同。吴某要求否认其股东资格，本院难以支持。吴某主张卞某"偷拿"其身份证的依据不足，本院不予采纳，综上，吴某的再审申请理由不能成立，其再审申请不符合《中华人民共和国民事诉讼法》第二百条第二项、第六项之规定。裁定驳回吴华娟的再审申请。

·法条链接·

《最高人民法院关于适用〈中华人民共和国公司法〉若干问题的规定（三）》

第二十八条　冒用他人名义出资并将该他人作为股东在公司登记机关登记的，冒名登记行为人应当承担相应责任；公司、其他股东或者公司债权人以未履行出资义务为由，请求被冒名登记为股东的承担补足出资责任或者对公司债务不能清偿部分的赔偿责任的，人民法院不予支持。

江苏省高级人民法院《关于审理适用公司法案件若干问题的意见（试行）》

第二十七条　股东（包括挂名股东、隐名股东和实际股东）之间就股东资格发生争议时，除存在以下两种情形外，应根据工商登记文件的记载确定有关当事人的股东资格：（1）当事人对股东资格有明确约定，且其他股东对隐名者的股东资格予以认可的；（2）根据公司章程的签署、实际出资。出资证明书的持有以及股东权利的实际行使等事实可以作出相反认定的。

隐名持股风险之五：
如何判断《股权代持协议》是否有效

📖 案件要旨

有限责任公司的实际出资人与名义出资人订立合同，约定由实际出资人出资并享有投资权益，以名义出资人为名义股东，该合同如无《合同法》第五十二条规定的情形，应当认定为有效，实际出资人有权依约主张确认投资权益归属。

📖 案件来源

《中华人民共和国最高人民法院公报案例》2011年第5期（总第175期）张建某诉杨照某股权确认纠纷一案民事判决书

📖 股东纠纷焦点

本案焦点在于：张某和杨某之间的代持协议是否合法有效；双方之间的法

律关系是否系隐名代持法律关系？

⚖ 法理探析

切勿忽视《股权代持协议》的签订！

切勿忽视《股权代持协议》条款的设计！

切勿忽视《股权代持协议》中风险防范的设计！

可以说，在股权代持的诉讼中，《股权代持协议》无疑是最为重要的文件，一旦《股权代持协议》被认定无效，则隐名股东必输无疑！在公司控制权的争夺中，公司的实际控制人有时出于一些特殊的原因，并未工商登记为公司股东，而是通过股权代持的方式对公司进行幕后掌控，由此造成的风险就是，如果《股权代持协议》的效力不被认可，则该实际控制人则会面临丧失公司控制权的后果！

一、《公司法解释三》首次确定了隐名股东的法律地位

在2014年的《公司法解释三》出台之前，因为隐名股东的法律地位在《公司法》中未明文规定，导致在实践中对于隐名股东的地位出现了两种截然不同的观点：一种观点是全面否定隐名股东的法律地位，对其投资行为不予认可。第二种观点是认可隐名股东的代持关系，认为隐名股东就是公司法意义上的股东，对隐名股东的显明请求不应予以限制。而《公司法解释三》的出台起到了定纷止争的作用，确立了隐名股东的合法性。根据该解释第二十四条规定，有限责任公司的实际出资人与名义出资人订立合同，约定由实际出资人出资并享有投资权益，以名义出资人为名义股东，实际出资人与名义股东对该合同效力发生争议的，如无《合同法》第五十二条规定的情形，人民法院应当认定该合同有效。我国《合同法》规定了合同无效的情形主要有以下五种：

1. 一方以欺诈、胁迫的手段订立合同，损害国家利益；

2. 恶意串通，损害国家、集体或者第三人利益；

3. 以合法形式掩盖非法目的；

4. 损害社会公共利益；

5. 违反法律、行政法规的强制性规定。

即《股权代持协议》若没有《合同法》第五十二条无效的情形存在，则实

际出资人与显明股东协商一致签订的股权代持协议若没有其他效力瑕疵则原则上是有效的。

需要明确的是，前述法条中"有限责任公司的实际出资人与名义出资人订立合同"中的"合同"，按照《合同法》第十条的规定"当事人订立合同，有书面形式、口头形式和其他形式"，则不仅包含"书面合同"，亦包含"口头合同"。

二、隐名股东和挂名股东之间合同无效、可撤销、可变更的法律适用

依据《公司法解释三》的规定，确立了隐名股东和挂名股东之间的法律关系是属于合同关系，代持法律关系是否无效的判断依据是《合同法》第五十二条的规定，即隐名股东和挂名股东之间的法律关系主要受《合同法》调整，是典型的合同关系。另外，虽然《公司法解释三》仅仅规定了隐名股东和显明股东之间合同无效的判断依据，并未规定合同撤销可变更等如何适用法律，笔者认为，基于隐名股东和显明股东之间的合同法律关系，如果其合同存在欺诈、胁迫等可撤销、可变更或者其他合同效力瑕疵的情形的，可以按照《合同法》的相关规定进行适用。

三、上海高院对于如何判断股权代持协议的有效性的思路参考

在司法实践中，对于如何判断股权代持关系的存在，除了依据《公司法解释三》对于股权代持的规定，上海高院的相关规定亦可以得到一些思路：上海市高级人民法院《关于审理涉及公司诉讼案件若干问题的处理意见（二）》[①]中规定：双方约定一方实际出资，另一方以股东名义参加公司，且约定实际出资人为股东或者承担投资风险的，如实际出资人主张名义出资人转交股份财产利益，人民法院应予支持；但违背法律强制性规定的除外。

四、股权代持关系和借贷关系如何区别

隐名出资关系的建立形式多样且约定也各不相同，隐名股东与代持股东之

---

① 上海市高级人民法院《关于审理涉及公司诉讼案件若干问题的处理意见（二）》沪高法〔2003〕216号

间，有的合同约定实际出资人可以得到与经营业绩有关的收益，有的合同则承诺给予一定利率的回报，有的对于代持股东的股东权利进行部分的限制。当双方对于股东资格和股权收益等产生纠纷，首先要解决的隐名代持关系是否真实存在。根据谁主张、谁举证的原则，隐名代持应由主张存在该事实的当事人承担举证责任。需要注意的是：签有《代持股协议》并不等同于双方之间必然建立了隐名出资关系。而实践中，最常见的往往是一方主张隐名代持，而另一方主张是借款关系。如何判断隐名代持和借贷关系的区别成为司法实践中常见的难题。

山东省高级人民法院《关于审理公司纠纷案件若干问题的意见（试行）》规定：实际出资人以他人名义出资，双方未约定股权归属、投资风险承担，且无法确认实际出资人具有股东资格的，实际出资人与名义出资人之间按借贷关系处理。即隐名股东如果仅仅具有出资的行为，但隐名股东和名义股东之间没有约定股权归属，也未能约定投资的风险由谁承担的，则会被认定为双方具有借贷关系。

与上述规定类似的上海市高级人民法院《关于审理涉及公司诉讼案件若干问题的处理意见（二）》中亦规定："一方实际出资，另一方以股东名义参加公司，但双方未约定实际出资人为股东或者承担投资风险的，且实际出资人亦未以股东身份参与公司管理或者未实际享受股东权利的，双方之间不应认定为隐名投资关系，可按债权债务处理。"

◈ 胜诉分析

本案作为最高人民法院的公报案例，其指导意义之一在于：在隐名持股中，如何认定《股权代持协议》的效力。

本案中，代持股东杨某意欲独吞张某的全部股权，而隐名股东张某最后大获全胜，最终拿回了自己的全部股权。本书作者希望通过该案例提醒隐名股东：《股权代持协议》的效力直接决定了隐名股东的命运，需谨慎签订。

原告张某和被告杨某二签订合作出资协议约定，原、被告共同出资 1238 万元，以被告名义受让绿洲公司 61.75% 股权，其中被告出资 877.501 万元，占 43.77%；原告出资 360.499 万元，占 17.98%。原告同意所有出资（或股权）登记在被告名下，股东权利由被告代为行使。原告已经按约向被告支付 360.499

万元，实际持有绿洲公司 17.98% 的股权；双方同意代为持股的期限为三年。

即隐名股东张某出资 360 元，委托被告杨某代为持有 17.98% 公司股份。而在张某要求依照约定变更股权时，杨某却再三推脱，最后甚至于提出将出资款返还张某，意欲独吞张某的全部股权。

本案中，焦点问题在于：对于双方之间的隐名代持协议是否有效；双方是否建立了股权代持关系。静安区人民法院认为：鉴于原被告之间的《合作出资协议》等文件，系双方真实意思的表示，约定由实际出资人出资并享有投资权益，以名义出资人为名义股东，该合同无《合同法》第五十二条规定的情形，故应当认定张某和杨某之间的代持协议为有效协议，双方之间的法律关系为股权代持关系。杨某最终败诉！

股东战术指导

隐名股东应重视《股权代持协议》的起草！

在司法实践中，大部分的纠纷可以通过事先在协议中约定来避免或减少损失，因而，为了保证隐名股东的投资利益和对公司的控制权，隐名股东和名义股东之间应该有一个全面、有效的《股权代持协议》。如果出于"人情""面子"而忽视了隐名股东利益的保护和风险的防范，则将"得不偿失"。具体而言，一份《股权代持协议》中必备的条款建议如下。

第一，须明确双方之间的法律关系为股权代持关系，并明确约定股权代持的股权比例、出资额的多少、代持期限、出资款的收付账号、出资款的付款方式等。

第二，明确约定名义股东在公司治理中的权限，明确授权的范围、授权的方式、违反授权权限的补救措施等。

第三，明确隐名股东与名义股东的权限划分，包括股东代表诉权、表决权、分配红利的权利、知情权等权利归属与行权方式等。

第四，因能否显名成为工商登记的股东关系到隐名股东的核心利益，故双方应约定隐名股东主张成为显名股东的条件，当隐名股东要求显名时，挂名股东需要无条件配合，及如果不配合时的违约责任。

第五，为防止名义股东怠于履行代持义务，双方须明确名义股东违约责任的条款，例如在公司治理中，名义股东怠于参与公司治理的违约责任；在涉及公司股东会决议的表决时，名义股东不按照授权擅自行使表决权的违约责任；擅自将股份转让、质押等时的违约责任；因名义股东承担个人债务时导致股权被司法拍卖、强制执行的违约责任或侵权责任。

第六，在股权代持中很容易被忽视的一个风险是，当名义股东意外死亡时，股权可能会被其法定继承人继承的风险，故须明确一方死亡时，或者离婚时的股权归属条款。

第七，须事先约定合同无效之后的利益归属。在股权代持的纠纷中，往往会因为有些股权代持协议因为违反国家强制性法律规定而归于无效，如果双方对于合同无效之后的责任承担和公司利益分配未做事先约定的话，则不利于保护隐名股东的权益。故对于合同无效后的公司利益的归属须在合同中明确约定。

⚖ 典型案例

原告张建某因与被告汤照某发生股权确认纠纷，向上海市静安区人民法院提起诉讼。

原告诉称：绿洲公司原为国行独资公司，于2007年3月改制为民营股份制公司，2007年3月14日，原告和被告签订合伙出资协议约定：1. 被告出资人民币（下同）877.501万元，原告出资360.499万元，共同持有绿洲公司61.75%的股权；2. 被告持有43.77%股权，原告持有17.98%股权；3. 原告的股权由被告代为持有、行使。后原告按协议将投资款如数支付给被告，并由被告以出资形式缴纳给绿洲公司，被告出具确认书予以确认。2007年3月28日，原、被告签订补充协议约定，被告代为持股从2007年3月28日至2010年3月27日；代为持股期限届满后30日内，被告应根据协议将原告之股权变更至原告名下，并依法办理相关手续，若无法办理登记手续，被告应以市价收购上述股份。2008年11月25日，被告出具承诺书承诺于2009年2月底将股权变更登记至原告名下。截至原告起诉之日，被告仍未依法办理前述股权变更登记事宜。为此，原告请求判令确认原告为绿洲公司之股东，持股比例为17.98%

并履行相应的股权变更登记手续；或判令被告向原告支付前述股权等值之金额（暂计）400万元；诉讼费由被告负担。

原告提交了如下证据：1.合作出资协议、补充协议，证明原告、被告合作投资绿洲公司并由被告持有股权的事实。2.确认书、验资报告，证明被告收到原告360.499万元，被告也将全部出资缴入绿洲公司。3.信函、承诺书，证明被告承诺于2009年2月底前将股权变更至原告名下。4.付款以及电汇凭证，证明原告将350万元出资付给钢结构工程有限公司，该公司又将款转入绿洲公司。5.确认书8份，证明绿洲公司八位股东同意将股权变更登记至原告名下。

被告辩称：原告仅向被告支付200万元，另160余万元未实际出资，应予扣除。原告要求确认绿洲公司股权并变更登记违反法律规定和其他股东优先购买权，被告愿意按市场价值偿还原告出资款。

被告提交了如下证据：函件，用以证明绿洲公司三名股东拒绝原告为绿洲公司股东。

上海市静安区人民法院依法组织了质证。

被告对原告的证据1-4真实性无异议，证据5无法确认，认为仅收到原告出资200万元。原告对被告的证据真实性无异议。法院认为，原、被告提供的证据真实合法，与本案的事实存在关联，予以确认。

上海市静安区人民法院一审查明：

2007年3月14日，原告、被告签订合作出资协议约定，原、被告共同出资1238万元，以被告名义受让绿洲公司61.75%股权，其中被告出资877.501万元，占43.77%；原告出资360.499万元，占17.98%。原告同意所有出资（或股权）登记在被告名下，股东权利由被告代为行使。原告应于2007年3月15日前将出资款360.499万元汇入被告指定账户。

2007年3月28日，原告、被告签订补充协议约定，被告确认原告已经按约向被告支付360.499万元，实际持有绿洲公司17.98%的股权；双方同意代为持股的期限为三年，自2007年3月28日至2010年3月27日止；代为持股期限届满后30日内，被告应将股权变更登记至原告的名下，相应手续依法办理；若因绿洲公司其他股东提出异议或其他事由导致变更登记无法完成，则被告应以市价受让原告的股权或将代为持有的原告股权转让于第三方并将转让款返还于原告；前述"市价"系指双方依据市场情况就原告的股权协商确定的价格或经会计师事务所等具有评估资质的机构对原告股权依法进行评估的价格。合作出资协议、补充协议还对其他条款做了约定。

2007年3月15日、16日，原告将350万元出资款付给钢结构工程有限公司，该公司于次日又将款转入绿洲公司。

2007年4月15日，被告出具确认书，确认收到原告的360.499万元出资款。

2007年3月23日，江苏纵横会计师事务所有限公司出具验资报告称，绿洲公司申请登记的注册资本2005万元，全体股东于2007年3月21日前一次缴足，其中被告委托绿洲公司向绿洲公司开设的临时存款账户缴存1238万元。

2008年11月25日，被告出具承诺书，承诺于2009年2月底前将原告实际持有绿洲公司17.98%的股权变更登记至原告名下。

2009年5月15日，绿洲公司核准登记，绿洲公司股东为被告、马某、曹某（原为陈某，后经工商变更登记）等十四位自然人和绿洲公司。

上海市静安区人民法院一审认为：

原告张某、被告某之间的合作出资协议、补充协议和被告出具的确认书、承诺书，系当事人真实意思表示，无合同法第五十二条规定的情形，因此，原、被告的合作出资协议、补充协议等合法有效。根据原、被告的约定，被告代为原告持有绿洲公司股权的期限至2009年2月底，现已逾代为持有的期限，原告有权依约主张自己的权利，故应确认争议股权为原告所有。

本案中，争议股权虽应为原告所有，但原告并不当然成为绿洲公司的股东，被告在代为持股期限届满后，为原告办理相应的股权变更登记手续，形同股东向股东以外的人转让股权。按照《中华人民共和国公司法》第七十二条第二款、第三款的规定，股东向股东以外的人转让股权，应当经其他股东过半数同意。股东应就其股权转让事项书面通知其他股东征求同意，其他股东自接到书面通知之日起满三十日未答复的，视为同意转让。其他股东半数以上不同意转让的，不同意的股东应当购买该转让的股权；不购买的，视为同意转让。因此，被告为原告办理相应的股权变更登记手续，应当由绿洲公司其他股东过半数表示同意。

审理中，法院在绿洲公司张贴通知，并向绿洲公司部分股东发出通知，说明根据公司法有关规定，如绿洲公司股东对原告张建某、被告杨照某之间的股权变更登记有异议，应按规定收购争议的股权，并于2009年12月31日前回复。嗣后，马卫某等八位股东（过半数）同意股权变更登记。因此，张某、杨某之间股权变更登记的条件已经成就，原告要求被告履行相应股权变更登记手续的诉讼请求，符合事实与法律依据，应予支持。

关于被告杨某否认收到原告张建某 160 余万元出资一节，原告有银行转账凭证和被告出具的确认书确认，被告并无证据佐证，应确认被告收到原告全部出资款。因此，被告的辩称缺乏事实与法律依据，不予支持。

据此，上海市静安区人民法院依照公司法第七十二条的规定，于 2010 年 1 月 18 日判决如下：

一、确认被告杨某持有的绿洲公司股权中 17.98%（价值人民币 360.499 万元）为原告张建中所有。

二、被告杨某应在本判决生效之日起十日内至工商管理部门将上述股权变更登记至原告张某的名下。

一审判决宣判后，双方当事人均未上诉，一审判决已经发生法律效力。[①]

·法条链接·

《最高人民法院关于适用〈中华人民共和国公司法〉若干问题的规定（三）》

第二十四条　有限责任公司的实际出资人与名义出资人订立合同，约定由实际出资人出资并享有投资权益，以名义出资人为名义股东，实际出资人与名义股东对该合同效力发生争议的，如无合同法第五十二条规定的情形，人民法院应当认定该合同有效。

前款规定的实际出资人与名义股东因投资权益的归属发生争议，实际出资人以其实际履行了出资义务为由向名义股东主张权利的，人民法院应予支持。名义股东以公司股东名册记载、公司登记机关登记为由否认实际出资人权利的，人民法院不予支持。

实际出资人未经公司其他股东半数以上同意，请求公司变更股东、签发出资证明书、记载于股东名册、记载于公司章程并办理公司登记机关登记的，人民法院不予支持。

---

① 本部分来源于本案判决书主文，限于篇幅略做删减，读者可自行查阅判决书全文以全面了解案情。

上海市高级人民法院《关于审理涉及公司诉讼案件若干问题的处理意见（二）》沪高法民二〔2003〕15号

第二条第二款　双方约定一方实际出资，另一方以股东名义参加公司，且约定实际出资人为股东或者承担投资风险的，如实际出资人主张名义出资人转交股份财产利益，人民法院应予支持；但违背法律强制性规定的除外。

一方实际出资，另一方以股东名义参加公司，但双方未约定实际出资人为股东或者承担投资风险，且实际出资人亦未以股东身份参与公司管理或者未实际享受股东权利的，双方之间不应认定为隐名投资关系，可按债权债务关系处理。

在上述实际出资人与名义股东之间发生的纠纷中，可以列公司为第三人参加诉讼。

山东省高级人民法院《关于审理公司纠纷案件若干问题的意见（试行）》鲁高法发〔2007〕3号

第三十六条　实际出资人与他人约定以该他人名义出资自己享有股东权利、承担投资风险的，该约定不得对抗公司。但实际出资人已经以股东身份直接享有并行使股东权利，真请求否定名义出资人股东资格，并确认自己股东资格的，如无违反法律、行政法规禁止性规定的情形，人民法院应予支持。

实际出资人以他人名义出资，双方未约定股权归属、投资风险承担，且无法确认实际出资人具有股东资格的，实际出资人与名义出资人之间按借贷关系处理。

隐名持股风险之六：
股权信托和股权代持的甄别及判断效力
（以最高院529号裁定为视角）

📌 案件要旨

违反《保险公司保险公司股权管理办法》有关禁止代持保险公司股权规定的行为，在一定程度上具有与直接违反保险法等法律、行政法规一样的法律后果，同时还将出现破坏国家金融管理秩序、损害包括众多保险法律关系主体在内的社会公共利益的危害后果。依照《合同法》第五十二条第四项之规定，本案《信托持股协议》因损害社会公共利益而归于无效。

案件来源

最高人民法院民事裁定书　福建伟某投资有限公司、福州天某实业有限公司营业信托纠纷二审民事裁定书[①]

股东纠纷焦点

本案焦点纠纷主要在于：保险公司的股权代持是否无效；部门规章能否直接认定代持合同无效？如何甄别"股权代持"和"股权信托"？

法理探析

2018 年 3 月 4 日，最高人民法院对（2017）最高法民终 529 号伟杰公司等诉天策公司营业信托纠纷一案（以下简称"529 号裁定"）当庭做出裁判，认定涉案《信托持股协议》无效。其后媒体纷纷以醒目标题报道最高院当庭判决"保险公司股权代持无效"，由此引发了金融界和法律界对于"部门规章能否直接认定代持合同无效"的热议。

笔者亦注意到，529 号裁定所引发的热议，大部分主要着眼于对保险公司代持股份的合法性以及代持合同的效力分析；但是，529 号裁定引发笔者思考的是，529 号裁定案是否首先应对"股权信托"和"委托持股"的法律关系进行甄别，从而进一步分析其特定法律关系之下的代持股合同效力。笔者尝试就529 裁定案中"股权信托"与"委托持股"效力之认定，以及本案引发的信托架构持股及代持合同效力判断等问题做简要整理，共同探讨。

一、如何区分"股权信托"和"委托持股"

在实务中，存在大量股权代持、份额代持、隐名投资的情况。一旦发生纠纷，认定为信托纠纷还是委托纠纷往往存在争议。如果双方的代持关系被认定

[①]　最高人民法院　福建伟某投资有限公司、福州天某实业有限公司营业信托纠纷二审民事裁定书 最高人民法院民事裁定书（2017）最高法民终529号

为信托法律关系，则首先立依据《信托法》的规定及信托理论判断信托是否有效；而如果被认为是委托法律关系，则可依照合同法等民事法律规定进行判断合同效力。

笔者认为，529号裁定在论证逻辑上如需判断双方签订的《信托持股协议》是否有效，可依循以下逻辑进行判断：

第一，须判断双方之间的法律关系，应适用"信托法律关系"抑或"委托法律关系"；

第二，如果认定为"信托法律关系"，则首先依据《信托法》判断该信托是否有效，是否有《信托法》第十一条关于信托无效的要件存在，以及是否有信托得以撤销的情形。其次，按照合同法等民事法律的规定判断合同的效力，是否有合同可撤销、合同无效的情形存在。

第三，如果认定为"委托法律关系"，则主要依据合同法等民事法律的规定判断合同的效力，以及是否有合同可撤销、合同无效的情形存在。并按照委托法律关系判断其委托关系是否成立，最终判断委托持股的效力。

鉴于529号裁定一案中，天策公司与伟杰公司签订的是《信托持股协议》，协议约定：天策公司系通过信托的方式委托受托人伟杰公司持股。协议还对信托股份的交付方式、信托期限、信托股份的管理方式、费用承担、委托人和受托人的权利义务、信托收益的分配和信托股份的归属等做了约定。因此，笔者认为首先需要对本案"是否属于信托持股"进行分析。

二、529 号裁定案是否属于信托持股

1．何为信托持股

（1）如何判断股权信托是否设立

信托的定义见于《信托法》第二条的规定，信托是指委托人基于对受托人的信任，将其财产权委托给受托人，由受托人按委托人的意愿以自己的名义，为受益人的利益或者特定目的，进行管理或者处分的行为。

而对于如何判断股权信托是否设立，笔者认为，依据《信托法》第二章对于信托设立的相关规定，股权信托是否设立可以从以下几个要件进行判断：

信托目的合法

根据《信托法》第六条的规定：设立信托，必须有合法的信托目的。即设

立股权信托，必须具有合法的信托目的；如果设立股权信托的最终目的是意欲规避法律的强制性规定，则此类股权信托应为无效信托。

信托股权必须确定且合法所有

依据《信托法》第七条的规定：设立信托，必须有确定的信托财产，并且该信托财产必须是委托人合法所有的财产。因此，信托之股权除了须符合"财产确定"这一要件外，该信托股权还必须是为委托人所"合法所有"的股权；若以非法所得的股权进行信托，则该股权因不是合法的财产而会使股权信托归于无效。

股权信托应当采用书面形式

对于股权信托应采取何种形式，《信托法》第八条做出了明确规定：设立信托，应当采取书面形式。书面形式包括信托合同、遗嘱或者法律、行政法规规定的其他书面文件等。采取信托合同形式设立信托的，信托合同签订时，信托成立。采取其他书面形式设立信托的，受托人承诺信托时，信托成立。

而对于股权信托的协议需要载明的内容，《信托法》第九条明确规定以下五项内容必须在信托文件中载明：信托目的；委托人、受托人的姓名或者名称、住所；受益人或者受益人范围；信托财产的范围、种类及状况；受益人取得信托利益的形式、方法

股权信托的生效

需要注意的是，股权信托的成立和生效是两个不同的概念。根据《合同法》第四十四条的规定，依法成立的合同，自合同成立时生效；法律、行政法规应当办理批准、登记等手续生效的，依照其规定。一般而言，采取信托合同形式设立信托的，信托合同签订时，信托成立；但是应当办理批准、登记等手续生效的股权信托，则自该股权信托合同办理批准或者登记时生效 [①]。

股权信托登记的效力

对于有限公司的股权信托是否需要登记始得生效，《信托法》第十条规定：设立信托，对于信托财产，有关法律、行政法规规定应当办理登记手续的，应当依法办理信托登记。未依照前款规定办理信托登记的，应当补办登记手续；不补办的，该信托不产生效力。而结合公司法对于有限责任公司股东登记的

---

① 参见李金惠：股权信托之探析。

相关规定，虽然目前实践中对于股权信托的登记效力是属于创设效力抑或对抗第三人效力具有争议，但是主流观点认为有限责任公司的股权信托也应该进行登记。

信托财产登记的另外一个功能主要在于保障信托财产的独立性，信托财产独立是信托法律制度独立于其他法律制度的根本之处，也是信托业务飞速发展的重要原因。信托财产既独立于委托人，又独立于受托人，信托财产不被强制执行和破产清算。但是，信托财产享有独立性的前提条件之一就是必须转移所有权，所有权从委托人转移至受托人是构成信托财产独立的必要条件。

（2）股权信托登记的法律障碍

实践中，有限公司股权信托办理登记手续的障碍主要在于，根据《公司登记管理条例》第九条规定，公司登记事项包括：名称、住所、法定代表人姓名、注册资本、公司类型、经营范围、营业期限、有限责任公司股东的姓名或者名称。而"股权信托登记"并不在工商部门的登记事项之内，因此，工商部门一般都不会接受股权信托的变更登记，而是要求信托双方对股权进行"真实交易"处理，即进行"股权转让"等交易，如此一来，信托双方则会面临不可避免的税收问题。因此，以股权作为信托财产的信托在实践中难以操作。由此产生的问题是：在有限公司的股权信托中，没有进行信托登记的股权信托，是否有效？

实践中，因为考虑到"股权信托未进行登记会面临信托无效"的法律风险，在一些信托持股设计中，委托人并非采取将股权转移给受托人进行信托的方式，而是把自己合法拥有的资金信托给受托人，设立资金信托，然后受托人使用该部分资金投资股权，由受托人对投资后的股权进行管理，由此绕开了股权信托登记的法律障碍。

在529号裁定中，从裁判文书网能查询的资料来看，似乎可以确认当事人并未采取以资金设立股权信托，而是采取了以股权作为信托财产直接进行信托的方式，且未对股权信托进行登记，由此引发的疑问是：股权信托未进行登记是否面临无效风险？

2.营业信托的认定

在案由的选择中，529号裁定案起诉的案由是"营业信托纠纷"，与民事信托相比，商事信托的受托人一般是商事主体，尤其是信托经营机构。与民事信托目的多元相比，商事信托目的是为了营利。商事信托一般是通过商业性的设计架构，使受托机构负责信托资金的管理或信托事务的执行，并使受益人享有商业性设计的利益①。因我国没有专门针对商事信托的立法，故对"营业信托"适用《中华人民共和国信托法》的一般规定。

3．529 号裁定中对于股权信托的立场

我们注意到，在 529 号裁定中，最高院以及原审法院均未对涉案《信托持股协议》是否属于股权信托进行阐述及论证，最高院在裁定中亦未援引《信托法》相关规定对本案是否属于信托法律关系进行认定。但是，通过对裁定书的仔细梳理，似乎在字里行间能够找到一些蛛丝马迹，例如在"本院认为"部分，最高院对本案的争议焦点归纳为：

（1）天策公司、伟杰公司之间是否存在讼争君康人寿公司 4 亿股股份的委托持有关系，即伟杰公司名下 4 亿股股份是否受天策公司的委托显名持有；

（2）天策公司、伟杰公司之间的《信托持股协议》效力应如何认定，天策公司要求将讼争 4 亿股股份过户至其名下的诉讼请求能否得到支持。

不能忽略的是，529 号裁定书在本案焦点归纳部分，对于本案的法律关系已经明确为"委托持股法律关系"，而非"股权信托法律关系"，而对于本案的信托持股为何不被认定，最高院在裁定书中未能解惑，由此引发的问题是：司法对有限公司的"股权信托"如何认定其效力？司法认定"股权信托"的主要标准有哪些？

而 529 号裁定似乎给了我们答案，又似乎没有给予我们答案。

三、529 号裁定裁判的逻辑探寻：如何判断股权代持合同的效力

梳理到这一步，我们已经能够明确意识到，529 号裁定中对于双方的法律关系已定性为"委托持股"，即实务中最为常见的"股权代持"。那么，对于判断双方的《信托持股协议》是否有效，毫无疑问应依据《合同法》等相关民事法律关系进行判决。

1．《公司法解释三》首次确定了股权代持关系的法律适用规则

在 2014 年的《公司法解释三》出台之前，因为隐名股东的法律地位在《公

---

① 朱晓喆：《迈向本土化的信托法理与实践》。

司法》中未明文规定，导致在实践中对于隐名股东的地位出现了两种截然不同的观点：一种观点是全面否定隐名股东的法律地位。第二种观点是认可隐名股东的代持关系。

而《公司法解释三》的出台起到了定纷止争的作用，确立了隐名股东的合法性，对于股权代持的关系从法律层面进行了认可。根据该解释第二十四条第一款规定：有限责任公司的实际出资人与名义出资人订立合同，约定由实际出资人出资并享有投资权益，以名义出资人为名义股东，实际出资人与名义股东对该合同效力发生争议的，如无合同法第五十二条规定的情形，人民法院应当认定该合同有效。

《合同法》规定合同无效的情形主要有这样五种：一方以欺诈、胁迫的手段订立合同，损害国家利益；恶意串通，损害国家、集体或者第三人利益；以合法形式掩盖非法目的；损害社会公共利益；违反法律、行政法规的强制性规定。

即在判断股权代持协议的效力时，依据《公司法解释三》的规定，代持法律关系是否无效的判断依据是《合同法》第五十二条的规定，即隐名股东和挂名股东之间的法律关系主要受《合同法》调整，是典型的合同关系。

在 529 号裁定案中，其区别于其他常见股权代持案的特殊之处在于：529号裁定案系"保险公司股权代持行为"，涉及金融监管秩序、保护被保险人利益、社会公共利益保护等强监管因素，在判断其代持协议是否有效时，应对其是否适用《合同法》第五十二条第三项"以合法形式掩盖非法目的"，第四项"损害社会公共利益"，或第五项"违反法律、行政法规的强制性规定"进行法律判断。笔者接来下会逐一进行梳理。

2．部门规章能否成为判断股权代持合同无效的直接依据

保监会颁布的《保险公司股权管理办法》（2010）（以下简称"股权管理办法"）第八条规定"任何单位或者个人不得委托他人或者接受他人委托持有保险公司的股权，中国保监会另有规定的除外。"

《股权管理办法》为保监会的部门立法，应属于部门规章，那么，能否把部门规章作为判断保险公司股权代持合同无效的直接依据呢？

根据《公司法解释一》第四条规定，人民法院不得以行政规章为依据确认合同无效。即需要特别注意的是，《合同法》第五十二条第五项的规定只限于全国人大及其常委制定的法律和国务院制定的行政法规，只有"法律和行政法律"才能作为判断合同无效的直接依据，而不能任意扩大适用范围。另外，依据《公司法解释二》第十四条的规定："合同法第五十二条第五项规定的'强制性规定'，是指效力性规定。"

笔者认为，《股权管理办法》第八条作为部门规章不能作为认定代持合同无效的直接依据，判断《股权管理办法》第八条规定能否作为认定保险公司股权代持协议无效的依据，首先需要判断其是否符合《合同法》第五十二条第五项"违反法律、行政法规的强制性规定的合同无效"，应从该规定的效力层级及规范属性进行两方面考量：《股权管理办法》是否是法律或者行政法规；《股权管理办法》是否属于效力性强制性规定。

接下来，笔者对以上法律属性进行逐一梳理：

（1）《股权管理办法》并非法律或者行政法规

笔者认为，《股权管理办法》不属于授权立法的法律或者行政法规。

《股权管理办法》的制定虽然是依据《保险法》"立法目的"、第九条"保监会职能"第一百三十四条关于"国务院保险监督管理机构依照法律、行政法规制定并发布有关保险业监督管理的规章"的明确授权，但是，需要注意的是，《立法法》中授权立法主要指三类：全国人大对其常委会的授权；全国人大及其常委会对国务院的授权；全国人大及其常委会对地方人大及其常委会的授权。

由此可见，《股权管理办法》并非属于授权立法范畴，仅仅是保监会基于《保险法》第一百三十四条的授权而制定的相应的监管规则。因此，《股权管理办法》在法律规范的效力位阶上属于部门规章，并非法律、行政法规。

529号裁定中，最高院对于《股权管理办法》的效力层级亦认定为"属于部门规章，并非法律、行政法规"。在江苏省高级人民法院（2017）苏民终66号一案中，二审法院认为：《保险公司股权管理办法》（2010）系……根据保险法、公司法等法律所制订，若有违反相关规定的，保监会根据有关规定可予处罚，由于该规定尚不属于立法法所规定的授权立法范畴，故YR公司以此主张协议违反国家强制性法律规定而无效不符合合同法及其司法解释的规定。

由此得出结论，《股权管理办法》作为部门规章，不能作为认定股权代持合同无效的直接依据。

（2）《股权管理办法》第八条不属于效力性强制性规定

如何识别效力性强制性规定，一般采取以下正反两个标准：

在肯定性识别上，首先的判断标准是该规定是否明确规定了违反的后果是合同无效，如是，该规定属于效力性强制性规定[①]。

在否定性识别上，如果该规定仅仅是为了行政管理和纪律管理需要，一般不属于效力性强制性规定。当然，还需考虑该规范的目的、违反该规定是否损害国家利益和社会利益等因素综合进行认定。

笔者认为，《股权管理办法》第八条关于不得代持保险公司股份的规定不属于效力性强制性规定，理由如下：

从法律后果来看，《股权管理办法》第八条并未明确规定了违反该条的后果是合同无效。

从法律责任来看，违反保险公司股权代持的应受到保监会的行政处罚。

从立法内容来看，《股权管理办法》主要为了加强对保险公司的股权监管和对股东行为的规范，为了行政监管的需要而制定。

由此，可以得出，《股权管理办法》第八条并非效力性规定，而是属于管理性规定。

综上，《股权管理办法》（2014）第八条属于部门规章，并非"法律、行政法规"，且是管理性规定，而非效力性强制性规定，不能适用《合同法》第五十二条第五项"违反法律、行政法规的强制性规定"作为判断保险公司股权代持合同无效的依据。

四、529 号裁定的另外一个裁判思路探讨："股权信托"的方式是否属于"以合法形式掩盖非法目的"导致合同无效

虽然在 529 号裁定中，最高院未对涉案"股权信托"的效力进行判断，但是，我们认为似乎可能还有另一种裁判思路可以探讨：以"股权信托"的方式规避"保险公司股权不得代持"的规定的合同效力如何认定。

我们注意到，529 号裁定中援引的《股权管理办法》第八条关于"任何单位或者个人不得委托他人或者接受他人委托持有保险公司的股权"的规定，是保监会制定，属于部门规章。该管理办法虽然规定了"保险公司的股权不得委托代持"，但是并未禁止保险公司的股权以"股权信托"的方式持有。

---

① 韩世远著：《合同法总论》第177页。

那么，需要我们引起思考的问题是：为了规避保险公司股权不得代持的规定，因而采用了"股权信托"代持架构的合同是否有效呢？是否属于"以合法形式掩盖非法目的"而使合同归于无效？

1. 529号裁定案股权信托中的隐藏行为

《民法总则》第一百四十六条规定了通谋虚伪意思表示中表面意思无效[1]，具体到529号裁定一案中，天策公司和伟杰公司签订的《信托持股协议》如果名义上以股权信托的形式，但是实质上为股权代持行为，则应该认定其"明为股权信托，实为委托持股"，即双方的"股权信托"是虚假的意思表示，隐藏的是一个真实的"委托持股"法律关系。因此，"股权信托"因系通谋虚伪意思表示中表面意思而归于无效。

然而，更值得探讨的是，隐藏行为"委托持股"的效力如何判断？

笔者认为，当"股权信托"是虚假的意思表示，而"委托持股"是隐藏的法律行为时，隐藏的"委托持股"才是双方当事人的真实意思表示。在通谋虚伪意思表示中，仅表面意思表示无效，而隐藏法律行为的效力，《民法总则》第一百四十六条第二款规定了隐藏行为的法律适用规则，即"依照有关法律规定处理"。

因此，529号裁定案中，如果认定合同双方系"明为股权信托，实为委托持股"，则其"委托持股"的行为并不因为其具有通谋虚伪意思表示而当然无效，应依据其表现出来的真实意思表示进行认定。

2. 隐藏行为与"以合法形式掩盖非法目的"

以合法形式掩盖非法目的的民事法律行为，是指当事人为了规避法律，实现其追求非法目的的行为，在形式上采用另一种合法的法律行为掩盖其非法目的的法律行为。[①]

《民法总则》第一百四十六条第二款采用了以合法形式掩盖非法目的的民事法律行为的上位概念作出新的规定，既包含了以合法形式掩盖非法目的的民事法律行为，也概括了其他的隐藏行为[②]。

"以合法形式掩盖非法目的"的合同中，体现"合法形式"的合同因虚

---

① 杨立新著：《民法总则》规定的隐藏行为的法律适用规则。

② 杨立新著：《民法总则》规定的隐藏行为的法律适用规则。

假行为而归于无效，其掩盖的非法行为系隐藏行为，依据《民法总则》第一百四十六条的规定，该隐藏行为的效力应依据有关法律规定进行认定。故不能仅因具有"隐藏行为"就认定其具有"非法目的"而认定无效。

最高人民法院在（2015）民在字第2号判决书中认为：《合同法》第五十二条第三项"以合法形式掩盖非法目的"的合同无效，重点在于规制被掩盖的违法行为，而当事人通过民事行为实现另一后果本身，并不构成该项规定中的"非法目的"，对于上述行为的法律后果，应就各方当事人所表现出来的真实意思表示及相应客观行为作出认定[1]。

因此，在529号裁定中，是否适用"以合法形式掩盖非法目的"认定合同无效，应对本案隐藏行为"委托持股"法律关系的效力认定进行审查，不能仅仅因双方具有通谋虚伪意思表示而将委托持股行为径直认定无效，更不能认定双方"名为股权信托，实为委托持股"的行为构成"非法目的"。

我们注意到，529号裁定虽认定《信托持股协议》无效，但裁定书并未直接适用"以合法形式掩盖非法目的"认定合同无效，亦未做详细阐述。而江必新大法官裁判后的感言或许印证了笔者的思路：防范金融风险要以强化金融监管为重点，加强公平监管，以保障金融稳定的安全；这种以信托持股的形式掩盖逃避监管的形式、行为，正是以合法的形式掩盖非法目的之行为[2]。

需要警醒的是，在金融行业强监管的今天，"以合法形式掩盖非法目的"或许将成为"穿透式"司法审查的一把利器。

五、529号裁定是否因损害社会公共利益而导致代持合同无效

在进行合同效力判断时，如果法律、行政法规有强制性规定时，一般直接适用该规定认定合同无效。部门规章不能作为认定合同无效的直接依据，但是，如果违反行政规章将导致损害社会公共利益，则可以违反《合同法》第五十二条第四项的规定，以损害公共利益为由确认合同无效。

（1）社会公共利益的内涵不确定

通说认为，我国法律规定的"社会公共利益"与"公序良俗"原则相当，

---

[1] 最高人民法院（2015）民在字第2号判决书。

[2] 杨皓明：君康人寿案这个案例让我真正读懂了金融股权代持。

"社会公共利益"相当于"公共秩序"。根据《合同法》第五十二条的规定，合同如果损害了社会公共利益，则合同无效。

《合同法》虽然规定了损害社会公共利益的合同无效，但是我国法律却并没有对"何为损害社会公共利益"进行明确的规定，以致社会公共利益成为一个内涵不确定的概念，给司法裁判的适用造成了难题。

能够达成基本共识的是，社会公共利益是社会全体或者大部分成员共同的、整体的利益，一般具有以下特点：

社会公共利益是独立于国家利益、集体利益和个体利益的利益种类；

社会公共利益的内容具有公共性和整体性；

社会公共利益具有客观性，是明确国家和个人权力的行使边界[①]。

（2）529号裁定是否因损害社会公共利益而无效

《股权管理办法》第八条对于"保险公司股权不得代持"的规定，属于部门规章，不能作为认定合同无效的直接依据；但是，如果违反《股权管理办法》第八条将会损害社会公共利益，则代持保险公司股份的行为将因损害公共利益而无效。

笔者认为，在判断529号裁定案中的《信托持股协议》是否因损害社会公共利益而无效，需要从以下几个方面进行界定：

《股权管理办法》是否涉及社会公共利益保护

《股权管理办法》是保监会为保持保险公司经营稳定、保护投资人和被保险人的合法权益，加强保险公司的股权监管而制定。

529号裁定案中，最高院认为：《股权管理办法》禁止代持保险公司股权的规定与《保险法》的立法目的一致，都是为了加强对保险业的监督管理，维护社会经济秩序和社会公共利益。

代持保险公司股权是否会产生损害社会公共利益的法律后果

对于代持保险公司股权的危害后果来看，最高院在529号裁定中认为：从代持保险公司股权的危害后果来看，允许隐名持有保险公司股权，将使得真正的保险公司投资人游离于国家有关职能部门的监管之外，如此势必加大保险公司的经营风险，妨害保险行业的健康有序发展。加之由于保险行业涉及众多不

特定被保险人的切身利益，保险公司这种潜在的经营风险在一定情况下还将危及金融秩序和社会稳定，进而直接损害社会公共利益。

最高院最终裁定：《信托持股协议》因损害社会公共利益而无效。

529 号裁定带给我们的重大意义在于，部门规章虽然不能作为认定合同无效的直接依据，但是违反部门规章、地方法规如果导致"损害社会公共利益"则属无效，笔者检索到，我国禁止代持金融机构股权的规定并不少，在 529 号裁定之后，代持保险公司股权的效力判断已经有了借鉴，而代持若违反银行业等其他金融领域部门规章规定是否都属于"损害社会公共利益"而导致合同无效，相信司法实践在逐步对于"社会公共利益"内涵进行丰富的基础上已经给予我们答案。因此，代持金融机构股权所具有的风险是投资者必须予以谨慎思虑的。

👨‍⚖️ 败诉分析

2011 年 11 月，天策公司与伟杰公司签订《信托持股协议》，约定委托人天策公司将其拥有的正德人寿保险股份有限公司 2 亿股的股份（占 20%），通过信托的方式委托受托人伟杰公司持股。正德人寿公司后更名为君康人寿公司。2012 年 12 月，君康人寿公司股东同比例增资，伟杰公司持有股份额为 4 亿股，仍占 20%。2014 年 10 月，天策公司发出《关于终止信托的通知》，要求伟杰公司依据《信托持股协议》终止信托，将 4 亿股股份信托股份过户到天策公司名下。

最高人民法院裁定结果：《信托持股协议》依法应认定为无效。天策公司依据该《信托持股协议》要求将讼争 4 亿股股份过户至其名下的诉讼请求依法不能得到支持。天策公司最终败诉！

最高人民法院认为：天策公司、伟杰公司签订的《信托持股协议》内容，明显违反中国保监会 2010 年颁布的《保险公司股权管理办法》第 8 条关于"任何单位或者个人不得委托他人或者接受他人委托持有保险公司的股权"的规定（下称"该规定"），对该《信托持股协议》的效力审查，应从该规定的规范目的、内容实质，以及实践中允许代持保险公司股权可能出现的危害后果进行综合分析认定。

从代持保险公司股权的危害后果来看，允许隐名持有保险公司股权，将使得真正的保险公司投资人游离于国家职能部门的监管之外，如此势必加大保险公司经营风险，妨害保险行业健康有序发展。加之由于保险行业涉及众多不特定被保险人的切身利益，保险公司这种潜在的经营风险在一定情况下还将危及金融秩序和社会稳定，进而直接损害社会公共利益。

综上，违反《保险公司股权管理办法》有关禁止代持保险公司股权规定的行为，在一定程度上具有与直接违反保险法等法律、行政法规一样的法律后果，同时还将出现破坏国家金融管理秩序、损害包括众多保险法律关系主体在内的社会公共利益的危害后果。依照《合同法》第五十二条第四项之规定（有下列情形之一的，合同无效……四、损害社会公共利益……），本案《信托持股协议》应认定为无效。

⚖ 股东战术指导

笔者希望通过"529号裁定"提醒隐名股东：《股权代持协议》的效力直接决定了隐名股东的命运，需谨慎签订！而529号裁定或许可以引发如下思考。

第一，代持金融机构股权可能面临被认定无效的风险。529号裁定已经明确的是，部门规章虽然不能作为认定合同无效的直接依据，但是违反部门规章、地方法规如果导致"损害社会公共利益"则属无效，因此，须谨慎对待代持金融机构股权所具有的法律风险。

《期货交易管理条例》第十六条第四款规定，未经国务院期货监督管理机构批准，任何单位和个人不得委托或者接受他人委托持有或者管理期货公司的股权。

《证券公司监督管理条例》第十四条第二款规定，未经国务院证券监督管理机构批准，任何单位或者个人不得委托他人或者接受他人委托持有或者管理证券公司的股权。

《商业银行股权管理暂行办法》第十二条第一款规定，商业银行股东不得委托他人或接受他人委托持有商业银行股权。

《保险公司股权管理办法》（2018）第三十一条规定，投资人不得委托他人或者接受他人委托持有保险公司股权。

第二，如何判断通过信托结构代持金融机构股权的合同效力。在我国法律以及部门规章等未对"股权信托"进行禁止性规定的场合，对于以"股权信托"的方式规避"金融机构股权不得代持"的规定的合同效力如何认定？通过信托结构代持金融机构股权与"穿透审查"原则之间如何适用？

如何认定拟上市企业中的信托结构持股及其性质

529号裁定的重要意义或许还在于，在强监管下，须适用"穿透"及"实质重于形式"的原则对股权架构进行认定。由此不可避免的一个问题就是：在上市公司"股权清晰"的原则下，拟上市企业的"信托架构持股"是否属于故意规避"上市公司股权不得代持"的规定，如何认定其效力？

如何判断收益权转让或者收益权信托的效力

在"禁止股权代持"的场合，如果采用"收益权转让"的结构，或者采用"收益权信托"的交易架构，依据"穿透式审查"的原则，是否会适用"以合法形式掩盖非法目的"而认定合同无效？由此，实践中采用收益权转让及收益权信托架构时须谨慎考虑529号裁定所带来的深远影响。

⚖ 经典案例

上诉人伟杰公司与被上诉人天策公司、原审第三人君康人寿公司营业信托纠纷一案，不服福建省高级人民法院（2015）闽民初字第129号民事判决，向最高人民法院提起上诉。

伟杰公司上诉请求：一、撤销福建省高级人民法院（2015）闽民初字第129号民事判决，依法改判驳回天策公司的全部诉讼请求，或依法发回重审；二、本案一、二审诉讼费由天策公司承担。事实和理由是：

一、原审判决认定的基本事实存在错误。首先，天策公司不是《信托持股协议》2亿受让股的实际出资人。伟杰公司于《信托持股协议》签订时并不知道天策公司并非君康人寿公司"2亿股20%"股份的出资人，因此基于诚实信用原则在协议签订后有实际履行的行为而未对代持的系争2亿受让股表示异议。但天策公司股东王某涉嫌伪造伟杰公司印章一案案发（于2015年1月19日立案）后，伟杰公司才得知《信托持股协议》所指向的信托股份并非天策公司所有，实际出资人为案外的第三人，相关证据均已由公安机关收集在案。原审法院认定"伟杰公司主张其所持的2亿股股份是从泰孚公司处直接受让的，但未提交直接受让的合同凭证、交付凭证以及伟杰公司代持该股份系受他人委托或指令的相关证据"，其基本思路是伟杰公司取得了君康人寿公司的2亿股股份，这就是履行《信托持股协议》的结果，至于伟杰公司是如何取得的（包括是以受让方式还是以增资方式）则在所不问，甚至否认伟杰公司系自泰孚公司取得该部分股份这一基本事实。其次，原审法院对于2亿增资股归属的认定存在错误。天策公司主张系其指示案外人展顺贸易有限公司、徽恩投资管理有限公司（已更名为"瑞宇工贸有限公司"）各汇款1亿元给伟杰公司，伟杰公司于同日电汇2亿元给君康人寿公司用于增资，但天策公司从未主张过该增资系双方继续履行《信托持股协议》的结果，伟杰公司也从未意识到代持该2亿增资股应依据双方之间的《信托持股协议》来确定各自的权利义务。正因为伟杰公司与天策公司之间就该2亿增资股不存在任何代持协议，从《信托持股协议》的签署时间和股份数量即可判断，该协议仅涉及伟杰公司自泰孚公司处受让的2亿受让股，而不包括于协议签署一年后才取得的2亿增资股。

二、原审判决适用法律错误。首先，原审判决在认定《信托持股协议》的效力时适用法律错误，案涉《信托持股协议》因违反了《中华人民共和国信托法》（以下简称"信托法"）的禁止性规定而自始归于无效。信托法对于信托目的、信托财产等均有强制性规定，如有违反，则信托协议将归于无效：1.信托财产应符合规定。信托法第七条规定，设立信托，必须有确定的信托财产，并且该信托财产必须是委托人合法所有的财产；2.信托目的应符合规定。《信托法》第六条规定，设立信托，必须有合法的信托目的；3.违反《信托法》强制性规定将导致信托无效。信托法第十一条规定，有下列情形之一的，信托无效：（一）信托目的违反法律、行政法规或者损害社会公共利益……（三）委托人以非法财产或者本法规定不得设立信托的财产设立信托。天策公司不能提供任何证据以证实其系该2亿受让股实际出资人或以任何方式自泰孚公司处继受取得，而伟杰公司向法院申请调取的证据则能证明天策公司并非实际出资人。本案天策公司以其不拥有所有权的财产设立信托，该信托依法无效。保险公司属于金融机构，国家对于保险公司实施强制门槛准入制度，设定了包括公司股东资格在内的诸多条件，并且禁止股权代持：1.依据中国保险监督管理委员会2010年颁布的《保险公司股权管理办法》第八条的规定，"任何单位或者个人不得委托他人或者接受他人委托持有保险公司的股权"，即我国禁止在保险公司实施任何股权代持行为；2.因签订《信托持股协议》当时天策公司已持有20%的股份，依据《保险公司保险公司股权管理办法》第四条的规定，"保险公司单个股东（包括关联方）出资或者持股比例不得超过保险公司注册资本的20%。"如果确认该2亿受让股属于天策公司，则实际是承认天策公司在所谓的委托持股当时拥有了君康人寿公司40%的股份，违反了中国保险监督管理委员会的规定，原审的司法确认系在规范社会关系方面以司法权代替行政权。其次，天策公司、伟杰公司之间依据《信托持股协议》在表面上成立股权代持关系，但二者之间的股权代持却未能满足《公司法》强制性法定条件。根据《最高人民法院关于适用〈中华人民共和国公司法〉若干问题的规定（三）》第二十四条的规定，"有限责任公司的实际出资人与名义出资人订立合同，约定由实际出资人出资并享有投资权益，以名义出资人为名义股东，实际出资人与名义股东对该合同效力发生争议的，如无合同法第五十二条规定的情形，人民法院应当认定该合同有效。前款规定的实际出资人与名义股东因投资权益的归属发生争议，实际出资人以其实际履行了出资义务为由向名义股东主张权利的，人民法院应予支持。"《最高人民法院关于适用〈中华人民共和国公司法〉若干问题的规定（三）》第二十二条规定："当事人之间对股权归属发生争议，一方请求人民法院确认其享有股权的，应当证明以下事实之一：（一）已经依法向公司出资或者认缴出资，且不违反法律法规强制性规定；（二）已经受让或者以其他形式继受公司股权，且不违反法律法规强制性规定。"因此，实际出资人应当证明其以原始取得（主要指缴纳出资）或继受取得（主要指支付股权转让款）方式获得股权所有权，这是强制性的证明标准。天策公司应当证明其系以原始取得或继受取得的方式获得该2亿受让股的所有权。但天策公司无证据证实其是如何取得巨额股权的，而涉及2亿增资股时，天策公司不能证明系其安排代付方支付了相应的增资款。原审法院仅依据应认定为无效的《信托持股协议》本身来论证系争股权的归属，完全忽视法律对于系争事项已有明确的证明标准与要求，原审判决法律适用错误。最后，原审判决以司法确权的方式代替行政审批，将造成司法权对行政权越权。原审判决仅以无效的《信托持股协议》以及在法律二并无实际效用的大股东同意显名函，即认定系争股份可以过户给天策公司，却完全忽视相关前置性行政审批的必要性。法院无权代替行政部门对于系争股份能否过户予天策公司直接作出认定。

三、原审审理程序存在违法情形。原审审理过程中，伟杰公司向法庭提交了《证据调取申请书》，请求法院向福州市马尾区人民检察院或福州市马尾区公安局调取天策公司股东、犯罪嫌疑人王某涉嫌伪造公司印章罪中的相关证据材料。根据伟杰公司委托律师阅卷的结果，公安机关现已查明，犯罪嫌疑人王某本人供述及相关证人的证言均证实天策公司并非系争4亿股股份的实际出资人或隐名股东。

原审第三人君康人寿公司述称：一、本案是否存在股权代持以及代持协议的效力，其不发表意见，请二审法院依法认定；二、根据保监许可〔2018〕153号撤销行政许可决定书，中国保险监督管理委员会要求天策公司和伟杰公司退出，因此君康人寿公司希望公司股东遵照中国保险监督管理委员会的要求处理，我方履行最高人民法院裁决。

天策公司向福建省高级人民法院起诉请求：一、确认天策公司、伟杰公司双方签订的《信托持股协议》已于2014年10月30日终止；二、伟杰公司将其受托持有的4亿股君康人寿公司股份立即过户给天策公司，并办理相关的股份过户手续；三、君康人寿公司就天策公司显名持有上述四亿股股份事项记载于股东名册、公司章程，并办理股份变更工商登记；四、由伟杰公司承担本案的诉讼费用。

一审法院认定事实：2010年1月28日，正德人寿保险股份有限公司（后更名君康人寿公司）召开2010年度第一次临时股东大会，就修改公司章程第二十二条进行讨论。股东会决议载明：鉴于发起人股东氨纶实业集团有限公司已将持有的公司2亿股股份（占公司股份比例20%）转让给天策公司，会议决议对公司股权结构和章程进行相应修改。

2011年9月16日，中国保险监督管理委员会做出《关于正德公司股权转让的批复》（保监发改〔2011〕1458号），依据正德公司就股权转让向中国保险监督管理委员会的请示，批复同意泰孚公司将所持有的正德公司2亿股股份转让给伟杰公司，伟杰公司持股比例为20%。泰孚公司不再持有股份，正德公司章程作相应修改和变更。

2011年11月3日，天策公司与伟杰公司签订《信托持股协议》，协议约定：鉴于委托人天策公司拥有正德公司2亿股的股份（占20%）的实益权利，现通过信托的方式委托受托人伟杰公司持股。受托人伟杰公司同意接受委托人的委托。协议还对信托股份的交付方式、信托期限、信托股份的管理方式、费用承担、委托人和受托人的权利义务、信托收益的分配和信托股份的归属等作了约定。

《正德公司章程》和2015年《君康人寿公司章程》载明：正德公司的发起人为五家公司（凌达公司、美好公司、氨纶公司、泰孚公司、新冠公司。上述五家公司股份额各为1亿股、股份比例各为20%）。2009年变更后的股东为五家公司（凌达公司、美好公司、氨纶公司、泰孚公司、新冠公司。上述五家公司股份额各为2亿股、股份比例各为20%。其中原美好公司更名为美好控股集团公司）；2010年度变更后的股东为五家公司（凌达公司、美好控股集团公司、天策公司、泰孚公司、新冠公司，上述五家公司股份额各为2亿股、股份比例各为20%）；2011年度变更后的股东为五家公司（凌达公司、美好控股集团公司、天策公司、伟杰公司、新冠有限公司，上述五家公司股份额各为2亿股、股份比例各为20%）；2012年度正德公司第一次临时股东大会后变更的股东为五家公司（美好控股集团公司、鸿发公司、天策公司、伟杰公司、波威公司。上述五家公司股份额各为2亿股，股份比例各为20%）；2012年度正德公司第四次临时股东大会后变更的股东为五家公司（美好公司、鸿发公司、天策公司、伟杰公司、波威公司。上述五家公司股份额各为4亿股、股份比例各为20%）；2014年度及2015年度变更后的股权结构中天策公司股份额4亿股、股份比例10.5263%，伟杰公司股份额4亿股、股份比例10.5263%；2016年度变更后的股权结构中天策公司股份额2亿股、股份比例3.2%，伟杰公司股份额4亿股、股份比例6.4%。

2012年12月27日，晨顺公司、徽恩公司各汇款1亿元给伟杰公司。汇兑凭证注明往来款。

2012年12月27日，伟杰公司电汇2亿元给正德公司，汇款用途为"投资款"。

2012年12月31日，中国保险监督管理委员会作出《关于正德公司变更注册资本的批复》（保监发改[2012]1529号），批准同意正德公司的股东同比例增资，注册资本变更为20亿元。天策公司股份额4亿股、股份比例20%，伟杰公司股份额4亿股、股份比例20%。

2014年10月30日，天策公司向伟杰公司发出《关于终止信托的通知》，要求伟杰公司依据2011年11月3日天策公司和伟杰公司签订的《信托持股协议》终止信托，将信托股份过户到天策公司名下，并结清天策公司与伟杰公司之间的信托报酬。

2014年11月24日，伟杰公司向天策公司发出《催告函》：一、确认2011年11月3日天策公司和伟杰公司就正德公司股权代持等事宜签订了《信托持股协议》。2012年12月27日徽恩公司和展顺公司各向伟杰公司转入1亿元，伟杰公司当日即转至正德公司作为增资用途，造成伟杰公司账上尚欠上述两家公司各1亿元。2014年10月30日天策公司提出终止代持关系，但未能提出清理债权债务的可行方案。二、伟杰公司还确认代持期间，伟杰公司积极配合天策公司提供工商、税务、财务等资料，并办理各种代持事务。伟杰公司因年检、审计等需要，多次要求天策公司及正德公司提供相关的工商、税务、财务等资料未果，给伟杰公司年检、审计等带来不便。三、伟杰公司提出依据协议约定对天策公司及正德公司的基本信息、经营情况拥有知情权。四、伟杰公司鉴于上述事项，郑重声明并通知天策公司，要求天策公司于《催告函》发出之日起15日内，向伟杰公司提供天策公司及正德公司的营业执照、税务登记证、组织机构代码证、银行开户许可证等资料的复印件并加盖公章，并提供正德人寿保险股份有限公司历次股东会决议、董事会决议、年度审计报告等。如天策公司未按期完成上述事项，伟杰公司将直接发函给正德公司，要求提供相关资料，并退还2亿元增资款项以冲抵账上债务。

2015年5月11日，中国保险监督管理委员会批复同意正德公司营业场所的变更。2015年7月16日，中国保险监督管理委员会批复同意正德公司的公司名称由正德人寿保险股份有限公司变更为君康人寿公司。2015年8月3日，上述名称变更经工商部门核准。

2015年11月26日，中国保险监督管理委员会做出《关于君康人寿公司变更股东的批复》（保监许可〔2015〕1150号），同意天策公司将所持有的君康人寿公司2亿股股份转让给芜湖隆威公司，芜湖隆威公司持股比例5.26315%。2016年8月18日，中国保险监督管理委员会作出《关于君康人寿公司变更股东的批复》（保监许可〔2016〕819号），同意伟杰公司将所持有的君康人寿公司2亿股股份转让给芜湖隆威公司，芜湖隆威公司持有君康人寿公司4.2亿股股份，持股比例 6.72%。

2015 年 12 月 28 日，伟杰公司通过银行汇票向展顺公司背书转款 1 亿元。汇票备注：股权转让款。2015 年 12 月 29 日，伟杰公司通过银行汇票向芜湖瑞宇公司（原芜湖徽恩公司）背书转款 1 亿元。汇票备注：股权转让款。

2016 年 9 月 9 日，鸿发公司向天策公司发出《关于对信托持股事项的确认及同意显名的函》，表示其作为君康人寿公司的股东（2016 年度其持股比例 50.88%），知悉天策公司作为实际出资人于 2011 年 11 月 3 日与伟杰公司签订《信托持股协议》，将当时持有的 2 亿股股份（占股份比例 20%）委托给伟杰公司代持一事，并同意本案讼争的受托股份的显名。

王某系天策公司的股东、监事及前法定代表人。天策公司现任法定代表人陈逸某系王某的母亲。因涉嫌伪造伟杰公司的公司印章，王某被公安机关立案侦查。中国保险监督管理委员会于 2006 年 11 月 27 日核准张洪某为正德公司董事长兼总经理的任职资格。郑永某于 2014 年 9 月担任正德公司的董事长。泰孚公司的股东张晓某曾将房屋租赁给天策公司。

一审法院认为，本案争议的焦点问题为：一、本案《信托持股协议》的效力；二、天策公司是否是本案讼争股权的实际持股人；三、讼争的股权是否能够过户给天策公司。对此，一审法院分述如下：

关于本案《信托持股协议》的效力问题。一审法院认为，2011 年 11 月 3 日，天策公司与伟杰公司签订《信托持股协议》，协议约定：鉴于委托人天策公司拥有正德公司 2 亿股的股份（占 20%）的实益权利，现通过信托的方式委托受托人伟杰公司持股，受托人伟杰公司同意接受委托人的委托。天策公司与伟杰公司分别在委托人和受托人处签字盖章。首先，《信托持股协议》系当事人真实意思表示，且天策公司和伟杰公司在其后的往来函件中，均确认了该协议的存在且未对该协议的真实性提出异议。其次，《信托持股协议》未违反法律法规禁止性规定。从《信托持股协议》约定的内容上看，受托人伟杰公司接受委托人天策公司的委托，代持正德公司 2 亿股的股份（占 20%），该约定内容，并未违反法律禁止性规定，应为有效合同。

关于天策公司是否是本案讼争股权的实际持股人问题。一审法院认为，首先，《信托持股协议》已经实际履行。正德公司的公司章程表明，2011 年度正德公司的股权结构，与《信托持股协议》相对应，天策公司在保留另有的正德公司 2 亿股股份（股份比例 20%）的同时，伟杰公司相应取得了正德公司 2 亿股股份（股份比例 20%）。2014 年 11 月 24 日，伟杰公司向天策公司发出的《催告函》表明，伟杰公司依据《信托持股协议》代持股份期间，伟杰公司积极配合天策公司提供各项资料并办理各种代持事务。其次，《信托持股协议》体现天策公司拥有正德公司 2 亿股股份的实益权利，伟杰公司在其后的履行过程中对此并未提出过异议，相反，伟杰公司在其后的履行过程中，还积极配合天策公司对外提供各项资料，办理各种代持事务，并就其代持股份事宜向天策公司索要相关资料。再次，从正德公司公司章程体现的 2011 年度股权结构变化的情况看，《信托持股协议》实际履行过程中，天策公司委托伟杰公司代持该 2 亿股股份（股份比例 20%）后，天策公司另有的正德公司 2 亿股股份（股份比例 20%）依旧保留。伟杰公司主张其所持的 2 亿股股份是从泰孚公司处直接受让的，但未提交直接受让的合同凭证、交付凭证以及伟杰公司代持该股份系受他人委托或指令的相关证据。此外，2016 年 9 月 9 日，鸿发公司在向天策公司发出的《关于对信托持股事项的确认及同意显名的函》中证明，其作为君康人寿公司的股东，知悉天策公司作为实际出资人于 2011 年 11 月 3 日与伟杰公司签订《信托持股协议》，并将当时持有的 2 亿股股份（占股份比例 20%）委托给伟杰公司代持一事，进一步印证了天策公司系该 2 亿股股份的实际持股人。关于 2 亿增资股的实际持股人的问题。《信托持股协议》第 10.1.2 条约定：公司增资扩股时，决定优先认购股权的权利由委托人天策公司享有。委托人天策公司行使优先认股权，应当按照受托人伟杰公司通知的时间将认购股权的款项划入受托人伟杰公司指定的账户。上述约定明确了天策公司在增资时的优先认购股权的权利。天策公司主张其对增资的股份享有权利并举证证明。伟杰公司虽否认天策公司对增资股享有的权利，但未举证证明。2012 年 12 月 27 日，展顺公司、芜湖徽恩公司各汇款 1 亿元给伟杰公司。伟杰公司于同日电汇 2 亿元给正德公司，汇款用途为"投资款"。从正德公司公司章程体现的 2012 年度股权结构变化的情况看，与上述增资情况相对应，伟杰公司相应取得了正德公司 4 亿股股份（股份比例 20%）。另一方面，伟杰公司在 2014 年 11 月 24 日向天策公司发出的《催告函》中也确认了上述转款和增资的实际发生。伟杰公司还针对此次增资，在该《催告函》中要求天策公司限期向伟杰公司提供天策公司及正德公司的营业执照、税务登记证、股东会决议、年度审计报告等相关资料，

以免给伟杰公司年检、审计等带来不便。并指出，如天策公司未按期完成上述事项，伟杰公司将退还 2 亿元增资款项以冲抵账上债务。从上述《信托持股协议》的约定、《催告函》的内容以及伟杰公司直接发函向天策公司索要资料的情况可以看出，伟杰公司和案外人均非该 2 亿元增资股的实际持股人。该增资及代持增资后的股份系天策公司的行为。天策公司系该 2 亿元增资股的实际持股人。综上，天策公司系讼争全部 4 亿股股份的实际持股人。

关于讼争的股权是否能够过户给天策公司的问题。一审法院认为，如前所述，《信托持股协议》合法有效。实际履行过程中，伟杰公司先后代持天策公司作为实际持股人的讼争全部 4 亿股股份。依据《信托持股协议》第 4.1 条约定："信托自信托股份交付开始，至委托人通知受托人终止信托时或者通知受托人对信托股份做出处置而致使受托人不再持有信托股份时结束。"《信托持股协议》第 4.2 条约定："收到委托人终止信托的通知之后，受托人应当无条件尽快办理股份过户给委托人或委托人指定的第三人的手续。"2014 年 10 月 30 日，天策公司已向伟杰公司发出《关于终止信托的通知》，依约要求伟杰公司终止信托，将信托股份过户到天策公司名下。另一方面，作为君康人寿公司大股东（2016 年度其持股比例 50.88%）的鸿发公司，在向天策公司发出的《关于对信托持股事项的确认及同意显名的函》中亦同意本案讼争的受托股份的显名，故讼争的股权过户有合同依据和法律依据。

综上，一审法院认为，天策公司的诉讼请求具有合同和法律依据，遂依照《中华人民共和国合同法》第五十二条、《最高人民法院关于适用〈中华人民共和国公司法〉若干问题的规定（三）》第二十四条规定，判决：一、天策公司和伟杰公司签订的《信托持股协议》于 2014 年 10 月 30 日解除；二、伟杰公司将其受托持有的 4 亿股君康人寿公司股份于判决生效之日起十日内过户给天策公司，并配合办理相关的股份过户手续；三、君康人寿公司将天策公司显名持有上述 4 亿股君康人寿公司股份的事项记载于股东名册、公司章程，并配合办理股份变更工商登记。案件受理费 2041800 元、财产保全费 5000 元，由伟杰公司负担。

本院对一审查明的事实予以确认。

本院二审审理期间，泰孚公司申请以有独立请求权第三人身份参加本案诉讼，请求事项：一、判决伟杰公司将持有的君康人寿公司 2 亿股股份过户给泰孚公司，伟杰公司配合办理相关股份过户手续；二、君康人寿公司将泰孚公司显名持有上述 2 亿股君康人寿公司股份的事项记载于股东名册和公司章程中，并配合办理股份变更工商登记。事实和理由：君康人寿公司于 2006 年 11 月 6 日于北京成立，注册资本人民币 5 亿元，由五家股东均等持股组成，泰孚公司系股东之一。2009 年君康人寿公司注册资本增至 10 亿元，此时泰孚公司持有股份 2 亿股。其后，泰孚公司得知其持有的 2 亿股股份在 2011 年被以私刻公章、伪造股份转让协议等手段，转让至伟杰公司名下，为此特提出参加本案的诉讼活动。

本院认为，本案的争议焦点问题是：一、天策公司、伟杰公司之间是否存在讼争君康人寿公司 4 亿股股份的委托持有关系，即伟杰公司名下 4 亿股股份是否受天策公司的委托显名持有；二、天策公司、伟杰公司之间的《信托持股协议》效力应如何认定，天策公司要求将讼争 4 亿股股份过户至其名下的诉讼请求能否得到支持。

关于天策公司、伟杰公司之间是否存在讼争君康人寿公司 4 亿股股份的委托持有关系。

本院认为，本案伟杰公司名下讼争 4 亿股股份分两次形成，第一次为 2011 年从泰孚公司受让取得 2 亿股股份，第二次为伟杰公司成为君康人寿公司股东后于 2012 年增资 2 亿股股份。关于伟杰公司从泰孚公司受让取得的 2 亿股股份，天策公司、伟杰公司双方在 2011 年签订的《信托持股协议》中虽有约定，天策公司将其拥有的君康人寿公司 2 亿股股份委托伟杰公司持有，但未明确该 2 亿股股份系由泰孚公司转让，泰孚公司亦未在该《信托持股协议》上签字盖章。天策公司未举证证明泰孚公司系接受其指令将名下 2 亿股股份转让至伟杰公司，或是其向泰孚公司支付了相应对价，泰孚公司亦未出具相关证明，且泰孚公司在本案二审期间明确提出要以第三人身份参加诉讼，因此，虽然伟杰公司在诉讼中明确承认其受让取得泰孚公司股权未支付相应对价，天策公司关于伟杰公司受让取得泰孚公司 2 亿股股份是受其委托持有的证据仍显不足。关于伟杰公司成为君康人寿公司股东后于 2012 年增资的 2 亿股股份，目前有证据证明该 2 亿元增资款来源于 2012 年 12 月 27 日展顺公司、芜湖徽恩公司向伟杰公司各汇入 1 亿元，但之后伟杰公司于 2015 年 12 月 28 日、29 日以"股权转让款"的名义向该 2 家公司各偿付了 1 亿元。天策公司亦未举证证明展顺公司、芜湖徽恩公司系受其指令向伟杰公司各汇入 1 亿元，或是其向该 2 家公司分别支付了相应对价，该2家公司亦未出具支持天策公司主张的证明材料，因此天策公司关于伟杰公司增资2亿股股份是受其委托持有的证据亦显不足。故，即使伟杰公司在一审庭审时承认持有讼争4亿股股份均系根据天策公司安排，但由于天策公司、伟杰公司的讼争事项，涉及泰孚公司等第三人的重大利益，且泰孚公司已明确提出参加本案诉讼的申请，在天策公司未提供证据证明相关第三人是根据其安排向伟杰公司转让股份或汇入资金的情况下，本案尚不能认定天策公司、伟杰公司之间确实存在讼争君康人寿公司4亿股股份的委托持有关系。

关于天策公司、伟杰公司之间的《信托持股协议》效力应如何认定，天策公司要求将讼争4亿股股份过户至其名下的诉讼请求能否得到支持。

本院认为，天策公司、伟杰公司签订的《信托持股协议》内容，明显违反中国保险监督管理委员会制定的《保险公司保险公司股权管理办法》第八条关于"任何单位或者个人不得委托他人或者接受他人委托持有保险公司的股权"的规定，对该《信托持股协议》的效力审查，应从《保险公司股权管理办法》禁止代持保险公司股权规定的规范目的、内容实质，以及实践中允许代持保险公司股权可能出现的危害后果进行综合分析认定。首先，从《保险公司股权管理办法》禁止代持保险公司股权的制定依据和目的来看，尽管《保险公司股权管理办法》在法律规范的效力位阶上属于部门规章，并非法律、行政法规，但中国保险监督管理委员会是依据《中华人民共和国保险法》第一百三十四条关于"国务院保险监督管理机构依照法律、行政法规制定并发布有关保险业监督管理的规章"的明确授权，为保持保险公司经营稳定，保护投资人和被保险人的合法权益，加强保险公司股权监管而制定。据此可以看出，该管理办法关于禁止代持保险公司股权的规定与《中华人民共和国保险法》的立法目的一致，都是为了加强对保险业的监督管理，维护社会经济秩序和社会公共利益，促进保险事业的健康发展。其次，从《保险公司股权管理办法》禁止代持保险公司股权规定的内容来看，该规定系中国保险监督管理委员会在本部门的职责权限范围内，根据加强保险业监督管理的实际需要具体制定，该内容不与更高层级的相关法律、行政法规的规定相抵触，也未与具有同层级效力的其他规范相冲突，同时其制定和发布亦未违反法定程序，因此《保险公司保险公司股权管理办法》关于禁止代持保险公司股权的规定具有实质上的正当性与合法性。再次，从代持保险公司股权的危害后果来看，允许隐名持有保险公司股权，将使得真正的保险公司投资人游离于国家有关职能部门的监管之外，如此势必加大保险公司的经营风险，妨害保险行业的健康有序发展。加之由于保险行业涉及众多不特定被保险人的切身利益，保险公司这种潜在的经营风险在一定情况下还将危及金融秩序和社会稳定，进而直接损害社会公共利益。综上可见，违反中国保险监督管理委员会《保险公司股权管理办法》有关禁止代持保险公司股权规定的行为，在一定程度上具有与直接违反《中华人民共和国保险法》等法律、行政法规一样的法律后果，同时还将出现破坏国家金融管理秩序、损害包括众多保险法律关系主体在内的社会公共利益的危害后果。《中华人民共和国合同法》第五十二条规定，"有下列情形之一的，合同无效：一、一方以欺诈、胁迫的手段订立合同，损害国家利益；二、恶意串通，损害国家、集体或者第三人利益；三、以合法形式掩盖非法目的；四、损害社会公共利益；五、违反法律、行政法规的强制性规定。"故依照《中华人民共和国合同法》第五十二条第四项等规定，本案天策公司、伟杰公司之间签订的《信托持股协议》应认定为无效。天策公司依据该《信托持股协议》要求将讼争4亿股股份过户至其名下的诉讼请求依法不能得到支持。

综上，本院认为，天策公司、伟杰公司之间虽签订有《信托持股协议》，但双方是否存在讼争4亿股君康人寿公司股份的委托持有关系，需依法追加泰孚公司等第三人参加诉讼，进一步查明相关事实后方可作出判定。但无论天策公司、伟杰公司之间是否存在讼争保险公司股份的委托持有关系，由于双方签订的《信托持股协议》违反了中国保险监督管理委员会《保险公司股权管理办法》的禁止性规定，损害了社会公共利益，依法应认定为无效。天策公司可以在举证证明其与伟杰公司存在讼争股份委托持有关系的基础上，按照合同无效的法律后果依法主张相关权利。为进一步查明相关案件事实，充分保障各方当事人和有关利害关系人行使诉讼权利，本案应发回原审法院重新审理。依照《民事诉讼法》第一百七十条第一款第二、三项规定，裁定如下：

一、撤销福建省高级人民法院（2015）闽民初字第129号民事判决；

二、本案发回福建省高级人民法院重审。①

---

① 本部分来源于本案判决书主文，限于篇幅略做删减，读者可自行查阅判决书全文以全面了解案情。

·法条链接·

《中华人民共和国合同法》

第五十二条　有下列情形之一的，合同无效：

（一）一方以欺诈、胁迫的手段订立合同，损害国家利益；

（二）恶意串通，损害国家、集体或者第三人利益；

（三）以合法形式掩盖非法目的

（四）损害社会公共利益；

（五）违反法律、行政法规的强制性规定。

第八章　股东知情权

股东行使知情权时，能否查询原始凭证

⚖ 案件要旨

根据《公司法》第三十三条的相关规定，股东可以要求查阅公司会计账簿。而会计账簿登记必须以经过审核的会计凭证为依据，会计凭证包括原始凭证和记账凭证，原始凭证是登记会计账簿的基础依据。通过查阅会计凭证，股东才能更确切详细的了解公司的真实经营状况，赋予股东查阅会计凭证的权利符合保护股东知情权立法的目的。

⚖ 案例来源

北京市第二中级人民法院金某（北京）消防工程有限公司与邹德某股东知情权纠纷二审民事判决书[①]

⚖ 股东纠纷焦点

本案焦点在于：公司股东在要求行使知情权查询会计账簿时，是否可以查询原始凭证？会计凭证、记账凭证等原始文件能否予以查询？

⚖ 法理探析

控制权争夺战中，股东知情权（查账权）的行使，只是手段，而非目的！

在公司控制权的博弈中，股东知情权（查账权）的正确行使，不可否认是

[①]　北京市第二中级人民法院　金某（北京）消防工程有限公司与邹德某股东知情权纠纷二审民事判决书（2018）京02民终1938号

一把利器——打破利益平衡的利器！而你，知道如何利用这把利器吗？

在有限责任公司中，按照《公司法》规定，股东可以有权要求查阅会计账簿，此处规定的"会计账簿"是否包含了"原始凭证"，公司法并未明确作出规定。笔者通过检索大量法院判例发现，大部分案例支持查阅原始凭证，但亦有少部分案例不支持查阅原始凭证。

一、实践中对于能否查阅原始凭证的争议观点

实践中，对于股东在行使知情权时能否查阅与会计账簿有关的原始凭证，理论界和实务界存在着较大的争议，主要有以下三种观点：

第一种观点认为：对于与会计账簿有关的原始凭证、记账凭证，因为原始凭证会体现客户名单、销售渠道、原来采购来源等公司商业秘密信息，如果允许股东随意查阅，可能会对公司产生不利的影响，因此股东不得查阅原始凭证。

第二种观点认为：公司赋予股东账簿查阅权的目的在于保护股东权益，防止公司以各种借口拒绝股东查阅账簿、了解公司财务情况。如果完全禁止股东查阅原始凭证则与立法相悖，故应对股东查询原始凭证作出一定的限制，即只有当股东查询会计账簿不能满足其要求时，才能查询和会计账簿有关的原始凭证和记账凭证。

第三种观点认为：知情权作为股东的固有权利，与会计账簿有关的原始凭证、记账凭证虽然会体现公司的商业秘密，但不应拒绝股东的查询，股东应当可以查询原始凭证和记账凭证。

笔者赞同第三种观点。

二、会计造假现象无法保障股东的账簿查阅权

在现实中，比较常见的是会计造假现象，很多公司都会存在两套账簿，一套会计账簿对内，一套会计账簿对外。当股东要求行使知情权查询会计账簿时，如果公司拿出一套虚假的会计账簿，股东无从判断会计账簿的真假，则股东的知情权就无法得到保护。按照《中华人民共和国会计法》第十五条的规定会计账簿包括总账、明细账、日记账和其他辅助性账簿。而上述账簿并非可以独立制作，而是依据原始凭证进行制作。既然会计账簿是根据原始凭证记账凭证进行记录和制作，则如果股东不能查阅原始凭证和记账凭证，则无从判断会计账

簿的真假与否。如果禁止股东查询原始凭证和会计凭证，则股东对于账簿的查阅权形同虚设，失去了最基本的意义。

三、应对《公司法》第三十三条第二款做扩张解释，支持股东查阅原始凭证

我国《公司法》第一百七十条规定：公司应当向聘用的会计师事务所提供真实、完整的会计凭证、会计账簿、财务会计报告及其他会计资料，不得拒绝、隐匿、谎报。本条中同时规定了会计凭证和会计账簿，原因在于，从公司法体系解释的基础来分析，《公司法》第三十三条第二款的会计账簿应不包含会计凭证，而从知情权的立法目的是为了保障股东权益的角度出发，应对《公司法》第三十三条第二款款做扩张解释，只要股东查询原始凭证的目的正当，司法应对股东要求查询原始凭证和会计凭证的要求予以支持。

四、《公司法解释四》中的"特定材料文件"是否包含原始凭证

《公司法》第三十三条对于股东知情权的范围规定为：股东有权查阅、复制公司章程、股东会会议记录、董事会会议决议、监事会会议决议和财务会计报告。股东可以要求查阅公司会计账簿……即三十三条对于股东可以查阅的范围是规定了具体名称。而《公司法解释四》第七条的表述为"特定材料文件"，而"特定材料文件"是否包含了原始凭证和记账凭证，笔者持肯定态度。笔者认为，《公司法解释四》并没有否认股东查询原始凭证和记账凭证的权利，鉴于原始凭证既是会计账簿形成的基础，又是验证会计账簿对公司财务状况的记录是否完整准确的依据，故股东查阅的范围应当包括原始凭证，因此，《公司法解释四》第七条中的"特定材料文件"应解释为包含了与会计账簿有关的记账凭证和原始凭证。

五、司法实践中，主流观点倾向于支持股东查询原始凭证

在（2015）沪一中民四（商）终字第2259号中，一审法院认为：对于查阅的范围，鉴于原始凭证既是会计账簿形成的基础，又是验证会计账簿对公司财务状况的记录是否完整准确的依据，故股东查阅的范围应当包括原始凭证。

在（2010）沪高民二（商）终字第86号中，上海市高级人民法院认为：

财务上的原始凭证是记账依据，是财务账簿的重要组成部分，查阅财务账簿应当同时提供原始凭证，否则财务账簿的真实性就无法验证。

而在本案中，北京市第二中级人民法院认为：根据《公司法》第三十三条的相关规定，股东可以要求查阅公司会计账簿。而会计账簿登记必须以经过审核的会计凭证为依据，会计凭证包括原始凭证和记账凭证，原始凭证是登记会计账簿的基础依据。通过查阅会计凭证，股东才能更确切详细的了解公司的真实经营状况，赋予股东查阅会计凭证的权利符合保护股东知情权立法的目的。

应当注意的是，虽然在司法实践中，主流观点支持股东查阅原始凭证，但是亦有部分案例未予以支持，《公司法解释四》颁布之后，亦没有最高院的相关案例来统一裁判口径。

⚖ 股东战术指导

对于投资者股东而言，能否查询公司原始凭证是保障其参与公司管理的重要途径！鉴于此，笔者建议：投资者股东可在公司章程中约定"股东可以查阅与会计账簿有关的原始凭证和记账凭证"。

鉴于目前司法实践对于股东能否查阅原始凭证并没有一个统一的裁判规则，如果公司章程中未对股东查询的范围进行约定，则股东有可能会面临被公司拒绝查询或者败诉的风险，从而引发诉累。所以，笔者建议投资者股东可在公司章程中对于股东能查询的会计账簿的范围进行具体约定，并明确"股东可以查阅与会计账簿有关的原始凭证和记账凭证"，以此保障股东的权利。

⚖ 经典案例

邹德某作为金安通公司股东向一审法院起诉要求行使股东知情权，请求：一、判令金安通公司提供自 2011 年 1 月 1 日起至 2017 年 11 月 30 日止股东会会议记录以及财务会计报告供邹德某查阅、复制；二、判令金安通公司提供自 2011 年 1 月 1 日起至 2017 年 11 月 30 日止的会计账簿和会计凭证（包括记账凭证和原始凭证）供邹德某查阅；三、由金安通公司承担全部诉讼费用。

一审法院认定事实：

金安通公司系有限责任公司，成立于 2009 年 2 月 19 日，法定代表人系吴某，股东系邹德某和吴鹏，邹德某具有50%股权。同时邹德利任金安通公司监事。2017年6月1日，邹德某通过EMS向金安通公司邮寄送达了《关于要求查阅公司会计账簿和财务报告的函》，载明：公司自开办以来未能向邹德某报告公司经营状况，邹德某作为公司的投资人有权获得相应投资回报及作为股东对公司财务盈利状况的知情权。邹德利现向金安通公司申请查阅、复制自2011年1月1日至今的会计账簿（含总账、分类账、明细账、日记账和其他辅助性账簿）、会计凭证（含记账凭证、原始凭证及作为原始凭证附件入账备查的有关资料）及财务会计报告。

一审法院认为，《中华人民共和国公司法》第三十三条第一款规定，股东有权查阅、复制公司章程、股东会会议记录、董事会会议决议、监事会会议决议和财务会计报告。本案中，因邹德某系金安通公司的股东，故一审法院对于邹德某要求查阅、复制金安通公司自2011年1月1日至2017年11月30日止的股东会会议记录及财务会计报告的诉讼请求予以支持。

《中华人民共和国公司法》第三十三条第二款规定："股东可以要求查阅公司会计账簿。股东要求查阅公司会计账簿的，应当向公司提出书面请求，说明目的。公司有合理根据认为股东查阅会计账簿有不正当目的，可能损害公司合法利益的，可以拒绝提供查阅，并应当自股东提出书面请求之日起十五日内书面答复股东并说明理由。公司拒绝提供查阅的，股东可以请求人民法院要求公司提供查阅。"本案中，金安通公司辩称因邹德某实际控制着宏安博宇公司，而宏安博宇公司与金安通公司有实质性竞争关系，所以邹德某查阅金安通公司会计账簿，可能损害金安通公司合法利益。一审法院认为，一审庭审中金安通公司认可其主要从事消防工程施工和后期保养工作，宏安博宇公司主要从事消防设施和电器防火的检测工作，并且从宏安博宇公司、宏安博宇公司分公司及金安通公司的企业信用信息公示报告中的经营范围对比来看，并没有显示宏安博宇公司、宏安博宇分公司的主营业务与金安通公司主营业务存在实质性竞争关系，因此一审法院对金安通公司的该项抗辩意见不予采纳。在邹德某已经履行了向金安通公司提出查阅会计账簿书面请求并说明查阅目的的程序，且金安通公司并无证据证明邹德某查阅会计账簿有不正当目的，可能损害公司合法利益的情况下，邹德某有权查阅金安通公司的会计账簿。故，一审法院对邹德某第二项诉讼请求中要求查阅金安通公司自2011年1月1日至2017年11月30

日止的会计账簿的诉讼请求予以支持。

关于邹德某是否有权查阅会计凭证，一审法院认为会计账簿必须以经过审核的会计凭证为依据，会计凭证包含记账凭证和原始凭证，是公司具体经营活动的体现，通过查阅会计凭证，股东才能更确切详细的了解公司的真实经营状况，赋予股东查阅会计凭证的权利符合保护股东知情权立法的目的。故，一审法院对于邹德某第二项诉讼请求即要求查阅金安通公司自2011年1月1日至2017年11月30日止的会计凭证（包括记账凭证和原始凭证）的诉讼请求予以支持。

综上所述，依照《中华人民共和国公司法》第三十三条，《中华人民共和国会计法》第十四条、第十五条，《最高人民法院关于适用若干问题的规定》第十条第一款，《中华人民共和国民事诉讼法》第六十四条之规定，判决：一、金安通（北京）消防工程有限公司于判决生效之日起十日内在金安通（北京）消防工程有限公司处向邹德利提供金安通（北京）消防工程有限公司自二〇一一年一月一日至二〇一七年十一月三十日止的股东会会议记录、财务会计报告供邹德某查阅、复制；二、金安通（北京）消防工程有限公司于判决生效之日起十日内在金安通（北京）消防工程有限公司处向邹德利提供金安通（北京）消防工程有限公司自二〇一一年一月一日至二〇一七年十一月三十日止的会计账簿和会计凭证（包括记账凭证和原始凭证）供邹德利查阅。

金安通（北京）消防工程有限公司（以下简称"金安通公司"）因北京市西城区人民法院一审民事判决，向北京市第二中级人民法院提起上诉。

金安通公司上诉请求：请求二审法院改判驳回邹德某的诉讼请求。事实和理由：一、一审判决仅根据北京宏安博宇科技有限公司（以下简称"宏安博宇公司"）及其分公司的主营业务与金安通公司的主营业务不存在实质性竞争关系的事实认定，否定金安通公司关于邹德某查阅会计账簿有不正当目的，可能损害金安通公司合法利益。金安通公司有权拒绝提供查阅的抗辩，法律适用不当，不完全符合相关立法目的。一审中，金安通公司提交了借款协议、律师函，用以证明邹德某未向金安通公司实际缴付出资。金安通公司提交了企业信用信息公示报告、支出凭单、财务手续及使用情况、项目合同、消防设备维护保养合同、微信截屏，用以证明邹德某在没有任何合法合规授权情形下，实际控制着宏安博宇公司及其分公司，并且任意支取宏安博宇公司资金用于非公司业务的个人用途，以及邹德某利用执行金安通公司"后期保养工作"中获取的相关信息渠道，将金安通公司业务抢到宏安博宇公司的事实。一审法院在认可邹德某实际掌控宏安博宇公司等事实的情形下，仅通过比对经营范围做出主营业务不存在实质性竞争关系的认定，决定不支持金安通公司关于邹德某存在不正当目的的抗辩。没有对邹德某的股东资格表象，与其未实际缴付出资，非常规手段实际控制着宏安博宇公司（及任意支配公司资金用于个人用途），已经实际发生利用执行金安通公司工作机会将金安通公司业务抢到宏安博宇公司的事实，与金安通公司的合法利益保护予以全面把握和平衡，适用法律不当，不当然符合立法目的。二、一审判决邹德某有权查阅原始凭证属于适用法律不当。一审法院以"赋予股东查阅会计凭证的权利符合保护股东知情权立法的目的"为由，支持邹德某要求金安通公司提供查阅会计凭证（包括记账凭证和原始凭证）的诉讼请求。金安通公司以为，赋予股东查阅会计凭证的权利，是否符合保护股东知情权立法目的，没有法律作出肯定结论或明显倾向。相反，最高人民法院的相关意见及《最高人民法院关于适用〈中华人民共和国公司法〉若干问题的规定（三）》理解与适用部分，均未规定股东可以查阅公司原始会计凭证。之所以没有规定，主要原因是《中华人民共和国公司法》第三十三条第二款明确规定股东只能请求查阅会计账簿，而会计账簿并不包括原始凭证和记账凭证。因此，人民法院应当严格按照法律和司法解释处理案件，不应当随意超越法律和司法解释的规定。

邹德某辩称，一、邹德某作为金安通公司股东，根据《中华人民共和国公司法》之规定，理应享有知情权。邹德某已经根据《中华人民共和国公司法》第三十三条第一款、第二款之规定，履行了前置程序向金安通公司提出书面申请要求查阅金安通公司会计账簿，并说明了查阅目的，一审法院认定事实正确，适用法律并无不妥。二、邹德某并没有损害金安通公司合法利益，相反由于金安通公司的法定代表人长期实际控制金安通公司，拒绝向作为股东的邹德某告知金安通公司任何信息，更具有损害金安通公司利益的可能性。金安通公司一直由其法定代表人吴某经营，公司印章、证照、合同、文件及财务账册均由吴某掌握。自成立至今金安通公司未曾向邹德某报告金安通公司的经营状况，也从未召开过股东会会议。邹德某一直要求了解金安通公司的经营状况，并曾通过特快专递方式向金安通公司送达《关于要求查阅公司会计账簿和财务报告的函》，目的系了解金安通公司实际经营状况并获得股东分红。邹德某担心金安通公司长期由法定代表人吴某把控，会存在有损害金安通公司利益的情况，因此要求履行股东的知情权，以维护自身的合法权益。三、金安通公司所称的宏安博宇公司（含分公司）的股东分别为王毓某和吴某，邹德某并非宏安博宇公司股东，不存在实际控制以及恶意竞争的情况。从金安通公司与宏安博宇公司的企业信用信息公示报告中的经营范围对比来看，主营业务并不存在实质性竞争关系，相反是互补的关系。更为重要的是，邹德某并非宏安博宇公司的股东，反而是金安通公司的法定代表人吴某分别为上述两家公司的股东，所占股权比例均为50%。四、会计账簿是以经过审核的会计凭证为依据，会计凭证包含记账凭证和原始凭证，是公司具体经营活动的体现，赋予股东查阅会计凭证的权利符合保护股东知情权立法的目的。金安通公司在上诉状中引用《最高人民法院关于适用〈中华人民共和国公司法〉若干问题的规定（四）》的部分章节，明显是断章取义，歪曲立法目的。

本院二审期间，金安通公司提交了《中华人民共和国消防技术服务机构资质证书》，欲证明宏安博宇公司在2015年4月16日取得了各类建筑的建筑消防设施的检测、维修、保养活动的资质，与金安通公司的业务资质重叠。邹德某对该资质证书的真实性认可，但不认可证明目的，认为该资质证书只能说明宏安博宇公司具备上述资质，不能说明金安通公司也具备上述资质。本院经审查认为，该资质证书不能证明金安通公司具备上述资质，不能证明宏安博宇公司与金安通公司的主营业务重叠，故对本案处理结果不构成影响，本院不作为二审新的证据采纳。本院补充查明：金安通公司的企业信用信息显示，其经营范围包括：专业承包；销售机械设备、建筑材料、矿产品、制冷空调设备、装饰材料、化工产品。宏安博宇公司的企业信用信息显示，其经营范围包括：消防技术服务；消防器材维修；消防设备维修、调试；消防设施检测；消防电气检测。本院对一审法院查明的其他事实予以确认。

北京市第二中级人民法院认为，金安通公司上诉主张邹德某提起本案股东知情权纠纷诉讼，要求金安通公司提供股东会会议记录、财务会计报告供邹德某查阅、复制，要求金安通公司提供会计账簿和会计凭证（包括记账凭证和原始凭证）供邹德某查阅，存在据此抢夺金安通公司客户资源的不正当目的。《最高人民法院关于适用〈中华人民共和国公司法〉若干问题的规定（四）》第八条规定："有限责任公司有证据证明股东存在下列情形之一的，人民法院应当认定股东有公司主营业务有实质性竞争关系业务的，但公司章程另有规定或者全体股东另有约定的除外；二、股东为了向他人通报有关信息查阅公司会计账簿，可能损害公司合法利益的；三、股东在向公司提出查阅请求之日前的三年内，曾通过查阅公司会计账簿，向他人通报有关信息损害公司合法利益的；四、股东有不正当目的的其他情形。"《最高人民法院关于适用的解释》第九十条规定："当事人对自己提出的诉讼请求所依据的事实或者反驳对方诉讼请求所依据的事实，应当提供证据加以证明，但法律另有规定的除外。在作出判决前，当事人未能提供证据或者证据不足以证明其事实主张的，由负有举证证明责任的当事人承担不利的后果。"根据上述法律规定，金安通公司应就其提出的邹德利行使股东知情权存在不正当目的的事实提供证据加以证明。但根据本案现有证据，尚不能证明宏安博宇公司与金安通公司的主营业务有实质性竞争关系，也不足以证明邹德某行使股东知情权的实质是为了协助宏安博宇公司抢夺金安通公司的客户资源，因此金安通公司应承担举证不能的不利法律后果。本院对金安通公司的此项上诉主张不予支持。

金安通公司上诉主张一审法院判决金安通公司提供其会计凭证（包括记账凭证和原始凭证）供邹德某查阅，超出了法律规定的查阅范围。根据《中华人民共和国公司法》第三十三条的相关规定，股东可以要求查阅公司会计账簿。《中华人民共和国会计法（1999 年修订）》第十四条第一款、第十五条第一款的规定，会计账簿登记必须以经过审核的会计凭证为依据，会计凭证包括原始凭证和记账凭证，原始凭证是登记会计账簿的基础依据。因此，一审法院判决金安通公司提供其会计凭证（包括记账凭证和原始凭证）供邹德某查阅，并未超出法律规定的查阅范围。本院对金安通公司的此项上诉主张不予支持。

综上所述，金安通公司的上诉请求不能成立，应予驳回；一审判决认定事实清楚，适用法律正确，本院予以维持。依照《中华人民共和国民事诉讼法》第一百七十条第一款第（一）项规定，判决如下：

驳回上诉，维持原判。

本判决为终审判决。①

---

① 本部分来源于本案判决书主文，限于篇幅略做删减，读者可自行查阅判决书全文以全面了解案情。

·法条链接·

《中华人民共和国公司法》

第三十三条　股东有权查阅、复制公司章程、股东会会议记录、董事会会议决议、监事会会议决议和财务会计报告。

股东可以要求查阅公司会计账簿。股东要求查阅公司会计账簿的，应当向公司提出书面请求，说明目的。公司有合理根据认为股东查阅会计账簿有不正当目的，可能损害公司合法利益的，可以拒绝提供查阅，并应当自股东提出书面请求之日起十五日内书面答复股东并说明理由。公司拒绝提供查阅的，股东可以请求人民法院要求公司提供查阅。

《最高人民法院关于适用〈中华人民共和国公司法〉若干问题的规定（四）》

第七条　股东依据公司法第三十三条、第九十七条或者公司章程的规定，起诉请求查阅或者复制公司特定文件材料的，人民法院应当依法予以受理。

公司有证据证明前款规定的原告在起诉时不具有公司股东资格的，人民法院应当驳回起诉，但原告有初步证据证明在持股期间其合法权益受到损害，请求依法查阅或者复制其持股期间的公司特定文件材料的除外。

第八条　有限责任公司有证据证明股东存在下列情形之一的，人民法院应当认定股东有公司法第三十三条第二款规定的"不正当目的"：

一、股东自营或者为他人经营与公司主营业务有实质性竞争关系业务的，但公司章程另有规定或者全体股东另有约定的除外；

二、股东为了向他人通报有关信息查阅公司会计账簿，可能损害公司合法利益的；

三、股东在向公司提出查阅请求之日前的三年内，曾通过查阅公司会计账簿，向他人通报有关信息损害公司合法利益的；

四、股东有不正当目的的其他情形。

《中华人民共和国会计法（2017年修订）》

第十四条　会计凭证包括原始凭证和记账凭证。

记账凭证应当根据经过审核的原始凭证及有关资料编制。

第十五条　会计账簿登记，必须以经过审核的会计凭证为依据，并符合有关法律、行政法规和国家统一的会计制度的规定。会计账簿包括总账、明细账、日记账和其他辅助性账簿。

会计账簿应当按照连续编号的页码顺序登记。会计账簿记录发生错误或者隔页、缺号、跳行的，应当按照国家统一的会计制度规定的方法更正，并由会计人员和会计机构负责人（会计主管人员）在更正处盖章。

使用电子计算机进行会计核算的，其会计账簿的登记、更正，应当符合国家统一的会计制度的规定。

公司如何拒绝股东查询会计账簿

案件要旨

股东与公司经营业务高度重合且存在同业竞争事实的情况下，股东如查阅公司的会计账簿及原始会计凭证，则存在不正当目的，并会对公司的利益造成重大损害，公司有权拒绝提供会计账簿，显然亦有权拒绝提供原始会计凭证供股东查阅。

案件来源

上海市第一中级人民法院 上海东某图像设备有限公司诉王满某股东知情权纠纷一案二审民事判决书[①]

股东纠纷焦点

本案焦点在于：当股东要求查询账簿时，公司是否可以拒绝股东查询？如何判断股东查阅原始凭证是否具有不正当目的？

法理探析

在有限责任公司中，按照《公司法》规定，公司有合理根据认为股东查阅账簿有不正当目的，可能损害合法利益的，可以拒绝提供查阅。笔者在办理公

---

① 上海东影图像设备有限公司诉王满某股东知情权纠纷一案二审民事判决书 上海市第一中级人民法院民事判决书（2014）沪一中民四（商）终字第1633号

司案件的过程中，经营有客户咨询：在股东要求查阅财务账簿时，如何认定股东具有不正当目的呢？如何以股东具有不正当目的为理由，拒绝股东查账呢？笔者以上海一中院的一则判决和相关法律规定为基础，对有限公司知情权纠纷中如何认定股东具有不正当目的进行浅析。

一、如何判断股东查阅会计账簿具有不正当目的

《公司法》第三十三条第二款规定："股东可以要求查阅公司会计账簿。股东要求查阅公司会计账簿的，应当向公司提出书面请求，说明目的。公司有合理根据认为股东查阅会计账簿有不正当目的，可能损害公司合法利益的，可以拒绝提供查阅，并应当自股东提出书面请求之日起十五日内书面答复股东并说明理由。公司拒绝提供查阅的，股东可以请求人民法院要求公司提供查阅。"即公司可以股东具有不正当目的为由，拒绝股东查阅会计账簿的请求。

然而，"不正当目的"作为股东行使知情权时的一种主观心理，如何判断股东的目的是否正当，应当由公司承担举证证明股东目的不纯，抑或由股东证明自己具有正当目的，在司法实践中不无争议。《公司法解释四》以列举的方式，规定了可认定股东要求查阅账簿时具有"不正当目的"的四种情形：

1. 股东自营或者为他人经营与公司主营业务有实质性竞争关系业务的，但公司章程另有规定或者全体股东另有约定的除外；

2. 股东为了向他人通报有关信息查阅公司会计账簿，可能损害公司合法利益的；

3. 股东在向公司提出查阅请求之日前的三年内，曾通过查阅公司会计账簿，向他人通报有关信息损害公司合法利益的；

4. 股东有不正当目的的其他情形。

我们仔细梳理上述《公司法解释四》第八条的规定，可以看出第2种情形和第3种情形下，公司很难举证证明股东"为了向他人通报有关公司信息"而要求查询会计账簿，以及证明证明三年内"股东曾向他人通报有关公司信息"而损害公司利益的；而在第1种情形中，公司只需要证明"股东自营或者为他人经营与公司主营业务有实质性竞争关系业务的"就可认定为股东查询账簿具有"不正当目的"，即公司可以通过证明该客观事实来证明股东主观目的"不正当"。

在司法实践中，我们通过检索大量案例亦注意到，在公司以股东具有不正当目的拒绝股东查询会计账簿的案件中，相当一部分胜诉的案例是基于上

述第 1 种情形而被法院支持。

二、股东查阅公司章程、股东会会议记录等文件是否必须具有正当目的

股东行使知情权时，是否无论查询哪类文件都需要以具备正当目的为前提？对于有限公司知情权的查询范围，我国《公司法》第三十三条第一款进行了规定："股东有权查阅、复制公司章程、股东会会议记录、董事会会议决议、监事会会议决议和财务会计报告。"《公司法解释四》第七条进一步对知情权的范围进行了扩充："股东依据公司法第三十三条、第九十七条或者公司章程的规定，起诉请求查阅或者复制公司特定文件材料的，人民法院应当依法予以受理。"

而对于会计账簿的查阅权，则规定在《公司法》第三十三条第二款："……股东要求查阅公司会计账簿的，应当向公司提出书面请求，说明目的。公司有合理根据认为股东查阅会计账簿有不正当目的，可能损害公司合法利益的，可以拒绝提供查阅……"通过上述法条规定可知，股东只有在要求查阅"会计账簿"时，才需要以具有正当目的为前提。而股东在查阅复制公司章程、股东会会议记录、董事会会议决议、监事会会议决议和财务会计报告等公司文件时，可以直接要求查阅，无须以具有正当目的为前提条件。

⚖ 股东战术指导

在本案中，股东王某要求查账，却最终败诉，而公司险胜。对于有同业竞争股东的公司，笔者提出以下建议，仅供参考：

第一，公司对于有同业竞争关系的股东，在接受其投资或者进行股权转让时，应谨慎签订投资协议及股权转让协议，以避免股东恶意以知情权诉讼获知公司的经营情况及客户资源，造成公司重大损失的后果。

第二，根据《公司法》第三十二条规定：公司有合理根据认为股东查阅账簿有不正当目的，可能损害合法利益的，可以拒绝提供查阅。对于"不正当目的"认定，根据《公司法解释四》的规定：存在下列情形之一的，应当认定为股东具有"不正当目的"："一、股东自营或者为他人经营与公司主营业务有实质性竞争关系业务的，但公司章程另有规定或者全体股东另有约定的除外……"即当股东与公司具有同业竞争关系时，公司可以拒绝股东查阅会计账簿。

第三，公司在进行知情权诉讼的过程中，如何证明股东具有"不正当目的"呢？建议公司对于有同业竞争关系的股东，在日常的往来中就注意保存相关的证据材料，在证据为王道的诉讼中，如果公司没有证据能证明股东与公司之间有同业竞争关系，则很难胜诉。

⚖ 典型案例

上诉人英迈吉公司因与王满某股东知情权纠纷一案，不服上海市浦东新区人民法院（2014）浦民二（商）初字第1169号民事判决，向本院提起上诉。本院于2014年8月14日受理后，依法组成合议庭，于2014年9月23日、10月30日两次公开开庭进行了审理。上诉人英迈吉公司的委托代理人魏国某、蔡某，被上诉人王满某的委托代理人王秋某到庭参加诉讼，本案现已审理终结。

原审法院查明：英迈吉公司系成立于2003年2月20日的有限责任公司，现注册资本为3,520万元（币种为人民币，下同），股东分别为A公司、罗B、王C、王满某，公司经营范围为生物医学工程、图像设备、安全检查检测装置（除专项审批外）、自动化设备以及电子通信产品的研究、开发、生产、销售及相关技术转让、技术咨询，计算机软、硬件的开发、设计、生产、销售（除计算机信息系统安全专用产品），系统集成及相关技术咨询服务，自有机械设备的租赁（除金融租赁），从事货物与技术的进出口业务。

2012年2月13日，王满某以英迈吉公司及王C为被告，向原审法院提起诉讼，请求确认王满某系持有英迈吉公司12%股权的股东，英迈吉公司将该持股比例记载于公司章程中，并至工商部门办理变更手续，王C予以配合。经审理，原审法院于2013年2月18日判决确认王满某系持有英迈吉公司12%股权的股东，英迈吉公司应办理相应工商变更登记，王C予以配合。英迈吉公司及王C对该判决不服，向上海市第一中级人民法院提起上诉，二审于2013年6月20日判决驳回上诉，维持原判。

2014年2月12日，王满某委托律师向英迈吉公司法定代表人发函，要求英迈吉公司于2013年2月21日前向王满某提供英迈吉公司自成立以来的所有股东会会议记录、决议，董事会会议记录、决议，财务会计报告、公司会计账簿、原始记账凭证以及其他财务会计文件供原告查阅和复制。英迈吉公司未予提供。

原审法院另查明，D公司系成立于2010年6月22日的有限责任公司，法定代表人为王满某，股东之一亦为王满某，公司经营范围为从事电子科技领域内的技术开发、技术咨询、技术服务、技术转让，安全检查、检测设备的开发、设计、生产组装、销售，计算机软件的开发，电气自动化、五金机电产品、计算机、软件及辅助设备（除计算机信息系统安全专用产品）的销售，机械设备的租赁，从事货物及技术的进出口业务。现王满某诉至法院，请求法院判令英迈吉公司向王满某提供自英迈吉公司成立以来的所有股东会会议记录、决议、董事会会议记录、决议，财务会计报告、公司会计账簿、原始记账凭证等财务会计文件供王满某查阅、复制，并由英迈吉公司负担诉讼费。

原审法院经审理后认为，知情权是股东的一项重要权利。《中华人民共和国公司法》第三十四条规定，股东有权查阅、复制公司章程、股东会会议记录、董事会会议决议、监事会会议决议和财务会计报告。股东可以要求查阅公司会计账簿。股东要求查阅公司会计账簿的，应当向公司提出书面请求，说明目的。公司有合理根据认为股东查阅会计账簿有不正当目的，可能损害公司合法利益的，可以拒绝提供查阅，并应当自股东提出书面请求之日起十五日内书面答复股东并说明理由。公司拒绝提供查阅的，股东可以请求人民法院要求公司提供查阅。

本案中，第一，王满某于2014年2月12日向英迈吉公司发函主张行使股东知情权时，其已于2013年6月20日经本院终审判决确认为英迈吉公司股东，故王满某有权向英迈吉公司行使股东知情权，并已依法提出书面请求；第二，英迈吉公司抗辩称王满某经营一家与英迈吉公司经营范围相同的D公司，英迈吉公司不应让竞争对手查阅公司资料。根据《中华人民共和国公司法》的规定，股东有不正当目的的，公司可拒绝查阅。但根据工商登记资料显示，英迈吉公司与D公司经营范围系部分重合，且就重合部分英迈吉公司亦未能举证证明双方存在显著的竞争关系，王满某了解英迈吉公司资料后会对英迈吉公司经营产生不利影响。故英迈吉公司主张王满某存在不当目的依据不足，该院不予采信。第三，关于知情权的范围，根据《中华人民共和国公司法》的规定，股东有权查阅、复制股东会会议记录、董事会会议决议和财务会计报告，对会计账簿享有查阅权，但并无权复制。另，鉴于原始凭证既是会计账簿形成的基础，又是验证会计账簿对公司财务状况的记录是否完整准确的依据，故股东查阅的范围应当包括原始凭证。原审法院依照《中华人民共和国公司法》第三十四条的规定，判决如下：一、英迈吉公司应于判决生效之日起十五日内向王满仓提供英迈吉公司自 2003 年 2 月 20 日起至判决生效之日止的股东会会议记录、董事会会议决议、财务会计报告供王满某查阅、复制；二、英迈吉公司应于判决生效之日起十五日内向王满某提供英迈吉公司自 2003 年 2 月 20 日起至判决生效之日止的公司会计账簿和原始凭证供王满仓查阅；三、驳回王满某的其余诉讼请求。案件受理费 80 元，减半收取计 40 元，由英迈吉公司负担。

英迈吉公司不服该判决，向本院提起上诉

二审法院认为：英迈吉公司提交的证据一、三、十三、十四的形成时间均在原审庭审之前且证明内容与原审提交的证据存在重合，或存在相关文件因双方对其真实性有争议和效力待定的情况，故对该些证据不予采信。对于英迈吉公司提交的证据八系英迈吉公司单独委托会计师事务所所作审计报告，故本院对该证据亦不予采信。对于英迈吉公司提交的证据二、四、五、六、七、九、十、十一、十二，本院认为该些证据系对原审证据的补强，其真实性亦得以确认，且与本案具有关联性。故本院对该些证据均予以采信。

王满某提交的证据一、二、三、四并不能证明英迈吉公司已经不从事安检设备业务，也不能证明安检设备业务并非主营业务，鉴于王满某未能提交相应证据对该些证据予以佐证。因此本院对王满某提交的证据材料均不予采信。

本院经审理后查明，英迈吉公司于 2003 年 2 月 20 日成立，王满某在英迈吉公司成立之时便担任该公司的董事长兼法定代表人；2009 年 12 月 21 日英迈吉公司的董事会作出关于案外人王 C 将其持有的英迈吉公司 26% 股权中的 12% 转让给王满仓，8% 转让给罗 B，A 公司放弃优先购买权的议案。2010 年 1 月 9 日英迈吉公司形成股东会决议，通过上述议案。2010 年 1 月 26 日王满某与案外人王 C 签订股权转让协议，内容为王 C 将其所持英迈吉公司 12% 的股份转让给王满某，转让价格为 0，转让后英迈吉公司的股权比例结构为：A 公司占 70% 股份，王满仓占 12% 股份，罗 B 占 12% 股份，王 C 占 6% 股份，英迈吉公司在 30 日内向工商行政管理机关申请办理变更登记。

2010 年 3 月英迈吉公司的法定代表人由王满某变更为刘双河；同年 4 月上海市工商行政管理局核准 D 公司企业名称，同年 6 月 D 公司成立，法定代表人为王满仓，其中案外人与 E 出资及持股比例为 43.8469%，王满某出资持股比例为 4.9347%。同时，D 公司章程上所记载的马 E 与王满某的住所均为河南省郑州市金水区东明路北 191 号院 1 号楼 19 号。

2012 年 4 月 16 日英迈吉公司作出 2012 年度第三次董事会会议决议，审议通过如下议案：一、关于解除王满某股东资格的议案；二、关于罗 B 出资补足王满仓出资不实中 6% 股份的议案；三、关于 F 公司出资补足王满仓出资不实中 6% 股份并成为公司股东的议案；四、公司其他股东对出资补足王满某出资不实中 12% 股份放弃优先权的议案；五、关于召开 2012 年度第一次临时股东会的议案。2012 年 4 月 17 日上海商报刊登了英迈吉公司召开 2012 年度第一次临时股东会的通知。2012 年 5 月 5 日英迈吉公司作出 2012 年度第一次临时股东会决议，内容为持出资额 3，096.60 万元的股东通过了前述四项议案。

同年 4 月下旬王满某委托律师向英迈吉公司及王 C、罗 B、F 公司发函，确认已经收到英迈吉公司发送的催告函，但认为王 C 已经出资到位，不存在王满某向公司补足出资的义务，公司或其他人均不得擅自以任何形式处置王满某持有的 12% 股权。后王满某向原审法院提起股东资格确立之诉，请求法院判令：一、确认王满某是持有英迈吉公司 12% 股权的股东；二、英迈吉公司将王满某按 12% 的持股比例记载于公司章程中；三、英迈吉公司于判决生效之日起十日内至工商部门办理股权变更登记手续（将王 C 持有的 12% 股权转让至王满某名下），王 C 予以配合；四、本案诉讼费由英迈吉公司及王 C 承担。后原审法院作出（2012）浦民二（商）初字第 433 号民事判决，判令：一、王 C 名下持有的英迈吉公司 12% 股权属王满某所有；二、英迈吉公司于判决生效之日起十日内至工商局办理将王 C 名下持有的英迈吉公司 12% 股权变更至王满某名下的相关工商登记手续，王 C 予以配合；三、驳回王满某的其余诉讼请求。后本院作出（2013）沪一中民四（商）终字第 635 号民事判决，驳回英迈吉公司及王 C 的上诉，并维持原判。

本院另查明，网易财经于 2013 年 4 月 10 日报道的新闻《亚青会南京地铁招标怪象：本地企业报最高价中标》中记载，参与亚青会地铁 X 光通道机设备租赁工程最后报价投标企业包括 D 公司及英迈吉公司，出价分别为 516.99 万元及 528 万元。四川省政府采购网于 2014 年 8 月 1 日发布四川省成都市青羊区法院 X 射线检测系统询价结果预公告，在公告的备注栏中记载，参加四川省成都市青羊区法院 X 射线检测系统报价供应商共 5 家，通过资格及符合性审查 4 家，包括 D 公司及英迈吉公司。

本院另查明，1982 年 1 月 1 日，王满某与马 E 曾向民政部门申请结婚登记。

本院经审理查明，原审认定的其他事实无误，本院依法予以确认。

本院认为，本案口英迈吉公司主张王满某系与英迈吉公司经营业务高度重合且存在同业竞争事实的 D 公司法定代表人及股东之一，王满某如查阅英迈吉公司的会计账簿及原始会计凭证，则存在不正当目的，并会对英迈吉公司的利益造成重大损害，鉴于此，本案的争议焦点在于：王满某请求查阅前述材料的行为是否会损害英迈吉公司的合法权益？

对此，本院认为，首先，王满某现为 D 公司的股东及法定代表人，并曾系英迈吉公司的董事长及法定代表人。审理查明的事实表明，王满某被免去英迈吉公司法定代表人及董事长的职务后便以投资者的名义与马 E 等人共同投资设立了 D 公司，王满某并担任 D 公司的法定代表人；本院亦注意到王满某与案外人马 E 曾经申请过结婚登记，且其与马 E 在 D 公司章程上登记的住址系同一地址，双方在 D 公司中的股权比例超过 50%，基于上述事实本院可以确认王满某在离职后实际参与并主管 D 公司的经营。

其次，英迈吉公司成立时王满某并非该公司原始股东，王满某系通过受让案外人王 C 转让的股权成为英迈吉公司的股东，且在受让英迈吉公司股权并进行诉讼确权的过程中，王满某与英迈吉公司及该公司的其他股东长期处于诉讼纠纷过程中，该公司的大多数股东对王 C 的股权份额被变更至王满某名下持有异议，考虑到英迈吉公司作为有限责任公司所具有的人合性特点，及前述英迈吉公司与王满某成为该公司股东持续讼争的实际状况，虽然王满某在英迈吉公司中的股东资格获得了生效判决的确定，但王满某取得英迈吉公司股东的资格并非该公司大多数股东的意愿。

最后，D 公司与英迈吉公司在工商行政管理机关登记的经营范围中存在重合及相似之处，根据英迈吉公司所提交的证据显示，D 公司与英迈吉公司多次参与竞标同一项目中 X 射线检测系统及 X 光通道机，英迈吉公司与 D 公司均互为投标方，因此，基于上述事实完全有理由相信 D 公司与英迈吉公司在业务上存在着竞争关系的事实。

与此同时，本院认为，根据《中华人民共和国公司法》第三十三条的规定，公司有合理根据认为股东查阅会计账簿有不正当目的，可能损害公司合法利益的，可以拒绝提供查阅。英迈吉公司的会计账簿包括有关会计凭证，反映了英迈吉公司在生产经营活动中资金、财产使用情况及公司收支状况，王满某作为股东本应有权查阅。但鉴于英迈吉公司作为有限责任公司所具有的封闭性及相关会计账簿及原始记账凭证会涉及英迈吉公司的公司采购销售信息、价格构成及销售对象信息等重要公司信息及商业秘密，所以英迈吉公司有合理依据以王满某查阅存在不正当目的为由拒绝提供前述材料供其查阅。在本案中，王满某虽然在本案中系英迈吉公司股东，但考虑到前述王满某的双重身份均系两公司股东和在两公司均担任过法定代表人，其与英迈吉公司其他股东长期存在纠纷等现状，D公司与英迈吉公司之间存在利害冲突关系和同业竞争事实，本院认定英迈吉公司具有合理根据认为王满某查阅英迈吉公司的会计账簿具有不正当目的，并可能会损害公司及大部分股东的合法利益，英迈吉公司有权拒绝提供会计账簿，显然亦有权拒绝提供原始会计凭证供王满某查阅。鉴于此，本院对王满某所提出的查阅英迈吉公司会计账簿及原始会计凭证的主张不予支持，英迈吉公司的上诉请求于法有据，本院对该公司的上诉请求依法予以支持。原审判决所作出的第二、三项判决主文，显属失当，应予纠正。

综上所述，依照《中华人民共和国公司法》第三十三条、《中华人民共和国民事诉讼法》第一百七十条第一款第二项、第一百七十五条之规定，判决如下：

一、维持上海市浦东新区人民法院（2014）浦民二（商）初字第1169号民事判决第一项判决；

二、撤销上海市浦东新区人民法院（2014）浦民二（商）初字第1169号民事判决第二、三项判决；

三、驳回王满某原审其余诉讼请求。①

·法条链接·

《中华人民共和国公司法》

第三十三条　股东有权查阅、复制公司章程、股东会会议记录、董事会会议决议、监事会会议决议和财务会计报告。

股东可以要求查阅公司会计账簿。股东要求查阅公司会计账簿的，应当向

---

① 本部分来源于本案判决书主文，限于篇幅略做删减，读者可自行查阅判决书全文以全面了解案情。

公司提出书面请求，说明目的。公司有合理根据认为股东查阅会计账簿有不正当目的，可能损害公司合法利益的，可以拒绝提供查阅，并应当自股东提出书面请求之日起十五日内书面答复股东并说明理由。公司拒绝提供查阅的，股东可以请求人民法院要求公司提供查阅。

《最高人民法院关于适用〈中华人民共和国公司法〉若干问题的规定（四）》

第七条　股东依据公司法第三十三条、第九十七条或者公司章程的规定，起诉请求查阅或者复制公司特定文件材料的，人民法院应当依法予以受理。

在知情权诉讼中，股东能否要求对公司财务进行司法审计

案件要旨

司法审计并不属于股东知情权的法定范围，况且股东通过行使知情权、查阅、复制公司的会议资料、财务报告以及查阅公司的会计账簿，也可以对公司的财务状况进行了解和核实，以保护自己的合法权益，故在公司章程无规定的情形下，对股东提出的要求对公司的财务进行司法审计的主张依法不予支持。

案件来源[①]

上海市第一中级人民法院　黄某与甲公司股东知情权纠纷一案二审民事判决书

法理探析

一、司法审计是否属于股东知情权的法定范围

我国《公司法》对于有限责任公司和股份有限公司的股东知情权的范围

---

① 黄某与甲公司股东知情权纠纷一案二审民事判决书　上海市第一中级人民法院民事判决书（2013）沪一中民四（商）终字第1007号

进行了分别规定。对于有限责任公司的股东知情权的范围规定于《公司法》第三十三条第一款："股东有权查阅、复制公司章程、股东会会议记录、董事会会议决议、监事会会议决议和财务会计报告。"而股份公司的股东知情权则规定于第九十七条："股东有权查阅公司章程、股东名册、公司债券存根、股东大会会议记录、董事会会议决议、监事会会议决议、财务会计报告，对公司的经营提出建议或者质询。"另外，《公司法解释四》第七条进一步对知情权的范围进行了扩充："股东依据公司法第三十三条、第九十七条或者公司章程的规定，起诉请求查阅或者复制公司特定文件材料的，人民法院应当依法予以受理。"

对于股东是否有权对公司财务进行审计，上述条款中均没有做出规定，因此，可以认为，司法审计并非股东知情权的法定范围。

二、公司章程是否可以规定股东具有单方审计权

审计系指由接受委托的第三方机构对被审计单位的会计报表及其相关资料进行独立审查并发表审计意见。虽然我国《公司法》并未将股东的单方审计权列入知情权的法定范围，但并非意味着不允许股东之间通过章程来对股东的审计权进行约定。股东作为公司的投资者，除了通过公司法规定的知情权之法定范围来行使股东权利，为利于股东全面的了解公司的财务状况，还应当允许通过章程规定股东的单方审计权。公司法规定股东知情权的出发点主要是为了保护中小股东之权利，公司法对于知情权的范围规定是属于倡导性规定，应当允许公司通过章程扩大股东知情权的范围。故除公司法规定的知情权的法定范围之外，公司章程如果规定股东对于公司财务具有单方审计权的，则应当认为股东有权对公司财务进行单方审计。

反之，若公司章程未规定股东对公司财务有审计权，则股东无权对公司财务进行单方审计或者要求司法审计。

👤 股东战术指导

在本案中，股东黄某要求对公司的财务状况进行审计，却最终败诉！其结果不得不引起股东们的警示，在知情权纠纷中，笔者提出以下建议，仅供参考：

在股东行使知情权的诉讼中，因为司法审计不属于知情权的法定范围，在章程未规定的情况下，股东要求审计的主张不被法院所认可。

那么，股东该如何约定审计权呢？首先，在公司创始阶段，创始股东之间通过章程赋予股东以审计权。其次，股东在进行股权投资阶段，需要对于目标公司财务有一个长期的全面了解，此时则需要在公司章程中进行约定股东有权对公司财务进行审计，以保障股东对于公司经营状况和财务状况的全面掌控。

在公司章程设计中，可参考以下审计条款："股东具有单方审计权，在每一会计年度，股东有权单方委托专门审计机构对公司进行审计并出具审计报告。"

⚖ 典型案例

原审法院经审理查明，甲公司成立于 1999 年 4 月 29 日，注册资本为人民币 100 万元（以下币种同），黄某自公司成立时起即为甲公司的股东，持有甲公司 20% 的股份。甲公司章程第十五条规定："股东有权查阅股东会议记录，股东要求查阅公司会计账簿的，应当向公司提出书面申请，说明目的。公司有合理根据认为股东查阅会计账簿有不正当目的的，可能损害公司合法利益的，可以拒绝提供查阅，并应当自股东提出书面请求之日起十五日内书面答复股东并说明理由。公司拒绝提供查阅的，股东可以请求人民法院要求公司提供查阅。"

2012 年 3 月 20 日，黄某与案外人胡某向甲公司提交《查阅公司财务账簿、会计凭证、财务会计报告及司法审计的申请》，要求查阅、复制公司 1999 年成立至查阅日的股东会会议记录和决议、董事会会议记录和决议、会计账簿（包括但不限于总账、明细账、日记账等）及相对应的会计凭证（包括但不限于原始凭证、记账凭证、银行对账单等）；2011 年 9 月至查阅日的年度财务报表、月度财务报表，并要求对公司财务状况进行司法审计。甲公司在收到书面申请后，未满足黄某的上述要求。

黄某为此曾于 2012 年 8 月 7 日向原审法院提起股东知情权纠纷之诉，案号为（2012）长民二（商）初字第 783 号，该案于 2012 年 11 月 20 日撤诉。在该案审理期间，黄某曾向原审法院申请调查令前往上海市长宁区会计管理服务中心调查甲公司备案的财务会计报告种类；甲公司是否设置了总账和辅助性账簿。该中心 2012 年 11 月 12 日回复称 "长宁区会计管理服务中心无该公司的资料"。

一审法院认为：股东知情权是法律赋予公司股东了解公司经营状况的重要权利，但该权利的行使必须符合我国《公司法》《会计法》等法律的规定以及公司章程的规定。从我国《公司法》第三十四条的规定来看，有限责任公司股东可以行使的知情权包括两个方面：一是查阅、复制权，该权利及于的对象包括公司章程、股东会会议记录、董事会会议决议、监事会会议决议和财务会计报告。因此，黄某诉请查阅、复制甲公司 1999 年成立至 2013 年 2 月 28 日的股东会会议记录、董事会会议决议以及甲公司 2006 年 1 月 1 日至 2013 年 2 月 28 日的年度财务报告，月度财务报告，于法有据，原审法院予以支持。但是，由于我国《公司法》第三十四条并未将股东会会议决议和董事会会议记录列入查阅、复制权的行使范围，故原审法院对黄某的该部分诉请不予支持。二是查阅公司会计账簿权。从《公司法》第三十四条的规定来看，会计账簿作为股东知情权的行使对象，仅限于查阅，故黄某诉请复制甲公司 2006 年 1 月 1 日至 2013 年 2 月 28 日的财务账簿，没有法律依据，原审法院不予支持。此外，鉴于甲公司辩称其没有设置总账和其他辅助性账簿，而黄某也没有证据证明甲公司设置了总账和其他辅助性账簿，故原审法院仅能支持黄某查阅甲公司 2006 年 1 月 1 日至 2013 年 2 月 28 日的包括明细账、现金日记账、银行日记账在内的财务账簿。至于黄某诉请查阅、复制的会计凭证，则不属于我国《公司法》第三十四条规定的股东知情权行使范围，本院对黄某的该部分诉请，不予支持。综上所述，为规范公司行为，保护公司、股东的合法权益，维护社会经济秩序，促进社会主义市场经济的发展，原审法院依照《中华人民共和国公司法》第三十四条和《最高人民法院关于民事诉讼证据的若干规定》第二条之规定，判决如下：一、甲公司应当提供自 1999 年成立之日起至 2013 年 2 月 28 日的股东会会议记录、董事会会议决议供黄某查阅、复制，于判决生效之日起一个月内履行完毕。二、甲公司应当提供自 2006 年 1 月 1 日起至 2013 年 2 月 28 日的年度财务报告、月度财务报告供黄某查阅、复制，于判决生效之日起一个月内履行完毕。三、甲公司应当提供自 2006 年 1 月 1 日起至 2013 年 2 月 28 日的财务账簿（明细账、现金日记账、银行日记账）供黄某查阅，于判决生效之日起一个月内履行完毕。四、驳回黄某的其他诉讼请求。一审案件受理费减半收取为 40 元，由黄某负担 20 元；甲公司负担 20 元。

原审判决后，黄某不服，向本院提起上诉称：一、股东会决议与董事会会议记录应当属于股东知情权的范围。二、依据相关法律之规定，甲公司的财务会计账簿必须依法设立总账、明细账和其他辅助性账簿，甲公司应当依法将总账和其他辅助性账簿供黄某查阅、复制。如果甲公司认为其不存在总账等会计账簿，应当对此负举证责任。三、由于黄某系非专业的财务人员，仅仅享有查阅权无法有效行使对财务资料的知情权，黄某应当享有对财务资料的复制权。四、由于甲公司的报表资料无法反映客观真实性，黄某提出的对甲公司的财务状况进行司法审计符合民事诉讼法的相关规定，应得到支持。黄某据此认为原审判决错误，要求本院撤销原审判决第四项，改判支持其原审全部诉讼请求。

被上诉人甲公司答辩称：一、股东会决议及董事会会议记录不属于股东知情权的范围。二、甲公司的财务制度设立符合财务主管部门的规定，并不存在总账，且原审法院已经明确告知黄某应当对甲公司存在总账承担举证责任。三、会计账簿的复制以及会计凭证的查阅、复制权超越了公司法规定的股东知情权的范围。四、司法审计并不构成一项独立的诉讼请求，况且在一审中黄某也自行撤回了该项诉讼请求。甲公司据此认为原审判决正确，应予维持，上诉人黄某的上诉请求缺乏事实和法律依据，应予驳回。

双方当事人在二审期间均未提交新的证据材料。

二审法院经审理查明，原审判决认定事实属实，本院依法予以确认。

二审法院认为：知情权是公司法赋予股东的一种基础性权利，应依法得到保护，但股东行使知情权应当受到一定的限制。根据《中华人民共和国公司法》第三十四条之规定，公司股东会决议以及董事会会议记录的查阅、复制、会计账簿的复制、原始会计凭证的查阅和复制并不属于股东知情权的范围。黄某提出的对上述材料行使知情权的主张缺乏法律依据，本院不予支持。

《中华人民共和国会计法》第十五条规定，会计账簿包括总账、明细账、日记账和其他辅助性账簿。该项规定应属于强制性规定，各个企业须恪守。《中华人民共和国公司法》第三十四条第二款规定，股东可以要求查阅公司会计账簿。上诉人黄某要求查阅甲公司的总账、明细账、现金日记账、银行日记账及其他辅助性账簿在内的财务账簿，属于《中华人民共和国会计法》规定的会计账簿的范畴，亦属于公司法规定的股东行使知情权的范围，应予准许。黄某作为公司的小股东，并不负责公司的财务管理，故在举证证明甲公司设立总账以及其他辅助性账簿上具有难度。但甲公司作为依法设立的企业，应当严格依据《中华人民共和国会计法》的上述规定设置公司的会计账簿。原审法院仅以甲公司辩称不存在总账和其他辅助性账簿为由不支持黄某要求查阅甲公司的总账及其他辅助性账册的诉求有所不当，本院依法予以纠正。

对于黄某提出申请要求对甲公司的财务状况进行审计，本院认为，一方面司法审计并不属于股东知情权的范围，况且黄某通过行使知情权、查阅、复制甲公司的会议资料、财务报告以及查阅公司的会计账簿，也可以对公司的财务状况进行了解和核实，以保护自己的合法权益，故本院对其提出的要求对甲公司的财务状况进行司法审计的主张依法不予支持。

综上，依据《中华人民共和国民事诉讼法》第一百七十条第一款第二项、第一百七十五条及第一百一十八条之规定，判决如下：

一、维持上海市长宁区人民法院（2013）长民二（商）初字第405号民事判决第一项、第二项；

二、撤销上海市长宁区人民法院（2013）长民二（商）初字第405号民事判决第三项、第四项；

三、被上诉人甲公司应当提供自2006年1月1日起至2013年2月28日的会计账簿（总账、明细账、现金日记账、银行日记账、其他辅助性账簿）供黄某查阅，于本判决生效之日起一个月内履行完毕。

四、驳回上诉人黄某原审其余诉讼请求。①

·法条链接·

《中华人民共和国公司法》

第三十三条　股东有权查阅、复制公司章程、股东会会议记录、董事会会议决议、监事会会议决议和财务会计报告。

股东可以要求查阅公司会计账簿。股东要求查阅公司会计账簿的，应当向

---

① 本部分来源于本案判决书主文，限于篇幅略做删减，读者可自行查阅判决书全文以全面了解案情。

公司提出书面请求，说明目的。公司有合理根据认为股东查阅会计账簿有不正当目的，可能损害公司合法利益的，可以拒绝提供查阅，并应当自股东提出书面请求之日起十五日内书面答复股东并说明理由。公司拒绝提供查阅的，股东可以请求人民法院要求公司提供查阅。

《最高人民法院关于适用〈中华人民共和国公司法〉若干问题的规定（四）》

第七条　股东依据公司法第三十三条、第九十七条或者公司章程的规定，起诉请求查阅或者复制公司特定文件材料的，人民法院应当依法予以受理。

"新"股东能否查"旧"账

🔨 案件要旨

公司股东对公司依法享有知情权，法律并未对其成为股东之前的事项行使知情权进行任何限制，公司以继承取得的股东身份的新股东行使知情权应从其登记为股东之日起查阅的抗辩缺乏法律依据，不予支持。

🔨 案件来源

上海市第一中级人民法院二审民事判决书　上海云清货运有限公司诉李某股东知情权纠纷一案　上海市金山区人民法院一审

🔨 股东纠纷焦点

本案焦点在于："新"股东是否只能查阅成为股东之后的文件？还是"新"股东也能查"旧账"？

🔨 法理探析

在股东行使知情权查阅公司文件时，对于股东而言，其可以查阅文件的时间范围为"自公司成立之日起"自无争议；那么，在股权转让、增资、继承成为新股东后，新股东是否只能查询成为新股东之后的文件？还是可以查阅公司成立至今的文件？

一、公司法并未对股东知情权的范围设置时间限制

按照我国《公司法》的规定，公司股东依法享有知情权，有限公司股东有权查阅、复制公司章程、股东会会议记录、董事会会议决议、监事会会议决议和财务会计报告等公司文件；股份公司的股东有权查阅公司章程、股东名册、公司债券存根、股东大会会议记录、董事会会议决议、监事会会议决议、财务会计报告等公司文件；而对于行使知情权的主体要件，《公司法解释四》做了明确的规定，要求在提起知情权诉讼时须具有股东身份，即原则上起诉时不具有股东身份者不享有知情权之诉权。但是，对于股东知情权的时间期限范围，《公司法》及《公司法解释四》均未对此作出规定。

我们认为，既然法律没有对股东知情权的范围设置时间限制，则应当认为，无论基于股权转让、增资、股权赠予、还是司法执行取得的股东资格，公司股东均有权查阅自公司成立以来至注销之前的公司章程、股东会会议记录、财务会计报告等公司文件。

二、允许新股东查阅其成为股东之前的公司文件，有利于股东对公司信息进行全面的了解

从公司运营的角度出发，公司的经营和运作是个长期的、持续的过程，往往公司今日的经营方针、分配红利方案等源于前期公司的股东会决议或者董事会决议，如果不允许"新"股东查阅"旧文件"，则新加入的股东无从对于公司的经营和发展有一个全貌的了解，不利于股东权利的保护。

再者，从财务会计的视角分析，财务记录、财务的计算、盈利状况、企业现金流、企业负债情况等财务活动是一个持续完整的活动，如果只允许"新"股东仅能查阅其成为股东之后的财务账簿，则"新"股东无法知晓公司财务数据的持续活动。因此，只有允许"新"股东查阅公司成立至今的财务账簿，新股东才能对于公司财务状况有一个完整的了解，保障中小股东的知情权制度才有意义。

三、基于继承取得的股东资格，知情权的查阅文件期限是否应从其具有股东资格之时开始

实务中除了常见的以股权转让、增资成为新股东之外，还有一类比较特殊

的是基于继承取得股东资格。有观点认为，继承取得股东身份不同于一般股东之间具有人和性的特点，因继承具有股东资格者其查阅文件的期限应限制于登记为股东之日开始，而不能查阅其成为股东之前的公司文件。我们认为，既然法律并未对股东知情权的范围设置时间限制，因继承取得股东资格的公司股东当然有权查阅自公司成立以来的股东会决议记录等公司文件。

四、公司章程能否对股东知情权的范围设置时间限制

从知情权作为固有权的性质看。知情权是《公司法》赋予股东了解公司的经营状况及财务情况，进而保障股东权益的法定固有权。公司章程如果对股东的知情权进行扩大，在公司章程的此类规定符合法律规定的情况下应视为有效，但是，如果公司章程对股东知情权的范围和内容进行限缩，从实质上剥夺了股东的知情权，则为无效条款，对公司股东没有约束力。

如果公司章程对股东知情权的范围设置时间限制，比如有的公司章程规定新股东只能查阅其成为股东之后的公司文件，而不能查阅其成为股东之前的公司文件。对于该章程条款的效力，我们认为，法律并未对新股东成为股东之前的事项行使知情权进行任何限制，该章程条款对股东知情权的范围进行了限缩，从实质上剥夺了股东的知情权，应属无效。

⚖ 股东战术指导

司法实践中不乏股东为了以高价转让股权或者吸收融资，而向股权受让方或者增资方提供虚假的公司资产负债及利润等财务信息。股东以为将股权包装成高价就可以赚取高额收益，殊不知，"新"股东可以查"旧账"，一旦新股东通过行使知情权的方式查阅了公司以往的财务账簿，发现老股东或者公司并没有如实披露公司的财务情况，新股东可能会以受到欺诈为由要求撤销合同，或者要求以其查询到的财务信息调低股权价格或者减少增资额。

为避免上述纠纷，笔者建议在股权转让或者增资时，对于老股东提供的公司经营情况及财务情况存在的虚假或者隐瞒的行为，双方应事先进行约定，以明确双方的责任。

⚖ 典型案例

上诉人上海云清有限公司（以下简称"云清公司"）因与被上诉人李某股东知情权纠纷一案，不服上海市金山区人民法院（2017）沪0116民初4398号民事判决，向本院提起上诉。本院于2017年8月9日立案后，依法组成合议庭，于2017年10月12日公开开庭进行了审理。上诉人云清公司的委托诉讼代理人胡隽某、被上诉人李某及其委托诉讼代理人潘某到庭参加诉讼。本案现已审理终结。

云清公司上诉请求：撤销一审判决，改判驳回李某一审全部诉讼请求。事实和理由：依据我国《公司法》关于股东行使知情权的相关规定：股东要求查阅公司会计账簿的，应当向公司提出书面请求，说明目的。公司有合理根据认为股东查阅会计账簿有不正当目的，可能损害公司利益的，可以拒绝提供查阅的，股东才可以请求法院判令公司提供查阅。但现李某未提前向云清公司提出书面申请而是直接向法院起诉请求公司提供查阅公司会计账簿等，与法不符。且公司目前处于停业状态，公司的财务会计账簿等资料均不在云清公司处保管。另外，李某的股东身份是基于继承取得的，不同于一般股东具有与其他股东有人和性的特质，如其欲行使知情权也应从其登记为股东之日起查阅。而一审判决支持李某的请求是错误的，二审法院应改判驳回李某的诉讼请求。

李某不同意云清公司的上诉请求及事实和理由，并辩称，公司法的上述相关规定并未将书面通知公司作为股东行使知情权的前置强制程序。李某由于通知不到才未进行提前书面通知，且上诉人在另案诉讼中提出管辖权异议期间，法院向其送达有关诉讼材料也存在问题，故李某实际上无法先行书面通知云清公司，相关法律也未排除以诉讼方式作为书面通知的形式之一。另外，公司已处于停业状态，李某父亲去世前几年已实际上不参与公司经营，公司账册等资料理应由云清公司保管，且云清公司由另一股东即法定代表人实际控制，现云清公司是代表控制股东拒绝李某行使知情权应不予支持。且对继承取得股权的股东请求查阅公司会计账簿等法定范围内资料的时限应限制在股东身份登记之日起形成的资料，也无法律依据。请求二审法院驳回上诉，维持原判。

李某于2017年4月向一审法院起诉请求判决：云清公司提供：一、2013年至2016年期间的财务会计报告；二、2013年6月1日起至2017年4月30

日止的公司银行账号及账户明细、开具发票记录；三、转让公司财产之会计账簿及相应原始凭证供原告查阅、复制。

一审法院认定事实：云清公司成立于 2000 年 4 月 11 日，注册资本人民币 50 万元（以下币种同），原登记股东为李某和李淮某，各出资 25 万元。李某为原告之父，已于 2016 年 1 月 29 日死亡。李某基于继承人身份，经过诉讼，现依法取得云清公司股东资格，持有云清公司 25% 的股权，并已经进行了相应变更登记。由于李某与公司原股东李淮某就盈余分配、一方退出等事宜无法达成一致，李清对公司财务状况及其父亲死亡后的公司财产（主要指车辆）处分情况均不知情，另一股东李淮某擅自处分公司财产的行为可能侵害公司及李某利益，就此，李某曾就查看公司财务账册及银行账户等事项向云清公司提出请求，但云清公司法定代表人李淮某均不配合。

为证明其诉讼主张，李某向一审法院提交了民事判决书两份、执行案件受理通知书一份、云清公司企业公示信息一份等作为证据。

李某另向一审法院申请调查令，依法向上海市交警总队车辆管理所调取了涉案 24 辆车辆的过户登记情况。该所向一审法院出具了涉案车辆的登记信息及过户发票材料等一组。李某以此欲证明在李清之父死亡后的当年 3、4 月份，云清公司名下有多辆车辆发生二手车交易过户至其他公司，并有相关交易发票。经质证，云清公司对此真实性无异议，但认为这些车辆系由司机个人出资购买，系挂靠在云清公司名下经营，因李某之父死亡后，司机就去挂靠其他单位了，云清公司并未收取车辆转让款。

云清公司未向一审法院提交证据。

一审法院依法对李某提交的证据进行了审核，上述证据符合真实性、合法性、关联性的要求，一审法院予以采信。

一审法院另查明，经法院执行，李清已经于 2017 年 4 月变更为云清公司股东。

一审法院认为，公司股东对公司依法享有知情权，法律也明确规定，股东有权查阅、复制公司章程、股东会会议记录、董事会会议决议、监事会会议决议和财务会计报告。股东还可以要求查阅公司会计账簿。公司拒绝提供查阅的，股东可以请求人民法院要求公司提供查阅。第一，虽公司法规定股东如查阅公司会计账簿，应当向公司提出书面请求，说明目的，但在云清公司自认公司已经停止经营，无实际经营地址，多次提出管辖异议，李某已无法有效联系云清公司的情况下，其直接提起诉讼，亦可认为李某已经向云清公司提出了书面要求，云清公司无权以此作为抗辩。第二，李某虽系经诉讼和执行程序后，于2017年4月方成为云清公司的登记股东，但李某取得股东身份系基于继承的事实，而非判决的执行，李某现作为云清公司的合法股东，法律并未对其成为股东之前的事项行使知情权进行任何限制，云清公司以此进行抗辩没有法律依据，一审法院不予支持。第三，云清公司以公司在此前的经营系由李某父亲李某负责，李淮某对公司的银行账户及会计账簿均不清楚为由拒绝李某的请求，悖于常理，且公章由李淮某持有，其作为云清公司的法定代表人当然有权管理、查询财务账簿及银行账户等内容，云清公司作为独立法人本身亦应提供相关材料供李某查询复制，李淮某对此不清楚不影响李某权利的行使。第四，关于知情权的行使范围。首先，对2013年至2016年期间的财务会计报告，李某依法有权查阅和复制。其次，公司银行账号及账户交易明细、开具发票记录、云清公司转让公司财产之会计账簿及相应原始凭证本就属于公司会计账簿的重要内容，李某就该部分专门提出请求，考虑到李某之前并不参与公司经营，其父生病后亦长期不参与公司经营，为了保护李某的合法权益，便于其获取公司财务的基本信息和公司财产处理的真实情况，故一审法院对李某的上述查阅请求应予支持。其中云清公司转让公司财产之会计账簿及相应原始凭证部分的起止时间，一审法院根据案情，亦按照从2013年6月1日起至2017年4月30日止予以支持。同时，因股东复制公司会计账簿及原始凭证没有法律依据，一审法院不予支持。

据此，依照《中华人民共和国公司法》第三十三条、《中华人民共和国民事诉讼法》第一百四十二条之规定，一审法院于2017年6月16日作出判决：一、云清公司应于本判决生效之日起三十日内提供自2013年度至2016年度的财务会计报告供李清查阅、复制，李某应在对方提供之日起的十日内完成查阅、复制；二、云清公司应于本判决生效之日起三十日内提供自2013年6月1日起至2017年4月30日止的公司银行账号信息及账户交易明细、开具发票记录、云清公司转让公司财产之会计账簿及相应原始凭证供李清查阅，李某应在对方提供之日起的十日内完成查阅；三、驳回李某的其余诉讼请求。一审案件受理费人民币40元（已减半收取），由云清公司上海云清货运有限公司负担。

双方当事人在本院二审中均未提交新的证据材料。

本院经审理查明，一审判决认定的事实无误，本院予以确认。

本院认为，依据双方当事人的上述诉辩主张，本案二审的争议焦点为：一、李某行使系争股东知情权是否必须在起诉前先予书面请求云清公司；二、客观上云清公司是否能实际履行系争知情权，且李某是否可对其登记成为股东前形成的系争知情标的行使知情权。

针对第一个争议焦点，首先，我国《公司法》对股东行使知情权的范围做了明确规定，且仅对知情权范围中要求查阅公司会计账簿的部分，规定应向公司提出书面请求并说明目的。而对其他知情权的范围部分未有同样规定行使的条件。故上诉请求中对李某一审诉请涉及非查阅公司会计账簿的知情部分予以驳回，无法律依据而不予准许。其次，上述法律同时又规定公司有合理根据认为股东查阅会计账簿有不正当目的，可能损害公司合法利益，可以拒绝查阅。由此可见，上述法律仅对股东查阅会计账簿作了限制性规定，通观该规定条文的上下文联系起来作系统性综合理解，法律做此限制规定并要求行使相关知情权具有合法目的是防止股东滥用股东知情权，可能会泄露公司商业秘密而导致公司利益受损，而在行使具体方式上要求股东事先向公司书面请求并说明目的，此规定旨在鉴于通常情况下，公司账簿多而且专、细，公司在提供股东查阅前需有一定合理时间整理账簿做准备，并对股东的请求查阅的目的是否具有正当性做充分审查以保护公司及其他股东和与公司有业务往来者的合法利益。据此结合本案实际情况，李清某继承取得公司股权，其父去世前长期患重病难以完全参与公司经营，且云清公司也未举证证明李某及其父亲有隐匿账册和查阅财务账簿具有不正当目的的事实存在，同时云清公司也表示公司在李某父亲去世即李某成为股东前早已不再经营处于停业状态，也无实际可取得联系的公司住所地及经营人员，故要求李某先向公司书面请求已不具备客观条件，使之不可能实施成该行为。在此情况下，李某通过诉讼的途径向云清公司请求查阅公司财务账簿，且从起诉至今长达数月间已通知到云清公司即上诉人到庭应诉，其实质也属书面请求公司提供查阅财务账簿的方式之一。因此，再强求李某须在起诉前实施书面请求的要式行为，纯粹流于形式，并如此必然使李某永远无法行使其合法的知情权。故云清公司的相应上诉理由不能成立，不应支持。

针对第二个争议焦点：关于公司会计账簿等资料是否去向不明可供李某查

阅的问题。本院认为，不论公司的法定代表人是否实际参与公司经营和掌管系争公司账簿等资料，从其法定代表人的法定职责和其参与本案诉讼的行为看，其持有公司公章，并代表公司处置公司名下财产，其应负有监管公司会计账簿等资料及财产不受侵害并合法持有的法定职责，且公司会计账簿属公司合法财产范围，云清公司依法应有保管好并供公司经营管理和股东查阅的义务，因此，云清公司以此为由拒绝李某行使系争知情权的理由也不能成立。另外，至于云清公司提出的李某行使系争知情权标的的形成时限问题，一审判决的意见和结论，本院予以认同，在此不再赘述，云清公司关于此节的相同上诉理由，不应支持。综上所述，云清公司的上诉请求不能成立，应予驳回；一审判决认定事实清楚，适用法律正确，应予维持。依照《中华人民共和国民事诉讼法》第一百七十条第一款第一项、第一百七十五条之规定，判决如下：

驳回上诉，维持原判。

本判决为终审判决。①

·法条链接·

《中华人民共和国公司法》

第三十三条　股东有权查阅、复制公司章程、股东会会议记录、董事会会议决议、监事会会议决议和财务会计报告。

股东可以要求查阅公司会计账簿。股东要求查阅公司会计账簿的，应当向公司提出书面请求，说明目的。公司有合理根据认为股东查阅会计账簿有不正当目的，可能损害公司合法利益的，可以拒绝提供查阅，并应当自股东提出书面请求之日起十五日内书面答复股东并说明理由。公司拒绝提供查阅的，股东可以请求人民法院要求公司提供查阅。

《最高人民法院关于适用〈中华人民共和国公司法〉若干问题的规定（四）》

第七条　股东依据公司法第三十三条、第九十七条或者公司章程的规定，起诉请求查阅或者复制公司特定文件材料的，人民法院应当依法予以受理。

---

① 本部分来源于本案判决书主文，限于篇幅略做删减，读者可自行查阅判决书全文以全面了解案情。

第九章　股东退股权

大股东拒不分红，小股东可否要求退股

案件要旨

公司不存在连续五年盈利的事实，即使法律规定异议股东享有股份购买请求权，异议股东也无权请求公司回购其股份。

案件来源

《最高人民法院》民事裁定书　周治某、辛乐某请求公司收购股份纠纷再审审查与审判监督民事裁定书（2017）最高法民申 2154 号

股东纠纷焦点

本案焦点主要在于：厝某等股东以公司自 2009 年起至 2014 年连续 5 年盈利，却拒不分配利润，请求判令鸿源公司以合理价格收购周某等持有的公司股权，其主张是否可以得到支持？

法理探析

小股东的最大的烦恼莫过于，眼看着公司年年盈利，生意红红火火，可是大股东却找各种理由连续多年不分红，在这种情况下，《公司法》第七十四条提供了小股东救济的途径，异议股东可要求公司以回购其股份的方式退出。然而，现实中，小股东实际上并不那么容易退股。

本案案情似乎不那么复杂，鸿源公司连续五年不分红，股东周某等要求退股。经威海市中院、山东省高院审理，均不支持周某等要求公司回购股权的诉请，周某等不服向最高人民法院申请再审，最高院最终驳回再审申请。笔者以

本案最高院的裁决和相关法律规定为基础，对有限公司股东基于连续五年不分红要求退股的法律要件进行浅析如下。

一、股东行使股权回购请求权的法律依据

有限责任公司的股东行使回购请求权的依据为《公司法》第七十四条的规定：

有下列情形之一的，对股东会该项决议投反对票的股东可以请求公司按照合理的价格收购其股权：

1. 公司连续五年不向股东分配利润，而公司该五年连续盈利，并且符合本法规定的分配利润条件的；

2. 公司合并、分立、转让主要财产的；

3. 公司章程规定的营业期限届满或者章程规定的其他解散事由出现，股东会会议通过决议修改章程使公司存续的。

自股东会会议决议通过之日起60日内，股东与公司不能达成股权收购协议的，股东可以自股东会会议决议通过之日起90日内向人民法院提起诉讼。

因此，在"公司连续5年不向股东分配利润，而公司该5年连续盈利，并且符合本法规定的分配条件的"情况下，对股东会该项决议投反对票的股东可以请求公司按照合理的价格收购其股权。

二、只要存在"公司连续5年不分红"就可以要求公司回购股权吗

答案显然是否定的。如果股东仅仅以"公司连续5年不分红"为由要求回购股权，显然不会得到法律的支持，有限责任公司股东行使回购请求权应满足的条件具体分析如下：

前提之一：须公司五年连续盈利

需要注意的是，如果五年中有其中一年未盈利，则不能满足"五年连续盈利"的前提条件。在实践中，不少公司就采取4年盈利1年亏损的，或者三年盈利2年亏损的策略，进而规避了小股东的退股权利。

前提之二：须在公司5年连续盈利的情况下，连续五年不分红

有的公司由于大股东的操控，恶意规避退股条件，前四年盈利不分配利润，但是到了关键的第五年，公司只分配了象征性的极少量的，目的就是阻止小股

东提起回购之诉。

前提之三：须符合《公司法》规定的利润分配条件

如果前面的两个条件都满足了，接下来要审视的是，是否符合《公司法》规定的利润分配条件，即公司在弥补亏损和提取公积金后所余税后利润依照《公司法》第三十四条的规定分配。

三、有限责任公司股东行使回购权请求权时，是否必须以股东在公司决议中投反对票为前提

需要注意的是，股东基于"公司连续 5 年盈利却不分红"提出退股的情况下，是否需要股东在股东会上对不分配利润表示过反对意见方可以行使退股权？还是可以直接行使退股权？审判实践中，不同法院的观点不一，判决结果亦大相径庭，而最高院在本案的审理中，亦没有涉及这一点。

鉴于本案最高人民法院是基于"鸿源公司不存在连续 5 年盈利的事实"而最终未支持股东的回购诉请，故本案中无须讨论"回购权请求权是否必须以股东在公司决议中投反对票为前提"，对于该问题，笔者已另行撰稿讨论，可参考本书文章《股东行使退股权是否必须以在公司决议中投反对票为前提》。

另外，需要注意的是，行使退股权的股东须实体上具备股东资格方可行使退股权，在存在隐名出资的情况下，隐名股东如果要行使回购请求权，因隐名股东并非公司法意义上的股东，故其回购请求权很难得到法院支持。

💼 败诉分析

本案中，鸿源公司连续五年不分红，股东周某等向法院起诉要求退股。经最高人民法院申请再审后，最高院最终驳回再审申请，周某等败诉！其原因在于：

最高人民法院认为：周某等 11 人以鸿源公司自 2009 年起至 2014 年连续 5 年盈利却不分配利润为由主张公司回购股份，根据上述法律规定，应当符合如下条件：一、公司连续 5 年不向股东分配利润；二、该 5 年公司连续盈利；3. 符合《公司法》规定的分配利润条件，即公司在弥补亏损和提取公积金后所余税后利润依照《公司法》第三十四条的规定分配。本案中，税务机关出具的鸿源公司的纳税证明、完税证明和鸿源公司的纳税申报材料体现鸿源公司在

2012 年、2013 年度没有产生企业所得税；周治涛等 11 人虽主张鸿源公司 2012 年度、2013 年存在税后利润，但其提供的关于鸿源公司对外投资、经营规模的证据并不足以证明鸿源公司在 2013 年度存在税后利润。周治涛等 11 人主张相关税务机关的材料系鸿源公司虚假申报得出，但并未就此提供充分证据。因此，综合现有证据，原审判决关于鸿源公司不存在连续 5 年盈利的事实认定证据较为充分，现亦无充分证据证明认定事实的主要证据系伪造，周治涛等 11 人以鸿源公司连续 5 年盈利却不分配利润为由诉请鸿源公司回购股权的条件不成立，原审判决结果并无不当。最高院最终驳回再审。

⚖ 股权战术指导

　　鉴于在公司运营中，小股东和大股东经常会因为盈利分配产生纠纷，而小股东也往往因为对于法律规定的不甚理解而导致败诉，为防止类似的败诉发生，笔者提出以下建议，仅供参考：

　　一、就举证责任而言，小股东在诉讼中须承担公司连续 5 年盈利等相关的证据，否则就要承担举证不能的责任，故小股东在日常应注意保留相关证据，比如股东会决议或者记录，以及其他能证明公司盈利的证据。

　　二、在起诉前，如何现有的证据不足的情况下，小股东可以先行提起知情权之诉，要求公司提供相关的财务报表，包含资产负债表和利润表等数据，以查实公司盈利与否的证据。

　　三、按照法律规定，需要在公司连续 5 年盈利不分配利润的情况下方能行使回购权，故小股东必须待公司连续五年不分配利润的条件成就时，才可以向公司主张回购其股权，如果提前起诉则无法获得支持。

⚖ 经典案例

　　最高人民法院：周治某、辛乐某请求公司收购股份纠纷再审审查与审判监督民事裁定书（2017）最高法民申 2154 号

　　再审申请人周治某、辛乐某等 11 人因与被申请人山东鸿源公司（以下简称鸿源公司）请求公司收购股份纠纷一案，不服山东省高级人民法院（2016）鲁民终 791 号民事判决，向本院申请再审。本院依法组成合议庭进行了审查，

现已审查终结。

周治某等 11 人申请再审称，原判决认定的基本事实缺乏证据证明、认定事实的主要证据是伪造的、适用法律确有错误。主要理由如下：一、原判决认定的基本事实缺乏证据证明。原判决仅根据税务机关出具的纳税证明、完税证明及纳税申报材料认定鸿源公司在 2009 年至 2014 年没有连续营利，而相关税务材料所反映的数据是片面，且系来源于鸿源公司的虚假申报，不具有证明力。二、原判决认定事实的主要证据是伪造的。鸿源公司从 2004 年至 2012 年每年均有巨额利润，周治某等 11 人 2014 年起诉主张从 2009 年至 2013 年 5 年连续盈利，鸿源公司为了割断连续 5 年盈利的法定条件，与有关部门勾结，伪造了 2013 年亏损的证据。三、原判决适用法律错误。综上，原判决认定的基本事实缺乏证据证明、认定事实的主要证据伪造、适用法律确有错误，依据《中华人民共和国民事诉讼法》第二百条第二、三、六项申请再审，请求撤销原审判决，依法再审。

鸿源公司提交意见称：周治某等 11 人不是鸿源公司工商登记的股东，其不具备起诉要求鸿源公司回购股权的主体资格。根据鸿源公司的相关税务材料，鸿源公司没有连续 5 年盈利。鸿源公司不存在虚假申报税务材料的情形，周治某等 11 人主张鸿源公司偷税、漏税与事实不符。鸿源公司的再审申请理由不成立，请求驳回。

周治某等 11 人在本院申请再审中，提交来源于全国企业信用信息公示系统的鸿源公司 2013、2014 年度报告，用以证明：鸿源公司 2013 年度报告显示其销售额仅为 243.43 万元，净利润为负数，这与周治某等 11 人原审提交的 2013 年鸿源公司作为水产行业的龙头企业得到政府大力扶持，无论经营能力还是运营情况处于行业领先地位的相关证据相矛盾。因此，鸿源公司报送的年度报告存在严重虚假，并有可能存在偷、漏税行为。

本院经审查认为，本案再审审查的争议焦点问题是：原判决关于鸿源公司不存在连续 5 年盈利未向股东分配利润的事实认定是否缺乏证据证明、认定事实的主要证据是否为伪造，周治涛等 11 人诉请公司回购股权的条件是否成立。

《中华人民共和国公司法》（以下简称《公司法》）第七十四条规定："有下列情形之一的，对股东会该项决议投反对票的股东可以请求公司按照合理的价格收购其股权：一、公司连续 5 年不向股东分配利润，而公司该 5 年连续盈利，并且符合本法规定的分配利润条件的；二、公司合并、分立、转让主要财产的；三、公司章程规定的营业期限届满或者章程规定的其他解散事由出现，股东会会议通过决议修改章程使公司存续的。自股东会会议决议通过之日起六十日内，股东与公司不能达成股权收购协议的，股东可以自股东会会议决议通过之日起九十日内向人民法院提起诉讼。"《公司法》第一百六十六条："公司分配当年税后利润时，应当提取利润的百分之十列入公司法定公积金。公司法定公积金累计额为公司注册资本的百分之五十以上的，可以不再提取。公司的法定公积金不足以弥补以前年度亏损的，在依照前款规定提取法定公积金之前，应当先用当年利润弥补亏损。公司从税后利润中提取法定公积金后，经股东会或者股东大会决议，还可以从税后利润中提取任意公积金。公司弥补亏损和提取公积金后所余税后利润，有限责任公司依照本法第三十四条的规定分配；股份有限公司按照股东持有的股份比例分配，但股份有限公司章程规定不按持股比例分配的除外。股东会、股东大会或者董事会违反前款规定，在公司弥补亏损和提取法定公积金之前向股东分配利润的，股东必须将违反规定分配的利润退还公司。公司持有的本公司股份不得分配利润。"

周治某等11人以鸿源公司自2009年起至2014年连续5年盈利却不分配利润为由主张公司回购股份，根据上述法律规定，应当符合如下条件：一、公司连续5年不向股东分配利润；二、该5年公司连续盈利；三、符合《公司法》规定的分配利润条件，即公司在弥补亏损和提取公积金后所余税后利润依照《公司法》第三十四条的规定分配。本案中，税务机关出具的鸿源公司的纳税证明、完税证明和鸿源公司的纳税申报材料体现鸿源公司在2012年、2013年度没有产生企业所得税；周治涛等11人虽主张鸿源公司2012年度、2013年存在税后利润，但其提供的关于鸿源公司对外投资、经营规模的证据并不足以证明鸿源公司在2013年度存在税后利润。周治涛等11人主张相关税务机关的材料系鸿源公司虚假申报得出，但并未就此提供充分证据。因此，综合现有证据，原审判决关于鸿源公司不存在连续5年盈利的事实认定证据较为充分，现亦无充分证据证明认定事实的主要证据系伪造，周治涛等11人以鸿源公司连续5年盈利却不分配利润为由诉请鸿源公司回购股权的条件不成立，原审判决结果并无不当。

综上，周治某等11人的再审申请事由均不成立，不符合《中华人民共和国民事诉讼法》第二百条第二、三、六项的规定。依照《中华人民共和国民事诉讼法》第二百零四条第一款、《最高人民法院关于适用的解释》第三百九十五条第二款规定，裁定如下：

驳回周治某、辛乐某、姜某、于某、姜某、侯某、张某、岳某、迟某、李某、姜某的再审申请。

山东省高级人民法院：周治某、辛乐某等与鸿源水产有限公司请求公司收购股份纠纷二民事判决书民事判决书（2016）鲁民终791号

上诉人周治某、辛乐某、姜某、于某、姜某、侯某、张某、岳某、迟某、李某、姜某（以下简称"周治某等十一人"）因与被上诉人鸿源有限公司（以下简称"鸿源公司"）请求公司收购股份纠纷一案，不服山东省威海市中级人民法院（2014）威商初字第11号民事判决，向本院提起上诉。本院依法组成合议庭，公开开庭进行了审理。上诉人周治某等十一人的委托代理人李松威，被上诉人鸿源公司的委托代理人王植某、徐树某到庭参加诉讼。本案现已审理终结。

周治某等十一人一审诉称：周治某等十一人均为鸿源公司股东，鸿源公司公司章程规定每年至少召开一次股东会，每年分配利润一次，但鸿源公司自2004年成立至今从未召开股东会，亦未分配利润，鸿源公司自2009年起至2014年连续五年盈利却拒不分配利润，故请求判令鸿源公司以合理价格（320万元）收购各周治某等十一人持有的鸿源公司的股权。

鸿源公司一审辩称：周治某等十一人未提供证据证实鸿源公司连续五年不向股东分配利润，而该五年连续盈利，其亦不能证明曾向鸿源公司提出要求以合理价格收购其股权，故周治某等十一人不具备提起股权收购诉讼所必需的实体和程序条件，应当依法驳回其诉讼请求。

原审法院查明：鸿源公司系由承天公司于2004年改制而来，注册资本800万元。其中，周治某、辛乐某、姜某、于某、姜某、侯某、张某、岳某、迟某、李某、姜某分别出资15000元、5000元、8000元、2000元、10000元、20000元、5000元、2000元、5000元、3000元、5000元，由山东鸿源水产有限公司工会委员会代持。鸿源公司成立至今，没有就公司向股东分配利润的事项专门召开股东会，公司经营状况正常，其在威海市地方税务局经济技术开发区分局的纳税情况表明2012、2013年度鸿源公司应缴企业所得税数额为零，税务机关

审核的企业所得税年度纳税申报材料记载鸿源公司经营处于亏损状态。

原审法院认为：请求公司收购股份是公司股东的一项重要权利，周治某等十一人虽然向公司出资，但其股权由公司工会委员会代持，其股东权利应当通过公司工会委员会行使。周治某等十一人主张2009年至2014年期间鸿源公司连续五年盈利但拒不分配利润，鸿源公司抗辩称不存在连续五年盈利的事实，故本案的争议焦点为鸿源公司是否存在该五年连续盈利，并且符合公司法规定的分配利润条件而拒不分配利润的事实，对此该院认为，《中华人民共和国公司法》第一百六十六条规定："……公司弥补亏损和提取公积金后所余税后利润，有限责任公司依照本法第三十四条的规定分配……"依据该规定，公司盈利首先应当依法缴纳企业所得税，税后仍有利润的应当弥补亏损和提取公积金，之后还有利润的才能向股东分配。本案中，税务机关出具的纳税证明、完税证明及纳税申报材料均证实鸿源公司在2012年、2013年度没有产生企业所得税，鸿源公司不可能产生税后利润，不具备公司法规定的向股东分配利润的条件。因此，鸿源公司虽然在2009年至2014年连续五年没有向股东分配利润，但并不存在该五年连续盈利且符合公司法规定的分配利润条件的事实，故周治某等十一人的诉讼请求缺乏事实依据，不予支持。依照《中华人民共和国公司法》第七十四条，第一百六十六条之规定，原审法院判决：驳回周治某等11人的诉讼请求。

上诉人周治某等十一人不服上述判决，向本院上诉称：根据工商登记档案资料显示，鸿源公司在1996年经评估的净资产为1.07亿元，2004年改制之初，净资产被调整为−143万元，假设改制之初的净资产数额为真实的，那么根据周治某等十一人提交的证据（威海年检、政府各官方网站记载、鸿源公司公开的宣传资料、工商登记档案、按照公司法的要求每年所做出并在工商登记存档的审计报告等公开资料）显示：一、2004年鸿源公司改制成立当年，纯利润350万元；二、截止到2009年11月，鸿源公司净资产1.3亿元。截止到2012年6月，净资产增加到两亿多元；三、2011年年产值1.3亿元，仅培植名优贝类良种苗一项即可增加产值3000万元以上；四、鸿源公司法定代表人亲笔签署交给工商局的2011年和2012年度经营情况年度报表中，单单海水养殖一项的净利润分别为1843万元、1832.9万元；五、2010、2011和2012年度未分配利润分别为7000万元、8900万元和1.07亿元；六、截止到2010年度，鸿源公司即提取了高达 1930 余万元的盈余公积，并且在此后的 2011、2012 年未继续提取，按照法定的公积金提取比例 10% 计算，这就意味着鸿源公司在 2010 年之前就已经累计实现了近 2 亿元的利润。

周治某等十一人提交的主要证据均是来源于鸿源公司自己填制、经审计后提交有关部门的报表中记载的数据，有绝对的证明效力，原审法院仅仅凭税务机关出具的一个记载"应缴企业所得税额为零"的孤证，而认定鸿源公司不存在五年连续盈利并驳回周治某等十一人的诉讼请求是错误的。请求二审法院依法改判支持周治某等十一人的诉讼请求。

被上诉人鸿源公司口头答辩称：周治某等十一人没有提供证据证实鸿源公司在 2009 年至 2014 年期间连续五年盈利，恰恰是原审法院调取的鸿源公司 2012 年度、2013 年度纳税证明证实这两年公司严重亏损的，因此，达不到《公司法》规定的请求公司收购股份的法定条件，且对这五年是否分配利润、如何分配利润也没有专门召开过股东会，为此，原审法院依法驳回周治涛等十一人的诉讼请求是正确的。

本院查明的事实与原审法院查明的事实一致。

本院认为，当事人在本案中争议的焦点问题是：周治某等十一人是否有权请求鸿源公司收购其股权。

依照《中华人民共和国公司法》第七十四条规定，"有下列情形之一的，对股东会该项决议投反对票的股东可以请求公司按照合理的价格收购其股权：一、公司连续五年不向股东分配利润，而公司该五年连续盈利，并且符合本法规定的分配利润条件的……"该法第一百六十六条第四款规定："公司弥补亏损和提取公积金所余税后利润，有限责任公司依照本法第三十五条的规定分配……"上述规定表明，公司股东请求公司收购股权必须符合下列条件：一、公司连续五年不向股东分配利润；二、公司连续五年盈利；三、符合《公司法》规定的分配利润条件：公司盈利扣除企业所得税，之后仍有盈余的弥补公司亏损和提取公积金，尚有盈余的才能向股东分配。本案中，根据税务机关出具的纳税证明、完税证明和纳税申报材料可以证明鸿源公司在 2012 年、2013 年度没有产生企业所得税，鸿源公司不可能产生税后利润。因此，虽然鸿源公司在 2009 年至 2013 年连续五年没有向股东分配利润，但鸿源公司在该五年内并没有连续盈利。故周治某等十一人请求鸿源公司收购其股权不符合法律规定，本院不予支持，原审法院判决驳回其诉讼请求并无不当。

综上，原审判决认定事实清楚，适用法律正确，本院予以维持；周治涛等十一人的上诉理由不能成立，本院不予支持。依照《中华人民共和国民事诉讼法》第一百七十条第一款一项之规定，判决如下：

驳回上诉，维持原判。

本判决为终审判决。①

·法条链接·

《中华人民共和国公司法》

第七十四条　有下列情形之一的，对股东会该项决议投反对票的股东可以请求公司按照合理的价格收购其股权：一、公司连续5年不向股东分配利润，而公司该5年连续盈利，并且符合本法规定的分配利润条件的；二、公司合并、分立、转让主要财产的；三、公司章程规定的营业期限届满或者章程规定的其他解散事由出现，股东会会议通过决议修改章程使公司存续的。自股东会会议决议通过之日起六十日内，股东与公司不能达成股权收购协议的，股东可以自股东会会议决议通过之日起九十日内向人民法院提起诉讼。

第一百六十六条　公司分配当年税后利润时，应当提取利润的百分之十列入公司法定公积金。公司法定公积金累计额为公司注册资本的百分之五十以上的，可以不再提取。公司的法定公积金不足以弥补以前年度亏损的，在依照前款规定提取法定公积金之前，应当先用当年利润弥补亏损。公司从税后利润中提取法定公积金后，经股东会或者股东大会决议，还可以从税后利润中提取任意公积金。公司弥补亏损和提取公积金后所余税后利润，有限责任公司依照本法第三十四条的规定分配；股份有限公司按照股东持有的股份比例分配，但股份有限公司章程规定不按持股比例分配的除外。股东会、股东大会或者董事会违反前款规定，在公司弥补亏损和提取法定公积金之前向股东分配利润的，股东必须将违反规定分配的利润退还公司。公司持有的本公司股份不得分配利润。

---

① 本部分来源于本案判决书主文，限于篇幅略做删减，读者可自行查阅判决书全文以全面了解案情。

《最高人民法院关于适用〈中华人民共和国公司法〉若干问题的规定（四）》第十三条　股东请求公司分配利润案件，应当列公司为被告。

一审法庭辩论终结前，其他股东基于同一分配方案请求分配利润并申请参加诉讼的，应当列为共同原告。

公司悄悄召开股东会转让主要资产，股东可否退股

📖 案件要旨

根据《公司法》第七一四条之规定，对股东会决议转让公司主要财产投反对票的股东有权请求公司以合理价格回购其股权。非因过错未能参加股东会的股东，虽未对股东会决议投反对票，但对公司相关决议提出明确反对意见的，其仍旧有权请求公司以公平价格收购其股权。

📖 案件来源

《最高人民法院公报案例》2016 年 01 期　袁朝某与长某置业（湖南）发展有限公司请求公司收购股权一案　最高人民法院民事判决书（2014）民申字第2154 号

📖 股东纠纷焦点

本案焦点在于：对股东会决议转让公司主要财产未投反对票的股东，是否依旧有权请求公司以合理价格回购其股权。

📖 法理探析

公司悄悄将公司主要财产转让了，小股东压根都不知道有这回事，该咋办？相信这是不少小股东会碰到的烦恼事。当公司瞒着小股东将公司合并，分立，或者转让主要财产时，小股东是否可以要求公司回购股权呢？本书作者希望通过该案例提醒股东：当公司大股东悄悄转移资产时，小股东应立即起诉，要求公司回购股权！

一、《公司法》对有限公司异议股东回购股权的规定

我国《公司法》第七十四条第一款对于异议股东退股权做了如下规定：有下列情形之一的，对股东会该项决议投反对票的股东可以请求公司按照合理的价格收购其股权：

1. 公司连续五年不向股东分配利润，而公司该五年连续盈利，并且符合本法规定的分配利润条件的；

2. 公司合并、分立、转让主要财产的；

3. 公司章程规定的营业期限届满或者章程规定的其他解散事由出现，股东会会议通过决议修改章程使公司存续的。

即当符合法条所载条件时，异议股东可以要求公司按照合理价格回购其股权，以实现异议股东的退出。需要注意是，从《公司法》第七十四条的行文"有下列情形之一的，对股东会该项决议投反对票的股东可以请求公司按照合理的价格收购其股权"可以得出，有限公司的股东要求公司回购股权的前提是需要股东对公司决议"投反对票"。

那么，本案中，长江公司虽然就转让资产召开股东会，但是并未通知袁某参加股东会，而是瞒着袁某静悄悄的将公司的主要资产进行转让，袁某自然无法在股东会上投"反对票"，在此情况下，股东可否通过诉讼方式表达异议并要求退股？

二、公司悄悄召开股东会转让主要资产，小股东是否有权退股

依据《公司法》第七十四条的规定，对"股东会该项决议投反对票"的股东有权要求公司回购股权。但是，实际经常会产生的情形通常是，公司为避免小股东投反对票，故意不通知小股东参加股东会，或者故意临时调整会议地点等，导致股东无法参加股东会，以达到悄悄转让公司主要资产的目的。那么，股东是否依旧有权行使退股权，要求公司回购其股权呢？实践中主要有以下几类观点：

第一种观点认为：如果公司转让主要资产并未通知股东参加股东会，股东自然无法对决议提出异议，然并不能视为股东不符合《公司法》规定的"对股东会该项决议投反对票的股东可以请求公司按照合理的价格收购其股权"之前

提，如果股东事后明确表示对公司转让主要资产表示反对的，则应认为股东依旧有权依据《公司法》第七十四条的规定行使退股权。

第二种观点认为：在公司转让主要资产并未通知股东参加股东会的情况下，因股东并未对公司决议提出异议，应视为股东依据《公司法》第七十四条行使退股权的条件不成就，股东无权要求公司回购其股权，而只能对于该股东会决议的效力瑕疵提出诉请。

笔者赞同第一种观点。

笔者认为，鉴于我国《公司法》采用"资本多数决"的原则，股东会的决议结果往往是大股东或者控股股东的意志表现，当中小股东的意见和控股股东的意见相左时，公司法需要给予中小股东一个救济的途径，《公司法》确立的异议股东股权收购请求权就是这样的一个制度。在公司不通知小股东就召于股东会，意欲悄悄转让主要资产的情形下，意味着公司故意规避《公司法》第四十四条的规定，恶意阻挠中小股东的回购请求权，在此情况下，应视为异议股东请求公司回购股权的条件已经成就。

因此，非因过错未能参加股东会的股东，虽未对股东会决议投反对票，但对公司相关决议提出明确反对意见的，其仍旧有权请求公司以公平价格收购其股权。

⚖ 败诉分析

本案中，长江公司将公司的主要资产进行转让，但未通知袁某参加股东会，也未取得袁某的同意，袁某向法院起诉，要求长江公司回购其 20% 的股份，本案最终经最高人民法院再审，最高人民法院支持了袁某退股的诉请，长江公司败诉！

最高人民法院认为：本案从形式上看，袁某未参加股东会，未通过投反对票的方式表达对股东会决议的异议。但是，《公司法》第七十四条的立法精神在于保护异议股东的合法权益，之所以对投反对票作出规定，意在要求异议股东将反对意见向其他股东明示。本案中袁某未被通知参加股东会，无从了解股东会决议，并针对股东会决议投反对票，况且，袁某在 2010 年 8 月 19 日申请召开临时股东会时，明确表示反对二期资产转让，要求立即停止转让上述资产，长江置业公司驳回了袁某的申请，并继续对二期资产进行转让，已经侵犯了袁某的股东权益。因此，二审法院依照《公司法》第七十四条之规定，认定袁某有权请求长江置业公司以公平价格收购其股权，并无不当。

⚖ 股东战术指导

小股东该如何保护自己的异议股东回购权呢？

本案引发的教训不可谓不深刻，如何保护股东权益，如何在公司瞒着股东转让主要资产时维护自己的股东权益，笔者提出如下建议，仅供参考：

第一，章程！章程！无论如何强调章程都不为过。未避免公司转让主要资产等情形时不通知股东开股东会，股东可在公司章程中约定，当出现《公司法》第七十四条第一款规定的情形时，如果股东非因过错未能参加股东会进行投票的，未参加股东会的股东对相关决议提出明确反对意见的，其有权请求公司以合理价格收购其股权。

第二，对于小股东来说，当出现《公司法》第七十四条事项需要决议时，只有小股东投了反对票，才有权要求公司回购股权，而小股东弃权的情况下，是无权要求公司回购股权的。

第三，在小股东行使回购权时，需要特别注意两个时间点：自股东会会议决议通过之日起 60 日内，股东与公司不能达成股权收购协议的，股东可以自股东会会议决议通过之日起 90 日内向法院提起诉讼。

⚖ 经典案例

再审申请人长江置业公司因与被申请人袁朝某请求公司收购股份纠纷一案，不服湖南省高级人民法院（2013）湘高法民二终字第 91 号民事判决，向本院申请再审。本院依法组成合议庭对本案进行了审查，现已审查终结。

长江置业公司申请再审称：一、长江置业公司提交《2009 年第 4 次股东会议纪要》《2010 年临时股东会决议》、公安机关出具的《说明》等六组新的证据，足以推翻原判决；二、原审判决认为袁朝某有权要求长江置业公司回购股权，并依据《审计报告》确定股价，缺乏证据证明；三、袁朝晖提交的长江置业公司原财务人员杨某、刘某、严淑某三人出具的《证明》系伪造，不应作为认定事实的依据；四、袁朝某逾期提交的证据材料均未经质证，法院不应采信；

五、长江置业公司的财务档案被法院采取保全措施，长江置业公司无法自行收集，书面申请人民法院调查收集，人民法院未调查收集错误；六、原审判决适用《中华人民共和国公司法》（以下简称《公司法》）第七十五条（2013年修订后的《公司法》为第七十四条，以下均统一表述为"第七十四条"），认为袁朝某有权行使股份回购请求权，适用法律错误；七、本案一审法官存在违法情形，应当回避而没有回避；八、沈某、钟继某作为公司财产共有权人，应当参加诉讼未参加诉讼；九、袁朝某的诉讼请求为：请求判决长江置业公司根据《公司法》之规定收购袁朝某20%股权，二审判决认为袁朝某的请求符合《公司法》和《公司章程》的规定，超出袁朝某的诉讼请求。长江置业公司依据《中华人民共和国民事诉讼法》第二百条第一项、第二项、第三项、第四项、第五项、第六项、第七项、第八项、第十一项之规定申请再审。

袁朝某提交答辩意见称：长江置业公司的再审申请缺乏事实与法律依据，请求予以驳回。

本院认为：一、关于袁朝某是否有权请求长江置业公司回购股权的问题。2010年3月5日，长江置业公司形成股东会决议，明确由沈某、钟继某、袁朝某三位股东共同主持工作，确认全部财务收支、经营活动和开支、对外经济行为必须通过申报并经全体股东共同联合批签才可执行，对重大资产转让要求以股东决议批准方式执行。但是，根据长江置业公司与袁朝某的往来函件，在实行联合审批办公制度之后，长江置业公司对案涉二期资产进行了销售，该资产转让从定价到转让，均未取得股东袁朝某的同意，也未通知其参加股东会。根据《公司法》第七十四条之规定，对股东会决议转让公司主要财产投反对票的股东有权请求公司以合理价格回购其股权。本案从形式上看，袁朝某未参加股东会，未通过投反对票的方式表达对股东会决议的异议。但是，《公司法》第七十四条的立法精神在于保护异议股东的合法权益，之所以对投反对票作出规定，意在要求异议股东将反对意见向其他股东明示。本案中袁朝某未被通知参加股东会，无从了解股东会决议，并针对股东会决议投反对票，况且，袁朝某在2010年8月19日申请召开临时股东会时，明确表示反对二期资产转让，要求立即停止转让上述资产，长江置业公司驳回了袁朝某的申请，并继续对二期资产进行转让，已经侵犯了袁朝某的股东权益。因此，二审法院依照《公司法》第七十四条之规定，认定袁朝某有权请求长江置业公司以公平价格收购其股权，并无不当。

同时，长江置业公司《公司章程》中规定，股东权利受到公司侵犯，股东可书面请求公司限期停止侵权活动，并补偿因被侵权导致的经济损失。如公司经法院或公司登记机关证实：公司未在所要求的期限内终止侵权活动，被侵权的股东可根据自己的意愿退股，其所拥有的股份由其他股东协议摊派或按持股比例由其他股东认购。本案中，长江置业公司在没有通知袁朝某参与股东会的情况下，于 2010 年 5 月 31 日作出股东会决议，取消了袁朝某的一切经费开支，长江置业公司和其股东会没有保障袁朝某作为股东应享有的决策权和知情权，侵犯了袁朝某的股东权益，符合长江置业公司《公司章程》所约定的"股东权利受到公司侵犯"的情形。因此，袁朝某有权根据《公司章程》的规定，请求公司以回购股权的方式让其退出公司。

　　从本案实际处理效果看，长江置业公司股东之间因利益纠纷产生多次诉讼，有限公司人合性已不复存在，通过让股东袁朝某退出公司的方式，有利于尽快解决公司股东之间的矛盾和冲突，从而保障公司利益和各股东利益。如果长江置业公司有证据证明袁朝某存在侵占公司资产的行为，可以另行主张。综上，袁朝某请求长江置业公司收购其 20% 股权符合《公司法》和长江置业公司《公司章程》的规定。长江置业公司提交的《2009 年第 4 次股东会议纪要》《2010 年临时股东会决议》、长沙市公安局岳麓分局经济犯罪侦查大队出具的《说明》、湖南省高级人民法院（2014）民二终字第 29 号《民事裁定书》以及股东钟继某、沈某的往来函件等证据材料，均不能构成推翻二审判决的新证据，本院不予采信。

　　二、关于股权回购价格应如何确定的问题。长江置业公司在二审中提交了九组证据，拟证明《审计报告》中长江置业公司净资产的结论可据此调整，二审法院组织双方当事人对该九组证据进行了质证。经审查，上述证据所证明的款项均已纳入审计范围，不能达到长江置业公司所要证明的目的，不属于《审计报告》第五项"如出现新的证据或资料，由法院经过司法程序查证属实后，可据实调整审计结果"的情形。

　　三、关于本案是否存在审判人员应当回避未予回避的情形。经向双方当事人核实，长江置业公司所称审判人员违规会见当事人，系一审法院审判人员组织双方当事人在长江置业公司调查取证时，长江置业公司工作人员利用监控设备录制的调查场景，并不存在审判人员私下会见一方当事人的情况。长江置业公司并无证据证明审判人员存在法律规定的其他回避情形，一审法院对其回避申请未予准许，并无不当。

四、关于本案是否存在认定事实的主要证据未经质证的问题。一审审理期间，为查明案件事实，一审法院在举证期限届满后，要求袁朝某在原有证据基础上，继续提供相关补充证据，以证明股权价值，根据最高人民法院《关于适用〈关于民事诉讼证据的若干规定〉中有关举证时限规定的通知》第一条之规定，举证期限届满后，针对某一特定事实或特定证据或者基于特定原因，人民法院可以根据案件的具体情况，酌情指定当事人提供证据或者反证的期限，该期限不受"不得少于三十日"的限制。一审法院对双方当事人提交的全部证据均组织了质证，长江置业公司对相关证据不予质证是对其诉讼权利的放弃，并不影响证据已经庭审质证的效力。

五、关于本案是否存在原审法院应当调取证据而未予调取的情形。本案双方当事人向法院提交了多份证据材料，法院均予以接收并组织质证。为了案件审理，一审法院到长沙市房产信息中心调取了案涉项目的全部销售资料，与双方当事人、审计部门到长江置业公司调取了财务资料，并将上述证据甄别对比，纳入审计范围。长江置业公司在二审中申请法院调取已经保全的证据，缺乏依据，二审法院未予准许并无不当。

六、关于原审判决是否超出袁朝某诉讼请求的问题。袁朝某诉请长江置业公司回购其持有的20%股权，一审法院亦作出由长江置业公司以合理价格回购上述股权的判决，并未超出诉讼请求。至于依据《公司法》的规定或《公司章程》约定系判决依据，并非诉讼请求。何况，袁朝某在起诉书正文部分明确提出根据《公司法》第七十四条以及《公司章程》的约定提出诉请，并非仅依据《公司法》提出诉讼请求。长江置业公司认为原审判决超出诉讼请求的主张，本院不予支持。

七、关于钟继某、沈某是否应当参加诉讼的问题。本案系异议股东与公司协商不成，异议股东向公司提出退股请求的诉讼，原告被告明确。其他股东对于异议股东所持股权既无独立请求，也无法律上的利害关系，并非必须参加诉讼的当事人，原审法院未予追加并无不当。

至于长江置业公司称一审法院存在违规中止审理和延长审限的情形，缺乏证据证明，且不属《中华人民共和国民事诉讼法》规定的再审申请事由，本院不予支持。

综上，长江置业公司的再审申请不符合《中华人民共和国民事诉讼法》第二百条第一项、第二项、第三项、第四项、第五项、第六项、第七项、第八项、第十一项之规定的情形。本院依照《中华人民共和国民事诉讼法》第二百零四条之规定，裁定如下：

驳回长江置业公司的再审申请。①

· 法条链接 ·

《中华人民共和国公司法》

第七十四条　有下列情形之一的，对股东会该项决议投反对票的股东可以请求公司按照合理的价格收购其股权：

（一）公司连续五年不向股东分配利润，而公司该五年连续盈利，并且符合本法规定的分配利润条件的；

（二）公司合并、分立、转让主要财产的；

（三）公司章程规定的营业期限届满或者章程规定的其他解散事由出现，股东会会议通过决议修改章程使公司存续的。

自股东会会议决议通过之日起六十日内，股东与公司不能达成股权收购协议的，股东可以自股东会会议决议通过之日起九十日内向人民法院提起诉讼。

股东股权回购的价格能否自由约定

🔨 案件要旨

在股东之间对股权回购有明确约定的情况下，《公司法》第七十四条有关股东请求公司以合理的价格收购其股权的规定，并非能够完全脱离原出资协议约定而另行确定，不得以公司资产发生变化为由主张调整股权回购价格。

---

① 本部分来源于本案判决书主文，限于篇幅略做删减，读者可自行查阅判决书全文以全面了解案情。

案件来源

《最高人民法院民事判决书》中国信某资产管理股份有限公司与太西集团有限责任公司请求公司收购股份纠纷二审民事判决书（2016）最高法民终 34 号

股东纠纷焦点

本案焦点在于：全体股东能否自由约定股权回购价格？事先约定的股权回购价格能否以公司资产发生变化为由进行调整？

法理探析

在公司控制权的博弈中，股东退股权可谓是一个重要的股东权利！

异议股东退股权，即异议股东股权收购请求权，是指对于公司转让主要资产、合并等重大变更持反对意见的股东在一定期限内有要求公司回购其股权的权利。本文旨在讨论有限公司股东在行使退股权时是否可以要求公司以事先约定的价格进行回购股权，并且在公司资产变化时是否可以要求调整股权回购价格的问题。

一、我国《公司法》关于股权回购价格的规定

有限责任公司的异议股东退股权，以及公司以何价格回购股权的规定主要见于《公司法》第七十四条第一款：

在有限责任公司出现下列情形之一时，对股东会该项决议投反对票的股东可以请求公司按照合理价格收购其股权：

1. 公司连续五年不向股东分配利润，而公司该五年连续盈利，并且符合公司法规定的分配利润条件；

2. 公司合并、分立、转让主要财产的；

3. 公司章程规定的营业期限届满或者章程规定的其他解散事由出现，股东会会议通过决议修改章程使公司存续的。

通过上述规定可以得出，异议股东当符合公司法规定的条件行使退股权时，可以请求公司按照"合理价格"收购其股权，而如何理解此处的"合理价格"，以及应当如何计算回购股权的"合理价格"公司法均未做进一步的规定。

二、股东能否就股权回购的价格进行自由约定

鉴于我国《公司法》仅规定异议股东行使退股权时"可以"要求公司按照合理价格回购股权，而非规定"必须"按照合理价格回购股权。即对于公司回购股权以"合理价格"并非属于强制性规范，全体股东之间如果根据自愿原则商定了回购价格，根据商法"法无禁止即自由"的立法精神，应当认为股东之间就回购价格的合意具有法律约束力。

另外，考虑到有限责任公司人和性的特征，对于股东在退出机制方面应给予更为自由的空间，比如除了全体股东对股权回购价格进行约定外，应允许公司通过股东会决议、公司章程对于股权回购的价格进行事先的约定。

三、可否调整股东之间事先约定的股权回购价格

在司法实践中，经常会发生这样的案例，全体股东对于异议股东退股权约定了一个固定的回购价格。但是，随着公司的快速发展，公司的价值也随着连翻数倍甚至几十倍。此时，当异议股东行使退股权时，如果按照约定的固定价格显然不符合股东的期望值，异议股东往往要求公司按照诉讼时的评估价为基础增加回购价格。

相反的案例是，公司在发展的过程中，主要资产发生减少，公司认为回购时公司的财产减少的情况下，应该适当降低事先约定的回购价格。

我们认为，对于股权回购的固定价格，如果是股东合意而成，对当事人具有法律约束力。况且，公司资产发生增减的变化并不必然导致股权价值相应变化，在全体股东没有明确约定可以调整的情况下，不得以公司资产发生变化为由主张调整股权回购价格。

📖 败诉分析

在本案中，三方签订在 2000 年 6 月 9 日签订的《补充协议》中约定：信达公司、华融公司的通过太西集团公司以股权回购方式退出公司时，股权退出价格为债权方转股债权原值，不采取溢价方式计算，即在补充协议约定的回购期限内，债权方通过新公司回购债权方股权所得金额等于转股债权原值。信达公司诉请法院行使异议股东退股权时，要求按照清算、审计及评估后确定的股

权价值，两种价款计算方式中较高的价款。而太西集团认为公司总资产急剧缩水减少，信达公司所占股份原值也随之相应降低于 6158 万元，要求法院调整（减少）股权回购价格。

最高人民法院认为：对于股权退出方式及价格，是三方股东根据自愿原则自由商定的，对当事人具有法律约束力。至于成立的新公司后来资产发生了变化，并非必然导致股权价值的变化，股权价值还取决于公司其他因素。不能以股权回购时企业财产的实际状况已经发生减少，约定的股权收购价值就必须相应减少，当事人对此亦没有明确约定。最终最高人民法院判决太西集团按照事先约定的回购价格即 6158 万元进行回购。

股东战术指导

鉴于在股东行使异议股东退股权时，往往会因为回购价格如何确定产生争议，导致股东很难顺利地行使退股权退出公司。笔者建议公司可以从以下几方面对股权回购价格进行约定：

第一，在《出资协议》中约定回购价格。为避免股东在公司的日常经营中就重要事项产生争议，而导致股东行使退股权产生纠纷，全体股东可在公司设立之初就异议股东的股权回购价格作出明确的约定，并对回购价格的计算方式进行详细约定。

第二，在《公司章程》中约定回购价格。股东可在公司章程中规定公司在回购异议股东股权时的合理价格的计算方法，以用于保障在公司重大变更时少数异议股东在无人受让股权情形下仍有退出公司的途径，亦可从另一方面避免公司僵局的恶化，影响公司的长期治理。

第三，尽量避免采用静态的固定价格。因为公司在发展的过程中，公司资产经常会发生变动，如果预定了一个固定的价格，那么在公司资产快速增值或者贬值时，采用一个无法调整的固定价格显然会对股东或者公司一方不公平。

第四，可以采用动态的股权回购价格计算方法。为避免公司资产重大变动引起股东对于股权回购价格的争议，建议采用动态的股权回购价格计算方法，比如可以约定股权回购价格可以按照公司净资产或者评估价进行实时调整，但是同时约定一个最低回购价格，以保障股东的最基本的利益得以实现。

⚖ 典型案例

上诉人信达公司与太西集团因请求公司收购股份纠纷一案，不服宁夏回族自治区高级人民法院 2012 年 11 月 30 日（2011）宁民商初字第 16 号民事判决，向最高人民法院上诉。最高院于 2013 年 4 月 25 日作出（2013）民二终字第 11 号民事裁定，以原审判决认定事实不清为由发回重审。原审法院依法另行组成合议庭重新进行了审理，于 2015 年 11 月 12 日作出（2013）宁民商初字第 16 号民事判决。信达公司和太西集团均不服，向最高院提起上诉。本院依法组成由审判员黄年担任审判长，审判员朱海年、代理审判员李志刚参加的合议庭进行了审理，书记员侯佳明担任记录。本案现已审理终结。

原审法院认为：太西集团于 2011 年 8 月 18 日向各股东发出召开临时股东会的通知，告知各股东临时股东会采取信函方式于 2011 年 8 月 28 日召开并形成股东会决议。信达公司于 2011 年 9 月 13 日向太西集团发函，表示不同意延长太西集团经营期限。在股东会会议决议通过之日起六十日内，信达公司与太西集团之间未能达成股权收购协议。信达公司于股东会决议通过之日起九十日内即 2011 年 11 月 28 日提起诉讼，请求太西集团以合理价格收购其股权，符合《中华人民共和国公司法》第七十四条"有以下情形之一的，对股东会该项决议投反对票的股东可以请求公司按照合理的价格收购其股权……二、公司合并、分立、转让主要财产的；三、公司章程规定的营业期限届满或者章程规定的其他解散事由出现，股东会会议通过决议修改章程使公司存续的。自股东会会议决议通过之日起六十日内，股东与公司之间不能达成股权收购协议的，股东可以自股东会决议通过之日起九十日内向人民法院提起诉讼"的规定。

2000 年 5 月 29 日，信达公司与华融公司、石炭井矿务局签订的《石炭井矿务局债权转股权协议》、同年 6 月 9 日签订的《债权转股权补充协议》，意思表示真实，内容形式不违反法律、行政法规的强制性规定，为有效协议。《石炭井矿务局债权转股权协议》约定，债权方信达公司、华融公司以转股债权按照 1:1 转换比例折合的债转股资产作为出资，石炭井矿务局以转入新公司的净资产按照 1:1 转换比例折合的资产作为出资，共同设立太西集团。协议还约定，华融公司、信达公司所持有新公司的股权可采取新公司回购、债权方转让和丙方（石炭井矿务局）收购三种退出方式，退出的时间为 7 年，从 2000 年开始退出，在 2007 年前全部退出。《债权转股权补充协议》约定债权方的股权通过新公司回购方式退出时，股权退出价格为债权方转股债权原值，不采取溢价方式计算，即在补充协议约定的回购期限内，债权方通过新公司回购债权方股权所得金额等于转股债权原值。原协议股权退出价款支付计划，按如下原则调整：原协议中债权方每年的股权退出比例、股权退出数额及股权全部退出年限不变，取消原计划中关于股权退出按一定股权溢价率支付回购价款的约定，新公司在每具体回购年度按照原计划中约定的回购股权本金比率实施回购，新公司回购股权价款绝对金额按上述原则重新确定。据此，《债权转股权补充协议》对债权方的股份通过新公司回购方式退出作了按原值计算的特别约定，同时明确股份退出数额及股份全部退出年限不变，当事人应当按照约定履行。《债权转股权补充协议》之后，债权方与太西集团没有形成关于债权退出新的协议，现信达公司请求太西集团回购其股份，符合《石炭井矿务局债权转股权协议》《债权转股权补充协议》约定，应予支持。但是，原告信达公司请求太西集团支付股份回购款的计算方式与《石炭井矿务局债权转股权协议》《债权转股权补充协议》约定不符，没有事实及法律依据，不予支持。本案应当按照《石炭井矿务局债权转股权协议》《债权转股权补充协议》依法处理。2002 年 6 月太西集团支付信达公司股份回购款 35 万元，信达公司股份比例变为 4.65%，出资额变更为 6158 万元，之后，信达公司股份数额再未变化，太西集团应按原协议约定的 6158 万元向信达公司支付股份退出款。《石炭井矿务局债权转股权协议》约定股份退出的时间为 7 年，从 2000 年开始退出，在 2007 年前全部退出。太西集团没有按约履行，应承担股份退出款 6158 万元自 2007 年起按中国人民银行同期贷款基准利率计算的利息。

综上，信达公司的诉讼请求部分成立。原审法院依照《中华人民共和国公司法》第七十四条，《中华人民共和国合同法》第四十四条一款、第六十条一款，《中华人民共和国民事诉讼法》第一百三十四条一款、第一百四十二条的规定，判决：一、太西集团于判决生效之日起十日内支付信达公司 4.65% 股份的股份回购款 6158 万元及股份回购款 6158 万元自 2007 年 1 月 1 日至判决生效之日按中国人民银行同期贷款基准利率计算的利息。二、驳回信达公司的其他诉讼请求。一审案件受理费 1,454,062 元，由太西集团负担 535,566 元，信达公司负担 918,496 元。

信达公司与太西集团均向最高人民法院提起上诉。

本院对原审判决查明的事实予以确认。

本院认为：本案上诉争议焦点为信达公司是否有权依照《中华人民共和国公司法》第七十四条规定请求太西集团收购其股份以及收购股权价格如何确定和是否应当支付利息的问题。

2011年8月18日，太西集团向信达公司等股东发出《关于以信函方式召开太西集团临时股东会会议的通知》，决定采取信函方式于2011年8月28日召开临时股东会会议并形成股东会决议，上述内容为太西集团召集临时股东会会议及形成决议的时间，并非限制各股东对决议的异议期限。信达公司在太西集团三个股东中有两个股东于2011年8月28日形成了《关于太西集团有限责任公司延长经营期限股东会决议》的情况下，于2011年9月13日向太西集团发出《关于对太西集团有限责任公司临时股东会议题表决的函》，表示不同意延长太西集团经营期限，并在法定期限内向原审法院提起诉讼，请求太西集团以合理的价格收购其在太西集团的股份，符合《中华人民共和国公司法》第七十四条第一款第三项规定的"公司章程规定的营业期限届满或者章程规定的其他解散事由出现，股东会会议通过决议修改章程使公司存续的"法定收购股权条件，信达公司对太西集团关于延长经营期限的股东会决议书面提出反对意见，当然有权依法请求太西集团按照合理的价格收购其股权，且符合相应程序规定。太西集团关于信达公司超出决议表决期作出无效反对表决，不符合公司收购股东股份条件，信达公司无权请求太西集团收购其股权的理由，不符合事实，缺乏法律依据。

对于本案股权收购款项的计算方式，信达公司主张应以太西集团净资产投入为纽带，分别确定太西集团在宁夏煤业集团及神华宁煤集团的股权占比，进而确定信达公司持有太西集团的股权价值，太西集团应以信达公司所持有的太西集团4.65%股份的合理价格进行收购，即28245.23万元＋神华宁煤集团2012年净资产增加额×0.97%＋2007年至2012年应该通过太西集团从神华宁煤集团分配的股利，以及上述款项2012年之后至实际偿还之日的利息，利息按照中国人民银行逾期利息计算。太西集团认为本案股权回购价格，应当根据信达公司持股比例及太西集团实际资产状况确定合理价格，应在太西集团章程规定及《债权转股权协议》及其补充协议框架下，结合太西集团实际经营状况，信达公司所占股份原值大幅减少，应对其股权回购价格作出调整。信达公司无权要求太西集团依照神华宁煤集团的资产价值折算回购价格。本院认为，在股东之间对股权回购有明确约定的情况下，《中华人民共和国公司法》第七十四条有关股东请求公司以合理的价格收购其股权的规定，并非能够完全脱离原出资协议约定而另行确定。太西集团章程第七十一条规定，资产管理公司所持股权按《债权转股权协议》和《债权转股权补充协议》实施。信达公司于2000年5月29日及6月9日与石炭井矿务局及华融公司三方签订的《债权转股权协议》和《债权转股权补充协议》，不仅对上述三方股东共同设立太西集团的出资形式和比例作了约定，亦对各股东股权的退出及收购方式作了特别约定。2000年5月29日《债权转股权协议》第十章股权退出，约定信达公司以及华融公司所持有太西集团的股权，可以采取新公司回购、债权方向第三方转让和丙方石炭井矿务局收购三种退出方式，退出的时间为7年，从2000年开始退出，在2007年前全部退出。且对太西集团股权回购或者丙方石炭井矿务局收购计划约定了每年的股权退出比例、股权退出数，以及按照溢价率计算的每年股权退出的总价款。2000年6月9日，信达公司与石炭井矿务局、华融公司三方股东就股权退出问题及分取红利、股权退出价款支付计划调整等签订《债权转股权补充协议》作了进一步约定，其中第二条针对股权退出补充约定：债权方的股权通过新公司回购方式退出时，股权退出价格为债权方转股债权原值，不采取溢价方式计算，即当事人实际取消原协议中关于股权退出按照一定股权溢价率支付回购价款的约定。对此约定，并不违反国务院办公厅2003年2月23日国办发〔2003〕8号《关于进一步做好国有企业债权转股权工作的意见》第三条第5项对债转股协议和方案中"要求原企业全部购买金融资产管理公司股权的有关条款"予以废止的规定，上述规定中"原企业"是指当时的丙方石炭井矿务局，本案当事人争议的是信达公司是否有权请求由石炭井矿务局、华融公司及信达公司三方股东共同出资设立的新公司太西集团收购或回购其股权以及以何种价格收购或回购，而并非要求原出资一方购买股权，二者有本质区别。至于原出资人石炭井矿务局主体资格演变如何认定，并不影响对本案中由原出资一方购买股权和新设立的公司购买股权两种性质的判断。当事人约定由三方股东设立的新公司太西集团回赎股份，回购方式也非一次性全部回购，而是约定分期分批进行，并没有加大新公司的负担。原审判决认定本案《债权转股权协议》

及《债权转股权补充协议》为当事人意思表示真实，内容形式不违反法律、行政法规的强制性规定，协议合法有效，并无不当。信达公司上诉关于本案《债权转股权协议》《债权转股权补充协议》约定的回购方式，因违反国务院办公厅国办发〔2003〕8号《关于进一步做好国有企业债权转股权工作的意见》第三条第5项有关规定，对当事人已不再具有效力的理由，不能成立，本院不予支持。太西集团主张原审判决不应该按照太西集团2002年股份账面原值计算收购股权价值，原审没有考虑太西集团资产因所属单位政策性破产而带来的股权价值变化的上诉理由，亦不能成立。对于股权退出方式及价格，是三方股东根据自愿原则自由商定的，对当事人具有法律约束力。至于成立的新公司后来资产发生了变化，并非必然导致股权价值的变化，股权价值还取决于公司其他因素。不能以股权回购时企业财产的实际状况已经发生减少，约定的股权收购价值就必须相应减少，当事人对此亦没有明确约定。况且信达公司债权转为股权作为对太西集团的出资，为太西集团减负，支持其经营，所起作用是显然的，要求相应减少股权回购款，对信达公司亦有不公。太西集团关于原审判决其承担2007年1月1日至判决生效之日的利息无事实和法律依据的上诉主张，本院认为，鉴于双方当事人在《债权转股权协议》《债权转股权补充协议》约定信达公司股权必须到2007年前退出完毕，但太西集团并没有按照约定履行其义务，太西集团迟延履行支付回购股权的款项，相应地给予利息，属法定孳息，具有合法依据。

综上所述，原审判决认定事实清楚，适用法律正确。信达公司和太西集团上诉请求和理由，不能成立，本院均不予支持。本院依照《中华人民共和国民事诉讼法》第一百七十条第一款第一项之规定，判决如下：驳回上诉，维持原判。[①]

·法条链接·

《中华人民共和国公司法》

第七十四条　有下列情形之一的，对股东会该项决议投反对票的股东可以请求公司按照合理的价格收购其股权：

---

① 本部分来源于本案判决书主文，限于篇幅略做删减，读者可自行查阅判决书全文以全面了解案情。

（一）公司连续五年不向股东分配利润，而公司该五年连续盈利，并且符合本法规定的分配利润条件的；

（二）公司合并、分立、转让主要财产的；

（三）公司章程规定的营业期限届满或者章程规定的其他解散事由出现，股东会会议通过决议修改章程使公司存续的。

自股东会会议决议通过之日起六十日内，股东与公司不能达成股权收购协议的，股东可以自股东会会议决议通过之日起九十日内向人民法院提起诉讼。

行使回购请求权是否必须以在公司决议中投反对票为前提

案件要旨

作为持股不足十分之一的有限公司股东，在公司其他股东不提议召开临时股东会，公司又不按照法律的规定及公司章程召开股东会的情况下，其无权提议召开临时股东会，亦没有机会在股东会上对公司分红问题提出异议，但其已以书面函件的形式向公司表达了自己对分红及退股问题的意愿，则在满足"连续五年不分配利润"和"连续五年盈利"的前提下，股东已经具备要求公司收购其股权的条件。

案例来源

济南市中级人民法院 济南东某管道设备有限公司与李家某请求公司收购股份纠纷案二审民事判决书[①]

股东纠纷焦点

本案焦点在于：有限责任的公司股东行使回购请求权是否必须以股东在公

[①] 济南市中级人民法院 济南东某管道设备有限公司与李家某请求公司收购股份纠纷案二审民事判决书（2014）济商终字第57号

司决议中投反对票为前提？如果股东持股不足十分之一无权召开临时股东会该如何适用？

法理探析

在有限公司股东行使退股权时，股东基于"公司连续5年盈利却不分红"提出退股的情况下，是否需要股东在股东会上对不分配利润表示过反对意见方可以行使退股权？还是可以直接行使退股权？审判实践中，对该问题法院观点不一，以至造成司法实践中的一个疑难问题。

一、有限公司股东请求公司回购股份的条件

为保护中小股东的权益，我国《公司法》为其设立了特殊情况下的异议股东回购权，《公司法》第七十四条第一款规定"有下列情形之一的，对股东会该项决议投反对票的股东可以请求公司按照合理的价格收购其股权：一、公司连续五年不向股东分配利润，而公司该五年连续盈利，并且符合本法规定的分配利润条件的；二、公司合并、分立、转让主要财产的；三、公司章程规定的营业期限届满或者章程规定的其他解散事由出现，股东会会议通过决议修改章程使公司存续的。"

而对于股份公司的异议股东的回购请求权，《公司法》作出了与有限责任公司不同的规定，《公司法》第一百四十二条第四款规定股份公司的股东对公司合并、分立有异议的可以要求公司收购其股份。需要注意的是，在股份公司减资时，股东可直接要求公司回购股份，而无须以持有异议为前提。

二、股东退股是否要以在股东会上投反对票为前提

从《公司法》第七十四条的行文"有下列情形之一的，对股东会该项决议投反对票的股东可以请求公司按照合理的价格收购其股权"可以得出，有限公司的股东要求公司回购股权的前提是需要股东对公司决议"投反对票"，然而，由此引发以下几个疑惑待解释：

第一，在公司拒绝向股东分配利润的情况下，一般不会特别作出一个"不分配本年度利润"的股东会决议，而我国《公司法》并未规定公司就不分配公司利润的事项必须作出股东会决议，由此引发的问题为：既然公司未召开不分

配利润的股东会，股东自然无法对决议提出异议，则股东无法满足《公司法》规定的"对股东会该项决议投反对票的股东可以请求公司按照合理的价格收购其股权"之前提，在此情况下，如何保护异议股东的退股权？

第二，当公司作出了"不分配利润"的决议而不通知股东的情况下，股东因无法知晓股东会议的具体时间，一般等到知晓时股东会决议时决议已经作出，在这种情况下是否因为股东未对决议表达异议而丧失了退股权？

第三，也有观点认为，当公司就不分配利润拒绝召开股东会时，股东可以提议召开临时股东会进行投票。对于持股超过十分之一的股东，这不失为一个救济的途径。然而当大部分中小股东持股少于十分之一时，因为其无法提议召开临时股东会，则无法满足公司法规定股东回购需符合投反对票的前提条件。

第四，公司虽然就是否分配利润召开股东会，但是最终未形成"不分配利润"的决议，在股东会上股东对于不分配利润提出反对意见的，是否可以行使股权回购权？

接下来，笔者对以上问题结合案例逐一分析。

三、当公司私自做出"不分配利润"的决议，股东可否通过诉讼方式表达异议并要求退股

如果公司召开股东会因未有效通知股东而使股东无法在股东会上对"不分配利润"表示反对意见的，股东并非对于股东会决议放弃发表意见，而是因未被有效通知无法行使表决权，股东可以在知道或者应当知道股东会决议内容的法定期间有权通过诉讼的方式表示其对公司决议的反对意见，如果符合"连续五年盈利但不分配利润"的回购条件，则股东可要求公司回购。在北京市第一中级人民法院审理的郭某和华商公司一案中，法院亦持上述观点。[①]

四、当公司以消极不合作方式不召开股东会时，股东可否要求公司回购

笔者认为，鉴于我国《公司法》采用"资本多数决"的原则，股东会的决

---

① 郭新华诉北京华商置业有限公司一案 北京市第一中级人民法院民事判决书（2008）一中民初字第2959号

议结果往往是大股东或者控股股东的意志表现，当中小股东的意见和控股股东的意见相左时，公司法需要给予中小股东一个救济的途径，《公司法》确立的异议股东股权收购请求权就是这样的一个制度。在公司法未规定不分配利润必须召开股东会的情况下，如果大股东或者控股股东利用其在公司的控制地位，采用消极不合作的方式不召开股东会，意味着大股东以故意不召开股东会的形式规避《公司法》第七十四条的规定，恶意阻挠中小股东的回购请求权，在持股不足十分之一的股东无法提议召开临时股东会的情况下，如果符合"连续五年盈利但不分配利润"的回购条件，应视为异议股东请求公司回购股权的条件已经成就。

五、公司虽然召开股东会，但最终未形成不分配利润的决议，持反对意见的股东可否退股

此类情况在公司治理中比较多见，即当公司"连续5年盈利但不分红"时，股东往往请求召开股东会，提出利润分配方案。但是，控股股东"道高一尺，魔高一丈"，因为"资本多数决"的决议原则，虽然公司召开了股东会，最终却很难形成利润分配决议。在这种情况下，如果公司最终未作出"不分配利润"的决议，则异议股东无法对"不分配利润"的决议投反对票。"在张超诉稳健公司一案中，法院认为股东请求公司回购股权的前提条件之一是，股东对股东会决定不分配利润利润表示反对，至于公司股东会是否确实作出不分配决议以及异议股东是否在决议过程中投反对票，并非关键问题。"① 即当公司虽然召开股东会，但最终未形成不分配利润的决议的情况下，如果符合"连续五年盈利但不分配利润"的回购条件，持反对意见的股东可要求公司退股。

⚖ 败诉分析

本案起因在于，东方公司自2008年至2012年度连续五年盈利，且连续五年未向股东分配利润，故股东李某诉请法院要求东方公司回购其股权。二审法院支持了股东诉请，东方公司最终败诉！

二审法院认为，东方公司虽未实际召开股东会对《公司法》第七十四条第一款第一项内容进行决议，但已经满足"连续五年不分配利润"和"连续五年

---

① 王军著：《中国公司法》高等教育出版社，2016年版，第313页。

盈利"的收购条件，李某已经具备要求东方公司收购其股权的条件。李某作为持股仅 4.33% 即不足十分之一的小股东，在公司其他股东不提议召开临时股东会，公司又不按照法律的规定及公司章程召开股东会的情况下，其无权提议召开临时股东会，亦没有机会在股东会上对公司分红问题提出异议，但其在本案诉讼前，已以书面函件的形式向公司表达了自己对分红及退股问题的意愿。李某作为持有公司不足十分之一表决权的小股东，可以要求公司回购其股权。

⚖ 股东战术指导

当公司连续多年盈利却一直拒绝分红的情况下，如果公司采用消极态度拒绝召开股东会，或者虽然召开股东会但是对不分配利润未作出有效决议，股东如何行使退股权保护自己的权益呢？笔者提出以下建议，仅供参考：

第一，股东须注意整理证据。当符合"连续五年盈利但不分配利润"的回购条件时，要求回购的股东须注意整理和保存公司连续五年盈利的证据，以及公司虽然连续五年盈利但是连续五年不分配利润的证据。

第二，股东应要求公司定期提供财务报表，以便股东了解公司的年度盈利情况，避免出现当股东诉请公司回购股权时，却发觉财务方面的证据不足的被动局面。

第三，当公司连续五年盈利但不分红时，代表公司十分之一表决权的股东，可提议公司召开临时股东会，并要求对是否分配利润事项作出表决。在公司经过股东会讨论决定不分配利润时，则股东可以要求公司作出"不分配利润"的决议。如果股东对该"不分配利润"的决议投了反对票时，股东就可要求公司回购其股权。

⚖ 典型案例 [1]

原审法院认定，东方公司成立于 2002 年 12 月 18 日，注册资本 1500 万元。公司董事会由五名股东组成，分别是：李家某持股 4.33%，刘玉某持股 11.33%，

---

[1] 本书作者为了突出论述本案主要法律问题，可能对本案事实部分有所删减或省略，读者可查询判决书原文以了解案件详情。

李某朴持股 11.33%，张传某持股 11.33%，李鸿某持股 61.67%。李鸿某担任公司董事长，为公司法定代表人。该公司自 2008 年至 2012 年度，连续 5 年盈利。其中，该公司 2011 年的净资产为 3933 万元。

双方当事人有争议的焦点问题是：李家某请求公司收购股份的条件是否成立。针对该争议焦点问题，李家某称东方公司自 2008 年至 2012 年度连续五年盈利，且连续五年未向股东分配利润，该公司所称的分配利润实际是给李家某的奖金，符合原《中华人民共和国公司法》第七十五条第一款第一项的规定，根据《山东省高级人民法院关于审理公司纠纷若干问题的意见（试行）》第八十一条（具有原《公司法》第七十五条第一款第一项之情形，如果公司连续五年未召开股东会对分配利润进行决议的，持有公司不足十分之一表决权的股东可以请求公司按照合理的价格收购其股权）之规定，作为持股仅 4.33% 的李家滨，可以请求东方公司收购其股份。东方公司认为，李家滨的请求不符合原《公司法》第七十五条之规定，该公司连续五年盈利且连续五年向股东分配利润，但是该公司未就原《公司法》第七十五条第一款第一项内容召开过股东会，而李家滨也未投反对票，不构成法律规定的异议股东。

由此，针对该争议焦点要解决如下问题：

一、2008 年至 2012 年度东方公司是否连续五年未向股东分配利润。该公司主张 2010 年向股东分配过利润，股东张传真、李某朴作为证人出庭作证证实于 2010 年 2 月和 2010 年 5 月均分别收到该公司分配利润款 20 万元和 5 万元。同时东方公司称在上述同一时间向李家某分配利润 20 万元和 5 万元，2012 年 12 月 16 日向李家某定向分红 10 万元，该款项由东方公司董事长李鸿某代付。李家某称，确实收到了上述款项，但该 35 万元不是向股东的分红，而是作为奖金发放的。法院认为，依据原《中华人民共和国公司法》第三十五条之规定，股东按照实缴的出资比例分取红利，但全体股东约定不按照出资比例分取红利的除外。本案中，双方所提供的公司章程第十六条规定"公司依法纳税和提取各项基金后的利润，按照股东各自的投资比例进行分配"。由此，由于东方公司在 2010 年 2 月、2010 年 5 月向李家某、张传某、李某朴支付的 25 万元并非是按照出资比例进行分配，故东方公司称上述款项系向股东的分红，法院不予采信。而东方公司于 2012 年 12 月 16 日作出的决议中明确记载"李家某同志身为公司股东，分管公司销售工作，为公司的发展做出了一定贡献，公司决定对其奖励壹拾万元"。原审法院认为，该 10 万元系东方公司支付给李家某的奖金，而非依据出资比例进行的分配利润。综上，东方公司在过去五年中曾向李家某三次分配利润的主张不成立，原审法院对东方公司所称 2008 年至 2012 年度曾向股东分配利润的辩解不予采信。

二、李家某是否是提起股权回购请求之诉的权利主体。根据山东省高级人民法院《关于审理公司纠纷若干问题的意见（试行）》第八十一条的规定：具有原《公司法》第七十五条第一款第一项之情形，如果公司连续五年未召开股东会对分配利润进行决议的，持有公司不足十分之一表决权的股东可以请求公司按照合理的价格收购其股权。原《公司法》第七十五条第一款第一项规定"一、公司连续五年不向股东分配利润，而公司该五年连续盈利，并且符合本法规定的分配利润条件的"。可见，有限责任公司中如果公司连续五年盈利、连续 5 年未分配利润，且连续五年未召开股东会对分配利润进行决议，持股比例不足十分之一的股东是可以请求公司按照合理价格收购其股权的。本案经审理查明，李家某持有东方公司 4.33% 的股权，不足十分之一，东方公司连续五年盈利、连续五年未分配利润，且连续五年未召开股东会对分配利润进行决议，所以李家某符合请求东方公司按照合理价格收购其股权的主体条件。

原审法院认为：按照法律规定，公司连续五年不向股东分配利润，而公司该五年连续盈利，并且符合本法规定的分配利润条件的，对股东会该项决议投反对票的股东可以请求公司按照合理的价格收购其股权。本案李家某仅占东方公司 4.33% 股权，在公司其他股东不提议召开临时股东会，东方公司又不按照法律规定及公司章程召开股东会的情况下，李家某作为持股比例不足十分之一的小股东无权提议召开临时股东会。但是，东方公司已表示不同意与李家某协商利润分配和股权收购问题，这使得东方公司是否曾经召开股东会已毫无实际意义。东方公司虽未实际召开股东会对原《公司法》第七十五条第一款第一项内容进行决议，但已经满足"连续五年不分配利润"和"连续五年盈利"的收购条件，故原审法院认为李家某已经具备要求东方公司收购其股权的条件。

另，李家某主张东方公司 2011 年净资产为 50,495,056.94 元，东方公司称 2011 年其公司净资产为 3933 万元，李家某在庭审时对此表示认可。故原审法院认为李家某的股权价值为 1,702,989 元（3933 万元 ×4.33%）。综上，原审法院依据原《中华人民共和国公司法》第七十五条第一款第一项，判决：被告济南东方公司于判决生效之日起 10 日内按照 1,702,989 元的价格收购原告李家某持有的被告济南东方公司 4.33% 的股权。案件受理费 24,120 元,诉讼保全费 5,000 元,由被告济南东方有限公司负担。

上诉人东方公司不服原审判决上诉称,一、一审判决认定事实错误。一审法院已经查实我方股东共 5 人,除李家某以外的其余 4 名持有公司表决权 95.67% 股权的股东用出庭作证和提交书面证据的方式证明了我公司五年内连续盈利并多次召开不同形式的股东会,我公司五年内实施了 3 次利润分配,每个股东都收到了不同数额的分配利润款,每次利润分配均由我公司委托持有 61.67% 股权的李鸿某代为支付利润分配款,且给李家某的每笔利润款均直接划入其个人账户。李家某对收到这些款项的时间数额也予以认可。一审法院置上述事实不顾,错误地认为李家某收到的 35 万元是公司发放的奖金。二、一审判决适用法律错误。1.《公司法》第三十五条中的"股东按照实缴的出资比例分取红利……全体股东约定不按照出资比例分取红利的除外"。并未要求股东必须在公司章程中载明如何约定或者修改公司章程后才可以约定。我方认为只要不违反公司法的规定,只要全体股东实际履行了约定,就是有效的分配利润约定。2. 公司章程第十六条"公司依法纳税和提取各项基金后的利润,按照股东各自的投资比例进行分配",该条并未注明超出股东投资比例的分配就是无效或视为奖金的规定。换言之,《公司法》并未禁止公司不按出资比例进行分配利润,而我方在全体股东认可的情况下进行了三次利润分配实际上是对该条的一种事实约定。3. 按照公司法的规定,持股比例的多少直接决定股东在公司决策中的表决权,重大事项的定夺须经持表决权 2/3 以上的股东通过才发生效力。我公司持有公司表决权 95.67% 股权的股东均证实,近五年内进行了三次不同数额的利润分配。李家某和其他股东在召开股东会时和收到分配利润后均未提出异议。只有李家某在起诉时称是所谓的奖金;4. 股东享有请求回购股权的诉权,但公司是否应当回购,必须依照原《公司法》第七十五条规定抉择。持有公司表决权 95.67% 股权的股东向法院证实我公司在近五年中召开过多次利润分配的股东会,并按照股东会的决议向李家某进行过定向利润分配,且有划款凭证为证。从法庭调查证据可知,李家某起诉的依据和举证事实均不具备原《公司法》第七十五条的规定情形。综上,李家某作为我公司的股东,起诉要求公司回购股权,从程序上讲是对的。但是不符合《公司法》法定要件。请求二审法院公断此案，驳回李家某的全部诉讼请求，且一、二审诉讼费由李家某承担。

被上诉人李家某辩称，一审法院认定事实清楚，适用法律正确，请求维持原判。一、东方公司称 35 万元是利润分配款，但拥有股份 61.67% 的股东和持有 11.33% 的股东与我这个只有 4.33% 的股东分红是一样的，所以可证明 2009 年度给三位股东的 20 万元是奖金；二、《济南东方公司决议》的内容已表明是给个人的奖励，所以东方公司所说为定向分红是无依据的；三、按照公司法规定，东方公司近五年召开的多次股东会必须做出相应的会议记录，但该公司却未予以提交该记录。

本院经审理查明，原审法院认定事实属实，本院予以确认。

另，一、东方公司的公司章程规定，第十条：股东会会议每年召开一次，代表四分之一以上表决权的股东，可以提议召开临时会议；第十一条：召开股东会会议，应当于会议召开十五日前通知全体股东。股东会应当对所议事项的决定做成会议记录，出席会议的股东应当在会议记录上签名；第十六条规定：公司依法纳税和提取各项基金后的利润，按照股东各自的投资比例进行分配；

二、一审期间，东方公司的股东李鸿某、张传某、刘玉某、李某朴均出具了书面证言，且李鸿某、张传某、李玉某三人均作为证人出庭作证。李鸿某当庭陈述：其于 2010 年 2 月 11 日受东方公司委托，代公司向全体股东支付了 2009 年度利润分配计 80 万元，其中分配给张传某、刘玉某、李家某各 20 万元，其本人 20 万元；2010 年 5 月 15 日代公司向全体股东支付了 2010 年上半年度利润分配 25 万元，分配给张传某、刘玉某、李家某、李玉某各 5 万元，其本人 5 万元；因公司现金周转吃紧，上述款项全部由李鸿某垫付，利润分配款全部由其个人账户划至各股东账户，其自己的 25 万元也已收到。另，根据公司 2012 年 11 月 16 日做出的《股东会决议》和《董事会决议》，李鸿某代公司支付李家滨股东定向分红款 10 万元和解除劳动合同的经济补偿款 6.3 万元。

张传某当庭陈述：其于 2010 年 2 月 11 日收到东方公司分配的 2009 年度利润 20 万元，2010 年 5 月 15 日收到 2010 年上半年利润分配 5 万元。上述款项由李鸿某先生代公司划款至本人账号。自 2007 年至 2011 年，老板开过会，没有专门研究分红的事，只是分过钱，也没有文字性记录，无所谓什么性质的会，老板感觉今年不孬，分两个钱。参加会议的人记不清了，股东都应该参加。

李玉某当庭陈述：2010 年 5 月 15 日收到 2010 年上半年利润分配 5 万元，

该款项由李鸿某先生代公司划款至本人账户；该 5 万元没有文字性的分配规定，是否开过董事会记不清了。

刘玉某书面证言载明：其于 2010 年 2 月 11 日收到东方公司分配的 2009 年度利润 20 万元，2010 年 5 月 15 日收到 2010 年上

半年利润分配 5 万元。上述款项由李鸿某先生代公司划款至本人账号。

三、2012 年 11 月 16 日，东方公司董事长李鸿某组织公司经理办公会，就公司具体事项决议如下：李家某同志身为公司股东，分管公司销售工作，为公司的发展做出了一定贡献，公司决定对其奖励 10 万元。李鸿某、刘玉某、张传某、刘某、李家某均签字确认。同日，公司召开董事会，决定：李家某自愿退出公司工作，解除劳动合同；依据《劳动合同法》给予经济补偿，李家某每月 6300 元，按 10 年计算共计 63000 元。解除劳动合同后，只保留股东关系。

二审期间，东方公司称其公司曾召开过多次分配利润的股东会，但股东会决议保管不善，除一审提交的 2012 年 11 月 16 日东方公司决议外，无法提交其他股东会决议。

二审期间，东方公司提交了公司相关的原始记账凭证、借据、财务明细账及东方公司出具的给员工支付工资奖金的书面说明一份。但给李家某发放的涉案三笔款项在公司账目上没有体现，账目中仅记载了东方公司向董事长李鸿某借款 80 万元，东方公司主张该借款就是因为分红而向李鸿某先生的借款。经质证，李家某对两份证据的真实性均不认可，认为均不能证明涉案三笔款项的性质。

2014 年 3 月 1 日施行的新《公司法》将原《公司法》中第七十五条变更为第七十四条，内容无变化。

二审法院认为：关于李家某收到涉案 35 万元款项的性质是否分红的问题。双方当事人均认可李家某于 2010 年 2 月、2010 年 5 月、2012 年 12 月共计收到自公司董事长李鸿某账户转账的 35 万元。但对该 35 万元的性质说法不一。东方公司依据公司其他持股 95.67% 的股东在一审期间出庭证言认为该 35 万元均为公司给李家某的利润分红。而李家某以 2012 年 12 月发放的 10 万元奖金已在公司经理办公会决议中载明为奖金，且其他两笔钱的数额不符合公司章程中约定的股东分红比例为由，主张该 35 万元均为公司向其发放的奖金。对此，本院认为，东方公司向李家某发放的 10 万元款项系在 2012 年 11 月 16 日东方公司经理办公会决议而非股东会决议中确定的事项，且载明该 10 万元系公司对

李家某的奖励。另外 25 万元的发放，没有任何公司文件和分红的股东会决议，发放的数额亦与股东出资比例不符。而根据证人张传某和李玉某一审出庭时的陈述，亦不能明确上述款项性质就是分红，且东方公司账目中没有上述款项的记载，故东方公司主张该 35 万元款项性质系分红的证据不足，原审判决认定上述 35 万元不是分红并无不当。

关于李家某是否符合《公司法》第七十四条规定的提出股权回购的异议股东主体身份及回购价格问题。本案审理过程中，东方公司未能向法院提交公司任何一份决定分红或其他重大事项的书面股东会决议，而根据东方公司的公司章程规定，股东会会议每年召开一次，股东会应当对所议事项的决定做成会议记录，出席会议的股东应当在会议记录上签名。故东方公司所称其公司连续五年内曾召开过多次分配利润的股东会，仅系口头陈述，无证据证实，本院不予采信。李家某作为持股仅 4.33% 即不足十分之一的小股东，在公司其他股东不提议召开临时股东会，公司又不按照法律的规定及公司章程召开股东会的情况下，其无权提议召开临时股东会，亦没有机会在股东会上对公司分红问题提出异议，但其在本案诉讼前，已以书面函件的形式向公司表达了自己对分红及退股问题的意愿。原审法院依据东方公司自认的 2011 年其公司净资产价值 3933 万元计算李家某的股权收购价格，不违背法律规定，且双方当事人对该收购数额均未提起上诉，本院予以确认。东方公司连续五年盈利且连续五年未分配利润，亦未召开股东会对分配利润问题进行决议，李家某作为持有公司不足十分之一表决权的小股东，可以要求公司回购其股权。原审法院认为李家某符合请求东方公司按照合理的价格收购其股权的主体条件正确。综上，上诉人东方公司的上诉理由均不能成立，原审判决认定事实清楚、适用法律正确、判决结果并无不当。依照《中华人民共和国民事诉讼法》第一百七十条第一款第一项之规定，判决如下：驳回上诉，维持原判。

·法条链接·

山东省高级人民法院《关于审理公司纠纷案件若干问题的意见（试行）》
鲁高法发〔2007〕3 号
第八十一条　具有《公司法》第七十五条第一款一项之情形，如果公司连续五年未召开股东会对分配利润进行决议的，持有公司不足十分之一表决权的股东可以请求公司按照合理的价格收购其股权。

《中华人民共和国公司法》

第七十四条 有下列情形之一的，对股东会该项决议投反对票的股东可以请求公司按照合理的价格收购其股权：

一、公司连续五年不向股东分配利润，而公司该五年连续盈利，并且符合本法规定的分配利润条件的；

二、公司合并、分立、转让主要财产的；

三、公司章程规定的营业期限届满或者章程规定的其他解散事由出现，股东会会议通过决议修改章程使公司存续的。

自股东会会议决议通过之日起六十日内，股东与公司不能达成股权收购协议的，股东可以自股东会会议决议通过之日起九十日内向人民法院提起诉讼。

章程规定"人走股留"的股权回购条款是否有效

案件要旨

国有企业改制为有限责任公司，其初始章程对股权转让进行限制，明确约定公司回购条款，只要不违反公司法等法律强制性规定，可认定为有效。有限责任公司按照初始章程约定，支付合理对价回购股东股权，且通过转让给其他股东等方式进行合理处置的，人民法院应予支持。

案例来源

《最高人民法院 2018 年第 96 号指导案例》，陕西省高级人民法院（2014）陕民二申字第 00215 号民事裁定 宋文某诉西安市大华有限公司股东资格确认纠纷案

股东纠纷焦点

本案争议的焦点问题主要在于：大华公司的公司章程中关于"人走股留"的规定，是否有效？股权激励中的"人走股留"的回购条款是否合乎法律规定？

⚖ 法理探析

有限责任公司的异议股东股份回购请求权规定于《公司法》第七十四条，是中小股东用于平衡"资本多数决"的一个重要利器，但是，在实务中颇有争议的是：除了《公司法》第七十四条规定的三种情形可股权回购外，公司章程是否可以自主规定股权回购的条件？

2018年6月28日，最高院发布了2018年第一批指导案例，其中第九十六号案例"宋某诉西安市大华餐饮有限公司股东资格确认纠纷"支持了章程中"人走股留"的股权回购规定，由此引发的思考是：公司章程中关于"人走股留"的规定，是否有效？有限公司章程是否可以任意规定股份收购的理由？

一、"人在股在，人走股留"的章程规定是否有效

"人走股留"的章程规定大部分见于改制企业中的职工股份，以及股权激励中的激励股份，其实际意义在于："人在股在，人走股留"，即当职工股东退休、离职等原因离开公司时，章程规定其持有的股份由公司回购。在96号指导案例中，法院认为，对于改制企业中，公司初始章程将是否与公司具有劳动合同关系作为确定股东身份的依据继而作出"人走股留"的规定，在不违反法律强行性规定的前提下，是有效的。

二、有限公司章程可否自行规定除《公司法》第七十四条之外的其他股权回购事由

对于有限公司的异议股东回购请求权，我国《公司法》第七十四条规定了股份回购的法定情形：一、公司连续五年不向股东分配利润，而公司该五年连续盈利，并且符合本法规定的分配利润条件的；二、公司合并、分立、转让主要财产的；三、公司章程规定的营业期限届满或者章程规定的其他解散事由出现，股东会会议通过决议修改章程使公司存续的。

对于有限公司章程能否在《公司法》第七十四条之外另行规定股份回购的事由，实务中对此主要有以下几种观点：

第一种观点认为：《公司法》第七十四条规定的异议股东回购请求权是强制性规范，公司章程不得对异议股东回购请求权在法定之外进行自主设定。

第二种观点认为：虽然《公司法》并没有明确规定公司章程可规定其他回购事由，但是《公司法》亦没有禁止公司章程对回购事由进行扩大规定，《公司法》第七十四条的规定并非属于强制性规定；再者，《公司法》规定公司可以减少注册资本，故公司可回购股份后履行减资程序即可。因此，有限责任公司的公司章程在《公司法》第七十四条之外规定其他回购情形的，如果未违反法律强行性规定的，该章程规定有效。

第三种观点认为：原则上，不应允许有限公司章程随意扩大异议股东请求收购股份的情形，但是，随着社会经济的发展，在总结司法实践的基础上，应该适当增加股份回购的法定事由。

回归到九十六号指导案例。我们注意到，九十六号指导案例的背景比较特殊，大华公司进行企业改制时，宋某之所以能成为大华公司的股东，是因为宋某与大华公司具有劳动合同关系，如果宋某与大华公司没有建立劳动关系，宋某则没有成为大华公司股东的可能性，正是基于以上特殊的改制背景，大华公司章程制定了"人走股留"的规定。故而九十六号指导案例中的股东不同于其他因投资、股权转让等法律关系中的股东。

笔者认为，九十六号指导案例的司法实践意义在于：对于国企改制为有限公司后，公司的公司章程将是否与公司具有劳动合同关系作为确定股东身份的依据继而作出"人走股留"的股权回购的规定，在不违反法律强行性规定的前提下，是有效的。

因此，笔者认为，仅仅根据九十六号指导案例，并不能形成"公司章程可以任意规定股份回购的事由"的结论。

三、司法实践案例的梳理

在湖南省高级人民法院审理的邓某与株洲市建筑设计院有限公司及谢某股权转让纠纷案（2016）湘民再1号中，湖南省高级人民法院认为：《中华人民共和国公司法》第七十四条是关于有限责任公司中异议股东股份回购请求权的规定，具有该条规定的三项法定事由之一，公司即有义务回购异议股东的股份，而并非规定公司只能回购异议股东的股份以及除此之外不得回购公司其他股东的股份。法律对有限责任公司回购股权并无禁止性规定。故法院认定该案的股份回购条款有效。

我们注意到，在最高人民法院审理的"杨某、山东鸿源水产有限公司请求公司收购股份纠纷案（2015）民申字第2819号"中，也同样存在着"人走股留"的情况，最高人民法院认为："关于鸿源公司对再审申请人的股权进行回购是否合法的问题。申请人于2004年1月成为鸿源公司股东时签署了'公司改制征求意见书'，该'公司改制征求意见书'约定'入股职工因调离本公司，被辞退、除名、自由离职、退休、死亡或公司与其解除劳动关系的，其股份通过计算价格后由公司回购'。"有限责任公司可以与股东约定《公司法》第七十四条规定之外的其他回购情形。《公司法》第七十四条并未禁止有限责任公司与股东达成股权回购的约定。故鸿源公司依据公司与申请人约定的"公司改制征求意见书"进行回购，并无不当。

通过梳理司法案例，笔者注意到，司法实践中的公司回购股权并不限于《公司法》第七十四条所规定的三种情形，但是需要注意的是，能够检索到的此类案例极少，特别在最高院的（2015）民申字第2819号中，虽然最高院对该案"人走股留"的约定认定有效，并且最高院在该案中认为："有限责任公司可以与股东约定《公司法》第七十四条规定之外的其他回购情形。"但是，我们同样注意到，该案与九十六号指导案例的共同点在于，都是具有企业改制的特殊背景，涉案股东均是通过改制成为公司股东。

四、结语

股份回购主要有三种不同的立法模式，一种是以美国为代表的"自由模式"，即公司任意回购自身股份；二是"原则许可，例外禁止"的模式；三是"原则禁止，例外许可"的模式。但是，股份回购在大部分的国家并不赋予股东和公司自行约定，主要原因在于：如果立法赋予当事人自主创设股份回购条件，无异于造成变相偿还股东投资，违反了"资本不得抽回"的原则；更重要的是，如果允许公司和股东之间任意回购股份，将会滋长公司借此进行内部交易的不当行为；而大股东更加可以肆无忌惮的排挤小股东。

因此，笔者认为，对于九十六号指导案例，是否可以形成"公司章程可以任意规定股份回购的事由"的结论，还有待于司法实践进行证实，在实务中仍应持谨慎态度对股权回购条款进行设计。

👐 败诉分析

2004 年 5 月，大华公司由国有企业改制为有限责任公司，宋某系大华公司员工，出资 20000 元成为大华公司的自然人股东。改制后大华公司初始章程第十四条规定"公司股权不向公司以外的任何团体和个人出售、转让。公司改制一年后，经董事会批准后可在公司内部赠予、转让和继承。持股人死亡或退休经董事会批准后方可继承、转让或由企业收购，持股人若辞职、调离或被辞退、解除劳动合同的，人走股留，所持股份由企业收购……"该公司章程经大华公司全体股东签名通过。

2006 年 6 月 3 日，宋某向公司提出解除劳动合同，并申请退出其所持有的公司的 20000 元股份，同年 8 月宋某领到退出股金款 20000 元整。后宋某以大华公司的回购行为违反法律规定，未履行法定程序且公司法规定股东不得抽逃出资等，请求依法确认其具有大华公司的股东资格。

对于宋某要求确认其具有股东资格的诉请，陕西省高级人民法院未支持其诉请，宋某最终败诉！

陕西省高级人民法院认为，对于第一个焦点：大华公司的公司章程中关于"人走股留"的规定，是否有效？在本案中，大华公司进行企业改制时，宋某之所以成为大华公司的股东，其原因在于宋某与大华公司具有劳动合同关系，如果宋某与大华公司没有建立劳动关系，宋某则没有成为大华公司股东的可能性。同理，大华公司章程将是否与公司具有劳动合同关系作为取得股东身份的依据继而作出"人走股留"的规定，符合有限责任公司封闭性和人合性的特点，亦系公司自治原则的体现，不违反公司法的禁止性规定。

对于第二个焦点：大华公司回购宋某股权是否违反《公司法》的相关规定，大华公司是否构成抽逃出资？陕西省高级人民法院认为，本案属于大华公司是否有权基于公司章程的约定及与宋某的合意而回购宋某股权，对应的是大华公司是否具有回购宋某股权的权利，二者性质不同，《公司法》第七十四条不能适用于本案。大华公司基于宋某的退股申请，依照公司章程的规定回购宋文军的股权，程序并无不当。另外，《公司法》所规定的抽逃出资专指公司股东抽逃其对于公司出资的行为，公司不能构成抽逃出资的主体，宋某的这一再审申请理由不能成立。

💡 股东战术指导

"股份回购请求权"作为公司控制权博弈中的一个重要权利，不得不引起股东的重视！鉴于股权回购的特殊性以及对中小股东的重大意义，笔者建议企业家在章程中自主设置"人走股留"股权回购条款时，注意以下几点：

第一，尽量以《公司章程》的形式设置"人走股留"条款。在司法实践中，经常会看到当事人仅在协议中对于"人走股留"的股权回购条款进行约定，但往往未在其后的《公司章程》中进行明确，为了避免后期发生纠纷，笔者建议将协议中的"人走股留"股权回购条款转化至《公司章程》中。

第二，对于"股权回购价格"须事先进行约定。在因股权回购引发的大量纠纷中，有相当一部分的纠纷是因为股权回购价格而引发。笔者建议，在设置"人走股留"条款时，需对于股权回购价格进行事先约定。如果是约定一个专业评估价的，则对于评估机构和评估股份价值的方法也需要进行明确。

第三，在《公司章程》中规定股权回购的期限。在"人走股留"的条款中，如果未规定股东行使退股权的行使期间，股东长期未行使退股权，又一直不明确是否弃权，则对于公司和其他股东而言并不公平。笔者建议，对于章程规定的"人走股留"的股权回购，可在章程中依法确定合理的行使期限，如果股东未在合理期限内提起回购请求，则公司享有主动回购的权利。

⚖️ 典型案例

2018 最高人民法院第九十六号指导案例

西安市大华责任公司（以下简称"大华公司"）成立于 1990 年 4 月 5 日。2004 年 5 月，大华公司由国有企业改制为有限责任公司，宋文某系大华公司员工，出资 20000 元成为大华公司的自然人股东。大华公司章程第三章"注册资本和股份"第十四条规定"公司股权不向公司以外的任何团体和个人出售、转让。公司改制一年后，经董事会批准后可在公司内部赠予、转让和继承。持股人死亡或退休经董事会批准后方可继承、转让或由企业收购，持股人若辞职、调离或被辞退、解除劳动合同的，人走股留，所持股份由企业收购……"第十三章"股东认为需要规定的其他事项"下第六十六条规定"本章程由全体股东共同认可，自公司设立之日起生效"。该公司章程经大华公司全体股东签名通过。2006 年 6 月 3 日，宋文某向公司提出解除劳动合同，并申请退出其所持有的公司的 2 万元股份。2006 年 8 月 28 日，经大华公司法定代表人赵来某同意，宋文某领到退出股金款 20000 元整。2007 年 1 月 8 日，大华公司召开 2006 年度股东大会，大会应到股东 107 人，实到股东 104 人，代表股权占公司股份总数的 93%，会议审议通过了宋文某、王培某、杭春某三位股东退股的申请并决议"其股金暂由公司收购保管，不得参与红利分配"。后宋文某以大华公司的回购行为违反法律规定，未履行法定程序且公司法规定股东不得抽逃出资等，请求依法确认其具有大华公司的股东资格。

裁判结果

西安市碑林区人民法院于 2014 年 6 月 10 日作出（2014）碑民初字第 01339 号民事判决，判令：驳回原告宋文某要求确认其具有被告西安市大华公司股东资格之诉讼请求。一审宣判后，宋文某提出上诉。西安市中级人民法院于 2014 年 10 月 10 日作出了（2014）西中民四终字第 00277 号民事判决书，驳回上诉，维持原判。终审宣判后，宋文某仍不服，向陕西省高级人民法院申请再审。陕西省高级人民法院于 2015 年 3 月 25 日作出（2014）陕民二申字第 00215 号民事裁定，驳回宋文军的再审申请。

裁判理由

法院生效裁判认为：通过听取再审申请人宋文某的再审申请理由及被申请人大华公司的答辩意见，本案的焦点问题如下：一、大华公司的公司章程中关于"人走股留"的规定，是否违反了《中华人民共和国公司法》（以下简称《公司法》）的禁止性规定，该章程是否有效；二、大华公司回购宋文某股权是否违反《公司法》的相关规定，大华公司是否构成抽逃出资。

针对第一个焦点问题，首先，大华公司章程第十四条规定，"公司股权不向公司以外的任何团体和个人出售、转让。公司改制一年后，经董事会批准后可以公司内部赠予、转让和继承。持股人死亡或退休经董事会批准后方可继承、转让或由企业收购，持股人若辞职、调离或被辞退、解除劳动合同的，人走股留，所持股份由企业收购。"依照《公司法》第二十五条第二款"股东应当在公司章程上签名、盖章"的规定，有限公司章程系公司设立时全体股东一致同意并对公司及全体股东产生约束力的规则性文件，宋文某在公司章程上签名的行为，应视为其对前述规定的认可和同意，该章程对大华公司及宋文某均产生约束力。其次，基于有限责任公司封闭性和人合性的特点，由公司章程对公司股东转让股权作出某些限制性规定，系公司自治的体现。在本案中，大华公司进行企业改制时，宋文某之所以成为大华公司的股东，其原因在于宋文某与大华公司具有劳动合同关系，如果宋文某与大华公司没有建立劳动关系，宋文某则没有成为大华公司股东的可能性。同理，大华公司章程将是否与公司具有劳动合同关系作为取得股东身份的依据继而作出"人走股留"的规定，符合有限责任公司封闭性和人合性的特点，亦系公司自治原则的体现，不违反公司法的禁止性规定。第三，大华公司章程第十四条关于股权转让的规定，属于对股东转让股权的限制性规定而非禁止性规定，宋文军依法转让股权的权利没有被公司章程所禁止，大华公司章程不存在侵害宋文某股权转让权利的情形。综上，本案一、二审法院均认定大华公司章程不违反《公司法》的禁止性规定，应为有效的结论正确，宋文某的这一再审申请理由不能成立。

针对第二个焦点问题，《公司法》第七十四条所规定的异议股东回购请求权具有法定的行使条件，即只有在"公司连续五年不向股东分配利润，而公司该五年连续盈利，并且符合本法规定的分配利润条件的；公司合并、分立、转让主要财产的；公司章程规定的营业期限届满或者章程规定的其他解散事由出现，股东会会议通过决议修改章程使公司存续的"三种情形下，异议股东有权要求公司回购其股权，对应的是公司是否应当履行回购异议股东股权的法定义务。而本案属于大华公司是否有权基于公司章程的约定及与宋文军的合意而回购宋文某股权，对应的是大华公司是否具有回购宋文某股权的权利，二者性质不同，《公司法》第七十四条不能适用于本案。在本案中，宋文某于 2006 年 6 月 3 日向大华公司提出解除劳动合同申请并于同日手书《退股申请》，提出"本人要求全额退股，年终盈利与亏损与我无关"，该《退股申请》应视为其真实意思表示。大华公司于 2006 年 8 月 25 日退还其全额股金款 20000 元，并于 2007 年 1 月 8 日召开股东大会审议通过了宋文某等三位股东的退股申请，大华公司基于宋文某的退股申请，依照公司章程的规定回购宋文某的股权，程序并无不当。另外，《公司法》所规定的抽逃出资专指公司股东抽逃其对于公司出资的行为，公司不能构成抽逃出资的主体，宋文军的这一再审申请理由不能成立。

综上，裁定驳回再审申请人宋文某的再审申请。[1]

·法条链接·

全国人民代表大会常务委员会关于修改《中华人民共和国公司法》的决定

（2018年10月26日第十三届全国人民代表大会常务委员会第六次会议通过）

将第一百四十二条修改为：公司不得收购本公司股份。但是，有下列情形之一的除外：

（一）减少公司注册资本；

（二）与持有本公司股份的其他公司合并；

（三）将股份用于员工持股计划或者股权激励；

（四）股东因对股东大会作出的公司合并、分立决议持异议，要求公司收购其股份；

（五）将股份用于转换上市公司发行的可转换为股票的公司债券；

（六）上市公司为维护公司价值及股东权益所必需。

公司因前款第（一）项、第（二）项规定的情形收购本公司股份的，应当经股东大会决议；公司因前款第（三）项、第（五）项、第（六）项规定的情形收购本公司股份的，可以依照公司章程的规定或者股东大会的授权，经三分之二以上董事出席的董事会会议决议。

---

[1] 本部分来源于本案判决书主文，限于篇幅略做删减，读者可自行查阅判决书全文以全面了解案情。

第十章　股权转让篇

未办理工商变更登记是否影响股权转让协议的效力

案件要旨

股权转让方和股权受让方之间签订的股权转让协议是双方对于股权转让事宜意思自治的合意，如果法律对于该协议未强制性规定必须经批准、登记生效的，且当事人也没有约定合同附条件或者附期限生效的；虽然股权转让后，未履行相应股权工商登记变更手续，但并不因此影响股权转让协议效力。

案件来源

青岛市中级人民法院　青岛国某建筑安装有限公司与谭德某股东出资纠纷二审民事判决书[①]

股东纠纷焦点

本案焦点在于：股权转让案件中，未办理工商变更登记手续的，《股权转让协议》是否依然有效？

法理探析

一、有限责任公司股权转让，应何时办理工商变更登记

对于股权转让中应该在哪个时间点办理工商变更登记。我国《公司登记管理条例（2016修订）》第三十四条规定："有限责任公司变更股东的，应当自变

[①] 青岛国某建筑安装有限公司与谭德某股东出资纠纷二审民事判决书　青岛市中级人民法院民事判决书（2015）青民二商终字第755号

更之日起 30 日内申请变更登记，并应当提交新股东的主体资格证明或者自然人身份证明。"而我国《公司法》第三十二条规定："……公司应当将股东的姓名或者名称向公司登记机关登记；登记事项发生变更的，应当办理变更登记。未经登记或者变更登记的，不得对抗第三人。"

有限公司的股东按照公司法第七十一条、第七十二条的规定将股权转让给受让方后，作为公司需要承担如下义务：

1. 公司应当注销原股东的出资证明书，并向受让股权的新股东签发出资证明书；

2. 公司需对《公司章程》进行相应修改，以及对于股东名册中股东及其出资额的记载进行修改；

3. 公司应当将股东的姓名或者名称向公司登记机关登记；登记事项发生变更的，应当办理变更登记。

对于上述公司的义务，如果股权转让后公司拒绝办理或者殆于办理的，股权受让方（指新股东）有权要求公司履行上述义务。

二、未办理工商变更登记的，股权转让协议是否无效

股权转让方和股权受让方之间签订的股权转让协议是双方对于股权转让事宜意思自治的合意，《股权转让协议》的效力判断，主要见于我国《合同法》第四十四条的规定："依法成立的合同，自成立时生效。法律、法规规定应当办理批准、登记手续的，依照其规定。"按照上述规定，股东与受让人签订的《股权转让协议》如果不存在法律法规规定应当经登记、批准才有效的情形，亦没有约定合同附条件或者附期限生效，则双方对于股权转让事宜达成合意时，合同自成立时生效。

而股权转让后，进行工商变更登记是公司的义务，在变更登记后，产生的效力是"可对抗第三人"的公示效力，未登记则不产生登记对抗效力。即是否进行工商变更登记不是判断《股权转让协议》效力的要件，无论公司是否履行了变更工商登记的义务，都不会对已经生效的《股权转让协议》产生影响。

败诉分析

本案中，余某与王某等签订的《股权转让协议》不存在法律法规规定应当

经登记、批准才有效的情形，亦没有约定合同附条件或者附期限生效，则双方对于股权转让事宜达成合意时，合同自成立时生效。本案未办理工商变更登记，并不会影响《股权转让协议》的效力。故本案的《股权转让协议》系有效合同。

👥 股东战术指导

在股权转让纠纷中，有相当一部分的纠纷在于双方对于股权转让协议的效力产生争议，特别是对于工商变更登记和《股权转让协议》之间的关系不甚了解，故股东在进行股权转让时需注意以下事项。

第一，新股东在股权转让后，应及时要求公司进行工商变更登记。新股东在受让公司股权后，为避免老股东将股权擅自处分或者恶意抵押等行为，应在 30 日内要求公司协助办理以下股权转让事宜：1. 要求公司注销原股东的出资证明书，并向受让股权的新股东签发出资证明书；2. 要求公司对《公司章程》进行相应修改，以及对于股东名册中股东及其出资额的记载进行修改。3. 要求公司将新股东的姓名或者名称向公司登记机关变更登记。

第二，新股东应在协议中约定公司迟延办理工商变更登记的违约责任。为避免股权转让后，新股东将大部分的股权转让款都进行了支付，而公司却一直拖延办理工商登记，新股东在《股权转让协议》中可以约定公司迟延办理工商变更登记时老股东的违约责任，并且约定老股东的督促及协助义务。

⚖️ 典型案例

青岛安装有限公司诉称，青岛安装有限公司于 2003 年 9 月成立，注册资本 100 万元，由股东周建某出资 30 万元、股东谭德某出资 20 万元、股东李某出资 10 万元、股东中国人民解放军 4808 工厂公会委员会出资 40 万元。2004 年 11 月 27 日谭德某利用股权变更之机，抽逃其在国和公司的股权出资额 20 万元，国和公司多次索要未果。谭德某依据股东中国人民解放军 4808 工厂公会委员会的上级主管机关的决定撤出其出资，未经国和公司股东会决议同意，违法了公司法和《国和公司章程》的规定，并且此后谭德某也未办理股权转让手续及其工商行政变更登记。事后谭德某仍然享有公司股东的权益，行使股东权利。谭德某抽逃资金的行为，严重侵害了国和公司权益和其他股东的权益。依据

《公司法》第三十六的规定：公司成立后，股东不得抽逃出资。因此，国和公司提起诉讼，请求依法判令谭德某向公司返还投资款 200,000 元及利息 123,280 元；本案的诉讼费由谭德某承担。

谭德某辩称，一、国和公司诉讼主体不当。谭德某是从 4808 军械修理厂调入 4808 工厂并受工厂委派筹建公司，纯属公务行为，国和公司起诉谭德某不当，请求依法驳回。二、国和公司所诉不当，谭德某不是抽逃资金，而是股权转让。谭德某是国有企业青岛 4808 工厂的干部，2003 年 9 月根据 4808 工厂的安排，以股东身份出资 20 万参加与国和公司的设立并担任书记。2004 年 11 月 24 日，国和公司作出《关于股东抽回投资事》决定：按 1:1 抽回投资 60 万，其中工厂工会 40 万元整，谭德某 20 万元整的股份。2004 年 11 月 29 日，国和公司给各股东发布《关于谭德某抽回股资事》的通知，明确告知各股东，答辩人因工作调动转让股权（即所谓的"抽回股资事"）是经上级主管部门及全体股东同意的。由此可见，所谓的抽回股资事名为抽回股资，实为转让股权。且转让行为已通知全体股东，各股东均无异议。由前述事实可见，国和公司所诉的抽逃资金子虚乌有，请法院依法驳回谭德某的诉讼。三、国和公司主体不适格。国和公司于 2008 年 7 月 8 日作出《公司解散协议》和《选举清算人协议》，决定公司解散停止营业，成立清算组并有清算组着手清算事务。既如此，那么此后涉及青岛国和建筑安装有限公司的一切事务，均应有清算组作为主体代表企业进行清算。故此，凡是未以清算组之名义的清算行为均是不合格的行为，依法应予驳回。四、本案已过诉讼时效。依据民法的规定，诉讼时效为两年。起算时间自知道或应当知道权利被侵害之日起计算。谭德某由于工作调动原因，撤回投资的时间为 2004 年 11 月 27 日。自 2004 年 11 月至今已经长达 10 年之久。因此，本案早已超过诉讼时效，请依法驳回国和公司诉讼。

综上所述，谭德某在正常转让股权的情况下收回其投资 20 万元正当合法。国和公司所诉无事实和法律依据。国和公司主体不适格且本案已过诉讼时效。请求法院以事实为根据，以法律为准绳，驳回国和公司的所有诉讼请求。

原审法院查明的事实是，国和公司设立于 2003 年 9 月 18 日，注册资本 100 万元，其中股东周建某出资 30 万元、股东谭德某出资 20 万元、股东李某出资 10 万元、股东中国人民解放军 4808 工厂公会委员会出资 40 万元，周建某为该公司的法定代表人。在公司经营过程中，2004 年 11 月 24 日，国和公司作出《关于股东抽回投资事》中记载：工厂 2004 年 11 月 24 日上午在厂部四楼会议室由厂长周洪某组织总经济师、总会计师、工会主席、人事处长、后勤处长、审计处长、厂办主任、国和建安公司经理、书记参加的关于国和建安公司改制的专题会议上决定按 1:1 的比例抽回投资共 60 万元整。其中工厂公会 40 万元整，谭德某贰拾万元整的股份。2004 年 11 月 29 日，国和公司向公司股东发出《关于股东抽回投资事》中记载：4808 工厂 2004 年 11 月 24 日专题会议决定，谭德某因工作调动抽回其投资款 20 万元，由周建某受让。其上由周建某签名盖有国和公司印章。其后，谭德某从公司处领取 20 万元，周建某并未向公司支付款项，股权亦未变更登记。2008 年 7 月 8 日，国和公司召开股东会，并形成《公司解散决议》如下：一、本公司因营业期限届满，股东会同意公司解散；二、本公司自作出解散决定之日起停止营业。周建某、谭德某、李某作为自然人股东在该决议之上签名。中国人民解放军 4808 工厂公会委员会作为法人股东在该决议之上盖章。同日形成《选举清算人决议》，其上记载：周建某、谭德某、李某作为公司股东持有本公司股份股等事项，并选举周建某为清算代表，并决定自 2008 年 7 月 8 日着手清算工作。2009 年 5 月 14 日，中国人民解放军 4808 工厂公会委员会作为申请人申请强制清算国和公司，青岛市市北区法院于 2013 年 9 月 16 日作出（2009）北民清初字第 1-2 号民事裁定书，以公司主要账册、重要文件灭失等原因，导致无法清算为由，裁定终结国和公司的强制清算程序。后国和公司以谭德某抽逃资金为由诉至原审法院，请求依法判令谭德某向公司返还投资款 200,000 元及利息 123,280 元。

本案经调解，双方未能就争议的问题达成一致意见。

原审法院认为，有限责任公司的股东之间可以相互转让其全部或者部分股权。2004 年 11 月 29 日向股东发出《关于股东抽回投资事》之上有周建某、谭德某的签名，其上明确记载：谭德某转让的股份由周建某受让。虽然周建某、谭德某二人在股权转让形式上存在一定瑕疵，但周建某作为国和公司的法定代表人及股权的受让者，在其上签名应属其真实意思表示，对双方均具有约束力。尽管，谭德某股权转让后，公司未变更登记，但并不因此影响股东间股权转让效力。谭德和某国有企业职工，从 4808 军械修理厂调入 4808 工厂并受工厂委派筹建公司并担任书记，其辩称 2008 年 7 月 8 日参加青岛国和建筑安装有限公司股东会属于 4808 工厂指派，其并未行使股东权力的意见予以采纳。

诉讼时效期间从知道或应当知道权利被侵害时计算。当事人向人民法院请求保护民事权利的诉讼时效期间为二年，法律另有规定的除外。本案中，依据国和公司、谭德某提交的证据及当庭陈述，可以认定国和公司自始至终对谭德某从公司取回其 20 万元是明知的、同意的。2004 年 11 月 24 日形成的《关于股东抽回投资事》以及 2004 年 11 月 29 日国和公司向股东发出《关于股东抽回投资事》明确了谭德某取得 20 万元的处理方法，两份文件均由国和公司盖章确认。相隔十多年后，国和公司提起诉讼向谭德某主张权利，且未有其权利中止、中断的事实证据，其主张已超过法律规定的诉讼时效，故谭德某关于诉讼时效的抗辩理由成立，应当予以支持。综上，国和公司请求判令谭德某向公司返还投资款 200,000 元及利息 123,280 元，证据不足，且其主张也已超过法律规定的诉讼时效，不予支持。依据《中华人民共和国民法通则》第一百三十五条、第一百三十七条，《中华人民共和国民事诉讼法》第六十四条的规定，原审法院判决：驳回国和公司的诉讼请求。案件受理费 6,149 元，由青岛国和建筑安装有限公司承担。

宣判后，国和公司不服，上诉至本院。

上诉人上诉称：一、上诉人公司成立的目的是解决解放军四八零八厂待岗职工问题，公司主要业务是承揽四八零八厂的安装业务，2004 年 11 月 27 日被上诉人通过四八零八厂向上诉人施压，以行政会议的形式通知上诉人要求撤出被上诉人出资，是非法无效的行为，不应受法律保护。二、作为有限责任公司，上诉人股权转让应以股东会决议为依据，并办理工商登记股权转让手续，才是有效的转让，上诉人法定代表人周建某没有受让被上诉人股权意思表示，上诉人及周建某在《关于股东抽回投资事》签字表明被上诉人抽逃资金的行为是根据四八零八厂的行政命令，上诉人履行财务制度，不是股权转让协议，即使存在股权转让纠纷与本案并非同一法律关系，被上诉人应另行起诉解决。三、股东抽逃资金的侵权行为，不存在诉讼时效问题。要求依法改判。

被上诉人意见是，一审判决正确，应予以维持。

一审法院查明事实属实，本院予以确认。

本案庭审后经多次调解未果。

本院认为：上诉人公司《关于股东抽回投资事》记载，谭德某因工作调动抽回其投资款 20 万元，由周建某受让。周建国在《关于股东抽回投资事》中签名予以,《关于股东抽回投资事》也由国和公司加盖了印章。该事实表明周建某作为谭德某股权受让人同意受让谭德某持有上诉人公司的股权,上诉人国安公司也认可谭德某将其出资从公司抽回。上诉人抗辩周建某签字仅为履行公司正常财务手续,但公司法定代表人履行财务审批手续,通常应在公司相关得而会计凭证中签字,上诉人公司《关于股东抽回投资事》记载了谭德某因工作调动抽回出资,将相应股权转让周建某的内容,并不是会计做账的凭证,上诉人关于周建某签字仅为履行财务审批职务行为的抗辩理由不能成立。《关于股东抽回投资事》是上诉人公司向其股东发出的,表明上诉人公司同意被上诉人转让股权并抽回出资的事实,系当事人真实意思表示,上诉人关于四八零八厂利用业务优势,强令其同意撤出谭德和出资,没有提交证据支持,且上诉人在行为实施后,多年也未主张撤销,上诉人关于相关上诉理由不能成立,本院不予支持。

周建某作为股权受让方,在载有股权转让内容的《关于股东抽回投资事》中签字,是对其受让谭德某股份的确认,双方意思表示一致,此后,谭德某仅在公司清算的公司程序性事项股东会决议签字,并未实际行使股东权利,也未参与公司分红,虽然股权转让后,未履行相应股权工商登记变更手续,但并不因此影响股东间股权转让效力。谭德某持有上诉人公司股权已经转让,股权受让方以及上诉人公司也予以确认,本案中,上诉人要求被上诉人返还投资款及利息的诉讼请求不能成立,本院不予支持。原审判决应予以维持。依照《中华人民共和国民事诉讼法》第一百七十条第一款第一项之规定,判决如下:

驳回上诉,维持原判。[①]

·法条链接·

《公司登记管理条例》(2016 修订)

第三十四条　有限责任公司变更股东的,应当自变更之日起 30 日内申请变更登记,并应当提交新股东的主体资格证明或者自然人身份证明。

有限责任公司的自然人股东死亡后,其合法继承人继承股东资格的,公司

---

① 本部分来源于本案判决书主文,限于篇幅略做删减,读者可自行查阅判决书全文以全面了解案情。

应当依照前款规定申请变更登记。

有限责任公司的股东或者股份有限公司的发起人改变姓名或者名称的，应当自改变姓名或者名称之日起 30 日内申请变更登记。

《中华人民共和国公司法》

第三十二条 有限责任公司应当置备股东名册，记载下列事项：

一、股东的姓名或者名称及住所；

二、股东的出资额；

三、出资证明书编号。

记载于股东名册的股东，可以依股东名册主张行使股东权利。

公司应当将股东的姓名或者名称向公司登记机关登记；登记事项发生变更的，应当办理变更登记。未经登记或者变更登记的，不得对抗第三人。

转让股东如何正确进行股权转让通知

案件要旨

我国《公司法》等相关法律法规规定了股东向股东以外的人转让股权的，应当向其他股东充分履行通知义务。其他股东在同等条件下享有优先购买权。此处所涉通知的内容，应当包括拟转让的股权数量、价格、履行方式、拟受让人的有关情况等多项主要的转让条件。

案件来源

《中华人民共和国最高人民法院公报》2016 年第 5 期（总第 235 期）中某实业（集团）有限公司诉上海某实业有限公司等股权转让纠纷案民事判决书

股东纠纷焦点

本案引发的思考在于，股权转让时，作为转让方的股东该如何通知其他股东？转让股权时的"股权转让通知书"须写明哪些内容？

⚖ 法理探析

涉及有限公司股权转让时，笔者经常被咨询到这样一个问题：股权转让时，作为转让方的股东该如何通知其他股东呢？股权转让通知书中具体应该写明哪些内容呢？笔者拟以一则最高人民法院的公报案例来分析转让通知时的注意事项。

根据《公司法》第七十二条规定，股东对外转让股份，应经过其他股东过半数同意，股东应就其股权转让事项书面通知其他股东征求同意，其他股东自接到书面通知之日起满三十日未答复的，视为同意转让。因此，股东对外转让股份，有通知其他股东的义务，并且在履行该义务时，应注意以下几个问题：

一、通知的必备内容

转让股东发出的股权转让的通知，是其他股东是否行使优先购买权的依据，如果其他股东没有收到股权转让通知，则无从知道股权转让的主要事项，导致其他股东无从判断是否有行使优先购买权的必要。因此，转让股东及时、准确、完整地将股权转让事项通知其他股东，是保障其他股东优先购买权的前提。

《公司法》第七十一条第二款虽然规定了股东对外转让应将"股权转让事项"书面通知其他股东，但是，对于何为"股权转让事项"，即股权转让通知应具体包含哪些内容，公司法并未作出明确的规定。而在股东优先购买权方面，《公司法》第七十一条第三款则规定了"经股东同意转让的股权，在同等条件下，其他股东有优先购买权。"但是，对于何为"同等条件"，《公司法》亦未予以明确。故而，《公司法解释四》十八条对"同等条件"作出了如下规定："人民法院在判断是否符合公司法第七十一条第三款及本规定所称的'同等条件'时，应当考虑转让股权的数量、价格、支付方式及期限等因素。"根据上述司法解释的规定，股权转让通知应至少具备以下内容：

1. 股份对外转让的受让主体

因有限责任公司的人合特性，股东结构的稳定对公司的管理及发展至关重要，进而直接影响其他股东是否行使优先购买权。

2．拟出让的股份的数量

股权数量的多少决定了现有股东对公司的影响力，比如51%与49%的持股比例，转让2%给现有股东或转让给10%给非股东的效果是不同的，现有股东获得股权后对公司的影响力是不同的。

3．股份对外转让的价格

股权的价格自然是受让人或者现有股东的重要参考因素之一。在考虑价格的时候不能仅仅看实际支付的价格，还要根据整个合同的判断是否包含其他内容比如债务。例如有的合同以低价转让，但实际上受让股东还要承担其他债务，这些债务并非实际支付给股东，但是也需要考虑进去。另外，此种情况也需要特别注意，"明修栈道、暗度陈仓"，即虚构债务抵销股权转让价格。

另外，要特别注意以畸高的价格出让少数股权的情况，此种情况有可能会是转让人与非股东恶意串通，先让非股东获得股东资格，然后再以普通价格转让剩余股权给新进股东，该做法实际上侵害了股东的优先购买权。

4．支付方式和支付期限等履行方式

一次性支付或分期支付、一个月后或者当天支付，以及用货币支付还是以其他方式支付，往往是其他股东决定是否行使优先购买权的重要考量因素。如果转让股东在通知中未写名支付方式和支付期限信息，则其他股东就无从考虑自己是否有能力购买，股东的优先购买权就无从得到保障。

鉴于《公司法司法解释四》对于"同等条件"规定为应当考虑转让股权的数量、价格、支付方式及期限等因素。故在司法实践中，数量、价格、支付方式及期限等因素为股权转让通知的必备内容。

如果股权转让的通知不具备上述内容，则容易被裁判者视为股份出让股东未尽到通知义务，相关交易条件未明示，则其他股东有权要求出让股份的股东补充通知，并从补充通知作出时起算优先权期间。

二、股权转让通知的接收对象

按照《公司法司法解释四》第十七条的规定，有限责任公司的股东向股东以外的人转让股权，应就其股权转让事项以书面或者其他能够确认收悉的合理方式通知其他股东征求同意。优先购买权享有主体为其他股东，故出让股东应将其他股东作为通知对象，采取有效的通知方式以保证通知能及时送达其他股

东，一般采取挂号信的方式送达、公证送达，邮件送达等能及时送达的方式。若出让股东仅通知公司或未通知全部股东，或采取公告的方式通知，则可视为未有效通知其他股东。

三、收到股权转让通知后优先权的行使期限

主张优先权的股东以及不同意转让的股东，应就出让的股份行使优先购买权，优先权的行使期限在《公司法》中虽未作规定，但在《公司法解释四》第十九条中明确规定：有限责任公司的股东主张优先购买转让股权的，应当在收到通知后，在公司章程规定的行使期间内提出购买请求。公司章程没有规定行使期间或者规定不明确的，以通知确定的期间为准，通知确定的期间短于30日或者未明确行使期间的，行使期间为30日。

1. 优先权的行使期限首先看公司章程规定；

2. 如果公司章程没有规定，则以通知确定的时间为准；

3. 如果通知确定时间短于30日，则行使期间为三十日；

4. 如果通知中没有明确行使期间，则行使期间为三十日。

因此，股东对外转让股份应尽量做到合规、合法，就相关法律风险提前考虑并作相应防范，以提高效率、增加成功率。

⚖ 败诉分析

本案中，电力公司未经中静公司同意擅自将其持有的股份在产交所挂牌交易，并与水利公司签订了股权转让协议，中静公司认为电力公司的行为侵犯了其优先购买权，由此应诉。本案一审二审均判决电力公司败诉！

二审法院认为："考虑到有限公司的人合性特征，我国《公司法》等相关法律法规规定了股东向股东以外的人转让股权的，应当向其他股东充分履行通知义务。其他股东在同等条件下享有优先购买权。此处所涉通知的内容，应当包括拟转让的股权数量、价格、履行方式、拟受让人的有关情况等多项主要的转让条件。结合本案，首先，在上诉人电力公司于一审第三人新能源公司股东会议中表示了股权转让的意愿后，被上诉人中静公司已明确表示不放弃优先购买权。其次，电力公司确定将股权转让给上诉人水利公司后，也并未将明确的拟受让人的情况告知中静公司。故而对于中静公司及时、合法的行权造成了障

碍。而权利的放弃需要明示，故不能当然地认定中静公司已经放弃或者丧失了该股东优先购买权。"[1]

即在本案中，因股权转让方电力公司未将拟受让方的情况告知中静公司，视为股权转让未有效通知其他股东，在此情况下，应认为不具备足以使中静公司作出是否行使优先购买权的表示，故认为中静公司依然享有优先购买权。

股东战术指导

鉴于在股权转让通知中，因股东未及时发出股权转让通知或在转让通知中未尽到必要的通知义务，导致因股权转让不当通知引发的股东纠纷日益增多，笔者在此提出如下建议供参考。

第一，为避免股东因股权转让通知的内容产生纠纷，公司应在《公司章程》中对于股权对外转让时的"股权转让通知"的内容进行明确，拟受让人、股权数量、价格、支付方式及期限应为股权转让通知的必备内容。

第二，有限责任公司的股东主张优先购买转让股权的，应当在收到通知后，在公司章程规定的行使期间内提出购买请求。因此，《公司章程》应对股东行使优先购买权的期限进行明确规定，常见的以 30 日为宜，即其他股东应当在收到通知后的 30 日内提出购买请求。当然，公司可以按照公司股东的具体情况适当延长此期间，但需要注意的是，30 日是最少期间，如果公司章程规定少于 30 日的，行使期间则为 30 日。

经典案例

原告中静公司因与被告电力公司、被告水利公司、第三人新能源公司、第三人产交所发生股权转让纠纷，向上海市黄浦区人民法院提起诉讼。

原告中静公司诉称：其和被告电力公司为第三人新能源公司股东，两公司分别持股 38.2%、61.8%。2012 年 6 月 1 日，电力公司未经中静公司同意擅自将其持有的股份在产交所挂牌交易，中静公司于 7 月 2 日向第三人产交所提出异

---

[1] 摘自《中华人民共和国最高人民法院公报》2016 年第 5 期（总第 235 期），中静实业（集团）有限公司诉上海电力实业有限公司等股权转让纠纷案判决书原文。

议，明确表示保留优先购买权，要求暂停交易重新进行信息披露，但电力公司为避免中静公司行使优先购买权，在被告水利公司未缴纳保证金情况下于7月3日与水利公司签订了产权交易合同，而且整个交易是在中静公司异议审查期间完成的，产交所于7月5日才向中静公司送达交易不予中止决定通知书。中静公司认为，电力公司擅自转让股份侵害了其股东优先购买权，水利公司和产交所以中静公司未进场交易为由认定中静公司放弃优先购买权没有法律依据，故请求判令：中静公司对电力公司与水利公司转让的新能源公司的61.8%股权享有优先购买权，并以转让价人民币48,691,000元（以下币种均为人民币）行使该优先购买权。审理中，中静公司表示愿意接受电力公司、水利公司签订转让合同的条件。

被告电力公司辩称：对外转让股权由第三人新能源公司2012年2月15日的股东会决议通过，原告中静公司亦表示同意。电力公司属集体所有制企业，按相关法律规定其股权转让须过产权交易所挂牌交易，中静公司收到挂牌交易通知后未至产交所行权，等于放弃了优先购买权的行使，故其诉讼请求不能成立。

被告水利公司辩称：原告中静公司怠于到第三人产交所行权，已经放弃了优先购买权的行使。水利公司与被告电力公司的股权交易过程合法公平公正，且水利公司已经支付股权转让款并完成了股权转让的附随条件，其善意第三人的合法权利应当得到法律保护。故不同意中静公司的诉讼请求。

第三人新能源公司发表意见认为：第三人产交所的交易过程合法，被告水利公司已经取得新能源公司的股东资格。

第三人产交所发表意见认为：交易所完全遵循交易规则，项目信息披露真实、准确、完整。原告中静公司在挂牌截止的最后一天仅以被告电力公司提交材料存在重大遗漏和权属存在争议为由要求暂停交易，经核实其所述不实，被告水利公司取得股权合法有效。国资法规定国有资产转让应在产权交易场所公开进行，中静公司行使优先购买权的前提条件是"在同等条件下"，既包括程序上的同等也包括实体上的同等，国有产权交易的程序是交易主体应当进场交易，中静公司拒绝进场交易，视为其放弃了优先购买权，否则有违同等条件中程序同等的规定。

上海市黄浦区人民法院一审查明：

第三人新能源公司成立于1999年3月16日，股东原为上海电力公司（后更名为电力公司）、上海工业公司、上海环保公司、中静能源，各方持股分别为 45%、10%、6.8%、38.2%。

2010 年 2 月 10 日，被告电力公司和中静能源签订《关于新能源公司之增资及股权调整框架协议》（以下简称"框架协议"），约定：双方共同收购上海工业公司、上海环保公司的股份，使得电力公司和中静能源股权占比分别为 51% 和 49%；中静能源尽快将其持有的 38.2% 股权转让给中静公司，使新能源公司变更为内资公司。

2010 年 5 月，原告中静公司取代中静能源成为第三人新能源公司股东。8 月 6 日，被告电力公司与中静公司签订补充协议书，约定：由电力公司先行出资受让上海工业公司和上海环保公司的股权计 16.8%，电力公司与中静公司在新能源公司的股权占比分别为 61.8%、38.2%；电力公司受让股权后，在同样条件下将新能源公司 10.8% 的股权转让给中静公司，或在增资过程中，由双方针对具体情况将股权比例调整为电力公司占 51%，中静公司占 49%，并最终根据框架协议的规定，将双方股权比例调整为各占 50%。12 月 1 日，第三人产交所出具电力公司受让上海工业公司和上海环保司持有新能源公司 16.8% 股权的产权交易凭证。

2012 年 2 月 15 日，第三人新能源公司通过股东会决议，内容为：一、意电力公司转让其所持 61.8% 股权，转让价以评估价为依据；二、中静公司不放弃优先购买权；三、股权转让相关手续由双方按法定程序办理；四、股权转让后，相应修改公司章程及股东出资额记载；五、委托上海沪港金茂会计师事务所有限公司、上海东州资产评估有限公司进行财务审计和资产评估；六、转让评估基准日为 2011 年 12 月 31 日。

2012 年 5 月 25 日，第三人新能源公司将股权公开转让材料报送第三人产交所。6 月 1 日，产交所公告新能源公司 61.8% 股权转让的信息：挂牌期为 2012 年 6 月 1 日至 7 月 2 日；"标的企业股权结构"一栏载明老股东未放弃行使优先购买权；"交易条件"为挂牌价格 4,8691,000 元，一次性付款，继续履行原标的公司员工的劳动合同，支持标的企业长远发展，促进标的公司业绩增长；意向受让方应在确认资格后 3 个工作日内向产交所支付保证金 1400 万元，否则视为放弃受让资格；若挂牌期满只征集到一个符合条件的意向受让方，则采用协议方式成交，保证金充作股权转让款；若征集到两个或两个以上符合条件的意向受让方，则采取竞价方式确定受让人；意向受让方在产交所出具产权交易凭证后1个工作日内须代标的公司偿还其对转让方的3500万元债务。标的公司其他股东拟参与受让的，应在产权转让信息公告期间向产交所提出受让申请，并在竞价现场同等条件下优先行使购买权，否则视为放弃受让。

被告电力公司通过手机短信、特快专递、公证等方式通知了原告中静公司相关的挂牌信息。

7月2日，原告中静公司向产交所发函称，根据框架协议及补充协议，系争转让股权信息披露遗漏、权属存在争议，以及中静公司享有优先购买权，请求第三人产交所暂停挂牌交易，重新披露信息。

7月3日，被告水利公司与被告电力公司签订产权交易合同，内容为：合同交易的标的为电力公司持有的新能源公司61.8%股权；合同标的产权价值及双方交易价款为48,691,000元；价款（包括保证金）在签订合同后5个工作日内一次性支付；新标的公司须继续履行原标的公司员工的劳动合同；在第三人产交所出具交易凭证后1个工作日内，水利公司须代第三人新能源公司偿还其对电力公司的3500万元的债务，一次性付到电力公司指定账户等。次日，产交所出具产权交易凭证，水利公司亦履行了股权转让款以及债务承担的合同义务。同日，产交所发出不予中止交易决定书给原告中静公司称，经审核，股权转让程序符合产权交易相关规定，故决定不同意中静公司的申请。9月11日，新能源公司向水利公司出具出资证明书，并将其列入公司股东名册，但未能办理工商登记变更。

上海市黄浦区人民法院一审认为：

首先，股东优先购买权是公司法赋予股东的法定权利，《中华人民共和国公司法》仅在第二十三条规定了法院强制执行程序中，优先购买权股东被通知后法定期间内不行权，视为放弃优先购买权，公司法及司法解释并未规定其他情形的失权程序；其次，根据最高人民法院《关于贯彻执行〈中华人民共和国民法通则〉若干问题的意见（试行）》的规定，不作为的默示效果只有在法律有规定或者当事人双方有约定的情况下，才可视为意思表示；再次，产交所作为依法设立的产权交易平台，法律并未赋予其判断交易标的是否存在权属争议和交易一方是否丧失优先购买权这类法律事项的权利。

综上，在法律无明文规定，且原告中静公司未明示放弃优先购买权的情况下，中静公司未进场交易并不能得出其优先购买权已丧失的结论。从商事交易的角度来说，商事交易尽管要遵循效率导向，也要兼顾交易主体利益的保护。并且，优先购买权股东未进场交易，第三人产交所亦可通知其在一定期限内作出是否接受最后形成的价格的意思表示，不到场并不必然影响交易的效率。若片面强调优先权股东不到场交易则丧失优先购买权，无疑突出了对产交所利益和善意第三人利益的保护，而弱化了对优先购买权股东利益的保护，必将导致利益的失衡。原告中静公司在股权交易前提出了异议，第三人产交所应及时答复。参照《企业国有产权交易操作规则》的相关规定，信息公告期间出现影响交易活动正常进行的情形，或者有关当事人提出中止信息公告书面申请和有关材料后，产权交易机构可以作出中止信息公告的决定。对于提出异议的优先购买权股东而言，其在未被产交所及时答复异议前不知交易是否如期进行，因而不到场，不能视为其放弃受让。故在中静公司未明确放弃优先购买权的情况下，被告电力公司与水利公司的股权转让合同不生效。

由于对优先购买权的行使除公司法规定的"同等条件"外，法律尚无具体规定，司法实践中亦无参考先例。考虑到第三人新能源公司目前的实际状况，同时为防止股东优先购买权的滥用，即确权后不行权，导致保护优先购买权成空文或对股权出让人和受让人的利益造成损害，因此，需要确定股东的优先购买权的行权期限、行权方式。比照公司法第七十三条的规定，法院认为，可以要求原告中静公司在确权生效后二十日内行权，否则视为放弃行权。只有中静公司放弃行权，被告电力公司与水利公司的股权转让合同才生效。关于行权方式，中静公司应按照国有资产转让的规定办理。综上所述，中静公司主张其对电力公司与水利公司转让的新能源公司的61.8%股权享有优先购买权并要求行权的诉讼请求，于法有据，予以支持，其行权内容、条件应与电力公司、水利公司之间签订的产权交易合同相同。

据此，上海市黄浦区人民法院依照《中华人民共和国公司法》第七十二条第三款、第七十三条、《中华人民共和国企业国有资产法》第五十四条第二款、最高人民法院《关于贯彻执行〈中华人民共和国民法通则〉若干问题的意见（试行）》第六十六条之规定，于2014年9月25日判决如下：

原告中静实业（集团）有限公司对被告上海电力实业有限公司与被告中国水利电力物资有限公司转让的第三人上海新能源环保工程有限公司的股权享有

优先购买权；原告中静实业（集团）有限公司应当在本判决生效之日起二十日内行使优先购买权，否则视为放弃；原告中静实业（集团）有限公司优先购买权的行使内容、条件，与被告上海电力实业有限公司和被告中国水利电力物资有限公司签订的产权交易合同相同。

一审宣判后，电力公司、水利公司均不服，向上海市第二中级人民法院提出上诉。

上诉人电力公司上诉称：被上诉人中静公司未在规定期限内进场交易积极行使股东优先购买权，故其已丧失该项权利；中静公司在涉案股权于产交所挂牌公告期届满最后一日提出的暂停交易的理由违反诚实信用原则，不应得到法律保护。基于此，电力公司认为一审判决有误，请求撤销原判，依法改判驳回中静公司的全部原审诉讼请求。

上诉人水利公司上诉称：一审法院在没有法律规定的情况下，自行创设失权程序，存在逻辑缺陷，并且存在适用法律错误的情况；本案不存在电力公司或者水利公司侵害被上诉人中静公司股东优先购买权的事实，而是中静公司恶意阻挠正常的股权交易。原审判决一味强调保护股东优先购买权，却损害了正常的交易秩序以及公平原则。基于此，水利公司亦认为原审判。

决有误，请求撤销原判，依法改判驳回中静公司的全部原审诉讼请求。

上诉人电力公司和水利公司相互间对于对方的上诉请求和事实理由表示认同。

被上诉人中静公司辩称：本案实质即上诉人电力公司侵害了中静公司的股东优先购买权。电力公司自始至终未将拟转让的对象等股权转让的具体情况通知中静公司；中静公司已经在挂牌公告期间内向产交所提出了异议，要求产交所暂停挂牌交易，故中静公司并未丧失股东优先购买权。反而是产交所收到中静公司的申请后，未及时予以答复，仍然促成电力公司和水利公司完成交易，明显侵害了中静公司的股东优先购买权。中静公司认可一审判决。

一审第三人新能源公司及一审第三人产交所均认可上诉人电力公司及上诉人水利公司的上诉请求。

上海市第二中级人民法院经二审，确认了一审查明的事实。

上海市第二中级人民法院二审认为：

本案争议焦点为：被上诉人中静公司是否已经丧失了涉案股权的股东优先购买权。

法院认为，中静公司并未丧失涉案股权的股东优先购买权。

第一，考虑到有限公司的人合性特征，我国《公司法》等相关法律法规规定了股东向股东以外的人转让股权的，应当向其他股东充分履行通知义务。其他股东在同等条件下享有优先购买权。此处所涉通知的内容，应当包括拟转让的股权数量、价格、履行方式、拟受让人的有关情况等多项主要的转让条件。结合本案，首先，在上诉人电力公司于一审第三人新能源公司股东会议中表示了股权转让的意愿后，被上诉人中静公司已明确表示不放弃优先购买权。其次，电力公司确定将股权转让给上诉人水利公司后，也并未将明确的拟受让人的情况告知中静公司。故而对于中静公司及时、合法的行权造成了障碍。而权利的放弃需要明示，故不能当然地认定中静公司已经放弃或者丧失了该股东优先购买权。

第二，被上诉人中静公司在一审第三人产交所的挂牌公告期内向产交所提出了异议，并明确提出了股东优先购买权的问题，要求产交所暂停挂牌交易。但产交所未予及时反馈，而仍然促成上诉人电力公司与水利公司达成交易，并在交易完成之后，方通知中静公司不予暂停交易，该做法明显欠妥。需要说明的是，产交所的性质为经市政府批准设立，不以营利为目的，仅为产权交易提供场所设施和市场服务，并按照规定收取服务费的事业法人。基于此，产交所并非司法机构，并不具有处置法律纠纷的职能，其无权对于中静公司是否享有优先购买权等作出法律意义上的认定。故当中静公司作为新能源公司的股东在挂牌公告期内向产交所提出异议时，产交所即应当暂停挂牌交易，待新能源公司股东之间的纠纷依法解决后方恢复交易才更为合理、妥当。故其不应擅自判断标的公司其余股东提出的异议成立与否，其设定的交易规则也不应与法律规定相矛盾和冲突。

综上所述，一审认定事实清楚，判决并无不当。据此，上海市第二中级人民法院依照《中华人民共和国民事诉讼法》第一百七十条第一款第一项之规定，于 2015 年 4 月 22 日判决如下：

驳回上诉，维持原判。①

---

① 本部分来源于本案判决书主文，限于篇幅略做删减，读者可自行查阅判决书全文以全面了解案情。

·法条链接·

《中华人民共和国公司法》

第七十一条　有限责任公司的股东之间可以相互转让其全部或者部分股权。股东向股东以外的人转让股权，应当经其他股东过半数同意。股东应就其股权转让事项书面通知其他股东征求同意，其他股东自接到书面通知之日起满三十日未答复的，视为同意转让。其他股东半数以上不同意转让的，不同意的股东应当购买该转让的股权；不购买的，视为同意转让。

经股东同意转让的股权，在同等条件下，其他股东有优先购买权。两个以上股东主张行使优先购买权的，协商确定各自的购买比例；协商不成的，按照转让时各自的出资比例行使优先购买权。

公司章程对股权转让另有规定的，从其规定。

《最高人民法院关于适用〈中华人民共和国公司法〉若干问题的规定（四）》

第十八条　人民法院在判断是否符合公司法第七十一条第三款及本规定所称的"同等条件"时，应当考虑转让股权的数量、价格、支付方式及期限等因素。

第十九条　有限责任公司的股东主张优先购买转让股权的，应当在收到通知后，在公司章程规定的行使期间内提出购买请求。公司章程没有规定行使期间或者规定不明确的，以通知确定的期间为准，通知确定的期间短于30日或者未明确行使期间的，行使期间为30日。

股东若故意隐瞒真实的股权转让条件，其他股东该如何行使优先购买权

📖 案件要旨

在股东对外转让股权时，如果拟转让股东在签订对外转让股权合同后，在向公司其他股东通报转让股权事项时有所隐瞒，未如实向公司其他股东通报股权转让真实条件，采取为外有别的方式提高股权转让条件的，公司其他股东有

权依照真实的股权转让条件行使优先购买权。

案件来源

《最高人民法院民事判决书》楼国某与方樟某、毛协某、王忠某、陈溪某、王芳某、张铨某、徐玉某、吴广某有限责任公司股东优先购买权纠纷民事判决书最高人民法院（2011）民提字第 113 号 [①]

股东纠纷焦点

本案焦点在于，转让股东在对外股权转让时未如实向公司其他股东通报股权转让真实条件的，是否侵犯了其他股东的优先购买权？其他股东又该如何正确行使优先购买权？

法理探析

在公司股权和控制权战役中，当一部分的公司股东欲对外转让股权时，意味着公司的股权比例和控制权可能会重新洗牌，此时，股东如何行使优先购买权成为股权争夺大战中至关重要的一个关键点。在司法实践中，拟转让股东为了迫使其他股东放弃优先购买权，经常采用的一个策略就是向其他股东隐瞒真实的股权转让条件，在其他股东放弃优先购买权后，再顺利地将股权转让给第三人。而在其他股东行使优先权时，如何理解"同等条件"是正确行使优先权的前提。笔者拟从"同等条件"的角度出发，探析"股东未如实通报股权转让事项"的情况下，公司其他股东应该如何维护自己的优先购买权。

一、如何确定优先购买权行使的"同等条件"

根据《公司法》第七十一条第三款的规定，"经股东同意转让的股权，在同等条件下，其他股东有优先购买权。"从上述规定可以看出，"同等条件"是股东行使优先购买权的前提条件之一，如果不符合"同等条件"，则优先购买权就没有适用的余地。因此，在股权转让中如何确定"同等条件"是判断能否

---

① 最高人民法院案例 楼国某与方樟某、毛协某、王忠某、陈溪某、王芳某、张铨某、徐玉某、吴广某有限责任公司股东优先购买权纠纷民事判决书 最高人民法院（2011）民提字第113号

行使优先购买权的关键。我国《公司法》并未对"同等条件"的内容进行明确，造成了在司法实践中对于"同等条件"的认定没有一个统一的裁判口径，而《公司法解释四》对于"同等条件"的明确规定则起到了定纷止争的作用。依据《公司法解释四》第十八条的规定："人民法院在判断是否符合公司法第七十一条第三款及本规定所称的'同等条件'时，应当考虑转让股权的数量、价格、支付方式及期限等因素。"接下来，笔者对上述规定中"同等条件"的内容进行逐一分析：

1. 拟转让股权的数量

在公司控制权的争夺中，股权的数量多少是判断股东对公司控制权的关键因素，比如转让股东34%与24%的持股比例，51%与41%的持股比例，转让10%给公司其他股东或第三人所产生的控制权的变动是不同的。很多时候，对于现有股东而言，当其持有公司股权数量是33%、50%或者66%时，此时现有股东如果能行使优先购买权购入公司哪怕1%的股份，其对于公司的控制权则会产生极大的影响。因此，转让股权的数量作为"同等条件"之一是其他股东行使优先购买权需要考虑的重要因素。

2. 股权转让的价格

不可否认的是，在股权转让中，股权的价格是受让人及公司其他股东的重要参考因素之一。但是需要注意的是，在"价格"作为"同等条件"考量优先权的行使时，还需要按照转让股东和受让人的整个合同架构进行判断，比如当转让股东和受让人之间存在债务抵消的情况下，双方协商的股权转让价格的可能会按照双方的债务情况最终以低价转让；再例如有的合同虽然以高价转让，但是受让人却提供一笔低息的借款给转让股东。因此，在考量"价格"时，需要进行一个综合的判断，方能正确把握"同等条件"下的优先权行使。

3. 股权转让的支付方式和支付期限

一次性支付股权价格或延期支付、用货币支付还是以股权等方式支付，以及用美元支付还是用人民币支付，往往是其他股东决定是否行使优先购买权的重要考量因素。因此，除了股权的数量和价格，支付方式和支付期限亦是"同等条件"中重要的内容。如果转让股东只通知了股权的价格，没有明确支付方式和支付期限，则公司其他股东就无法判断自己的支付能力，股东的优先购买权就无法得到保障。

在地方性规定上，上海市高级人民法院《关于审理涉及有限责任公司股东优先购买权案件若干问题的意见沪高法民二》〔2008〕1号第二条规定："股东依照公司法第七十二条第二款的规定，向股东以外的人转让股权，就股权转让事项征求其他股东同意的书面通知，应当包括拟受让人的有关情况、拟转让股权的数量、价格及履行方式等主要转让条件。"第三条规定："其他股东主张优先购买权的同等条件，是指出让股东与股东以外的第三人之间合同确定的主要转让条件。"

需要注意的是，《公司法解释四》对于"同等条件"的细化为"应当考虑转让股权的数量、价格、支付方式及期限等因素。"即"同等条件"并不仅仅局限于"股权数量、价格、支付方式及期限"这四个因素，履行方式等对股权转让交易有实质性影响的因素，亦应属于"同等条件"。

二、股东未如实通报股权转让事项，其他股东该如何行使优先购买权

为顺利地将股权转让给第三人，转让股东经常使用的花招是：采用内外有别的方式，隐瞒真实的股权转让事项，以达到逼退其他股东的目的。例如转让股东和受让方约定的支付期限是分期支付，而转让股东为了恶意阻止现有股东行使优先购买权，往往隐瞒了真实的股权抓让条件，而是通知现有股东其支付期限是一次性支付，此时，公司现有股东往往因为支付能力所限无法进行一次性支付而不得不放弃了优先购买权。我们认为，在该种情况下，"同等条件"应为分期支付，而非一次性支付，股东的优先购买权应视为未放弃，股东依然有权按照"同等条件"即分期支付的条件行使优先购买权。

三、转让股东未如实通报股权转让事项，其他股东优先权的行使期限应如何计算

优先权的行使期限在《公司法解释四》第十九条中进行了明确规定："有限责任公司的股东主张优先购买转让股权的，应当在收到通知后，在公司章程规定的行使期间内提出购买请求。公司章程没有规定行使期间或者规定不明确的，以通知确定的期间为准，通知确定的期间短于30日或者未明确行使期间的，行使期间为30日。"

在转让股东未如实通报股权转让事项的情况下，其他股东优先权的行使期限如何计算成为一个疑难问题。笔者认为，按照《公司法解释四》的规定，公司其他股东"应当在收到通知后，在公司章程规定的时间内提出购买请求……"，即正常情况下，优先购买权的行使一般多以"收到通知后"开始设定一个行使期限。但是，在转让股东未如实通报股权转让事项的情况下，其他股东收到的是一份虚假的股权转让通知，故应以公司其他股东知或应知转让股东和第三人的真实转让条件之日开始计算优先购买权的行使期限。具体步骤如下：

1. 优先权的行使期限首先看公司章程规定；

2. 如果公司章程没有规定，则以通知确定的时间换算成知或应知时开始计算；

3. 如果通知确定时间短于 30 日，则行使期间为 30 日；

4. 如果通知中没有明确行使期间，则行使期间为 30 日；

因此，当公司其他股东收到的股权转让通知书中隐瞒了真实的股权转让条件时，其他股东行使优先购买权的 期限以知或应知真实转让条件时开始计算。

⚖ 股东战术指导

鉴于在有限公司的股权对外转让中，因转让股东隐瞒真实股权的转让条件，导致引发"优先购买权"的争夺，此类股东纠纷呈日益增多的趋势，笔者在此提出如下建议供参考。

第一，在有限公司的股东对外转让股权时，应重视《股权转让通知书》的内容，按照《公司法解释四》的要求，《股权转让通知书》中须告知公司其他股东拟受让人、股权数量、价格、支付方式及期限等内容。

第二，股东在股权转让中切勿弄虚作假，如果转让股东采用内外有别的方式，隐瞒真实的股权转让事项，逼退其他股东放弃优先购买权，则公司其他股东在知道真实的股权转让条件后，依然可以要求以真实的转让条件行使优先购买权。如此一来，转让股东可谓"搬起砖头砸了自己的脚！"

⚖ 典型案例

楼国某因行使有限责任公司股东优先购买权与方樟某、毛协某、王忠某、陈溪某、王芳某、张铨某、徐玉某、吴广某（以下合并简称"方樟某等八名股东")发生纠纷，楼国君以方樟荣等八名股东为被告，伍志某、劳文某、卢正某为第三人向浙江省金华市中级人民法院（以下简称"金华中院"）提起诉讼，该院作出（2009）浙金商初字第 27 号民事判决后，方樟某等八名股东不服向浙江省高级人民法院（以下简称"浙江高院"）提出上诉，该院作出（2010）浙商终字第 27 号终审民事判决后，方樟某等八名股东向本院提出再审申请，本院以（2010）民申字第 1027 号民事裁定提审本案。本院依法组成由审判员王东敏担任审判长、代理审判员刘崇理、曾宏伟参加的合议庭对案件进行了审理，书记员白雪担任记录。本案现已审理终结。

金华中院一审查明：楼国某与方樟某等八名股东均系天山公司的股东，其中楼国某出资占天山公司注册资本的 6.91%，方樟某等八名股东出资占注册资本的 93.09%。2008 年 10 月至 2009 年 10 月期间，方樟某为天山公司的法定代表人。

2009 年 4 月 16 日方樟某等八名股东与伍志某、劳文某、卢正某（简称伍志某等三人）签订《资产转让协议》一份，约定：一、方樟某等八名股东将天山公司所有的资产转让给伍志某等三人。二、转让价格：总价 9480 万元，价款支付方式：1. 协议签订之日起三个工作日内支付定金 10000 万元；2. 协议签订之日起三十个工作日内支付 6000 万元；3. 待完成股份转让手续后五个工作日内支付余款 2480 万元。三、转让资产：天山公司所有的资产。协议对具体资产进行了约定。以上资产和债务经伍志某等三人确认后，伍志某等三人支付方樟某等八名股东净收 9480 万元。一切过户及税收相关费用等由伍志某等三人自负……五、伍志某等三人经三十个工作日调查，对天山公司资产及债务情况予以接受，则协议自签订之日起生效，若对天山公司资产及债务情况有异议，双方可以继续协商，若对天山公司资产及债务情况不能接受，伍志某等三人可以单方终止协议，无须承担违约责任，方樟某等八名股东应于三个工作日内退还定金。六、自协议签订之日起，伍志某等三人经调查愿意继续履行合同，方樟某等八名股东不能履行合同，视为违约，应向伍志某等三人支付违约金 10,000 万元。如伍志某等三人在三十个工作日内不能给方樟某等八名股东明确答复，视为自动放弃。七、未尽事宜，另行协商，协商不成，由资产所在地法院管辖。

2009 年 4 月 29 日，方樟某等八名股东与伍志某等三人签订《资产转让补充协议》一份，约定：为完善 2009 年 4 月 16 日双方签订的《资产转让协议》，经双方协商达成如下协议：一、双方同意以股份转让方式完成资产转让；二、双方确认的股权转让价格是以双方确认的天山公司现有资产为基础。除补充协议确认的伍志某等三人愿意承担的天山公司债务外，双方股权转让之前天山公司的债权债务由方樟某等八名股东承担，股权转让之后天山公司的债权债务由伍志某等三人承担；协议第三条对方樟某等八名股东应承担的天山公司应支付的相关费用作了约定，该款项经双方查实后，可从伍志某等三人支付给方樟某等八名股东的款项中扣除；协议第四条对伍志某等三人应承担的天山公司债务作了约定……五、若天山公司欠株洲天山实业有限公司（系另一企业）的 1520 万元是实，双方均有权单方终止 2009 年 4 月 16 日签订的《资产转让协议》及补充协议。六、双方签订的《资产转让协议》与本补充协议不一致的，以本协议为准。未尽事宜，另行协商，协商不成，由天山公司所在地法院管辖。

2009 年 5 月 25 日，方樟某等八名股东与伍志某等三人签订《天山公司股份转让补充协议》一份，约定：鉴于楼国某不同意股份转让，股权转让手续因楼国某不同意股份转让需时间以完善，双方就天山公司股份转让一事达成协议如下：一、双方同意对 2009 年 4 月 16 日签订的《资产转让协议》"第二条转让价格及价款支付方式"修改为：转让价格为 8824 万元。价款支付方式：1. 伍志某等三人已向方樟某等八名股东支付定金 10,000 万元；2. 待完成楼国某不同意股份转让手续后，双方办理股份转让手续时支付 4000 万元；3. 楼国某案结案后支付 2000 万元；4. 待完成股份转让手续后三个工作日内将余款 1824 万元转入双控账户。双方将天山公司交接完毕及 4 月 29 日双方签订补充协议履行后，再将余款支付给方樟某等八名股东。二、双方之前签订的协议继续有效，与本协议不一致的，以本协议为准。未尽事宜，另行协商。经方樟某等八名股东及伍志某等三人确认，协议中的"楼国某案"系指湖南株洲中院审理的楼国某与天山公司民间借贷纠纷一案，该案尚在审理中。

2009 年 6 月 3 日，方樟某等八名股东以天山公司名义在 2009 年 6 月 4 日的株洲日报上发布《通知》一份，内容为：楼国某先生：本公司书面通知你如下事项：经天山公司董事长方樟某提议，由公司董事长方樟某召集，决定召开公司股东会议。会议时间：2009 年 7 月 6 日。会议地点：株洲市金都宾馆 911 房间。会议内容：公司股东方樟某等八名股东在天山公司的股份 93.09% 全部对外转让，转让价格为8824万元。请你准时参加临时股东会议，并请你于2009年7月6日前对是否受让其余八位股东的股权作出书面答复。

2009年6月23日，楼国某经浙江省义乌市公证处公证分别向方樟某等八名股东邮寄了《通知》一份，载明：方樟某等八名股东：你们于2009年6月3日在株洲日报上刊登了通知，向我告知你们将所持的天山公司的93.09%的股权对外转让，价格为8824万元，现答复如下：我以同等条件向你们购买天山公司的93.09%的股权，请你们收到本通知五日内与我办理股权转让有关的事宜。以上通知经特快邮递，王忠某由本人签收、陈溪某由其父代收、张铨某由其房客代收，方樟荣某5人的邮件均未签收被退回。

2009年6月26日，楼国某又在株洲日报上刊登《通知》一则，内容与2009年6月23日的《通知》内容基本相同，同时还提出以后发类似通知时，请以你们个人名义发出。

2009年7月6日，天山公司召开临时股东会议，对方樟某等八名股东持有的天山公司93.09%的股份对外转让事宜进行讨论。经表决，除楼国某外的其余八位股东即方樟某等八名股东同意上述股权对外转让，转让价格为8824万元，付款方式为一次性付清。楼国某在股东会议上对该决议明确表示反对，并要求以方樟某等八名股东与伍志某等三人于2009年4月16日签订的《资产转让协议》、2009年4月29日签订的《资产转让补充协议》、2009年5月25日签订的《天山公司股份转让补充协议》及《甲方应移交乙方的材料》中约定的条件行使优先购买权。湖南株洲市国信公证处对此次股东会议进行了现场监督，并出具了公证书。

2009年7月20日，方樟某等八名股东与伍志红等三人签订《解除股权转让协议书》一份，约定：一、双方同意解除2009年4月16日签订的《资产转让协议》、2009年4月29日签订的《资产转让补充协议》、2009年5月25日签订的《天山公司股份转让补充协议》；二、本协议签订时伍志某等三人已收到方樟某等八名股东退还的10x0万元定金，鉴于伍志某等三人为股权转让协议的签订及履行做了较多准备，方樟某等八名股东同意支付伍志红等三人赔偿金200万元；三、本协议经双方签字后生效。

2009年9月11日，天山公司召开股东会议，讨论方樟某等八名股东所持该公司93.09%的股份不再对外转让的事宜。经表决，方樟某等八名股东同意该议题，楼国某弃权，表决结果为方樟某等八名股东所持有的公司93.09%的股权不再对外转让。浙江义乌市公证处对此次股东会会议进行了现场监督，并出具了公证书。

2009年7月1日，楼国某向金华中院提起诉讼，请求判令：第一，撤销方樟某等八名股东与伍志某等三人签订的股权转让协议，即2009年4月16日的《资产转让协议》，2009年4月29日的《资产转让补充协议》，2009年5月25日的《天山公司股份转让补充协议》，2005年5月25日的《甲方应移交乙方的资料》；第二，确认楼国某依法行使股东优先权，以同等条件与方樟某等八名股东的股权转让协议成立并生效，即楼国某以方樟某等八名股东与伍志某等三人签订的有关股权转让协议中的权利和义务为同等履行条件以88,249,320元价格受让方樟某等八名股东在天山公司所占的93.09%股份；第三，判决方樟某等八名股东履行与楼国某达成的股权转让协议，协议内容以方樟某等八名股东与伍志红等三人签订的《资产转让协议》《资产转让补充协议》《天山公司股份转让补充协议》的同等条件为准；第四，由方樟某等八名股东承担本案全部诉讼费用。

金华中院一审判决：一、楼国某对方樟某等八名股东所持有的天山公司93.09%的股权享有优先购买权；二、就楼国某对上述第一项股权享有的优先购买权，楼国某与方樟某等八名股东应承担的权利义务内容，按方樟某等八名股东于2009年4月16日签订的《资产转让协议》、于同年4月29日签订的《资产转让补充协议》、于同年5月25日签订的《天山公司股份转让补充协议》约定的内容履行；三、驳回楼国某的其他诉讼请求。案件受理费483,047元、财产保全费50,000元，合计438,047元，由方樟某等八名股东承担。

方樟某等八名股东不服一审判决，向浙江高院提起上诉。

浙江高院二审除认定一审法院查明的案件事实外，另查明：2009年4月16日，方樟某等八名股东与伍志某等三人签订的《资产转让协议》中，落款处虽有楼国某名字。但二审庭审中，双方当事人均认可楼国某的名字非楼国某本人所签，方樟某等八名股东亦未提供其他证据证明楼国某本人所签。

浙江高院审理后判决：驳回上诉、维持原判。二审案件受理费483047元由方樟某等八名股东负担。

方樟某等八名股东于2010年6月25日向本院申请再审称：请求根据《民

事诉讼法》第一百七十八条、第一百七十九条第一款第二、三项的规定对本案提审，撤销一审、二审判决，驳回楼国某诉讼请求。

本院在再审期间查明：在 2009 年 4 月 16 日的《资产转让协议》中，合同首部列明的当事人中转让方一栏目中除方樟某等八名股东外，还列有楼国某，并在括号中注明该九位在合同中简称甲方。在合同尾部当事人签名一栏甲方签名中载有楼国某的字样（在本案二审中，方樟某等八名股东及楼国某均认可该名字非楼国某本人所签）。该合同中约定甲方将天山公司的资产转让给乙方，转让价格为 9480 万元等内容。

在 2009 年 4 月 29 日的《资产转让补充协议》中，合同首部列明的当事人中转让方一栏目中除方樟某等八名股东外，还列有楼国某，并在括号中注明该九位在合同中简称甲方。在合同尾部当事人签名一栏甲方签名中没有楼国某的署名。在该合同中双方又进一步补充约定以股份转让方式完成资产转让，股权转让前后天山公司的债务承担等内容。

在 2009 年 5 月 25 日的《天山公司股份转让补充协议》中，合同首部列明的当事人中转让方一栏目中仅有方樟某等八名股东，楼国某不再列为合同当事人，在合同尾部没有楼国某署名。该合同明确，鉴于楼国某不同意转让股份，股权转让手续因楼国某不同意股份转让需时间以完善，股权转让价格为 88,249,320 元等内容。

2009 年 4 月 18 日，天山公司在 2009 年 4 月 20 日《株洲日报》上刊登的天山公司《清资核产公告》载明：天山公司与伍志某签订《资产转让协议》，现已进入清资核产程序。请与本公司有债权债务关系的企业和自然人，在 2009 年 5 月 21 日前向公司申报债权等。

2009 年 6 月 26 日，楼国某在 2009 年 6 月 26 日的《义乌商报》上刊登《通知》载明：方樟某等将 93.09% 的股权作价 88,249,320 元转让，并已经签订，根据《公司法》的规定，以方樟某等八名股东拟转让给第三方的同等条件，楼国某购买天山公司 93.09% 的股权，请你们收到本通知五日与楼国某办理股权转让的有关事宜。

对原一、二审法院查明的其他案件事实本院予以确认。

本院认为，根据本案查明的事实，发生涉案合同关系时天山公司有九位股东，即方樟某等八名股东和楼国某。2009 年 4 月 16 日、29 日，方樟某等八名股东与伍志某等三人签订《资产转让协议》和《资产转让补充协议》，约定以转让天山公司股权的方式转让资产等内容。在该两份合同首部列明转让方栏目中除方樟某等八名股东外，还列有楼国某，并将九名股东统称为甲方，合同内容涉及转让天山公司全部资产及股权，但楼国某未在上述两份合同上签字同意。2009年5月25日，方樟某等八名股东与伍志某等三人又签订《天山公司股份转让补充协议》，约定了办理楼国某不同意转让股份的手续问题，并将转让价格由9480万元调整为382─9320元。上述事实表明，伍志某等三人在签订《资产转让协议》及《资产转让补充协议》时，系准备整体收购天山公司股权及资产，在楼国某不同意转让股权的情形下，其才决定收购方樟某等八名股东的股权，遂与方樟某等八名股东签订了《天山公司股份转让补充协议》。在本院再审程序中，楼国某举证天山公司于2009年4月20日在株洲日报上刊登的《清资核产公告》，拟证明方樟某等八名股东与伍志某等三人开始履行了其间的股权转让合同，但因伍志某等三人于同年的5月25日才与方樟某等八名股东单独签订合同，确定收购八名股东的股权，该《清资核产公告》发布时其间的股权转让合同尚未成立，该证据材料与其间的股权转让合同无关，本院对楼国某的该主张不予支持。

2009年6月3日，天山公司在株洲日报上发布召开股东会通知及所议股权转让的事项。楼国某采取向方樟某寄信、在报纸上刊登《通知》的方式明确表示要按同等条件行使优先购买权，并于同年7月1日以向法院提起诉讼的方式主张行使优先购买权，形成本案。同年7月6日，天山公司股东会如期召开，讨论方樟某等八名股东转让股份事宜。方樟某等八名股东将股权转让条件确认为转让价格88,249,320元，付款方式为一次性付清。楼国某主张购买，但要求按方樟某等八名股东与伍志某等三人签订的合同行使优先购买权。各方未形成一致意见。上述事实表明，方樟某等八名股东在与伍志某等三人签订股权转让合同后，楼国某主张按照方樟某等八名股东对外签订的股权转让条件行使优先购买权时双方发生了纠纷。方樟某等八名股东因转让股权于2009年4月至5月期间先后与伍志某等三人签订三份协议，明确表达了转让股权的意思及转让条件等，但在同年7月6日召开的股东会中其在履行征求其他股东是否同意转让及是否行使优先购买权时，隐瞒了对外转让的条件，仅保留了转让价格，对合同约定的履行方式及转让股权后公司债务的承担等予以变更。《公司法》第七十二条规定，股东对外转让股权时应当书面通知股权转让事项，在同等条件下，其他股东有优先购买权。方樟荣等八名股东在签订对外转让股权合同后，在公司股东会中公布转让股权事项时有所隐瞒，将其转让股权款的支付方式，由对伍志某等三人转让合同的先交付 10,000 万元定金、交付 4,000 万元的股权转款后办理股权过户，过户完毕后再交付余款等，变更为一次性支付股权转让款；对伍志某等三人转让合同中约定的债务由转让股东方樟某等八名股东承担等内容不再涉及。方樟某等八名股东在股东会中提出的股权转让条件与其对伍志某等三人签订股权转让合同约定的条件相比，虽然价格一致，但增加了股权受让方的合同义务和责任。方樟某等八名股东的该行为，未如实向公司其他股东通报股权转让真实条件，采取内外有别的方式提高股权转让条件，不符合《公司法》相关规定，有违诚实信用原则。楼国某在自己获悉方樟某等八名股东对伍志某等三人的股权转让合同后，坚持明确主张按方樟某等八名股东对伍志某等三人转让合同的条件行使优先购买权，系合理主张共有权益人的权利，符合《公司法》的规定，楼国某的主张应获得支持。

在本案一审诉讼期间，7 月 20 日，方樟某等八名股东与伍志某等三人签订《解除股权转让协议》，约定解除其间涉及转让本案股权的三份合同，方樟某等八名股东退还定金 10,000 万元，赔偿损失 2000 万元。9 月 11 日，天山公司召开股东会，方樟某等八名股东在会上明确表示不再对外转让。方樟某等八名股东的上述行为表明其恶意撤销已经成就的他人行使优先权的条件，原一、二审法院判决认为方樟某等八名股东与楼国某之间存在要约与承诺，合同应当成立的观点虽然理由欠妥，但结果并无不当。

在本案再审程序中，方樟某等八名股东与楼国某协商，将楼国某与天山公司的其他债务及涉及本案转让的股权一并处理，双方又重新达成协议，方樟某等八名股东又再次明确其转让股权的意思，且双方对股权转让的价格及公司债务的承担等达成一致意见并签署了协议，但双方关于股权转让款先支付到哪一个共管账户的问题未形成一致意见。在楼国某按照协议的约定备足股权转让款时，方樟某等八名股东又提出反悔意见。其中，吴广某、徐玉某表示全面反悔协议内容，方樟某表示在先支付股权转让款的情况下可以转让股权，其余五名股东表示在保证拿到股权转让款的情况下，履行约定的内容。

根据本案在一审、二审及再审程序中查明的事实，方樟某等八名股东因转让股权，有两次签订合同的行为，第一次是在受理本案之前与伍志某等三人，第二次是在再审程序中与娄国某，又先后选择放弃合同，对其股权是否转让及转让条件做了多次反复的处理。方樟某等八名股东虽然合法持有天山公司股权，但其不能滥用权利，损害相对人的合法民事权益。作为公司其他股东的楼国某为受让方樟某等八名股东股权，继续经营公司，两次按照方樟某等八名股东的合同行为准备价款，主张行使优先购买权，但方樟某等八名股东均以各种理由予以拒绝。尤其是在本院再审期间，方樟某等八名股东已经同意将股权转让给楼国某，并将公司与股东及公司以外的其他债务均一并进行了处理，但方樟某等八名股东在签订协议后又反悔。在此情形下，本院如果支持了方樟某等八名股东的再审主张，允许方樟某等八名股东多次随意变更意思表示，不顾及对交易相对人合理利益的维护，对依法享有优先购买权的公司其他股东明显不公平，同时也纵容了不诚信的行为。

综上，原一、二审判决认定事实清楚，虽然适用法律的理由欠妥，但判决结果正确，对方樟某等八股东的再审申请应予以驳回。本院依照《中华人民共和国公司法》第七十二条第三款、《中华人民共和国民法通则》第四条、《中华人民共和国民事诉讼法》第一百八十六条、最高人民法院《关于适用〈中华人民共和国民事诉讼法〉审判监督程序若干问题的解释》第三十七条之规定，判决如下：

驳回再审申请，维持浙江省高级人民法院（2010）浙商终字第27号终审民事判决。[1]

·法条链接·

上海市高级人民法院《关于审理涉及有限责任公司股东优先购买权案件若干问题的意见　沪高法民二》〔2008〕1号

二、股东依照公司法第七十二条第二款的规定，向股东以外的人转让股权，就股权转让事项征求其他股东同意的书面通知，应当包括拟受让人的有关情况、拟转让股权的数量、价格及履行方式等主要转让条件。

---

[1]　本部分来源于本案判决书主文，限于篇幅略做删减，读者可自行查阅判决书全文以全面了解案情。

通知中主要转让条件不明确，无法通过合同解释和补充方法予以明确的，视为未发出过书面通知。

不同意对外转让股权的股东，应当在合理期限内向出让股东购买该部分股权。购买条件与行使优先购买权相同。

检索报告

三、其他股东主张优先购买权的同等条件，是指出让股东与股东以外的第三人之间合同确定的主要转让条件。

出让股东与受让人约定的投资、业务合作、债务承担等条件，应认定为主要条件。

一股二卖，股权到底属于谁

案件要旨

公司法规定了股权转让股东发生变更时，应当向公司登记机关办理变更登记，否则不得对抗第三人。在"一股二卖"中，如果股权受让人符合《物权法》第一百零六条所规定的维护善意第三人对权利公示之信赖，以保障交易秩序的稳定及安全之意旨。可类推适用《物权法》第一百零六条有关善意取得之规定，认定由"登记者"合法取得股权。

股东纠纷焦点

本案焦点主要有两个："一股二卖"中的两份股权转让合同的效力如何判断？股权属于先买者，还是属于登记者？

案件来源

《最高人民法院公司案例指导与参考》[①] 京龙建设有限公司与三岔湖有限公司等及合众万家有限公司等股权确认纠纷二审民事判决书（2013）民二终字第 29 号

[①] 最高人民法院案例指导与参考丛书编选组编，人民法院出版社，2018年1月版。

📖 法理探析

在股权转让中，有一种坑叫"一股二卖"，更甚者出现"一股多买"。那么此时，股权转让是否有效？股权究竟应该归谁所有？在青海某千亿矿权因"一股二卖"引发纷争后，其长达十几年的维权之路，引起业界对"一股二卖"效力的争议。笔者以公司法及民法相关规定为基础，结合相关司法案例，对"一股二卖"的效力问题及善意取得制度进行浅析。

一、"一股二卖"的几种情形

出卖人就同一股权先后订立两份转让合同，且两份股权转让合同均未变更股东名册及工商登记的情况下，股权属于谁？

股权转让合同订立后，已履行了公司股东名称变更手续，但未办理工商登记变更。其后，出卖人又将股权二次转让，并办理了工商变更登记。股权应归谁所有？

出卖人与"第一买受人"订立股权转让合同后，未变更股东名册和工商登记。其后，出卖人又与"第二买受人"签订转让协议，并办理了工商变更登记。股权属于先买者？还是属于登记者？

实践中，鉴于第三种情形争议较大，故笔者就第三种情形的"一股二卖"，从股权转让之合法性、无权处分及善意取得的角度进行股权归属的分析。

二、"一股二卖"中的"一卖"合同是否有效

在"一股二卖"的诉讼中，较为常见的是双方对于《股权转让合同》的效力产生争议，"第二买受人"往往主张自己和出卖方的合同是有效的，而认为出卖方和"第一买受人"的股权转让合同是无效的。

从《合同法》和民法相关理论的角度而言，"一卖"的股权转让合同如果是双方当事人的真实意思表示，内容没有违反合同法关于合同无效的规定，原则上为有效合同。

三、"一股二卖"中的"二卖"合同是否属于无效合同

基于债权平等的原则，"二卖"的股权转让合同如果没有出现《合同法》

第五十二条合同无效的情形，原则上该合同有效。我国《合同法》第五十二条
规定合同无效的法定情形主要有以下五种：

1. 一方以欺诈、胁迫的手段订立合同，损害国家利益；

2. 恶意串通，损害国家、集体或者第三人利益；

3. 以合法形式掩盖非法目的；

4. 损害社会公共利益；

5. 违反法律、行政法规的强制性规定。

因此，在"一股二卖"中，前后签订的《股权转让合同》是独立的两份合
同，前一份合同不会因为后一份合同的签订而归于无效，后一份合同亦不会因
为前一份合同的存在而必然无效。前后两份合同应进行单独的判断，从债权平
等的角度而言，两份合同原则上都是有效的合同。

四、如何判断"二卖"中买方是否可以善意取得股权

我们注意到，在"一股二卖"中，如果"一卖"中未完成工商变更登记，
而"二卖"中却在股权转让后随即进行了工商变更登记，则较多的司法判例判
决股权最终属于二卖中的"登记者"。这是什么原因呢？

原因在于：在后的"登记者"，可基于"善意取得制度"取得股权。

1. 股权"善意取得"的法律规定

对于股权能否善意取得，我国《公司法解释三》已正式确认，第二十七
条明确规定："股权转让后尚未向公司登记机关办理变更登记，原股东将仍登
记于其名下的股权转让、质押或者以其他方式处分，受让股东以其对于股权享
有实际权利为由，请求认定处分股权行为无效的，人民法院可以参照物权法第
一百零六条的规定处理。"

2. 如何界定股权善意取得中的"无权处分"

根据善意取得制度的规定，只有无权处分人的处分行为，才产生受让人的
善意取得。因此，在"一股二卖"中，只有出卖人具有"无权处分"行为，"第
二买受人"才能适用善意取得股权。如果出卖人是"有权处分"，则"第二买
受人"就不能基于善意取得而获得股权。

那么，如何判断出卖人是"无权处分"还是"有权处分"呢？

与此相关的，需要先行讨论的是，股权在何时产生变动的判断标准是什

么？对于股权变动应该采取何种模式，我国理论界和司法界目前为止未取得一致意见。主要存在以下三种观点：

第一种观点为债权形式主义说，即除了股权转让合同外还需有"交付行为"（股东名册变更或工商登记变更）①。第二种观点为意思主义说，即股权转让合同生效时发生股权变动的效果，无须公示。②第三种观点为修正的意思主义说，即原则上认可合同生效则股权发生变动，但仅限于当事人之间产生股权变动的效果。如果要对公司、第三人产生效力，则需变更股东名册和工商登记。③

简而言之，如果出卖人是在股权变动至"第一买受人"后，再将该股权进行处分，则出卖人与"第二买受人"之间产生"无权处分"，"第二买受人"即"登记者"可以依据善意取得制度获得股权。反之，如果出卖人与"第一买受人"之间不产生股权变动的效果，那么出卖人将股权转让于"第二买受人"系"有权处分"，善意取得则没有适用余地。

通过检索大量的司法案例，笔者注意到，鉴于我国司法界对于股权变动的模式并未形成一致的裁判意见，因此，对于"一股二卖"中股权善意取得的认定，各地法院之间裁判不一，具体可参见如下案例：

案例一、成都市中级人民法院 成都泰和置地有限公司、李晶某股权转让纠纷二审民事判决书。（2018）川01民终1842号

成都市中级人民法院认为：泰和公司与陈某签订股权转让协议并生效后，即在当事人双方产生股权转让效力，股权权能由转让方移转至受让方，而股东名册、工商登记仅对应产生对抗目标公司、第三人的效力。因此，陈某已取得泰和农业公司股权，泰和公司向他人转让案涉股权的行为构成无权处分。第三人李晶某、赵某受让股权不能认定系出于善意，不能善意取得该股权，案涉股权仍应为陈某所有。

---

① 刘俊海：《现代公司法》第二版，法律出版社2011年版，第345页；赵旭东主编：《公司法学》第四版，高等教育出版社2015年版，第255页。

② 李建伟：《公司法学》第二版，中国人民法学出版社2011年版，第257页；施天涛：《公司法论》第三版，法律出版社2014年版，第273页。

③ 李建伟：《有限责任公司股权变动模式研究——以公司受通知与认可的程序构建为中心》，载于《暨南学报》（哲学社会科学版），2012年第12期。

案例二、浙江省高级人民法院龚某平与龚某根、龚某股权转让纠纷二审民事判决书 （2017）浙民终 232 号

浙江省高级人民法院认为：补充协议第五条明确约定自双方签订本协议和股权转让协议生效后龚某平不再享有天一公司的任何股东权益，相应的责权利全部由龚某承担和享有。故龚某平与龚某之间已经产生了股权转让的效力。对于"一股二卖"中的两份股权转让合同的效力以及两位股权受让人谁能请求转让人履行合同并取得股权问题，须根据公司法、合同法和物权法的相关规定予以综合评判。龚某根对于股权已经转让给龚某的情况也知悉，所以龚某根的受让行为不构成善意取得，龚某根不能取得股权，其只能请求股权转让人承担违约责任。

案例三、最高人民法院　京龙建设有限公司与三岔湖有限公司等及合众万家有限公司等股权确认纠纷二审民事判决书（2013）民二终字第 29 号

最高人民法院认为：对华仁公司能否依据善意取得制度取得锦云公司、思珩公司的全部股权问题，根据本院《公司法解释三》第二十八条第一款的规定，受让股东主张原股东处分股权的行为无效应当以支付股权转让价款并享有实际股东权利为前提。但本案中，京龙公司既未向三岔湖公司、刘贵某支付锦云公司、思珩公司的股权转让价款，也未对锦云公司、思珩公司享有实际股东权利，且合众公司系在京龙公司之后的股权受让人，而非原股东，故本案情形并不适用该条股权善意取得的规定。

我们注意到，在案例一和案例二中，法院认为股权转让合同生效后，即产生股权变动的效果，股东名册和工商变更仅产生对抗效力。因此，股东将股权二次转让构成无权处分，可以进一步探讨善意取得的适用。而在案例三中，最高院则认为认定无权处分的前提是"应当支付股权转让价款并享有实际股东权利，"京龙公司既未支付股权转让款，也未享有实际股东权利，因而无善意取得适用的余地。

3．可适用善意取得的情形

依据《物权法》第一百零六条的规定："无处分权人将不动产或者动产转让给受让人的，所有权人有权追回；除法律另有规定外，符合下列情形的，受让人取得该不动产或者动产的所有权：

（1）受让人受让该不动产或者动产时是善意的；

（2）以合理的价格转让；

（3）转让的不动产或者动产依照法律规定应当登记的已经登记，不需要登记的已经交付给受让人。"

因此，在"一股二卖"中，判断"二卖"是否可以善意取得股权，可类推适用物权法的善意取得制度，主要考量以下三个要件："二卖"的股权购买人是否属于善意；股权转让价格是否合理；该股权是否已经工商变更登记在"二卖"的股权购买人名下。如果上述三个条件均符合，则"一股二卖"中，股权不属于"先买者"，而是属于"登记者"。

⚖ 败诉分析

本案入选《最高人民法院公司案例指导与参考丛书》，其特别之处在于，本案"一股二卖"属于连环转让，环环相扣，让人眼花缭乱、惊叹不已。另外，对于"一股二卖"中的两份合同效力如何认定，以及如何适用善意取得制度等焦点问题都做出了回应，可谓是"教科书"级别的经典案例。本案中，先买者京龙公司之所以败诉，未能最终取得股权，原因在于：

最高人民法院认为：股权在登记机关的登记具有公示公信的效力。本案中锦云公司及思珩公司的投权已变更登记在合众公司名下，华仁公司基于公司股权登记的公示方式而产生对合众公司合法持有锦云公司及思珩公司股权之信赖，符合《物权法》第一百零六条所规定的维护善意第三人对权利公示之信赖，以保障交易秩序的稳定及安全之意旨。故本案可类推适用《物权法》第一百零六条有关善意取得之规定。京龙公司亦无证据证明华仁公司在交易时明知其与三岔湖公司、刘贵良之间的股权交易关系的存在，故可以认定华仁公司在受让锦云公司、思珩公司股权时系善意。

因京龙公司无证据证明华仁公司在受让目标公司股权时系恶意，且华仁公司已支付了合理对价，锦云公司、思珩公司的股权也已由合众公司实际过户到华仁公司名下，华仁公司实际行使了对锦云公司、思珩公司的股东权利，符合《物权法》第一百零六条有关善意取得的条件，故应当认定华仁公司已经合法取得了锦云公司、思珩公司的股权。

⚖ 股东战术指导

> 如果用一句话来总结"一股二卖"的后果，那就是——钱花出去了，股权不见了！可谓是"赔了夫人又折兵"。那么，如何避免"一股二卖"的陷阱呢？
>
> 根据我国《公司法》的规定，在股权转让时，如果未及时进行股权变更登记，则不得对抗第三人。因此，股权受让方应对工商变更登记进行足够的重视，而不能持无所谓的态度。在签订《股权转让合同》时，应对工商变更的时间进行明确约定，以免因约定不明而产生争议。在约定的工商变更登记时间到期时，应及时进行变更登记，以免"夜长梦多"。另外，为了预防出卖方"一股二卖"，可要求将股权进行质押，进行"股权质押登记"，为自己的股权戴上一层"保护罩"。当然，在《股权转让合同》中，最好约定若出现"一股二卖"情形下的违约责任，并约定严苛的违约责任和高额的违约金。

⚖ 典型案例

四川省高级人民法院一审查明：2009 年 7 月 22 日，三岔湖公司、刘贵良与京龙公司签订《天骋置业咨询有限公司（以下简称"天骋公司"）、星展置业顾问有限公司（以下简称"星展公司"）、锦荣房产经纪有限公司（以下简称"锦荣公司"）、锦云置业咨询有限公司（以下简称"锦云公司"）、思珩置业顾问有限公司（以下简称"思珩公司"）之股权转让协议》（以下简称《股权转让协议》），约定：刘贵某将其持有的天骋公司、星展公司、锦荣公司、锦云公司和思珩公司各 90% 的股权转让给京龙公司，三岔湖公司将其持有的天骋公司、星展公司、锦荣公司、锦云公司和思珩公司各 10% 的股权转让给京龙公司。

该协议第三条第二款约定：如京龙公司逾期支付前述定额违约金，京龙公司应就任何应付而未付款项金额按每日 1‰ 承担违约金。三岔湖公司、刘贵良按照本条等约定取消、中止、终止尚未完成转让的转让股权交易的全部或部分，京龙公司应予以积极配合。反之，因三岔湖公司、刘贵某原因不能完成全部转让股权的交易，京龙公司有权取消、中止、终止转让股权交易的全部或部分，三岔湖公司、刘贵某应予以积极配合，在京龙公司发出书面取消交易通知之日起 10 日内，退还京龙公司的履约保证金，并向京龙公司承担定额违约金 2000 万元。

第八条约定：任何一方当事人违反本协议，另一方按本协议和《中华人民共和国合同法》规定的方式解除本协议；双方按照本协议第三条第二款的约定选择取消、终止本协议。

2009 年 7 月 22 日，三岔湖公司、刘贵某与京龙公司签订《天骋公司股权转让协议》，三岔湖公司、刘贵某将持有天骋公司 100% 的股权转让给京龙公司，该协议未约定转让价格。司日，天骋公司原股东三岔湖公司、刘贵某形成股东会决议，决定将其持有的天骋公司股权全部转让给京龙公司，京龙公司在 2009 年 10 月 22 日办理了天骋公司的工商变更登记手续。

2010 年 6 月 24 日至 7 月 29 日，京龙公司陆续向星河置业公司 651000001012010010 3698 账户支付 5460 万元股权转让款，星河置业公司于 2010 年 7 月 29 日出具收条，注明收到京龙公司 8 笔款项共计 5460 万元。至此，京龙公司共计向三岔湖公司、刘贵某支付股权转让价款 25,460 万元。

2011 年 1 月 29 日，京龙公司与张玲签订协议，将其持有的天骋公司 10 万元出资全部转让给张玲。同日，天骋公司股东会决定将持有的天骋公司 10 万元出资全部转让给张玲。

2010 年 4 月 10 日，三岔湖公司与鼎泰公司签订《锦荣和星展公司股权转让协议》，约定：三岔湖公司将持有的锦荣公司、星展公司各 10% 的股权转让给鼎泰公司；第三条第四款载明锦荣公司、星展公司分别向星河置业公司负债 42,551,203.50 元和 40,200,117.34 元；第四条约定，鼎泰公司应于本协议签订之日起 10 日内向三岔湖公司付清股权转让总价款 1000 万元。

同日，三岔湖公司与鼎泰公司签订《锦荣公司股权转让协议》，双方约定：三岔湖公司将其持有的锦荣公司 10% 的股权即 10,000 元出资以货币方式转让给鼎泰公司。

同日，星展公司召开股东会，股东刘贵某、三岔湖公司法定代表人陈炜某、鼎泰公司委派代表刘贵某参加会议。股东会决议：同意三岔湖公司将其持有的星展公司 10% 的股权转让给鼎泰公司；2010 年 11 月 25 日，三岔湖公司与鼎泰公司签订《星展公司股权转让协议》，三岔湖公司将持有的星展公司 10% 的股权即 10000 元出资以货币方式转让给鼎泰公司。

2010年7月15日，三岔湖公司、刘贵良与合众公司签订《锦云公司和思珩公司股权转让协议》，约定：三岔湖公司、刘贵良将持有锦云公司、思珩公司各100%的股权转让给合众公司；股权转让总价款141,901,125元，其中锦云公司转让价97,499,250元，思珩公司转让价44,401,875元，合众公司应在三岔湖公司、刘贵良交付过户文件后2个工作日内按照本协议支付完毕全部股权转让款。

2010年8月4日，锦云公司、思珩公司召开股东会，刘贵某、三岔湖公司法定代表人陈炜某、合众公司法定代表人刘桂某参加会议，通过决议：同意刘贵某将持有锦云公司、思珩公司各90%的股权即各90,000元出资转让给合众公司；同意三岔湖公司将持有锦云公司、思珩公司各10%的股权即各10,000元出资转让给合众公司。同日，合众公司分别与三岔湖公司、刘贵某签订《锦云股权转让协议》和《思珩股权转让协议》，约定：刘贵某将持有锦云公司、思珩公司各90%的股权即各90,000元出资转让给合众公司；三岔湖公司将其持有的锦云公司、思珩公司各10%的股权即各10,000元出资转让给合众公司，并修改了锦云公司、思珩公司章程，办理了工商登记，合众公司为锦云公司、思珩公司的唯一股东。同日，锦云公司任命刘贵某为公司执行董事、法定代表人，马荣某为公司经理，李某为公司监事。思珩公司任命刘贵某为公司执行董事、法定代表人，李某为公司经理，陈炜某为公司监事。

2010年9月8日，合众公司与华仁公司签订《锦云和思珩公司股权转让协议1》，约定：合众公司将其持有的锦云公司和思珩公司各100%的股权转让给华仁公司，股权转让总价为317,858,520元，其中：支付给合众公司的股权转让总价款为258,377,689.58元，代锦云公司和思珩公司向星河置业公司清偿59,480,830.42元债务。

2010年9月9日，合众公司与华仁公司签订《锦云公司股权转让协议1》和《思珩公司股权转让协议1》，合众公司分别将锦云公司、思珩公司各100%的股权即各10万元出资转让给华仁公司，并修改了锦云公司、思珩公司章程，办理了工商变更登记手续。

2010年12月22日，京龙公司在知道刘贵某、三岔湖公司再次转让星展公司、锦荣公司、锦云公司、思珩公司股权后，向四川省高级人民法院提起（2011）川民初字第2号民事诉讼，请求：一、三岔湖公司、刘贵某、星展公司、锦荣公司、锦云公司、思珩公司继续履行《股权转让协议》约定的义务；

二、由三岔湖公司、刘贵某、星展公司、锦荣公司、锦云公司、思珩公司承担本案诉讼费。

最高人民法院认为，本案争议焦点有以下三个问题：一、三岔湖公司、刘贵某与京龙公司之间的《股权转让协议》及其《补充协议》是否已经解除；二、鼎泰公司、合众公司能否取得案涉目标公司股权；三、华仁公司能否善意取得案涉目标公司股权。

一、关于三岔湖公司、刘贵某与京龙公司之间的《股权转让协议》及其《补充协议》是否已经解除的问题

三岔湖公司、刘贵某与京龙公司2009年7月22日签订的《股权转让协议》及同年10月22日签订的《补充协议》，主体合格，意思表示真实，亦不违反法律法规的强制性规定，均属合法有效的合同。

因京龙公司未按合同约定于2010年3月22日前付清全部股权转让款，已构成违约，故根据《股权转让协议》及其《补充协议》的约定，三岔湖公司、刘贵某享有合同解除权。但三岔湖公司、刘贵某接受了京龙公司在2010年6月24日至7月29日支付的5460万元股权转让价款，且截至2010年12月30日四川省高级人民法院受理案涉《股权转让协议》及其《补充协议》的股权转让纠纷案（〔2011〕川民初字第2号）及2011年1月27日该院受理本案前，三岔湖公司、刘贵某并未对京龙公司的逾期付款行为提出异议，也未向京龙公司发出过解除合同的通知，故在京龙公司向一审法院提起本案及（2011）川民初字第2号案件的民事诉讼之时，《股权转让协议》及其《补充协议》仍处于履行状态，对三岔湖公司、刘贵某及京龙公司仍具有法律约束力。京龙公司主张其延期付款行为系经过三岔湖公司、刘贵某的代表刘致某口头同意，但未提供证据予以证明；三岔湖公司、刘贵某主张其在本案一审诉讼前已通知京龙公司解除合同，但亦未提供证据予以证明，故对京龙公司及三岔湖公司、刘贵某主张的上述事实，本院不予认定。

根据《股权转让协议》及其《补充协议》的约定，在京龙公司违约的情况下，三岔湖公司、刘贵某有权根据合同约定随时行使合同的解除权。但在进入诉讼阶段后，对诉讼发生前、已经确定的合同效力及履行情况，应当由人民法院依法作出认定。三岔湖公司、刘贵某在本案一审诉讼期间先后于2011年2月22日及2011年7月26日、28日向京龙公司发出解除股权转让协议并承担违约

金的函，并不能改变诉讼前已经确定的合同效力及履行状态。三岔湖公司、刘贵某在享有合同解除权的情况下，未行使合同解除权，并接受京龙公司逾期支付的价款而未提出异议，系以行为表示其仍接受《股权转让协议》及其《补充协议》的约束。但三岔湖公司、刘贵某在《股权转让协议》及其《补充协议》的履行期间，既接受京龙公司逾期支付的价款，又同时将已经约定转让给京龙公司的案涉股权再次转让给关联公司并办理工商登记，阻碍既有合同的继续履行，已构成违约。三岔湖公司、刘贵某在京龙公司提起本案及（2011）川民初字第2号案件的诉讼过程中行使合同解除权，以对抗京龙公司要求其继续履行合同的诉讼请求，有违诚信原则。一审判决根据《合同法》第六条"当事人行使权利、履行义务应当遵守诚实信用原则"的规定，认定三岔湖公司、刘贵良在本案及（2011）川民初字第2号案件的诉讼过程中行使合同解除权的行为不能产生解除合同的法律效果，并无不妥，本院予以维持。

京龙公司于2011年1月29日将天骋公司的全部股权转让给张玲的行为，违反了《补充协议》第5条的约定，已构成违约，但三岔湖公司、刘贵某并未以此为由行使合同解除权，故该违约行为的存在亦不影响对合同是否已经解除的认定。

综上，《股权转让协议》及其《补充协议》未解除，对合同当事人均有法律约束力。对三岔湖公司、刘贵某有关因京龙公司的违约行为导致合同无法履行，三岔湖公司、刘贵某已经行使合同解除权，《股权转让协议》及其《补充协议》已经解除的主张，本院不予支持。

二、关于鼎泰公司、合众公司能否取得案涉目标公司股权的问题

鼎泰公司与三岔湖公司签订的《锦荣和星展公司股权转让协议》，合众公司与三岔湖公司、刘贵某签订的《锦云公司和思珩公司股权转让协议》，此两份合同均系当事人之间的真实意思表示。因刘贵某系鼎泰公司的股东及法定代表人、合众公司股东，同时也是受让目标公司星展公司监事、锦荣公司总经理、思珩公司执行董事和法定代表人；刘桂某系合众公司的股东及法定代表人、鼎泰公司股东；刘桂某、刘贵某共同持有鼎泰公司、合众公司100%的股权，且三岔湖公司、刘贵某系将天骋公司、星展公司、锦荣公司、锦云公司、思珩公司的股权整体转让给京龙公司，一审判决根据《公司法》第五十条、第五十一条、第五十四条的规定及星展公司、锦荣公司、思珩公司的公司章程所载明的执行董事、总经理、监事的职权的规定，认定刘贵某作为目标公司的高管人员，

知道或应当知道三岔湖公司、刘贵某已将案涉五家目标公司的股权转让给京龙公司，鼎泰公司、合众公司在作出受让案涉转让股权决议之时，刘贵某应当参与了鼎泰公司、合众公司的股东会议及对决议的表决，故认定鼎泰公司和合众公司在受让案涉股权时，就已经知道或应当知道该股权在其受让前已由京龙公司受让的事实，并无不当。

鼎泰公司受让星展公司、锦荣公司各10%股权的价格1000万元显著低于京龙公司受让同比股权的价格24,713,145元；合众公司受让锦云公司、思珩公司全部股权的价格1-1,901,125元显著低于京龙公司受让全部股权的价格170,281,350元。因鼎泰公司和合众公司在知道三岔湖公司、刘贵良与京龙公司的股权转让合同尚未解除的情况下，分别就星展公司和锦荣公司、锦云公司和思珩公司与三岔湖公司、刘贵某达成股权转让协议，且受让价格均显著低于京龙公司的受让价格，并将受让公司过户到鼎泰公司、合众公司名下，而三岔湖公司、刘贵某在未解除与京龙公司之间的合同的情形下将目标公司股权低价转让给关联公司，损害了京龙公司根据《股权转让协议》及其《补充协议》可以获取的利益，根据《合同法》第五十二条第二项有关"恶意串通，损害国家、集体或者第三人利益"的合同属于无效合同之规定，鼎泰公司与三岔湖公司签订的《锦荣和星展公司股权转让协议》、合众公司与三岔湖公司、刘贵某签订的《锦云公司和思珩公司股权转让协议》属于无效合同。

三岔湖公司、刘贵某以低价转让目标公司股权系为解决资金紧缺问题为由，主张鼎泰公司、合众公司受让目标公司股权不构成恶意，但三岔湖公司、刘贵某在接受京龙公司逾期支付的股权转让款后，既未催促京龙公司交纳合同所涉全部价款，也未行使合同解除权，而在其与鼎泰公司的股权交易中，在2010年11月24日即为鼎泰公司办理了工商变更登记，但直至本案一审诉讼开始后的2011年4月20日才支付股权转让价款，与三岔湖公司、刘贵某所主张的系为解决资金紧缺问题而提供的低价转让优惠的主张相矛盾，故对鼎泰公司、合众公司低价受让目标公司股权系为解决资金紧缺问题而提供的优惠，不构成恶意的主张，本院不予支持。

根据《合同法》第五十八条"合同无效或者被撤销后，因该合同取得的财产，应当予以返还"之规定，鼎泰公司应当将受让的星展公司、锦荣公司各10%的股权返还给三岔湖公司，合众公司亦应将受让的锦云公司、思珩公司的股权分别返还给三岔湖公司、刘贵某。鼎泰公司、合众公司明知京龙公司受让目标公司股权在先，且未支付合理对价，故亦不能依据有关善意取得的法律规定取得目标公司股权。

三、关于华仁公司能否善意取得案涉目标公司股权的问题

合众公司与华仁公司于2010年9月8日签订的《锦云和思珩公司股权转让协议1》，主体合格、意思表示真实，亦不违反法律、行政法规的强制性规定，属合法有效的合同。京龙公司主张该合同因恶意串通损害其利益而无效，但华仁公司受让目标公司的股权价格高于京龙公司受让价格、华仁公司的付款方式及付款凭证、目标公司股权变更的时间及次数的事实并不能证明华仁公司有与合众公司串通、损害京龙公司利益的恶意，京龙公司亦未能提供其他证据证明华仁公司存在此恶意，故对京龙公司有关合众公司与华仁公司于2010年9月8日签订的《锦云和思珩公司股权转让协议1》因恶意串通损害第三人利益而无效的主张，本院不予支持。

因合众公司与三岔湖公司、刘贵某所签订的《锦云公司和思珩公司股权转让协议》无效，合众公司不能依法取得锦云公司、思珩公司的股权，其受让的锦云公司、思珩公司的股权应当返还给三岔湖公司、刘贵某。故合众公司将锦云公司、思珩公司的股权转让给华仁公司的行为属于无权处分行为。

对华仁公司能否依据善意取得制度取得锦云公司、思珩公司的全部股权问题，根据本院《公司法解释三》第二十八条第一款有关"股权转让后尚未向公司登记机关办理变更登记，原股东将仍登记于其名下的股权转让、质押或者以其他方式处分，受让股东以其对于股权享有实际权利为由，请求认定处分股权行为无效的，人民法院可以参照物权法第一百零六条的规定处理"的规定，受让股东主张原股东处分股权的行为无效应当以支付股权转让价款并享有实际股东权利为前提。但本案中，京龙公司既未向三岔湖公司、刘贵良支付锦云公司、思珩公司的股权转让价款，也未对锦云公司、思珩公司享有实际股东权利，且合众公司系在京龙公司之后的股权受让人，而非原股东，故本案情形并不适用该条规定。我国《公司法》并未就股权的善意取得制度作出明确的法律规定，但《物权法》第一百零六条规定了动产及不动产的善意取得制度，其立法意旨在于维护善意第三人对权利公示之信赖，以保障交易秩序的稳定及安全。股权既非动产也非不动产，故股权的善意取得并不能直接适用《物权法》第一百零

六条之规定。股权的变动与动产的交付公示及不动产的登记公示均有不同。根据《公司法》第三十三条第三款有关"公司应当将股东的姓名或者名称及其出资额向公司登记机关登记；登记事项发生变更的，应当办理变更登记。未经登记或者变更登记的，不得对抗第三人"之规定，股权在登记机关的登记具有公示公信的效力。本案中锦云公司及思珩公司的股权已变更登记在合众公司名下，华仁公司基于公司股权登记的公示方式而产生对合众公司合法持有锦云公司及思珩公司股权之信赖，符合《物权法》第一百零六条所规定的维护善意第三人对权利公示之信赖，以保障交易秩序的稳定及安全之意旨。故本案可类推适用《物权法》第一百零六条有关善意取得之规定。

因华仁公司与合众公司进行股权交易时，锦云公司、思珩公司均登记在合众公司名下，且华仁公司已委托会计师事务所、律师事务所对锦云公司、思珩公司的财务状况、资产状况、负债情况、所有者权益情况、银行查询情况等事项进行尽职调查并提供尽职调查报告，京龙公司亦无证据证明华仁公司在交易时明知其与三岔湖公司、刘贵某之间的股权交易关系的存在，故可以认定华仁公司在受让锦云公司、思珩公司股权时系善意。京龙公司以目标公司股权在一个月内两次转手、华仁公司对股权交易项下所涉土地缺乏指标的事实属于明知、华仁公司在明知目标公司的债权人无合法票据证明的情况下仍为目标公司偿还59,480,830.42元债务、华仁公司委托的会计师事务所及律师事务所所作的尽职调查存在明显虚假和瑕疵为由，主张华仁公司不构成善意。但股权转让的次数与频率、目标公司财产权益存在的瑕疵、华仁公司为目标公司代偿债务的行为，均不能证明华仁公司明知京龙公司与三岔湖公司、刘贵某的交易情况。京龙公司虽主张此两份尽职调查报告存在明显虚假和瑕疵，但亦未提供证据证明，故对京龙公司有关华仁公司受让目标公司股权不构成善意的主张，本院不予支持。

京龙公司认为华仁公司受让目标公司股权的价格既高于京龙公司的受让价格，也远高于同期同一地域位置的地价，且交易仅有手写的普通收据，开具时间是2010年9月13日，而银行付款时间是9月14日，内容为业务往来款而非股权转让款，无有效的付款凭证，故不符合以合理价格受让的条件。但对善意取得受让价格是否合理的认定，系为防止受让人以显著低价受让，而高于前手的交易价格，则常为出卖人一物再卖之动因，并不因此而当然构成受让人的恶意。华仁公司的付款时间与付款形式并不影响对华仁公司支付股权转让价款的事实认定，故对京龙公司有关华仁公司未以合理价格受让目标公司股权的主张，本院不予支持。

因京龙公司无证据证明华仁公司在受让目标公司股权时系恶意，且华仁公司已支付了合理对价，锦云公司、思珩公司的股权也已由合众公司实际过户到华仁公司名下，华仁公司实际行使了对锦云公司、思珩公司的股东权利，符合《物权法》第一百零六条有关善意取得的条件，故应当认定华仁公司已经合法取得了锦云公司、思珩公司的股权。对京龙公司有关确认合众公司转让锦云公司、思珩公司股权的行为无效，并判决将锦云公司、思珩公司股权恢复至三岔湖公司、刘贵某名下的诉讼请求，本院不予支持。

综上，一审判决三岔湖公司将其持有的星展公司、锦荣公司各10%的股权转让给鼎泰公司的处分行为无效，鼎泰公司应将受让股权返还给三岔湖公司，驳回京龙公司将锦云公司、思珩公司100%的股权恢复至三岔湖公司、刘贵某持有的请求并无不当，但判决认定鼎泰公司与三岔湖公司签订的《锦荣和星展公司股权转让协议》合法有效、合众公司与三岔湖公司及刘贵良签订的《锦云公司和思珩公司股权转让协议》合法有效有误，本院予以纠正。本院依照《中华人民共和国民事诉讼法》第一百七十条第一款第一项之规定，判决如下：

驳回上诉，维持原判决。

本判决为终审判决。[①]

·法条链接·

《中华人民共和国公司法》

第三十二条第三款　公司应当将股东的姓名或者名称向公司登记机关登记；登记事项发生变更的，应当办理变更登记。未经登记或者变更登记的，不得对抗第三人。

《中华人民共和国公司登记管理条例》

第三十四条　有限责任公司变更股东的，应当自变更之日起30日内申请变更登记，并应当提交新股东的主体资格证明或者自然人身份证明。

---

① 本部分来源于本案判决书主文，限于篇幅略做删减，读者可自行查阅判决书全文以全面了解案情。

有限责任公司的自然人股东死亡后，其合法继承人继承股东资格的，公司应当依照前款规定申请变更登记。

有限责任公司的股东或者股份有限公司的发起人改变姓名或者名称的，应当自改变姓名或者名称之日起 30 日内申请变更登记。第三十五条有限责任公司股东转让股权的，应当自转让股权之日起 30 日内申请变更登记，并应当提交新股东的主体资格证明或者自然人身份证明。

《最高人民法院关于适用〈中华人民共和国公司法〉若干问题的规定（三）》

第二十七条 股权转让后尚未向公司登记机关办理变更登记，原股东将仍登记于其名下的股权转让、质押或者以其他方式处分，受让股东以其对于股权享有实际权利为由，请求认定处分股权行为无效的，人民法院可以参照物权法第一百零六条的规定处理。

原股东处分股权造成受让股东损失，受让股东请求原股东承担赔偿责任、对于未及时办理变更登记有过错的董事、高级管理人员或者实际控制人承担相应责任的，人民法院应予支持；受让股东对于未及时办理变更登记也有过错的，可以适当减轻上述董事、高级管理人员或者实际控制人的责任。

第十一章　增资扩股

大股东恶意增资，稀释小股东股权的增资无效

▲ 案件要旨

未经公司有效的股东会决议通过，他人虚假向公司增资以"稀释"公司原有股东股份。该行为损害原有股东的合法权益，即使该出资行为已被工商行政机关备案登记，仍应认定为无效，公司原有股东股权比例应保持不变。

▲ 案件来源

《中华人民共和国最高人民法院公报》2015 年第 5 期（总第 222 期）黄某诉陈某等股东资格确认一案 上海市第二中级人民法院民事判决书

▲ 股东纠纷焦点

本案焦点在于：公司增资未经有效股东会决议通过的，该增资是否无效？被恶意稀释的原股东的股权能否被恢复？

▲ 法理探析

在公司控制权的争夺中，股权比例无疑是控制权的核心所在，谁持有的公司股份最多，谁在公司就有更多的话语权。因此，大股东们经常会使用的一个高招就是——恶意增资以稀释小股东股权。然而，这样的做法是否能经受得住司法实践的检验呢？

一、有效的股东会决议是公司合法增资的前提

在增资的法律程序上，我国《公司法》第四十三条规定，股东会会议作出

增加注册资本的决议，必须经代表三分之二以上表决权的股东通过。如果增资违反了法律规定的条件和程序，如未经股东会决议通过、未召开股东会，或者股东会决议的形成不合法，则导致公司增资的无效或者可被撤销。

二、恶意增资稀释股东股权的增资对股东无效

在本案中，焦点在于本案增资的股东会决议是否有效？是否具有股东会"决议无效"或者"可被撤销"的事由？以及是否具有《公司法解释四》中公司"决议不成立"的事由。我们注意到，本案增资的股东会决议系伪造，对于伪造的股东会决议的效力，主要有几下三种观点：

第一种观点认为：伪造的股东会决议因为违背了资本多数决故而无效，即采"无效说"。

第二种观点认为：伪造股东签名的股东会决议中，被伪造签名的股东实际并没有参加股东会议进行表决，违反了股东会表决程序，属于程序违法可被撤销的情形，即采"可撤销说"。

第三种观点认为：伪造的股东会决议并不是真正有效的股东会决议，是在被伪造的股东未参加开会的情况下发生的，实际并没有召开股东会，也就不存在股东会决议，即采"决议不成立说"。

笔者倾向于第三种观点"决议不成立说"，理由如下：

在《公司法解释四》颁布之前，对于股东会决议的瑕疵类型，采"二分法"学说，公司决议无效或者可撤销。而《公司法解释四》之后，增加了"决议不成立"的瑕疵类型，即"三分法"学说。依据《公司法解释四》第五条的规定：股东会或者股东大会、董事会决议存在下列情形之一，当事人主张决议不成立的，人民法院应当予以支持：

1. 公司未召开会议的。但依据公司法第三十七条第二款或者公司章程规定可以不召开股东会或者股东大会而直接作出决定，并由全体股东在决定文件上签名、盖章的除外；

2. 会议未对决议事项进行表决的；

3. 出席会议的人数或者股东所持表决权不符合公司法或者公司章程规定的；

4. 会议的表决结果未达到公司法或者公司章程规定的通过比例的；

5. 导致决议不成立的其他情形。

回归到本案，宏冠公司实际上未就增资 1100 万召开过股东会，在未召开股东会的情况下，其已经符合《公司法解释四》第一条"未召开会议的股东会"，应属于"决议不成立"的情形。

三、公司决议不成立的情况下，原股东是否受到诉讼时效的约束

从诉讼时效的角度出发，相对于"可撤销"股东会决议而言，"决议不成立"更有利于保护受侵害股东的权益。对于"可撤销"的决议，根据公司法的规定，股东应当在股东会决议作出之日起 60 日内提起撤销之诉，逾期提起撤销决议之诉的，则股东会决议有效。在司法实践中，很多股东往往忽略了 60 天内起诉的时间期限，笔者通过梳理大量的股东会决议撤销的案件，发现因超过 60 天期限起诉而败诉的案件不在于少数，令人扼腕叹息。而对于"决议不成立"，我国法律并未规定需在法定期间内起诉，亦不受诉讼时效的约束。因此，在案由选择的诉讼策略上，如果同时符合"决议可撤销"和"决议不成立"的情形，则股东选择"决议不成立"之诉显然更有利于维护股东权益。

四、增资无效后被稀释的股权是否可以恢复

如果增资的股东会决议属于"决议不成立"，则会导致增资无效的法律后果。因此，本案中宏冠公司的增资属于无效增资，该行为损害原有股东的合法权益，即使该出资行为已被工商行政机关备案登记，仍应认定为无效，公司原有股东股权比例应保持不变。

🖊 败诉分析

大股东虚假增资稀释小股东股权，本案可谓是一个经典的大股东黑小股东的案例，然而，大股东虽然机关算尽，最终依旧被法院判决败诉！

上海市第二中级人民法院二审认为：宏冠公司系被上诉人黄某与一审被告陈某、陈某、张某、顾某、王某共同出资设立，设立时原告依法持有宏冠公司 20% 股权。在黄某没有对其股权作出处分的前提下，除非宏冠公司进行了合法的增资，否则原告的持股比例不应当降低。宏冠公司的章程明确约定公司增资应由股东会作出决议。现经过笔迹鉴定，宏冠公司和新宝公司的股东会决议上

均非黄某本人签名，不能依据书面的股东会决议来认定黄某知道增资的情况。出资买地与公司增资之间不具有必然的关联性。因此，在没有证据证明黄某明知且在股东会上签名同意宏冠公司增资至 1500 万元的情况下，对宏冠公司设立时的股东内部而言，该增资行为无效，且对于黄某没有法律约束力，不应以工商变更登记后的 1500 万元注册资本金额来降低黄某在宏冠公司的持股比例，而仍旧应当依照 20% 的股权比例在股东内部进行股权分配。原审适用法律正确，审判程序合法，判决某自设立后至股权转让前持有宏冠公司 20% 的股权并无不当。[①]

⚖ 股东战术指导

　　大股东恶意增资时，小股东有哪些救济途径？

　　第一，向法院要求确认股东会决议无效、决议可撤销、决议不成立。

　　当大股东恶意增资稀释小股东股权时，经常会故意隐瞒小股东开股东会，或者故意将增资股东会的通知送达到小股东已失效的地址，甚至于采取如本案一样的手段伪造股东签名进行增资。小股东可法院起诉要求确认股东会决议具有瑕疵。

　　第二，要求将被稀释的股权比例恢复原状。

　　当恶意增资的股东会决议被认定为决议无效、决议可撤销，或者决议不成立时，被侵害股权的股东可要求将自己被稀释的股权恢复原状，即恢复到增资前的持股比例。

⚖ 典型案例

　　原告黄某因与被告陈真、陈某、张某、顾某、新宝有限公司（以下简称"新宝公司"）、王秀英、恩纳斯公司发生股东资格纠纷，向上海市虹口区人民法院提起诉讼。

　　原告黄某诉称：2004 年 4 月，黄某与被告陈某等共同设立了宏冠公司，注册资本为 400 万元，其中黄某出资 80 万元，持股 20%。嗣后，宏冠公司全体股

---

① 本部分来源于本案判决书主文的法院认为部分，限于篇幅略做删减。

东委托陈某办理公司股权转让之事，受让方江苏恩纳斯公司应将相应的股权转让款转账至陈某的个人账户后，陈某却迟迟未将相应款项付给原告，故原告以委托合同纠纷为由诉至法院，在诉讼中陈某等才告知原告公司增资及股权比例调整之事，原告的股权比例已经被调整为5.33%。2011年5月24日，经查询宏冠公司工商登记资料，原告发现所谓的增资情况。但此前原告对所谓增资事宜完全不知情，也从来在有关增资的股东会决议上签过字。并且新宝公司所谓的向宏冠公司投资的1100万元在验资后即转走，公司从未进行过实际增资。此外，受让方在收购宏冠公司股权时，受让价格也没有考虑所有增资的部分。因此，宏冠公司的增资行为是虚构和无效的。故请求确认黄某在2004年4月1日宏冠公司设立之日起至2009年6月6日股权转让期间持有宏冠公司20%的股权（具体持股期间由法院根据相关证据材料认定）。

被告陈某、陈某、张某、顾某辩称：宏冠公司设立后，根据当地政府的政策规定，公司如从事土地开发业务，其注册资本应达到1500万元，所以2006年9月，宏冠公司经过股东会决议吸收新宝公司作为股东进行增资，原告对此知悉。即使原告对股东会决议不知情，但是2009年6月宏冠公司股权转让给江苏恩纳斯公司时，原告应当对公司增资知情，因此原告的诉请超过诉讼时效。关于增资的1100万元，虽然该款项在宏冠公司增资后就转给新宝公司，但款项性质发生变化，系属于新宝公司向宏冠公司的借款。

被告新宝公司辩称：宏冠公司设立时，原告并没有实际出资，而是由新宝公司借款80万元给其的。新宝公司为入股宏冠公司专门召开新宝公司股东会，原告当时作为新宝公司的股东也在其决议上签字。

被告王某辩称：同意原告的意见。宏冠公司设立后，其一直持有公司的股权，此后公司的股权结构没有发生过变化，其从未知晓公司增资之事，也没有参加过有关增资的股东会，更未在所谓的股东会决议上签字。

被告江苏恩纳斯公司辩称：作为股权受让方，受让人已经按照转让合同及股权转让确认书的要求足额支付股权转让款。

上海市虹口区人民法院一审查明：2004年4月21日，原告黄伟忠与被告陈强某、陈某、张某、顾某、王某共同设立了宏冠公司，注册资本为400万元，其中：张某出资120万元，持股30%；黄某、顾某各出资80万元，各持股20%；陈某、陈某、王某各出资40万元，各持股10%。

2006 年 10 月 20 日，苏州市太仓工商行政管理局根据宏冠公司的申请，将宏冠公司登记的注册资本由 400 万元变更登记为 1500 万元，同时将股东及持股比例变更登记为：张某出资 120 万元，持股 8.00%；黄某、顾某各出资 80 万元，各持股 5.33%；陈某、陈某、王某各出资 40 万元，各持股 2.67%；新宝公司出资 1100 万元，持股 73.33%。申请上述变更登记的主要依据为落款日期均为 2006 年 10 月 16 日的《太仓宏冠钢结构制品有限公司章程》以及《太仓宏冠钢结构制品有限公司股东会决议》。其中章程内容的主要变更为：宏冠公司的注册资本由原来的 400 万元增加至 1500 万元；增加新宝公司为股东，等等。股东会决议载明的主要内容为：同意修改后的公司章程；增加公司注册资本，由原来的 400 万元增加到 1500 万元，新宝公司增加投资 1100 万元，等等。

一审审理中，被告新宝公司等出示了落款日期为 2006 年 9 月 26 日的《上海新宝建筑安装工程有限公司股东大会决议》及落款日期为 2006 年 9 月 28 日的《太仓宏冠钢结构制品有限公司章程》，分别载明"2006 年 9 月 26 日在上海新宝建筑安装工程有限公司会议室召开全体股东大会。经全体股东讨论同意以现金人民币 1100 万元入股太仓宏冠钢结构制品有限公司""2006 年 9 月 28 日在太仓宏冠钢结构制品有限公司筹备处会议室召开了全体股东会议，全体股东均表示同意上海新宝建筑安装工程有限公司入股"。

2009 年 5 月 22 日，被告陈某作为宏冠公司股东代表与苏州恩纳斯公司签订股权转让合同，苏州恩纳斯公司以 8,248,500 元价格受让了宏冠公司的全部股权，受让方苏州恩纳斯公司暂定为一个公司，在正式办理股权转让前提供最终的股东名单。2009 年 6 月 24 日，苏州市太仓工商行政管理局出具《公司准予变更登记通知书》，载明：江苏恩纳斯公司原股东已由原告黄某、被告陈某、陈某、张某、顾某、王某、新宝公司变更为苏州恩纳斯公司、南通远华贸易有限公司，上述变更事项已经工商备案，等等。

庭审中，由于原告黄某及被告王某均否认上述公司章程和股东会决议的真实性，为此，被告新宝公司提出申请，要求对 2006 年 9 月 26 日的新宝公司的股东大会决议及 2006 年 9 月 28 日宏冠公司的股东会决议上"黄某"的字迹是否系黄某的笔迹进行鉴定。经鉴定，鉴定意见为，上述两份决议上"黄某"的签名字迹与对比样本上的"黄某"签名字迹不是同一人书写形成。

另查明，根据宏冠公司章程的规定，公司增加注册资本，应由公司股东会作出决议，并经代表三分之二以上表决权的股东通过。被告新宝公司用于所谓增资宏冠公司的 1100 万元，于 2006 年 10 月 18 日完成验资后，就以"借款"的形式归还给新宝公司。

本案一审的争议焦点是：宏冠公司是否进行了合法有效的增资以及对原告某持股比例的影响。上海市虹口区人民法院一审认为：在原告黄某没有依公司章程对其股权作出处分的前提下除非宏冠公司进行了合法的增资，否则原告的持股比例不应当降低。新宝公司等被告辩称宏冠公司曾于 2006 年 10 月 20 日完成增资 1100 万元，并为此提供了所谓股东会的决议，但在原告及被告王某否认的情况下，新宝公司等被告却没有提供足以证明该些书面材料系真实的证据材料。相反，有关"黄某"的笔迹鉴定意见却进一步证实了黄某并没有在相关股东会决议上签名的事实。由此可推知，黄某、陈某、陈某、张某、顾某、王某作为宏冠公司的前股东未就宏冠公司增资 1100 万元事宜召开过股东会。在未召开股东会的情况下，所谓宏冠公司增资 1100 万元的行为，违反了宏冠公司的章程及法律的规定，是无效的行为。此外，从结果上来看，宏冠公司用于所谓增资的 1100 万元，在完成验资后，就以"借款"的形式归还给新宝公司，此种情形不能认定新宝公司已经履行了出资的义务。因此法院认定，宏冠公司并未在 2006 年 10 月 20 日完成实质上增资，宏冠公司以增资为名，降低原告的持股比例，侵犯了原告的合法权益。

综上，上海市虹口区人民法院依据《中华人民共和国公司法》第三十八条第一款第七项、《中华人民共和国民事诉讼法》第六十四条第一款、第一百三十条、最高人民法院《关于民事诉讼证据的若干规定》第二条之规定，于 2012 年 12 月 31 日判决：

确认原告黄某自 2004 年 4 月 21 日起至 2009 年 6 月 24 日止期间持有太仓宏冠钢结构制品有限公司（已变更名称为江苏恩纳斯重工机械有限公司）20% 的股权。新宝公司不服一审判决，向上海市第二中级人民法院提出上诉。上诉人提出，黄某明知其未出资，而是借用了新宝公司的资金与他人共同注册成立了宏冠公司。当时黄某为新宝公司股东，并担任经理一职。宏冠公司注册完毕后，注册资金归还给了新宝公司，且宏冠公司未实际经营。在注册登记的股东及案外人的筹资下，拟购 2015 年第 5 期买工业园区土地。因当地政策限制，宏冠公司需增资后方能购买。黄某陈述其也出资购买土地，显然其对需要增资是明知的。黄某、在股权转让过程中全权委托他人办理，现其以未在相关增资文件中签名来否认其知情显然不符合常理。

上海市第二中级人民法院经二审，确认了一审查明的事实。

上海市第二中级人民法院二审认为：宏冠公司系被上诉人黄某与一审被告陈某、陈某、张某、顾某、王某共同出资设立，设立时原告依法持有宏冠公司20%股权。在黄某没有对其股权作出处分的前提下，除非宏冠公司进行了合法的增资，否则原告的持股比例不应当降低。宏冠公司的章程明确约定公司增资应由股东会作出决议。现经过笔迹鉴定，宏冠公司和新宝公司的股东会决议上均非黄某本人签名，不能依据书面的股东会决议来认定黄某知道增资的情况。出资买地与公司增资之间不具有必然的关联性。因此，在没有证据证明黄某明知且在股东会上签名同意宏冠公司增资至1500万元的情况下，对宏冠公司设立时的股东内部而言，该增资行为无效，且对于黄某没有法律约束力，不应以工商变更登记后的1500万元注册资本金额来降低黄某在宏冠公司的持股比例，而仍旧应当依照20%的股权比例在股东内部进行股权分配。原审适用法律正确，审判程序合法，判决某自设立后至股权转让前持有宏冠公司209岛的股权并无不当。

综上，上海市第二中级人民法院依照《中华人民共和国民事诉讼法》第一百七十条第一款第一项之规定，予2013年4月11日判决如下：

驳回上诉，维持原判。

本判决为终审判决。[①]

·法条链接·

《中华人民共和国公司法》

第二十二条　公司股东会或者股东大会、董事会的决议内容违反法律、行政法规的无效。

股东会或者股东大会、董事会的会议召集程序、表决方式违反法律、行政

[①] 《中华人民共和国最高人民法院公报》2015年第5期（总第222期）黄某诉陈某等股东资格确认案民事判决书　上海市第二中级人民法院，限于篇幅略做删减，读者可自行查阅判决书全文以全面了解案情。

法规或者公司章程，或者决议内容违反公司章程的，股东可以自决议作出之日起六十日内，请求人民法院撤销。

股东依照前款规定提起诉讼的，人民法院可以应公司的请求，要求股东提供相应担保。

公司根据股东会或者股东大会、董事会决议已办理变更登记的，人民法院宣告该决议无效或者撤销该决议后，公司应当向公司登记机关申请撤销变更登记。

《最高人民法院关于适用〈中华人民共和国公司法〉若干问题的规定（四）》

第五条　股东会或者股东大会、董事会决议存在下列情形之一，当事人主张决议不成立的，人民法院应当予以支持：

一、公司未召开会议的，但依据公司法第三十七条第二款或者公司章程规定可以不召开股东会或者股东大会而直接作出决定，并由全体股东在决定文件上签名、盖章的除外；

二、会议未对决议事项进行表决的；

三、出席会议的人数或者股东所持表决权不符合公司法或者公司章程规定的；

四、会议的表决结果未达到公司法或者公司章程规定的通过比例的；

五、导致决议不成立的其他情形。

增资中的利器——优先认缴权该如何正确使用

🔖 案件要旨

根据《公司法》第三十四条的规定，公司新增资本时，股东有权优先按照实缴的出资比例认缴出资。股东行使增资优先认缴权，没有特别约定的情况下只能依据各自的出资比例进行认缴，而不能对其他股东放弃行使优先认缴权的部分，要求行使优先认缴权。优先权应在合理期间行使，对于超出合理期间行使优先认缴权的主张不予支持。

⚖ 案件来源

《中华人民共和国最高人民法院公报》2011年第3期，红日公司、蒋某诉绵阳公司股东会决议效力及公司增资纠纷二审案，最高人民法院民事判决书 [①]

⚖ 股东纠纷焦点

本案争议焦点主要为：增资中，侵犯股东优先权的股东会决议是否无效？对于其他股东放弃的优先认缴权部分，能否行使优先权？优先权行使的合理期间如何界定？

⚖ 法理探析

在公司控制权争夺战中，增资引发的股权稀释和股权结构的调整，直接影响到公司控制权的博弈，甚至会造成重大利益冲突。因此，无论是大股东还是小股东，都必须重视增资对自身股权的重要影响。而增资引发的控制权博弈中，优先认缴权可谓是其中的一把利器，如果未能将其正确使用，则可能会造成本案中股东的惨痛教训。因此　笔者拟对有限公司增资中优先认缴权的正确行使进行如下简要剖析。

一、增资中，侵犯股东优先权的股东会决议是否无效

1. 增资股东会决议认定无效的法定事由

根据《公司法》第三十四条的规定，公司新增资本时，股东有权优先按照实缴的出资比例认缴出资。但是，全体股东约定不按照出资比例分取红利或者不按照出资比例优先认缴出资的除外。即三十四条明确规定了全体股东无约定的情况下，有限责任公司增资时股东的优先权以及该权利的行使范围。

在增资的法律程序上，有限公司新增资本必须经过股东大会决议。按照公司法第四十三条的规定，股东会会议通过增加注册资本的决议的，须经过代表三分之二以上表决权的股东同意。因此，增资的股东会决议是否有效直接影响增资的效力。

[①]《中华人民共和国最高人民法院公报》2011年第3期，红日公司、蒋某诉绵阳实业有限公司股东会决议效力及公司增资纠纷二审案，最高人民法院民事判决书（2010）民提字第48号

股东会决议无效的事由，规定于《公司法》第二十二条第一款："公司股东会或者股东大会、董事会的决议内容违反法律、行政法规的无效。"即司法可就股东会决议内容进行合法性审查。但须注意的是，鉴于公司自治的原则，司法一般不对股东会决议内容的合理性进行审查。

因此，毫无疑问的是，公司在做出增资的股东会决议时，如果未给予股东优先认缴的选择权，径行以股东多数决的方式通过第三人新增资本的决议，则该部分会因侵犯股东优先认缴权而归于无效。

2．增资的股东会决议可以被认定为部分有效、部分无效

首先需要明确的是，增资中的股东会决议，并不会因侵犯部分股东的优先认缴权而全部归于无效，应对决议内容进行区别认定。对于大多数公司而言，公司的增资决议一般会包含两个部分：关于增资部分的决议；第三人认购新增股份的决议。

对于"增资部分的决议"，如果其程序上符合法律规定的三分之二以上表决权通过，以及无其他效力瑕疵，应单独将该部分决议认定为有效。而对于"第三人认购新增股份的决议"，需要先行将该部分决议做两种区分：部分决议侵犯了其他股东的优先认缴权；部分决议未侵犯优先认缴权。

例如，公司增资决议中，第三人钱某认购新增资本600万股占增资后35%股份，未给予增资后占股5%的股东王某认缴出资的选择权，则该增资决议中"第三人钱某认购新增股份的决议"中，涉及新增股份中5%的部分因侵犯股东王某的优先认缴权而归于无效，其余30%的新增股份因其他股东以同意或者弃权的方式行使优先认缴权而有效。

二、公司章程能否排除增资中的股东优先认缴权

在实践中，不乏出现这样一种现象，为了顺利地进行外来增资，公司通过修改公司章程，在公司章程中规定了排除股东的优先认缴权，即排除股东在增资中行使优先认缴权。笔者注意到，在德国法中，规定如果对股东的新股认购权进行限制，须达到四分之三表决权以上通过，并且对于新股认购权的限制亦同时需要满足实质要件的要求才能被法律所允许。

笔者认为，我国《公司法》并没有明文规定增资中股东优先认缴权的排除制度，因此，优先认缴权作为股东的固有权利，不应以公司章程规定予以剥夺：

1. 优先认缴权是股东的法定权利

增资中的优先认缴权的制定宗旨主要在于防止股东的股权比例发生重大变化时损害小股东的权益，是股东一个法定权利，《公司法》第三十四条规定了："公司新增资本时，股东有权优先按照实缴的出资比例认缴出资。但是，全体股东约定不按照出资比例分取红利或者不按照出资比例优先认缴出资的除外。"从行文表述来看，三十四条的但书仅仅规定了认缴新股时出资比例的例外规定，未对新股认购权能否予以限制做出规定，亦并未列明优先认缴权"公司章程另有规定的除外"。因此，增资时股东的优先认缴权是股东的法定权利，非经本人同意或者弃权不得以公司章程进行排除。

2. 优先认缴权可防止股权被稀释

如果允许以公司章程的形式剥夺股东的优先认缴权，则意味着剥夺了股东参与增资事项决策的表决权等固有权利，亦会造成小股东的股权被无限稀释的严重后果。而我国《公司法》对于优先认缴权的规定可以确保股东股权不被稀释，保障了有限公司股东之间的人和性，有利于公司的长远发展。

三、对于其他股东放弃的优先认缴权，能否行使优先权

在公司增资中，实践中经常出现这样一种情况：当一部分股东在增资的股东会中明确表示放弃新增资本的优先认缴权时，未放弃的股东立即表示要对其他股东放弃的新增出资份额行使优先认缴权。由此引发的思考为：《公司法》第七十一条规定的股权转让中的优先购买权，能否直接适用于增资扩股中？

笔者认为，增资不同于股权转让，对于股东放弃的增资出资份额，其他未放弃的股东不享有优先认缴权。我国《公司法》第七十一条规定了股权转让的优先购买权，其目的在于通过其他股东行使优先权以维护有限公司的人和性。而公司法第三十四条规定"公司新增资本时，股东有权优先按照实缴出资比例认缴出资"，出发点在于保护公司原有股东的股权不因新增资本而被稀释。优先权作为一种排斥第三人竞争效力的权利，对相对人权利影响巨大，必须基于法律明确规定才能享有。[○] 而我国《公司法》仅规定了全体股东无特别约定的情况下，增资中股东优先认缴的权利及行使范围，并未在法条中明确对于其他

[①] 王林清著：《公司纠纷裁判思路与规范释解》，法律出版社，2017年版，第1379页。

股东放弃的增资份额能否行使优先权。

四、增资中优先权行使的合理期间如何界定

1. 增资中的优先认缴权应属于形成权

有限公司股东在增资中依法享有的优先认缴权，在民事权利中属于形成权，不适用诉讼时效的相关规定，而应该适用除斥期间的规定。即优先认缴权作为形成权，如果不在法律规定的期间或者合理期间内行使，则该权利归于消灭。

2. 如何认定优先认缴权的合理期间

相比完善的诉讼时效制度，我国法律对于除斥期间的规定则较为分散，并没有规定一个系统的除斥期间的制度。对于有限公司股东在增资中依法享有的优先认缴权，我国《公司法》并没有明确规定该权利的行使期限，但为维护交易安全，优先认缴权应该在一定合理期间内行使。因此这就给予司法对于优先认缴权的合理期间一个自由裁量的空间，并且根据具体情况在个案中进行判断。

在最高法公报案例（2010）民提字第 48 号中，公司的增资发生在 2003 年，而原告时隔两年在 2005 年方提起诉讼，最高院认为，在股权变动近两年后又提起诉讼，争议的股权价值已经发生了较大变化，此时允许其行使优先认缴出资的权利将导致已趋稳定的法律关系遭到破坏，并极易产生显失公平的后果为保障交易安全，故股东在本案中的优先认缴权不予支持。

败诉分析

本案再审中主要有以下两个争议焦点：一、2003 年 12 月 16 日科创公司作出的股东会决议和 2003 年 12 月 18 日科创公司与陈某签订的《入股协议书》是否有效；二、红日公司和蒋某是否能够行使对科创公司 2003 年新增的 615.38 万股股份的优先认缴权。

关于第一个争议焦点。最高院认为：2003 年 12 月 16 日科创公司作出股东会决议时，现行公司法尚未实施，根据最高人民法院《关于适用〈中华人民共和国公司法〉若干问题的规定（一）》第二条的规定，当时的法律和司法解释没有明确规定的，可参照适用现行公司法的规定……该股东会将吸纳陈某为新股东列为一项议题，但该议题中实际包含增资 800 万元和由陈某认缴新增出资两方面的内容，其中由陈某认缴新增出资的决议内容部分无效不影响增资决议

的效力，科创公司认为上述两方面的内容不可分割缺乏依据，本院不予支持……

关于第二个争议焦点问题，最高院认为：……红日公司和蒋某是否能够行使上述新增资本的优先认缴权还需要考虑其是否恰当地主张了权利。股东优先认缴公司新增资本的权利属形成权，虽然现行法律没有明确规定该项权利的行使期限，但为维护交易安全和稳定经济秩序，该权利应当在一定合理期间内行使，并且由于这一权利的行使属于典型的商事行为，对于合理期间的认定应当比通常的民事行为更加严格。本案红日公司和蒋某在科创公司 2003 年 12 月 16 日召开股东会时已经知道其优先认缴权受到侵害，且作出了要求行使优先认缴权的意思表示，但并未及时采取诉讼等方式积极主张权利……红日公司和蒋洋在股权变动近两年后又提起诉讼，争议的股权价值已经发生了较大变化，此时允许其行使优先认缴出资的权利将导致已趋稳定的法律关系遭到破坏，并极易产生显失公平的后果，故四川省绵阳市中级人民法院（2006）绵民初字第 2 号民事判决认定红日公司和蒋某主张优先认缴权的合理期间已过并无不妥。故本院对红日公司和蒋某行使对科创公司新增资本优先认缴权的请求不予支持。[①]

股东战术指导

鉴于增资中优先权的正确行使对于股东权利具有重要意义，笔者对于如何正确行使优先权提出如下建议，仅供参考：

第一，应积极参与增资的股东会会议。如果增资议案在股东会中已三分之二以上表决权通过的，则须考虑是否行使优先认缴权，并可以在股东会议中当场提出欲行使优先认缴权的意思。如果股东放弃该增资的优先认缴权的，则需向公司明确表示，以避免纠纷。

第二，可以提起股东会决议无效或者撤销之诉。股东如果发现增资的股东会会议存在决议无效或者撤销的情形，则可以直接向法院起诉，要求认定增资的股东会决议无效或者可撤销。对于侵犯股东优先认缴权的股东会决议，股东亦可以该部分决议侵犯其优先权而要求法院认定无效，从而为股东自己行使优先权做好铺垫。

[①] 参见红日公司、蒋某诉绵阳实业有限公司股东会决议效力及公司增资纠纷二审案，最高人民法院民事判决书（2010）民提字第48号，法院认为部分。

第三，在公司章程中增设优先认缴权条款，即在章程中规定按照实缴比例出资或者认缴比例行使优先认缴权，或者亦可以约定不按照出资比例行使；规定优先认缴权行使的期限，比如可规定股东须在30内日行使优先认缴权，逾期不行使的该权利归于消灭。

第四，应及时向法院起诉要求行使优先认缴权。当股东的增资优先认缴权被侵害时，除了积极与公司沟通要求行使权利外，还应及时向法院起诉，以免错过了合理期限导致优先权被消灭而败诉。

⚖ 典型案例

申请再审人科创公司、固生投资有限公司、陈某为与被申请人红日实业有限公司股东会决议效力及公司增资纠纷一案，不服四川省高级人民法院（2006）川民终字第515号民事判决，向最高院申请再审。本案现已审理终结。

四川省绵阳市中级人民法院一审查明：科创公司于2001年7月成立。在2003年12月科创公司增资扩股前，公司的注册资金475.37万元。其中蒋某出资额67.6万元，出资比例14.22%，为公司最大股东；红日实业有限公司（以下简称"红日公司"）出资额27.6万元，出资比例5.81%。科创公司第一届董事长由蒋某担任。2003年3月31日，科创公司作为甲方，林某、陈某作为乙方，绵阳高新技术产业开发区管理委员会（以下简称"高新区管委会"）作为丙方，签订了合作开发建设绵阳锦江城市花园的合作协议书（石桥铺项目）。2003年7月2日，全体股东大会通过选举李某为公司董事长，任期两年的决议。此后蒋某在科创公司的身份为董事。2003年12月5日，科创公司发出召开股东代表大会的通知，该通知主要记载了开会时间、开会地点、参会人员、列席人员及议题。开会时间定于2003年12月16日下午4：00，议题是：一、关于吸纳陈某为新股东的问题；二、关于公司内部股权转让问题；三、新科创公司的新股东代表、监事、会计提名等。2003年12月16日下午，蒋某、红日公司的委托代表常毅出席了股东会。该次股东代表会表决票反映，蒋某对上述三项议题的第二项投了赞成票，对第一项和第三项投了反对票；红日公司的委托代表常毅对第二项和新会计的提名投了赞成票，其余内容投了反对票，并在意见栏中注明："应当按照《公司法》第三十九条第二款规定先就增加资本拿出具体框架方案，按公司原股东所占比重、所增资本所占增资扩股后所占比重先进行讨论通过，再决定将来出资，要考虑原股东享有公司法规定的投资（出资）权利。"该次股东会担任记录的梁某整理了会议纪要，除蒋某、红日公司和投弃权票的四名股东未在会议纪要上签名外，其余股东在会议纪要上签名。该纪要中记载：应到股东代表23人，实到22人，以记名方式投票表决形成决议；讨论了陈某的入股协议，同意吸纳陈某为新股东（经表决75.49%同意，20.03%反对，4.43%弃权）；同意科创公司内部股份转让（经表决100%同意）。纪要还记载了与陈某合作方式的六点建议和关于新科创公司的新股东代表、监事、会计提名的表决情况及有股东代表建议应由大股东作为公司董事的意见等。此后蒋某在科创公司的身份为监事。

2003年12月18日，科创公司为甲方，陈某为乙方签订了《入股协议书》，该协议主要记载：乙方同意甲方股东大会讨论通过的增资扩股方案，即同意甲方在原股本475.37万股的基础上，将总股本扩大至1090.75万股，由此，甲方原股东所持股本475.37万股占总股本1090.75万股的43.6%；乙方出资800万元人民币以每股1.3元认购615.38万股，占总股本1090.75万股的56.4%；科创公司的注册资金相应变更为1090.75万元，超出注册资本的184.62万元列为资本公积金；该项资本公积金不用于弥补上一年的经营亏损，今后如用于向股东转增股本时，乙方所拥有的股份不享有该权利；本协议签字7天内，乙方应将800万元人民币汇入甲方指定账号，款到7个工作日之内，甲方负责开始办理股东、董事及法定代表人和公司章程等变更的工商登记手续……

2003年12月22日，红日公司向科创公司递交了《关于要求作为科创公司增资扩股增资认缴人的报告》，该报告的主要内容为：主张蒋某和红日公司享有优先认缴出资的权利，愿意在增资扩股方案的同等条件下，由红日公司与蒋某共同或由其中一家向科创公司认缴新增资本800万元人民币的出资。2003年12月25日，工商部门签发的科创公司的企业法人营业执照上记载：法定代表人陈某、注册资本壹仟零玖拾万柒仟伍佰元、营业期限自2003年12月25日至2007年12月24日。2003年12月25日科创公司变更后的章程记载：陈某出资额615.38万元，出资比例56.42%，蒋某出资额67.6万元，出资比例6.20%，红日公司出资额27.6万元，出资比例2.53%。2003年12月26日，红日公司向绵阳高新区工商局递交了《请就绵阳高新区科创实业有限公司新增资本、增加新股东作不予变更登记的报告》。此后，陈某以科创公司董事长的身份对公司进行经营管理。2005 年 3 月 30 日，科创公司向工商部门申请办理公司变更登记，提交了关于章程修正案登记备案的报告、公司章程修正案、股份转让协议书、陈某出具的将 614.38 万股股份转让给福建省固生投资有限公司（以下简称固生公司）的股份增减变更证明、收据等材料……

2005 年 12 月 12 日，蒋某和红日公司向一审法院提起诉讼，请求确认科创公司 2003 年 12 月 16 日股东会通过的吸纳陈某为新股东的决议无效，确认科创公司和陈某 2003 年 12 月 18 日签订的《入股协议书》无效，确认其对 800 万元新增资本优先认购，科创公司承担其相应损失。

四川省绵阳市中级人民法院一审认为：关于科创公司 2003 年 12 月 16 日股东会通过的吸纳陈某为新股东的决议的效力问题，红日公司和蒋某主张无效的理由是，科创公司只提前 11 日通知各股东召开股东会，违反了《中华人民共和国公司法》（1999 年修订，以下简称"99 公司法"）第四十四条第一款"召开股东会议，应当于会议召开十五日以前通知全体股东"的规定，且在增资扩股的问题上通知书也不明确。从本案查明的事实反映，蒋某在本案中具有多重身份，既是原告红日公司的法定代表人，又在 2003 年 7 月 2 日以前是科创公司的最大股东和董事长，此后至 12 月 16 日期间，是科创公司的最大股东和董事。蒋某在任科创公司董事长期间，科创公司签订了与陈某等就石桥铺项目进行合作的合作协议，而且参加了 2003 年 12 月 16 日的股东会并对会议议题行使了表决权，对其中"吸纳陈某先生为新股东"的议题投了反对票。根据 99 公司法第三十九条第二款关于"股东会对公司增加或者减少注册资本、分立、合并、解散或者变更公司形式作出决议，必须经代表三分之二以上表决权的股东通过"的规定，股东会决议的效力不取决于股东会议通知的时间及内容，而决定于股东认可并是否达到公司法的要求。查明的事实反映，2003 年 12 月 16 日"吸纳陈某先生为新股东"的决议中涉及科创公司增资扩股 800 万元和该 800 万元增资由陈某认缴的内容已在股东会上经科创公司 75.49% 表决权的股东通过。因此"吸纳陈先生为新股东"的决议符合上述规定，该决议有效。红日公司和蒋某以通知的时间不符合法律规定，内容讨论不符合议事程序主张"吸纳陈先生为新股东"决议无效的理由不成立。

关于科创公司与陈某于 2003 年 12 月 18 日签订的《入股协议书》的效力

问题。红日公司和蒋洋主张该协议是科创公司与陈某恶意串通损害其股东利益而签订的，但根据一审法院查明的事实，其并未提供证据证明该事实存在。庭审中红日公司和蒋某提出科创公司于2005年12月25日在工商局办理的科创公司变更登记不真实的主张，这涉及工商部门的具体行政行为是否合法的问题，是另一层法律关系，不属本案审理范围。经审查，该《入股协议书》的主体逢格，意思表示真实，不违反法律或者社会公共利益，应为有效协议。故红日公司和蒋某关于《入股协议书》无效的主张不成立。

关于红日公司和蒋洋能否优先认缴科创公司2003年12月16日股东会通过新增的800万元资本，并由科创公司承担相应损失的问题……2006年5月9日起施行的最高人民法院《关于适用〈中华人民共和国公司法〉若干问题的规定（一）》第二条规定："因公司法实施前有关民事行为或者事件发生纠纷起诉到人民法院的，如当时的法律法规和司法解释没有明确规定时，可以参照适用公司法的有关规定"。2005年修订后的《中华人民共和国公司法》（以下简称"新公司法"）也未对股东优先认缴权行使期间作规定，但新公司法第七十五条第一款规定"有下列情形之一的，对股东会该项决议投反对票的股东可以请求公司按照合理的价格收购其股权"、第二款规定"自股东会会议决议通过之日起六十日内，股东与公司不能达成收购协议的，股东可以自股东会会议决议通过之日起九十日内向人民法院提起诉讼"。该条虽然针对的是异议股东的股权回购请求权，但按照民法精神从对等的关系即公司向股东回购股份与股东向公司优先认缴出资看，后者也应当有一个合理的行使期间，以保障交易的安全和公平。从本案查明的事实看，红日公司和蒋某在2003年12月22日就向科创公司主张优先认缴新增资本800万元，于2005年12月12日才提起诉讼，这期间，陈某又将占出资比例56.42%股份转让给固生公司，其个人又陆续与其他股东签订了股权转让协议，全部办理了变更登记，从2003年12月25日起至今担任了科创公司董事长，科创公司的石桥铺项目前景也已明朗。因此红日公司和蒋某在2005年12月12日才提起诉讼不合理。2003年12月16日的股东会决议、《入股协议书》合法有效，红日公司和蒋某主张优先认缴权的合理期间已过，故其请求对800万元资本优先认缴权并赔偿其损失的请求不予支持……据此四川省绵阳市中级人民法院以（2006）绵民初字第2号民事判决书判决：驳回红日公司、蒋洋的诉讼请求。第一审案件受理费50,010元，其他诉讼费

25,005 元，合计 75,015 元，由红日公司和蒋洋共同负担。

红日公司和蒋某不服一审判决，向四川省高级人民法院提起上诉称：科创公司只提前 11 天通知召开股东会违反了公司法规定提前 15 天通知的强制性法定义务，且通知内容没有公司增资扩股的具体方案和《入股协议书》草案，股东会中突袭表决，议事程序违法。股东会上红日公司和蒋某投了反对票，提出同意增资 800 万元，但不放弃优先出资权。股东会决议中公司增资 800 万元有效，但吸纳陈某为新股东的决议和《入股协议书》因侵犯其优先认缴出资权而无效……

四川省高级人民法院对一审法院认定的事实予以确认，并补充了事实……

四川省高级人民法院二审认为：科创公司于 2003 年 12 月 16 日召开的股东会议所通过的关于"吸纳陈先生为新股东"的决议，结合股东会讨论的《入股协议书》，其内容包括了科创公司增资 800 万元和由陈某通过认缴该 800 万元新增出资成为科创公司新股东两个方面的内容。根据 99 公司法第三十八条第一款第八项关于"股东会行使对公司增加或者减少注册资本作出决议的职权"，第三十九条第二款关于"股东会对公司增加或者减少注册资本、分立、合并、解散或者变更公司形式作出决议，必须经代表三分之二以上表决权的股东通过"的规定，科创公司增资 800 万元的决议获代表科创公司 75.49% 表决权的股东通过，应属合法有效。根据 99 公司法第三十三条关于"公司新增资本时，股东可以优先认缴出资"的规定以及科创公司章程中的相同约定，科创公司原股东蒋某和红日公司享有该次增资的优先认缴出资权。在股东会议上，蒋某和红日公司对由陈某认缴 800 万元增资股份并成为新股东的议题投反对票并签注"要考虑原股东享有公司法规定的投资（出资）权利"的意见，是其反对陈某认缴新增资本成为股东，并认为公司应当考虑其作为原股东所享有的优先认缴出资权，明确其不放弃优先认缴出资权的意思表示。紧接着在同月 22 日和 26 日，蒋某和红日公司又分别向科创公司递交了《关于要求作为科创公司增资扩股增资认缴人的报告》，向绵阳市高新区工商局递交了《请就绵阳高新区科创实业有限公司新增资本、增加新股东作不予变更登记的报告》，进一步明确主张优先认缴出资权。上述事实均表明红日公司和蒋某从未放弃优先认缴出资权。但是，科创公司在没有以恰当的方式征询蒋某和红日公司的意见以明确其是否放弃优先认缴出资权，也没有给予蒋某和红日公司合理期限以行使优先认缴出资权的情况下，即于同月 18 日与陈某高签订《入股协议书》，并于同月 25 日变更工商登记，将法定代表人变更成陈某，将公司注册资本变更为 1090.75 万元，其中新增资本 615.38 万元登记于陈某名下。该系列行为侵犯了法律规定的蒋某和红日公司在科创公司所享有的公司新增资本时的优先认缴出资权……故蒋某和红日公司所提股东会议决议中关于吸收陈某为股东的内容、《入股协议书》无效，其享有优先认缴科创公司 800 万元新增资本的上诉理由依法成立，二审法院予以支持。

按照《中华人民共和国民法通则》第六十一条的规定，民事行为被确认为无效或者被撤销后，当事人因该行为取得的财产，应当返还给受损失的一方，因此陈某依据该部分无效决议和《入股协议书》所取得的股权应当返还。虽然后来陈某将其名下的股份赠予和转让给了固生公司，但陈某系固生公司的法定代表人，固生公司知道或者应当知道陈某认缴出资侵犯了他人的优先认缴出资权，故该司并非善意取得，其间的赠予和转让行为也无效。固生公司应当将其所持有的科创公司 615.38 万股股份返还给科创公司，由红日公司和蒋某优先认购；科创公司应当将 800 万元认股款及其资金占用利息返还给陈某。

关于有限责任公司股东请求人民法院保护其认缴新增资本优先权的诉讼时效问题，现行法律无特别规定，应当适用《中华人民共和国民法通则》规定的两年普通诉讼时效……判决：一、撤销四川省绵阳市中级人民法院（2006）绵民初字第 2 号民事判决；二、绵阳高新区科创实业有限公司于 2003 年 12 月 16 日作出的股东会决议中关于吸收陈某为股东的内容无效；三、绵阳高新区科创实业有限公司于 2003 年 12 月 18 日与陈某签订的《入股协议书》无效；四、蒋某和绵阳市红日实业有限公司享有以 800 万元购买绵阳高新区科创实业有限公司 2003 年 12 月 16 日股东会决定新增的 615.38 万股股份的优先权；五、蒋某和绵阳市红日实业有限公司于本判决生效之日起 15 日内将 800 万元购股款支付给绵阳高新区科创实业有限公司；六、在蒋某和绵阳市红日实业有限公司履行上述第五项判决后 15 日内，由福建省固生投资有限公司向绵阳高新区科创实业有限公司返还其所持有的该 615.38 万股股权，并同时由绵阳高新区科创实业有限公司根据蒋某和绵阳市红日实业有限公司的认购意愿和支付款项情况将该部分股权登记于蒋某和绵阳市红日实业有限公司名下；七、在福建省固生投资有限公司履行上述第六项判决后 3 日内，由绵阳高新区科创实业有限公司向陈某返还 800 万元及利息（从 2003 年 12 月 23 日至付清之日止按中国人民银行流动资金同期贷款利率计算）；八、驳回蒋某和绵阳市红日实业有限公司的其他诉讼请求。第一审案件受理费 75,015 元，第二审案件受理费 75,015 元、保全费 5,000 元，均由绵阳高新区科创实业有限公司负担。

科创公司、固生公司、陈某不服四川省高级人民法院上述二审民事判决，向最高院申请再审称：一、二审判决认定的事实缺乏证据支持，2003 年 12 月 16 日科创公司作出的"关于吸纳陈某为新股东"的股东会决议、2003 年 12 月 18 日陈某与科创公司签订的《入股协议书》均合法有效。1. 二审法院将科创公司 2003 年 12 月 16 日股东会关于吸纳陈某为新股东的决议内容拆分为"科创公司增资 800 万元"和"由陈某通过认缴 800 万元新增出资成为科创公司新股东"两部分，与事实严重不符，这两项内容是不可分的，增资 800 万元是以吸纳陈某为新股东为前提的。2. 红日公司在股东会反对票上的签注不能作为其不放弃优先认缴出资权的意思表示，红日公司的签注援引了 99 公司法第三十九条第二款的规定，即股东会对公司增资或减资等决议的表决程序，与第三十三条股东优先认缴权无关。且红日公司 2003 年 12 月 22 日提交的报告上没有蒋某的签名，不能认为蒋某主张了优先认缴权。3. 优先认缴权是形成权，其行使应有合理期限。科创公司是在急于支付石桥铺项目土地出让金的现实情况下吸收陈某出资的，蒋某和红日公司行使优先认缴权的期限应不超过科创公司支付土地出让金的最后期限，即 2003 年 12 月 31 日。4. 固生公司和陈某取得科创公司的股权没有恶意，签订《入股协议书》时不存在恶意串通的情形。二、二审判决适用法律错误。二审判决依据《民法通则》第五十八条第一款第四项、第五项，在没有证据证明陈某与科创公司恶意串通、《入股协议书》违反法律或社会公共利益的情况下引用上述条文判决股东会决议及《入股协议书》无效，显属适用法律错误，据此另引用的《民法通则》第六十一条及《合同法》第五十八条也与事实不符。即使蒋某和红日公司关于行使优先认缴权的主张能够得到支持，按照《公司法解释一》第二条和《公司法》第三十五条之规定，也只能按照其实缴的出资比例认缴出资，而不能全部认缴 800 万元新增出资。且二审法院适用《民法通则》规定的两年普通诉讼时效也存在错误，股东优先认缴权属形成权，应适用除斥期间的规定，不超过一年。三、陈某入股科创公司后投入了大量的资金和智慧，促使公司的经营管理和石桥铺项目都取得了巨大进展，科创公司的股权价值大幅增值，早已超过当年的购买价格，二审判决在未对股权价值进行重新评估的基础上支持红日公司和蒋某以2003年的价格购买该股权，有违公平原则。综上，请求撤销四川省高级人民法院作出的（2006）川民终字第515号民事判决，维持四川省绵阳市中级人民法院作出的（2006）绵民初字第2号民事判决，中止对四川省高级人民法院作出的（2006）川民终字第515号民事判决的执行，由被申请人红日公司、蒋洋承担本案一、二审全部诉讼费用。

本院经再审审理，对原审法院查明的事实予以确认。

本院认为：根据本案的事实和双方当事人的诉辩主张，本案再审程序中有以下两个争议焦点：一、2003年12月16日科创公司作出的股东会决议和2003年12月18日科创公司与陈木高签订的《入股协议书》是否有效；二、红日公司和蒋洋是否能够行使对科创公司2003年新增的615.38万股股份的优先认缴权。

关于第一个争议焦点。2003年12月16日科创公司作出股东会决议时，现行公司法尚未实施，根据《公司法解释一》第二条的规定，当时的法律和司法解释没有明确规定的，可参照适用现行公司法的规定。99公司法第三十三条规定："公司新增资本时，股东可以优先认缴出资。"根据现行《公司法》第三十五条的规定，公司新增资本时，股东的优先认缴权应限于其实缴的出资比例。2003年12月16日科创公司作出的股东会决议，在其股东红日公司、蒋某明确表示反对的情况下，未给予红日公司和蒋某优先认缴出资的选择权，径行以股权多数决的方式通过了由股东以外的第三人陈某出资800万元认购科创公司全部新增股份615.38万股的决议内容，侵犯了红日公司和蒋某按照各自的出资比例优先认缴新增资本的权利，违反了上述法律规定。现行《公司法》第二十二条第一款规定："公司股东会或者股东大会、董事会的决议内容违反法律、行政法规的无效。"根据上述规定，科创公司2003年12月16日股东会议通过的由陈某出资800万元认购科创公司新增615.38万股股份的决议内容中，涉及新增股份中14.22%和5.81%的部分因分别侵犯了蒋某和红日公司的优先认缴权而归于无效，涉及新增股份中79.97%的部分因其他股东以同意或弃权的方式放弃行使优先认缴权而发生法律效力。四川省绵阳市中级人民法院（2006）绵民初字第2号民事判决认定决议全部有效不妥，应予纠正。该股东会将吸纳陈某为新股东列为一项议题，但该议题中实际包含增资800万元和由陈某认缴新增出资两方面的内容，其中由陈某认缴新增出资的决议内容部分无效不影响增资决议的效力，科创公司认为上述两方面的内容不可分割缺乏依据，本院不予支持。

2003年12月18日，科创公司与陈某签订的《入股协议书》系科创公司与该公司以外的第三人签订的合同，应适用合同法的一般原则及相关法律规定认定其效力。虽然科创公司2003年12月16日作出的股东会决议部分无效，导致科创公司达成上述协议的意思存在瑕疵，但作为合同相对方的陈某并无审查科创公司意思形成过程的义务，科创公司对外达成协议应受其表示行为的制约。上述《入股协议书》是科创公司与某作出的一致意思表示，不违反国家禁止性法律规范，且陈某按照协议约定支付了相应对价，没有证据证明双方恶意串通损害他人利益，因此该协议不存在《中华人民共和国合同法》第五十二条所规定的合同无效的情形，应属有效。《入股协议书》对科创公司新一届董事会的组成及董事长、总经理人选等公司内部事务作出了约定，但上述约定并未排除科创公司内部按照法律和章程规定的表决程序作出决定，不导致合同无效。二审法院根据《中华人民共和国民法通则》第五十八条第一款第五项的规定认定该《入股协议书》无效属适用法律错误，本院予以纠正。

关于第二个争议焦点问题，虽然科创公司2003年12月16日股东会决议因侵犯了红日公司和蒋某按照各自的出资比例优先认缴新增资本的权利而部分无效，但红日公司和蒋某是否能够行使上述新增资本的优先认缴权还需要考虑其是否恰当地主张了权利。股东优先认缴公司新增资本的权利属形成权，虽然现行法律没有明确规定该项权利的行使期限，但为维护交易安全和稳定经济秩序，该权利应当在一定合理期间内行使，并且由于这一权利的行使属于典型的商事行为，对于合理期间的认定应当比通常的民事行为更加严格。本案红日公司和蒋某在科创公司2003年12月16日召开股东会时已经知道其优先认缴权受到侵害，且作出了要求行使优先认缴权的意思表示，但并未及时采取诉讼等方式积极主张权利。在此后科创公司召开股东会、决议通过陈某将部分股权赠予固生公司提案时，红日公司和蒋洋参加了会议，且未表示反对。红日公司和蒋某在股权变动近两年后又提起诉讼，争议的股权价值已经发生了较大变化，此时允许其行使优先认缴出资的权利将导致已趋稳定的法律关系遭到破坏，并极易产生显失公平的后果，故四川省绵阳市中级人民法院（2006）绵民初字第2

号民事判决认定红日公司和蒋洋主张优先认缴权的合理期间已过并无不妥。故本院对红日公司和蒋洋行使对科创公司新增资本优先认缴权的请求不予支持。

红日公司和蒋洋在一审诉讼请求中要求科创公司承担其相应损失，但未明确请求赔偿的损失数额，也未提交证据予以证明，本院对此不予审理。本案再审期间，红日公司一方主张基于新增股权对科创公司进行了投入，该主张不属于本案审理范围，其对此可以另行提起诉讼。

综上，红日公司、蒋洋的诉讼请求部分成立，但四川省高级人民法院（2006）川民终字第515号民事判决认定红日公司和蒋某可以行使优先认缴科创公司2003年新增615.38万股股份的权利，事实根据不足，适用法律不当，应予撤销。本院依照《中华人民共和国民事诉讼法》第一百八十六条、第一百五十三条第一款第二项的规定，判决如下：

一、撤销四川省高级人民法院（2006）川民终字第515号民事判决，撤销四川省绵阳市中级人民法院（2006）绵民初字第2号民事判决；

二、绵阳高新区科创实业有限公司2003年12月16日作出的股东会决议中由某出资800万元认购绵阳高新区科创实业有限公司新增615.38万股股份的决议内容中，涉及新增股份20.03%的部分无效，涉及新增股份79.97%的部分及决议的其他内容有效；

三、驳回四川省绵阳市红日实业有限公司、蒋某的其他诉讼请求。①

·法条链接·

《中华人民共和国公司法》

第三十四条　公司新增资本时，股东有权优先按照实缴的出资比例认缴出资。但是，全体股东约定不按照出资比例分取红利或者不按照出资比例优先认缴出资的除外。股东行使增资优先认缴权，只能依据各自的出资比例进行认缴，而不能对其他股东放弃行使优先认缴权的部分，要求行使优先认缴权。

---

① 红日公司、蒋某诉绵阳实业有限公司股东会决议效力及公司增资纠纷二审案，最高人民法院民事判决书（2010）民提字第48号，限于篇幅略做删减，读者可自行查阅判决书全文以全面了解案情。

公司欺诈隐瞒债务，投资人能否主张增资无效

案件要旨

公司资本一经增加，非依法定程序不可随意变更。增资行为一旦成立，投资人享有对目标公司出资对应的股权，可依法行使股东权利，但不得抽回出资。投资人向目标公司自主投资，其应对市场风险、公司发展有充分了解和独立判断，目标公司及原股东的承诺不能成为其规避投资风险、抽回出资的理由，更不能以此否认增资的效力。

案件来源

《最高人民法院民事判决书》宁夏某电视网络有限公司与宁夏某房地产开发有限公司、徐某、王某、何某合同纠纷案（以下简称"54号案例"）[①]

股东纠纷焦点

本案的焦点在于：股东或公司故意提供虚假材料，投资人能否主张增资协议（因受欺诈）无效？在受到财务欺诈的增资中，投资人能否要求（因受欺诈）撤销增资？

法理探析

在增资中，为了成功吸引到投资者，有些公司不惜要各种花招进行公司包装。因而，投资人最怕遇到的坑就是——欺诈性公司增资，即目标公司隐瞒公司债务或者公司资产的瑕疵或做虚假陈述，抬高股价，导致投资者以较高的价格取得股权价值较低的股权，甚至于花了高价却买了一个已经被掏空的公司。那么，投资人能否以受到财务欺诈为由，主张增资无效，要求返还增资款呢？

---

① 最高人民法院 宁夏某电视网络有限公司与宁夏某房地产开发有限公司、徐某、王某、何某合同纠纷案，（2011）民二终字第54号

一、增资协议的效力问题是否应适用《合同法》

对于合同无效的事由，我国《合同法》第五十二条规定合同无效的情形主要有以下五种：

1．一方以欺诈、胁迫的手段订立合同，损害国家利益；

2．恶意串通，损害国家、集体或者第三人利益；

3．以合法形式掩盖非法目的；

4．损害社会公共利益；

5．违反法律、行政法规的强制性规定。

在本案（最高院 54 号案例）中，网络公司以鸿雪隆公司、徐某、王某、何某为共同被告提起本案诉讼，认为四被告恶意串通，虚假承诺并隐瞒鸿雪隆公司存在巨额债务以及公司资产被抵押担保的事实，采用欺诈手段诱使网络公司与其订立合同，要求认定《增资协议》无效并返还增资款。因此，如果依据《合同法》第五十二条来认定本案《增资合同》受到欺诈是否无效，则需要着重考虑第一种情形，即"一方以欺诈、胁迫的手段订立合同，损害国家利益"。但是，我们注意到，欺诈订立的合同被认定无效需满足"损害国家利益"这一要件，而在本案中，如果并未"损害国家利益"，则该《增资协议》即使属于欺诈亦不得认定无效。

二、不能以《合同法》的一般性规则解决公司股东增资问题

值得注意的是，最高院对于"54 号案例"的判决结果为："网络公司主张确认协议无效并返还增资款 1850 万元及相应利息的诉讼请求于法无据，本院不予支持。"细究最高院判决书的理由部分，值得深思的是，对于争议焦点《增资协议》的效力问题，在一审中，双方当事人对于依据《合同法》还是《民法通则》来确认《增资协议》的效力，产生了极大的分歧。而最高院并未援引《合同法》认定增资无效，亦未依据《民法通则》确立增资效力，而是从《公司法》的角度，认定公司及原股东的承诺不能成为其规避投资风险、抽回出资的理由，更不能以此否认增资的效力。

由此，我们是否可以理解，54 号案例中，对于《增资协议》的效力认定，最高法的裁判逻辑为：增资合同被认定无效所致的返还增资款会被认为抽逃出

资或变相抽逃出资，会损害债权人利益。因此，不能以《合同法》的一般性规则解决股东增资纠纷，而应从《公司法》的角度出发，公司资本一经增加，非依法定程序不可随意变更。

"依法定程序减少公司资本"主要是指依减资程序减少公司资本，而关于公司减资问题，《公司法》第四十三条第二款规定："股东会会议作出修改公司章程、增加或者减少注册资本的决议，以及公司合并、分立、解散或者变更公司形式的决议，必须经代表三分之二以上表决权的股东通过。"第一百七十七条第二款规定："公司应当自作出减少注册资本决议之日起十日内通知债权人，并于三十日内在报纸上公告。债权人自接到通知书之日起三十日内，未接到通知书的自公告之日起四十五日内，有权要求公司清偿债务或者提供相应的担保。"

由此，需要我们引起思考的是，《公司法》的一般性原则是否可以超越《合同法》第五十二条对于合同无效的规定？

三、在受到财务欺诈的增资中，投资人能否要求（因受欺诈）撤销增资

因欺诈可撤销合同的事由，规定在《合同法》第五十四条：下列合同，当事人一方有权请求人民法院或者仲裁机构变更或者撤销：

1. 因重大误解订立的；
2. 在订立合同时显失公平的。

一方以欺诈、胁迫的手段或者乘人之危，使对方在违背真实意思的情况下订立的合同，受损害方有权请求人民法院或者仲裁机构变更或者撤销。

因此，受到欺诈签订的合同，可要求主张撤销合同。那么，需要思考的是，在增资中，如果公司故意隐瞒债务、作出虚假承诺、提供虚假资料，导致投资人收到欺诈，是否可以依据《合同法》五十四条的规定主张撤销《增资协议》？

笔者通过对"增资欺诈后主张撤销《增资协议》"的案例进行检索，并选取以下四个典型案例。为方便比较，将该四个案例与前述（2011）民二终字第54号案例一起对比研究。

表 2　增资欺诈后主张撤销《增资协议》的案例对比表

序号	裁判时间	案　号	裁判法院	判决结果
1	2011	（2011）民二终字第 54 号	最高人民法院	受欺诈要求增资无效，法院未支持
2	2014	（2014）三民初字第 61 号	福建省三明市中级人民法院	支持投资人撤销增资
3	2015	（2015）民二终字第 313 号	最高人民法院	支持撤销（老股东要求撤销）
4	2017	（2017）苏 09 民终 2649 号	江苏省盐城市中级人民法院	支持投资人撤销增资
5	2017	（2017）陕民申 1739 号	陕西省高级人民法院	支持投资人撤销增资

"（2014）三民初字第 61 号"案例要旨

福建省三明市中级人民法院认为：被告健盛公司、颜某以故意隐瞒债务的欺诈手段，使原告广州越秀投资在不明真相情况下违背真实意思，与被告健盛公司、颜某签订了《增资协议书》并支付投资款 1500 万元。原告广州越秀投资作为受损害方有权请求人民法院撤销与被告健盛公司、颜耀军签订的《增资协议书》。

"（2015）民二终字第 313 号"案例要旨

最高人民法院认为：宾海公司全体股东签署的《股东会决议》里关于新增注册资本由曹某以现金方式缴付的内容，本质上属于股东间对新增资本优先认缴权的约定，属于股东之间的协议，而非股东会作为公司的权力机构行使职权作出的决议。曹某（下称新股东）的增资行为已构成欺诈。四原告（原股东）以受到新股东欺诈作出错误意思表示为由，主张撤销放弃认缴增资优先权的协议内容，应予支持。

"（2017）苏 09 民终 2649 号"案例要旨

江苏省盐城市中级人民法院认为：案涉增资扩股协议书系唐某受欺诈、在其违背真实意思的情况下订立，其要求撤销协议并赔偿损失的诉讼请求符合法律规定，一审法院认为应予支持。

"（2017）陕民申 1739 号"案例要旨

陕西省高级人民法院认为：认定蓝天公司上述行为构成欺诈，并根据《中华人民共和国合同法》第五十四条第二款的规定，撤销案涉《增资协议书》，判令蓝天公司退还王国超投资款及相应利息结果适当。

有必要引起注意的是，上述四则"受欺诈增资被撤销"的案例中，有三则案例是投资人要求（受欺诈）撤销增资协议，而其中一则案例是原股东要求（受欺诈）撤销增资协议。但是，裁判逻辑均是依据《合同法》第五十四条规定，支持受欺诈的增资协议得以撤销。即对于《增资协议》能否撤销的问题，应依据《合同法》进行认定。

四、类案裁判趋势

对比上述最高法院对于《增资协议》无效认定和是否可撤销的两个案例：

在"（2011）民二终字第 54 号"案例，最高法认为：增资合同被认定无效所致的返还增资款会被认为抽逃出资或变相抽逃出资，会损害债权人利益，亦违背了资本维持原则，因此不支持增资协议无效的诉请。

但在最高院其后作出的"（2015）民二终字第 313 号"案例中，最高法认为，原股东以受到新股东欺诈作出错误意思表示为由，主张撤销放弃认缴增资优先权的协议内容，应予支持。实际上支持撤销整个增资协议。

因此，是否可以理解为，最高法院在"（2015）民二终字第 313 号"案例支持撤销增资协议的内在逻辑在于，认为增资合同被撤销后返还增资款不会被认为抽逃出资或变相抽逃出资，不会损害债权人利益。

笔者认为，法律所赋予当事人因受欺诈而撤销合同的权利，以及当合同符合无效的事由时要求确认合同无效的权利，不因当事人的股东身份而丧失，在增资过程中，当事人的权利不容置疑应得到法律的保障。

⚖ 败诉分析

在本案中（54 号案例），最高院认为，公司成立后，为筹集资金、扩大经营规模，可依照法定的条件和程序增加公司的注册资本数额，我国《公司法》对公司增资具体要求作出明确规定。公司资本一经增加，非依法定程序不可随意变更。因公司以资本为信用，对外具有公示效力的公司资本股东不得抽回。

本案中鸿雪隆公司增资行为经股东大会全体股东决议通过，并相应变更公司章程及工商登记，网络公司以1850万元出资占有鸿雪隆公司增资后51.4%的股权，符合公司增资的法定条件和程序，《增资协议书》已实际履行。增资行为一旦成立，网络公司即享有对鸿雪隆公司出资对应的股权，可依法行使股东权利，但不得抽回出资。

网络公司向鸿雪隆公司自主投资，其应对市场风险、公司发展有充分了解和独立判断，公司及原股东的承诺不能成为其规避投资风险、抽回出资的理由，更不能以此否认增资的效力。因此，《增资协议书》关于鸿雪隆公司增资1850万元，由网络公司以现金方式投入的约定符合公司增资的法定要求，并已实际履行完毕，网络公司主张确认协议无效并返还增资款1850万元及相应利息的诉讼请求于法无据，本院不予支持。[①]

🔨 股东战术指导

在本案中，原告最终败诉的结果不得不引起股东们的警示，为了预防在对外投资时遇到"欺诈性增资"，建议公司股东可以在以下几个方面进行风险防范：

第一，与公司以及股东进行股权回购的约定。新股东在增资时可以要求公司股东对增资的股份进行回购担保，一旦在增资后发现公司或者股东有提供虚假材料、隐瞒债务等欺诈行为，则公司原股东必须回购新股东增资所对应的股份。

第二，进行估值调整的约定。新股东在签订《增资协议》时可以约定：如果在增资完成后发现公司隐瞒债务等欺诈行为的，需重新对公司进行估值，并按照新的公司估值确认增资股权价值。

第三，约定受到欺诈的违约条款。新股东可在《增资协议》中约定收到增资欺诈后的违约责任，比如可以约定一个高额的违约金，以补偿自己的损失，降低风险。

---

① 本部分来源于判决书主文，限于篇幅略做删减，读者可自行查阅判决书全文以全面了解案情。

⚖ 典型案例

宁夏某电视网络有限公司（以下简称"网络公司"）因与鸿雪隆房地产开发有限公司（以下简称"鸿雪隆公司"）、徐某、王某、何某合同纠纷一案，不服宁夏回族自治区高级人民法院（2009）宁民商初字第10号民事判决，向本院提起上诉。本院受理后依法组成由审判员王东敏担任审判长，代理审判员曾宏伟、张颖参加的合议庭进行了审理，书记员李洁担任记录。本案现已审理终结。

原审法院经审理查明：鸿雪隆公司登记成立于2004年2月16日，公司注册资本2000万元，徐某、王某、何某系该公司股东，其中徐某出资1000万元，占公司注册资本的50%，为公司法定代表人，王某出资462万元，占公司注册资本的23.1%，何某出资538万元，占公司注册资本的26.9%。2007年3月15日，网络公司与鸿雪隆公司就双方投资重组鸿雪隆公司及共同完成鸿雪隆公司在建的贺兰县商业步行街、贺兰大酒店及住宅楼项目签订了《合作协议》，协议约定：为了按照贺兰县政府的要求使贺兰县商业步行街、贺兰大酒店及住宅楼项目能如期完工，鉴于双方合作的前期手续繁杂、程序耗时较长，甲方（网络公司）同意就该项目合作先期注入500万元作为启动资金；乙方（鸿雪隆公司）就甲方先期注入的500万元启动资金愿意提供抵押担保，以其自有的贺兰县商业步行街、贺兰大酒店及住宅楼项目下的所有不动产（土地、房屋）抵押给甲方，并在合同签订生效后30个工作日内办理相应的法律手续；甲乙双方在投资重组鸿雪隆公司时，上述资产及资金以资产评估法律文书为准，记入各自投资股份。2007年4月1日，受网络公司委托，宁夏诚信会计师事务所作出宁诚信评报字（2007）第011号对鸿雪隆公司全部资产和负债的《资产评估报告书》，该报告书载明："报告以2007年2月28日为评估基准日，鸿雪隆公司全部资产评估价值为2159.02万元，全部负债评估价值为407.06万元，净资产评估值为1751.96万元。"2007年4月8日，鸿雪隆公司股东会作出决议，全体股东一致同意公司增加注册资本1850万元，由网络公司以现金方式投入。股东会还决议通过了由全体股东一致同意修改的公司章程，并决定依法向公司登记机关进行备案登记，网络公司以鸿雪隆公司股东的身份参加了公司章程的修改和决议。同日，鸿雪隆公司股东徐某、王某、何某出具《声明》一份，载明："根据鸿雪隆公司发展的需要和公司章程的规定，公司股东会就关于公司增加注册资本事项进行了审议并形成了决议，作为公司股东，我们放弃对公司增加注册资本的优先认缴权，同意公司所增加的注册资本由网络公司以现金方式投入。"同日，鸿雪隆公司股东徐某、王某、何某还向网络公司出具《承诺》一份，载明："为维护网络公司的利益，我们承诺，截至 2007 年 2 月 28 日，鸿雪隆公司的对外债务包括或有债务已经全部无遗漏地告知贵公司。如果在网络公司成为鸿雪隆公司股东后，公司因 2007 年 2 月 28 日以前的被遗漏的债务包括或有债务而承担了相应责任，损害了网络公司的股东利益，则网络公司有权要求我们承担连带赔偿责任。" 2007 年 4 月 19 日，网络公司与鸿雪隆公司及其原股东徐某、王某、何某共同签订了《增资协议书》，《增资协议书》载明的主要内容有：甲方（鸿雪隆公司）接受乙方（网络公司）作为甲方新股东对公司以现金方式投资 1850 万元，投资完成后，乙方成为甲方的股东，甲方注册资本增加至 3850 万元；甲方及丙方（徐某、王某、何某）特别向乙方承诺：甲方依法设置账簿，依法进行会计核算，准确反映公司参与的任何交易情况，不存在任何重大错误或遗漏；截至本协议签订之日，除已经书面披露给乙方的情况之外，甲方没有遗漏和向乙方隐瞒任何债务包括或有债务。如果存在遗漏债务和隐瞒的债务包括或有债务，给乙方造成的任何损失，由丙方即时无条件予以全部赔偿；甲方所有的资产截止到本协议签订之日，除已经以书面明确披露给乙方的情况之外，甲方是财务记录上显示的所有资产绝对的、唯一的所有人，其上没有设置任何抵押、担保或其他类似权利，并且均在甲方掌握和控制中；截至本协议签订之日，甲方不存在任何诉讼、仲裁、行政处罚及劳动争议纠纷；截止到本协议签订之日，甲方没有承担任何其他重大责任或义务；截止到本协议签订之日，甲方合法存续，不存在违反法律、法规和依据公司章程需要终止的情形；如果出现了下列情况之一，则乙方有权在通知甲方后终止本协议，并收回本协议项下的增资：一、如果出现了对于其发生无法预料也无法避免，对于其后果又无法克服的事宜，导致本次增资扩股事实上的不可能性；二、如果甲方违反了本协议，使本协议的目的无法实现；三、如果出现了任何使甲方及丙方的承诺在实质意义上不真实，可能给乙方造成损害。同日，各方共同签署了《鸿雪隆公司章程》。《增资协议书》签订后，网络公司于 2007 年 4 月 26 日、29、30 日分三次将 1850 万元投入鸿雪隆公司。2007 年 5 月 20 日，鸿雪隆公司全体投资人共同签订《投资认定书》，对公司全体投资人的出资方式和价值予以确认。2007年8月4日，鸿雪隆公司股东徐某、王某、何某分别与网络公司签订《转股协议》，自愿将自己名下的鸿雪隆公司价值124万元、57.3万元、66.7万元的股权转让给网络公司，共计转让股权248万元。2007年8月5日，鸿雪隆公司股东会作出决议，确定了各股东的股权。同日，公司董事会一致通过了由网络公司委派的韩某为公司法定代表人的决定。至此，鸿雪隆公司注册资金变更为3602万元，网络公司、徐某、王某、何某系公司股东，其中网络公司出资1850万元，占公司注册资本的51.4%，徐红学出资876万元，占公司注册资本的24.3%，王静出资405万元，占公司注册资本的11.2%，何勇出资471万元，占公司注册资本的13.1%，公司法定代表人为韩某。2007年8月8日，鸿雪隆公司就以上内容向登记机关进行了变更登记，网络公司正式成为鸿雪隆公司的股东。

另查明，网络公司正式成为鸿雪隆公司的股东后，开始对鸿雪隆公司没有进入公司账目的债务进行登记，发现鸿雪隆公司对外所欠债务数额远远超出2007年4月8日《承诺》中所承诺的无遗漏之债，针对这种情况，网络公司提出将自己名下的1850万元股份转让给徐某，徐某表示同意。2007年10月16日，网络公司与徐某就此问题签订《转股协议书》。同日，鸿雪隆公司作出股东会决议，载明：股东各方经协商同意网络公司将1850万元的股份转让给徐某；由于网络公司的投资款已经全部用于公司在贺兰的在建工程，各股东为该项目已经竭尽全力，徐某无法以现金形式给付网络公司的股份转让金，经股东会议研究同意以公司现有的在建工程抵顶应由徐某给付的股份转让金；将公司的法定代表人由韩某变更为徐某。2007年11月5日，鸿雪隆公司就以上内容向登记机关进行了变更登记，至此，网络公司退出鸿雪隆公司。

2009年8月14日，网络公司以鸿雪隆公司、徐某、王某、何某为共同被告向原审法院提起本案诉讼，认为四被告恶意串通，虚假承诺并隐瞒鸿雪隆公司存在巨额债务以及公司资产被抵押担保的事实，采用欺诈手段诱使网络公司与其订立合同，严重损害了网络公司及国家的合法利益。故请求：一、确认网络公司与四被告签订的《增资协议书》无效；二、判令四被告连带返还网络公司已支付的增资款1850万元；三、判令四被告按同期银行贷款利率连带赔偿网络公司上述增资款的利息损失189.81万元（自2007年8月8日暂算至2009年6月22日，共计684天，应算至实际返还日，按同期银行贷款利率5.4%计算），以上两项合计 2039.81 万元；四、本案诉讼费用由四被告承担。

原审法院认为，本案的焦点问题是应否确认《增资协议书》的效力问题。鸿雪隆公司成立于 2004 年 2 月，公司注册资本 2000 万元，徐红学、王静、何勇系该公司股东。2007 年 4 月，网络公司与鸿雪隆公司、徐红学、王静、何勇签订了《增资协议书》，网络公司将 1850 万元投入鸿雪隆公司。2007 年 8 月，网络公司与鸿雪隆公司股东徐红学、王静、何勇分别签订《转股协议》，共计转让股权 248 万元，鸿雪隆公司注册资金变更为 3602 万元，其中网络公司出资 1850 万元，占公司注册资本的 51.4%。2007 年 8 月 8 日，鸿雪隆公司向登记机关申请变更登记，网络公司成为鸿雪隆公司的股东。后网络公司虽然发现鸿雪隆公司对外所欠债务超出《承诺》中所承诺的无遗漏之债，但根据《增资协议书》的约定又与徐某签订了《转股协议书》，并经鸿雪隆公司股东会决议予以确认，同意将网络公司名下的在鸿雪隆公司的股份 1850 万元转让给徐某。2007 年 11 月 5 日，根据以上《转股协议书》的约定，鸿雪隆公司向登记机关申请变更登记，网络公司退出鸿雪隆公司。至此，网络公司已就 1850 万元增资入股鸿雪隆公司后发现鸿雪隆公司对外债务超出《承诺》的问题，与鸿雪隆公司及其全体股东达成了转让股权的一致意见。根据《中华人民共和国公司法》第七十二条规定，有限责任公司的股东之间可以相互转让其全部或者部分股权，网络公司与徐某签订的《转股协议书》系双方真实意思表示，不违反法律规定，双方均应严格履行。《转股协议书》已将《增资协议书》中网络公司增资入股的 1850 万元，即占鸿雪隆公司 51.4% 的股份转让给徐红学，成为徐某应向网络公司支付的股份转让款。综上，网络公司违背诚实信用原则，主张《增资协议书》无效，鸿雪隆公司、徐某、王某、何某连带返还网络公司增资款 1850 万元并按同期银行贷款利率连带赔偿 1850 万元的利息损失 189.81 万元的诉讼请求，无事实及法律依据，不予支持。依照《中华人民共和国民法通则》第八十四条，《中华人民共和国民事诉讼法》第一百二十条第一款、第一百三十四条第三款之规定，判决驳回网络公司的诉讼请求。案件受理费 143790 元，由原告网络公司负担。

网络公司不服上述一审民事判决，提起上诉称：一、《增资协议书》无效的事实清楚、证据充分，法律依据充足，一审判决却未予认定。网络公司在一审时已向法庭大量举证鸿雪隆公司及其股东徐红学、王静、何勇虚假承诺、隐瞒事实以欺诈手段诱使上诉人网络公司签订《增资协议书》，并已经一审法院调查，事实清楚、证据充分，被上诉人本身也已确认，一审法院却回避协议无效的争议焦点。二、网络公司通过签订《转股协议书》等方式挽回损失，是维护自身权益的行为，并不影响对《增资协议书》效力的认定和被上诉人责任的承担。一审法院却将后续签订《转股协议书》混淆为确认《增资协议书》的效力行为，作为驳回网络公司诉讼请求的依据，属因果倒置、避重就轻。三、一审判决适用《民法通则》第八十四条驳回诉讼请求显属适用法律不当。本案中争议焦点是增资协议的效力问题，应适用《合同法》。四、《增资协议书》依法被确认无效具有重大的法律和现实意义，否则上诉人将成为鸿雪隆公司及其股东欺诈行为的牺牲品，背负本不应承担的债务。故请求撤销一审判决，依法改判支持上诉人全部诉讼请求，并由被上诉人承担一、二审诉讼费用……

本院经审理对原审法院查明的事实予以确认。

本院认为，公司成立后，为筹集资金、扩大经营规模，可依照法定的条件和程序增加公司的注册资本数额，我国《公司法》对公司增资具体要求作出明确规定。公司资本一经增加，非依法定程序不可随意变更。因公司以资本为信用，对外具有公示效力的公司资本股东不得抽回。本案中鸿雪隆公司增资行为经股东大会全体股东决议通过，并相应变更公司章程及工商登记，网络公司以1850万元出资占有鸿雪隆公司增资后51.4%的股权，符合公司增资的法定条件和程序，《增资协议书》已实际履行。增资行为一旦成立，网络公司即享有对鸿雪隆公司出资对应的股权，可依法行使股东权利，但不得抽回出资。网络公司向鸿雪隆公司自主投资，其应对市场风险、公司发展有充分了解和独立判断，公司及原股东的承诺不能成为其规避投资风险、抽回出资的理由，更不能以此否认增资的效力。因此，《增资协议书》关于鸿雪隆公司增资1850万元，由网络公司以现金方式投入的约定符合公司增资的法定要求，并已实际履行完毕，网络公司主张确认协议无效并返还增资款1850万元及相应利息的诉讼请求于法无据，本院不予支持。

另在本案中，网络公司又与徐某签订《转股协议书》，将其名下所有的鸿雪隆公司51.4%的股权转让给徐某，并办理了相应股权转让工商变更登记。该行为符合我国《公司法》关于有限责任公司股东之间可相互转让股权的规定，网络公司可据此另行主张权利。

综上，一审判决认定事实清楚，虽适用法律部分欠当，但判决结果正确，应予维持。本院依照《中华人民共和国民事诉讼法》第一百五十三条第一款第一项之规定，判决如下：

驳回上诉，维持原判。

一审案件受理费按原审判决执行，二审案件受理费 143,790 元由宁夏广播电视网络有限公司负担。

本判决为终审判决。[①]

· 法条链接 ·

《中华人民共和国合同法》

第五十二条　有下列情形之一的，合同无效：

一、一方以欺诈、胁迫的手段订立合同，损害国家利益；

二、恶意串通，损害国家、集体或者第三人利益；

三、以合法形式掩盖非法目的；

四、损害社会公共利益；

五、违反法律、行政法规的强制性规定。

第五十四条　下列合同，当事人一方有权请求人民法院或者仲裁机构变更或者撤销：

一、因重大误解订立的；

二、在订立合同时显失公平的。

一方以欺诈、胁迫的手段或者乘人之危，使对方在违背真实意思的情况下订立的合同，受损害方有权请求人民法院或者仲裁机构变更或者撤销。当事人请求变更的，人民法院或者仲裁机构不得撤销

第五十五条　有下列情形之一的，撤销权消灭：

一、具有撤销权的当事人自知道或者应当知道撤销事由之日起一年内没有行使撤销权；

二、具有撤销权的当事人知道撤销事由后明确表示或者以自己的行为放

---

① 本部分来源于本案判决书主文。限于篇幅略做删减，读者可自行查阅判决书全文以全面了解案情。

弃撤销权。

第五十八条　合同无效或者被撤销后，因该合同取得的财产，应当予以返还；不能返还或者没有必要返还的，应当折价补偿。有过错的一方应当赔偿对方因此所受到的损失，双方都有过错的，应当各自承担相应的责任。

1993-7-1财政部令第5号第五章　所有者权益：

第三十八条　所有者权益是企业投资人对企业净资产的所有权，包括企业投资人对企业的投入资本以及形成的资本公积金、盈余公积金和未分配利润等。

2006年2月15日财政部令第33号公布，自2007年1月1日起施行。2014年7月23日根据《财政部关于修改企业会计准则——基本准则＞的决定》修改第五章所有者权益：

第二十六条　所有者权益是指企业资产扣除负债后由所有者享有的剩余权益。公司的所有者权益又称为股东权益。

第十二章　一票否决权

如何设置董事会一票否决权

📖 案件要旨

在投融资中，投资人和股东可以在章程和股东协议中对一些事项约定"一票否决权"，这种限制是各方出于各自利益需求协商的结果，符合当时股东的真实意思表示，在未违反《公司法》的强制性规定的情况下，应认定符合公司股东意思自治的精神，其效力应得到认可。

📖 案件来源

上海市第二中级人民法院　奇虎三六零软件公司与老友计网络科技有限公司、蒋某等请求变更公司登记纠纷二审民事判决书[①]

📖 股东纠纷焦点

本案焦点在于：本案中设置的"董事会一票否决权"是否符合公司法的规定？如果章程中未明确"董事会一票否决权"，可否对抗善意第三人？

📖 法理探析

商场如战场，公司控制权争夺的战场，有很大一部分集中在董事会，阿里的合伙人制度最值得研究的是其对董事会的掌控，可以说，谁掌控了董事会，谁就是公司控制权之战的赢家。因此，"董事会一票否决权"的设置就成了公

[①]　上海市第二中级人民法院　奇虎三六零软件公司与老友计网络科技有限公司、蒋某等请求变更公司登记纠纷二审民事判决书（2014）沪二中民四（商）终字第330号

司控制权博弈的一把利器。

一、董事会一票否决权

在投票选举或表决中，只要有一张反对票，该候选人或者被表决的内容就会被否定，这种一票否决机制又称为"一票否决权"。而"董事会一票否决权"是指在股东协议或者公司章程中约定，对于董事会决议事项，某一个董事或者几个董事的一票反对即可以否决该董事会决议。"董事会一票否决权"的重要意义在于，董事会决议只有经过某一个董事或者某几个董事的同意，才能形成有效的决议。

二、董事会一票否决权的类型

1. 国外董事会一票否决权的常见类型

根据国外学者研究，在国外投资领域，投资者经常使用类别表决制（Class Voting）、与超级多数表决制（Super Majority）这两种方式实现对公司董事会的掌控。在"类别表决制"的设计中，投资公司一般以优先股股东的身份，向目标公司委派优先股董事，该优先股董事对董事会决议享有"一票否决权"。而"超级多数表决制"一般约定在特定公司行为下（例如对外担保事项），需要经过投资公司委派董事在内的超级多数（四分之三、五分之四或更高的表决权通过比例）董事会成员的同意，方能形成有效董事会决议。

2. 我国常见董事会一票否决权的类型

在我国投融资领域，投资者为了保障自身的投资利益，通常会要求将董事会一票否决权写进股东协议或者公司章程之中，根据笔者的归纳，主要有以下几个常见类型的一票否决权：

（1）类别董事表决权

"类别董事表决权"主要是针对持有优先股的股东进行设计。投资者一般要求被投资公司向其发行优先股，以区别于原股东的普通股。在董事会决议的特定事项表决中，投资者委派的优先股董事如果对决议投反对票，则无论其他董事的表决是否达到章程规定的比例，亦无法形成有效决议。

鉴于我国现行公司法并未对优先股进行规定，如果公司设置以优先股为基础的一票否决权，会存在法律上的障碍。因此，一般目前主要以在境外投资平台进行设置类别董事表决权，以规避中国法律的规定。

（2）超级多数表决权

实践中，董事会"超级多数表决权"多见于有限责任公司。即一般由章程规定涉及特定事项（如对外担保、设立子公司等）的决议须经过超级多数董事成员同意方可通过，例如四分之三董事同意、甚至"全体董事一致同意"。在"全体董事一致同意"的条款下，投资者无疑变相获得了"一票否决权"，即公司对于特定事项的表决在未经投资者同意的情况下，就无法形成有效决议，投资者以此获得了对公司的控制权。

（3）指定董事同意权

从字面理解而言，"指定董事同意权"指在公司董事会对特定事项进行表决时，该特定事项需首先经得投资者"指定董事"的同意，即该"指定董事"在董事会具有"一票否决权"，未经该"指定董事"的同意则无法形成有效决议。

从公司控制权的角度而言，"指定董事同意权"控制董事会的效果最佳。因而在实践中，是投资者最常使用的"董事会一票否决权"类型。但是，对于创始股东而言，"指定董事同意权"下投资者拥有凌驾于其他所有董事的"黄金权力"，创始人一旦同意投资者的"指定董事同意权"，则意味着公司的董事会将被投资者一手操控，从此公司脱离创始人的控制。因此，站在创始人的角度，更倾向于使用"超级多数表决权"类型的"一票否决权"。

三、董事会一票否决权的合法性分析

1. 有限责任公司可通过章程创设董事会一票否决权

《公司法》第四十八条规定，董事会的议事方式和表决程序，除本法有规定的外，由公司章程规定。董事会应当对所议事项的决定作成会议记录，出席会议的董事应当在会议记录上签名。董事会决议的表决，实行一人一票。

通过上述法条的"但书"规定，可以理解为，虽然董事会的表决机制原则上是"一人一票"，但有限公司董事会的议事方式和表决程序可由公司章程进行规定，即可通过公司章程的方式设置"董事会一票否决权"。因此，《公司法》第四十八条作为任意性规范，为"董事会一票否决权"留下了法律适用的余地，符合有限责任公司人合性的特征。

据此，我们认为，有限责任公司可以通过公司章程为投资人设置"董事会一票否决权"，赋予投资人委派的董事在董事会决议中"一票否决"的权力。

2. 股份公司设置董事会一票否决权具有法律障碍

股份公司的董事会议事规则在《公司法》第一百一十一条中有所体现："董事会会议应有过半数的董事出席方可举行。董事会作出决议，必须经全体董事的过半数通过。董事会决议的表决，实行一人一票。"相比第四十八条对有限责任公司规定"除本法有规定的外，由公司章程规定"，股份公司的规定中并无"但书"的行文，可以认为，股份公司董事会议事规则中的"一人一票"系强制性规范。

而"董事会作出决议，必须经全体董事的过半数通过"则明确了董事会决议"必须"由全体董事（非与会董事）"过半数"通过，未能达到"过半数"通过的董事会决议不能有效成立。即股份公司并未赋予公司章程在"一人一票"的规则之外自行规定董事会议事规则的权力。据此，应当认为，股份公司并没有"董事会一票否决权"适用的余地。

基于股份公司资合性为主的特性，作为开放式公众公司，股份公司董事的表决权应具有"平等的权力"，不应赋予某一个董事凌驾于其他董事之上的特殊权力，股份公司董事会的表决应严格遵循了"一人一票"基本原理，因此，股份公司不能创设"董事会一票否决权"。

四、董事会一票否决权的效力风险

1. 董事会一票否决权的权力边界

笔者认为，"董事会一票否决权"的行使应受到董事会自治范围的约束，一般应将"一票否决权"限定在公司的重大事项上，而不建议赋予投资人董事对所有的董事会决议事项享有一票否决权。在投融资实践中，具体而言，主要有以下几种安排：

（1）赋予投资者董事对"所有"董事会决议事项享有"一票否决权"

实践中，不乏"强势"的投资者，要求对"所有"董事会决议事项具有一票否决的权力。如此一来，所有董事决议事项未经投资者董事同意不能形成有效决议，意味着投资者以"一票否决权"全面掌控了公司的日常经营，投资者成为公司的最高经营决策者和控制人，公司的创始股东面临被"架空"的境地。

（2）仅赋予投资者董事对一项或几项董事会决议享有"一票否决权"

笔者经过对大量投资协议的梳理，注意到在投资协议中，投资人一般要求在以下事项享有"一票否决权"：

①公司进行合并、分立、增资、减资、回购股本；

②公司清算、解散、变更公司形式或修改公司章程；

③公司拟以控股、参股、合伙等形式对外投资或受让其他企业股权进行任何超过【　】万元的境内外投资；

④公司利润分配方案及弥补亏损方案；

⑤股权转让；

⑥公司为第三方提供任何保证或担保；

⑦公司制定、实施或变更任何形式的股权激励计划（包括但不限于虚拟股权、限制性股权、期权等）；

不难发现，在"董事会一票否决权"的设置中，投资协议经常会将"股东会"行使的职权归入到董事会的可决议事项中，例如最常见的将"股东会"职权中的"增加或者减少注册资本、修改公司章程、公司合并、分立"授权董事会行使。由此引发的思考是，董事会能否行使"股东会"的职权呢？这样的设置是否合法？

（3）董事会一票否决权的适用边界

在实践中，投资人为了实现对目标公司的完全控制，要求将几乎"所有"的股东会职权调整至董事会行使，然后再通过设置"董事会一票否决权"达到利用董事会最终控制公司股东会的目的。但是，一般目标公司对于如此苛刻的"一票否决权"均持比较谨慎的态度。因此，实践中较为常见的是，投资人退而求其次，改为要求将"股东会"职权中的"增加或者减少注册资本、修改公司章程、公司合并、分立"授权董事会行使。

笔者认为，对于董事会能否行使"股东会"的职权，能否将"增资、减资、合并、分立"等股东会法定职权约定在"董事会一票否决权"之中，须从《公司法》对股东会及董事会的职权边界角度进行分析。

笔者试将两者的职权范围以下表进行对比：

表3　股东会职权与董事会职权对照表

序号	股东会职权（第三十七条）	董事会职权（第四十六条）	
1	决定公司的经营方针和投资计划	决定公司的经营计划和投资方案	
2	选举和更换非由职工代表担任的董事、监事，决定有关董事、监事的报酬事项；	决定聘任或者解聘公司经理及其报酬事项，并根据经理的提名决定聘任或者解聘公司副经理、财务负责人及其报酬事项	
3	审议批准董事会的报告	召集股东会会议，并向股东会报告工作	
4	审议批准监事会或者监事的报告；	执行股东会的决议	
5	审议批准公司的年度财务预算方案、决算方案	制订公司的年度财务预算方案、决算方案	
6	审议批准公司的利润分配方案和弥补亏损方案	制订公司的利润分配方案和弥补亏损方案	根据公司法强制性规定，利润分配方案应由股东会决定
7	对公司增加或者减少注册资本作出决议，对发行公司债券作出决议	制订公司增加或者减少注册资本以及发行公司债券的方案	根据四十三条规定，增资、减资事项必须由股东会决议
8	对公司合并、分立、解散、清算或者变更公司形式作出决议	制订公司合并、分立、解散或者变更公司形式的方案	根据四十三条规定，公司合并、分立、解散或者变更公司形式的决议必须由股东会决议
9	修改公司章程	制定公司的基本管理制度	根据四十三条规定，修改公司章程必须由股东会决议
10	公司章程规定的其他职权	公司章程规定的其他职权	
11	公司为公司股东或者实际控制人提供担保的，必须经股东会或者股东大会决议（第十六条）		
12	董事、高管竞业禁止义务的豁免须经股东会或者股东大会同意（第一百四十八条）		

序号	股东会职权（第三十七条）	董事会职权（第四十六条）	
13	公司对外投资或者为他人提供担保，依照公司章程的规定，由董事会或者股东会、股东大会决议（第十六条）		
14	董事、高管违反公司章程的规定或者未经股东会、股东大会同意，与本公司订立合同或者进行交易（第一百四十八条）		
15	本法和公司章程规定公司转让、受让重大资产或者对外提供担保等事项必须经股东大会作出决议的，董事会应当及时召集股东大会会议，由股东大会就上述事项进行表决（第一百零四条）		

在报业公司与徐某霞一案中[①]，贵州省高级人民法院认为，《公司法》第四十三条第二款规定，股东会会议作出修改公司章程、增加或者减少注册资本的决议，以及公司合并、分立、解散或者变更公司形式的决议，必须经代表三分之二以上表决权的股东股东通过。从此条规定中的法律表述用语"必须"可以看出，修改公司章程、增加或者减少注册资本的决议，以及公司合并、分立、解散的决议有且只有公司股东会才有决定权，这是股东会的法定权力，报业宾馆章程将股东会的法定权利规定由董事会行使，违反了上述强制性法律规定，应属无效。

上海市第一中级人民法院，在袁某与某机械公司的公司决议效力确认纠纷一案[②]中认为：资产收益是公司股东享有的根本权利之一，应由公司全体股东决定公司未分配利润的分配方案。现股东会决议中概括性授权董事会决定上岗股东奖金的分配方案问题，并约定"以前及今后由董事会决定的上岗股东奖金分配方案，股东会均表示认可"，该决议内容限制了股东对未知奖金利润分配方案行使否决的行为，一旦实施完全有可能终止或者限制股东的资产收益权，因此股东会决议的该条内容违反了法律的规定应确认为无效。

通过以上案例的裁判思路研究，我们认为，股东会和董事会的法定职权

[①] 徐某霞诉报业公司公司决议效力确认纠纷民事判决书，贵州省高级人民法院（2015）黔高民商终字第61号

[②] 袁某与某机械公司公司决议效力确认纠纷一案，上海市第一中级人民法院（2013）沪一中民四（商）终字第822号.

规定于《公司法》第三十七条与第四十六条，以列举的方式规定了股东会和董事会的职权，并以兜底的方式"公司章程规定的其他职权"规定了章定职权，足以说明股东会和董事会的法定职权包含了法定职权 + 章定职权，这意味着将股东会的部分职权下调至董事会行使具有法律基础。但是，需要注意的是，对于股东会职权中的强制性规定，则必须由股东会行使，不能下调至董事会行使。

因此，"增资、减资、修改公司章程，以及公司合并、分立、解散的决议、分配利润的决议"等属于强制性规定，不能授权董事会行使，如果对上述事项设置董事会"一票否决权"，则会面临无效的法律后果。

另外，对于股东会职权中属于强制性规定之外的职权，如果是属于股东会中心主义下的董事会选举、监事会选举、批准董事会报告等事项应严格确定由股东会行使，而不应授权董事会行使。

📖 败诉分析

上海市第一中级人民法院在二审中认为：根据公司法规定，股东按照实缴的出资比例分取红利，但是全体股东约定不按照出资比例分取红利的除外。可见，资产收益是公司股东享有的根本权利之一，应由公司全体股东决定公司未分配利润的分配方案，即使存在不按照出资比例分取红利的情况，也应建立在公司全体股东对分配方案认可的基础上。现股东会决议中概括性授权董事会决定上岗股东奖的分配方案问题，并约定"以前及今后由董事会决定的上岗股东奖金分配方案，股东会均表示认可"，该决议内容未考虑到今后公司是否有利润、利润多少、上岗股东具体奖金利润分配方案如何，即股东在无法预见自己利益损失的情况下且未经全体股东充分讨论，也未告知议事事项供股东分析该决议对自己的股东利益是否有损，故该决议内容限制了股东对未知奖金利润分配方案行使否决的行为，一旦实施完全有可能终止或者限制股东的资产收益权。因此，股东会决议的该条内容违反了法律的规定应确认为无效，原审判决关于股东会决议有效的认定不当，本院予以改判。

⚖ 股东战术指导

在公司控制权的斗争中，董事会"一票否决权"的设置不仅是董事会的规则制定，更是公司控制权之战的一把利器。因此，无论是投资者还是公司，谁都不想将董事会的话语权轻易出让。据此，我们在设置"一票否决权"时可把握以下几点。

第一，公司应谨慎审查投资者的"董事会一票否决权"。对于投资要求其派出的董事对董事会"所有"事项具有"一票否决权"，公司应勇敢地说"不"。因为一旦同意投资者的上述要求，则意味着投资者将全面掌控公司，创始股东则面临"被边缘化"的风险。

另外，在实践中，投资人为了实现对目标公司的完全控制，要求将几乎"所有"的股东会职权调整至董事会行使，然后再通过设置董事会一票否决权，最终达到利用董事会"间接控制"公司股东会的目的。对于此类投资条款，公司应坚守谈判的底线，结合《公司法》的强制性规定和具体情况，对投资者要求的"一票否决权"对应的事项作出合理的分配。

第二，在章程中明确某些事项是由股东会还是董事会行使，避免边界模糊。对于公司的对外投资、担保、高管自我交易等事项，公司法将决策机关的确定交由公司章程自行规定，上述事项应由股东会还是董事会进行决议，应该在公司章程中作出明确规定。

第三，应将董事会一票否决权在公司章程中进行规定。如果董事会一票否决权仅仅是约定与投资协议中，却并未在公司章程中进行规定，由此带来的风险是：在《投资协议》中约定的"一票否决权"条款仅对签约双方有效，并不能具有公司章程的作用。

因此，无论是投资者的"董事会一票否决权"，还是创始股东的一票否决权，应尽可能规定在公司章程之中，并进行工商登记备案。

⚖ 典型案例

老友计公司于2011年3月21日经工商行政管理局注册成立，成立之时公司的注册及实收资本为人民币100,000元（以下所涉币种均为人民币），其中：

胡某认缴并实缴 60,000 元、李某认缴并实缴 40,000 元，公司法定代表人为胡某。

同年 6 月，奇虎三六零公司作为甲方、老友计公司作为乙方、胡某及案外人李某作为丙方，三方共同签订《投资协议书》，约定：协议各方一致同意并确认，奇虎三六零公司以现金方式出资 3,500,000 元认购公司新增注册资本，占增资后公司注册资本的 38%，其中 61,290 元进入公司注册资本，其余进入公司资本公积金；增资扩股完成后，公司注册资本为 161,290 元；各方一致同意，增资后乙方设董事会，董事会由 3 名董事组成，甲方有权委派一名董事，丙方有权委派两名董事；各方一致同意，增资后乙方不设监事会，由甲方委派一名监事；甲方对乙方从事以下行为享有一票否决权：一、公司的经营方针和投资计划，包括但不限于变更、调整、中止或终止主营业务方向；二、选举和更换非由职工代表担任的董事长、监事，决定有关董事长、监事的报酬事项；三、公司股份结构或公司形式发生变更，包括但不限于：公司的融资计划、重组、上市计划、对外投资、期权计划、公司及其子公司的收购、合并、变更注册资本或股本，以及任何股份的出售、转让、质押或股东以任何方式处置其持有的公司股权的部分或全部；任何一方违反本协议的约定，或未履行其在本协议中的承诺保证，或其在本协议中的承诺、保证不真实，均属违约。嗣后，老友计公司办理了工商变更登记手续，公司的注册及实收资本均为 161,290 元，现公司的登记股东及持股情况为：胡某（持股 37.2%）、奇虎三六零公司（持股 38%）、李某（持股 24.8%）。

老友计公司 2011 年 6 月 13 日的《上海老友计网络科技有限公司章程》（以下简称《章程》）第十六条规定：董事会对所议事项作出的决定由二分之一以上的董事表决通过方为有效，并应作为会议记录，出席会议的董事应当在会议记录上签名；但以下事项的表决还需取得股东奇虎三六零公司委派的董事的书面同意方能通过：（根据协议添加至此处）；董事会决议的表决，实行一人一票；同时，该章程第二十四条规定：股东向股东以外的人转让股权，应当经其他股东过半数同意。股东应就其股权转让事项书面通知其他股东征求同意，其他股东自接到书面通知之日起满三十日未答复的，视为同意转让。其他股东半数以上不同意转让的，不同意的股东应当购买该转让的股权；不购买的，视为同意转让。

2013 年 8 月 12 日，胡某分别向奇虎三六零公司及案外人李某发出《股权转让通知书》，载明："本出资人拟将拥有上海老友计网络科技有限公司 37.2% 的股权以壹拾万元的价格转让给蒋葭。请各股东自收到本通知书之日起三十日给予书面答复，确定是否需要使用优先购买权以同等价格购买本出资人出让的股权；逾期未予答复的视为同意转让。"奇虎三六零公司及李某均未向胡某作出书面回复。

同年9月27日，胡某作为出让方、蒋学文作为受让方签订《股权转让协议》，约定：出让方与受让方一致同意，出让方向受让方转让其合法拥有的老友计公司37.2%之股权，对价为100,000元；协议签订后7日内，出让方支付受让方股权转让款100,000元整；受让方支付全部股权转让款后十日内，出让方及公司必须为受让方办理工商注册变更登记手续。次日，蒋学文向胡某支付100,000元。

协议签订后，蒋某按约支付了股权转让款，但老友计公司未能及时办理股权变更登记手续。据此，蒋葭诉至原审法院，诉请要求：判令老友计公司至上海市工商行政管理局杨浦分局办理将胡某持有的老友计公司37.2%的股权变更登记至蒋某名下的工商变更登记手续，胡某及奇虎三六零公司予以协助。

原审法院认为：根据我国《公司法》的相关规定，有限责任公司股东可以依照法定条件转让其股权，但公司章程对转让有约定的，以优先适用公司章程为原则。

2011年6月，奇虎三六零公司作为投资方与老友计公司、胡某及李某签订《投资协议书》。为保障投资方利益，各方约定奇虎三六零公司对于老友计公司包括任何股权的出售与转让等经营重大事项上享有"一票否决权"，该协议书经老友计公司全体股东同意，依法以书面形式制定，用以规范公司组织及股东行为，系协议各方的真实意思表示，体现的是公司意思自治的法治精神，应该得到维护和尊重，但协议不能违反《公司法》的强制性规定。在工商行政管理部门备案且形成时间在后的《章程》第二十四条关于股权转让的内容中并未对股东向股东以外的人转让股权作出有异于公司法的特殊规定，亦未提及奇虎三六零公司享有"一票否决权"。据此，可以认定《章程》并未确认《投资协议书》中关于奇虎三六零公司对于股东股权转让享有"一票否决权"的约定。

奇虎三六零公司认为，《章程》第十六条明确对公司的某些事项需要取得其委派董事的书面同意方能通过，体现了《投资协议书》中"一票否决权"之含义。对此，原审法院认为，《章程》第十六条中关于需要奇虎三六零公司委派董事书面同意之具体事项约定不明，该条款的解读与《投资协议书》中"一票否决权"的含义明显有异，且该《投资协议书》未在工商行政管理部门予以备案，故奇虎三六零公司关于《章程》中"根据协议添加至此处"的"协议"

即指《投资协议书》的解释缺乏依据。

据此，依据原《中华人民共和国公司法》第七十二条第四款、第七十三条之规定，原审法院判决：老友计公司应于判决生效之日起二十个工作日内至上海市工商行政管理局杨浦分局办理将胡某持有的老友计公司37.2%的股权变更登记至蒋某名下的工商变更登记手续，胡某及奇虎三六零公司应予协助。

原审法院判决后，奇虎三六零公司不服，提起上诉。

二审法院认为，本案争议焦点为：一、《投资协议书》中关于一票否决权的约定是否已被纳入老友计公司的章程内容；二、关于其他股东转让股权须经奇虎三六零公司同意且该公司对此拥有否决权的规定是否合理；三、老友计公司所作出的上述规定是否可以对抗善意受让人，系争《股权转让协议》是否应予继续履行。

关于争议焦点一。奇虎三六零公司、老友计公司、胡某及李某三方共同签订的《投资协议书》中约定：奇虎三六零公司对老友计公司从事包括"任何股份的出售、转让、质押或股东以任何方式处置其持有的公司股权的部分或全部"等行为均享有一票否决权。之后，老友计公司于同年6月13日制定的章程第十六条规定：董事会对所议事项作出的决定由二分之一以上的董事表决通过方为有效，并应作为会议记录，出席会议的董事应当在会议记录上签名；但以下事项的表决还需取得股东奇虎三六零公司委派的董事的书面同意方能通过：（根据协议添加至此处）。

由于各方在投资成立老友计公司过程中仅形成过《投资协议书》，并无其他协议，故章程第十六条中"根据协议添加至此处"应理解为将《投资协议书》的内容添加至该条款处。对于所涉《投资协议书》具体内容的认定，本院认为，《章程》中规定该部分事项应取得奇虎三六零公司委派董事的书面同意方能通过，反言之如董事不同意则不能通过，其目的及作用与《投资协议书》中奇虎三六零公司对相关事项可予一票否决的约定一致。故就老友计公司原股东之间而言，章程中"根据协议添加至此处"的内容能理解为奇虎三六零公司可行使一票否决权的相关内容，《投资协议书》的相关内容已纳入老友计公司的章程；但从老友计公司外部人员角度来看，由于并不知晓《投资协议书》的内容，因此很难理解"根据协议添加至此处"的具体内容。

关于争议焦点二。关于章程能否对股权转让设定限制条款问题，我国《公司法》对有限责任公司和股份有限公司做了不同规定，其中，涉及有限责任公司股权转让部分的原《公司法》第七十二条第四款规定"公司章程对股权转让另有规定的，从其规定"，即有限责任公司的章程可以约定对股份转让的限制。为维护股东之间的关系及公司自身的稳定性，章程可以对有限公司的股权转让做出相应的限制和要求，这是公司自治及人合性的重要体现，同时也是诚实信用原则和当事人意思自治原则的体现。故公司章程中对股权转让所作的特别规定，各方均应遵守。本案中，赋予奇虎三六零公司对一些事项，包括股权转让的一票否决权，系奇虎三六零公司认购新增资本的重要条件，这种限制是各方出于各自利益需求协商的结果，符合当时股东的真实意思表示，未违反《公司法》的强制性规定，应认定符合公司股东意思自治的精神，其效力应得到认可。

关于争议焦点三。胡某在转让股权之前于 2013 年 8 月 12 日分别向股东奇虎三六零公司及李某发出关于行使优先购买权的通知，虽然该通知未询问奇虎三六零公司是否行使一票否决权，但奇虎三六零公司在知道胡某拟转让股权以及转让对象的情况下，未予回复，亦未对此提出异议，怠于行使自己的权利。而从本案的证据看，蒋某在交易中尽到了合理谨慎的注意义务，其与胡某系在行使优先购买权通知发出一个半月后签订系争股权转让协议，以 100,000 元的价格受让胡某出资 50,000 元持有的老友计公司 37.2% 股权，价款尚属合理，蒋某已履行了付款义务。因老友计公司章程中关于一票否决权的内容并不明晰，在工商行政管理部门登记备案的信息中对此也未有反映，胡某并无证据证明其在上述过程中已向蒋某告知过奇虎三六零公司对于股权转让事项拥有否决权，也无证据证明蒋某与胡某存在恶意串通的情形，从维护商事交易安全考虑，应遵循商事外观主义原则，对善意第三人的信赖利益应予保护，老友计公司股东之间的内部约定不能对抗善意第三人。因此，对于系争股权转让协议的效力应予认可，蒋某要求继续履行协议办理工商变更登记的诉请应予以支持。

如果奇虎三六零公司对此行使一票否决权，则胡某将始终被锁定在老友计公司，在双方已产生矛盾且老友计公司并非正常运营的情况下，奇虎三六零公司原本的投资目的也很难达到。因奇虎三六零公司拒绝购买该部分股权，致使胡某股权无法退出的同时之缺乏其他救济渠道，如有受让人愿意接手可促进股权流转及公司的发展。奇虎三六零公司认为胡某在投资资金使用完毕后欲转让持有股权退出公司，故不同意其转让公司股权。对此，奇虎三六零公司如有证据证明胡某确实存在损害公司利益的情况，其可另行主张权利。

综上，奇虎三六零公司的上诉理由，缺乏事实和法律依据，依法不能成立。判决如下：

驳回上诉，维持原判。[①]

·法条链接·

《中华人民共和国公司法》

第四十八条　董事会的议事方式和表决程序，除本法有规定的外，由公司章程规定。

董事会应当对所议事项的决定作成会议记录，出席会议的董事应当在会议记录上签名。

董事会决议的表决，实行一人一票。

第一百一十一条　董事会会议应有过半数的董事出席方可举行。董事会作出决议，必须经全体董事的过半数通过。

董事会决议的表决，实行一人一票。

第四十三条　股东会的议事方式和表决程序，除本法有规定的外，由公司章程规定。

股东会会议作出修改公司章程、增加或者减少注册资本的决议，以及公司合并、分立、解散或者变更公司形式的决议，必须经代表三分之二以上表决权的股东通。

如何设置创始股东的特别否决权

案件要旨

股东协议约定公司创始股东对股东会表决事项和董事会表决事项拥有否决

---

① 本部分来源于本案判决书主文，限于篇幅略做删减，读者可自行查阅判决书全文以全面了解案情。

权的，此约定属于股东真实意思，如果不违反法律、行政法规的强制性规定以及公司章程的规定，应当有效。

案例来源

上海市第二中级人民法院　曾某与上海产联科技有限公司公司决议撤销上诉纠纷案二审民事判决书 [①]

股东纠纷焦点

本案作为创始股东"特别否决权"的经典案例，引发的焦点问题主要有：公司赋予创始股东享有的"持别否决权"是否在股东会和董事会皆适用？未记载于《公司章程》的创始人"特别否决权"，其效力如何？

案情解析

在公司控制权之战中，"表决权"可谓是决定股东生死的终极权利，所谓"成也萧何，败也萧何"即是对表决权的完美诠释。创始人如何牢牢把握公司控制权，其核心在于如何把握表决权，并且在多轮融资后，创始人如何在股权被稀释的前提下依旧握有公司控制权。而这，正是表决权设计的精髓——创始股东"特别否决权"。

一、本案中创始股东的特别否决权条款

本案中，甲方曾某、乙方李某作为产联电气创始人的地位，王某作为增资方，甲乙丙协商一致签订的《增资扩股协议》中，认可甲乙作为创始股东享有以下特别权利：

1. 在股东会行使的职权或者按照章程董事会须报股东会批准的事项，对决定或批准事项拥有否决权；

2. 任命公司执行董事或成立董事会时任命公司董事长；

3. 董事会授权甲方、乙方决定如下事项：①公司内部管理机构的设置；

---

① 上海市第二中级人民法院　曾奕与上海产联电气科技有限公司公司决议撤销上诉纠纷案（2013）沪二中民四（商）终字第851号民事判决书

②决定聘任或者解聘公司经理，并根据经理的提名决定聘任或者解聘公司的副经理及其报酬事项；③制定公司的基本管理制度。董事会撤销上述授权须征得股东会的批准或甲方、乙方的书面同意。

增资后，曾某持股40%，为持股比例最多的股东，并且为产联公司的总经理兼法定代表人。从表面看起来，曾某作为公司的大股东持有公司最高比例的股份，在董事长的任免和总经理的聘任事项上享有"创始股东特别否决权"，是公司的实际控制人。但是，增资后随即拉开的公司控制权之战，却让人大跌眼镜！

其后，产联公司形成《股东会决议》一份：一、继续将股东曾某涉嫌犯罪的事宜交由经侦处理；二、解除曾某的股东资格；三、免去曾某董事的职务，选举公司新一届董事会，任王某为董事长。同日，产联公司形成《董事会决议》一份：决议解聘原总经理曾某，聘任李某为公司新一任总经理。

如果上述《股东会决议》《董事会决议》有效且予以执行，则曾谋面临的下场将是：丧失股东资格！失去董事席位！告别总经理位置！更重要的是，意味着曾某作为持股比例最高的创始股东，将彻底丧失公司控制权！

曾某在本案中采取的策略为：利用手中的"创始股东特别否决权"，对上述《股东会决议》和《董事会决议》表示否决，在空白处书写"会议非法无法，否决所有内容"并签名。

那么，"创始股东特别否决权"在本案中能否力挽狂澜？

二、本案创始股东的"特别否决权"是否有效

1．创始人的"特别否决权"能否适用于股东会决议

对于本案中曾某的"特别否决权"能否在股东会议中适用，法院认为："该特别权利的约定立足于对曾某、李某创始股东地位的肯定和保护，系当事人对各自民事权利的处分，应属有效。"曾某、李某有权按照上述股东协议的约定对公司事务行使特别权利，但不得违反法律、行政法规的强制性规定以及公司章程的规定。产联公司的章程第十二条第五款明确，"股东另有协议约定的，按照股东协议的约定行使表决权及否决权"，可见，产联公司在股东会的议事方式、表决程序、股东表决权方面通过公司章程对前述曾某、李某享有的特别

权利予以了确认。故涉案股东会决议因内容违反章程规定，应予撤销。①

股东会议得以撤销的法定事由规定于《公司法》第二十二条第二款中："股东会或者股东大会、董事会的会议召集程序、表决方式违反法律、行政法规或者公司章程，或者决议内容违反公司章程的，股东可以自决议作出之日起六十日内，请求人民法院撤销。"即股东会决议可得撤销的三大法定事由主要为：召集程序瑕疵；表决程序瑕疵；决议内容违反公司章程。

而本案中，在股东会的议事方式、股东表决权方面通过公司章程对前述曾某、李某享有的创始人"特别否决权"予以了确认。因此，在本案中，股东会虽然做出"解除曾某的股东资""免去曾某董事的职务""任王某为董事长"等决议，但上述决议事项因曾某行使"特别否决权"进行了否决，故股东会决议因内容违反章程规定，应予撤销。

2. 创始人的"特别否决权"能否适用于董事会决议

在本案中，《增资协议》认可了创始人对于股东会部分决议事项和董事会部分决议事项的"特别否决权"，但是，《公司章程》仅仅在股东会决议事项中纳入了创始人的特别否决权，未在董事会决议事项中认可特别否决权。那么，创始股东可否依据《增资协议》在董事会中对董事会决议事项行使"特别否决权"？

在这个问题上，本案一审法院和二审法院的观点截然相反。

一审法院认为，本案中曾某的"特别否决权"不适用于董事会决议："但在章程第十三条、第十四条、第十六条、第十七条关于董事会的职权范围、议事方式、表决程序、总经理的选聘等方面均未作出特别约定，可以认为形成在后的公司章程缩小了之前增资扩股协议中关于创始股东特别权利的适用范围，曾某无权在董事会的职权范围、表决程序、总经理的任命等事项上行使其特权，故对于曾某要求撤销涉案董事会决议的主张不予支持。"

二审法院认为：关于曾某的创始股东特别权利是否适用于董事会职权一节，本院认为，虽然产联公司章程第十三条、十四条、十六条、十七条在关于董事会的职权范围、议事方式、表决程序、总经理选聘等方面未作出特别约定，看似形成在后的公司章程缩小了形成在前的增资扩股协议中关于曾某创始股东特

---

① 参见本案判决书主文。

别权利的适用范围，但由于形成在公司章程之后的两份新股东增资扩股决议中仍记载有新股东"同意遵守产联电气原有的股东协议及公司章程"等内容，且由全体股东进行了签名。虽然前述两份新股东增资扩股决议最终未履行，但仍可表明全体股东对于曾某创始股东特别权利的确认态度，故此特别权利并不因公司章程记载的不全面而缩小适用范围。基于此，本院认为，曾某的特别权利同样适用于董事会职权。鉴于涉案董事会决议的内容同样违反了各股东间的协议，故也应一并予以撤销。

即在本案中，虽然对于曾某的创始股东"否决权"能否适用于董事会，《公司章程》并未进行记载，但是两份新股东增资协议表明全体股东对于曾某的创始股东"否决权"持确认态度，只要股东间的协议体现了各股东的真实意思表示，且不违反法律、法规以及与公司章程相冲突，即应当与公司章程具备同样的法律效力。据此，二审法院确认"解聘曾某总经理职务"的董事会决议应予撤销。

故而，曾某的公司控制权战役此次以完胜落幕。

⚖ 股东战术指导

创始股东在后续融资中，会面临股权逐渐被稀释，以及控制权随之被削弱的困境。而创始股东的"特别否决权"无疑为摆脱控制权困境提供了一种新的思路。据此，我们在设置创始股东"特别否决权"时可把握以下几点。

第一，确保创始股东在股东会事项的"特别否决权"。按照《公司法》第四十二条规定，"股东会会议由股东按照出资比例行使表决权；但是，公司章程另有规定的除外。"因此，在公司章程中规定不按出资比例行使表决权具有法律基础，亦已经为司法实践所认可。

股东会作为公司的权力机构，股东在股东会的表决权即意味着在公司的控制权，创始股东如果想牢牢把握公司的控制权，则在股东会享有的"特别否决权"无疑是一把撒手锏，确保自己在公司的控制权。但是，需要注意的是，对于公司法规定的例如解散事项等股东法定权力，或者在公司法的强制性规定条款下，则创始股东的"特别否决权"不能适用。

第二，在董事会权限中设置创始股东"特别否决权"应防止边界模糊。对于公司的对外投资、担保、高管自我交易等事项，《公司法》将决策机关的确定交由公司章程自行规定，上述事项应由股东会还是董事会进行决议，应该在公司章程中作出明确规定，以防止边界模糊带来不必要的纠纷。另外，对于创始股东在"董事会特别否决权"设计中的注意事项，可参见本书"如何设置董事会一票否决权"一章。

第三，应将创始股东"特别否决权"在公司章程中进行规定。如果董事会一票否决权仅仅是约定于投资协议中，却并未在公司章程中进行规定，容易引发纠纷。因此，创始股东的特别否决权，应尽可能规定在公司章程之中，并进行工商登记备案。

⚖ 典型案例

产联公司于 2009 年 10 月 21 日经工商行政管理局注册登记成立。该公司档案机读材料显示，登记股东：陈某（认缴及实缴出资额为 567 万）、李某（认缴及实缴出资额为 405 万）、曾某（认缴及实缴出资额为 648 万）。

2011 年 4 月 9 日，曾某作为甲方、李某作为乙方、王某作为丙方，共同签订《产联电气增资扩股事宜股东协议》（以下简称"增资扩股协议"），载明："一、合作原则及条件：5. 各方同意，丙方出资 1500 万元，对产联电气进行议价增资，增资后丙方在产联电气相应持股 35%；8、股东各方承认甲方、乙方作为产联电气创始人的地位，根据甲乙双方协商一致或者按照股权表决后的意见（结果），享有以下特别权利：（1）在股东会行使的职权或者按照章程董事会须报股东会批准的事项，对决定或批准事项拥有否决权；（2）任命公司执行董事或成立董事会时任命公司董事长；（3）董事会授权甲方、乙方决定如下事项：a）公司内部管理机构的设置；b）决定聘任或者解聘公司经理，并根据经理的提名决定聘任或者解聘公司的副经理及其报酬事项；c）制定公司的基本管理制度。董事会撤销上述授权须征得股东会的批准或甲方、乙方的书面同意。"

2011 年 4 月 11 日，曾某作为甲方、李某作为乙方、王某作为丙方、陈某作为丁方，共同签订《〈产联电气增资扩股事宜股东协议〉的补充协议》（以下简称"增资扩股补充协议"），约定：（一）合作原则及条件：1. 丁方知晓并同意原产联电气股东与丙方于 2011 年 4 月 9 日签订"产联电气增资扩股事宜股东协议"中的所有条款；3. 丙方申请将其现金股中产联电气 1% 的股份转给丁方持有，丁方为此出资现金 100 万元，即丙方出资 1400 万元，对产联电气进行议价增资，增资后丙方在产联电气相应持股 34%（隐含丙方的市场资源作价），丁方出资 100 万元，对产联电气进行议价增资，增资后丁方在产联电气相应持股 1% 等等。

2011 年 10 月 8 日，产联公司形成章程。其中第十二条规定：股东会会议应对所议事项作出决议。股东会应当对所议事项的决定作出会议记录，出席会议的股东应当在会议记录上签名。股东另有协议约定的，按照股东协议的约定行使表决权及否决权；第十三条：公司设董事会，其成员为三人，任期三年。董事会设董事长一人，董事长由董事会选举和罢免；第十六条：董事会对所议事项作出的决定由二分之一以上的董事表决通过方为有效，并应作为会议记录，出席会议的董事应当在会议记录上签名。董事会决议的表决，实行一人一票；第十七条：公司设经理一名，由董事会决定聘任或者解聘；第二十一条：公司的法定代表人由总经理担任。曾某、陈某、李某作为全体股东在落款处签字确认。

产联公司通过董事会决议，选举江某为公司董事长，免去曾某董事长职务，聘任曾某为公司总经理暨法定代表人，李某不再担任总经理及法定代表人。曾某、江某、李某、王某、袁某作为与会董事一致同意并签字确认。

2012 年 11 月 10 日，产联公司形成《产联电气董事会会议决议》一份，决议内容：一、江某因个人原因提出辞呈；二、选举新任董事长，推选王某任董事长，任期一年，需要全职工作。江某、李某、王某、袁某投赞同票，曾某投反对票。少数服从多数，以上决议通过。曾某、李某、江某、袁某、王淳签字确认。

2012 年 12 月 22 日，产联公司通过电子邮件形式向曾某发出《产联有限公司关于召开临时股东会会议的通知》，通知载明：一、召开会议基本情况：会议召集人为公司董事长；会议召开时间为 2013 年 1 月 10 日上午 9 点；会议召开地点为上海市光华路×××号公司会议室。二、出席对象包括李春友、陈宗岳、曾奕及上述股东授权委托代理人，公司董事、监事、经理列席。三、会议审议事项：1. 通报公司财务审计结果及股东曾某可能涉嫌的经济问题；2. 审议解除股东曾某的股东资格；3. 审议股东曾某于 2012 年 12 月 2 日以电子邮件发送的《创始股东特别决议》事项；4. 选举公司董事及相应职务。

2013 年 1 月 10 日，李某、王某、袁某、曾某作为产联公司董事于本市闵行区光华路×××号召开了产联公司董事会，并形成董事会决议一份（以下简称"涉案董事会决议"）。决议如下：一、解聘原总经理曾某，聘任李某为公司新一任总经理。二、将公司研发中心的办公地点迁移至上海市闵行区光华路×××号。以上事项表决结果：同意的董事 3 人，不同意的董事 1人，弃权的董事 1 人。在"同意"一栏后，李某、王某、袁某签名，曾某在空白处书写："会议非法无效。否决所有内容。曾某 2013.1.10 曾某代江秀臣 2013.1.10。"

同日，李某、王某、曾某作为产联公司股东于本市闵行区光华路×××号召开了产联公司股东会，并形成股东会决议一份（以下简称"涉案股东会决议"）。决议如下：一、继续将股东曾某涉嫌犯罪的事宜交由经侦处理；二、解除曾某的股东资格；三、免去曾某董事的职务，选举公司新一届董事会，新一届董事会人员组成为李某、王某、江某、袁某、章某，董事长为王某；四、审议批准董事会关于将公司研发中心地点搬迁至上海市闵行区光华路×××号的方案；以上事项表决结果：同意的股东 2 人，占公司股权 60%，不同意的股东 1 人，占公司股权 40%，弃权的股东人，占公司股权 %。在"同意"一栏后，李某签名、王某书写"王某代陈某"并签名、曾某在空白处书写："会议非法无法，否决所有内容。曾某 2013.1.10。"

曾某认为涉案股东会及董事会的召集程序、表决方式违反法律及公司章程的规定，形成的股东会决议及董事会决议的内容违反法律及公司章程，故诉至原审法院，请求判令：一、撤销产联公司于 2013 年 1 月 10 日作出的《上海产联电气科技有限公司股东会决议》；二、撤销产联公司于 2013 年 1 月 10 日作出的《上海产联电气科技有限公司董事会决议》。

原审法院经审理后认为，本案的争议焦点有两点：一、产联公司于 2013 年 1 月 10 日召开的股东会会议、董事会会议在召集程序、表决方式方面是否违反法律、行政法规或者公司章程；二、该两次会议形成的股东会决议、董事会决议的内容是否违反公司章程。

关于争议焦点一，原审法院认为，我国《公司法》并未对董事会的通知程序作出明确规定，产联公司章程、全体股东对此亦无另行约定。即便通知的会议召开地址与实际召开地点不一致，但会议召开前曾某回函要求将股东会、董事会的开会地点统一至本市光华路×××号，且会议实际于上述地址召开。江某作为公司董事之一，委托曾某代为参加董事会并行使相关权利，不违反相关法律规定，应属有效，曾某有权代表江某表达意愿，对董事会决议内容进行表决。系争的董事会决议中关于表决结果的记载确与实际存在差异，但即便如曾某主张，该董事会决议事项的表决结果应记载为 3 人同意、2 人反对，亦不能改变系争董事会决议的表决结果。

关于王某的董事长身份，曾某认为虽然 2012 年 11 月 10 日的产联公司董事会会议决议中推选王某担任董事长，但根据增资扩股协议中明确的曾某对董事长任命具有的特权，曾某在 2012 年 11 月 10 日的董事会会议决议中明确投了反对票，且曾某曾就该董事会决议提出过撤销诉讼，后因故撤回诉讼材料，因此，王某尚未取得产联公司董事长身份。原审法院认为，即便如曾某所述其对于董事长的任命具有特权，2012 年 11 月 10 日董事会决议中关于王某担任董事长的内容因违反章程应被撤销，但根据法律规定，股东若认为公司决议内容违反公司章程的，应自决议作出之日起六十日内请求人民法院予以撤销，现曾某并未于法定六十日的除斥期间内请求人民法院撤销该董事会决议，故王某于 2012 年 11 月 10 日取得了产联公司董事长身份。

因此，原审法院认为，董事会、股东会的通知、召集程序、决议内容的记载等方面出现的瑕疵，尚不足以撤销该两份决议。

关于争议焦点二，双方的争议集中于增资扩股协议第八条是否赋予了曾某特别权利，如果赋予其特别权利，该特别权利的效力、行使条件及范围如何。

增资扩股协议第八条约定："股东各方承认甲方、乙方作为产联电气创始人的地位，根据甲乙双方协商一致或者按照股权表决后的意见（结果），享有以下特别权利……"之后的增资扩股补充协议亦明确保留了上述约定，可见，该特别权利的约定立足于对曾某、李某创始股东地位的肯定和保护，系当事人对各自民事权利的处分，应属有效。曾某、李某有权按照上述股东协议的约定对公司事务行使特别权利，但不得违反法律、行政法规的强制性规定以及公司章程的规定。产联公司的章程第十二条第五款明确："股东另有协议约定的，按照股东协议的约定行使表决权及否决权"，可见产联公司在股东会的议事方式、表决程序、股东表决权方面通过公司章程对前述曾某、李某享有的特别权利予以了确认。故涉案股东会决议因内容违反章程规定，应予撤销。但在章程第十三条、第十四条、第十六条、第十七条关于董事会的职权范围、议事方式、表决程序、总经理的选聘等方面均未作出特别约定，可以认为形成在后的公司章程缩小了之前增资扩股协议中关于创始股东特别权利的适用范围，曾某无权在董事会的职权范围、表决程序、总经理的任命等事项上行使其特权，故对于曾某要求撤销涉案董事会决议的主张不予支持。

据此，原审法院依照《中华人民共和国公司法》第二十二条第二款、第四十三条、第四十四条第一款之规定，判决：一、撤销产联公司2013年1月10日作出的关于"继续将股东曾奕涉嫌犯罪的事宜交由经侦处理"等的股东会决议；二、驳回曾奕的其余诉讼请求。原审判决后，上诉人曾奕、上诉人产联公司均不服，向本院提起上诉。

一审判决后，曾某不服原审判决提起上诉。

二审法院认为：本案二审争议焦点：涉案增资扩股协议及对应的增资扩股补充协议所赋予曾某作为产联公司创始股东而享有的特别权利是否依法成立；如果成立，其适用范围。

本院认为，根据一、二审法院查明的事实，曾某作为产联公司创始股东的特别权利首先有2011年4月9日公司吸纳王某为股东的增资扩股协议明确为证。此特别权利的具体内容表述为："股东各方承认甲方（曾某）、乙方（李某）作为产联电气创始人的地位，根据甲乙双方协商一致或者按照股权表决后的意见（结果），享有以下特别权利：（1）在股东会行使的职权或者按照章程董事会须报股东会批准的事项，对决定或批准事项拥有否决权；（2）任命公司执行董事或成立董事会时任命公司董事长；（3）董事会授权甲方、乙方决定如下事项：a）公司内部管理机构的设置；b）决定聘任或者解聘公司经理，并根据经理的提名决定聘任或者解聘公司的副经理及其报酬事项；c）制定公司的基本管理制度。董事会撤销上述授权须征得股东会的批准或甲方、乙方的书面同意。"其次，曾某的创始股东特别权利有2011年4月11日的公司吸纳陈某为股东的增资扩股补充协议为证。具体内容为："丁方（陈某）知晓并同意原产联电气股东与丙方（王某）于2011年4月9日签订的产联电气增资扩股事宜股东决议中的所有条款"，同时，各股东均在该份增资扩股补充协议中予以签名。最后，曾奕的创始股东特别权利有2011年10月14日及2012年2月1日的公司欲吸纳某、袁某为新股东的两份新股东增资扩股决议为证。具体内容为："江某（袁某）……同意遵守产联电气原有的股东协议及公司章程"等文字约定，同时，各股东均在该两份新股东增资扩股决议中予以签名。故，曾某享有的特别权利属于全体股东的合意及真实意思表示，应予保护。

至于产联公司在二审中提出的章程真伪一节，即章程中究竟有无"股东另有协议约定的，按照股东协议的约定行使表决权及否决权"的条款内容，本院认为，姑且不考虑产联公司在原审中从未对曾某所提供的章程的真实性提出过异议，而直至二审方提出的反常情形；即便章程中缺少前述约定内容，也不能即据此否定曾某的特别权利。公司为资合与人合的统一体，其实质为各股东间达成的一种合作意向和合作模式，仅为通过公司这个平台得以反映并得到规范的指引和运作。故无论是股东协议抑或章程均应属于各股东的合意表示。当然，前提是不得违反相应法律、法规的规定。基于本案系争增资扩股协议中关于曾某的创始股东特别权利是当时各股东达成的合意，约定亦不违法，且公司章程中亦未对此特权予以否定，故曾某的特别权利应属合法有效，并当然适用于股东会职权。故涉案股东会决议的内容因违反上述股东间的协议而应当予以撤销。原审此节判决无误，本院予以支持。

关于曾某的创始股东特别权利是否适用于董事会职权一节，本院认为，虽然产联公司章程第十三条、十四条、十六条、十七条在关于董事会的职权范围、议事方式、表决程序、总经理选聘等方面未作出特别约定，看似形成在后的公司章程缩小了形成在前的增资扩股协议中关于曾奕创始股东特别权利的适用范围，但由于形成在公司章程之后的两份新股东增资扩股决议中仍记载有新股东"同意遵守产联电气原有的股东协议及公司章程"等内容，且由全体股东进行了签名。虽然前述两份新股东增资扩股决议最终未履行，但仍可表明全体股东对于曾某创始股东特别权利的确认态度，故此特别权利并不因公司章程记载的不全面而缩小适用范围。基于此，本院认为，曾某的特别权利同样适用于董事会职权。鉴于涉案董事会决议的内容同样违反了各股东间的协议，故也应一并予以撤销。原审此节判决有误，本院予以纠正。

综上所述，二审判决撤销上诉人产联有限公司2013年1月10日作出的关于"解聘原总经理曾某"等的董事会决议。①

·法条链接·

《中华人民共和国公司法》

第二十二条 公司股东会或者股东大会、董事会的决议内容违反法律、行政法规的无效。

股东会或者股东大会、董事会的会议召集程序、表决方式违反法律、行政法规或者公司章程，或者决议内容违反公司章程的，股东可以自决议作出之日起六十日内，请求人民法院撤销。

股东依照前款规定提起诉讼的，人民法院可以应公司的请求，要求股东提供相应担保。

公司根据股东会或者股东大会、董事会决议已办理变更登记的，人民法院宣告该决议无效或者撤销该决议后，公司应当向公司登记机关申请撤销变更登记。

第四十二条 股东会会议由股东按照出资比例行使表决权；但是，公司章程另有规定的除外。

小股东如何利用一票否决权绑架大股东

案件要旨

对于如何修改公司章程，公司法只是强调了最低限度的要求——"三分之二以上表决权"的股东通过，如果公司章程中规定了超过公司法最低限度要求的表决程序的，例如"新章程须在股东会上经全体股东通过"，应该是属于公司股东们在公司章程中自行约定的特别规定，这并未违反法律的强制性规定。

---

① 本部分来源于本案判决书主文，限于篇幅略做删减，读者可自行查阅判决书全文以全面了解案情。

📖 案件来源

上海市第二中级人民法院 上海贸易有限公司、段甲、陈某某、段乙与孙某、张某公司决议撤销纠纷上诉案二审民事判决书 ①

📖 股东纠纷焦点

本案焦点主要在于：公司章程规定的"新章程须在股东会上经全体股东通过"这一约定是否有效？以及小股东变相持有的"一票否决权"该如何理解其效力？

📖 败诉分析

本案精彩之处在于，小股东居然成功"绑架"了大股东！

而小股东成功的法宝就是——充分利用了"小股东一票否决权"！

一、小股东一票否决权

本案中，贸易公司的章程中约定："新章程须在股东会上经全体股东通过。"即系争公司章程的修改必须经全体股东一致通过，如有一个股东不同意，就不能通过新章程。这就意味着，任何一个股东在章程的修改事项上都具有"一票否决权"。因此，小股东也就具有了可以"绑架"大股东的利器——"一票否决权"。

需要思考的一点是，在资本多数决原则下，按照我国《公司法》第四十三条的规定，股东会会议作出修改公司章程的决议，必须经代表三分之二以上表决权的股东通过。那么，公司章程能否提高表决权比例至四分之三、五分之四，甚至于如本案要求修改章程须"全体股东一致通过"吗？

笔者认为，对于修改章程需要必须经代表"三分之二"以上表决权的股东通过，系公司法对该类事项赞成票的最低限制。《公司法》第四十三条规定："股东会的议事方式和表决程序，除本法有规定的外，由公司章程规定。"据

---

① 上海市第二中级人民法院 上海贸易有限公司、段甲、陈某某、段乙与孙某、张某公司决议撤销纠纷上诉案二审民事判决书（2012）沪二中民四（商）终字第896号

此，应当认为公司章程可在最低限制的比例上予以提高。

本案一审中，上海市普陀区人民法院认为："对于如何修改公司章程，公司法只是强调了最低限度的要求——'三分之二以上表决权'的股东通过，如果公司章程中规定了超过公司法最低限度要求的表决程序的，应该是属于公司股东们在公司章程中自行约定的特别规定，这并未违反法律的强制性规定。"

二审法院亦持同样观点。上海一中院认为：对于如何修改公司章程，公司法规定了"三分之二以上表决权"的最低限度，即必须达到三分之二以上，但对上限并无限制。因此，公司章程中如规定了超过公司法规定的最低限度要求的表决程序的，法律并不禁止，应属公司自治范围的内容，并未违反法律的强制性规定。

据此，在本案中，对于章程规定的"新章程须在股东会上经全体股东通过"，法院对此予以肯定，小股东孙某与张某以"一票否决权"将死大股东的大戏由此拉开帷幕。

二、巧用小股东一票否决权撤销股东会决议

本案股东纠纷在于，贸易公司的经营期限为十年，即将于 2009 年 4 月 5 日届满，因公司发展良好，贸易公司召开股东会决定延长经营期限。在股东会议上，对于"延长公司经营期限"事项的表决，占米蓝公司 76% 股份的股东表示同意，而占股 24% 的小股东孙某和张某利用手中的"一票否决权"表示反对延长公司经营期限，并坚决要求解散清算。按照公司章程规定"新章程须在股东会上经全体股东通过"，若章程修改延长公司经营期限的，需要经过所有股东一致同意，在小股东投反对票的前提下，则无法形成有效决议。

那么，贸易公司"延长公司经营期限"修改章程的股东会决议是否得以撤销？

股东会议得以撤销的法定事由规定于《公司法》第二十二条第二款中："股东会或者股东大会、董事会的会议召集程序、表决方式违反法律、行政法规或者公司章程，或者决议内容违反公司章程的，股东可以自决议作出之日起六十日内，请求人民法院撤销。"即股东会决议可得撤销的三大法定事由主要为：召集程序瑕疵；表决程序瑕疵；决议内容违反公司章程。

而本案中，按照公司章程的规定，贸易公司股东会修改公司章程须经全体

股东一致通过，方能形成有效决议。但是该股东会决议只经占公司 76% 股份的股东通过，并未符合章程规定的"全体股东通过"，属于股东会表决方式违反了公司章程的规定，故而一审法院和二审法院均判决撤销该股东会决议。

无奈，大股东不得不作出让步，最终同意以公司评估值中较高的一种作为标准计算收购小股东孙某和张某价格。

股东战术指导

本案引发的思考在于，如何预防小股东"绑架"大股东？

笔者认为，股东会决议事项中，在"须经全体股东一致同意"的表决权设计下，哪怕 99.99% 的股东同意，但是只要持股 0.01% 的股东投反对票，也无法形成有效决议，公司可能由此陷入决策僵局甚至解散。这种看似公平的设计，其实隐藏着极大的控制权风险。因此，在公司控制权的设计中，为了预防小股东"绑架"大股东，应谨慎约定"须经全体股东一致同意"。

在资本多数决原则下，在公司章程的设计中，股东可以在公司法规定的最低表决权比例的基础上予以提高，例如提高至四分之三、五分之四，但不建议约定"须经全体股东一致同意"，以防止决策机制僵化，最终导致公司无法形成有效决议。

典型案例

贸易公司成立于 1999 年 4 月 6 日，为自然人投资的有限责任公司，现注册资本为人民币 1000 万元（以下币种均为人民币），法定代表人为段甲，公司股东为段甲（认缴出资额 660 万元，占 66% 股份）、孙某（认缴出资额 160 万元，占 16% 股份）、陈某某（认缴出资额 100 万元、占 10% 股份）、张某（认缴出资额 80 万元、占 8% 股份）。

2002 年 5 月 28 日的公司章程第三章"股东的权利、义务"中第十五条表述为："公司设立股东会并由全体股东组成，股东会行使下列职权：一……十一、修改公司章程。"第十六条为："股东会的议事方式和表决程序依《中华人民共和国公司法》的有关规定进行。"章程第六章"公司的解散事由和清算办法"中第三十四条表述为："本公司自《企业法人营业执照》签发之日起，经营期限满十年即行解散，并在三十日内办理注销登记。如需延长，则在经营期限届满前七十五日作出决议报上海市工商行政管理局批准，办理变更登记注册手续。"章程第七章"公司章程的修改程序"第三十八条表述为："因国家规定或公司业务的发展需要须对本章程进行修改时，应遵循下列章程修改程序：一、全体股东（或董事会）对章程修改内容进行充分讨论；二、修改后的章程条款内容应符合国家的有关法律、法规和政策规定；三、新章程须在股东会上经全体股东通过；四、新章程须经上海市工商行政管理局审查同意方能生效。"

2011 年 1 月 7 日，公司执行董事段甲向包括孙某、张某在内的公司各股东发出《公司临时股东会会议通知》，通知各股东于 2011 年 1 月 28 日 16 时在公司办公室召集全体股东和公司管理层召开临时股东会会议，主要议题为：一、延长公司经营期限；二、表决股东借款归还事宜；三、决定段乙、段甲、陈某某领取报酬事宜；四、讨论孙某、张某查阅公司财务账册要求。2011 年 1 月 26 日，孙某、张某通过当面提交和邮政特快专递向段甲出具了回复函，函中对于上述议题作出回复，对于议题一关于公司经营期限问题，孙某、张某认为公司因营业期限届满十年已符合解散条件，公司应立即办理注销登记手续，孙某、张某不同意也认为没有任何必要召开股东会会议商议公司经营期限问题。2011 年 1 月 28 日 16 时，在孙某、张某没有到会参加的情况下，公司股东会临时会议召开，出席会议的股东为段甲和陈某某，两人的股本金合计占公司总股权的76%，会议通过了包括本案诉争事项在内的股东会决议一。决议一的主要决议内容除了通过公司 2008 年 7 月 17 日公司章程修改案、将公司注册地址变更，将公司经营范围进行了调整之外，还决定将公司经营期限由原来的 1999 年 4 月 6 日至 2009 年 4 月 5 日变更为 1999 年 4 月 6 日至 2029 年 4 月 5 日，公司营业执照有效期由"2009 年 4 月 5 日"变更为"2029 年 4 月 5 日"。因孙某、张某认为决议一存在召集程序违反法律和公司章程规定以及决议内容违反公司章程规定的情形，故向原审法院起诉，要求判决撤销公司于 2011 年 1 月 28 日作出的决议一。

原审法院另查明：公司现已停止经营。

原审法院认为：本案的主要争议焦点有两个方面：一是公司在公司经营期限届满之后再召开股东会决定延长经营期限是否合法？二是公司章程第七章中规定的"新章程须在股东会上经全体股东通过"这一表述究竟做何解释？是

作"全体股东一致通过"这一理解，还是作"全体股东多数表决通过"这一理解？其他的争议事项则涉及米蓝公司股东会通过的决议中，有一些事项未提前告知股东，这在召集程序上是否违法？

由于段乙为中华人民共和国香港特别行政区的居民，在审理时，首先须确定本案应该适用的法律。孙某、张某提出的是公司决议撤销之诉，其诉讼理由是认为公司侵犯了其依法享有的股东权，这属于公司内部治理中的争议。而本案所涉公司系依我国内地公司法律设立，并在我国内地经营之法人，其通过股东会决议的行为地也在我国内地，故应该认定为侵权行为地在我国内地，与我国内地具有最密切联系。根据《中华人民共和国民法通则》相关规定，本案处理应适用我国内地法律。

对于本案的第一个争议，即公司在公司经营期限届满之后再召开股东会是否合法这一问题。原审法院认为，公司法在第一百八十一条、第一百八十二条的规定中明确公司章程规定的营业期限届满的，可以通过修改公司章程而存续。因此，并不能认为公司股东会在经营期限届满后就不能通过任何决议。

对于本案中第二个焦点问题，即应该如何理解公司章程中规定的"新章程须在股东会上经全体股东通过"的确切含义，这一争议问题与如何解读合同条款一样，涉及应该如何解读当事人相关文件中条款的含义。由于本案是一涉及公司决议撤销纠纷，属于涉及公司法纠纷之中的一种，应该根据争议条款本身的文字表述、公司法的原则、公司章程的其他条款等进行综合分析判断。系争公司章程内容应该是理解为新章程在股东会上经全体股东"一致"通过，如果有一位股东不同意，则不能通过新章程。这一结论，主要是基于以下理由：

一、公司股东可以在不违反公司法禁止性规范的前提下，在公司章程中对公司的经营期限、经营内容等作出特别规定。公司章程是公司设立的必备文件，是由公司的股东对公司的重大事项、基本架构、运作程序、经营方式等作出的规定。公司章程对公司具有重要的法律意义，可以说是公司设立、运作的最重要法律文件。尽管对公司章程的性质有契约说和自治法说两种观点，但这两种观点都反映有公司章程自治性的特点。公司章程自治性这一特点，决定了公司章程与公司法强制规定之间的关系，即公司股东可以通过公司章程，在法律规定的范围内自治决定公司的相关事项。例如，公司法规定的有限责任公司由五十个以下股东出资设立，则公司章程可以将公司股东人数限制在"五十个"

以内的任意人数。就本案中产生分歧的"新章程须在股东会上经全体股东通过"这一条款而言，它是放在第七章"公司章程的修改程序"之中。公司章程的修改程序，当然是公司经营中的重要事项，公司法第四十四条第一款规定"股东会的议事方式和表决程序，除本法有规定的外，由公司章程规定。"该条第二款还规定，"股东会会议作出修改公司章程、增加或者减少注册资本的决议，以及公司合并、分立、解散或者变更公司形式的决议，必须经代表三分之二以上表决权的股东通过。"可见，对于如何修改公司章程，公司法只是强调了最低限度的要求——"三分之二以上表决权"的股东通过，如果公司章程中规定了超过公司法最低限度要求的表决程序的，应该是属于公司股东们在公司章程中自行约定的特别规定，这并未违反法律的强制性规定。

二、争议条款的理解，应结合本案的具体情况，进行合理的解释。"新章程须在股东会上经全体股东通过"，一种解读为孙某、张某的观点，即这里的"全体股东通过"必须是"全体股东一致通过"，也即如果有一个股东不同意，新章程就不能获得通过；另一种解读为公司的观点，即这里的"全体股东通过"仅仅指"全体股东经过表决通过"，也即根据一般的表决原则，达到法律规定的多数即可通过……在这样的情况下，只能从公司章程设立这一章以及这一条款的目的等来进行分析、推断。从公司章程专设一章"公司章程的修改程序"，专门就新章程如何通过作出规定来分析，"新章程须在股东会上经全体股东通过"作"全体股东一致通过"的解释更加合理。公司法本身就公司章程的修改程序和表决方式，通过新章程的程序和表决程序，未做专门规定，而是就一些具体事项规定了最低的表决要求。例如，公司法第十六条第二款就公司为公司股东或者实际控制人提供担保的，必须经股东会或者股东大会决议；第三款规定该项表决由出席会议的其他股东所持表决权的过半数通过。公司法第一百八十一条、第一百八十二条本身就规定了公司章程规定的营业期限届满的，可以通过修改公司章程而存续，其中"有限责任公司须经持有三分之二以上表决权的股东通过"。由此可见，公司法就公司章程中的修改、通过，可以由股东在公司章程中进行特别约定，只要不违反公司法中的特别规定即可。如果系争条款是作公司那样的解读，即只要按照公司法规定的多数通过即可，那么，在公司章程中再做特别规定，也就没有实质意义。现在的公司章程既然单设一章规定"公司章程的修改程序"，更多地表明公司股东是想要在公司章程中作出有别于公司法一般规定的特别约定……如果违反公司章程规定强行通过延长经营期限的决议，意味着持异议的股东对将来继续经营的风险可能会承担责任，而这种责任可能是持异议股东不愿意承担的。

综上，孙某、张某要求撤销公司决议一的诉讼请求，于法有据，予以支持。据此，原审法院依照《中华人民共和国公司法》第二十二条第二款之规定，判决：撤销公司于2011年1月28日作出的2011年第一次临时股东会会议决议一。

原审判决后，上诉人米蓝公司、上诉人段甲、上诉人陈某某、上诉人段乙均不服，向本院提起上诉。

二审法院认为：就各方当事人在上诉案件审理过程中的争议焦点而言，公司各股东就公司2011年1月28日的2011第一次临时股东会会议决议一作出的修改公司章程并延长公司经营期限等决议事项是否违反公司章程规定的新章程须在股东会上经全体股东通过一节产生了争议，故本案应从公司该股东会决议是否违反了法律、公司章程规定的表决方式加以考量，从而判定该股东会决议是否应当撤销。

《中华人民共和国公司法》对股东会决议的生效程序做了相应规定，即第四十四条第一款规定"股东会的议事方式和表决程序，除本法有规定的外，由公司章程规定。"该条第二款同时规定，"股东会会议作出修改公司章程、增加或者减少注册资本的决议，以及公司合并、分立、解散或者变更公司形式的决议，必须经代表三分之二以上表决权的股东通过。"从上述法律规定来看，对于如何修改公司章程，公司法规定了"三分之二以上表决权"的最低限度，即必须达到三分之二以上，但对上限并无限制。因此，公司章程中如规定了超过公司法规定的最低限度要求的表决程序的，法律并不禁止，应属公司自治范围的内容，并未违反法律的强制性规定。

公司章程规定了公司的经营期限为十年、股东有权修改公司章程、股东会的议事方式和表决程序依《中华人民共和国公司法》的有关规定进行等内容，表明公司章程遵循公司法的规定进行议事。但公司章程专设第七章规定了公司章程的修改程序，其中第三项明确规定新章程须在股东会上经全体股东通过。该规定并无违反公司法之处，应是有效的约定。现各方当事人对该条款的理解产生争议。段甲、陈某某、段乙称，经全体股东通过的含义应为具有表决权的三分之二以上股东到会，到会股东进行表决，在到会股东一致同意的情况下或最终同意的股东占全部股东三分之二的情况下，决议即为有效。孙某、张某则称，经全体股东通过即指经每个股东的同意并通过。对此，本院认为，作为公司章程，其规定内容应指向明确、无歧义。如上述规定确如段甲等所称的全体通过有如此的前置条件，一则，公司章程要将上述条件加以明确，二则不必专设公司章程的修改程序一章，按公司法规定运作即可。故全体股东通过的含义应如孙某、张某之释义，即公司股东会修改公司章程须经全体股东通过。现该决议只经占米蓝公司76%股份的股东通过应属表决方式违反了公司章程的规定。

段甲等人上诉的另一重要理由是撤销股东会决议一将导致公司解散，侵害公司、公司大股东和员工的合法权益。对此，本院认为，公司的设立和发展确倾注了所有股东和员工的心血，不应轻易解散，法律对所有股东的权益均应公平、平等的保护，但前提是须遵循法律和公司章程的规定。否则，对一方的强行保护势必导致有法不依、有规不循的不良后果，亦并非符合司法之精神。

综上所述，公司2012年1月28日的2011第一次临时股东会会议决议一的表决方式违反了公司章程的规定，应予撤销。公司、段甲、陈某某、段乙的上诉理由难以成立，原审认定事实清楚，判决并无不当。据此，依照《中华人民共和国民事诉讼法》第一百五十三条第一款第一项之规定，判决如下：

驳回上诉，维持原判。

·法条链接·

《中华人民共和国公司法》

第四十二条　股东会会议由股东按照出资比例行使表决权；但是，公司章程另有规定的除外。

第四十三条　股东会的议事方式和表决程序，除本法有规定的外，由公司章程规定。

股东会会议作出修改公司章程、增加或者减少注册资本的决议，以及公司合并、分立、解散或者变更公司形式的决议，必须经代表三分之二以上表决权的股东通过。

第十三章　控制权实战指导

警惕！50∶50为何是世界上最差的股权结构

　　股份均分是创业者的大忌。这个世界上，最差的股权结构是：两个股东的股权比例是50∶50。公司初创时期，在只有两个股东的情况下，一般多为亲兄弟一起创业，或者是关系很不错的亲戚、朋友、同学。因此，许多"兄弟式"公司在创业初期为了一同渡过艰辛的初创时期，为了显示公平而选择了50∶50的股权结构，其目的在于保证股东之间能够"共进退、共患难"。但是，随着公司的发展壮大，50∶50如同一颗"定时炸弹"，其埋藏的隐患就会突显出来，导致公司无法进行有效决策，陷入公司僵局，很多公司最后不得不步入"安乐死"的结局——解散公司。

一、真功夫 VS 海底捞：一样的股权均分，不一样的结果

　　"股份均分处理得好，成为海底捞；处理不好，就是真功夫。"这句话可谓精辟到了极点。真功夫创立于1990年，曾是中国最大的中式快餐连锁品牌，门店遍布全国50多个城市，门店近千家。可以说，如果没有两个创始人之间纠缠不休的"控制权大战"，真功夫在国内完全有可能和肯德基、麦当劳一较高下。2006年，在蔡达标和潘敏峰协议离婚后，两人的股权比例变成50∶50。而在2007年，为了家族企业的上市计划，蔡达标联手今日资本进行的"去家族化"改革内部管理，触及了另一股东潘宇海的利益，双方矛盾日渐激化。

　　但是，真功夫最大的问题在于，在50∶50的股权结构下，意味着任何重要的公司股东会决议，都需要蔡达标和潘宇海一致同意方可以有效，任何一方不同意则无法形成有效决议。因此，两个股东开始了长达10年的"控制权战争"，前后历经30多场官司。斗到最后的结局就是：蔡达标获刑14年，真功夫的上

市梦成了泡影。可以说，真功夫为自身 50∶50 不合理的股权结构设计，付出了极其惨痛的代价，不得不让人警醒！

而海底捞则给我们提供了一个成功解决股权均分问题的经典案例。创业初期张勇夫妇和施永宏夫妇的股权架构为 50∶50，在"海底捞"快速发展时期，创始人逐渐意识到 50∶50 的股权架构埋藏着极大隐患，经过股东之间的多次协商，最终施永宏夫妇将持有的"海底捞"18% 的股权以原价转让给张勇，成功解决了公司的股权结构隐患。张勇以占有绝对性的股权控制权，带领着"海底捞"赴港交所上市，海底捞成为第一家市值超千亿港元的中国餐饮企业。

"真功夫向左，海底捞向右。"一样是最差的股权结构，一个是入狱，一个是成功上市，由此带给我们的思考是，50∶50 的股权架构下，会导致怎样的风险？又该如何预防风险、如何破解僵局？

二、股权均分最常见的隐患——陷入公司僵局

50∶50 的股权架构引发的一个最常见的隐患就是，公司容易因此陷入"公司僵局"的状态。根据我国《公司法》的规定，"公司持续两年以上无法召开股东会或者股东大会"以及"股东表决时无法达到法定或者公司章程规定的比例，持续两年以上不能做出有效的股东会或者股东大会决议"这两种具体情形，均属于判断公司是否出现股东僵局的重要参考因素。

在公司只有两名股东的情况下，两人各占 50% 的股份，拥有对等的表决权，同时，公司章程一般会规定"股东会的决议须经代表二分之一以上表决权的股东通过"，因此，公司只有在两位股东意见一致的情况下才能作出有效的股东会决议。而 50∶50 的股权均分模式下，其持股比例与议事规则无异于赋予股东"一票否决权"，只要两位股东的意见存有分歧、互不配合，就无法形成有效表决，进而影响公司的运作。

因此，50∶50 的股权均分制度设计本身，使得公司更易于出现表决僵局，而且僵局一旦形成，难以打破。

三、股权平分易导致公司"安乐死"

笔者注意到，一旦公司因为 50∶50 股权结构陷入僵局，公司就会陷入长久的"股东控制权战争"，股东之间往往进入了白热化的"你死我活""不死不休"

的纠纷中。很多公司因此出现停滞状态，公司品牌价值可能一落千丈。相当一部分公司甚至会面临"安乐死"的后果——公司最终解散。

笔者通过大量的司法案例检索发现，在50：50股权结构公司的"控制权战争"中，一方股东如果经过诸多诉讼后依然没有取得让自己满意的后果，则会破釜沉舟，向法院提起诉讼，要求解散公司。

表4　股权50：50的公司解散之诉经典案例分析表

案号	股权比	裁判意见阐述部分	判决结果
（2010）苏商终字第0043号	50：50股权比例	本案系《最高人民法院指导案例8号》，法院认为：凯莱公司的经营管理已发生严重困难，内部运作机制早已失灵，凯莱公司继续存续会使股东林方某的利益受到重大损失公司的僵局通过其他途径长期无法解决，林方某作为持股50%的股东提出解散凯莱公司，有事实与法律依据，应予支持。	判决解散公司
（2015）扬商终字第00359号	50：50股权比例	江苏省扬州市中级人民法院认为：由于海蓝公司股东僵局，股东会无法正常作出决策，公司因经营管理出现严重困难而遭受损失，必然导致股东的收益遭受损失。且因公司权力机构无法正常运行，股东权利无法行使，公司的存续会使股东利益受到重大损失。对其解散公司的诉请，依法应予准许。	判决解散公司
（2017）沪02民终9814号	50：50股权比例	上海市第二中级人民法院认为：卓昙公司经营管理发生严重困难，继续存续会使股东利益受到重大损失，通过其他途径不能解决，姚海某作为持有50%股份的股东，提出解散卓昙公司的请求，符合相关法律规定，应予准许。	判决解散公司
（2017）粤03民终20300号	50：50股权比例	深圳市中级人民法院认为：高杨靖基于深业物业公司陷入长期僵局，股东权利始终被剥夺，且通过其他途径无法解决之事实，依法提起本案诉讼之行为，完全符合公司法及司法解释之规定，且证据充分、确凿。	判决解散公司
（2017）粤03民终20300号	50：50股权比例	深圳市中级人民法院：由于深业公司股东之间存有较大矛盾，且彼此不愿妥协而处于僵持状况，导致公司股东会等内部机制不能按照章程约定程序作出决策，公司长期陷入无法正常运转的僵局，损害股东的利益。高杨某作为持股50%的股东提出解散深业物业公司有事实与法律依据，应予准许。	判决解散公司

案号	股权比	裁判意见阐述部分	判决结果
（2017）陕 01 民初 461 号	50∶50 股权比例	西安市中级人民法院认为：垄鑫公司的经营管理已发生严重困难，垄鑫公司已持续 2 年未召开股东会，无法形成有效股东会决议，也就无法通过股东会决议的方式管理公司，股东会机制已经失灵。其投资垄鑫公司的目的无法实现，利益受到重大损失，且垄鑫公司的僵局通过其他途径长期无法解决。	判决解散公司

让人扼腕痛惜的是，上述案例中经法院判决解散的公司，并非是濒临破产的境地，有部分公司甚至盈利状况良好。我们不禁深思：如果 50∶50 的结构已经既成事实，那么是否可以通过某种制度安排来预防或者化解公司僵局，以避免公司僵局给企业带来毁灭性的打击？

四、三招化解股东僵局

如同棋局一旦陷入死局就难以打破，股东僵局一旦形成，则很难破解。因此，笔者认为，创始股东如果在公司创立之初采取了 50∶50 的股权结构，则应当对于均分股权的结构可能会造成的公司僵局须有所预料，并且应对公司治理结构和公司章程进行提前设计，以预防出现公司僵局，或在僵局不可调和时予以化解。因此，笔者提出建议如下，仅供参考：

1. 赋予执行董事或者董事长在公司僵局时的最终决定权

在公司创立之初，因为公司人员较少，治理结构不宜太复杂，所以大部分 50∶50 股权结构的公司都未设置董事会，改为设一名"执行董事"。"执行董事"的优点在于，在日常治理中，受到两个股东表决权的限制较少，执行董事制度可以基本保证公司日常运营的正常化。

而在设置董事会的情况下，股权均分的公司需注意的一点是，切忌董事会成员和股东会成员不得完全重合，以避免公司在"股东会"和"董事会"层面同时出现僵局。因此，公司章程可约定，当出现公司僵局的某些特定情形时，赋予执行董事或者董事长在公司僵局时的最终决定权。

2. 通过预先指定临时管理人破解公司僵局

美国等国家在公司治理中引入了管理人制度，但是我国《公司法》并未规定管理人介入制度。为了预防公司僵局和保障股东的利益，公司章程中可以约定当公司僵局出现特定化情形，公司机构失灵时，则将公司的管理权限交由临时管理人，由临时管理人负责公司的日常运营，这样可以保证公司在出现僵局时依旧能维持最低限度的运营。

3. 设置公司僵局下的股权强制回购条款

在 50∶50 股权结构的公司解散诉讼中，提起诉讼的股东往往已经穷尽各种救济手段，最常见的途径就是要求退股，但是在公司章程没有约定的情况下，一方股东要求退股的诉请很难得到法院支持。因此，公司章程可以约定公司僵局下的股权回购条款，例如：规定如果公司持续两年以上无法召开股东会或者股东大会，公司经营管理发生严重困难的，坚持继续经营的 50% 持股股东须回购另一股东的股权。当然，章程中对于回购价格需进行明确的约定。

综上，对于 50∶50 股权架构的公司而言，"解散公司"固然可以解决公司僵局，但是也意味着公司将彻底消失，创业者多年的努力将付之东流。因此，对于创业者而言，如果 50∶50 的股权比例已经既成事实，则需借助于股权结构调整和公司章程的预防性设计，对今后可能出现的公司僵局进行最大程度地化解，从而维护股东和利益相关者的权益。

同股不同权（双层股权）该如何设计

随着 2019 年初科创板新规的接踵而至，最引人注目的莫过于《科创板上市公司持续监督办法（试行）》第八条规定的中国版的"同股不同权"。笔者拟就"同股同权"与"同股不同权"之异同进行简要剖析。

一、什么是同股同权

1. 股权的含义及分类

"股权"通常是指股东依据其所持有的公司股权享有相应的股东权利，股权是有限责任公司或者股份有限公司的股东对公司享有的人身和财产权益的一种综合性权利。

学理上而言，股权一般可分为自益权与共益权。

自益权是指股东自己单独请求就可以实现或者可提出的，例如股份转让权、分取红利的权利、有限公司新股发行优先购买权、剩余财产分配请求权、异议股东回购请求权等。共益权是指股东必须借助于集体（公司或者其他股东）才能实现或提出请求的，[①] 例如表决权、知情权、临时股东会召开请求权、强制解散公司权等权利。

2. 同股同权的含义

"同股同权"在我国有三个层面：相同的股权应当有相同的投票权（表决权）；相同的股份应当获得相同的收益；每一股份上的投票权和收益权应当是相称相应的。[②]

从投票权的角度而言，"同股同权"意味着"一股一权""一股一票"。即在股东大会会议的表决中，所持每一股份有一表决权。即在"同股同权"下，股东之间若持有的公司股份是相同的，则持有的表决权也是相同，相同数量的股份之间持有的表决权数量亦是一样的。因此，"同股同权"的公司治理中，股东持有的股份数量的多少直接决定了该股东在公司的控制权地位，往往大股东才可能是公司的控制者。

从绝对控制的角度而言，创始人若想对公司拥有绝对的控制权，则创始股东持有的公司股权的数量不得低于67%。

从相对控制的角度而言，创始人若想对公司拥有相应的控制权，则创始股东持有的公司股权的数量不得低于51%。

从"一票否决权"的角度而言，创始人若欲以"一票否决权"实现对公司的相对控制，则持股比例至少为34%。

然而，所有创始人都清楚地知道，伴随着多轮融资，创始人手里的股权将会被大幅稀释。一旦创始人持有的股份少于三分之一，则创始人很有可能会面临控制权旁落的风险。而最悲惨的莫过于，成为小股东的创始人，有一天可能

---

① 参见邓峰著：《普通公司法》，中国人民大学出版社，2009年9月第一版，第360页。

② 参见邓峰著：《普通公司法》，中国人民大学出版社，2009年9月第一版，第360页。

会挥泪告别辛苦打拼的企业。这样的例子，还少吗？

而"同股不同权"的股权设计，似乎让创始股东看到了一线曙光。

二、什么是同股不同权

从公司控制权的角度而言，"同股不同权"主要指股东之间表决权设置上的不对等。"同股不同权"常表现为"双层股权结构"（dual class structure），通过为不同层级的股票赋予不同比例的表决权确保公司创始人在上市后的控制权。较常见的股权架构为 A、B 股结构：A 类股份的投票权为"一股一票"，一般为外部投资人所持有；B 类股份的投票权则拥有"一股多票"（一般是 5 或10），持有 B 类股份的多是公司的创始股东或者管理团队。

在美国上市的百度、京东等均采用这种同股不同权的股权架构，而赴香港上市的小米，则成为港交所允许"同股不同权"公司上市的第一股，引起了业界的普遍关注。

那么，"同股不同权"是否真的可以帮助创始股东牢牢把握公司控制权呢？

三、同股不同权对创始人的控制权之影响

由于控制权的不当安排，乔布斯一度被迫离开自己亲手参与创办的苹果公司，令人唏嘘不已。

由此带给我们的思考是：如何在有效融资的情况下，依旧牢牢抓住公司控制权呢？双层股权架构的设计在一定程度上可以解决创始股东面临的这一难题。双层股权架构通过 AB 类股拥有的不同比例的表决权，使得创始团队既能在资本市场获得融资，又不必担心股权稀释导致的控制权旁落的风险。

1．京东的双层股权架构下，刘强东牢牢掌握公司控制权

以京东为例，京东作为中国首屈一指的综合电商平台，京东集团系在纳斯达克，采取的是双层股权架构设计，A 类股为 1 股 1 票，但是刘强东持有的 B 类股，1 股拥有 20 票的投票权，远远高于美国上市公司常用的 AB 股 1∶10 的投票权比例。因此，刘强东在公司多轮融资之后，虽然不再是公司的大股东，但是依旧牢牢控制着公司的话语权。在京东上市之后，刘强东团队虽然仅仅持股 20% 左右，但是在上市后，刘强东却掌握着 83.70% 的绝对投票权。创始人刘强东通过实施双层股权结构，在自身股权比例逐渐减低的情况下，依旧牢牢

掌握着公司的控制权。

2．小米的双层股权架构下创始人的控制权博弈

而小米，作为在港交所允许"同股不同权"公司上市的第一股，其采取的双层股权架构在其上市之后成为投资领域研究的范本。

根据小米公布的招股说明书可知，小米的股本将分为 A 类股份和 B 类股份；除有限保留事项外，A 类股份持有人的投票权为"1 股 10 票"，B 类股份持有人则为"1 股 1 票"；即小米采取的是 AB 股 1：10 的投票权比例。其中，A 类股份仅由雷军和林斌两人拥有，B 类股份除雷军和林斌拥有极少数量外主要由外部投资人拥有。

通过双层股权架构设计，雷军持有公司的股权比例为 31.41%，却拥有着 55.7% 的投票权。而林斌持有公司 13.33% 的股份，拥有 30% 的投票权。除了双层股权架构设计，小米股东内部还签订了投票代理协议，根据投票权的代理，雷军拥有 B 类股份的一部分投票代理权，所以，雷军持股 31.41%，拥有超过 55.7% 的投票权。

所以，在普通事项上，因雷军拥有超过 55.7% 的投票权，雷军一人就可决定普通事项；在公司重大事项上，雷军＋林斌拥有 85.7% 的投票权，两人可决定重大事项。如此一来，小米的控制权，牢牢地掌握在了创始股东手里。

四、同股不同权的优势

我们注意到，在公司治理中，目前主要存在两种治理模式。一类是"股权至上"模式，公司管理以股东为主的"股东中心"主义，占有公司股权比例越大的股东对应着相应的公司控制权。第二类是以"创始人中心"为主的企业治理模式，创始人虽然仅仅持有公司的少数股份，但是却通过"双层股权架构"成为公司的实际控制人。

那么，"创始人中心"治理模式下的"同股不同权"有何优势呢？

1．可有效防范'野蛮人'入侵

采取"同股不同权"架构的多为高科技企业，在企业刚开始运作阶段，现金流量来源的信息并不对称，企业的估值波动较大，前期发展需要大量的资本。而与此相对应的，资本市场也对高科技企业青睐有加，高科技企业在发展阶段很容易成为并购的对象，因此，在融资过程中，如何防范"野蛮人"入侵成为创始人面临的一大难题。

如果创始团队辛苦打拼的企业有朝一日将被"野蛮人"轻易摘取果实，那么，创始团队又怎么愿意搏命打拼呢？

我们注意到，2015 年开始，我国上市公司的大股东平均持股比例无法行使"一票否决权"，意味着我国资本市场开始进入分散股权时代。"万科股权之争"正是"股权分散"背景下的一场血战。

而"同股不同权"的股权架构下，创始团队通过表决权的设置，掌握着企业的控制权，控制权的集中可以有效地将恶意收购者拒之门外。

2. 对创始人控制权的保护

毋庸置疑，"同股不同权"最大的好处就是对创始团队的保护。一般企业经历多轮融资，甚至上市，创始团队的股权不断被稀释，甚至被资本吞噬。可能面临的一个结局或许是：公司融资后虽发展迅速，但创始团队却被出局，离开了一手创立日夜打拼的企业，这不得不令人唏嘘不已。

如何有效融资而不失控制权？这恐怕是所有创始团队在融资时需要面临的难题。在美国，设计双层股权架构的初衷主要是为了保持创始人的控制权，以防止外部投资者的短期投资行为为公司带来巨大影响。在资本市场，资本的本质是逐利，其短视的缺点可能会给企业带来毁灭性的打击。而"同股不同权"的架构下，创始团队牢牢掌握着公司控制权，排除了外部投资者的不当干预。

3. 为创始团队提供更强的激励机制

对于高科技企业而言，创始团队无疑就是公司的灵魂。试想一下，如果马云离开了阿里巴巴，离开了淘宝，那么企业无异于失去了灵魂。因此，创始团队一旦离开企业，创始团队可能将最核心的技术、个人影响力、核心资源也随之带走，公司将会失去源动力，资本市场也可能会因为创始团队的变动失去对公司的信心，最终影响公司的发展。

而公司一旦采取了"同股不同权"的股权架构，意味着创始团队在股权被稀释的情况下，依旧可以保持对公司的控制权，不用担心股权稀释后失去公司控制权。"同股不同权"为创始团队免去股权稀释的后顾之忧，为创始团队提供更强的激励，"让专业的人做专业的事"，激励创始团队专注业务，提高公司治理效率。

五、"同股不同权"架构设计的法律边界

1．股份公司不能突破"同股同权"的界限

在中国目前的《公司法》框架下，股份公司难以突破"同股同权"的限制。股份公司是资合性为主、人合性为辅的公司，现行公司法并不允许股份公司"同股不同权"。我国《公司法》第一百零三条明确规定："股东出席股东大会会议，所持每一股份有一表决权。"因此，对于股份公司而言，须遵循"同股同权"和"一股一权"的股权原则。

2．有限公司可以设置"同股不同权"

我国现行《公司法》虽然不允许股份公司设置"同股不同权"，但是有限公司设置"同股不同权"却因第四十三条的规定有了合法性依据。我国《公司法》第四十三条规定："股东会会议由股东按照出资比例行使表决权；但是，公司章程另有规定的除外。"第四十三条中的例外规定，赋予了公司和股东在投票权设计上极大的自由，为有限公司设计"同股不同权"留下了空间。

当然，需要注意的是，第四十三条中仅仅允许"公司章程"对表决权另行规定，而非股东之间自由约定。另外，此处的"公司章程"有学者认为应理解为"创始章程"。在公司成立后，大股东利用资本多数决修改章程创设"同股不同权"条款的，对中小股东甚不公平，其合法性值得商榷。因此，有限公司设置"同股不同权"条款时应持谨慎原则，以免触碰法律边界而无效。

3．科创板之"同股不同权"

2018年，香港和新加坡正式接纳"同股不同权"公司上市，随着小米赴港上市的巨大成功，对于中国版"同股不同权"的呼声日益高涨。而2019年初科创板新规的完美落地，《科创板上市公司持续监督办法（试行）》规定的"表决权差异安排"让人耳目一新，科创公司上市可采用"同股不同权"的双重股权架构。

笔者认为，科创板"同股不同权"的制度设计中须注意不能突破法律边界，特别对于普通股东的保护或许要靠公司法的修正。在中国现行《公司法》框架下，如果我们允许股份有限公司突破"同股同权"的限制，可在同股同权后加入"公司章程另有规定的除外"即可。因此，对于科创板新规倒逼相关制度及法律法规改革的前景，我们拭目以待。

如何设置股东表决权代理

表决权代理（投票权代理）一般会直接引起公司控制权的变更，因此，在公司控制权的争夺中，表决权代理是公司控制权设计极为重要的点睛之笔。赴港上市取得重大成功的小米，其股权架构设计的亮点可归结为"双层股权架构＋投票权委托"，雷军因此拥有超过 50% 的投票权，由此创始人牢牢掌握住了公司控制权。再如，在资本市场，不乏投资人通过"协议转让＋表决权代理"方式，以极小的代价获得公司的主导权，成为公司的实际控制人。

但是，不可忽视的是，因为我国表决权代理制度的缺失，"表决权代理"所隐藏的潜在风险亦正在逐步暴露。鉴于表决权代理纠纷爆发的控制权纷争数量较多，故笔者拟对表决权代理设置中的相关法律风险及设计要点进行浅析。

一、什么是表决权代理

表决权代理（Proxy Voting），即享有表决权的单个股东委托其他的个人在股东（大）会上代理自己投票，其关系属于委托人与代理人之间的代理关系。表决权代理制度起源于 20 世纪初的美国，1934 年美国的《证券交易法》首次以立法的形式对表决权代理加以规范。另外，德国、法国、意大利、日本、中国台湾等国家和地区也对于表决权制度进行了立法规范。

二、我国表决权代理制度的立法现状

相比国外对于表决权制度的规范立法，我国的表决权制度可谓是"没有规则的游戏"，立法滞后，过于简略，可操作性不强。

在法律层面，《公司法》第一百零六条规定："股东可以委托代理人出席股东大会会议，代理人应当向公司提交股东授权委托书，并在授权范围内行使表决权。"该规定虽然从法律上认可了股东表决权代理行为，但仅仅是一个原则性的条款，并不具有实践可操作性。

在规章层面，《上市公司治理准则》（2018 修订）第十六条规定："上市公司董事会、独立董事和符合有关条件的股东可以向公司股东征集其在股东大会上的投票权。上市公司及股东大会召集人不得对股东征集投票权设定最低持股比例限制。"中国证监会深圳证管办于 2002 年发布了《上市公司征集投票权操作指引》，是我国最早关于表决权代理权征集的专门性官方文件，但层级较低，作为"指引"不具有强制效力。

除此之外，对于上市公司而言，《上市公司章程指引》《股票发行与交易管理暂行条例》《到境外上市公司章程必备条款》《上海证券交易所上市公司治理指引》等有关规定中，明确了表决权代理征集的一些基本原则，但是可惜的是，缺乏可操作的具体规范。

鉴于我国表决权代理制度缺乏可操作性，在司法实践中，对于因表决权纠纷而引发的控制权争夺中，法院往往依据民事代理和一般的法律规范进行裁决，而不同法院之间的裁判意见往往并不一致，导致中小股东在进行表决权委托时无所适从。

三、有限公司是否可以进行表决权代理

我国《公司法》对于有限公司的表决权代理并没有进行规定。《公司法》一百零六条只规定了股份有限公司的表决权代理，但并未明确"有限公司可以参照本条款。"那么，需要引起我们思考的是，有限公司的表决权代理是否有效？

笔者认为，立法未规定有限公司的表决权代理实属法律漏洞，在有限公司的股东无法亲自参加股东会议，或者股东欲通过表决权代理实现对公司的控制等情况下，应允许股东沿用民事代理制度，采用委托代理合同的形式进行表决权的委托，授权他人代为行使投票权。

四、表决权代理中的合同条款设计要点

1. 如何确定表决权代理的有效期

表决权代理的有效期即表决权的代理期限。通过检索国外一部分国家的表决权制度，可以看到较多的国外立法都对表决权的有效期做了明确规定。例如：丹麦、瑞典公司法规定代理有效期为 1 年[1]；美国《示范公司法》规定，代理委

---

[1] 李功国等：《欧洲十二国公司法》，兰州大学出版社1988年版，145页。

托书应从签署之日起 8 个月只有失效 [①];《日本公司法》则规定，表决权代理应在每一次的股东会之前授予，即日本不允许表决权长期代理，而仅限于一次代理行为。

我们注意到，我国《公司法》对表决权代理期限没有进行规定，属于立法空白。笔者通过检索大量案例，发现在实践中对于表决权代理的期限约定主要有以下几类：

（1）一次性代理：即在委托代理合同中约定仅仅为一次代理，且限定某个固定时间下的股东（大）会，而不允许多次代理；

（2）约定具体期限：即约定表决权代理一个明确的时间期限，例如约定表决权委托书的有效期为 12 个月，过期之后则失效；

（3）无期限限制：即在委托代理合同中，给予代理人无期限限制的投票权，该类型在司法实践中争论较大，学者之间亦意见不一。

（4）未约定期限：此类型的表决权代理在实践中较为常见，股东（委托人）往往出于法律意识的淡薄，没有意识到表决权代理期限的重要性，故而对于代理期限没有做出明确约定，从而留下极大的隐患。

可以说，因为表决权代理期限的立法疏忽，导致了"八仙过海、各显神通"的表决权设计。而理论界对于表决权期限问题，长久以来看法不一，争论激烈，然未有定论。有学者认为，鉴于"股东大会应当每年召开一次年会"的法律规定，表决权代理的有效期应不超过 1 年为限。但反对者认为，上市公司常见的"一致行动人协议"往往结合"表决权委托行为"，1 年期限不利于公众公司保持公司治理的稳定，不利于上市公司的发展，故而应允许表决权的长期代理。

笔者认为，毋庸置疑的是，表决权代理的授予应当明确代理的有效期。如果允许无期限的代理授权，则意味着表决权和股权所有权的永久分离，股权的完整性就会被割裂，导致中小股东的权益难以得到保障。

2．如何确定表决权代理的股权比例

对于代理表决权的股权比例是否需要进行限制，我国《公司法》并没有任何的规定。因此在实践中，较为常见的是，大股东通过"表决权委托"的方式控制公司 67% 以上的表决权，牢牢掌控着公司。甚至于有相当一部分的公司，

---

① 陈晓旭、周济：《西方经济法规精选》，改革出版社1994年版，第25页。

实际控制人通过表决权代理持有的表决权高达90%以上。

反观我国台湾地区的立法，台湾地区《公司法》第一百七十七条规定，"除信托事业外，一人同时受两人以上股东委托时，其代理的表决权不得超过已发行股份总数表决权的3%，超过时其超过的表决权不予计算。"

因此，在进行表决权委托时，股东（委托人）在表决权代理合同中，为了预防大股东持有的代理表决权过于集中而损害中小股东权益，对于代理表决权的比例可做出限制的约定，比如可约定：当代理人持有的代理表决权超过一定比例时，超出的表决权，不予计算。

3. 股东可委托几个表决权代理人

在表决权代理中，我国《公司法》对于股东可以委托几个表决权代理人没有做出明确规定。不少国外立法将表决权委托代理的代理人限定为一人，例如我国台湾地区规定"一股东出具一委托书，并以委托一人为限"，即禁止二人以上作为表决权的代理人。

笔者认为，我国《公司法》并未禁止二人以上行使表决权代理，从民事代理的一般原则出发，不应以委托一人为限。[①] 代理人的人数可以是一人，也可以是数人，在代理人为数人时，为共同代理，由代理人共同统一行使表决权；如果表决权为不统一行使时，则可以分开行使，各自代理一部分。[②]

实践中，比较有争议的是，股东将表决权同时委托给了两个代理人行使，但两位代理人之间意见不一致，导致公司无所适从。为了避免此类纠纷，从代理股东的角度而言，股东在接受表决权委托时，如果希望被授予的是排他的唯一代理，则需在委托代理合同中予以明确。

4. 表决权代理是否必须采用书面形式

从国外和其他地区立法来看，大都要求表决权的授予需要采用书面委托手续，例如，我国台湾地区规定："代理权之授予须以书面形式为之，属要式行为。"而我国《公司法》第一百零六条规定的是"代理人应当向公司提交股东授权委托书，并在授权范围内行使表决权"。即对于表决权代理的授予，原则

---

① 笔者注意到，《上海证券交易所上市公司治理指引》第五条规定："股东委托他人投票时，只能委托一人为其代理人。"但该规定仅为地方性的指引，并不具有普遍的强制效力。

② 施天涛：《公司法论》（第三版），法律出版社2014年版，第340页。

上应当出具书面委托书，委托书根据第一百零六条的规定至少应当载明：代理人身份情况；表决权代理的具体事项；表决权代理权限。

《上市公司章程指引》第六十一条对于委托出席股东大会的委托书的内容作出了具体规定：即股东出具的委托他人出席股东大会的授权委托书应当载明下列内容：

（1）代理人的姓名；

（2）是否具有表决权；

（3）分别对列入股东大会议程的每一审议事项投赞成、反对或弃权票的指示；

（4）委托书签发日期和有效期限；

（5）委托人签名（或盖章）。委托人为法人股东的，应加盖法人单位印章。

需要注意的是，在民事法律中，对于代理权授予的形式并未规定特定形式，只要有代理权授予的意思表示，委托代理就可以成立。因此，笔者认为，为了避免纠纷，公司可在《公司章程》中规定表决权委托必须采用书面委托的形式，并且在章程中规定委托书需要载明的具体事项。

五、表决权委托中"不可撤销"条款的效力如何认定

1. 表决权代理是否可以撤销

首先需要讨论的一点是，表决权委托是否可以撤销？

例如，某股东先后签署了两份表决权委托书，且内容与权限皆为一致，仅存在时间上的先后。一般认为，在后的委托书已经撤销了在前的委托书，因为在后的代理权授予的行为本身即表示了对在前授权的撤销。

再如，某股东虽然将表决权委托给他人行使，但是，在股东（大）会开始时，该股东却自己出席，且其投票意见和代理人的意见不一致，在这种情况下，是以该股东本人的意见为准？还是以代理人的意见为准？有学者认为，如果股东在签署了代理投票委托书后，又出席股东（大）会，则该股东出席会议的行为本身应视为对在前委托的撤销。在代理人和股东本人意见不一的情况下，应以股东本人的意见为准。

但亦有学者提出，在上市公司的治理中，表决权代理往往伴随着《一致行动人协议》，参与一致行动的股东往往将包含表决权在内的一些股东权利让渡

于一致行动，旨在保证一致行动人在股东（大）会的提案、表决、召集中等行为时保持一致行动。在签订《一致行动人协议》的前提下，表决权委托不应该任意撤销，除非一致行动协议被解除或者终止。

2. 表决决代理中不可撤销条款的效力

实践中争议极大的是，如果《表决权委托代理协议》中明确记载不可撤销，或者具有利害关系的，该表决权代理是否可以随意撤销？

（1）不可撤销条款的实质含义

表决权委托"不可撤销"的表述，其意仅指《合同法》上的撤销权之"撤销"，还是包含"不得解除"的意思？从表决权代理的角度出发，"不可撤销"条款应理解为对委托代理合同"不得单方解除"的约定。所以，理解表决权委托中"不可撤销"条款关键在于明确委托方能否行使"任意解除权"的问题。

委托人的"任意解除权"规定在《合同法》第四百一十条，"委托人或者受托人可以随时解除委托合同。"法律之所以赋予委托方随时解除合同的权利，主要因为在委托合同中，委托人将本人的事务授权受托人处理，委托人的利益处于受托人的控制、支配之下，委托人对受托人的授权是建立在对受托人的信赖基础上的，如果委托方与受托方的信赖关系不复存在，则委托方在失去了信赖基础后可以随时要求解除委托合同。因此，在普通民事代理中，委托人和受托人均可以随时解除委托合同。

那么，表决权代理中的"不可撤销条款"是否因为违反了《合同法》对于"任意解除权"的规定而无效？

（2）司法审判对于"不可撤销"条款的认定

笔者通过检索大量的司法案例，注意到对于"不可撤销"条款效力的认定，不同法院的裁判意见不尽相同，举例如下。

案例一：北京市第一中级人民法院（2017）京 01 民终 4548 号　陈某与李某委托合同纠纷二审民事判决书

北京市第一中级人民法院认为：从法理上说，委托人的任意解除权更为重要，更不应受到不当的限制。如果在委托合同中对委托人行使解除权做不当的限制，例如，无条件限制委托人解除权和撤销权，对委托人限制出现"不得单方撤销"或者"不得单方解除"，除非受托人有充足的理由是为了委托人的利益，否则这种限制应视为受托人是为了维护自己的利益限制委托人利益而设置的法律障碍，蕴含着受托人对忠实义务的拒绝承担。对于这样的不当限制，法律应该对其做出否定性的评价。

案例二：上海市闵行区人民法院（2007）闵民二（商）初字第 1535 号张 a 与上海 A 有限公司委托合同纠纷案

法院认为：本案中，涉案的表决权委托协议性质属委托合同。该协议中虽然明确约定有不可撤销的内容，但由于委托合同是以当事人之间的信赖关系为基础，故该约定本身不具有强制力。原告有权要求提前解除合同，被告不得以委托不可撤销为由要求继续履行合同。

案例三：最高人民法院（2015）民一终字第 226 号和信致远地产顾问有限责任公司与南部县金利房地产开发有限公司委托合同纠纷二审民事判决书

最高院认为：根据合同法的有关规定，委托人或者受托人虽均有随时解除委托合同的权利，但本案双方当事人在签订合同时，对随时解除委托合同的权利进行了限制。基于约定优于法定的原则，当事人的意思自治应得到尊重，合同当事人的任意解除权应受约定的限制，不得随意解除合同。

从上述案例的裁判意见来看，虽然部分法院认为当事人约定的"不可撤销"条款无效，委托人依旧可以行使"任意解除权"，但最高人民法院在 226 号案例中则认为委托人的任意解除权可以合意予以排除。

（3）表决权委托存在利害关系的，则该表决权代理具有不可撤销性

鉴于表决权代理是商事代理，应区别于普通的民事代理。表决权代理的撤销，并不仅仅是关乎委托人和代理人之间的关系，而且对其他股东，特别是上市公司的众多股民的而言其利益有重大影响。例如，美国的《示范公司法》对表决权代理的撤销采"利益结合"原则。一般而言，存在利害关系的表决权委托，不可任意撤销。可惜的是，我国《公司法》并未将"利益结合"原则规定在表决权代理中，因此，实践中引发了颇多的争议。

准油股份表决权纠纷

在颇受关注的"准油股份表决权纠纷"中，通过签订《表决权委托协议》《合作协议》等文件，创越集团、秦某将其持有的上市公司股份相应的表决权等非财产性权利不可撤销的授予国浩科技行使，并由国浩科技及其合作方杭州微森在一定额度范围内为创越集团、秦勇解决其所负债务。创越集团与国浩科技在双方 2016 年 12 月 21 日签订的《表决权委托协议之补充协议》中约定了

委托表决权的解除条件，'若杭州威淼或国浩科技违反《合作协议》第二条第一款约定，未在《合作协议》第二条第二款、第三款、第四款全部成就后10个工作日内，在22,000万元额度内协助甲方解决其一个月内到期应付债务。则甲方有权要求乙方解除《表决权委托协议》，甲方收回表决权授权"。①

2017年6月，创越集团、秦某发函告知国浩科技收回委托的全部表决权并依法行使相应的股东权利。就创越集团、秦勇是否有权撤销表决权委托事宜，准油股份披露了三份意见不尽相同的法律意见书。

准油股份案例中"不可撤销"表决权能否撤销

鉴于"准油股份"表决权案例引起业界较大的关注，特别是准油股份披露的三份法律意见书并不一致，可以看出对同样的案例，不同的法律人士对于该问题的认识均不尽相同。笔者试着从合同解除权的角度出发，简要分析如下：

a. 创越集团和秦某是否享有任意撤销表决权的权利？

要讨论创越集团和秦某能否任意撤销表决权委托，首先需要明确其是否享有任意解除权？笔者认为，在准油股份案例中，各方达成的协议中既包括表决权委托合同的内容，也包括代为履行债务的内容，应当认为，该表决权委托具有"利益结合"特性，故而不能任意撤销表决权。因此，在双方约定的"不可撤销"条款具有利害关系的前提下，委托人无权任意撤销表决权委托.

b. 创越集团和秦某是否享有约定解除表决权委托的权利？

我们注意到，对于表决权委托协议的解除，双方进行了明确约定，即双方对于"约定解除权"进行了明确。因此，在杭州威淼或国浩科技违反约定的情况下，创越集团和秦某可以行使约定解除权，撤销表决权授予。

c. 创越集团和秦某是否享有法定解除表决权委托的权利？

按照《合同法》的规定，符合以下情形的可以行使法定解除权：

一、因不可抗力致使不能实现合同目的；

二、在履行期限届满之前，当事人一方明确表示或者以自己的行为表明不履行主要债务；

三、当事人一方迟延履行主要债务，经催告后在合理期限内仍未履行；

四、当事人一方迟延履行债务或者有其他违约行为致使不能实现合同目的；

---

① 赵奕翔：《表决权委托中"不可撤销"条款效力认定》，2018年8月7日发表于高杉Legal。

五、法律规定的其他情形。

因此，在"准油股份"表决权案例中，如果符合《合同法》第九十四条情形的，则创越集团和秦某可行使法定解除权，撤销表决权的授予。

综上所述，表决权代理作为公司所有权和控制权的连接点，在公司治理中起到至关重要的作用，"争夺表决权"往往成为"争夺控制权"的前奏。而我国《公司法》对于表决权代理制度的立法缺失，导致日益增加的"表决权代理架构设计"纠纷不断，"表决权代理"所隐藏的潜在风险应引起股东的足够重视。

第十四章 大数据解读系列

大数据解读之"股东知情权"法院裁判规则汇总

笔者通过对"股东知情权纠纷"案件的大数据分析可见，在公司运营过程中，以及公司引进外来融资的过程中，公司及股东须对"知情权"造成的法律风险提前预防，以与公司控制权的设计相一致，综合分析如下。

一、"股东知情权纠纷"常见问题裁判意见汇总

1. 股东在行使知情权时，能否查阅原始凭证

案件要旨：对于查阅的范围，鉴于原始凭证既是会计账簿形成的基础，又是验证会计账簿对公司财务状况的记录是否完整准确的依据，故股东查阅的范围应当包括原始凭证。

案例一：上海永某有限公司诉陈某股东知情权纠纷一案（2015）沪一中民四（商）终字第 2259 号

上海市第一中级人民法院在二审中认为：对于股东行使查阅及复制公司章程、股东会会议记录及董事会会议决议的权利，我国《公司法》并未设置任何限制，故原审法院支持陈某查阅及复制公司自 2011 年 1 月 1 日至 2015 年 4 月 30 日期间的公司章程、股东会会议记录及董事会会议决议，于法有据，本院依法予以维持。关于陈某放弃对 2011 年 1 月 1 日至 2013 年 1 月 31 日的相关财务会计资料知情权的诉请，本院经审查认为，陈某自行处分其民事权利，并不违反法律的相关强制性规定，本院依法予以准许。至于陈某诉请查阅及复制 2013 年 2 月 1 日至 2015 年 4 月 30 日期间的公司财务会计报告、查阅 2013 年 2 月 1 日至 2015 年 4 月 30 日期间的公司会计账簿及原始凭证的诉请，公司对此并无异议，本院依法予以维持。

案例二：上海佳某有限公司诉上海佳某学院股东知情权纠纷一案 上海市第一中级人民法院（2016）沪01民终4642号

上海市第一中级人民法院在二审中认为：本院综合考量佳某学院的业务范围、组织机构、办学层次、办学形式及内部管理体制，佳某公司作为佳某学院的举办者，要求查阅、复制佳某学院自2010年4月成立至今的章程（含章程修正案）、董事会会议决议、监事会会议决议和财务会计报告（包括但不限于资产负债表、损益表、财务状况变动表、财务状况说明表、利润分配表、纳税申报表）及查阅自2010年4月成立至今的会计账簿（含总账、各自明细账、往来账、现金日记账、银行日记账、固定资产卡片明细表、原始凭证、银行对账单交易明细等）的权利应当予以保护，佳某公司的诉讼请求具有相应法律依据，本院予以支持。佳某学院的抗辩意见，本院不予采纳。综上所述，佳某公司的上诉请求，有相应事实与法律依据，本院予以支持……本判决为终审判决。

2. 股东在行使知情权时，如何认定股东行使知情权有不正当目的

案件要旨：股东与公司经营业务高度重合且存在同业竞争事实的情况下，股东如查阅公司的会计账簿及原始会计凭证，则存在不正当目的，并会对公司的利益造成重大损害，公司有权拒绝提供会计账簿，显然亦有权拒绝提供原始会计凭证供股东查阅。

案例三：上海英迈吉东公司诉王某股东知情权纠纷一案二审民事判决书 上海市第一中级人民法院（2014）沪一中民四（商）终字第1633号

上海市第一中级人民法院在二审中认为：D公司与英迈吉公司在工商行政管理机关登记的经营范围中存在重合及相似之处，根据英迈吉公司所提交的证据显示，D公司与英迈吉公司多次参与竞标同一项目中X射线检测系统及X光通道机，英迈吉公司与D公司均互为投标方，因此，基于上述事实完全有理由相信D公司与英迈吉公司在业务上存在着竞争关系的事实。鉴于英迈吉公司作为有限责任公司所具有的封闭性及相关会计账簿及原始记账凭证会涉及英迈吉公司的公司采购销售信息、价格构成及销售对象信息等重要公司信息及商业秘密，所以英迈吉公司有合理依据以王某查阅存在不正当目的为由拒绝提供前述材料供其查阅。

在本案中，王某虽然在本案中系英迈吉公司股东，但考虑到前述王某的双重身份均系两公司股东和在两公司均担任过法定代表人，其与英迈吉公司其他

股东长期存在纠纷等现状，D 公司与英迈吉公司之间存在利害冲突关系和同业竞争事实，本院认定英迈吉公司具有合理根据认为王某查阅英迈吉公司的会计账簿具有不正当目的，并可能会损害公司及大部分股东的合法利益，英迈吉公司有权拒绝提供会计账簿，显然亦有权拒绝提供原始会计凭证供王某查阅。

案例四：王某诉上海仁创机械公司股东知情权纠纷一案　上海市第一中级人民法院（2017）沪 01 民终 9268 号

上海市第一中级人民法院在二审中认为：根据我国《公司法》第三十三条第二款的规定，公司有合理根据认为股东查阅会计账簿有不正当目的，可能损害公司合法利益的，可以拒绝提供查阅。本案中，王某在担任仁创机械公司山东分公司期间，即设立了与仁创机械公司及其山东分公司同类经营范围的一人有限责任公司，且带走了山东分公司五名员工。之后的业务往来及竞标情况显示，王某所设公司与仁创机械公司实际上存在同业竞争情形。上述事实表明，王某的行为已实际损害了仁创机械公司的利益。仁创机械公司认为王某查阅其会计账本有不正当目的，有合理根据，应予采纳。王平要求行使查阅公司会计账簿的股东权利，应不予支持。王某之前是否担任仁创机械公司的副总经理，不影响对其要求行使查阅公司会计账簿的股东权利的审查。综上，王某的上诉理由不能成立，其上诉请求应予驳回。一审判决认定事实清楚，适用法律正确，应予维持。

3. 股东对同一事项能否重复行使知情权

案件要旨：对于股东知情权的行使，法律并未禁止股东只能查阅一次为限，在股东行使知情权时，股东此前曾经查阅、复制公司资料的行为，也并不必然导致其之后对同一事项知情权的丧失。

案例五：上海盈辉公司诉朴某股东知情权纠纷　上海市第一中级人民法院（2017）沪 01 民终 7924 号

上海市第一中级人民法院在二审中认为：本院认为，被上诉人朴某作为上诉人盈辉公司的股东，有行使知情权的权利，盈辉公司有保障股东知情权实现的义务。现对于盈辉公司自成立起到 2014 年 3 月期间的财务会计报告等资料，盈辉公司上诉称，朴某在成为股东前已查阅、复制公司所有经营资料，但对此并未提供任何证据予以证明，况且，即便盈辉公司所言属实，由于所隔时间较长，朴某此前曾经查阅、复制经营资料的行为，也并不必然导致其之后对同一事项知情权的丧失。故对盈辉公司该项主张，本院不予采信。对于盈辉公司自2014年3月起到2016年10月期间的财务会计报告等资料，盈辉公司上诉称，其已经提供给朴某及其授权代表人朴洪哲。

朴某庭审中称，其和朴洪哲并不相识……盈辉公司另提出，朴某行使知情权带有恶意，是为了再次提起诉讼，但对此也未提供任何证据予以证明，况且股东提起相关诉讼也并不必然损害公司合法利益，仅据此尚不足以认定朴某行使知情权具有不正当目的，故盈辉公司的该项主张没有事实和法律依据，本院不予支持。

案例六：上海汉鑫公司诉陈某股东知情权纠纷一案 上海市第一中级人民法院（2017）沪01民终9153号

上海市第一中级人民法院在二审中认为：在前案诉讼中，陈某并未要求查阅汉鑫公司2013年以前的财务会计报告等诉请，即便陈某在前案中曾提供过汉鑫公司2013年以前的财务会计报告等证据，但并不能以此认定两被上诉人已经查阅了2013年以前的公司全部财务会计报告、会计账簿等相关资料，汉鑫公司认为该部分诉请属于重复诉讼的上诉理由，依据不足，本院不予采信。就股东是否有权查阅公司会计原始凭证及可否委托注册会计师查阅会计账簿等，一审法院已进行了充分阐述，本院予以认同，不再赘述。

4．在知情权诉讼中，股东能否要求对公司财务进行司法审计

案件要旨：司法审计并不属于股东知情权的法定范围，况且股东通过行使知情权、查阅、复制公司的会议资料、财务报告以及查阅公司的会计账簿，也可以对公司的财务状况进行了解和核实，以保护自己的合法权益，故在公司章程无规定的情形下，对股东提出的要求对公司的财务进行司法审计的主张依法不予支持。

案例七：黄某与甲公司股东知情权纠纷一案（2013）沪一中民四（商）终字第1007号

上海市第一中级人民法院在二审中认为：对于黄某提出申请要求对甲公司的财务状况进行审计，本院认为，一方面司法审计并不属于股东知情权的范围，况且黄某通过行使知情权、查阅、复制甲公司的会议资料、财务报告以及查阅公司的会计账簿，也可以对公司的财务状况进行了解和核实，以保护自己的合法权益，故本院对其提出的要求对甲公司的财务状况进行司法审计的主张依法

不予支持。

5. 股东要求查阅会计账簿是否需要提前 15 日书面通知，还是直接起诉

案件要旨：公司在前股东的继承人成为股东前已不再经营处于停业状态，也无实际可取得联系的公司住所地及经营人员，故要求股东先向公司书面请求已不具备客观条件，在此情况下，股东通过诉讼的途径向公司请求查阅公司财务账簿，且从起诉至今长达数月间已通知到公司到庭应诉，其实质也属书面请求公司提供查阅财务账簿的方式之一。因此，再强求股东须在起诉前实施书面请求的要式行为，纯粹流于形式，并如此必然使股东永远无法行使其合法的知情权。

案例八：上海云清有限公司诉李某股东知情权纠纷一案（2017）沪 01 民终 10001 号

上海市第一中级人民法院在二审中认为：同时云清公司也表示公司在李小某父亲去世即李小某成为股东前早已不再经营处于停业状态，也无实际可取得联系的公司住所地及经营人员，故要求李小某先向公司书面请求已不具备客观条件，使之不可能实施成该行为。在此情况下，李小某通过诉讼的途径向云清公司请求查阅公司财务账簿，且从起诉至今长达数月间已通知到云清公司即上诉人到庭应诉，其实质也属书面请求公司提供查阅财务账簿的方式之一。因此，再强求李小某须在起诉前实施书面请求的要式行为，纯粹流于形式，并如此必然使李小某永远无法行使其合法的知情权。故对于公司认为股东的上诉不符合我国《公司法》前置程序要求的理由，不予采信。

案例九：上海某实业公司诉陈某股东知情权纠纷一案 上海市第一中级人民法院（2017）沪 01 民终 9153 号

上海一中院在二审中认为：本院认为，一、陈某、姜某已提供证据证明其曾向实业公司邮寄过要求查阅公司会计报告等的相应通知，因实业公司搬离注册地导致实业公司未能收到该份通知。现实业公司上诉认为陈某、姜某未送达过通知，与事实不符，本院不予采信。实业公司在收到陈某、姜某本案民事起诉状时已知晓两被上诉人要求行使股东知情权，实业公司也向一审法院明确表示不愿意提供相关资料，且其未能就此提出合理理由。陈某、姜某提起本案诉讼，于法有据，故本院对实业公司认为两被上诉人的起诉不符合我国《公司法》前置程序要求的上诉理由，不予采信。二、在前案诉讼中，陈某并未要求查阅

实业公司 2013 年以前的财务会计报告等诉请……综上所述，实业公司的上诉请求不能成立，应予驳回；一审判决认定事实清楚，适用法律正确，应予维持。

6. 新股东知情权可查阅文件的时间范围

案件要旨：公司股东对公司依法享有知情权，法律并未对其成为股东之前的事项行使知情权进行任何限制，公司以继承取得的股东身份的新股东行使知情权应从其登记为股东之日起查阅的抗辩缺乏法律依据，不予支持。

案例十：上海某货运有限公司诉李某股东知情权纠纷一案（2017）沪 01 民终 10001 号

一审法院认为部分：一审法院认为，公司股东对公司依法享有知情权，法律也明确规定，股东有权查阅、复制公司章程、股东会会议记录、董事会会议决议、监事会会议决议和财务会计报告……李小某虽系经诉讼和执行程序后，于 2017 年 4 月方成为货运公司的登记股东，但李小某取得股东身份系基于继承的事实，而非判决的执行，李小某现作为货运公司的合法股东，法律并未对其成为股东之前的事项行使知情权进行任何限制，货运公司以此进行抗辩没有法律依据，一审法院不予支持。

上海一中院在二审中认为：另外，至于货运公司提出的李小某行使系争知情权标的的形成时限问题，一审判决的意见和结论，本院予以认同，在此不再赘述，货运公司关于此节的相同上诉理由，不应支持。综上所述，货运公司的上诉请求不能成立，应予驳回；一审判决认定事实清楚，适用法律正确，应予维持。

三、结语

本文以"中国裁判网"及无讼为数据来源，针对上海市第一中级人民法院近几年"股东知情权纠纷"案件裁判文书进行大数据的分析，其中裁判意见的汇总系结合沪一中院最近三年的裁判观点及相关案例整理而成。由于知情权案件的复杂性，以及个案的特殊性，本文所整理的裁判观点仅在于为类似案件提供参考思路，并非作为对具体案件的法律意见或建议。

大数据解读之上海高院"股权代持"纠纷裁判要旨汇总

在近几年的司法实践中，因隐名投资引发的代持股纠纷持续增长，在股权代持纠纷中，主要纠纷类型为：股权代持股东确权显名纠纷、隐名股东债务纠纷、代持协议效力纠纷等，而上述股权代持纠纷中，确权显名纠纷的比例最大，值得司法实践深度研究，为提示代持风险，切实保护股东、公司、债权人等市场主体的合法权益，特撰写此文，主要以上海高院辖区内（含上海高院、沪一中院、沪二中院的案件为基础进行大数据的分析）。

一、2016—2017年度上海高院辖区股权代持（确权）案件裁判数据统计

1. 案由分布

本文以"中国裁判文书网"及无讼案件为依据，通过股东资格确认纠纷及代持关键词，以能检索到的裁判文书的数量为基础进行检索并制作分析报告。

（1）上海高级人民法院"股权代持"案件数据分析

检索出2016—2017年度上海市高级人民法院"股权代持案件"情况如下：2016年度上海市高级人民法院"股东资格确认纠纷案"件能查到裁判文书有16件，其中"股权代持"案件3件，占整个股东资格确认纠纷案件的19%；2017年度上海市高级人民法院"股东资格确认纠纷案"件能查到裁判文书有14件，其中"股权代持"案件8件，占整个股东资格确认纠纷案件的57%。

（2）上海第二中级人民法院"股权代持"案件数据分析

2016年度，沪二中院股权代持案件占整个股东资格确认纠纷案件的37.5%；2017年度股权代持案件占整个股东资格确认纠纷案件的11%。

（3）上海第一中级人民法院"股权代持"案件数据分析

2016年度，沪一中院股权代持案件占整个股东资格确认纠纷案件的26.3%；2017年度股权代持案件占整个股东资格确认纠纷案件的24%。

通过以上大数据不难看出，2016—2017年度上海高级人民法院辖区内（特指上海高院、沪一中院、沪二中院）审理的股东资格确认纠纷案件中，"股权

代持纠纷"数量可谓不少,这个数据足以引起公司企业对股权代持的重视。

鉴于"股权代持纠纷"在公司纠纷中的多发性和复杂性,接下来,我们对2016—2017 年度上海市高级人民法院辖区审理的"股权代持案件"进行一个大数据的分析,主要分为"裁判结果"和"裁判要旨汇总"两部分。

2.裁判结果

(1)上海高院对于股权代持确权案件裁判结果

根据统计结果显示,2016—2017 年度上海高院对于股权代持案件再审案件共计 11 件,值得注意的是,100% 的案件裁判结果均为驳回再审。

(2)上海二中院对于股权代持确权案件二审裁判结果

根据统计结果显示,2016—2017 年度上海二中院对于股权代持确权案件二审案件的裁判结果为 100% 均为驳回上诉。

(3)上海一中院对于股权代持确权案件二审裁判结果

根据统计结果显示,2016—2017 年度上海一中院对于股权代持确权案件二审案件共计 23 件,上海高院裁判结果为"驳回再审"的案件占 100%,沪二中院裁判结果为"驳回上诉,维持原判(裁定)"的案件占 100%,沪一中院件裁判结果为"驳回上诉,维持原判"有 83.30% 的。换言之,在股权代持确权案件中,如果当事人将希望放在二审或者再审的话,恐怕并不能得到一个预期的结果。所以在诉讼策略的选择上,须将关注重点放在一审则比较稳妥。

3.根据诉讼请求的分析

我们注意到,在股权代持确权纠纷中,一般的诉讼请求主要有这两类,一类诉讼请求隐名股东仅仅要求确认股权归其所有;另一类诉讼请求为隐名股东除了请求确认股权归其所有外,还诉请进行工商变更登记。

二、股权代持案件引发的相关法律风险及"裁判要旨汇总"

通过对上海市高级人民法院及沪一中院、沪二中院 2016—2017 年度"股权代持确权案件"的分析可见,股权代持行为会对代持双方(隐名股东与显名股东)、公司以及其他第三人的利益造成相应的法律风险,综合分析具体分析如下。

1.冒名登记与股权代持如何区别?否认股东资格的举证责任由谁承担?

案件要旨:股东姓名登记系公司登记机关做出的具体行政行为,未经法定程序撤销,即具有确定的法律效力,仅凭工商登记中的签名非本人所签不能否定其股东资格；明知他人冒自己身份证作为公司的股东进行登记，成立股权代持关系的，对其要求否认其股东资格的，不予支持。

案例一：吴某与燊德有限公司、付某等股东资格确认纠纷审判监督一案

审理法院：上海市高级人民法院

案　　号：（2017）沪民申1421号案件

上海市高级人民法院在审理中认为：本院经审查认为，本案争议焦点在于吴某是被冒名登记为燊德公司股东，还是基于与卞某的代持关系被登记为显名股东？原审中，燊德公司及该公司股东付某、吴某主张吴某与卞某系隐名代持关系。卞某在（2016）沪0120民初字1784号案件中陈述，在黄金告知卞某将其母亲吴某登记为名义股东，不须其母亲出钱时，卞某才同意将其母亲登记为燊德公司的股东。结合卞某系燊德公司执行总裁的身份，以及吴某与卞某的母女关系，本院对原审认定两者间系股权代持关系予以认同。吴某要求否认其股东资格，本院难以支持。吴某主张卞某"偷拿"其身份证的依据不足，本院不予采纳。

律师提示：被冒名成为公司股东随之将面临，承担虚假出资、抽逃出资的股东责任，以及公司经营不善、破产或者出现其他需要股东对债权人进行赔偿责任的风险。因此，一旦发现自己被冒名成为公司股东，有必要立即向法院请求否认自己的股东资格，以规避承担股东责任的风险。

2. 挂名股东否认其股权系代持？隐名股东该如何证明双方的代持关系？

案件要旨：股东对股权的归属发生争议的，主张股权代持的当事人应当提供证据加以证明双方股权代持关系的存在。如果当事人不能证明双方有股权代持的合意、亦未能提供证据证明其出资行为的，则对于其股权代持的主张，不予支持。

案例二：杨某诉王某等股东资格确认纠纷一案股东资格确认纠纷审判监督民事一案

审理法院：上海市高级人民法院

案　　号：（2016）沪民申1958号

上海市高级人民法院在审理中认为：本院经审查认为，本案争议焦点为王某名下光栅公司16%股权归属问题，根据本案查明事实，王某否认其代杨某持股，认为其名下的股权系由司某实际持有，而周某提供了《隐名股东投资协议书》证明其与王某之间存在代持股法律关系，故本院确认周某与王某之间存在

代持股的意思表示。此外，对于周某的实际出资问题，由于周某提供了光栅公司的《股东出资证明》证明其出资行为，虽然杨某否认该份证据的真实性，但并未提供充分证据予以否认，故本院对杨亦某的该项再审理由不予支持……裁定如下：驳回杨某的再审申请。

律师提示：股权代持最大的风险在于股权代持关系能否被法院确认。如果隐名股东主张的股权代持关系最终未被法院确认，则隐名股东会面临"赔了夫人又折兵"的境地，因此股权代持安排中委托方和代持方的合意至关重要。

3. 股权代持中约定的股份转还条件未成就，隐名股东是否依然可以要求显名？

案件要旨：隐名股东和显名股东事先约定了股份代持和显明条件的，虽然隐名股东主张协议约定的股份转还条件未成就，但该股份转还条件并不能限制实际出资人对公司的确权请求，实际出资人仍然可以依法要求显名。

案例三：珀丽有限公司、东信集团有限公司与瞿某股东资格确认纠纷审判监督一案

审理法院：上海市高级人民法院

案　　号：（2017）沪民申1786号案件

上海市高级人民法院在审理中认为：瞿某系珀丽公司的实际出资人，东信公司亦确认其系代瞿某持有珀丽公司的股权，故瞿某主张确认其享有珀丽公司的股权符合《公司法解释三》第二十三条、第二十四条等规定。东信公司主张协议约定的股份转还条件不成就，但该股份转还条件并不能限制实际出资人对珀丽公司的确权请求，东信公司若因此遭受损失，可另行向瞿某主张，且瞿某亦表示愿对东信公司的责任承担连带责任，故原审法院据此判决支持瞿某的诉讼请求，并无不当。

律师提示：股权代持关系中若存在股份转还或者显名条件的约定，则隐名股东和显名股东之间须对于股份转还或者显名的具体条件进行全面的约定，为避免隐名股东违约造成显名股东的损失，有必要对相应的违约损害赔偿进行详细约定。

4. 隐名股东主张股东身份（显名）是否需经其他股东过半数同意？

案件要旨：隐名股东主张显名并要求办理股东工商登记的，应当经过公司其他股东过半数的同意。在隐名股东无法提供公司其他过半数股东同意的相关

证据下，即使该隐名股东是涉案股权的实际出资人，对于其要求公司办理股东工商变更登记的诉讼请求，法院难以支持。

案例四：上海某机械公司诉吴某股东资格确认纠纷一案

审理法院：上海市第一中级人民法院

案号：（2016）沪01民终1358号

上海一中院在二审中认为部分：现吴某独自诉求显名，从实质上打破了百勤公司治理结构的稳定性与人合性，对此百勤公司的其他投资人均一致反对该诉求。基于此，吴震祥作为实际出资人，因尚未经公司其他股东（投资人）半数以上同意，故其变更登记之诉求依法不能成立，应予驳回。

律师提示：在隐名股东要求法院判决进行工商登记变更，由隐名股东变为显名股东时，按照《公司法解释三》第二十五条第三款规定，隐名股东主张变更股东、要求公司签发出资证明书、记载于股东名册、记载于公司章程及要求办理工商登记的，应当经过公司其他股东过半数的同意。

5. 口头代持协议是否有效？还是必须签订书面代持协议？

案件要旨：如果实际出资人与名义出资人之间并无代持股的约定，且其主张的口头代持亦约定无法证实的情况下，则无从看出实际出资人的真实目的，其出资行为的意图无法查明，则无法认定其为股权代持关系。

案例五：成大实业股份有限公司诉上海某石油公司等股东资格确认一案

审理法院：上海市第一中级人民法院

案　　号：（2015）沪一口民四（商）终字第1543号

上海市第一中级人民认为部分：原审法院认为，股权转让价款以补充协议的方式加以明确，而代持股这样重大事项却不需签订书面协议，该做法显然有悖常理。此外，如果实际出资人与名义出资人之间并无代持股的约定，则无从看出实际出资人的真实目的，其出资行为的意图无法查明。如本案中，童某对于股权转让款由成大公司支付的原因即解释为因考虑到童某的能力及工作经验，承诺给予童某的股权。无论童某的说法是否成立，在成大公司未能证明其与童某之间在受让A公司股权时存在代持股的约定……成大公司主张童某名下股权归其所有，缺乏事实依据。

律师提示：我们认为，鉴于法律并未规定成立股权代持关系必须签订书面合同，则可以理解为：有限责任公司的实际出资人和名义出资人订立口头合同的，如无合同无效的情形，符合合同生效要件的，则应当认定该合同有效。

6. 主张口头代持约定情况下，举证责任由谁承担？

案件要旨： 对于股东要求确认的股权系他人代为持有的股权，首先需审查股东之间的股权代持关系是否成立。如果股东主张其具有口头的股权代持协议，但并无相应的证据证实的，则无法认定其为股权代持关系。

案例六： 戴某诉凡思实业有限公司等股东资格确认纠纷一案

审理法院： 上海市第一中级人民法院

案　　号：（2015）沪一中民四（商）终字第 1396 号

一审法院及上海一中院认为部分：原审法院审理认为，由于戴某要求确认的股权系许某持有的股权，因此，首先需审查戴某与许某之间的股权代持关系是否成立……戴国某称其与许某存在口头的股权代持协议，但并无相应的证据。因此，相关上诉理由本院亦均不予采信。现戴某并未提供足以否定许某股东身份的其他证据材料，故原审法院驳回其相关诉请并无不当。综上，戴某的各项上诉理由均不能成立。

律师提示： 在股资格确认纠纷中，主张口头代持约定的，举证责任由主张口头代持的一方承担，如果没有相应的证据证实双方有口头代持约定，则须承担举证不能的败诉后果。

7. 能否直接以公司为被告，要求确认代持股权归自己所有？

案例七： 肖某与上海中核某公司股东资格确认纠纷审判监督民事一案

审理法院： 上海市第一中级人民法院

案　　号：（2017）沪民申 1360 号

上海市高级人民法院在审理中认为：由于肖某的资金并非向中核维思公司支付，亦无证据证明中核维思公司以及中核维思公司的其他股东知晓并认可中金赛富公司与肖某之间的内部约定，故肖某现直接以中核维思公司为被告，请求确认其对中核维思公司出资并主张中金赛富公司持有的中核维思公司的股权归其所有，缺乏事实和法律依据。至于中金赛富公司和李某之间转让中核维思公司股权的行为是否损害了肖某的利益以及中核维思公司在该股权转让过程中是否存在过错应承担责任等问题，非本案审理范围，肖某可另行依法追索

律师提示： 在隐名代持的诉讼中，许多原告直接将名义股东作为被告，但往往未将公司纳入被告范围。由于股东资格的确认之诉中，公司对于股东是否

具有股东资格有着直接的发言权，且司法最终判断隐名出资人是否具有股东资格对于公司的股权结构将直接产生影响。故隐名股东要求确认股东资格之诉，应当以公司为被告，以名义股东为第三人。

三、结语

本文以"中国裁判网"及无讼为数据来源，针对上海高院、上海一中院、上海二中院 2016—2017 年度"股权代持"案件裁判文书进行大数据的分析，其中相关裁判要旨的汇总系相关的裁判规则以及相关案例整理而成。由于股权代持纠纷案件的复杂性，以及个案的特殊性，本文所整理的裁判要旨仅在于为类似案件提供参考思路，并非作为对具体案件的法律意见或建议。

大数据解读之"股东资格认定"标准裁判规则汇总

股东资格确认纠纷，是者股东之间、股东与公司之间或者股东与第三人之间就是否具有股东资格、持股比例等产生的争议。因为立法的滞后性，我国《公司法》未对有限责任股东资格确认的规则作出明确标准，以至于在司法实践中没有一个统一的适用标准，加之在实践中，因股东自身原因比如不规范运作公司、随意代持、冒名登记等行为导致了股东资格确认纠纷频频发生。

一、股东资格的取得方式有哪些

股东资格的取得方式，可以分为原始取得和继受取得。

1. 原始取得

原始取得有两类，一类是指股东在设立时取得股东资格；第二类是指在公司成立后，因认购公司新增资本而取得股东资格。

2. 继受取得

继受取得主要是指因股权受让、继承、赠予、善意取得等方式取得公司股权而成为公司的股东。

3．通过股权转让取得

《公司法》第七十一条规定，有限责任公司的股东之间可以相互转让其全部或者部分股权。股东向股东以外的人转让股权，应当经其他股东过半数同意。股东可通过股权转让的方式受让公司的股权，并成为公司股东，具有股东资格。

4．通过继承方式取得

依据《公司法》第七十五条规定，自然人股东死亡后，其合法继承人可以继承股东资格；但是，公司章程另有规定的除外。

5．隐名股东通过确权显名取得股东资格

在股东资格确认纠纷中，存在大量隐名持股引发的股东资格确认案件，主要由于实际出资人和（或称隐名股东）和名义出资人（或称显名股东）因为股权归属的问题而引发的纠纷。隐名股东可通过确权显名的方式成为公司股东。

6．通过善意取得方式取得公司股权成为股东

按照《公司法解释三》第二十六条的规定，无权处分人将股权出售给善意第三人的情况下，第三人可依据善意取得制度取得股权。而股权的实际权利人因无权处分人处分股权行为造成损失的，可以要求无权处分人承担责任。

二、确认股东资格的条件

1．股东资格的确认应区分"对外"和"对内"两种情况

根据《江苏省高级人民法院关于审理适用公司法案件若干问题的意见（试行）》第二十六、二十七、二十八条的规定，区分了对外和对内不同情况下的不同的裁判思路：

（1）对外：即公司或股东与第三人的纠纷

当公司或者股东（包括挂名股东、隐名股东和实际股东）与公司以外的第三人就股东资格发生争议的，应根据工商登记文件的记载确定有关当事人的股东资格，但被冒名登记的除外。即在公司或股东与第三人发生争议时，应主要审查工商登记。第三人是基于工商登记的信赖而作出法律行为的，第三人的信赖利益收到法律的保护。

（2）对内：又分为股东和股东之间、股东和公司之间的争议

股东和股东之间

股东之间就股东资格发生争议时，除存在以下两种情形外，应根据工商登

记文件的记载确定有关当事人的股东资格：当事人对股东资格有明确约定，且其他股东对隐名者的股东资格予以认可的；根据公司章程的签署、实际出资、出资证明书的持有以及股东权利的实际行使等事实可以作出相反认定的。

公司与股东之间

应根据公司章程、股东名册的记载作出认定，章程、名册未记载但已依约定实际出资并实际以股东身份行使股东权利的，应认定为其具有股东资格，并责令当事人依法办理有关登记手续。

2．确认股东资格应当综合考虑哪些因素

（1）确认股东资格的实质要件

根据《公司法解释三》第二十二条规定："当事人之间对股权归属发生争议，一方请求人民法院确认其享有股权的，应当证明以下事实之一：其一，已经依法向公司出资或者认缴出资，且不违反法律法规强制性规定；其二，已经受让或者以其他形式继受公司股权，且不违反法律法规强制性规定。"

根据上述法条可知，最高院在《公司法解释三》中提出了股权确认的认定标准的实质要件是指有证据证明股东已经依法向公司出资或者认缴出资，或者受让或以其他方式继受股权，且不违反法律强制性规范。

（2）股东资格确认中的形式要件

需要注意的是，形式要件和实质要件并非相互独立的因素，形式要件是实质要件的外在表现形式。实质要件是以出资为取得股东资格的必要条件，形式要件是对股东出资的记载和证明，形式要件多见于股东完成出资后在公司章程上的记载、股东名册上的记载、工商机关的登记等文件。

（3）实质要件和形式要件在确认股东资格时的效力

对外时，形式要件的证明力强于实质要件

根据股东资格确认中内外有别的理论，当股东、公司与第三人之间发生股东资格确认纠纷时，形式要件显得更为重要。其中，以工商登记的效力最强。而在有第三人的场合，按照《公司法》第三十二条第二款的规定：公司应当将股东的姓名或者名称及其出资额向公司登记机关登记；登记事项发生变更的，应当办理变更登记。未经登记或者变更登记的，不得对抗第三人。而山东省高院《关于审理公司纠纷若干问题的意见（试行）》亦规定，股东资格未被工商登记所记载的，不具有对抗第三人的法律效力。善意第三人对于工商登记文件的信赖利益应予保护，股权未经登记或者变更登记的，不得对抗第三人，因此工商备案的登记文件具有对抗第三人的效力。

对内时，实质要件的证明力强于形式要件

当争议是发生在股东和股东之间、股东和公司之间的时候，实质条件的证明力更强于形式要件。我们认为，在处理公司内部关系引发的纠纷时，应以实质要件为优先条件审查股东资格，并遵循意思自治、契约自由的民法原则。

三、司法案例之解析（从大数据的角度）

鉴于司法案例对于法律人把握裁判要旨的重要性，笔者试以最高人民法院以及其他部分法院的案例为视角进行解析如下。

1. 公司与股东或股东之间的股东资格如何认定

在审查股东与股东的内部关系时，应首先根据实质要件即股东是否出资来判断股东资格的归属，即应优先审查出资事实，但是，无论股东是否出资，都不能单独以出资与否认定或否定其股东资格，还需综合考虑股东名册等形式要件。

而当审查股东与公司的关系中，优先依据股东名册记载进行判断。因为根据我国《公司法》第三十二条第二款之规定："记载于股东名册的股东，可以依据股东名册主张行使股东权利。"该条明确了股东名册作为确定股东资格的法律依据。即"股东名册"具有推定效力。

笔者亦检索到山东高院的意见为："股东名册记载的股东，人民法院应认定其具有股东资格。但有其他证据证明股东名册记载错误的除外。"此处山东高院亦认定股东名册的推定效力，在有相反证据时，股东名册的推定效力可以被推翻。

案件一：纪玉某与周长某股东资格确认纠纷，菏泽市中级人民法院（2016）鲁17民终1750号

最高人民法院在（2013）民申字第1406号一案中认为：虽然LA公司的企业工商登记中没有杨某股东身份的记载，但LA公司向杨某出具了内容为"收到投资款"的收据，LA公司的两份财务报告及2008年《各股东的投资情况明细》的内容，均证明杨某为LA公司的实际出资人。最终认定杨某具有股东资格。

菏泽市中级人民法院认为：本案中，作为对外具有公示性质的股东名册，虽然对股东资格的确认具有推定证明力，但对公司内部股东而言，在有相反证据时，股东名册的推定效力可以被推翻……因此，上诉人周长某对公司设立并不存在合意，且未实际出资，上诉人周长某在公司中的身份与公司登记机关登记在案的股东名册记载的情形相冲突。

2. 如何理解工商登记在确认股东资格中的效力

工商登记的效力在确认股东资格时应按照"内外有别原则"进行判断，在判断公司即股东和第三人的关系中，工商登记文件的记载具有公示公信效力，为保护第三人的信赖利益，未经登记或者变更登记的，不得对抗第三人。而在处理公司和股东之间的内部关系时，工商登记不应作为认定股东资格的必要要件和唯一要件，而应该优先审查实质要件。

案例二：国融有限公司与安徽投资有限公司与公司有关的纠纷二审民事判决书（2014）皖民二终字第00630号

安徽省高级人民法院认为：工商登记仅是一种证权性登记，仅具有对抗善意第三人宣示的证权功能，其本身没有创设股东资格的效力。对于有限责任公司股东资格的认定，应结合形式要件和实质要件综合判断是否具备股东资格。

3. 当股东名册和公司章程等形式要件相冲突时股东资格如何认定

笔者认为，在实践中，区股东名册、工商登记、出资证明书、公司章程可能存在冲突、不一定与事实相符，而这，也正是诸多股东资格确认纠纷产生的原因。故在不涉及第三人的情况下，判断谁是真股东，谁是假股东，形式要件抑或实质要件并不是非此即彼的关系，而应该综合分析以下六项要件：股东是否已签署公司章程；是否实际出资、认缴出资或者受让、继受股权；是否工商登记；是否具有出资证明书；股东名册是否记载；是否实际享有股东权利，并根据当事人具体实施民事行为的真实意思表示来综合认定。

案例三：华强公司、兴源公司等与华龙公司股东资格确认纠纷一案 最高人民法院（2016）最高法民申2613号

最高人民法院认为：当事人主张股东资格和股东权利，必须满足两个要件，即实质要件和形式要件。实质要件是以出资为取得股东资格的必要条件，形式要件是对股东出资的记载和证明，是实质要件的外在表现。股权取得实质要件是向公司认购出资或者股份而取得股权，包括原始取得和继受取得。股权取得

形式要件多见于股东完成出资后在公司章程上的记载、股东名册上的记载和工商机关的登记。

案例四：嘉峪关市 JH 劳动就业服务有限责任公司与王某竹民事纠纷（2012）甘民二终字第 135 号民事判决书

甘肃省高级人民法院认为：依据公司法理论……在形式要件的认定中，在公司没有股东名册时或者股东未被记载于股东名册时，则要结合公司章程、出资协议、股东会决议以及工商登记来认定。

4. 隐名股东的股东资格如何认定

（1）隐名股东主张股东身份（显名）需经其他股东过半数同意。

案例五：吴某与腾龙有限公司、中纺公司东权纠纷一案　最高人民法院（2013）民申字第 2450 号

最高人民法院认为：实际出资人若要实现隐名股东显名化，须经公司其他股东半数以上同意。其他股东半数以上不同意实际出资人显名化的，即使实际出资人已经出资，仍无法取得股东资格。

案例六：上海某机械公司诉吴某股东资格确认纠纷（2016）沪 01 民终 1358 号

上海市第一中级人民法院认为：在隐名股东要求法院判决进行工商登记变更时，按照《公司法解释三》规定，隐名股东主张变更股东、要求公司签发出资证明书、记载于股东名册、记载于公司章程及要求办理工商登记的，应当经过公司其他股东过半数的同意。如果公司其他过半数股东不同意的，很难获得法院支持。

（2）如果公司其他股东均认可隐名股东的股东身份，是否还需其他股东过半数同意？

对于公司其他股东认可隐名股东的情况下，上海市高级人民法院的处理意见为：有限责任公司半数以上其他股东明知实际出资人出资，并且公司一直认可其以实际股东的身份行使权利的，如无其他违背法律法规规定的情形，人民法院可以确认实际出资人对公司享有股权。

案例七：施某与国美置业有限公司、王某等股东资格确认纠纷二审（2015）苏商终字第 00419 号

江苏省高院认为：从在案的《出资证明》及双方往来函件的内容来看，由于国美公司其他股东均认可施某的股东身份，故无须再履行公司法司法解释所

规定的需其他股东决议同意的显名程序，原审法院径行判决国美公司为施恩某办理股东变更登记手续符合法律规定。

（3）公司其他股东虽然在合作协议中同意隐名股东显名，但在诉讼过程中不同意其显名，法院不能确认隐名股东资格。

案例八：吴某与中纺腾龙投资有限公司、中纺网络有限责任公司一般股东权纠纷 最高院（2013）民申字第2450号

最高人民法院认为：实际出资人若要实现隐名股东显名化，须经公司其他股东半数以上同意。因此，即佳某系实际出资人，但在祥瑞公司、杭州投资公司和吴文某在一、二审中均不同意吴某成为腾龙公司显名股东，网络公司二审亦答辩要求驳回吴成某上诉的情形下，吴某提出确认以网络公司名义持有的腾龙公司股权中75%股权属吴某所有、将隐名出资显名化的诉请不符合法律规定，二审判决对此不予支持，在认定事实和适用法律上均无不当，故驳回吴某的再审申请。

（4）实际履行了出资义务后，隐名股东是否可以当然成为股东？

案例九：李某等诉上海某评估公司股权确认纠纷案（2015）沪一中民四（商）终字第129号

上海市第一中级人民法院认为：实际投资人如要主张所涉股权项下权益，其与名义股东签有代持合同或有证据证明存在代持约定是前提条件，其实际履行了出资义务为必要条件。但不能仅以后者推定存在前者所设定的代持股权关系。

（5）冒名股东的股东资格如何确认？

《公司法解释三》第二十八条规定，冒用他人名义出资并将该他人作为股东在公司登记机关登记的，冒名登记行为人应当承担相应责任；公司、其他股东或者公司债权人以未履行出资义务为由，请求被冒名登记为股东的承担补足出资责任或者对公司债务不能清偿部分的赔偿责任的，人民法院不予支持。即取得股东资格，必须要有出资设立公司的出资行为，而"冒名股东"没有出资行为等要件，不是公司法意义上的股东，无须补助出资或者清偿债务，而由冒名登记行为人承担相应责任。

案例十：吴某与燊德有限公司、付某等股东资格确认纠纷审判监督一案（2017）沪民申号案件

上海市高级人民法院认为：股东姓名登记系公司登记机关做出的具体行政行为，未经法定程序撤销，即具有确定的法律效力，仅凭工商登记中的签名非

本人所签不能否定其股东资格；明知他人用自己身份证作为公司的股东进行登记，成立股权代持关系的，对其要求否认其股东资格的，不予支持。

案例十一：张某、王某股东损害公司债权人利益责任纠纷（2017）最高法民申 2602 号

最高人民法院认为：王某冒用王其某的名义出资并将王其某作为股东在公司登记机关进行登记，张某并无充分证据证明王其某授权王重某签名或事后予以追认。故张某请求王其某承担补充赔偿责任的主张不应予以支持。

（6）未足额出资的股东是否应认定不具有股东资格？

根据《中华人民共和国公司法》第三十四条以及《公司法解释三》第十六条关于"股东未履行或者未全面履行出资义务或者抽逃出资，公司根据公司章程或者股东会决议对其利润分配请求权、新股优先认购权、剩余财产分配请求权等股东权利作出相应的合理限制，该股东请求认定该限制无效的，人民法院不予支持"的规定精神，公司可以根据股东未履行或未全面履行出资的实际情况对其财产方面的权益作出相应限制，而非直接对其股东资格予以否认。

案例十二：厉某与余某等股东资格确认、侵权纠纷上诉案（2013）甘民二终字第 152 号民事判决书

甘肃省高级人民法院认为："关于余汉某、兰州义乌公司等称厉某没有对西宁义乌公司实际出资，不应享有股东资格的上诉理由，股东未足额缴纳出资，其应承担的是补足出资的责任和向其他足额出资股东承担违约责任，并非直接否定其股东资格，二者属不同的法律关系，故余汉某、兰州义乌公司等的该上诉理由于法无据，本院不予采信。"

（7）股东资格继承

《公司法》第七十五条规定，自然人股东死亡后，其合法继承人可以继承股东资格；但是，公司章程另有规定的除外。因此，如果公司章程对于股权的继承没有做出特殊规定，则继承人有权继承股东资格。通过继承取得的股权未做工商登记变更，不影响其作为继承人而继承的股东资格。

案例十三：洛阳特耐实验设备有限公司与杨芳、罗建伟公司决议撤销纠纷案河南省高级人民法院（2016）豫民申 1537 号

河南省高级人民法院认为：杨某由继承而取得的股东资格，其权利义务与原股东是一样的，虽然在胡某死亡后，特耐公司的工商登记基本情况未变更为

杨某，但这并不影响其作为继承人而继承的股东资格。

综上，本文以"中国裁判网"及无讼为数据来源，针对最高院及各省市有代表性的"股东资格认定"案件裁判文书进行大数据的分析，其中相关裁判要旨的汇总系相关的裁判规则以及相关案例整理而成。由于股东资格确认案件的复杂性，以及个案的特殊性，本文所整理的裁判要旨仅在于为类似案件提供参考思路，并非作为对具体案件的法律意见或建议。

致　谢

　　本书的雏形是我给企业家、法律沙龙等讲授"公司股权与控制权"的课件，以及我平时发表的一些股权和控制权的专业文章的合集。而决定编写成著却是源于田庭峰老师的一席话。犹记得那是 2017 年 8 月的一天傍晚，当田庭峰老师看到我在公众微信号"公司法大视界"发表的一些专业文章后，当即就对我的文章予以了肯定，并且建议我"可以写一本公司法方面的书"。自此之后，我开始了本书的写作，并且坚持至今。对田庭峰老师一直以来对我的鼓励和支持，在此表示深深的感恩。

　　当然，我需要感谢的还有一直默默支持我的家人。家人的支持和鼓励，是我坚持完成写作的动力源泉，感谢你们！我会继续努力！

作者

2019.5